U0493185

Selected Translations of Library Laws

国外图书馆法律选编

国家图书馆立法决策服务部　组织编译

卢海燕　主编　　田贺龙　副主编

图书在版编目（CIP）数据

国外图书馆法律选编/卢海燕主编；国家图书馆立法决策服务部组织编译. —北京：知识产权出版社，2014.6

ISBN 978-7-5130-2761-8

Ⅰ.①国… Ⅱ.①卢…②国… Ⅲ.①图书馆法—汇编—世界 Ⅳ.①D912.109

中国版本图书馆 CIP 数据核字（2014）第 116869 号

内容提要

本书遴选、整理和编译了世界上有代表性的 17 个国家制定的有关图书馆的法律 93 部，分别包括其图书馆法、国家图书馆法、公共图书馆法、呈缴法、版权法、公共借阅权法等，是我国制定有关图书馆的法律法规、法律研究工作者和图书馆研究工作者的必备参考用书。

责任编辑： 卢海鹰　　**责任校对：** 韩秀天
装帧设计： 张　冀　　**责任出版：** 刘译文

国外图书馆法律选编

国家图书馆立法决策服务部　组织编译
卢海燕　主　编
田贺龙　副主编

出版发行：	知识产权出版社有限责任公司	**网　址：**	http：//www.ipph.cn
社　址：	北京市海淀区马甸南村 1 号	**邮　编：**	100088
责编电话：	010-82000860 转 8122		
发行电话：	010-82000860 转 8101/8102	**发行传真：**	010-82000893/82005070/82000270
印　刷：	北京科信印刷有限公司	**经　销：**	各大网络书店、新华书店及相关专业书店
开　本：	720mm×1000mm　1/16	**印　张：**	40.25
版　次：	2014 年 7 月第 1 版	**印　次：**	2014 年 7 月第 1 次印刷
字　数：	740 千字	**定　价：**	160.00 元（赠光盘）

ISBN 978-7-5130-2761-8

《国外图书馆法律选编》编委会

主　　编　卢海燕

副 主 编　田贺龙

总 审 校　卢海燕　田贺龙

编 委 会（按姓氏笔画排序）

牛淑娟　卢海燕　田贺龙　刘英赫

翻译人员（按姓氏笔画排序）

马　谊　王　磊　牛淑娟　卢海燕
田贺龙　庄俊峰　刘光祖　刘冰雪
刘英赫　刘景昌　阴政宏　苏荣城
李吉子　肖珂诗　张　维　张曙光
陈英爽　陈颖艳　唐婷婷　廖　迅
霍　迎

序

2009 年 1 月，中国图书馆学会召开新年峰会，研究确定了《公共图书馆法》的 11 个支撑研究课题。其中“公共图书馆法国内外立法资料收集与分析”作为课题之一列入其中，并由国家图书馆立法决策服务部承担相关立法资料的收集和整理工作。课题组收集、整理了世界部分国家的相关图书馆法律、法规、政策、文件，以及司法判例，为《公共图书馆法》立法研究工作提供了支撑和保障。但由于国外相关图书馆立法资料绝大部分为外文文本，致使立法研究和实践工作者在使用过程中存在着一定的困难。同时，由于课题研究时间的限制，相关立法资料的收集与提供在全面性、系统性和代表性等方面也存在着不足和遗憾。为此，国家图书馆立法决策服务部于 2011 年年初，开始对国外主要国家的相关图书馆法律制定情况进行较为系统的普查，历时 10 个月形成调研报告暨《国外图书馆法律普查汇总》。在此基础上，译者结合我国图书馆立法工作实际需要，选取了世界上有代表性国家的图书馆法律进行翻译，汇编成册，遂成《国外图书馆法律选编》（以下简称《选编》）。

《选编》一书收录 17 个国家 93 部相关图书馆法律法规，重点遴选主要国家有代表性的、立法技术成熟的图书馆法律，并兼顾英美法系与大陆法系之间的相对平衡。为便于国家立法机构、学界和业界使用，《选编》按照地域（洲）、国别和法律类型相结合的原则，将所收法律主要分为图书馆法、国家图书馆法、公共图书馆法、呈缴法、版权法、公共借阅权法等法律类型，其中版权法主要选取与图书馆相关的条款。法律文本的选取均以各国立法机构官方网站公布的最新文本为依据，除韩国相关法律文本截至 2013 年 8 月，其他各国法律文本均以 2013 年 3 月为截止时限。在语种上，《选编》涉及英语、法语、德语、俄语、日语、韩语 6 种语言。但限于芬兰、挪威、瑞典、丹麦北欧四国语言专业人才的缺乏，译者对法律文本的选取主要以四国官方网站上发布的英文文本为翻译依据。同时，考虑到北欧四国法律体系的一致性，译者在某一国家只选取有代表性的图书馆法律进行翻译。

翻译过程中，译者参阅了国内外大量权威工具书、数据库，及相关图书馆法规文件汇编成果，力求在尊重法律原文的基础上，实现法律文本翻译的法言法语与“信、达、雅”的有机统一。对于不同国家相关法律条款序号编排上的差异，译者原则上保持原法律条款序号不变，方便读者使用。

参加《选编》翻译的工作人员均为国家图书馆参考咨询馆员，他们长期从事为中央国家领导机关的立法决策服务工作，了解国家法律政策和大政方针，兼具法律学科专业背景和外语特长，为保证翻译质量奠定了良好基础。

《选编》的翻译工作得到了下列机构和个人的帮助，在此对他们的支持表示衷心感谢：

孙一钢（国家图书馆馆长助理、研究馆员）

翟建雄（国家图书馆研究馆员）

初景利（中国科学院文献情报中心教授）

严向东（国家图书馆副研究馆员）

陈　宁（国家图书馆副研究馆员）

黄国彬（北京师范大学副教授）

郝金敏（国家图书馆馆员）

刘　洋（日本筑波大学法学硕士）

国家图书馆立法决策服务部陈丽女士积极承担了本书的光盘制作，方便读者使用，在此表示感谢。

本书成书过程中，卢海燕主要负责全书整体框架策划，实施方案制定，统筹协调管理，人员责任分工，挪威公共图书馆法、挪威呈缴法的翻译，美国、俄罗斯、新西兰、日本、韩国、印度、新加坡等国家的图书馆法律译文终审和统稿，以及组织出版等工作。田贺龙主要负责前期各国图书馆法律制定情况普查，法律文本确认，法律翻译及文献检索技能培训，苏格兰公共图书馆法、芬兰图书馆法的翻译，英国、德国、法国、芬兰、瑞典、丹麦、挪威、加拿大、澳大利亚、南非、印度等国家的图书馆法律译文终审和统稿工作。牛淑娟、刘英赫除承担南非和英国图书馆法律文本翻译工作，还全面负责本书的庶务工作，包括辅助主编完成工作计划的组织落实，编辑体例制定，全书译稿汇总，索引编制，资料整理备档，后期光盘制作，以及联络出版等工作。

本书责任编辑、知识产权出版社知识产权编辑室主任卢海鹰女士，以其严谨、认真的工作态度和多次富有建设性的意见，确保《选编》的翻译质量和出版工作顺利实现，在此由衷感谢。

由于本书翻译工作涉及法律专业知识、图书馆业务实践经验和外语语言能力等多方面因素，本书难免有纰漏和错误之处，敬请各位读者指正。

目 录

亚 洲

非洲

欧洲

北美洲

大洋洲

亚　洲

01 韩　国

图书馆法*

（法律第11310号，2012年2月17日部分修订，
自2012年8月18日起实施）

第一章　总　则

第一条　目　的

制定本法的目的在于：对图书馆的社会责任及履行其职责所需注意事项加以规定，旨在保障国民信息邻接权和知情权，加强图书馆事业发展和图书馆服务，使图书文献在全社会中得到有效利用和流通，消除知识鸿沟，增强国民的终身学习，为国家和社会文化发展作出贡献。

第二条　术　语

本法使用的术语定义如下：（2009年3月25日修订）

（1）图书馆：是指收集、整理、研究和保存文献资料，并向公众提供服务，为社会公众利用信息、调查、研究、学习、提高修养及终身教育作出贡献的机构。

（2）馆藏文献：是指图书馆收集、整理和保存的文献资料，包括印刷文献、手稿、视听资料、缩微文献、电子文献及其他用于残疾人服务的特殊文献等以知识信息资源传播为目的的所有记载信息的文献（包括网络文献）。

（3）图书馆服务：是指图书馆利用馆藏文献和设施向公众提供的外借、阅览、参考服务；使用各种信息服务设备、设施的服务；强化读者获取馆藏文献及信息理解能力的辅导、培训；以及所有支持公众读书活动的有形或无形的服务。

（4）公共图书馆：是国家或地方自治团体为了公众的信息利用、文化活动、读书活动及终身教育而建立并运营的图书馆（以下称“公立公共图书

---

* 李吉子，王磊，译；卢海燕，校。

馆”)，或者是法人（根据《民法》或其他法律规定而成立的法人，以下相同)、团体及个人建立并运营的图书馆（以下称“私立公共图书馆”)。以下各种设施均属于公共图书馆范畴：

甲、在公众生活区域内，以知识信息服务及读书文化服务为主要目的的、未达到本法第五条规定的公立公共图书馆设施及藏书标准的小型图书馆；

乙、以面向残疾人提供服务为主要目的的残疾人图书馆；

丙、以面向住院病人及其监护人提供服务为主要目的的医院图书馆；

丁、以面向陆军、海军、空军等各级部队将领提供服务为主要目的的军队图书馆；

戊、以面向监狱收押人员提供服务为主要目的的监狱图书馆；

己、以面向少年儿童提供服务为主要目的的儿童图书馆。

（5）大学图书馆：是指在根据《高等教育法》第二条之规定而设立的大学及根据其他法律的规定而设立的提供大学及大学以上教育课程的教育机构，以面向教授、学生及职员提供服务为主要目的的图书馆。

（6）学校图书馆：是指在根据《初、中等教育法》第二条之规定而设立的高中及高中以下的各级学校，以面向教师、学生及员工提供服务为主要目的的图书馆。

（7）专业图书馆：是指在机构或团体内部，为其所属员工或公众提供特定领域专业图书文献服务为主要目的的图书馆。

（8）呈缴：是指文献的发行者或作者，向法定机构履行其法律义务缴送一定数量文献的行为。

（9）网络资源：是指通过信息通信网络（指《信息通信网络使用、促进及信息保护法》第二条第一款第一项规定的信息通信网络，以下同）向公众传播（指《知识产权法》第二条第七款规定的公众传播，以下同）的信息资源。

（10）网络资源提供者：是指将网络资源通过信息通信网络向公众进行传播者。

（11）技术保护措施：是指权利人或得到权利人授权者，为了有效防止或控制对《知识产权法》所保护的著作权等权利的侵权行为所采用的技术措施。

第三条　适用范围（2009 年 3 月 25 日修订）

本法适用于在情报所、情报中心、资料室、资料中心、文化中心及与此名称和功能相类似的机构，以及根据总统令的规定，由文化体育观光部长官认定的机构。

第四条 国家及地方自治团体的义务

国家及地方自治团体为了让公民平等而自由地访问和利用信息，应支持图书馆事业发展，并为此要采取必要的措施。

第五条 图书馆设备及馆藏文献（2009 年 3 月 25 日修订标题）

1. 图书馆为了保存、整理馆藏文献，便于读者使用，应具备相应的设备及馆藏文献。（2009 年 3 月 25 日修订）

2. 前款所规定的图书馆设备及馆藏文献技术标准须根据总统令制定。（2009 年 3 月 25 日修订）

第六条 馆员（2012 年 2 月 17 日修订标题）

1. 根据总统令，图书馆应该配备图书馆运营所必需的馆员；以及根据《初、中等教育法》第二十一条第二款之规定的图书馆学专业教师及技术教师。图书馆可配置其运营所必要的计算机技术人员等专业技术员工。（2009 年 3 月 25 日，2012 年 2 月 17 日修订）

2. 前款中的馆员类别、资格条件及培养所必要的事项须根据总统令制定。（2009 年 3 月 25 日，2012 年 2 月 17 日修订）

3. 国家及地方自治团体应该努力提高馆员的专业业务水平，并提供相应的教育机会。

第七条 图书馆的利用及提供等

1. 图书馆为了提高馆藏文献的流通、管理及利用方面的业务效率，为了知识信息的共享，应该与其他图书馆积极合作。（2009 年 3 月 25 日修订）

2. 图书馆为了向公众提供多样化服务，应与博物馆、美术馆、文化院、文化之家等各种文化设施和教育机构、行政机构、相关团体及社区加强合作。

3. 大学图书馆、学校图书馆、专业图书馆等图书馆，在不影响履行其职责的情况下，可向公众开放其服务设施及馆藏文献。（2009 年 3 月 25 日修订）

第八条 读者隐私保护

图书馆为了保护读者个人隐私，应加强以下各项措施：

（1）就读者信息的收集、管理、公开等问题制定相关规定；

（2）对图书馆员工进行相关注意事项的教育；

（3）图书馆馆长认为有助于读者隐私保护的其他事项。

第九条 捐 赠

1. 任何人为了支持图书馆的建设、设备、馆藏文献和运营，可向图书馆捐赠款项或其他财物。（2009 年 3 月 25 日，2011 年 4 月 5 日修订）

2. 国家或地方自治团体设立的图书馆，在本条第一款规定的捐赠的情形

下，可不受《关于捐款捐物收集及使用法》限定，接受捐赠。（2011 年 4 月 5 日增订）

第十条 （已删除）（2009 年 3 月 25 日修订）

第十一条 与其他法律的关系

除其他法律特别规定之外，图书馆应遵用本法之规定。

第二章 图书馆政策的制定及推进体系

第十二条 图书馆信息政策委员会的设立

1. 为了制定、审议、调整关于图书馆政策的主要事项，在总统所辖下设立图书馆信息政策委员会（以下简称“图书馆委员会”）。

2. 图书馆委员会负责制定、审议、调整以下各项事宜：（2009 年 3 月 25 日修订）

（1）本法第十四条“图书馆发展综合计划的制定”所规定的相关内容；

（2）图书馆相关制度；

（3）关于国家和地方图书馆运营体系的相关事宜；

（4）关于图书馆运营评估的相关事宜；

（5）关于图书馆及馆藏文献的访问及消除知识鸿沟的相关事宜；

（6）关于图书馆专业人员培养的相关事宜；

（7）其他关于图书馆政策的相关事宜须根据总统令制定。

3. 为了支持图书馆委员会的工作，在委员会内设立事务机构；为了履行本条第二款规定的职能，在文化体育观光部内设立企划团。（2009 年 3 月 25 日修订）

4. 关于图书馆委员会的事务机构及企划团的设立及运营等必要的事项须根据总统令制定。

5. 图书馆信息政策委员会委员长为了事务机构及企划团的工作，根据需要可邀请行政机构派遣公务员或相关团体派遣工作人员。接到邀请的机构负责人如无特殊情况应予响应。

第十三条 图书馆委员会组成

1. 图书馆委员会由 30 名以内的委员组成，其中包括委员长和副委员长各 1 名。

2. 委员长由总统在图书馆专业知识和经验丰富的人员中推荐产生，副委员长由文化体育观光部长官担任。（2011 年 4 月 5 日修订）

3. 委员由以下人员组成：（2011 年 4 月 5 日，2012 年 2 月 17 日增订）

（1）总统令规定的相关中央行政机构的负责人及符合此标准的机关负责人；

（2）委员由委员长在图书馆专业知识和经验丰富的人员、或对提高国民信息能力方面具有丰富的专业知识和经验的人员中推荐的人选担任。但初聘委员由副委员长委任。

4. 委员长负责召集和主持委员会会议。（2011 年 4 月 5 日修订）

5. 委员长认为必要时，可由副委员长代行其职责。（2011 年 4 月 5 日修订）

6. 本条第三款第二项规定的委员任期为 2 年，可连任一次。（2009 年 3 月 2 日，2011 年 4 月 5 日修订）

7. 委员因故无法履行其职责或岗位空缺时，应及时任命新委员。此时，新补充委员的任期为前任委员的剩余期限。（2011 年 4 月 5 日修订）

8. 图书馆委员会可根据总统令制定关于委员会运营等相关规定。（2011 年 4 月 5 日修订）

第十四条 图书馆发展综合计划的制定

1. 图书馆委员会委员长为了图书馆发展，应该每五年组织制定一次图书馆发展综合计划（以下简称“综合计划”）。

2. 综合计划应包括以下各项内容：（2012 年 2 月 17 日修订）

（1）图书馆政策的基本方向；

（2）图书馆政策的推行目标和方法：

甲、关于强化图书馆作用的相关事项；

乙、关于改善图书馆环境的相关事项；

丙、根据第四十三条的规定，为了消除知识鸿沟，加强图书馆服务的相关事项；

丁、加强图书馆合作体系的相关事项；

戊、其他关于推行图书馆政策的相关事宜。

（3）重点推进项目及相关部门之间的合作。

第十五条 年度实施计划的制定等

1. 中央行政机关负责人、特别市市长、广域市市长、特别自治市市长、道知事及特别自治道知事根据综合计划，至每年 12 月底之前，要完成年度实施计划（以下简称“实施计划”）的制定，并负责实施和推进。（2009 年 3 月 25 日，2012 年 2 月 17 日修订）

2. 市长或道知事可与该地区督学协商制定并推进实施计划。(2009 年 3 月 25 日增订)

3. 其他关于实施计划制定与推进的相关事项须根据总统令制定。(2009 年 3 月 25 日修订)

第十六条 资金调配

1. 国家及地方自治团体应该保证推进综合计划及实施计划所需资金。

2. 根据《文化艺术振兴法》第十六条之规定，图书馆发展所需要的全部或部分经费是可由文化艺术振兴基金中出资或予以补充。(2009 年 3 月 25 日修订)

第十七条 图书馆协会及相关机构的设立

1. 文化体育观光部长官为了加强图书馆之间的文献交换、业务合作、运营管理研究、相关国际团体之间的合作，促进图书馆服务及图书馆发展，提高图书馆员工素质，保障图书馆员工共同利益，必要时可以设立图书馆协会等法人机构（以下简称“协会等”)。(2009 年 3 月 25 日修订)

2. 国家可向根据本条第一款规定而设立的协会等机构提供必要的运营资金。(2009 年 3 月 25 日修订)

3. 对于协会，除适用本法规定外，也适用《民法》中关于非营利法人机构的相关规定。

第三章　国立中央图书馆

第十八条 建立等

1. 文化体育观光部长官在其所属之下，建立国家代表图书馆——国立中央图书馆。(2009 年 3 月 25 日修订)

2. 国立中央图书馆作为国家代表图书馆，为了有效履行职能和促进各地区图书馆的共同发展，必要时可建立地区或专业分馆。

3. 其他关于国立中央图书馆的组织及运营的必要事项须根据总统令制定。

第十九条 职　责

1. 国立中央图书馆须行使以下各项职责：(2009 年 3 月 25 日修订)

(1) 根据综合计划，推行相关政策；

(2) 收集、提供、保存管理国内外馆藏文献；

(3) 国家书目的编制及标准化建设事项；

(4) 基于信息化，构建国家文献信息体系；

（5）图书馆馆员教育培训和对国内图书馆的指导、支持及合作；

（6）与国外图书馆的交流与合作；

（7）制定并调查研究有利于图书馆发展的政策；

（8）根据《读书文化振兴法》，支持与协助读书振兴活动；

（9）其他作为国家代表图书馆，履行职能时所必要的业务。

2. 履行本条第一款规定的职责时所必要的相关事项须根据总统令制定。（2009 年 3 月 25 日增订）

3. 为了履行本条第一款第七项规定的职责，在国立中央图书馆内设立图书馆研究所（以下简称“研究所”）。（2009 年 3 月 25 日修订）

4. 其他关于研究所的设立、运营及业务方面的相关事项须根据总统令制定。（2009 年 3 月 25 日修订）

5. 国立中央图书馆为了有效履行职责，应与国立国会图书馆积极合作。（2009 年 3 月 25 日修订）

第二十条（一） 文献呈缴（2009 年 3 月 25 日修订标题）

1. 任何人发表或出版文献（网络文献除外，以下各条文相同）时，自其发表或出版之日起 30 日内要向国立中央图书馆呈缴。发行或制作修订版时亦同。（2009 年 3 月 25 日修订）

2. 国立中央图书馆为了开展本法第四十五条第二款第三项规定的工作，必要时可向文献的发行者或作者要求呈缴其资料的数字化格式文档。文献的发行者或作者，如无特殊情况应予以协助。（2009 年 3 月 25 日修订）

3. 国立中央图书馆根据本条第一款及第二款之规定，向文献呈缴者及时颁发呈缴证明书，若呈缴的文献全部或部分是商品时，应根据呈缴文献支付相应的补偿金。（2009 年 3 月 25 日，2012 年 2 月 17 日修订）

4. 根据总统令制定呈缴文献的采选、种类、形态、册数和呈缴程序及补偿金等相关事项。（2009 年 3 月 25 日修订）

第二十条（二） 网络文献的征集（2009 年 3 月 25 日增订）

1. 国立中央图书馆应该采选、征集并保存，在韩国国内开展服务的网络资源中具有保存价值的文献。

2. 在网络文献的保存保护中，若文献资料征集受到技术限制时，国立中央图书馆可向网络文献作者请求协助。网络资源作者接到请求后，如无特殊情况应予以协助。

3. 如在网络文献中发现包含个人隐私时，根据总统令，可向国立中央图书馆馆长申请更正或删除该信息内容。

4. 对于本条第三款规定的请求，如因国立中央图书馆馆长处分不当或不作为，造成相关人员权利或利益受到侵害时，根据《行政审判法》的规定，可申诉行政审判，或者根据《行政诉讼法》，可提出行政诉讼。

5. 根据本条第一款之规定而征集的网络文献，如全部或者部分是商品时，国立中央图书馆应对其支付相应的补偿金。

6. 关于网络文献的采选、种类、形态、册数和呈缴程序及补偿金等相关事项须根据总统令制定。

第二十一条 国际标准文献号

1. 要准备发行图书或连续出版物的公共机关、个人及团体，应该从国立中央图书馆申请获取国际文献标准号。

2. 国立中央图书馆馆长为了有效履行本条第一款之规定，应该与出版社等相关专业机构及团体相互协助。

3. 关于赋予国际文献标准号的相关事项须根据总统令制定。

第四章（一） 地区代表图书馆

（2009 年 3 月 25 日修订）

第二十二条 设　立（2009 年 3 月 25 日修订标题）

1. 特别市、广域市、特别自治市、道、特别自治道（以下简称“市、道”）为了制定和实施该地区图书馆政策、系统地开展与此相关的服务，应该指定或设立地区代表图书馆并负责其运营。（2009 年 3 月 25 日修订，2012 年 2 月 17 日修订）

2. 本条第一款规定的关于地区代表图书馆的设立与运营必要的事项须根据总统令制定。（2009 年 3 月 25 日修订）

第二十三条 职　责

地区代表图书馆要履行以下各项职责：（2009 年 3 月 25 日修订）

（1）收集、整理、保存，市、道各单位的综合性馆藏文献，并向读者提供服务；

（2）支持和协助地区各项图书馆工作；

（3）调查研究图书馆业务；

（4）协助地区图书馆收集资料，并保存其他图书馆移交的馆藏文献；

（5）协助国立中央图书馆的馆藏文献收集活动和图书馆之间的合作工作；

（6）作为地区代表图书馆其他应该履行的职责。

第二十四条 地方图书馆信息服务委员会设立

1. 市、道为了辖区内的图书馆共同发展，为了审议关于消除知识鸿沟的主要事项，设立地方图书馆信息服务委员会（以下简称“地方图书馆委员会”）。

2. 地方图书馆委员会要审议以下各项职责：

（1）关于地方图书馆共同发展的事项；

（2）关于地方图书馆消除知识鸿沟的事项；

（3）为了地方图书馆政策推行，其他由地方图书馆委员会认为必要的事项。

3. 地方图书馆委员会由 15 名以内的委员组成，包括 1 名委员长和 1 名副委员长。

4. 委员长由市、道知事担任，副委员长则由地区代表图书馆馆长担任。委员由委员长委任的具有图书馆专业知识和经验丰富的人员组成。

5. 委员长召集组织会议。

6. 委员长认为必要时，由副委员长代行其业务。

7. 地方图书馆运营所必要的相关事项由地方自治团体条例进行规定。

第二十五条 运营经费补助

国家为了有效运营图书馆合作体系，可向已设立地区代表图书馆的市、道给予部分事业经费。

第二十六条 文献呈缴（2009 年 3 月 25 日修订标题）

1. 地方自治团体发表或出版文献时，自发表或出版之日起 30 日内，应向管辖区的地区代表图书馆呈缴其文献。发行或制作修订版或增补版时亦同。（2009 年 3 月 25 日修订）

2. 关于提交文献的种类、册数及提交程序等相关事项须根据总统令制定。（2009 年 3 月 25 日修订）

第四章（二） 公共图书馆

（2009 年 3 月 25 日增订）

第二十七条 建 立（2009 年 3 月 29 日修订标题）

1. 国家或地方自治团体根据总统令，应该建立和发展公立公共图书馆。（2009 年 3 月 25 日修订）

2. 任何人都可以建立和运营私立公共图书馆。（2009 年 3 月 25 日修订）

3. 根据本条第一款规定而建立的公立公共图书馆，应该使用“图书馆”名称。（2009 年 3 月 25 日修订）

第二十八条 职 责

公共图书馆为了发挥情报、文化及教育中心的职能，应当履行以下各项职责：(2009 年 3 月 25 日修订)

（1）收集、整理、保存馆藏文献，并向公民提供服务；

（2）向公众和地方行政部门提供必要信息；

（3）制订并实施读书生活化计划；

（4）组织或鼓励举办演讲会、展览会、读书会、文化活动等终身教育活动；

（5）加强图书馆之间的积极合作及馆际互借；

（6）根据地区特点，应建立和发展图书馆分馆；

（7）其他作为公共图书馆应该履行的必要职责。

第二十九条 公立公共图书馆的运营经费

1. 国家及地方自治团体为了公立公共图书馆的共同发展和有效运营，可向图书馆提供设立、运营以及文献资料收集所必要的部分经费。(2009 年 3 月 25 日修订)

2. 地方自治团体建立并运营的公立公共图书馆的运营费由该地方自治团体的总预算里支出。(2009 年 3 月 25 日修订)

3. 根据《地方教育自治相关法》第三十二条的规定，督学建立并运营的公立公共图书馆的部分经费应从该地方自治团体的总预算里支出。(2006 年 12 月 20 日，2009 年 3 月 25 日修订)

第三十条 公立公共图书馆的馆长及图书馆运营委员会

1. 公立公共图书馆的馆长属于图书馆学专业岗位。

2. 公立公共图书馆为了有效运营，以及加强与其他文化机构之间的积极合作，应设立图书馆运营委员会。

3. 根据本条第二款之规定而成立的图书馆运营委员会的组成及运营相关的事项，应由地方自治团体条例进行规定。(2009 年 3 月 25 日修订)

第三十一条（一） 私立公共图书馆的注册及注销

1. 任何人要建立私立公共图书馆时，应该具备本法第五条及第六条规定的设备、馆藏文献及馆员配置标准，并且根据总统令的规定，向特别自治市市长、特别自治道知事、市长、郡守、自治区区长（以下简称“市长、郡守、区长”）提出申请。市长、郡守、区长应该向申请者颁发注册证。（2009 年 3 月 25 日，2012 年 2 月 12 日修订）

2. 根据本条第一款之规定注册私立公共图书馆的机构或个人，要变更注册事项时，应该注册变更信息。(2009 年 3 月 25 日增订)

3. 根据本条第一款之规定，注册私立公共图书馆的机构或个人，要注销该图书馆时，应该向市长、郡守、区长返还注册证。（2009 年 3 月 25 日修订）

第三十一条（二） 注 销（2009 年 3 月 25 日增订）

1. 根据第三十一条（一）第一款之规定而注册的私立公共图书馆，凡出现以下任意一种情形，市长、郡守、区长可以注销其注册，也可以在规定期限内要求纠正，还可以命令其在 6 个月内停止运营：

（1）以虚假或其他不正当的方法注册；

（2）根据第三十一条（一）第二款之规定，未变更注册；

（3）由于未能遵循第五条及第六条规定的设备及馆藏文献标准，以致无法继续履行第二十八条规定之业务；

（4）违反本法规定的图书馆建馆目的而管理和运营。

2. 根据本条第一款之规定，注销注册时，其图书馆代表在 1 个月内，应向市长、郡守、区长返还注册证。

第三十一条（三） 听证会（2009 年 3 月 25 日增订）

市长、郡守、区长根据第三十一条（二）的规定，注销私立公共图书馆注册或命令其停止运营时，应该举办听证会。（2012 年 2 月 17 日修订）

第三十二条 私立公共图书馆的运营经费

1. 为了根据第三十一条（一）第一款之规定而注册的私立公共图书馆的共同发展和有效运营，国家及地方自治团体可给予必要的援助。（2009 年 3 月 25 日，2011 年 4 月 5 日修订）

2. 在私立公共图书馆的建立和运营中如有需要，国家及地方自治团体的负责人可不受《国有资产法》和《共有财产及物品管理法》等相关规定的限定，免费提供或者借用国有财产和公共财产供私立公共图书馆使用。（2011 年 4 月 5 日增订）

第三十三条 使用费（2009 年 3 月 25 日修订标题）

根据总统令的规定，公共图书馆可向读者收取使用费等费用。（2009 年 3 月 25 日修订）

第五章 大学图书馆

第三十四条 设 立

根据《高等教育法》第二条规定而设立的大学，以及根据其他法律的规定而设立的大学及大学教育课程以上的教育机构，应该设立大学图书馆。（2009 年

3 月 25 日修订）

第三十五条 职　责

为了提高教授和学生的研究及教育活动，为了提高教职工的知识信息修养，大学图书馆要履行以下各项职责：

（1）收集、整理、保存大学教育所需要的各种信息资料，并提供服务；

（2）为了开展有效的教育课程，给予支持；

（3）与其他图书馆及相关机构积极合作，并提供服务；

（4）其他作为大学图书馆应该履行的必要业务。

第三十六条 指导与监督

根据《高等教育法》和《私立学校法》以及其他法律之规定，大学图书馆应该接受其所属学校的指导与监督，或者接受监督厅的指导与监督。

第六章　学校图书馆

第三十七条 设　立

根据《初、中等教育法》第二条规定而设立的学校，应该建立学校图书馆。（2009 年 3 月 25 日修订）

第三十八条 职　责

学校图书馆为了支持教师及学生的教学和学习活动，应当履行以下各项职责：（2009 年 3 月 25 日修订）

（1）收集、整理、保存学校教育所必要的馆藏文献并提供服务；

（2）整合管理学校收藏的教育资料并提供服务；

（3）开发制作视频资料和多媒体资料并提供服务；

（4）基于信息管理系统和通信网络建设资源共享机制并提供服务；

（5）通过图书馆利用指导、读书教育和产学教学，强化信息利用教育；

（6）其他作为学校图书馆应该履行的必要业务。

第三十九条 指导与监督

根据《初、中等教育法》和《私立学校法》及其他法律的规定，学校图书馆接受其所属学校监督厅的指导与监督。

第七章　专业图书馆

第四十条 注册及注销

1. 国家、地方自治团体、法人、团体或个人可建立专业图书馆。

2. 任何人要建立专业图书馆时，应具备第五条及第六条规定的设备、馆藏文献及馆员配置标准，并根据总统令的规定，可向市长、郡守、区长申请注册。市长、郡守、区长应当颁发注册证。（2009 年 3 月 25 日，2012 年 2 月 17 日修订）

3. 根据第二款之规定而注册的人，要变更注册事项时，应该变更注册。（2012 年 2 月 17 日增订）

4. 根据第二款之规定而注册的私立专业图书馆建馆者要注销该图书馆时，应该向市长、郡守、区长返还注册证。（2009 年 3 月 25 日，2012 年 2 月 17 日修订）

第四十一条 职 责

专业图书馆要履行以下各项职责：（2009 年 3 月 25 日修订）

（1）收集、整理、保存专业学术活动及专业研究活动所需要的馆藏文献，并提供服务；

（2）迅速而有效地援助学术活动和各种研究活动；

（3）与其他图书馆积极开展包括资源共享的多种合作活动；

（4）其他作为专业图书馆应该履行的必要职责。

第四十二条 适 用

根据第四十条第二款之规定而注册的私立专业图书馆的相关规定，适用第三十一条（二）、第三十一条（三）及第三十二条的规定。（2009 年 3 月 25 日，2012 年 2 月 17 日修订）

第八章 消除知识鸿沟

第四十三条 图书馆的义务（2012 年 2 月 17 日全文修订）

1. 图书馆应该采取必要措施，让所有公民不受身体、地区、经济及社会等条件限制，平等获取图书馆服务。

2. 图书馆为了消除残疾人及其他总统令指定的知识信息弱势群体的知识信息获取差距，应该采取以下各项措施：

（1）扩充馆藏文献，构建提供及共同使用的体系；

（2）扩充和提供教育文化内容；

（3）扩大图书馆便捷设备，配置专业人力，提供方便；

（4）与其他图书馆及相关团体积极合作；

（5）其他消除知识鸿沟所必要的事项。

第四十四条 支持消除知识鸿沟（2012 年 2 月 17 日修订标题）

1. 为了让知识信息弱势群体便捷使用图书馆设施和服务，国家及地方自治团体应当制定并推行以下各项措施。具体如下：（2012 年 2 月 17 日修订）

（1）为消除知识鸿沟，扩充和提供馆藏文献，并建立文献共享体制；

（2）为消除知识鸿沟，增加图书馆便捷设备，培养专业人员；

（3）其他消除知识鸿沟所必要的事项。

2. 国家及地方自治团体为了消除知识信息弱势群体的知识鸿沟，向图书馆提供部分或全部的事业经费。（2012 年 2 月 17 日修订）

3. 根据《版权法》第三十一条第五款之规定，知识信息弱势群体利用馆藏文献时向作者支付的补偿金，如在预算范围内可由国家及地方自治团体负担部分或全部金额。（2009 年 3 月 25 日增订）

第四十五条 国立残疾人图书馆的建立及运营（2012 年 2 月 17 日修订全文）

1. 为了扶助知识信息弱势群体，特别是为了支持面向残疾人的图书馆服务，在国立中央图书馆馆长所属之下，建立国立残疾人图书馆。

2. 国立残疾人图书馆要履行以下各项业务：

（1）制定和整合图书馆残疾人服务的国家政策；

（2）制定残疾人图书馆服务标准及方针；

（3）收集与制作残疾人馆藏文献，援助残疾人馆藏文献的制作，并提供服务；

（4）制定、评价、认定残疾人馆藏文献标准并推广；

（5）共建共享残疾人馆藏文献共有机制；

（6）研究开发和普及残疾人图书馆服务及特殊设备；

（7）残疾人知识情报使用教育及文化活动相关事项；

（8）残疾人图书馆服务专业人员教育；

（9）与国内外图书馆及相关团体积极合作开展残疾人图书馆服务；

（10）其他残疾人图书馆服务相关业务。

3. 关于国立残疾人图书馆的设立、运营及业务的相关事项须根据总统令制定。

第九章　补　则

第四十六条 权限的委任及委托

根据总统令，文化体育观光部长官将本法规定的部分权限委任给市长或道知事，或者委托给协会及相关团体。为了履行委托业务，文化体育观光部长官

向协会及团体提供包括事业经费的运营费。（2009 年 3 月 25 日，2012 年 2 月 17 日修订）

第四十七条 罚 款（2009 年 3 月 25 日全文修订）

1. 违反本法第二十条第一款规定者，须缴纳该呈缴文献定价的（其资料为非卖品时，为该资料的成本价）10 倍以下罚款。

2. 由文化体育观光部长官负责征收第一款规定的罚款。

第四十八条 已删除（2009 年 3 月 25 日）

附 则 （法律第 8029 号，2006 年 10 月 4 日）

第一条 实施日

本法自颁布之日起 6 个月后实施。

第二条 关于图书馆注册的措施

本法律的实施，将根据现已废止的《图书馆及读书振兴法》的规定而注册或申报的图书馆或文库，视为根据本法律的规定而注册或申报。

第三条 关于图书馆协会等机构的措施

本法律的实施，将根据现已废止的《图书馆及读书振兴法》第十四条的规定而成立的协会等机构，视为根据本法的规定而成立。对于“新农村文库中央会”的指导与监督是，经文化体育观光部长官协商，由行政自治部长官负责。

第四条 行政处分

本法律的实施，将根据现已废止的法律规定而由文化观光部长官等行政机关受理的注册、其他行政行为或各种申报，以及对其他行政机构的行为，应视为根据本法规定而行使的行政机构行为或对行政机构的行为。

第五条 其他法律的修订

1. 修订《著作权法》部分内容：

将第二十八条第一款中的《图书馆及读书振兴法》修订为《图书馆法》。

2. 修订《文化艺术振兴法》部分内容：

将第二十条第六项修订为如下：

（6）其他以图书馆支持及发展等文化艺术振兴为目的的，文化设备机构的工作或活动。

第六条 与其他法令的关系

实施本法时，将其他法律引用《图书馆及读书振兴法》，应视为引用《图书馆法》。

附　则　（法律第 9528 号，2009 年 3 月 25 日）

1.（实施日）本法自颁布之日起 6 个月之后实施。

2.（小型图书馆）本法律的实施，将已注册或申报的文库，视为根据第二条第四项甲的规定而建立的小型图书馆。

附　则　（法律第 10558 号，2011 年 4 月 5 日）

本法自颁布之日起 3 个月之后实施。

附　则　（法律第 11310 号，2012 年 2 月 17 日）

第一条　实施日

本法自颁布之日起 6 个月之后实施。

第二条　其他法律的修订

将《学校图书馆振兴法》部分内容修订为如下：

将第二条第六款中的“图书馆员工”，修订为“馆员。”

将第七条第二款第四项中的“图书馆员工的”，修订为“馆员的”。

将第十二条第二款中的“馆员员工”，修订为“馆员”。

图书馆法实施令*

（总统令第 24453 号，2013 年 3 月 23 日修订，
自 2013 年 3 月 23 日起实施）

第一条　目　的

为规定《图书馆法》中的授权事项及实施所需要的相关事项，特制定

* 李吉子，王磊，译；卢海燕，校。

本法令。

第二条 认证条件及程序

1. 根据《图书馆法》第三条之规定，文化体育观光部长官可根据其职责权限或相关机构的申请，将具备向公民提供馆藏资源利用、检索和出借的情报中心、资料室、资料中心等机构，认定为本法令适用范畴。（2008 年 12 月 31 日修订）

2. 申请获取本条第一款资格的机构，须将本机构馆藏文献现状、可用于文献检索和利用及出借的情况，附加在申请书上一并提交给文化体育观光部长官。（2008 年 12 月 31 日修订）

第三条 图书馆的设备及馆藏文献

根据《图书馆法》第五条第二款之规定，图书馆设备及馆藏文献须达到附表 1 中所列标准。（2009 年 9 月 21 日修订）

第四条 馆 员（2012 年 8 月 13 日修订标题）

1. 根据《图书馆法》第六条第一款之规定，图书馆的馆员配置须达到附表 2 中所列标准。（2012 年 8 月 13 日修订）

2. 根据《图书馆法》第六条第二款的规定，图书馆馆员的类别及资格须达到附表 3 中所列标准。（2012 年 8 月 13 日修订）

3. 根据文化体育观光部令，文化体育观光部长官，应向符合本条第二款馆员资格条件者颁发馆员资格证书。（2008 年 12 月 31 日，2012 年 8 月 13 日修订）

第五条 图书馆信息政策委员会的审议及调整事项

《图书馆法》第十二条第二款第七项中“根据总统令规定的其他有关图书馆政策的相关事宜事项”，应包含以下各项内容：（2009 年 9 月 21 日，2012 年 8 月 13 日修订）

（1）关于图书馆运行及使用情况的事项；

（2）《图书馆法》第二十四条规定之与地方图书馆信息服务委员会的合作事项；

（3）关于图书馆的利用、民间参与及积极开展志愿者服务的事项；

（4）馆藏文献的交换、移交、剔除及注销（注销：是将失去使用价值的图书从登录账目里销账的事项）的相关标准和范围；

（5）关于图书馆的设施、馆藏文献标准及馆员配置标准；

（6）根据本实施令第八条之规定所制定的年度实施计划制定方针和相关行政机关意见协调等事项；

（7）其他关于图书馆主要政策和工作的主要事项，并由根据《图书馆法》第十二条之规定而成立的图书馆信息政策委员会（以下简称“图书馆委员会”）委员长向委员会提交的事项。

第六条 图书馆委员会的法定委员

1.《图书馆法》第十三条第二款第一项“总统令规定的相关中央行政机关的负责人及符合此标准的机关负责人”是指：企划财政部长官、未来创造科学部长官、教育部长官、法务部长官、国防部长官、安全行政部长官、文化体育观光部长官、产业通商资源部长官、保健福利部长官、女性家族部长官和国土交通部长官。（2008年12月31日，2009年9月21日，2010年3月15日，2013年3月23日修订）

2. 图书馆委员会会议应在半数以上现任委员出席时方可召开；经半数以上与会者同意方能作出决议。

3. 在预算范围内，可向图书馆委员会委员、相关公务员或专家支付报酬、差旅费及其他必要的经费。但是，公务员如因职责所在而出席图书馆委员会者除外。

4. 本实施令规定以外的图书馆委员会运营所必要的相关事项，须经图书馆委员会的审议，并由图书馆委员会的委员长负责组织制定。

第七条 业务调整会议

1. 为了协助与调整图书馆委员会审议相关行政业务，可召开业务会议。

2. 业务调整会议的举办及其运行所遵循的相关事项，须根据文化体育观光部令制定。（2008年12月31日修订）

第八条 年度实施计划的制定与推进

1. 为了有效地制定《图书馆法》第十五条规定之年度实施计划（以下简称“实施计划”），文化体育观光部长官经图书馆委员会的审议，制定下一个年度实施计划制定方针，至每年9月30日之前，向相关中央行政机关的负责人和特别市市长、广域市市长、特别自治市市长、道知事及特别自治道知事通报（以下简称“市、道知事”）。（2008年12月31日，2009年9月21日，2012年8月13日修订）

2. 相关中央行政机关的负责人和市、道知事，根据本条第一款的实施计划制定方针，至每年11月30日之前，须完成包括以下各项内容的下一个年度实施计划的制定工作，并向文化体育观光部长官提交。具体如下：

（1）该年度工作发展方向；

（2）主要工作发展方向；

（3）各项主要工作的具体运营计划；

（4）其他与推进工作相关的必要事项。

3. 文化体育观光部长官，根据本条第二款的规定而提交的下一个年度实施计划，经图书馆委员会的审议通过，至每年 12 月 31 日之前，向相关中央行政机关的负责人及市、道知事通报。(2009 年 9 月 21 日增订)

4. 至每年 1 月 31 日之前，相关中央行政机关的负责人及市、道知事，将上一年度实施计划的落实情况，向文化体育观光部长官提交。至每年 3 月 31 日之前，文化体育观光部长官总结整理前年度实施计划的落实情况，向图书馆委员会提交。(2009 年 9 月 21 日增订)

第九条 图书馆馆员教育培训

1. 根据《图书馆法》第十九条第一款第五项之规定，国立中央图书馆为教育培训图书馆员工，应设置馆员教育培训课程，并进行培训。

2. 图书馆负责人须对所属员工每五年进行一次以上本条第一款规定之馆员教育课程培训。

3. 本条第一款规定的部分馆员教育培训课程，国立中央图书馆馆长可将其交由其他图书馆、研修机关、有文献情报学课程或图书馆学科的大学承担。

4. 除本条第一款至第三款之规定之外，关于图书馆馆员教育培训所需要的事项由国立中央图书馆馆长负责制定。

第十条 国立中央图书馆的业务协助

根据《图书馆法》第十九条第一款第五项及第六项的规定，国立中央图书馆为与国内外其他图书馆之间进行交流与合作，须开展以下各项业务：(2009 年 9 月 21 日修订)

（1）通过建立国家文献情报体系，进行文献情报和馆藏文献的流通；

（2）分工合作建设馆藏文献、开展馆际互借（馆际互借：是图书馆之间的馆藏文献的相互交流）、建立综合目录，共同保存馆藏文献；

（3）国内外珍稀馆藏文献的复制与分配；

（4）协助馆藏文献保存；

（5）加入国际图书馆专业机构，参与国际图书馆公共事务；

（6）为了建立国内外各种图书馆之间的业务合作体系，经营和管理图书馆互联网。

第十一条 为国际交流提供馆藏文献

1. 国立中央图书馆馆长根据《公共记载文献管理法》第三条第一款之规定，在履行《图书馆法》第十九条第一款第六项规定之与国外图书馆的交流与合作的职责中，若需公共机关发行或制作的资料，可向其提出提供该文献资

料的请求。(2009 年 9 月 21 日修订)

2. 根据本条第一款之规定，接到请求提供馆藏文献的机关，如所需文献不属于《安全业务规定》中规定的机密文献，应积极协助提供馆藏文献。(2009 年 9 月 21 日修订)

第十二条 支持与协助读书振兴活动 (2009 年 9 月 21 日修订全文)

国立中央图书馆根据《图书馆法》第十九条第一款第八项之规定，为支持和协助读书振兴活动，须开展以下各项业务：

(1) 为了促进公民的读书活动，须研究开发和普及读书资料（《读书振兴法》第二条第二款规定之图书文献)，并开展各种活动；

(2) 根据第二十一条之规定，应当改善知识信息弱势群体的读书环境；

(3) 应当与读书相关机构、机关及团体积极协作。

第十三条（一） 馆藏文献的呈缴

1. 根据《图书馆法》第二十条第一款之规定，向国立中央图书馆呈缴的文献包括：(2008 年 12 月 3 日，2009 年 9 月 21 日修订)

(1) 图书；

(2) 连续出版物；

(3) 乐谱、地图及活页式资料；

(4) 缩微形式资料及数字资源；

(5) 幻灯片、唱片、录音磁带、录像带等视听资料；

(6)《出版文化产业振兴法》第二条第四款规定之电子出版物中的激光唱片及数码视频光盘等资料；

(7) 盲文资料、录音资料及大字印刷文献等残疾人特殊文献；

(8) 因出版环境的变化而以新的载体和形式发行且经文化体育观光部长官认定的文献。

2. 根据《图书馆法》第二十条第二款之规定，将国立中央图书馆要求呈缴的数字格式馆藏文献，视为本条第一款所规定的可转换成残疾人特殊文献的资料。此时，国立中央图书馆的馆长要根据第十三条（三）的规定，经馆藏文献审议委员会的审议，采选指定内容的文献并予以通告。(2009 年 9 月 21 日修订)

3. 本条第一款规定之呈缴文献的呈缴数为 2 个复本，本条第二款规定之数字格式文献的呈缴数为 1 个复本。(2009 年 9 月 21 日修订)

4. 根据《图书馆法》第二十条第一款及第二款之规定，馆藏文献呈缴者根据文化体育观光部令的规定，应该向国立中央图书馆馆长提交馆藏文献呈缴书。呈缴的馆藏文献部分或全部是商品时，可根据文化体育观光部令的规定，提交补偿金申请书以申请补偿。(2009 年 9 月 21 日增订)

第十三条（二） 网络文献资料的征集 (2009 年 9 月 21 日增订)

1. 根据《图书馆法》第二十条（二）第一款之规定，国立中央图书馆须征集的网络文献是：电子格式网站和网络文献；根据第十三条（三）之规定，国立中央图书馆馆长经馆藏文献审议委员会的审议，采选指定内容的文献并予以通告。

2. 根据《图书馆法》第二十条（二）第一款之规定而征集的网络文献部分或全部是商品时，国立中央图书馆馆长应该向网络文献提供者颁发馆藏文献缴送证明书（包括电子格式证明书）。

3. 根据本条第二款之规定，已获得馆藏文献缴送证明书的网络文献提供者，可根据文化体育观光部令，向国立中央图书馆馆长提交补偿金申请书（包括电子版申请书）以申请补偿。

4. 国立中央图书馆馆长，如难以为根据《图书馆法》第二十条（二）第一款之规定而征集的电子文献支付相应补偿金时，可以将该文献从馆藏文献中删除。

第十三条（三） 馆藏文献建设审议委员会 (2009 年 9 月 21 日增订)

1. 为了审议根据《图书馆法》第二十条之规定而呈缴的馆藏文献，以及根据《图书馆法》第二十条（二）之规定而收集的网络文献的采选、种类、形态及补偿金等相关事项，在国立中央图书馆内可设立馆藏文献审议委员会（以下简称“审议委员会”）。

2. 审议委员会由包括委员长在内的 15 名以内的委员组成。

3. 委员长经由根据本条第二款规定产生的委员自选产生。委员由下列成员组成，如下：(2013 年 3 月 23 日修订)

（1）教育部长官、安全行政部长官及文化体育观光部长官点名的教育部、安全行政部及文化体育观光部所属的高级公务员各 1 名；

（2）由国立中央图书馆馆长推荐的图书馆及相关领域专业知识和经验丰富的人选。

4. 委员长代表审议委员会，负责综合管理业务。

5. 根据本条第三款第二项之规定，委员任期为 2 年。

6. 为了有效履行审议委员会的各项业务，可按学科领域设立专门委员会。

7. 本条第一款至第六款规定之事项之外的审议委员会及专门委员会运营所需相关事项，须根据文化体育观光部令制定。

第十三条（四） 个人信息的变更或注销请求（2009年9月21日增订）

1. 根据《图书馆法》第二十条（二）第三款之规定，准备请求变更或注销个人信息者，应该向国立中央图书馆馆长提交变更或注销个人信息的书面申请。

2. 根据本条第一款之规定，国立中央图书馆馆长收到变更或注销个人信息请求时，须在10日内采取必要措施受理该事项，并向用户发送变更或注销信息的通知书。如果因特殊理由而无法变更或注销个人信息时，应在10日以内通知其理由，并可延长一次工作期限。

3. 国立中央图书馆馆长对于本条第一款规定的个人信息变更或注销的请求，或者作出不予变更或不予注销的决定，或者作出与请求内容不同的决定时，须向请求者发送记录其决定内容及不服程序相关事项的拒绝变更通知书或注销通知书。

第十四条 国际文献标准号的赋予

1.《图书馆法》第二十一条第一款规定的国际文献标准号（以下简称"资料号"）分为国际标准图书号和国际标准连续出版物号。国立中央图书馆馆长为了文献资料的便捷利用和流通，可附加记号。

2. 要获取国际文献标准号者，根据文化体育观光部令，应该向国立中央图书馆馆长提交国际文献标准号申请书。(2008年12月31日修订)

3. 国立中央图书馆馆长制定并通告国际文献标准号和附加记号（以下简称"韩国文献号"）的赋予对象、程序及标识方法。

4. 凡是已获取韩国文献号者在图书或连续出版物上未标识韩国文献号时，国立中央图书馆馆长可取消或者禁止使用该韩国文献号。

第十五条 地区代表图书馆的设立及运营

1. 根据《图书馆法》第二十二条第一款之规定，市、道知事在该特别市、广域市、特别自治市、道、特别自治道设立的公共图书馆或其他公共图书馆中，须指定一家图书馆，履行该地区代表图书馆的义务。(2009年9月21日，2012年8月13日修订)

2. 至每年11月底之前，地区代表图书馆馆长应完成以下各项工作，并向市、道知事汇报。具体如下：

（1）下一个年度地区图书馆运营计划；

（2）地区图书馆之间的相互合作及与国立中央图书馆的合作现状；

（3）区内公共图书馆的建馆情况以及公共保存书库的运行现状；

（4）援助地区公共图书馆和消除知识鸿沟实际工作成效；

（5）地区公共图书馆工作评估以及实际情况调查分析报告。

第十六条 馆藏文献提交对象及种类

根据《图书馆法》第二十六条第二款之规定，地方自治团体要向地区代表图书馆提交的馆藏文献（限于第一款规定的呈缴对象）种类等相关信息，须遵循本实施令第十三条第一款及第三款之规定。(2009 年 9 月 21 日修订)

第十七条 公共图书馆的建设及发展

1. 根据《图书馆法》第二十七条第一款之规定，国家或地方自治团体应致力于在居民方便到达的场所积极建设公共图书馆。

2. 公共图书馆（《图书馆法》第二条第四款所规定的各种类图书馆除外）为了服务该地区居民，根据地区特点，应发展小型图书馆、分馆、移动图书馆等，并大力扶持。(2009 年 9 月 21 日修订)

第十八条 私立公共图书馆的注册及注销程序（2009 年 9 月 21 日修订全文）

1. 根据《图书馆法》第三十一条（一）第一款之规定，要注册私立公共图书馆者，应该在注册申请书上附加设备说明书（包括数字资源），向特别自治市市长、特别自治道知事、市长、郡守、自治区区长（以下简称“市、郡、区长”）提交。(2012 年 8 月 13 日修订)

2. 根据《图书馆法》第三十一条（一）第二款之规定，要变更注册事项者，应该自其注册事项变更之日起 14 日内，在变更注册申请书上附加具体设备明细单，向市长、郡长、区长提交。接到变更申请时，市长、郡长、区长应该向申请者颁发内容变更的注册证。

3. 根据《图书馆法》第三十一条（一）第三款之规定，已注册图书馆如需注销，须向市长、郡守、区长提交附加注册证的注销申请。

第十九条 公共图书馆使用费（2009 年 9 月 21 日修订标题）

根据《图书馆法》第三十三条之规定，公共图书馆可从读者收取的使用费范围如下：(2009 年 9 月 21 日修订)

（1）馆藏文献复印费及数据库使用手续费；

（2）个人研究室、会议室等使用费；

（3）会员证颁发手续费；

（4）培训及教育手续费；

（5）图书馆入馆费（仅限于私立公共图书馆）。

第二十条 私立专业图书馆注册及注销程序（2009 年 9 月 21 日修订全文）

《图书馆法》第四十条第二款至第四款规定之私立专业图书馆的注册及注销程序相关规定，遵循本实施令第十八条之规定。(2012 年 8 月 13 日修订)

第二十一条 知识信息弱势群体（2009 年 9 月 21 日修订标题）

《图书馆法》第四十三条第二款“知识信息弱势群体”包括以下各类人群：（2009 年 9 月 21 日，2011 年 1 月 17 日，2012 年 8 月 13 日修订）

（1）符合《残疾人福利法》规定的残疾人；

（2）符合《国民基础生活保障法》规定的低保人员；

（3）65 岁以上老人；

（4）农渔村（指《提高农渔民生活质量和农渔村地区开发促进法》第三条第一款规定的农渔村）居民。

第二十二条 权限委托（2012 年 8 月 13 日修订全文）

1. 文化体育观光部长官根据《图书馆法》第四十六条之规定，将《图书馆法》第四十七条规定的罚款收缴权限，授权给国立中央图书馆馆长。

2. 文化体育观光部长官根据《图书馆法》第四十六条之规定，可将本法令第四条第三款规定之馆员资格认证书颁发权限，授权给根据《图书馆法》第十七条之规定而成立的图书馆相关协会。

3. 文化体育观光部长官根据本条第二款的规定，委托权限时，应将其授权者及委托业务等事宜进行公告。

附　则　（第 24453 号，2013 年 3 月 23 日）

第一条 实施日

本法令自公布之日起实施。

自第二条至第四条省略

第五条 其他法令的修订

①至⑨省略

⑩将图书馆法实施令部分修订为如下：

将第六条第一款中之“教育科学技术部长官”修订为“未来创造科学部长官、教育部长官”；将“行政安全部长官”修订为“安全行政部长官”；将“知识经济部长官”修订为“产业通商资源部长官”；将“国土海洋部长官”修订为“国土交通部长官”。

将第十三条（三）第三款第一项中的“教育科学技术部长官、行政安全部长官”修订为“教育部长官、安全行政部长官”；将“教育科学技术部、行政安全部”修订为“教育部、安全行政部”。

⑪至⑯省略

附表1 不同种类图书馆设施及馆藏文献标准（参见第三条）（2009年9月21日修订）

1. 公共图书馆

甲、公立公共图书馆

服务对象人口数量	设 备		馆藏文献	
	建筑面积/m^2	阅览坐席/个	基本藏书/册	年增长馆藏文献/册
2万以上	264以上	60以上	3000以上	300以上
2万以上 5万以下	660以上	150以上	6000以上	600以上
5万以上 10万以下	990以上	200以上	15000以上	1500以上
10万以上 30万以下	1650以上	350以上	30000以上	3000以上
30万以上 50万以下	3300以上	800以上	90000以上	9000以上
50万以上	4950以上	1200以上	150000以上	15000以上

注：

（1）服务对象：图书馆所在地的市、区、邑、面的人口。

（2）服务对象超过2万名以上的公立公共图书馆，除阅览室之外，要具备参考文献阅览室、期刊阅览室、视听室、会议室、办公室及文献排架设备等。

（3）儿童座位要超过全部阅览座的20%以上，老人和残疾人座位要占全部阅览座的10%。

（4）公立公共图书馆除基本藏书之外，要具备以下藏书：

① 每1000名读者须拥有1种连续出版物；

② 每1000名读者须拥有10种以上视听资料，并且每年每1000名读者须增加1种视听资料；

③ 其他地方文献、数字资源及政府公告。

乙、私立公共图书馆

须具备公立公共图书馆设备标准中，服务对象未达到 2 万名的图书馆标准。

丙、小型图书馆

设　备		馆藏文献
建筑面积	阅览座	1000 册以上
$33m^2$ 以上	6 个以上	

注：建筑面积不包含玄关、休息室、走廊、洗手间及食堂面积。

丁、残疾人图书馆（限于以盲人读者服务为主要目的的图书馆）

设　备		馆藏文献	
建筑面积	器　材	藏　书	录音带
面积：$66m^2$ 以上；阅览室和书库的面积要占整体面积的 45%	1. 盲人制版机 1 台以上； 2. 盲人印刷机 1 台以上； 3. 盲人打字机 1 台以上； 4. 录音机 4 台以上	1500 册以上	500 盘以上

注：建筑面积不包含玄关、休息室、走廊、洗手间及食堂面积。

2. 专业图书馆（限于公众读者服务为主要目的的图书馆）

设备及馆藏文献标准
阅览室面积须达到 $165m^2$，专业文献资料须达到 3000 册以上（如专业文献资料为视听资料，也须达到 3000 件以上）

3. 学校图书馆

遵循《学校图书馆振兴法》第十三条第三款之设备及馆藏文献标准。

4. 自第一项至第三项规定之外的图书馆没有相关标准。

附表2 图书馆馆员配置标准（参见第四条第一款）（2012 年 8 月 13 日修订）

图书馆类型	标 准
公共图书馆（私立公共图书馆及《图书馆法》第二条第四款规定之图书馆除外）	馆舍面积在 330m² 以下的图书馆，须配置 3 名馆员，馆舍超过 330m² 时，馆舍每超过 330m² 须增加 1 名馆员；藏书超过 6000 册时，每超过 6000 册馆藏，须增加 1 名馆员
小型图书馆	公立小型图书馆可配置 1 名以上馆员
残疾人图书馆	盲人图书馆须配置 1 名以上馆员
专业图书馆	以普通公民为主要服务对象的专业图书馆，其馆员配置标准遵循公共图书馆馆员配置标准

附表3 馆员资格条件（参见第四条第二款）（2012 年 8 月 13 日修订）

级别	馆员资格标准
1. 一级正图书馆馆员	甲、《高等教育法》规定之研究生院文献情报学或图书馆学博士学位获得者； 乙、具有二级正馆员资格，《高等教育法》规定之研究生院非文献情报学或非图书馆学博士学位获得者或情报处理技术资格获得者； 丙、具有二级正馆员资格，作为《高等教育法》规定之研究生院硕士学位获得者，在图书馆或其他由文化体育观光部令指定机构内从事 6 年以上文献情报学或图书馆学的研究工作（以下简称“图书馆工作经历”）者； 丁、具有二级正馆员资格，图书馆工作经历 9 年以上，并且在文化体育观光部长官指定的教育机构（以下简称“指定教育机构”）修毕文化体育观光部长官指定的教育课程（以下简称“指定教育课程”）的人员
2. 二级正图书馆馆员	甲、《高等教育法》规定之大学（包括教育大学、师范大学、《高等教育法》第二条第五项规定的远程大学、产业大学及与此相当的大学。以下与此相同）文献情报学或图书馆学毕业生；或者文献情报学毕业生，并且根据相关法律被认定为具有与此相当学历的人员； 乙、《高等教育法》规定之研究生院文献情报学或图书馆学硕士学位获得者； 丙、在《高等教育法》规定之教育学院内专修图书馆学教育或馆员教育，并获得硕士学位； 丁、作为《高等教育法》规定之研究生院非文献情报学或非图书馆学硕士学位获得者，在指定教育机构修毕指定教育课程者； 戊、具有准馆员资格证书的《高等教育法》规定之研究生院硕士学位获得者

续表

级别	馆员资格标准
3. 准图书馆馆员	甲、专科大学（含授予专业学士学位的网络大学）文献信息学或图书馆学毕业生； 乙、具有专科大学（含授予专业学士学位的网上大学和过去职业高中专科学校）或同等学力，在指定教育机构修毕指定教育课程的人员； 丙、非文献信息学或图书馆专业大学本科毕业生

注：

(1)“图书馆等工作经历”是指在以下各机构中专职馆员或专职馆员行政的经历：

甲、图书馆：

① 国家或地方自治团体建立的公共图书馆或专业图书馆；

② 根据《图书馆法》第三十一条（一）第一款及第四十条第二款之规定，在地方自治团体登记的私立公共图书馆或私立专业图书馆；

③ 大学图书馆或学校图书馆；

④ 其他小型图书馆规模以上的图书馆。

乙、国家或地方自治团体。

丙、与图书馆相关的非营利法人。

(2) 作为国外大学本科或研究生院文献情报学或图书馆学学士学位以上学位获得者，并且文化体育观光部长官认定为具备相关馆员级别资格条件，可对其颁发该级别馆员资格证书。

图书馆法实施规则*

（文化体育观光部令第 126 号，2012 年 8 月 17 日部分修订，自 2012 年 8 月 18 日起实施）

第一条 目　的

为规定《图书馆法》及《图书馆法实施令》中的委托事项及其实施所需相关事项，特制定本实施规则。

---

* 李吉子，王磊，译；卢海燕，校。

第二条 图书馆认证申请书（2009 年 9 月 25 日修订标题）

1.《图书馆法实施令》（以下简称“实施令”）第二条第二款规定之图书馆认证申请书格式见附表 1。（2009 年 9 月 25 日修订）

2. 文化体育观光部长官根据实施令第二条第二款之规定受理的认定申请，或者根据其工作职责进行机构设施检查时，认为符合实施令第二条第一款之认定条件者，应颁发如附表 2 格式的图书馆认定书。（2009 年 9 月 25 日修订）

第三条 资格认定证书申请（2009 年 9 月 25 日修订标题）

1. 根据实施令第四条第三款之规定，要取得馆员资格认定证书者，在向文化体育观光部长官（或根据实施令第二十二条第二款之规定，接受该项工作授权的协会）提交如附表 3 格式的馆员资格认定证书申请表时，须附加以下各项资料：（2009 年 9 月 25 日，2012 年 8 月 17 日修订）

（1）居民身份证原件或复印件（外国人要提交外国人登记证明）；

（2）实施令第四条第二款规定之馆员资格条件证明材料。

2. 大学或专科大学的负责人或实施令附表 3 规定的指定教育机关的负责人（以下简称“指定教育机关的负责人”），以及为了具备实施令附表 3 规定的资格条件的准毕业生和进修毕业生，须向文化体育观光部长官提交如附表 4 格式的馆员资格认证申请书，以申请取得资格认定证书。（2009 年 9 月 25 日，2012 年 8 月 17 日修订）

3. 文化体育观光部长官根据本条第一款或第二款之规定，受理馆员资格认定证书申请时，在确认资格条件后，应及时向申请者颁发如附表 6 格式的馆员资格认定证书。（2009 年 9 月 25 日，2012 年 8 月 17 日修订）

第四条 研究经历的认证机关

实施令附表 3 的 1 级正馆员栏丙项中的“文化体育观光部令指定机构”是以下各机构：（2009 年 9 月 25 日修订）

（1）大学及专科大学；

（2）国家及地方自治团体或法人设立的研究机构。

第五条 资格认定证书再申请（2009 年 9 月 25 日修订标题）

已取得资格认定证书者因丢失或毁损资格认定证书而再次申请时，可向体育文化观光部长官提交如附表 3 格式的馆员资格认定证书申请表（申请、再申请、信息变更）。（2009 年 9 月 25 日，2012 年 8 月 17 日修订）

第六条 资格认定证书内容变更申请

要变更资格认定证书记录事项者，应向体育文化观光部长官提交如附表 3 格式的馆员资格认定证书申请表（申请、再申请、信息变更）、馆员资格认定

证书及信息变更资料证明材料。（2009 年 9 月 25 日，2012 年 8 月 17 日修订）

第七条 业务协调会议

1. 实施令第七条第二款规定之业务调整会议的委员长，是由《图书馆法》第十二条第三款之规定的企划团团长担任，委员则由以下人员组成：（2009 年 9 月 25 日，2012 年 8 月 17 日修订）

（1）相关中央行政机构及特别市、广域市、特别自治市、道、特别自治道的 3 级普通公务员或相应行政级别的其他岗位普通公务员；

（2）由业务协调会议委员长指定的其他人员。

2. 业务调整会议应在半数以上现任委员出席时方可召开；经半数以上参会人员同意时方可作出决议。

3. 在预算范围内，可向参加业务调整会议的委员、相关公务员或相关专家支付报酬、差旅费及其他必要经费。但是，公务员因职责所在参加业务调整会议者除外。

第八条（一） 馆藏文献呈缴书（2009 年 9 月 25 日修订标题）

1. 根据实施令第十三条（一）第一款之规定，文献呈缴者应提交如附表 9－1 格式的馆藏文献呈缴书。若呈缴的文献全部或部分是商品时，应提交如附表 9－1格式的补偿金申请书。（2009 年 9 月 25 日修订）

2. 根据实施令第十三条（一）第二款之规定，数字化格式馆藏文献呈缴者，应提交如附表 9－2 格式的馆藏文献呈缴书。若呈缴的数字化格式馆藏文献全部或部分是商品时，应提交如附表 9－2 格式的补偿金申请书。（2009 年 9 月 25 日增订）

3. 国立中央图书馆馆长为了估价补偿金额，必要时可要求呈缴者提交估价补偿金所需相关资料。（2009 年 9 月 25 日修订）

4. 根据《图书馆法》第二十条第三款之规定，图书馆馆长所颁发的馆藏文献呈缴证书参照如下格式：（2009 年 9 月 25 日修订）

（1）根据本条第一款规定而呈缴馆藏文献者：附表 9－3 格式；

（2）根据本条第二款之规定而呈缴数字化格式馆藏文献者：附表 9－4 格式。

第八条（二） 网络文献征集证明（2009 年 9 月 25 日增订）

1. 根据实施令第十三条（二）第二款之规定，国立中央图书馆馆长颁发的网络文献征集证明格式见附表 10－1。

2. 根据本条第一款之规定，接受网络文献征集证明的网络文献提供者，应向国立中央图书馆馆长提交的馆藏文献补偿金申请书格式见附表 10－2。

第八条（三） 馆藏文献建设审议委员会（2009 年 9 月 25 日增订）

1. 实施令第十三条（三）第一款规定的馆藏文献建设审议委员会（以下简称“审议委员会”），由委员长负责召集会议，并担任议长。

2. 委员长因故无法履行职务时，由委员长指定的委员代其履行职责。

3. 在委员长认为必要或国立中央图书馆馆长提出要求时，可由委员长安排，召集委员召开审议委员会会议。

4. 审议委员会的会议应在半数以上现任委员出席时方可召开；经半数以上出席委员同意方可作出决议。

5. 委员长为审议实施令第十三条（三）第一款规定之主要事项，可向相关公务员或专家提出协助，邀请其参加会议、提出意见或提供资料等。

6. 在预算范围内，可向出席审议委员会会议的委员、相关公务员或相关专家支付报酬、差旅费及其他必要的经费。但是，公务员因职责所在参加会议者除外。

7. 经审议委员会的决议，委员长制定其他审议委员会运行所必要的事项。

第八条（四） 专门委员会（2009 年 9 月 25 日增订）

1. 实施令第十三条（三）第六款规定之专门委员会是由来自各领域的 10 名以内审议委员会委员组成。

2. 专门委员会审议以下各项事务：

（1）检查研究审议委员会应审议的案件；

（2）审议委员会委托的事项；

（3）其他审议委员会委员长或者国立中央图书馆馆长在会议中提出的事项。

3. 其他专门委员会运行所必要的事项，须经审议委员会同意，由委员长负责组织制定。

第八条（五） 个人信息变更及注销请求（2009 年 9 月 25 日增订）

1. 实施令第十三条（四）第一款规定之个人信息变更及注销申请书格式见附表 11－1。

2. 实施令第十三条（四）第二款规定之变更及注销信息结果通知书格式见附表 11－2。

3. 实施令第十三条（四）第二款规定之国立中央图书馆馆长延长变更及注销信息期限的通知书格式见附表 11－3。

4. 实施令第十三条（四）第三款规定之变更及注销信息拒绝决定通知书格式见附表 11－4。

第九条 国际文献标准号申请书

根据实施令第十四条第二款之规定，要取得图书或连续出版物标准号者，应向国立中央图书馆馆长提交符合以下内容之一的资料：

（1）图书：在如附表第 12 - 1 格式申请书上，附加在版编目信息和出版社证件复印件一同提交；

（2）连续出版物：在附表第 12 - 2 格式的申请书上，附加连续出版物样品（封面、目次、版权页）和连续出版物登记证复印件一同提交。

第十条 图书馆设立登记申请书

1. 实施令第十八条第一款或实施令第二十条规定的注册申请书以及设备明细单格式分别见附表 13 和附表 14。（2009 年 9 月 25 日修订）

2. 特别自治市市长、特别自治道知事、市长、郡守、自治区区长根据实施令第十八条第一款或实施令第二十条之规定，向图书馆建馆注册者颁发如附表 15 - 1 格式的图书馆注册证（包括网络版）。（2007 年 12 月 13 日，2009 年 9 月 25 日，2012 年 8 月 17 日修订）

3. 实施令第十八条第二款（或实施令第二十条）规定之变更注册申请书及设备明细单格式分别见附表 13 和附表 14。（2009 年 9 月 25 日增订，2012 年 8 月 17 日修订）

4. 实施令第十八条第三款或实施令第二十条规定之图书馆注销申请书格式见附表 16。（2009 年 9 月 25 日增订）

第十一条 （已删除）（2012 年 8 月 17 日）

第十二条 （已删除）（2009 年 9 月 25 日）

附　则 （文化体育观光部令第 126 号 2012 年 8 月 17 日）

第一条 实施日

本实施规则自 2012 年 8 月 18 日起实施。

第二条 其他相关法律修订

将《文化体育观光部及其所属机构组织机构制度实行规则》部分内容修订如下：

将第三十三条的标题“国立残疾人图书馆支援中心”修订为“国立残疾人图书馆”；将各款项中“国立残疾人图书馆支援中心所长”修订为“国立残疾人图书馆馆长”。

将第四十八条第二款第十一项中的“残疾人图书馆支援中心所长”修订

为“国立残疾人图书馆馆长”。

附表1 图书馆认证申请书（2012年8月17日修订）

图书馆认证申请书

＊在相应的〔 〕上画√

<table>
<tr><td>接收编号</td><td>接收日期</td><td>受理日期</td><td colspan="2">受理期限
20日</td></tr>
<tr><td>图书馆种类</td><td colspan="4">〔 〕公共图书馆〔 〕小型图书馆〔 〕残疾人图书馆〔 〕医院图书馆
〔 〕教导所图书馆〔 〕儿童图书馆〔 〕专业图书馆</td></tr>
<tr><td rowspan="2">建馆者</td><td colspan="2">姓名</td><td colspan="2">出生日期</td></tr>
<tr><td colspan="2">地址</td><td colspan="2">电话</td></tr>
<tr><td>名称</td><td colspan="4"></td></tr>
<tr><td>地址</td><td colspan="2"></td><td colspan="2">电话</td></tr>
<tr><td colspan="5">根据《图书馆法》第三条、《图书馆法实施令》第二条及《图书馆法实施规则》第二条第一款之规定，申请上述图书馆认证。
年 月 日
申请人 （签字或盖章）
文化体育观光部长官 阁下</td></tr>
<tr><td>附加资料</td><td colspan="2">说明馆藏文献及设备情况的资料</td><td colspan="2">手续费 无</td></tr>
<tr><td colspan="5">方 法</td></tr>
<tr><td colspan="5">如建馆者为法人或团体，在姓名栏上要填法人或团体的名称，出生日期栏上要填法人或团体的成立日期。</td></tr>
<tr><td colspan="5">受理程序</td></tr>
<tr><td>申请人填写 →</td><td>接收 →</td><td>审批 →</td><td>认证书 →</td><td>通报</td></tr>
<tr><td>申请人</td><td>文化体育观光部（图书馆政策课）</td><td>文化体育观光部（图书馆政策课）</td><td>文化体育观光部（图书馆政策课）</td><td></td></tr>
</table>

210mm×297mm〔双面胶纸 80g/m^2〕

附表2 图书馆认证书（2012 年 8 月 17 日修订）

第　　号

图书馆认证书

1. 图书馆名称：

2. 地址：

3. 法人代表

姓名：

出生日期：

4. 认证日期：　　　年　　月　　日

5. 图书馆种类：

根据《图书馆法》第三条及《图书馆法实施规则》第二条第二款之规定，认定为图书馆。特此证明。

年　　月　　日

文化体育观光部长官　印

210mm × 297mm〔双面胶纸 80g/m^2〕

附表3 （2012年8月17日修订）

〔 〕申请
馆员资格证 〔 〕再申请 申请书
〔 〕信息变更

* 细读具体方法后填写，并在相应的〔 〕上画√ （首页）

<table>
<tr><td>接收编号</td><td colspan="2">接收日期</td><td colspan="2">受理日期</td><td>受理期限 5日</td></tr>
<tr><td rowspan="2">申请人</td><td colspan="4">姓名</td><td>出生日期（外国人填写国籍）</td></tr>
<tr><td colspan="5">地址</td></tr>
<tr><td colspan="6">* 以下栏目只有申请资格证书时填写</td></tr>
<tr><td>申请资格</td><td colspan="5">〔 〕1级正馆员 〔 〕2级正馆员 〔 〕准馆员</td></tr>
<tr><td rowspan="4">资格条件</td><td colspan="5">《图书馆法实施令》附表3（ ）馆员资格条件 第（ ）号</td></tr>
<tr><td>毕业院校</td><td colspan="4">大学 专业 学科
研究生 学位 学</td></tr>
<tr><td>现有馆员级别</td><td colspan="4">〔 〕2级正馆员 〔 〕准馆员 〔 〕没有相应级别</td></tr>
<tr><td colspan="5">学习经历</td></tr>
<tr><td colspan="6">* 以下栏目只有再申请资格证书时填写</td></tr>
<tr><td rowspan="2">资格证</td><td>级别</td><td colspan="4">〔 〕1级正馆员 〔 〕2级正馆员 〔 〕准馆员</td></tr>
<tr><td colspan="2">编号</td><td colspan="3">颁发日期</td></tr>
<tr><td colspan="6">再申请理由</td></tr>
<tr><td colspan="6">* 以下栏目只有申请信息变更时填写</td></tr>
<tr><td>馆员级别</td><td colspan="5">〔 〕1级正馆员 〔 〕2级正馆员 〔 〕准馆员</td></tr>
<tr><td>变更事项</td><td colspan="5"></td></tr>
<tr><td colspan="6">〔 〕根据《图书馆法实施规则》第三条第一款之规定，申请颁发上述馆员资格证。
〔 〕根据《图书馆法实施规则》第五条之规定，再申请颁发上述馆员资格证。
〔 〕根据《图书馆法实施规则》第六条之规定，申请变更上述馆员资格证信息。

年 月 日

申请人 （签字或盖章）
阁下</td></tr>
</table>

210mm×297mm〔双面胶纸80g/m²〕

（末页）

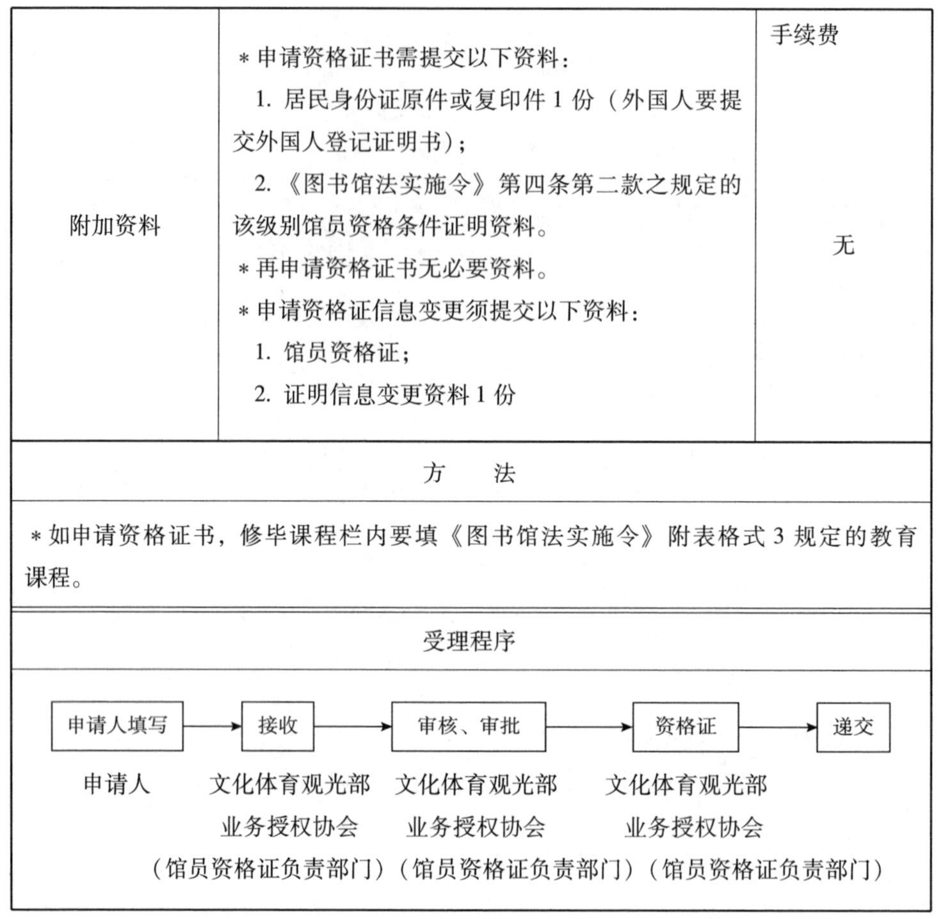

<table>
<tr><td>附加资料</td><td>＊申请资格证书需提交以下资料：
1. 居民身份证原件或复印件 1 份（外国人要提交外国人登记证明书）；
2.《图书馆法实施令》第四条第二款之规定的该级别馆员资格条件证明资料。
＊再申请资格证书无必要资料。
＊申请资格证信息变更须提交以下资料：
1. 馆员资格证；
2. 证明信息变更资料 1 份</td><td>手续费

无</td></tr>
<tr><td colspan="3">方　　法</td></tr>
<tr><td colspan="3">＊如申请资格证书，修毕课程栏内要填《图书馆法实施令》附表格式 3 规定的教育课程。</td></tr>
<tr><td colspan="3">受理程序</td></tr>
<tr><td colspan="3">申请人填写 → 接收 → 审核、审批 → 资格证 → 递交
申请人　文化体育观光部业务授权协会（馆员资格证负责部门）　文化体育观光部业务授权协会（馆员资格证负责部门）　文化体育观光部业务授权协会（馆员资格证负责部门）</td></tr>
</table>

附表 4　馆员资格认证申请书（2012 年 8 月 17 日修订）

馆员资格认证申请书

行政机关名称

收信人　　　　　　　　（馆员资格证负责人）

标题　馆员资格认证申请

根据《图书馆法实施令》第四条第二款之规定，对于　　　年　　　月　　　日毕业于　　　　　　　大学　　　　　　　系（专业　）的，并符合（　　　　　　　　）馆员资格条件者，根据《图书馆法实施规则》第三条第二款的规定，申请馆员资格证。如下：

＊大学

序号	学位登记序号码	姓名	出生日期 （外国人填写国籍）	备注

＊指定教育机构

序号	姓名	出生日期 （外国人填写国籍）	学历	现有级别	经历	备注
＊在备注栏上填写《图书馆法实施令》第三条规定之该资格级别。						

终

发信机构　公章

起草人　职位（级别）签名				核对人　职位（级别）签名			
审批人　职位（级别）签名				协助人			
受理		受理课 － 序号（实施日期）		受理		受理部门名称 － 序号（受理日期）	
邮编		地址		网址			
电话		电传		起草人电子邮件信箱			

210mm × 297mm〔双面胶纸 $80g/m^2$〕

附表 5　（已删除）（2012 年 8 月 17 日）

附表 6　馆员资格认定证书（2012 年 8 月 17 日修订）

第　号

馆员资格认定证书

1. 姓名：

2. 出生日期：

（外国人填写国籍）

3. 资格：

根据《图书馆法实施令》第四条第三款及《图书馆法实施规则》第三条第三款之规定，认定上述资格，并授予证书。

年　　月　　日

文化体育观光部长官　　印

210mm × 297mm〔双面胶纸 80g/m^2〕

附表 7　（已删除）（2012 年 8 月 17 日）

附表 8　（已删除）（2012 年 8 月 17 日）

附表 9－1 （2012 年 8 月 17 日修订）

〔 〕馆藏文献呈缴证明书

〔 〕补偿金申请书（根据《图书馆法》第二十条（一）第一款规定之呈缴馆藏文献） （首页）

呈缴序号							受理期限 14 日	
发行者			地址				电话	
居民身份证号			银行名称				账号	
①序号	②区分	③ISBN/ISSN	④文献名称	⑤作者	⑥发行者	⑦发行日	⑧定价	⑨册数
⑩合计	（ ）种，总册数（ ）册					⑪补偿金		

〔 〕根据《图书馆法》第二十条（一）第一款之规定，呈缴上述馆藏文献。

〔 〕根据《图书馆法》第二十条（一）第一款之规定，呈缴上述馆藏文献；根据本条第三款之规定，申请呈缴补偿金。

年 月 日

申请人： 签字或盖章

国立中央图书馆馆长 阁下

附加资料	无	手续费 无
方 法		
＊不填呈缴序号 ＊②区分栏，根据馆藏文献类型以图书、非书资料、期刊、报纸等形式表示。 ＊非补偿金申请者不填居民身份证号、银行名称、账号、补偿金金额。 ＊连续出版物（期刊）是在④文献名称栏内填写卷/通卷号及发行频率。	＊补偿金栏内填文献定价。 －文献补偿 50%（呈缴 2 册，补偿 1 册） －申请补偿金时要提交账单及税单	

210mm × 297mm〔双面胶纸 $80g/m^2$〕

（末页）

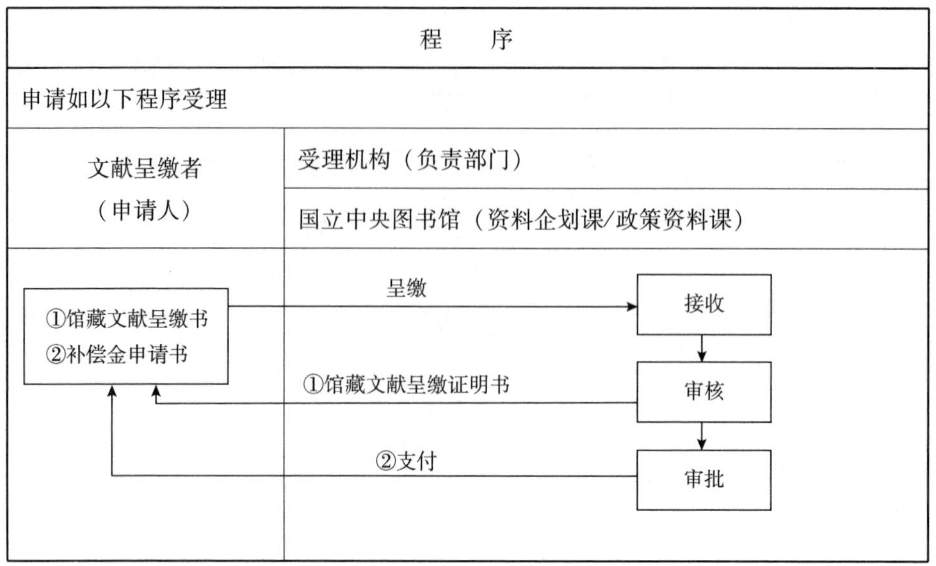

程　　序	
申请如以下程序受理	
文献呈缴者（申请人）	受理机构（负责部门） 国立中央图书馆（资料企划课/政策资料课）

附表 9－2　（2012 年 8 月 17 日修订）

〔 〕**馆藏文献呈缴证明书**

〔 〕**补偿金申请书**（根据《图书馆法》第二十条（一）第二款规定之呈缴数字化馆藏文献）

（首页）

呈缴序号							受理期限　14 日		
发行者			地址				电话		
居民身份证号			银行名称				账号		
①序号	②ISBN/ISSN	③文献名称	④作者	⑤发行者	⑥发行日	⑦文件格式	⑧定价	⑨册数	⑩参考价
⑪合计	（　）种，总册数（　）册					⑫补偿金			

〔 〕根据《图书馆法》第二十条（一）第二款之规定，呈缴上述馆藏文献。

〔 〕根据《图书馆法》第二十条（一）第二款之规定，呈缴上述馆藏文献；根据本条第三款之规定，申请呈缴补偿金。

年　月　日

申请人：　　　　签字或盖章

国立中央图书馆馆长　　　　阁下

附加资料	无	手续费　无
方　法		
* 不填写呈缴序号 * 居民身份证号码栏内填写收款人储蓄账号（居民身份证号或工商许可证号） * 非补偿金申请者不填居民身份证号、银行名称、账号、补偿金金额。 * 连续出版物（期刊）是在③文献名称栏上填写卷/通卷号及发行频率。		

210mm×297mm〔双面胶纸 80g/m²〕

（末页）

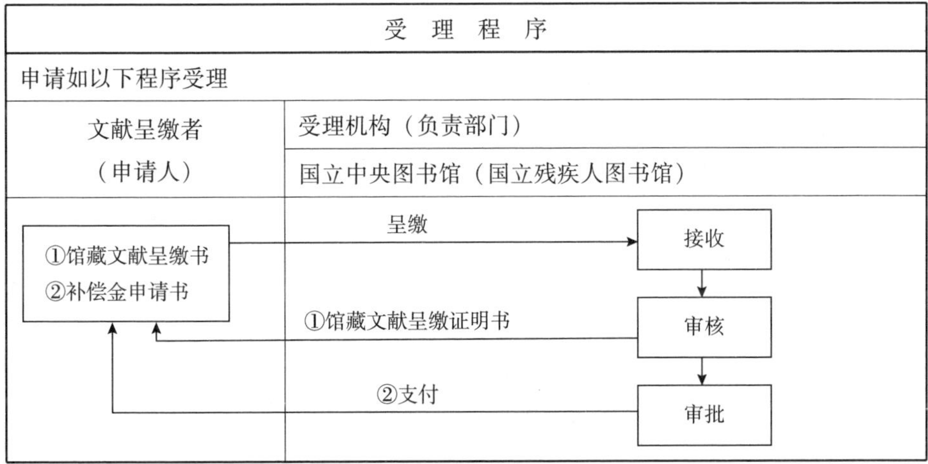

附表 9－3　（2012 年 8 月 17 日修订）

馆藏文献呈缴证明书

（根据《图书馆法》第二十条（一）第一款规定之呈缴馆藏文献）

呈缴序号									
①序号	②ISBN/ISSN	③文献名称	④作者	⑤发行者	⑥发行日	⑦形态	⑧定价	⑨册数	⑩备注
⑪合计		（　）种，总册数（　）册							

根据《图书馆法》第二十条（一）第一款之规定，呈缴上述馆藏文献。特此证明。

年　月　日

国立中央图书馆馆长

阁下

210mm×297mm〔双面胶纸 80g/m²〕

附表 9－4 （2012 年 8 月 17 日修订）

文献呈缴证明书

（根据《图书馆法》第二十条（一）第二款规定之呈缴数字化馆藏文献）

<table>
<tr><td colspan="10">呈缴序号</td></tr>
<tr><td>①序号</td><td>②ISBN/ISSN</td><td>③文献名称</td><td>④作者</td><td>⑤发行者</td><td>⑥发行日</td><td>⑦形态</td><td>⑧定价</td><td>⑨册数</td><td>⑩备注</td></tr>
<tr><td colspan="2">⑪合计</td><td colspan="8">（ ）种，总册数（ ）册</td></tr>
<tr><td colspan="10">根据《图书馆法》第二十条（一）第二款之规定，呈缴上述馆藏文献，特此证明。

年 月 日

国立中央图书馆馆长

阁下</td></tr>
</table>

210mm×297mm〔双面胶纸 80g/m²〕

附表 10－1 （2012 年 8 月 17 日修订）

馆藏文献呈缴证明书（网络文献）

<table>
<tr><td colspan="9">呈缴序号</td></tr>
<tr><td>①序号</td><td>②网络文献名称（URL）</td><td>③作者</td><td>④发行者</td><td>⑤发行日</td><td>⑥种类</td><td>⑦形态</td><td>⑧册数</td><td>⑨备注</td></tr>
<tr><td colspan="2">⑩合计</td><td colspan="7">（ ）种，总册数（ ）册</td></tr>
<tr><td colspan="9">根据《图书馆法》第二十条（二）第一款、《图书馆法实施令》第十三条（二）第二款，以及《图书馆法实施规则》第八条（二）第一款之规定，证明呈缴上述馆藏文献，特此证明。

年 月 日

国立中央图书馆馆长

阁下</td></tr>
</table>

210mm×297mm〔双面胶纸 80g/m²〕

附表 10－2 （2012 年 8 月 17 日修订）

馆藏文献补偿金申请书（网络文献） （首页）

呈缴序号									受理期限 14 日
发行者			地址				电话		
居民身份证号			银行名称				账号		
①序号	②网络文献名称(URL)	③作者	④发行者	⑤发行日	⑥文献种类	⑦形态	⑧定价	⑨册数	⑩参考价
⑪合计	（ ）种，总册数（ ）册				⑫补偿金				

根据《图书馆法》第二十条（二）第五款、《图书馆法实施令》第十三条（二）第三款，以及《图书馆法实施规则》第八条（二）第二款之规定，申请网络文献征集补偿金。

年 月 日

申请人： 签字或盖章

国立中央图书馆馆长 阁下

附加资料	无	手续费 无
方 法		
＊不填写呈缴序号 ＊在②网络文献名称栏上填写 URL 信息		

210mm × 297mm〔双面胶纸 $80g/m^2$〕

（末页）

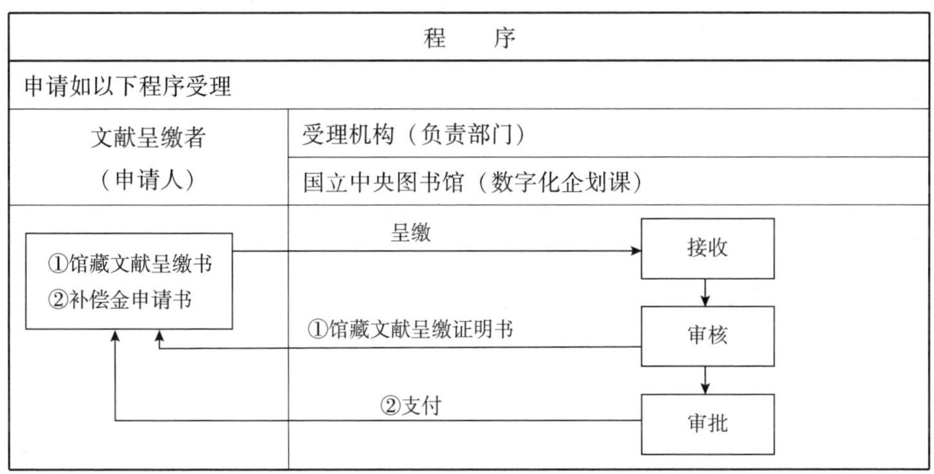
程 序

申请如以下程序受理

文献呈缴者（申请人）	受理机构（负责部门） 国立中央图书馆（数字化企划课）

附表 11－1　（2012 年 8 月 17 日修订）

个人信息更正·删除申请表

接收序号	接收日期	受理期限　10 日（可延长一次工作日）
代理人	姓名	电话
	出生日期	与申请人的关系
	地址	
申请人	姓名	电话
	出生日期	
	地址	
更正或删除内容	馆藏文献名称	阅览日期　　年　月　日
	更正或删除条款项	
	更正或删除内容及理由	
负责人审核当事人请求信息　签字		

根据《图书馆法》第二十条（二）第三款、《图书馆法实施令》第十三条（四）第一款，以及《图书馆法实施规则》第八条（五）第一款之规定，申请更正或删除上述个人信息。

年　月　日

申　请　人（签字或印）

国立中央图书馆馆长　阁下

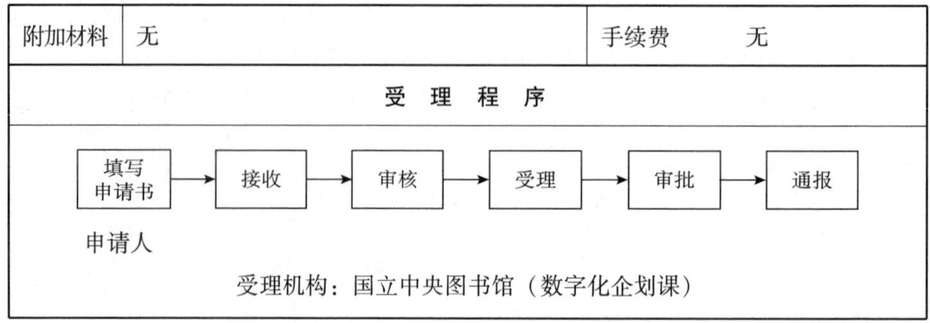

附加材料	无	手续费　无
受理程序		
填写申请书（申请人）→ 接收 → 审核 → 受理 → 审批 → 通报		
受理机构：国立中央图书馆（数字化企划课）		

210mm×297mm〔双面胶纸 80g/m^2〕

附表 11－2　（2012 年 8 月 17 日修订）

第　号

个人信息更正·删除结果通知书

阁下

地址：

①馆藏文献名称		
②接收日期		
③更正·删除内容		
④受理人	单位	级别
	姓名	电话
⑤其他		

1. 根据《图书馆法》第二十条（二）第三款、《图书馆法实施令》第十三条（四）第二款，以及《图书馆法实施规则》第八条（五）第二款之规定，对您的更正·删除信息申请，作出上述决定。特此通知。

2. 对更正·删除信息决定不服时，自接到本通知之日起 90 日内，可向国立中央图书馆馆长提起行政复议，或者向法院提起行政诉讼。

年　　月　　日

国立中央图书馆馆长　印

210mm × 297mm〔双面胶纸 80g/m^2〕

附表 11－3　（2012 年 8 月 17 日修订）

第　号

个人信息更正・删除期限延长通知书

　　　　　　阁下

地址：

①馆藏文献名称		
②接收日期		
③初次更正・删除时间		
④延长更正・删除时间理由		
⑤延长更正・删除预定时间		
⑥受理人	单位	级别
	姓名	电话号码
⑦其他		

根据《图书馆法》第二十条（二）第三款、《图书馆法实施令》第十三条（四）第二款，以及《图书馆法实施规则》第八条（五）第三款之规定，对您的更正・删除信息申请，因上述原因延长更正・删除信息时间，如有异议请向受理人咨询详情。特此通知。

年　　月　　日

国立中央图书馆馆长　印

210mm×297mm〔双面胶纸 80g/m²〕

附表 11－4 （2012 年 8 月 17 日修订）

第 号

个人信息更正·删除拒绝通知书

阁下

地址：

①馆藏文献名称		
②接收日期		
③拒绝更正·删除内容信息	全部/部分	
④拒绝更正·删除内容信息理由		
⑤受理人	单位	级别
	姓名	电话号码
⑥其他		

1. 根据《图书馆法》第二十条（二）第三款、《图书馆实施令》第十三条（四）第三款，以及《图书馆实施规则》第八条（五）第四款之规定，对您的更正·删除信息申请，作出上述决定。特此通知。

2. 对更正·删除信息拒绝决定不服时，自接到本通知之日起 90 日内，向国立中央图书馆馆长申请行政复议，或向法院申诉行政诉讼。

年 月 日

国立中央图书馆馆长 印

210mm × 297mm〔双面胶纸 $80g/m^2$〕

附表 12－1　（2012 年 8 月 17 日修订）

国际标准书号申请书

接收序号	接收日期	受理日期	受理期限　5 日
发行者	韩文或中文 英文	法人代表	
地址			电话 传真
出版社网址			电子信箱
出版社注册编号			出版社注册日期
受理人	姓名	职务	电话
出版总量　　种		出版物类型	
前年年度出版总量　　种		预计年出版总量	
备注			

根据《图书馆法》第二十一条第一款之规定，申请获得上述图书国际标准书号。

年　　月　　日

申 请 人

签字或盖章

国立中央图书馆　　阁下

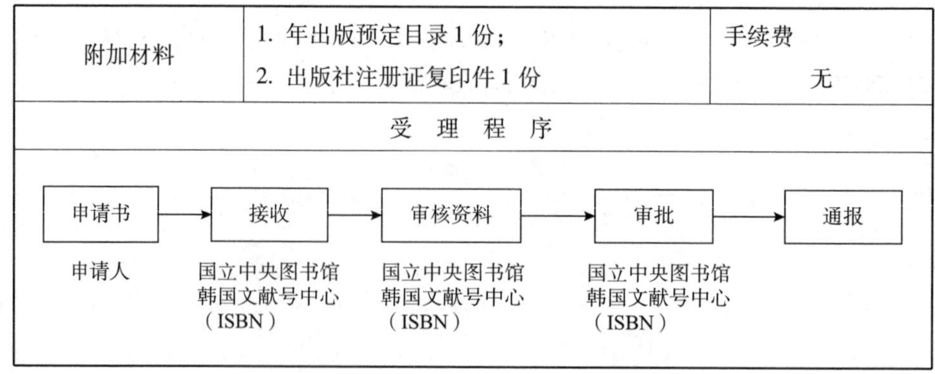

附加材料	1. 年出版预定目录 1 份； 2. 出版社注册证复印件 1 份	手续费 无
受　理　程　序		

297mm × 210mm〔双面胶纸 $80g/m^2$〕

附表 12－2 （2012 年 8 月 17 日修订）

国际标准连续出版物号申请书

＊详看填写方式后，在相应的〔〕上画√ （首页）

<table>
<tr><td>接收序号</td><td>接收日期</td><td colspan="2">受理日期</td><td>受理期限 5 日</td></tr>
<tr><td>①发行机构</td><td colspan="4"></td></tr>
<tr><td rowspan="2">②地址</td><td colspan="2" rowspan="2"></td><td colspan="2">电话</td></tr>
<tr><td colspan="2">传真</td></tr>
<tr><td>③法人代表</td><td></td><td>④出版社注册登记号</td><td colspan="2">⑤出版社注册日期</td></tr>
<tr><td>⑥申请理由</td><td colspan="2">〔 〕（1）准发行刊名
〔 〕（2）现刊名
〔 〕（3）停刊刊名</td><td colspan="2">〔 〕准发行日 年 月 日
〔 〕期刊号使用日 年 月 日
〔 〕创刊 年 月 日
〔 〕复刊 年 月 日
起始卷期（ ）</td></tr>
<tr><td>⑦刊名</td><td colspan="4"></td></tr>
<tr><td>⑧变更刊名</td><td colspan="4"></td></tr>
<tr><td>⑨变更前刊名</td><td colspan="4"></td></tr>
<tr><td>⑩相关题名</td><td colspan="4"></td></tr>
<tr><td>⑪期刊注册编号</td><td colspan="2"></td><td colspan="2">⑫发行频率</td></tr>
<tr><td>⑬正文语言</td><td colspan="2"></td><td colspan="2">⑭其他版本</td></tr>
<tr><td>⑮发行国家</td><td colspan="2"></td><td colspan="2">⑯形态</td></tr>
<tr><td>⑰发行机构（E－mail）</td><td></td><td>〔 〕收信</td><td colspan="2" rowspan="2">⑱特殊事项</td></tr>
<tr><td>⑲手机</td><td></td><td>〔 〕SMS 收信</td></tr>
<tr><td>⑳发行机构网址</td><td colspan="4"></td></tr>
</table>

根据《图书馆法》第二十一条第一款之规定，申请获得上述期刊国际标准期刊号。

年 月 日

申 请 人

签字或盖章

国立中央图书馆 阁下

附加材料及填写方式	参见末页	

297mm×210mm〔双面胶纸 $80g/m^2$〕

（末页）

附加材料	1. 期刊样书（封面、目次、版权页）1 份； 2. 出版物注册证复印件 1 份（限于商品期刊）	手续费 无

方　法

①发行机构名称：填写出版社、学会或法人团体名称；

③法人代表：填写版权页的发行人名称；

④出版社注册编号：出版社注册证编号；

⑥申请理由：在相应的〔 〕上画钩，必填创刊年；

⑨变更前刊名：改名或形态（印刷型、网络）变化时，填写改名前或形态变化之前的刊名；

⑩相关题名：填写纸本形态期刊之外的其他物理形态刊名；

如：Focus（Online），Focus（CD－ROM）

⑪期刊注册编号：以销售为目的的期刊注册编号；

＊期刊注册证是由地方自治团体颁发

⑫发行频率：

如：月刊、半年刊、季刊、年刊、每年 2 期、每年 3 期，不定期

⑬正文语言：填写正文语言之外，也填写摘要、索引的语言

程　序

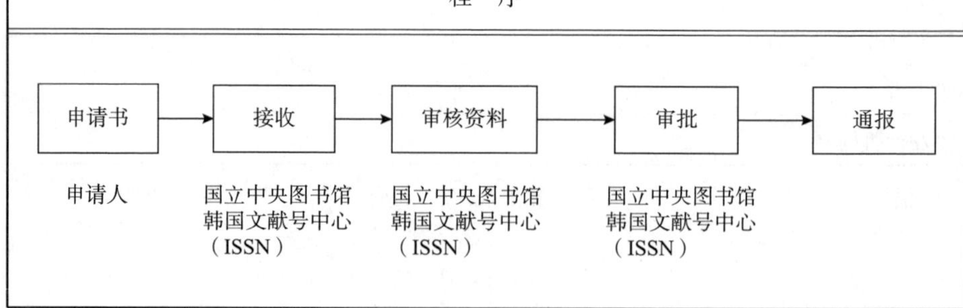

附表 13 （2012 年 8 月 17 日修订）

〔 〕注册

图书馆 〔 〕变更注册申请书

＊详看填写方式后，在相应的〔 〕上画√ （首页）

<table>
<tr><td>接收序号</td><td colspan="2">接收日期</td><td colspan="2">受理期限 10 日</td></tr>
<tr><td>图书馆种类</td><td colspan="4">〔 〕公共图书馆〔 〕小型图书馆 〔 〕残疾人图书馆
〔 〕医院图书馆〔 〕儿童图书馆 〔 〕教导所图书馆
〔 〕专业图书馆</td></tr>
<tr><td rowspan="2">建馆者</td><td colspan="2">姓名</td><td colspan="2">出生日期</td></tr>
<tr><td colspan="2">地址</td><td colspan="2">电话</td></tr>
<tr><td>名称</td><td colspan="4"></td></tr>
<tr><td>所在地</td><td colspan="3"></td><td>电话</td></tr>
<tr><td colspan="5">＊变更以下信息时填写</td></tr>
<tr><td>变更序号</td><td colspan="2">第 号</td><td colspan="2">注册日期 年 月 日</td></tr>
<tr><td rowspan="2">变更事项</td><td colspan="4">变更前</td></tr>
<tr><td colspan="4">变更后</td></tr>
</table>

〔 〕根据《图书馆法》第三十一条（一）第一款和第四十条第二款、《图书馆法实施令》第十八条第一款或第二十条，以及《图书馆法实施规则》第十条第一款之规定，申请注册上述图书馆。

〔 〕根据《图书馆法》第三十一条（一）第二款和第四十条第三款、《图书馆法实施令》第十八条第二款或第二十条，以及《图书馆法实施规则》第十条第三款之规定，申请变更注册上述图书馆。

年 月 日

申 请 人

签字或盖章

特别自治市长

特别自治道知事

市长、郡守、自治区区长 阁下

附加材料	图书馆设备明细单（格式 14）1 份	手续费 无

297mm×210mm〔双面胶纸 80g/m²〕

（末页）

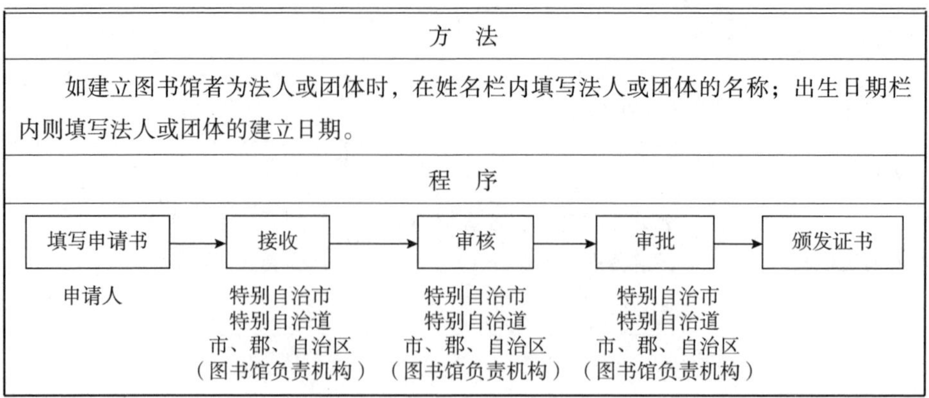

方　法
如建立图书馆者为法人或团体时，在姓名栏内填写法人或团体的名称；出生日期栏内则填写法人或团体的建立日期。
程　序

填写申请书	→	接收	→	审核	→	审批	→	颁发证书
申请人		特别自治市 特别自治道 市、郡、自治区 （图书馆负责机构）		特别自治市 特别自治道 市、郡、自治区 （图书馆负责机构）		特别自治市 特别自治道 市、郡、自治区 （图书馆负责机构）		

附表 14　（2012 年 8 月 17 日修订）

＊在相应的〔 〕上画√

图书馆设备明细单				
名称				
图书馆种类	〔 〕公共图书馆　〔 〕小型图书馆 〔 〕残疾人图书馆〔 〕医院图书馆 〔 〕教导所图书馆〔 〕儿童图书馆 〔 〕专业图书馆		读者数量	人
设备	占地	面积	m^2	
	馆舍	面积	m^2	
		使用面积	m^2	
	阅览座位	座位数	个	
		各阅览室座位		
	机器、家具			
馆藏文献	图书			
	连续出版物			
	非图书文献			
	其他文献			
员工	员工总数　　名	馆员 普通员工		

297mm × 210mm〔双面胶纸 80g/m^2〕

附表 15－1 （2012 年 8 月 17 日修订）

第 号

图书馆注册证

1. 图书馆名称：

2. 地址：

3. 法人代表

姓名：

出生日期：

4. 注册日期： 年 月 日

5. 图书馆种类：

根据《图书馆法》第三十一条（一）第一款及第四十条第二款之规定，以及《图书馆法实施规则》第十条第二款之规定，将上述图书馆予以注册登记，特颁发图书馆注册证。

年 月 日

特别自治市市长

特别自治道知事 印

市长、郡守、自治区区长

297mm×210mm〔双面胶纸 80g/m^2〕

附表 15－2　（已删除）（2012 年 8 月 17 日修订）

附表 16　（2012 年 8 月 17 日修订）

图书馆注销申请书

＊详看填写方式后，在相应的〔　〕上画√　　（首页）

接收编号	接收日期	受理期限　10 日

图书馆种类	〔　〕公共图书馆　〔　〕小型图书馆 〔　〕残疾人图书馆〔　〕医院图书馆 〔　〕教导所图书馆〔　〕儿童图书馆 〔　〕专业图书馆	
注册编号	第　　号	注册登录日期
建馆者	姓名	出生日期
	地址	电话
名称		
所在地		电话
理由		注销日

根据《图书馆法》第三十一条（一）第三款及第四十条第四款、《图书馆法实施令》第十八条第三款、《图书馆法实施规则》第十条第四款之规定，申请注销上述图书馆。

年　　月　　日

申请人

签证或盖章

特别自治市市长

特别自治道知事　　　　阁下

市长、郡守、自治区区长

＊注销法人代表注册登记，需填写以下内容		
根据法律规定之，已获得许可，或注册登记者申请注销		
建馆者	图书馆名称（法定名称）	注册登记编号
	姓名（代表）	出生日期（法定注册日期）
	图书馆所在地	电话

续表

<table>
<tr><td>根据《税务法》第五条第五款、《税务法实施令》第十条第一款之规定，申请注销上述图书馆。

年　　月　　日

申请人

签证或盖章

税务署长　阁下</td></tr>
</table>

* 将根据法律规定之，已获取许可或注册登记者注销图书馆事项，视为根据相关法律规定之注销注册登记。

297mm×210mm〔双面胶纸 80g/m²）

（末页）

<table>
<tr><td>附加材料</td><td>1. 图书馆注册证原件（格式 15）
2. 法人注册证原件（限于申请注销）
3. 转让、转让接收协议书复印件 1 份（限于转让或接收）</td><td>手续费
无</td></tr>
<tr><td colspan="3">方　法</td></tr>
<tr><td colspan="3">建馆者为法人或团体时，填写法人或团体名称。</td></tr>
<tr><td colspan="3">注意事项</td></tr>
<tr><td colspan="3">图书馆注销者将自课税起始之日至注销之日内的工作业绩和剩余财产，自注销之月底开始，在 25 日内，需提交税务清单。</td></tr>
<tr><td colspan="3">程　　序</td></tr>
<tr><td colspan="3">申请人填写 → 接收 → 审核 → 审批 → 注销通知
申请人填写：申请人
接收：特别自治市 特别自治道 市、郡、自治区（图书馆负责机构）
审核：特别自治市 特别自治道 市、郡、自治区（图书馆负责机构）
审批：特别自治市 特别自治道 市、郡、自治区（图书馆负责机构）</td></tr>
</table>

297mm×210mm〔双面胶纸 80g/m²〕

国会图书馆法*

（法律第9704号，2009年5月21日部分修订，
自2009年5月21日起实施）

第一条 目　的

为对国会图书馆（以下简称“图书馆”）的组织、职能及其他相关事项加以规定，特制定本法。

第二条 职　能

1. 图书馆收集、整理、保存并提供馆藏文献及文献信息，开展参考咨询等图书馆服务，为国会立法活动提供支持。（1999年12月15日修订）

2. 图书馆承担数字图书馆的建设及运行的相关事务。（1999年12月15日修订）

3. 图书馆在不影响履行本条第一款所规定职能的前提下，可向国会以外的国家机构、地方自治团体、公共团体、教育研究机构及公众提供图书馆服务。（1999年12月15日修订）

4. 图书馆承担图书馆业务审计及议长规定的其他事务。（1999年12月15日增订）

5. 制定相关规则，明确本条第三款规定的图书馆所提供服务的服务对象和服务内容。

第三条 公务员聘用

1. 图书馆可根据业务需要聘用国会图书馆馆长（以下简称“馆长”）以外的公务员。

2. 5级（含）以上公务员由议长任免，其他级别公务员由馆长任免。议长可根据规定，将部分人事任免权力授权给馆长。

第四条 馆　长

1. 经国会运营委员会同意后，议长可任免馆长。

2. 馆长是政务类公务员，工资待遇与副部长相同。

3. 馆长在议长的监督下负责管理图书馆业务，并指挥和监督所辖公务员。

---

* 李吉子，王磊，译；卢海燕，校。

但是，图书馆业务中有关人事行政、财政预算、国库资金管理、国有资产管理、物品管理、应急预案、公务员财产登记等业务，根据《国会事务处法》、《国家公务员法》、《国家财政法》、《国库资金管理法》及其他法律的规定，由国会事务处或国会事务总长管辖，不由馆长负责管理。（2002 年 12 月 30 日修订，2006 年 10 月 4 日）

第五条 组 织（1999 年 12 月 15 日修订全文）

1. 图书馆可设立由室长、局长或课长负责的附属机构。

2. 为了协助馆长、室长及局长，在其所属之下可聘任担当官❶，也可设立直接隶属于馆长而不分属于某一局的课。

3. 室长由 1 级或 2 级普通公务员担任；局长由 2 级或 3 级普通公务员担任；课长由 3 级或 4 级普通公务员担任；担当官由 2 级至 4 级普通公务员或相当于 2 级至 4 级的特殊公务员❷担任。在 3 级以上的普通公务员岗位中，根据其管辖业务的专业性，在定编职数的 20% 之内，由合同制公务员担任固定岗位。

4. 根据相关规则，明确图书馆公务员人员编制以及室、局、课及相当于课的负责机构的岗位设置和业务职责。馆长可制定课及相当于课的负责机构的岗位设置和业务职责。

第六条 数字图书馆馆藏建设（2009 年 5 月 21 日修订全文）

1. 为了征集本法第二条第二款所规定的数字图书馆馆藏文献，馆长可向国家机构、地方自治团体、公共机构及教育研究机构的负责人提出缴送相关资料的要求。

2. 机构或团体负责人接到根据本条第一款规定发出的缴送要求，如无特殊原因应予以响应。要求呈缴的文献如为连续出版物，须将该连续出版物及相应电子文件一并提供；若文献为数字资源形式，仅提供电子文件即可。

第七条 文献采选和呈缴

1. 国家机构、地方自治团体、公共机构及教育研究机构发行或制作图书、

---

❶ 担当官：负责协助行政机构管理人员或公务员开展工作的人员，承担政策的企划及调查研究等业务，其设置的主要目的是保障行政机构的有效运行。

❷ 韩国国家公务员可根据地域分为中央政府公务员和地方政府公务员，中央政府公务员包括政务类公务员和普通公务员两类。还可以根据职业化程度将公务员分为职业公务员和非职业公务员，其中，职业公务员包括一般公务员（主要从事公共行政事务工作）、技术公务员（提供专业技能和行政服务）和特殊公务员（包括公诉人、警察、外交官、消防员和国家安全人员等）三类，非职业公务员主要包括担任政府高级职务人员、大使和军事人员等。——译者注

非书文献、视听资料、缩微胶卷、数字文献及其他根据相关规定有利于立法信息服务或国际交换的资料时，自制作或发行之日起30日内，应向图书馆呈缴10份复本。(1995年12月30日、1999年12月15日、2009年5月21日修订)

2. 国家机构、地方自治团体、公共机构及教育研究机构以外的工作者发行或制作图书、非书文献、视听资料、缩微胶卷、数字文献及其他根据相关规定有利于立法信息服务的资料时，自制作或发行之日起30日内，应向图书馆呈缴2份复本。同时，图书馆应向呈缴者支付相应的补偿金。(1995年12月30日、1999年12月15日、2009年5月21日修订)

3. 馆长为了提高文献的提供率或呈缴率，可向相关机构、公共团体及教育研究机构的负责人要求协助。(1995年12月30日修订)

4. 根据相关法律和规定，制定呈缴、呈缴补偿金及其他事项的具体实施办法。(2009年5月21日修订)

第八条 捐 赠

馆长可接受捐赠给图书馆的款项和财物。

第九条 馆藏文献的交换、转让及剔除

1. 对馆藏文献中不适合继续收藏的文献资料，图书馆可将其与其他图书馆、国家机构、公共团体进行交换或转让。

2. 图书馆可将因破损严重而失去使用价值的文献资料予以剔除。

3. 制定相关规则，明确本条第一款及第二款规定的文献交换、转让及剔除所应遵循的标准和范围。

第十条 国会图书馆发展咨询委员会

1. 为了图书馆发展和有效履行图书馆职能、制定相关的重要政策、解决关于数字图书馆建设等方面的咨询，在馆长领导之下可设立国会图书馆发展咨询委员会。(1999年12月15日修订)

2. 制定相关规则，明确国会图书馆发展咨询委员会的构成及运营所必需的事项。

第十一条 工作时间调整（2009年5月21日全文修订）

馆长可根据规定，调整所属公务员的工作时间。

第十二条 授 权

议长经国会运营委员会同意，制定本法律要求制定的相关规则，以及实施本法律所必需的其他相关事项。

附 则 （法律第4037号，1988年12月29日）

1. 实施日

本法自颁布之日起实施。

附 则 （法律第4762号，1994年7月20日）

本法自颁布之日起实施。

附 则 （法律第5143号，1995年12月30日）

本法自颁布之日起实施。

附 则 （法律第6034号，1999年12月15日）

本法自2000年1月1日起实施。

附 则 （法律第6836号，2002年12月30日）（国库资金管理法）

第一条 实施日

本法自2003年1月1日起实施。

附 则 （法律第8050号，2006年10月4日）（国家财政法）

第一条 实施日

本法自2007年1月1日起实施。（省略但书）

附 则 （法律第9704号，2009年5月21日）

本法自颁布之日起实施。

国会图书馆组织机构制度*

（国会规章制度第 167 号，2011 年 8 月 26 日部分修订，
自 2011 年 8 月 26 日起实施）

第一条 目　的

根据《国会图书馆法》中关于根据相关法规制定国会图书馆下属组织及其业务、职位级别、各级别公务员定编人数及其他图书馆运营所必要的事项之规定，特制定本制度。

第二条 内设机构

1. 在国会图书馆（以下简称“图书馆”）下设议会情报室、法律图书馆、情报管理局、情报服务局及国会档案室。(2011 年 8 月 26 日修订)

2. 在国会图书馆馆长（以下简称“馆长”）所属之下设企划管理官 1 名。

3. 国会图书馆馆长可在室、局及馆（以下简称“室、局”）所属之下设立课或与此相当的机构，并确定其工作职责。

第三条 公务员编制

图书馆公务员编制人数见附表。

第四条 定编人员的特例

根据《国家公务员法》第七十一条第一款第三项或第二款第四项、及第七十三条第二款之规定，特殊岗位公务员休假缺席 6 个月以上时，可在本制度第三条规定人数和级别之外聘请人员补充岗位空缺。

第五条 政策企划官

1. 政策企划官由理事官或副理事官担任。

2. 政策企划官辅助馆长，履行以下工作职责：

（1）制定、整合及调整业务计划；

（2）编制预算及协调分配；

（3）组织管理定编人员；

（4）制定和修订图书馆所负责的规则、规定、内部规定等；

（5）审计及核查相关事项；

---

* 李吉子，王磊，译；卢海燕，校。

（6）关于图书馆宣传事项；

（7）员工教育培训、研修以及馆员教育培训等；

（8）国际合作；

（9）安全工作及管理公章；

（10）公务员的任用、服务、奖赏、退休金、健康保险及其他人事管理；

（11）预算执行和结算；

（12）物品管理、采购及验收；

（13）图书馆公务员公会工作；

（14）室、局（包括国会档案室）主管范围以外的业务；

（15）图书馆馆长交办的其他事宜。

第六条 议会情报室

1. 议会情报室配置室长 1 名，室长所属下安排 1 名议会情报审议官。

2. 室长由管理官或理事官担任，议会审议官由理事官、副理事官、工业部理事官、情报管理部理事官或合同制公务员担任。

3. 室长须承担以下工作职责：（2011 年 8 月 26 日修订）

（1）关于议会信息支持政策的事项；

（2）检索相关信息并提供给议会；

（3）发行并提供议会相关资料；

（4）调查翻译国外资料，并提供服务；

（5）建设和管理立法知识数据库；

（6）建设议会情报相关数据库；

（7）收集和管理网络文献，并提供服务；

（8）运营网络资源服务相关事项；

（9）其他为议会提供的信息服务。

4. 议会情报审议官辅助室长，负责议会情报援助业务。

第七条 法律情报室（2011 年 8 月 26 日增订）

1. 法律情报室配置室长 1 名。

2. 室长由管理官或理事官担任。

3. 理事官须承担以下工作职责：

（1）法律图书馆藏书建设、对外合作及运营等政策的相关事项；

（2）调查翻译法律情报，并提供服务；

（3）建设国外法律数据库；

(4) 建设法律情报相关数据库；

(5) 建设法律情报互联网；

(6) 运营和管理法律图书馆阅览室；

(7) 编制法律文献索引；

(8) 管理法律情报背景资料；

(9) 建设和运行国家法律数字图书馆；

(10) 其他法律情报室运行相关事项。

第八条 信息管理局

1. 局长由理事官、工业理事官、情报管理理事官、副理事官、工业部理事官或情报管理部理事官担任。

2. 局长须承担以下工作职责：

(1) 制定图书馆信息化和数字图书馆政策的相关事项；

(2) 关于数字图书馆建设及运营的事项；

(3) 关于馆藏文献的知识产权的事项；

(4) 关于元数据标准化事项；

(5) 建立和补充主题词表；

(6) 建立和维护参考文件；

(7) 关于国内外信息交流合作及协议会的事项；

(8) 建设数字图书馆全文数据库的相关事项；

(9) 建设馆藏文献的目次、索引、全文等数据库；

(10) 收集和修复数字文献，并建设其数据库；

(11) 建立和整理硕士、博士学位论文综合目录；

(12) 建立连续出版物索引；

(13) (已删除)(2011 年 8 月 25 日)

(14) (已删除)(2011 年 8 月 25 日)

(15) 安装并运营主机、信息通信网络以及安全系统；

(16) 开发并运营信息系统；

(17) 安装、维护及维修自动化设备；

(18) 其他关于图书馆信息化的事项。

第九条 信息服务局

1. 局长由理事官或副理事官担任。

2. 局长须承担以下工作职责：

(1) 关于藏书建设、文献组织、保存及阅览政策的事项；

（2）关于馆藏文献的采选、采购、呈缴、交换及赠送的事项；

（3）收集国内外大学、协会、学会及国际机构等发行的资料；

（4）发行图书馆发行的资料；

（5）关于馆藏文献的分类、编目及整理的事项；

（6）关于馆藏文献的阅览、借出及保存的事项；

（7）馆藏文献的使用导航及读者咨询等相关事项；

（8）关于阅览室、资料室、书库运营以及管理的事项；

（9）关于馆藏文献的馆际互借事项；

（10）其他关于馆藏文献参考服务的事项。

第十条 国会档案室

1. 国会档案室室长由副理事官、书记官担任。（2010 年 2 月 24 日修订）

2. 国会档案室室长须承担以下工作职责：（2010 年 4 月 27 日修订）

（1）关于国会档案管理政策的事项；

（2）进行国会档案收集、保存以及提供阅览，并建设数据库；

（3）指导和监督国会档案管理；

（4）依托与中央档案管理机构的协作，相互利用档案并分工保存；

（5）关于图书馆档案信息的公开请求事项；

（6）修复、复制以及再版国会档案及馆藏文献；

（7）关于国会档案及馆藏文献的缩微制作事项；

（8）关于数字化档案的评价、废除及管理的事项；

（9）将国会档案分为可公开档案和非公开档案，并对非公开档案进行再分类；

（10）与国会相关的历史物品等保存。

第十一条 合同制公务员任用

为了保障议会信息提供、数据库建设、国外资料调查翻译、信息系统运营、数字图书馆构筑以及资料室运营等方面所需人才，在预算范围内可任用合同制公务员。

第十二条 任用研究岗位公务员（2011 年 8 月 26 日增订）

为了保障档案信息管理及其提供服务所需要的人才，可任用研究岗位公务员。此时，普通公务员和合同制公务员的比例要均衡，并在其范围内才可任用研究岗位公务员。

第十三条 辅助课长或担当官的 4 级公务员

为了强化立法服务职能，可任用辅助课长或担当官的 4 级公务员。

第十四条 职能岗位定编人员整合管理（2011 年 8 月 26 日修订）

基于岗位种类、难度及责任的考量，在不影响图书馆业务开展的情况下，可根据人事相关规定，整合管理 7 级、8 级、9 级以及 10 级定编公务员。

第十五条 委托规定

图书馆馆长制定实施本规则所必要的相关规定和事项。

附 则 （国会规章制度第 149 号，2009 年 4 月 27 日）

第一条 实施日

本规则自国会运营委员会决议之日起实施。

附 则 （国会规章制度第 152 号，2010 年 2 月 24 日）（国会人事规则）

1. 实施日

本规则自国会运营委员会决议之日起实施。

附 则 （国会规章制度第 155 号，2010 年 4 月 27 日）

本规则自 2010 年 5 月 1 日起实施。

附 则 （国会规章制度第 167 号，2011 年 8 月 26 日）

1. 实施日

本规则自国会运营委员会决议之日起实施。

2. 关于定编人员的调整措施

由于本规则的实施，将从一般合同工调整为法定公务员的 12 个岗位（4 级、5 级、研究官、合同岗位共 4 个；6 级、研究师、合同岗位共 2 个；9 级或合同工共 6 个）到补充替补人员到岗之前，应视为定编人员。

附表 （2011 年 8 月 26 日修订）

国家图书馆公务员定编人数

合计	300
政务职位	1
图书馆馆长	
特别职位	27
4 级	1
5 级	12
6 级	7
7 级	1
9 级	6
业务岗位	208
管理官或理事官	2
理事官或副理事官	3
理事官、副理事官或合同制岗位	1
3 级或 4 级岗位	8
4 级岗位	7
4 级或专业技术岗位	1
4 级或合同制岗位	1
4 级或 5 级岗位	17
4 级、5 级研究官或合同制岗位	3
5 级岗位	26
5 级或专业技术（相当于 5 级）岗位	1
5 级或研究官	1
6 级	100
6 级、研究师或合同制岗位	5
6 级或研究师	1
7 级	16
8 级	6
9 级或合同制岗位	9

续表

职能岗位	64
职能 6 级	10
职能 7 级	15
职能 8 级	16
职能 9 级	10
职能 10 级	13

小型图书馆振兴法*

（法律第 11316 号，2012 年 2 月 17 日制定，
自 2012 年 8 月 18 日起实施）

第一章　总　则

第一条　目　的

为促进小型图书馆的发展，强化国民的信息邻接权，为推广图书馆文化作出贡献，特制定本法。

第二条　术　语

本法中的“小型图书馆”，是《图书馆法》第二条第四款甲项中规定的图书馆。

第三条　国家及地方自治团体义务

1. 国家及地方自治团体，应针对振兴小型图书馆问题制定相关政策规定。

2. 国家及地方自治团体根据本条第一款规定的义务，应制定必要的行政计划和财政计划。

第四条　与其他法律的关系

小型图书馆的建设和运营，除应遵守本法规定外，也应遵守《图书馆法》

* 李吉子，王磊，译；卢海燕，校。

的各项规定。

第五条 小型图书馆的建设及运营

1. 国家、地方自治团体、法人、团体及个人均可建设和运营小型图书馆。

2. 对于法人、团体或个人要建设或运营的小型图书馆，或者已建立并运行中的小型图书馆，国家及地方自治团体在预算范围内可给予必要的经费资助。

第二章 小型图书馆的发展及资助

第六条 小型图书馆的经营方向

1. 小型图书馆以居民参与和自治为基础运营，以利于提高地区社会文化生活水平而作出贡献。

2. 特别自治市市长、特别自治道知事、市长、郡守或自治区区长（以下简称“市长、郡守、区长”），为小型图书馆的建设和经营需要，可在必要时成立自治运营委员会（以下简称“委员会”），以便征集居民、相关专家及读者的意见。

3. 根据特别自治市、特别自治道、市、郡或自治区条例，制定委员会的组成及运营的相关规定。

第七条 与其他公共图书馆的协作

1. 国家及地方自治团体，为了加强小型图书馆的职能，发展图书馆文化，应该制定公共图书馆（指《图书馆法》第二条第四款规定之图书馆，以下亦同）和小型图书馆之间的馆藏文献及业务方面的合作计划，并予以推行。

2. 国家及地方自治团体，为了公共图书馆与小型图书馆之间的图书及资料的共享，应构建信息共享体系，并制定其运行计划。

第八条 小型图书馆的发展和示范地区的设立及发展

1. 文化体育观光部长官为振兴小型图书馆，根据其职责权限或相关地区市长、郡守、区长的申请，可指定设立小型图书馆发展示范地区（以下简称“示范地区”）。

2. 国家及地方自治团体在预算范围内，可对示范地区的建设及发展提供经费支持。

3. 关于示范地区的设立、资助标准及程序等规定，须根据总统令制定。

第九条 国有财产和公共财产的免费借用

国家及地方自治团体，对于根据《图书馆法》第三十一条（一）第一款之规定而注册的小型图书馆的发展及运行，如有必要，可不受《国有财产法》

或《共有财产及物品管理法》等相关法律限制，免费使用或借用国有财产和公共财产。

第十条 小型图书馆的扶持

1. 国家及地方自治团体，为了强化小型图书馆的建设及经营，应支持公民和政府机构之间的合作活动。

2. 国家及地方自治团体，为了强化小型图书馆的建设与运行，应鼓励企业、团体或个人给予支持。

3. 国家及地方自治团体，为了激励企业等机构资助小型图书馆，可给予必要支持。

第十一条 小型图书馆的海外普及

为在海外普及小型图书馆，国家可给予必要的行政支持和财政支持。

第十二条 小型图书馆运营实际情况调查

1. 根据总统令的规定，市长、郡守、区长须在每年 12 月 31 日前，完成调查管辖区内的小型图书馆的运行实际情况，并且将其结果提交给根据《图书馆法》第十二条之规定而成立的图书馆情报政策委员会。

2. 市长、郡守、区长以及根据《图书馆法》第十二条之规定而成立的图书馆信息政策委员会的委员长，为进行本条第一款规定的调查及评估和制定相关计划，必要时可向相关行政机构、企业、研究教育机关及团体，进行意见征询。接受请求的行政机构等单位，除非有正当理由，均应积极配合。

第十三条 小型图书馆相关协会的成立和发展

1. 文化体育观光部长官，为了促进小型图书馆工作人员之间的信息交流、培养专业人才、加大地区居民的参与热情，必要时可允许建立小型图书馆相关协会（以下简称“协会”）等法人机构。

2. 国家可补助协会等机构的运营经费。

3. 对于协会，除遵守本法规定外，还须遵守《民法》中关于非营利法人机构的相关规定。

第三章 补 则

第十四条 奖 励

文化体育观光部长官，可对小型图书馆振兴有突出贡献者进行奖励。

第十五条 权限的委任与委托

本法规定的文化体育观光部长官的部分权限，可根据总统令的规定委托给所属机构的负责人、相关法人或团体。

附　则　（法律第 11316 号，2012 年 2 月 17 日）

本法自公布之日起 6 个月之后开始实施。

小型图书馆振兴法实施令*

（总统令第 24041 号，2012 年 8 月 13 日制定，
自 2012 年 8 月 18 日起实施）

第一条　目　的

为规定《小型图书馆振兴法》中的授权事项及其实施所需相关事宜，特制定本实施令。

第二条　地方自治团体的义务

地方自治团体可根据地方自治团体条例，制定《小型图书馆振兴法》第三条第二款规定之行政、财政扶持相关事项和该法第五条第一款规定之小型图书馆的建设及经营所需相关事项。

第三条　与其他公共图书馆的协作

国家及地方自治团体为了制定和推行《小型图书馆振兴法》第七条规定之政策及计划，可向其他公共图书馆（指《图书馆法》第二条第四款规定之图书馆）提出协作请求。

第四条　示范地区设立标准

根据《小型图书馆振兴法》第八条第一款规定之而设立的小型图书馆发展示范地区须达如下标准：

（1）示范地区的设立应为发展小型图书馆和提高地区公民读书文化作出贡献；

（2）示范地区的设立应得到该地区其他公共图书馆和居民的普遍认可；

---

* 李吉子，王磊，译；卢海燕，校。

（3）符合示范地区事业经费财政计划，并能得到有效落实。

第五条 设立示范地区的申请程序

1. 根据《小型图书馆振兴法》第八条第一款之规定，申请设立示范地区的特别自治市市长、特别自治道知事、市长、郡守或自治区区长（以下简称“市长、郡守、区长”），须将下列资料向文化体育光部长官提交。市长、郡守或自治区区长经该管辖特别市市长、广域市市长、道知事（以下简称“道、知事”）进行协商后，须将申请资料向文化体育观光部长官提交。具备如下：

（1）包括工作目标、战略规划、工作体系等内容的示范地区工作计划；

（2）本实施令第四条规定之有关设立标准的证明材料；

（3）与市、道知事（限于市长、郡守或自治区区长）的协商结果；

（4）关于市长、郡守、区长向示范地区可扶持的财政预算及人力资源的明细材料。

2. 文化体育观光部长官为了示范地区设立工作的顺利进行，可根据需要向专门机构提出咨询或委托进行调查研究。

第六条 示范地区扶持工作

国家及地方自治团体根据《小型图书馆振兴法》第八条第一款之规定，在预算范围内可扶持示范地区的设立与发展所需经费。具体如下：

（1）小型图书馆的建设工作；

（2）与其他公共图书馆和小型图书馆之间进行的馆际互借等业务协作；

（3）以社区居民为对象的小型图书馆各种文化活动；

（4）文化体育观光部长官认定的示范地区小型图书馆发展所需进行的工作。

第七条 小型图书馆运营实际情况调查

1. 市长、郡守、区长根据《小型图书馆振兴法》第十二条第一款之规定，对管辖区内的小型图书馆运营状况进行调查，并将调查结果（以下简称“调查结果”）通过市、道知事向根据《图书馆法》第十二条之规定而成立的图书馆信息政策委员会（以下简称“图书馆情报政策委员会”）提交。

2. 调查结果须包括以下（各项）内容：

（1）设立并运营该小型图书馆的机构；

（2）小型图书馆的座位数、设备规模、馆藏文献等事项；

（3）小型图书馆的正式员工、志愿者及馆员等人员状况；

（4）小型图书馆的财政预算及支出明细；

（5）小型图书馆开馆天数、读者量等服务情况；

（6）其他公共图书馆所开展的关于小型图书馆扶持工作的相关事项，以及其他公共图书馆与小型图书馆之间进行的馆藏文献建设及业务协调等工作；

（7）其他由图书馆情报政策委员会认定的相关事项。

附 则 （第 24041 号，2012 年 8 月 13 日）

本实施令自 2012 年 8 月 18 日起实施。

学校图书馆振兴法*

（法律第 8852 号，2008 年 2 月 29 日修订其他法律，
自 2008 年 6 月 15 日起实施）

第一条 目 的

为振兴学校图书馆，促进国家公立性教育机构健康发展，为地区、社会的终身教育发展而作出贡献，特对学校教育的基本设施——学校图书馆的设立、运营、资助等相关事项制定本法。

第二条 术 语

本法所使用的术语定义如下：

（1）学校：是指《初、中等教育法》第二条所规定的各类学校。

（2）学校图书馆：是指在学校以援助学生和教师的学习和教学活动为主要目的的图书馆或图书室。

（3）学校图书馆支持中心（以下简称“支持中心”）：是指为了有效履行学校图书馆职责，由特别市、广域市、道、特别自治道的教育厅（以下简称“市道教育厅”）所成立的支持性组织。

（4）图书馆学专业教师：是指根据《初、中等教育法》第二十一条的规定持有图书馆学专业教师资格证，并在学校图书馆负责业务的人。

（5）技术教师：是指具有文献情报学或图书馆学专业学历，根据《初、

* 李吉子，王磊，译；卢海燕，校。

中等教育法》第二十一条的规定持有技术教师资格证书，并在学校图书馆负责业务的人。

（6）馆员：是指具备《图书馆法》第六条第二款规定的资格条件，并在学校图书馆工作的人。

第三条 国家及地方自治团体的义务

1. 国家及地方自治团体应针对振兴学校图书馆制定必要的政策。

2. 国家和地方自治团体在行政和财力方面应对学校图书馆振兴予以支持。

第四条 与其他法律的关系

除其他法律特别规定之外，学校图书馆适用本法之规定。

第五条 设 立

特别市、广域市、道、特别自治道的督学（以下简称“督学”）应该在学校内设立学校图书馆。

第六条 学校图书馆的职责

1. 学校图书馆须履行《图书馆法》第三十八条规定之各项职责。

2. 学校图书馆在不影响履行本条第一款规定职责的前提下，可对本地区社会公众开放。

3. 学校图书馆为了家长、老年人、残疾人及其他地区居民，可开展和推广符合学校及地区社会需要的活动。

4. 学校校长在履行本条第一款至第三款规定的职责时，应与根据《初、中等教育法》第三十一条的规定成立的学校运营委员会配合开展工作。

第七条 学校图书馆振兴基本计划

1. 为了振兴学校图书馆，配合相关中央行政机构的负责人，教育科学技术部长官依据《图书馆法》第十四条之规定而制定的图书馆发展综合计划，制定和实施学校图书馆振兴基本计划（以下简称“基本计划”）。（2008 年 2 月 29 日修订）

2. 基本计划应包括以下各项内容，并每五年制定一次：

（1）关于振兴学校图书馆的综合计划；

（2）关于学校图书馆的设立、设施及文献的扩充和维护等；

（3）关于振兴学校图书馆的学术研究；

（4）图书馆学专业教师、技术教师、馆员的保障、培养和教育等内容；

（5）其余振兴学校图书馆的必要事项。

3. 基本计划的制定及变更应通过根据本法第八条规定而成立的学校图书馆振兴委员会的审议。

4. 关于基本计划的制定与实施所必要的相关事项须根据总统令制定。

第八条 学校图书馆振兴委员会

1. 为了审议关于学校图书馆的主要事项，在教育科学技术部长官所属下成立学校图书馆振兴委员会（以下简称“振兴委员会”）。（2008 年 2 月 29 日修订）

2. 振兴委员会应对以下各项事务进行审议：

（1）对基本计划的制定与推行进行评估；

（2）相关中央行政机关和地方自治团体负责人所要求的与学校图书馆相关的事项；

（3）督学、根据本法第十条的规定而成立的学校图书馆运营委员会、专业团体及专家提出的与学校图书馆相关的事项；

（4）其他与振兴学校图书馆相关事项。

3. 振兴委员会由 9 名至 11 名委员组成，其中包括 1 名委员长在内。

4. 振兴委员会的委员长和委员，是在学校图书馆业务知识和经验丰富的人员及市民团体（指根据《非营利民间团体支援法》第二条的规定而成立的非营利民间团体）推荐的人选中经由教育科学技术部长官任命或委托产生。（2008 年 2 月 29 日修订）

5. 委员的任职期限为 3 年。

6. 据总统令制定其他振兴委员会运营所必要的事项须根据总统令制定。

第九条 市、道的推行计划与学校图书馆发展委员会

1. 督学根据基本计划，制定符合当地实际情况和特点的实施计划并进行推进。

2. 为了审议该地区学校图书馆的主要事项，在督学所属下可成立学校图书馆发展委员会（以下简称“发展委员会”）。

3. 关于发展委员会的组成、运营及业务的相关事项须根据总统令制定。

第十条 学校图书馆运营委员会

1. 为审议以下事项，在学校成立学校图书馆运营委员会：

（1）学校图书馆运营计划；

（2）用于文献收集、制作、开发等事宜的财务预算；

（3）资料的剔除及注销；

（4）学校图书馆活动；

（5）其他与学校图书馆运营相关事项。

2. 学校校长将根据本条第一款规定的学校图书馆运营委员会职责，经学

校运营委员会批准后，交由学校运营委员会负责实施。

第十一条 学校图书馆振兴经费

1. 特别市、广域市、特别自治道可将学校图书馆振兴经费（以下简称“资助经费”）列入该年度市、道教育厅开展相关工作的预算中。

2. 督学可将筹得的资助经费作为自筹经费列入当年的年度预算（以下简称“专项经费”）。

3. 资助经费和专项经费应该用于以下用途：

（1）学校图书馆的建立和其设施及文献扩充；

（2）支持中心的设立及运营；

（3）学校图书馆的信息化；

（4）学校图书馆专业人才保障；

（5）其他援助学校图书馆所必要的经费。

4. 督学根据总统令的规定，向教育科学技术部长官报告资助经费和专项经费的使用计划及其成效。（2008 年 2 月 29 日修订）

第十二条 专门机构的设立

1. 教育科学技术部及市、道教育厅可成立专门的学校图书馆振兴机构。（2008 年 2 月 29 日修订）

2. 学校图书馆内可配置图书馆学专业教师、技术教师或馆员（以下简称“图书馆学专业教师等”）。

3. 关于根据本条第一款之规定而成立的专门机构的机构组成，以及根据本条第二款之规定配置的图书馆学专业教师等人员的编制职数、配置标准、职责范围等必要事项须根据总统令制定。

第十三条 设备与文献

1. 学校图书馆应该具备符合本校特点和用户需求的设备与文献。

2. 学校图书馆为了提高馆藏文献的有效利用率，可剔除和注销失去利用价值或破损的文献。

3. 关于本条第一款规定之学校图书馆设备标准和馆藏文献标准，以及第二款规定的剔除和注销文献的标准及范围须根据总统令制定。

第十四条 学校图书馆网络建设

1. 教育科学技术部长官为了有效利用学校图书馆信息资源，应该组织建设与市道、教育厅、根据《韩国教育学术信息院法》之规定而成立的韩国教育学术情报院、公共图书馆等各种图书馆，以及其他相关机构的学校图书馆间相互联接的互联网络（以下简称“互联网”）。（2008 年 2 月 29 日修订）

2. 督学为了学校图书馆的有效运营，支持图书馆之间的相互协作，可在市道、教育厅内设立支持中心。

3. 为了支持学校图书馆信息资源的有效流通和利用，韩国教育学术信息院负责人负责组织建设和运营信息服务系统。

4. 关于互联网建设及运营，以及支持中心的建立及运营所必要的事项须根据总统令制定。

第十五条 读书教育

1. 教育科学技术部长官、督学及学校校长根据总统令的规定，应制定和推行有利于发展学校读书教育和信息利用教育的具体计划。（2008 年 2 月 29 日修订）

2. 本条第一款规定之读书教育和信息利用教育，应包括《初、中等教育法》第二十三条规定的学校教育课程运营计划。

第十六条 业务协助

1. 教育科学技术部长官为了制定和推行基本计划，必要时可向相关中央行政机构、地方自治团体、公共机构及其他机构或团体请求配合。（2008 年 2 月 29 日修订）

2. 接收到配合请求的机关或团体，如无特殊情况应予配合。

第十七条 捐 赠

法人、团体及个人为了支持学校图书馆的设立、设备及资料的运营，可以向学校图书馆捐款或捐物。

第十八条 指导与监督

学校图书馆根据《初、中等教育法》和《私立学校法》之规定，接受该学校管辖厅的指导与监督。

附 则 （法律第 8677 号，2007 年 12 月 14 日）

本法自颁布之日起 6 个月后开始实施。

附 则 （法律第 8852 号，2008 年 2 月 29 日）（政府组织法）

第一条 实施日

本法自颁布之日起实施。但是，……（省略）、根据附则第六条之规定所修订的法律中，在本法实施之前虽然颁布，但未到实施日的法律的修订部分，应自该法律实施之日起实施。

自第二条至第五条省略。

第六条 其他法律的修订

省略从第一款到（103）之间的内容，将（104）关于《学校图书馆振兴法》部分条款进行如下修订：

将第七条第一款前半部分、第八条第一款及第二款、第十一条第四款、第十四条第一款、第十五条第一款及第十六条第一款中的“教育人力资源部长官”修订为“教育科学技术部长官”。

将第十二条第一款中的“教育人力资源部”修订为“教育科学技术部”。

省略（105）至（760）之间内容。

第七条 （省 略）

学校图书馆振兴法实施令*

（总统令第20824号，2008年6月19日制定，
自2008年6月19日起实施）

第一条 目 的

为进一步明确《学校图书馆振兴法》及其实施中的相关问题，特制定本实施令。

第二条 基本计划制定程序

1. 教育科学技术部长官，须在基本计划起始年上一年度11月底之前，根据《学校图书馆振兴法》（以下简称“法”）第七条第一款之规定，组织制定学校图书馆振兴基本计划（以下简称“基本计划”），且将其内容及时向督学通告。

2. 督学根据本条第一款制定的基本计划，在每年1月底之前完成实施计划的制定，并予以推行。实施计划应包括以下内容：

（1）上一年度实施计划的推行结果；

---

* 李吉子，王磊，译；卢海燕，校。

（2）本年度工作推进方向；

（3）各主要工作推进方向及具体运营计划；

（4）其他有利于图书馆发展的必要事项。

第三条 学校图书馆振兴委员会运营

1. 本法第八条规定的学校图书馆振兴委员会的会议，在现任委员半数以上出席时方能召开，会议作出的决议须经半数以上参会委员同意方为有效决议。

2. 在预算范围内，可向振兴委员会议的委员给予报酬及差旅费。但是，如公务员参与振兴委员会活动与其工作职责直接相关，则不在此列。

3. 本法令规定之外的关于振兴委员会运营相关事宜，经振兴委员会审议后，由委员长负责组织制定。

第四条 学校图书馆发展委员会组织及运营

1. 本法第九条第二款规定的学校图书馆发展委员会（以下简称“委员会”），是由包括 1 名委员长在内的 9 名至 11 名委员组成，委员长是在委员中相互提名并经选举产生。

2. 委员来自以下机构，由督学任命或委任，任期为 2 年。

（1）该教育厅下辖学校校长；

（2）该教育厅及地方自治团体公务员；

（3）对学校图书馆运营方面具有丰富的学识和经验的学生家长；

（4）图书馆及读书相关专家。

3. 发展委员会负责审议以下各项事务：

（1）关于制定和推行学校图书馆发展实施计划的相关事项；

（2）关于学校图书馆馆藏文献的剔除及注销的事项；

（3）经由与图书馆发展相关的地方自治团体的负责人、学校校长、根据本法第十条的规定而成立的学校图书馆运营委员会、专业团体及专家提出审议，并经委员长确认与学校图书馆发展密切相关的事项。

4. 委员长负责组织召开发展委员会会议，并且担任其议长。

5. 发展委员会的会议在现任委员半数以上出席时方能召开，会议作出的决议须经半数以上参会委员同意方为有效决议。

6. 除本条第一款至第五款规定之外，其他对发展委员会运营所需的相关规定，经委员会的决议，由发展委员会委员长负责组织制定。

第五条 学校图书馆支援费等计划及业务报告

督学须将本法第十一条第四款规定的资助经费及专项经费的使用情况，根据其使用计划，在翌年3月底之前，向教育科学技术部长官汇报。

第六条 专门机构的组成

根据本法第十二条第一款之规定，在教育科学技术部和市、道教育厅内设立的学校图书馆专门机构由学校图书馆振兴工作相关专家组成。

第七条 图书馆学专业教师

1. 根据本法第十二条第二款之规定，在学校里须配置的图书馆学专业教师、技术教师、图书馆员工（以下简称“图书馆学专业教师等”）定编人数，以每1500名学生配备1名馆员为标准。

2. 教育科学技术部长官及督学根据本法第十二条第二款之规定，结合以下情况，配置图书馆学专业教师。具体如下：

（1）在校学生总数；

（2）学校图书馆的规模、藏书量等情况；

（3）学校图书馆读者数量。

3. 图书馆学专业教师等员工的工作职责如下：

（1）制定学校图书馆运营计划；

（2）收集和整理文献、编制预算等学校图书馆运营相关业务；

（3）对学生阅读和利用学校图书馆进行教育和指导；

（4）指导和协助教师利用图书馆。

第八条 设施和文献

1. 根据本法第十三条第三款之规定，学校图书馆设施和文献的标准如下：

（1）图书馆选址应位于靠近学校正门附近，以利于读者访问。

（2）面积不得低于100平方米。督学可根据学生人数，在不影响学生及在职教师的工作和学习的情况下调整其面积。

（3）学校要具有1000种以上馆藏文献，并每年保持增加100种以上的馆藏文献。

2. 督学负责组织制定本条第一款规定的学校图书馆设施和文献的具体标准。

3. 根据本法第十三条第三款之规定的可剔除或注销的馆藏文献包括以下内容：

（1）已失去使用价值，并被认定为无必要继续保存的文献；

（2）毁损、残破或污损严重，难以继续使用的文献；

（3）因不可抗拒的自然灾害、事故或其他相似原因而流失的文献。

第九条 读书教育等

教育科学技术部长官、督学、学校校长，在根据本法第十五条第一款之规定制定学校读书教育及信息利用教育援助具体计划时，应考虑以下各项情况：

（1）学生对学校图书馆的利用状况；

（2）学生的阅读能力；

（3）其他与促进学生读书教育和信息利用教育密切相关的事项。

附 则 （总统令第 20824 号，2008 年 6 月 19 日）

第一条 实施日

本法令自颁布之日起实施。

第二条 关于制定基本计划期限的特别条例

不受第二条规定限制，2008 年的基本计划应在 2008 年 7 月 31 日之前完成制定；实施计划则应在 2008 年 8 月 31 日之前完成制定。

读书文化振兴法*

（法律第 9470 号，2009 年 3 月 5 日部分修订，
自 2009 年 9 月 6 日起实施）

第一章 总 则

第一条 目 的

为规定读书文化振兴基本事项，提高国民的知识水平，培养健康的情操，建立终身教育基础，强化国家竞争能力，保障国民的平等读书活动机会，改善生活质量，特制定本法。

第二条 定 义

本法所使用的术语定义如下：

（1）读书文化：是指以通过文字、以读写方式存在的精神文化活动及其

* 李吉子，王磊，译；卢海燕，校。

文化产物。

（2）图书文献：是指以文字形式表现的图书及连续出版物等印刷文献、视听资料、数字资源及残疾人用特殊文献等开展读书活动所需要的文献。

（3）残疾人读者：是指因视觉残疾及老龄化等身体原因，无法以一般方式利用图书文献的人。

（4）学校：是指《初、中等教育法》所规定的学校。

第三条 国家及地方自治团体的义务

国家及地方自治团体应制定读书文化振兴所必要的政策并予以实施。

第四条 与其他法律的关系

对于读书文化振兴活动，除其他法律有特殊规定之外，应依照本法规定执行。

第二章 读书文化振兴基本计划制定

第五条 读书文化振兴基本计划

1. 文化体育观光部长官应与相关中央行政机关负责人相互配合，每五年制定一次读书文化振兴基本计划（以下简称“基本计划”），并予以推行。（2008 年 2 月 29 日，2009 年 3 月 5 日修订）

2. 基本计划包括以下各项内容：

（1）读书文化振兴政策的基本方向及目标；

（2）图书馆等读书文化振兴机构设施的改善与图书文献的保障；

（3）改善残疾人读者、贫困地区读者及弱势群体的读书环境；

（4）鼓励和保护读书活动，开展读书活动所必要的款项筹措；

（5）读书文化振兴所需要图书文献的生产和流通的相关事项；

（6）调查研究读书文化振兴相关事宜；

（7）其他关于读书文化振兴所必要的事项。

3. 为了基本计划的制定与实施，文化体育观光部长官如向相关机构或团体请求协助，如无特殊原因，相关机构应予以协助。（2008 年 2 月 29 日修订）

4. 关于基本计划的制定程序及相关事项须根据总统令制定。

第六条 年度实施计划

1. 广域市市长、道知事或特别自治道知事（以下简称“市、道知事”）根据基本计划，应该制定本级行政机构的年度计划并负责组织实施。（2008 年

2 月 29 日修订）

2. 为了年度计划的制定和实施，文化体育观光部长官、相关中央行政机构的负责人或市道知事如向相关机构或团体请求协助，如无特殊原因，相关机构应予以协助。（2008 年 2 月 29 日修订）

3. 根据总统令，为根据本条第一款之规定而制定的年度实施计划的制定和实施，进行相关规则的制定。

第三章 删 除

（2009 年 3 月 5 日）

第七条 （已删除）（2009 年 3 月 5 日）

第四章 读书振兴

第八条 读书教育机会的提供

国家和地方自治团体应努力为所有公民提供均等的读书教育机会。

第九条 地区读书振兴

1. 地方自治团体的负责人应向本地区居民提供开展日常读书活动所需要设施，创建读书振兴条件，大力支持读书活动。

2. 地方自治团体的负责人应该每年开展一次以上的与读书相关的群众活动，并为相关机构或团体开展读书活动提供支持。

第十条 学校读书振兴

1. 教育科学技术部长官为了让所有公民能够更多地从在校期间的读书文化振兴活动中受益，应通过学校课程教育，努力提高国民的读写等语言能力。（2008 年 2 月 29 日修订）

2. 教育科学技术部长官为了学校读书文化振兴，应制定相关计划并予以推行。计划应包含以下内容：（2008 年 2 月 29 日修订）

（1）关于积极开展学校读书教育计划的制定及实施的事项；

（2）关于学校图书馆的建设、扩建及环境改善的事项；

（3）关于学校馆藏文献保障及读书指导负责教师的配置事项；

（4）研究开发和普及读书教育相关的教育课程及其内容；

（5）其他与学校读书文化振兴所必要的相关事项。

3. 学校校长为了学生开展日常读书活动，应鼓励开展读书会等活动，并为了学校图书馆的建立与运行，创造条件，并给予支持。

4. 学校校长应妥善处理学校图书馆的运营，将学校读书活动与学校图书馆活动有机地联系在一起。

5. 学校为开展日常读书活动，应设置不少于 1 人的图书馆学专业馆员教师岗位或读书教育专职岗位。

第十一条 机构读书振兴

1. 国家和地方自治团体应针对本机构在职员工的读书活动制定相关政策。

2. 国家和地方自治团体为了强化在职员工的读书活动，应制定政策鼓励本机构举办读书会活动。

第十二条 读书月活动

1. 国家为促进国民读书热情，引导国民积极参与开展日常读书活动等读书文化振兴活动，应设立读书月。

2. 国家或地方自治团体向为读书振兴有特殊贡献和读书成绩优秀者给予褒奖、表扬，或颁发奖金。

3. 关于根据本条第一款及第二款的规定而制定的读书月选定、读书活动、褒奖、表扬及奖金颁发等相关事项，须根据总统令制定。

第五章 补 则

第十三条 与相关机构的协助

国家及地方自治团体应当与图书馆、学校、等文化机构或教育机构积极协作，推动基本计划顺利进行。

第十四条 行政及财政措施

国家及地方自治团体应积极采取有利于促进读书文化振兴工作的行政、财政及其他必要措施。

第十五条 年度报告

在国会定期召开的年度会议之前，政府应向国会提交关于读书振兴政策及其推行效果的年度报告。

附 则 （法律第 8100 号，2006 年 12 月 28 日）

本法自 2007 年 4 月 5 日起实施。

附　则　（法律第 8852 号，2008 年 2 月 29 日）（政府组织法）

第一条　实施日

本法自公布之日起实施。但是，……（省略）、根据附则第六条的规定，修订的法律中，虽然于本法实施之前公布，但实施日未到的法律的修订部分，应从该法律实施之日起实施。

附　则　（法律第 9470 号，2009 年 3 月 5 日）

本法自公布之日起 6 个月之后开始实施。

读书文化振兴法实施令*

（总统令第 21613 号，2009 年 7 月 7 日部分修订，
自 2009 年 9 月 6 日起实施）

第一条　目　的

为落实《读书文化振兴法》所规定的内容，明确法律实施过程中需注意的相关事项，特制定本实施令。

第二条　读书文化振兴基本计划的通报

文化体育观光部长官制定或变更根据《读书文化振兴法》（以下简称"法"）第五条之规定而制定的读书文化振兴基本计划时，应向相关中央机构的负责人、特别市市长、广域市市长、道知事或特别自治道知事（市道知事）进行通报。(2008 年 2 月 29 日修订)

第三条　年度实施计划的制定与推行

1. 根据本法第六条第一款之规定而制定的年度实施计划，应包括以下各项内容：

---

* 李吉子，王磊，译；卢海燕，校。

（1）本年度读书文化振兴政策推进方向、目标及项目；

（2）各项目的具体推行计划；

（3）与读书文化振兴相关的其他事项。

2. 相关中央行政机构的负责人和市、道知事，在每年 3 月底之前，将上一年度实施计划的推行结果及本年度实施计划，向文化体育观光部长官通报。(2008 年 2 月 29 日修订）

第四条　（已删除）（2009 年 7 月 7 日）

第五条　（已删除）（2009 年 7 月 7 日）

第六条　（已删除）（2009 年 7 月 7 日）

第七条　（已删除）（2009 年 7 月 7 日）

第八条　（已删除）（2009 年 7 月 7 日）

第九条　（已删除）（2009 年 7 月 7 日）

第十条　机构读书振兴

根据本法第十一条第一款之规定而制定的单位在职员工读书振兴计划，应包括以下各项内容：

（1）关于加强在职员工读书活动所必要的设备以及环境改善的事项；

（2）在职员工读书以及资助开展读书教育活动相关事项；

（3）关于在职员工读书振兴活动中，推广图书文献与支持活动的相关事项；

（4）其他有利于推进在职员工读书文化振兴活动的事项。

第十一条　读书月

1. 根据本法第十二条第一款之规定，每年 9 月为读书月。

2. 国家、地方自治团体、公共机构、读书相关团体、学校及单位等机构，在本条第一款规定的读书月中，应结合本机构实际情况开展各种活动。主要包括：

（1）举办与读书文化振兴相关的学术研究活动；

（2）比赛、演讲会等与读书相关活动；

（3）有利于读书文化振兴的各种活动；

（4）通过各种媒体进行读书启蒙教育和宣传活动；

（5）其他有利于塑造读书环境的各种活动。

第十二条　奖　励

1. 根据本法第十二条第二款之规定而设立的读书文化奖为国家级奖励。

2. 根据《政府表彰规定》设立读书文化奖。

附 则 （总统令第 19997 号，2007 年 4 月 5 日）

1. 实施日

本法令自颁布之日起实施。

附 则 （总统令第 20676 号，2008 年 2 月 29 日）

（文化体育观光部及所属机构职务制度）

第一条 实施日

本法令自颁布之日起实施。

附 则 （总统令第 21613 号，2009 年 7 月 7 日）

本法令自 2009 年 9 月 6 日起实施。

02 日 本

图书馆法*

（昭和25年4月30日❶第118号法律，
最终修订：平成23年12月14日❷第122号法律）

第一章❸ 总 则

（目的）

第一条 本法律基于《社会教育法》（昭和24年第207号法律）之精神，旨在规定图书馆设置及运营的必要事项，以促其健康发展，进而推动国民教育和文化的发展。

（定义）

第二条 一、本法律所指的“图书馆”，是指由地方公共团体、日本红十字会、一般社团法人、一般财团法人设立的图书机构（附属于学校的图书馆或图书室除外），其目的是收集、整理、保存图书、记载及其他必要资料，并提供给一般公众利用，以利于提高其文化修养、调查研究、休闲消遣。

二、前款所定义的图书馆中，地方公共团体设置的图书馆称为公立图书馆，日本红十字会或一般社团、财团法人设置的图书馆称为私立图书馆。

（图书馆服务）

第三条 图书馆服务的开展，要遵循当地的情况及一般公众的需求，并确保能支援学校教育和提升家庭教育，具体而言应努力实施以下事项：

---

* 陈颖艳，张曙光，译；卢海燕，校。

❶ 即1950年4月30日。

❷ 即2011年12月14日。

❸ 关于法律条文的序号，日语原文一般是章、节、条、款后先以阿拉伯数字“1、2、3……”标注条款，且省略序号1，若有再下一级则是汉数“一、二、三……”，再是发音字母（假名）“イ、ロ、ハ……”，中文层级表述则相反，一般先用汉数“一、二、三……”表示一级，而后用阿数“1、2、3……”表示下一层级，其后再是“①、②、③……”。本法翻译采用了中文层级表述习惯。——译者注

1. 应充分留意地方资料、地方政务资料、美术品、唱片及胶片的收集，并收集图书、记载、视听教育资料及其他必要资料（包括电磁记录（根据电子方式、磁力方式以及其他凭借人的知觉不能感知的方式所制作的记录，供计算机进行信息处理[1]），以下称为“图书馆资料”），以供一般公众利用。

2. 正确分类、排列图书馆资料，并整理目录。

3. 图书馆职员应对图书馆资料足够了解，能解决图书馆资料利用方面的相关咨询。

4. 与其他图书馆、国立国会图书馆、地方公共团体的议会附属的图书室、学校附属图书馆或图书室紧密联系与合作，开展图书馆资料的馆际互借服务。

5. 设置分馆、阅览室、流通点等，并以汽车图书馆、流动外借等形式开展巡回借阅服务。

6. 主办读书会、研究会、鉴赏会、电影放映会、资料展示会等，并奖励、促进此类活动的开办。

7. 介绍并提供与时事相关的信息和参考资料。

8. 利用社会教育中的学习机会开展学习活动，并运用所得的学习成果开展教育活动及其他活动，奖励、促进这类活动的举办。

9. 与学校、博物馆、公民馆[2]、研究所等开展密切联系与合作。

（司书及候补司书）

第四条 一、图书馆配备的专业职员称为司书和候补司书。

二、司书从事图书馆的专业事务。

三、候补司书协助司书工作。

（司书及候补司书的资格）

第五条 一、符合下列条件之一者，具备司书资格：

1. 大学毕业并在大学期间完成文部科学省令中规定的图书馆相关科目者。

2. 大学或高等专科学校毕业，并修完下一条（第六条）规定的司书培训者。

3. 在下列职位工作满3年，并修完下一条（第六条）规定的司书培训者：

---

[1] 电子记录方式或磁盘，就是以凭借人的感官作用不能确定记录的存在和状态的方式所制作的、供电子计算机进行演算、检索等处理情报用的记录。参考：黎宏. 日本刑法精义［M］. 北京：法律出版社，2008.

[2] 类似我国的“文化馆”，日本市町村为本地居民设立的进行教育和文化等各种事业的社会教育设施。——译者注

①候补司书；

②在国立国会图书馆、大学或高等专科学校的附属图书馆里担任与候补司书相当的职位；

③除上述②所列职位外，由文部科学大臣指定的行政机关、学校或社会教育部门里的社会教育干事、学艺员及其他候补司书同等以上的职位。

二、符合下列条件之一者，具备候补司书资格：

1. 具备司书资格者。

2. 符合《学校教育法》（昭和 22 年第 206 号法律）第九十条第一项规定的大学入学条件，并修完下一条（第六条）规定的司书培训者。

（司书及候补司书的培训）

第六条　一、司书及候补司书培训由文部科学大臣委托大学开展。

二、文部科学省令

规定司书及候补司书培训的必修科目、学分及其他必要事项。但其必修学分数不得少于 15 学分。

（司书及候补司书的进修）

第七条　文部科学大臣及都道府县的教育委员会应推动相关进修的开展，以提高司书和候补司书的资质。

（设置及管理方面的理想标准）

第七条之二　文部科学大臣应制定并公布图书馆设置和管理方面的理想标准，以促进图书馆的健康发展。

（管理状况的相关评价等）

第七条之三　图书馆应对自身管理状况进行评价，并基于评价结果采取必要措施以改善图书馆的管理。

（管理状况相关信息的提供）

第七条之四　图书馆应积极提供自身管理状况的相关信息，以获得服务对象即当地居民及其他相关人员的理解，推进与他们的联系与合作。

（合作委托）

第八条　都道府县的教育委员会为促进该都道府县内的图书馆服务，可要求市（含特别区，以下同）町村的教育委员会配合联合目录的制作、流动外借巡回服务、图书馆资料馆际互借等相关工作。

（公开出版物的收集）

第九条　一、政府应向都道府县所设图书馆呈缴两部政府公报及其他对一般公众起公报作用的独立行政法人国立印刷局的出版物。

二、国家及地方公共团体机关应公立图书馆的要求，可免费提供其发行的出版物及其他资料。

第二章　公立图书馆

（设置）

第十条　设置公立图书馆的相关事项，应由设置该馆的地方公共团体条例规定。

第十一条　（已删除）

第十二条　（已删除）

（职员）

第十三条　一、公立图书馆应配备馆长及设置该馆的地方公共团体教育委员会认为必要的专业职员、事务职员及技术职员。

二、馆长掌管馆务工作、监督下属职员，努力实现图书馆的服务功能。

（图书馆协议会）

第十四条　一、公立图书馆可以设置图书馆协议会。

二、图书馆协议会负责解答馆长关于图书馆运营方面的咨询，还应针对图书馆开展的服务，向馆长提出意见和建议。

第十五条　图书馆协议会委员，由设置该馆的地方公共团体教育委员会任命。

第十六条　图书馆协议会的设置、委员任命的标准、委员人数、任期及其他图书馆协议会的相关必要事项，应由设置该馆的地方公共团体的条例规定。其中，委员的任命应参酌文部科学省令规定的标准。

（入馆费等）

第十七条　公立图书馆不得征收入馆费及任何针对图书馆资料利用的费用。

第十八条　（已删除）

第十九条　（已删除）

（图书馆补助）

第二十条　一、国家对设置图书馆的地方公共团体，可在预算范围内，就图书馆的设施、设备所需经费及其他部分必要经费进行补助。

二、前款所述的补助金发放的相关必要事项由政令规定。

第二十一条　（已删除）

第二十二条　（已删除）

第二十三条　国家按第二十条的规定发放补助金时，如发生以下任意一种情况，即取消该年度剩余补助金的发放，并责令其返还该年度已发放的补助金：

1. 图书馆违反了本法的规定。
2. 地方公共团体违背了补助金的发放条件。
3. 地方公共团体以虚假手段获得补助金。

第三章　私立图书馆

第二十四条　（已删除）

（与都道府县教育委员会的关系）

第二十五条　一、都道府县的教育委员会为了编制指导资料和调查研究，可要求私立图书馆提供所需的相关报告。

二、都道府县应私立图书馆请求，可对其设置及运营提出专业性、技术性的指导或建议。

（与国家、地方公共团体的关系）

第二十六条　国家和地方公共团体不得干涉私立图书馆事业，不得向设置私立图书馆的法人发放补助金。

第二十七条　国家和地方公共团体应私立图书馆请求，可提供援助以确保必要的物资。

（入馆费等）

第二十八条　私立图书馆可征收入馆费及其他针对图书馆资料利用的费用。

（图书馆同类设施）

第二十九条　一、任何人均可设置与图书馆同性质的设施。

二、第二十五条第二款的规定适用于前款所述设施。

附　则　（平成 23 年 12 月 14 日第 122 号法律）摘录

（施行日期）

第一条　本法律自公布之日起 2 个月内根据政令规定的日期起施行。但以下规定自规定之日起施行。

1. 附则第六条、第八条、第九条及第十三条的规定自公布之日。

图书馆法施行令*

（昭和34年4月30日[1]政令第158号）

内阁根据《图书馆法》（昭和25年第118号法律）第二十条第二款的规定，制定本政令以修改《图书馆法施行令》（昭和25年第293号政令）的全部内容。

《图书馆法》第二十条第一款规定的图书馆设施、设备经费的范围如下所示：

1. 设施费：设施修建的基本工程费、附带工程费及事务费。

2. 设备费：图书馆配备的图书馆资料及利用这些资料所需的器材器械的采购经费。

附　则

该政令自发布之日起施行。

图书馆法施行规则*

（昭和25年9月6日[2]文部省令第27号，
最终修订：平成23年12月1日[3]文部科学省令第43号）

根据《图书馆法》（昭和25年第118号法律）第六条第二款、第十九条

* 陈颖艳，张曙光，译；卢海燕，校。

[1] 即1959年4月30日。

[2] 即1950年9月6日。

[3] 即2011年12月1日。

及附则第十项❶的规定，制定《图书馆法施行规则》如下：

第一章❷ 图书馆相关科目

第一条 一、《图书馆法》（昭和25年第118号法律，以下简称“法”）第五条第一款第一项规定的图书馆相关科目具体如下表所示。取得司书资格，必须修满甲类所有科目的学分，及乙类两门以上科目的学分。

类	科 目	学 分
甲类	终身学习概论	2
	图书馆概论	2
	图书馆制度及经营论	2
	图书馆信息技术论	2
	图书馆服务概论	2
	信息服务论	2
	儿童服务论	2
	信息服务研讨	2
	图书馆信息资源概论	2
	信息资源组织论	2
	信息资源组织研讨	2

---

❶ 《图书馆法》原始版本附则第十项。即：《图书馆法》第五条第一项、附则第四项以及第六项提及的大学，是指《旧大学令》（大正7年敕令第388号）、《旧高等学校令》（大正7年敕令第389号）、《旧式专科学校令》（明治36年敕令第61号）、《旧教员培训诸学校官制》（昭和21年敕令第208号）规定的大学、大学预科、高等学校高等科、专科学校、教员培训学校及文部科学省令规定的同级学校；《图书馆法》第五条第二款第二项规定的符合《学校教育法》第九十条第一项规定的大学入学条件者，是指《旧中等学校令》（昭和18年敕令第36号）、《旧高等学校令》或《旧青年学校令》（昭和14年敕令第254号）规定的中等学校、高等学校初级课程、青年学校本科或文部科学省令规定的同级学校毕业者或结业者。

❷ 关于法律条文的序号，日语原文一般是章、节、条、款后先以阿拉伯数字“1、2、3……”标注条款，且省略序号1，若有再下一级则是汉数“一、二、三……”，再是发音字母（假名）“イ、ロ、ハ……”，中文层级表述则相反，一般先用汉数“一、二、三……”表示一级，而后用阿数“1、2、3……”表示下一层级，其后再是“①、②、③……”。本法翻译采用了中文层级表述习惯。——译者注

续表

类	科　目	学　分
乙类	图书馆基础特别讲义	1
	图书馆服务特别讲义	1
	图书馆信息资源特别讲义	1
	图书及图书馆史	1
	图书馆设施论	1
	图书馆综合研讨	1
	图书馆实习	1

二、前款规定的必修科目学分中，若已在大学期间获得，则可替代相应学分。

第二章　司书及候补司书的培训

（宗旨）

第二条　法第六条规定的司书及候补司书培训相关内容，由本章加以规定。

（司书培训的学习资格）

第三条　符合下列条件之一者，可取得司书培训的学习资格。

1. 在大学学习两年以上并取得62学分以上者，或高等专科学校及法附则第十项❶规定的属于大学范畴的学校的毕业生。
2. 在法第五条第一款第三项①到③所列职位上，工作满两年者。
3. 符合法附则第八项❷规定者。
4. 其他文部科学大臣认为具有与前三项同等以上资格者。

---

❶《图书馆法》原始版本附则第十项。即：《图书馆法》第五条第一项、附则第四项以及第六项提及的大学，是指《旧大学令》（大正7年敕令第388号）、《旧高等学校令》（大正7年敕令第389号）、《旧式专科学校令》（明治36年敕令第61号）、《旧教员培训诸学校官制》（昭和21年敕令第208号）规定的大学、大学预科、高等学校高等科、专科学校、教员培训学校及文部科学省令规定的同级学校；《图书馆法》第五条第二款第二项规定的符合《学校教育法》第九十条第一项规定的大学入学条件者，是指《旧中等学校令》（昭和18年敕令第36号）、《旧高等学校令》或《旧青年学校令》（昭和14年敕令第254号）规定的中等学校、高等学校初级课程、青年学校本科或文部科学省令规定的同级学校毕业者或结业者。

❷《图书馆法》原始版本附则第八项。即：旧国立图书馆附属图书馆职员培训所或旧文部省图书馆培训所毕业者，以及根据旧公立图书馆司书水平考试规程考试合格者，若通过《图书馆法》第六条规定的司书培训，则不拘于《图书馆法》第五条之规定，视其已具备司书资格。

（候补司书培训的学习资格）

第四条 依据《学校教育法》（昭和22年第26号法律）第九十条第一款规定，能够进入大学的学习者（含符合法附则第十项[1]规定的能够进入大学的学习者）。

（司书培训的科目学分）

第五条 一、通过司书培训取得司书资格，必须修满下表中甲类所有科目的学分，及乙类两门以上科目的学分。

类	科　目	学　分
甲类	终身学习概论	2
	图书馆概论	2
	图书馆制度及经营论	2
	图书馆信息技术论	2
	图书馆服务概论	2
	信息服务论	2
	儿童服务论	2
	信息服务研讨	2
	图书馆信息资源概论	2
	信息资源组织论	2
	信息资源组织研讨	2
乙类	图书馆基础特别讲义	1
	图书馆服务特别讲义	1
	图书馆信息资源特别讲义	1
	图书及图书馆史	1
	图书馆设施论	1
	图书馆综合研讨	1
	图书馆实习	1

[1] 《图书馆法》原始版本附则第十项。即：《图书馆法》第五条第一项、附则第四项以及第六项提及的大学，是指《旧大学令》（大正7年敕令第388号）、《旧高等学校令》（大正7年敕令第389号）、《旧式专科学校令》（明治36年敕令第61号）、《旧教员培训诸学校官制》（昭和21年敕令第208号）规定的大学、大学预科、高等学校高等科、专科学校、教员培训学校及文部科学省令规定的同级学校；《图书馆法》第五条第二款第二项规定的符合《学校教育法》第九十条第一项规定的大学入学条件者，是指《旧中等学校令》（昭和18年敕令第36号）、《旧高等学校令》或《旧青年学校令》（昭和14年敕令第254号）规定的中等学校、高等学校初级课程、青年学校本科或文部科学省令规定的同级学校毕业者或结业者。

二、司书培训的学习者若在大学（含法附则第十项[1]规定的属于大学范畴的学校）期间，所修相关科目学分经文部科学大臣认定与前款科目学分相当，可将相应学分视为前款规定的科目学分。

三、司书培训的学习者若已在文部科学大臣另行规定的学习活动中，修完与第一款规定的科目相当的学业，并为文部科学大臣认可时，则视为修得相应科目的学分。

（候补司书培训的科目学分）

第六条 一、通过候补司书培训取得候补司书资格，必须修满下表所有科目的学分。

科目	学分
终身学习概论	1
图书馆基础	2
图书馆服务基础	2
参考咨询服务	1
参考咨询资料解题	1
信息检索服务	1
图书馆资料	2
资料整理	2
资料整理研讨	1
儿童服务基础	1
图书馆特别讲义	1

[1] 《图书馆法》原始版本附则第十项。即：《图书馆法》第五条第一项、附则第四项以及第六项提及的大学，是指《旧大学令》（大正7年敕令第388号）、《旧高等学校令》（大正7年敕令第389号）、《旧式专科学校令》（明治36年敕令第61号）、《旧教员培训诸学校官制》（昭和21年敕令第208号）规定的大学、大学预科、高等学校高等科、专科学校、教员培训学校及文部科学省令规定的同级学校；《图书馆法》第五条第二款第二项规定的符合《学校教育法》第九十条第一项规定的大学入学条件者，是指《旧中等学校令》（昭和18年敕令第36号）、《旧高等学校令》或《旧青年学校令》（昭和14年敕令第254号）规定的中等学校、高等学校初级课程、青年学校本科或文部科学省令规定的同级学校毕业者或结业者。

二、候补司书培训的学习者若在大学（含法附则第十项[1]规定的属于大学范畴的学校）期间，所修相关科目学分经文部科学大臣认定与前款科目学分相当，可将相应学分视为前款规定的科目学分。

三、候补司书培训的学习者若已在文部科学大臣另行规定的学习活动中，修完与第一款规定的科目相当的学业，并为文部科学大臣认可时，则视为修得相应科目的学分。

（学分的计算方法）

第七条 培训学分的计算方法依据《大学设置标准》（昭和31年文部省令第28号）第二十一条第二款各项以及《大学通信教育设置标准》（昭和56年文部省令第33号）第五条第一款第三项规定的标准。

（学分取得的认定）

第八条 开办培训的大学，通过考试、论文、报告等形式，对成绩合格者进行学分取得的认定。

（结业证书的授予）

第九条 一、开办培训的大学的校长，根据第五条或第六条的规定，对取得司书培训或候补司书培训所需学分者，授予结业证书。

二、开办培训的大学的校长，根据前款规定授予结业证书时，必须将结业者姓名等向文部科学大臣汇报。

（培训的委托）

第十条 根据法第五条第一款第一项规定，文部科学大臣委托大学开办培训时，必须对大学的职员构成、设施及设备状况等进行考察，对于符合被委托条件的大学，应指定培训科目、时间及其他必要事项。

（实施细则）

第十一条 上课人数、选定方法、开办培训的大学、培训时间及其他培训实施的细则，每年以公报的形式公告。但是，若有特殊情况，则另择适当的方式公示。

---

[1] 《图书馆法》原始版本附则第十项。即：《图书馆法》第五条第一项、附则第四项以及第六项提及的大学，是指《旧大学令》（大正7年敕令第388号）、《旧高等学校令》（大正7年敕令第389号）、《旧式专科学校令》（明治36年敕令第61号）、《旧教员培训诸学校官制》（昭和21年敕令第208号）规定的大学、大学预科、高等学校高等科、专科学校、教员培训学校及文部科学省令规定的同级学校；《图书馆法》第五条第二款第二项规定的符合《学校教育法》第九十条第一项规定的大学入学条件者，是指《旧中等学校令》（昭和18年敕令第36号）、《旧高等学校令》或《旧青年学校令》（昭和14年敕令第254号）规定的中等学校、高等学校初级课程、青年学校本科或文部科学省令规定的同级学校毕业者或结业者。

第三章 制定条例规定图书馆协议会委员任命标准时应参酌的标准

第十二条 法第十六条之文部科学省令规定的标准是指，从学校教育及社会教育的相关人士、推动家庭教育发展的人士以及具有学识经验者中任命。

第四章 学校标准

（符合大学标准的学校）

第十三条 法附则第十项❶规定的符合大学标准的学校，如下所示：

1. 大正 7 年旧文部省令第 3 号第二条第二项指定的学校。
2. 其他文部科学大臣认定的大学同等以上的学校。

（参照高等学校标准的学校）

第十四条 根据法附则第十项❷规定，参照中等学校、高等学校初级课程和青年学校本科标准的学校如下：

1. 根据《旧式专科学校入学者审定章程》（大正 12 年文部省令第 22 号）第十一条规定所指定的学校。
2. 根据大正 7 年旧文部省令第 3 号第一条第五项所指定的学校。
3. 其他文部科学大臣认定的高等学校同等以上的学校。

附 则 （平成 23 年 12 月 1 日文部科学省令第 43 号）

该省令自平成 24 年 4 月 1 日❸起施行。

---

❶❷ 《图书馆法》原始版本附则第十项。即：《图书馆法》第五条第一项、附则第四项以及第六项提及的大学，是指《旧大学令》（大正 7 年敕令第 388 号）、《旧高等学校令》（大正 7 年敕令第 389 号）、《旧式专科学校令》（明治 36 年敕令第 61 号）、《旧教员培训诸学校官制》（昭和 21 年敕令第 208 号）规定的大学、大学预科、高等学校高等科、专科学校、教员培训学校及文部科学省令规定的同级学校；《图书馆法》第五条第二款第二项规定的符合《学校教育法》第九十条第一项规定的大学入学条件者，是指《旧中等学校令》（昭和 18 年敕令第 36 号）、《旧高等学校令》或《旧青年学校令》（昭和 14 年敕令第 254 号）规定的中等学校、高等学校初级课程、青年学校本科或文部科学省令规定的同级学校毕业者或结业者。

❸ 即 2012 年 4 月 1 日。

国立国会图书馆法*

（昭和23年2月9日❶第5号法律，
最终修订：平成24年6月22日❷第32号法律❸）

国立国会图书馆的信念是“真理使我们自由”，其使命是为宪法誓约的日本民主化和世界和平做贡献。

第一章❹　设立及目的

第一条　国立国会图书馆依据本法律设立，本法律的名称为《国立国会图书馆法》。

第二条　国立国会图书馆的目的是通过收集图书及其他图书馆资料，帮助国会议员履行职责，并对行政及司法各部门、日本国民提供本法律规定的图书馆服务。

第三条　国立国会图书馆由中央图书馆、本法律规定的支部图书馆以及将来设立的支部图书馆构成。

第二章　馆　长

第四条　一、国立国会图书馆设馆长1名。馆长由两院议长与两院议院运营委员会商议，并取得国会认可后任命。

二、馆长履行职责若无过失，则可连续任职。馆长应慎重参与政治活动，但不得以政治性原因被罢免。两院议长共同提议方可罢免馆长。

---

* 陈颖艳，张曙光，译；卢海燕，校。

❶ 即1948年2月9日。

❷ 即2012年6月22日。

❸ 该法自2013年7月1日起施行，但附表一的修订规定自公布之日起施行。与上一次修订后的2011年5月2日第39号法律相比，本次修订主要添加了“第十一章之三 在线资料的记录”这一部分。

❹ 关于法律条文的序号，日语原文一般是章、节、条、款后先以阿拉伯数字“1、2、3……”标注条款，且省略序号1，若有再下一级则是汉数“一、二、三……”，再是发音字母（假名）“イ、ロ、ハ……”，中文层级表述则相反，一般先用汉数“一、二、三……”表示一级，而后用阿数“1、2、3……”表示下一层级，其后再是“①、②、③……”。本法翻译采用了中文层级表述习惯。——译者注

第五条 一、馆长统筹图书馆事务，监督下属职员及雇员履行职责。

二、馆长制定图书馆管理所需的各项规定时，必须依据情况在制定前或制定后取得两院议院运营委员会的认可。

三、前款所述的规定需经公示后施行。

第六条 馆长应在财政年度开始时，向两院议长报告上一财政年度图书馆的运营及财政状况。

第七条 馆长应以不超过 1 年的周期，编制上一周期里日本国内发行的出版物目录和索引，并以容易利用的方法向国民提供。

第八条 馆长应以适于出版的样式制作日本法律的索引。

第三章 副馆长、其他职员和雇用人员

第九条 国立国会图书馆设副馆长 1 名。副馆长经两院议长认可后由馆长任免。副馆长辅佐馆长管理图书馆事务。馆长因故无法履行职责或馆长职位空缺时，副馆长履行馆长的职责。

第十条 一、国立国会图书馆的其他职员和雇员，由馆长依据《国会职员法》的规定，对胜任者加以任命。馆长规定职员和雇员的职责。

二、图书馆职员不得兼任国会议员，也不得兼任行政或司法各部门的职位，但可担任行政或司法各部门支部图书馆的馆员。

第四章 议院运营委员会与国立国会图书馆联络调整委员会

第十一条 一、两院议院运营委员会每半年至少召开一次审议会，对馆长有关图书馆情况的报告、馆长制定的图书馆管理规定、图书馆预算及其他事务进行审查。

二、各议院的议院运营委员会委员长将前款的审查结果向各自的议院作报告。

第十二条 一、国立国会图书馆设置联络调整委员会。该委员会由 4 名委员组成，包括两院各自的议院运营委员会委员长、最高法院长官任命的法官 1 名以及内阁总理大臣任命的国务大臣 1 名。委员长由委员互选产生。

二、担任该职位的委员长及委员不再领取任何报酬。

三、馆长可出席委员会会议，但不参与表决。

第十三条 联络调整委员会应向两院议院运营委员会提出改进国立国会图书馆为国会、行政及司法各部门服务的建议。

第五章 图书馆的机构设置

第十四条 馆长为了提高管理工作效率，可在图书馆内设置相关必要的部门及其他机构。

第六章 调查及立法考查局

第十五条 馆长应在国立国会图书馆内设置名为调查及立法考查局的部门，该局的职责如下所述：

1. 根据要求，分析或评价两院委员会处于未决状态的法案或内阁送往国会的案件。辅佐两院委员会，提出有效建议，并提供依据，促进其作出妥当决定。

2. 根据要求或者主动预测可能的要求，进行立法资料及其他相关资料的收集、分类、分析、翻译、索引和摘要制作、编辑、报告等。在资料的选择和提交过程中，不应存在党派或官僚式偏见，而应提供对两院、委员会以及议员有帮助的客观资料。

3. 在立法准备阶段，辅佐两院、委员会以及议员，提供起草议案的服务，但该服务仅限于委员会或议员提出要求的情况下。如果没有提出要求，调查及立法考查局职员不得以任何立场自发进行立法提议和督促。

4. 在不影响为两院、委员会以及议员服务的前提下，向行政、司法各部门以及一般公众提供所收集的资料，供其使用。

第十六条 一、调查及立法考查局所需的局长、副局长及其他职员，由馆长根据《国会职员法》的规定，选择胜任者加以任命，且不得究其是否加入政党。

二、馆长还可在该局的职员里任命两院常任委员会所需的各领域的专门调查员。

第六章之二 关西馆

第十六条之二 一、中央图书馆下设关西馆。

二、关西馆的位置及所管辖的工作由馆长决定。

三、关西馆设馆长 1 名，由馆长从国立国会图书馆的职员中任命。

四、关西馆馆长受馆长领导，管理关西馆的工作。

第七章 面向行政及司法各部门的服务

第十七条 馆长应推动图书馆面向行政及司法各部门的服务。为实现这一目的，馆长拥有以下职权：

1. 行政及司法各部门的图书馆馆长，经代表各自部门的联络调整委员会委员推荐后，由馆长加以任命。但受《国家公务员法》约束的人员必须遵循该法，并得到所在部门长官的同意。

2. 馆长可规定编目规则、馆际互借及资料交换、联合目录及联合一览表的制作等图书馆运营的方法和制度，以供行政及司法各部门图书馆使用，进而使行政及司法各部门的所有职员都能利用到全国的图书馆资料。

3. 馆长可要求行政及司法各部门图书馆馆长提交年报或特别报告。

第十八条 行政及司法各部门图书馆的预算，应在部门预算下名为“图书馆”的经费项目中明确列出。这笔经费未经代表相应行政及司法部门的联络调整委员会委员以及馆长的批准，不得擅自挪用或裁减。

第十九条 行政及司法各部门的图书馆馆长必须为相应部门提供充分的图书馆服务，并可根据《国会职员法》或《国家公务员法》或《法院法》的规定任免职员。此外，可依照国立国会图书馆馆长制定的规则，向所在部门的长官或国立国会图书馆馆长建议图书及其他图书馆资料的购买及其他接收方式，也可直接购入或接收。

第二十条 在馆长被任命后的最初 6 个月内，所有既有的行政及司法各部门图书馆，依据本章规定成为国立国会图书馆的支部图书馆。另外，目前还未设置图书馆的各厅，在一年内设置支部图书馆。

第八章 面向一般公众、公立图书馆及其他图书馆的服务

第二十一条 一、在不妨碍服务两院、委员会及议员、行政及司法各部门的前提下，国立国会图书馆必须直接或经由公立及其他图书馆提供图书馆服务，使日本国民能最大限度地享有该项服务。为实现这一目的，馆长拥有以下职权：

1. 根据馆长的规定，国立国会图书馆所收集的资料以及通过互联网等先进通信网络提供的图书馆资料信息，借由国立国会图书馆馆内阅读、馆际互

借、复印或展览等方式，供一般公众使用和研究。并且，适时提供改进图书馆服务所需的其他服务。

2. 采用一切合适的方法，支援都道府县议会及其他地方议会、公务员或图书馆职员改进图书馆的组织结构及图书馆服务。

3. 其他图书馆及个人欲购买国立国会图书馆制作的出版物时，该出版物应按照馆长规定的价格出售。

4. 采取一切方法，制作日本图书馆资料资源的相关联合目录，以及实现全国图书馆资料资源的联合使用所需的其他目录及一览表。

二、针对前款之 1 规定的复印的情况，馆长可结合实际费用收取一定的复印费用。

三、馆长可决定将本条第一款之 1 规定的相关复印事务的一部分（以下称“复印事务”）委托给不以营利为目的的法人。

四、由前款规定的复印事务承接法人进行资料复印者，应向该法人支付第二款规定的复印费用。

五、根据第三款规定接受复印事务委托的法人，按前款规定接受复印费用作为自己的收入，同时必须承担复印事务所需的开销。

第二十二条 一、设置国际儿童图书馆作为支部图书馆，在国际合作下，开展基于以 18 岁以下人群为主要利用者的图书及其他图书馆资料的相关图书馆服务。

二、国际儿童图书馆设馆长 1 名，由馆长从国立国会图书馆的职员中加以任命。

三、国际儿童图书馆馆长受馆长领导，管理国际儿童图书馆的工作。

第九章 收集资料

第二十三条 在国立国会图书馆资料收集方面，馆长可根据下一章与第十一章规定的呈缴、第十一章之二与第十一章之三规定的记录，以及购买、捐赠、交换、遗赠等方法，或是接受行政及司法各部门移交的方式来收集图书及其他图书馆资料。行政及司法各部门的长官可将在其部门里并非必要的、馆长认为国立国会图书馆可使用的图书及其他图书馆资料移交国立国会图书馆。馆长可将国立国会图书馆并非必要的图书及其他图书馆资料，移交行政及司法各部门，或用作交换，或进行处理。

第十章 国家、地方公共团体、独立行政法人等的出版物呈缴

第二十四条 一、国家各机关发行，或为国家各机关发行以下各种出版物（机密文件、公文格式、样本及其他简易文件除外，以下同）时，该机关应根据馆长规定，立即向国立国会图书馆呈缴最多不超过30册，以备公用、外国政府出版物交换及其他国际交换使用：

1. 图书；
2. 小册子；
3. 连续出版物；
4. 乐谱；
5. 地图；
6. 电影胶片；
7. 除上述各类外，通过印刷及其他方法复制的文件或图画；
8. 唱片；
9. 根据电子方式、磁力方式以及其他凭借人的知觉不能感知的方式所制作的文字、影像、声音或程序记录。

二、下列法人发行，或为下列法人发行前款规定的出版物时，该法人应根据馆长规定，立即向国立国会图书馆呈缴最多不超过5册，以备前款所述的目的：

1. 《独立行政法人通则法》（平成11年第103号法律）第二条第一款规定的独立行政法人。

2. 《国立大学法人法》（平成15年第112号法律）第二条第一款规定的国立大学法人或同条第三款规定的大学共同利用机关法人。

3. 附表一所列的特殊法人等（根据法律直接设立的法人，或根据特别的法律经由特别的设立行为设立的法人，或根据特别法律设立且需政府机关认可的法人。以下同）。

三、第二款规定的出版物再版时，同样适用第二款的规定。但再版的内容与初版或前版相比没有增减和变更，且其初版或前版已根据本法律规定呈缴的除外。

第二十四条之二 一、地方公共团体各机关发行，或为地方公共团体各机关发行前条第一款规定的出版物时，基于前条所述之目的，应立即根据馆长规定，

都道府县或市（含特别区，以及参照都道府县或市级标准的特别地方公共团体，以下同）的机关向国立国会图书馆呈缴最多不超过5册，町村（含参照町村标准的特别地方公共团体，以下同）的机关呈缴最多不超过3册。

二、下列法人发行，或为这些法人发行前条第一款规定的出版物时，基于前条所述之目的，应立即根据馆长规定，都道府县或市设立的法人及其他参照都道府县或市各机关标准的法人向国立国会图书馆呈缴最多不超过4册，町村设立的法人及其他参照町村各机关标准的法人呈缴最多不超过2册：

1.《港湾法》（昭和25年第218号法律）第四条第一款规定的港务局。

2.《地方住宅供给公社法》（昭和40年第124号法律）第一条规定的地方住宅供给公社。

3.《地方道路公社法》（昭和45年第82号法律）第一条规定的地方道路公社。

4.《扩大公共用地的推进法》（昭和47年第66号法律）第十条第一款规定的土地开发公社。

5.《地方独立行政法人法》（平成15年第118号法律）第二条第一款规定的地方独立行政法人。

6. 附表二所列的特殊法人等。

三、前条第三款的规定也适用于前两款的情形。

第十一章　其他发行者发行的出版物的呈缴

第二十五条　一、前两条规定之外的发行者，在发行第二十四条第一款规定的出版物时，为了文化遗产的积累和利用，应在发行日起30日内，向国立国会图书馆呈缴1册完整的最优版本。但若发行者已将出版物捐赠或遗赠给国立国会图书馆，或馆长认为存在特殊事由的情况，则不受此限。

二、第二十四条第三款的规定适用于前款。在前款的情形下，第二十四条第三款中“呈缴”一词，可用“呈缴或捐赠或遗赠”来替换。

三、对于按照第一款的规定呈缴出版物的发行者，馆长根据规定支付补偿金，该金额相当于出版和呈缴相应出版物通常所需的费用。

第二十五条之二　一、发行者无正当理由未按照前条第一款的规定呈缴出版物时，应处以该出版物零售价额（在无零售价时，则取与之相当的金额）5倍以内的罚款。

二、当发行者为法人时，则向其法定代表人处以前款所规定的罚款。

第十一章之二　国家、地方公共团体、独立行政法人等的互联网资料的记录

第二十五条之三　一、馆长可通过便于国立国会图书馆使用的记录介质，收集第二十四条及第二十四条之二规定的主体面向公众提供的，或是借由互联网为公众提供服务所产生的互联网资料（通过互联网提供给公众使用的根据电子方式、磁力方式以及其他凭借人的知觉不能感知的方式所制作的文字、影像、声音或程序记录。以下同），以备公用。

二、第二十四条及第二十四条之二规定的主体，对于自己面向公众提供的，或自己借由互联网为公众提供服务所产生的互联网资料（鉴于其性质和供公众使用的目的，馆长规定的无碍于前款之目的达成的内容除外，下一款同），应根据馆长规定，采取必要手段使馆长妥善地进行前项的记录。

三、馆长可要求第二十四条及第二十四条之二规定的主体，向国立国会图书馆提供其面向公众提供的，或借由互联网为公众提供服务所产生的互联网资料中，馆长规定的为达成第一款之目的所特别需要的内容。若无正当理由，该主体不得拒绝提供。

第十一章之三　在线资料的记录

第二十五条之四　一、为了文化遗产的积累和利用，第二十四条及第二十四条之二规定之外的主体，对于自己面向公众提供或发送的在线资料（通过互联网及其他发送手段提供或发送给公众使用的根据电子方式、磁力方式以及其他凭借人的知觉不能感知的方式所制作的文字、影像、声音或程序记录中，馆长规定的与书籍或连续出版物相当的资料（机密文件、公文格式、样本及其他简易文件除外）。以下同），应根据馆长规定，将该在线资料（与前条规定资料内容相同者除外）提供给国立国会图书馆。

二、前款规定不适用于下列情况：

1. 第二十四条及第二十四条之二规定之外的主体申请不经由前款规定的提供方式，而是由馆长将其面向公众提供或发送的在线资料记录在国立国会图书馆使用的记录介质上，馆长收到该申请后认可的；

2. 在线资料的内容与之前根据本条规定已收集的在线资料相比，在内容上没有增减或变更的；

3. 馆长鉴于在线资料的性质及面向公众提供或发送的目的，认为无碍于前款目的的达成的；

4. 其他馆长认为存在特殊事由的情况。

三、馆长可通过国立国会图书馆使用的记录介质，收集按照前述第一款规定提供的或第二款之1认可的在线资料。

四、对于按照第一款的规定提供在线资料者（以下称“提供者”），馆长根据规定支付提供资料通常所需的费用。但提供者表明无须支付费用的情况除外。

第十二章　资金的收入、支出及预算

第二十六条　一、馆长可接受捐赠，直接用于国立国会图书馆服务的提供及资料的收集。

二、该捐赠必须得到两院议院运营委员会的认可。

第二十七条　拨付国立国会图书馆的所有经费，必须在馆长的监督下，由馆长任命的支出官支出。

第二十八条　馆长编制国立国会图书馆的预算，并提交两院议院运营委员会。委员会审查该预算，附上建议或不附上建议后提交两院议长。

附　则　（平成24年6月22日第32号法律）摘录

（施行日期）

第一条　本法律自平成25年7月1日[1]起施行。但附表一的修订规定自公布之日起施行。

（免除提供）

第二条　根据本法律修订后的国立国会图书馆法（以下称“新法”）第二十五条之四第一款规定的在线资料中，面向公众提供或者发送的有偿资料以及带有数字版权管理（以电子方式、磁力方式以及其他凭借人的知觉不能感知的方式限制在线资料的阅读或记录的手段，如将导致阅读或记录在线资料的机器（以下称“阅读等机器”）发生特定反应的信号与在线资料一同记录或发送到记录介质上的方式，或者将在线资料转换后记录或发送到记录介质上，从而使

[1] 即2013年7月1日。

阅览等机器需要特定转换的方式）的在线资料，根据馆长的规定，目前暂不受该规定所限，可免除提供。

（过渡措施）

第三条 新法第二十五条之四第一款的规定，在本法律施行后适用于面向公众提供或发送的同款规定的在线资料。

附表一（与第二十四条相关）

名 称	依 据
冲绳振兴开发金融公库	《冲绳振兴开发金融公库法》（昭和 47 年第 31 号法律）
株式会社国际协力银行	《株式会社国际协力银行法》（平成 23 年第 39 号法律）
株式会社日本政策金融公库	《株式会社日本政策金融公库法》（平成 19 年第 57 号法律）
原子能损害赔偿支援机构	《原子能损害赔偿支援机构法》（平成 23 年第 94 号法律）
日本银行	《日本银行法》（平成 9 年第 89 号法律）
日本司法支援中心	《综合法律支援法》（平成 16 年第 74 号法律）
日本私立学校振兴·共济事业团	《日本私立学校振兴·共济事业团法》（平成 9 年第 48 号法律）
日本中央赛马会	《日本中央赛马会法》（昭和 29 年第 205 号法律）
日本年金机构	《日本年金机构法》（平成 19 年第 109 号法律）
农水产业协同组合储蓄保险机构	《农水产业协同组合储蓄保险法》（昭和 48 年第 53 号法律）
存款保险机构	《存款保险法》（昭和 46 年第 34 号法律）

附表二（与第二十四条之二相关）

名 称	依 据
地方赛马全国协会	《赛马法》（昭和 23 年第 158 号法律）
地方公共团体金融机构	《地方公共团体金融机构法》（平成 19 年第 64 号法律）
日本下水道事业团	《日本下水道事业团法》（昭和 47 年第 41 号法律）

支部图书馆法*❶

（昭和24年5月24日❷第101号法律，
最终修订：平成22年4月7日❸第22号法律）

第一条❹ 下表左栏所示国立国会图书馆支部图书馆（以下简称“支部图书馆”），是根据《国立国会图书馆法》（昭和23年第5号法律）规定，分别设在右栏所示行政机关当中的图书馆。

国立国会图书馆支部审计院图书馆	审计院
国立国会图书馆支部人事院图书馆	人事院
国立国会图书馆支部内阁法制局图书馆	内阁法制局
国立国会图书馆支部内阁府图书馆	内阁府
国立国会图书馆支部日本学术会议图书馆	内阁府
国立国会图书馆支部宫内厅图书馆	宫内厅
国立国会图书馆支部公正取引委员会图书馆	公正取引委员会
国立国会图书馆支部警察厅图书馆	警察厅
国立国会图书馆支部金融厅图书馆	金融厅
国立国会图书馆支部消费者厅图书馆	消费者厅
国立国会图书馆支部总务省图书馆	总务省
国立国会图书馆支部总务省统计图书馆	总务省

---

* 陈颖艳，张曙光，译；卢海燕，校。

❶ 此法原文名称为《关于根据国立国会图书馆法规定设立的行政各部门支部图书馆及其职员的法律》。——译者注

❷ 即1949年5月24日。

❸ 即2010年4月7日。

❹ 关于法律条文的序号，日语原文一般是章、节、条、款后先以阿拉伯数字“1、2、3……”标注条款，且省略序号1，若有再下一级则是汉数“一、二、三……”，再是发音字母（假名）“イ、ロ、ハ……”，中文层级表述则相反，一般先用汉数“一、二、三……”表示一级，而后用阿数“1、2、3……”表示下一层级，其后再是“①、②、③……”。本法翻译采用了中文层级表述习惯。——译者注

续表

国立国会图书馆支部法务省图书馆	法务省
国立国会图书馆支部外务省图书馆	外务省
国立国会图书馆支部财务省图书馆	财务省
国立国会图书馆支部文部科学省图书馆	文部科学省
国立国会图书馆支部厚生劳动省图书馆	厚生劳动省
国立国会图书馆支部农林水产省图书馆	农林水产省
国立国会图书馆支部林野厅图书馆	林野厅
国立国会图书馆支部经济产业省图书馆	经济产业省
国立国会图书馆支部特许厅图书馆	特许厅
国立国会图书馆支部国土交通省图书馆	国土交通省
国立国会图书馆支部气象厅图书馆	气象厅
国立国会图书馆支部海上保安厅图书馆	海上保安厅
国立国会图书馆支部环境省图书馆	环境省
国立国会图书馆支部防卫省图书馆	防卫省

第二条 一、支部图书馆设支部图书馆馆长各1名。

二、支部图书馆馆长依据《国立国会图书馆法》统筹支部图书馆事务。

第三条 一、各支部图书馆设专职职员。

二、根据《国立国会图书馆法》第十九条的规定，从相应的行政机关职员中任免前款所述职员。

第四条 第一条规定的行政机关的长官，在该行政机关职员定额范围内，根据支部图书馆的情况，决定前一条提及的职员人数。该行政机关长官在决定前，应当与国立国会图书馆馆长协商。

附 则 （平成22年4月7日第22号法律）

本法律自公布之日起施行。

基于国立国会图书馆法的呈缴规程*

（昭和24年6月28日❶国立国会图书馆第3号规程，
修订：平成21年4月10日❷国立国会图书馆第4号规程）

（国家机关的呈缴册数）

第一条❸ 根据《国立国会图书馆法》（昭和23年第5号法律。以下简称“法”）第二十四条第一款的规定，国家各机关应呈缴的出版物册数，在无特殊事由的情况下，由馆长划分不同类别，在5册至30册的范围内决定呈缴册数。

（与国家机关同一级别的法人的呈缴册数）

第二条 法第二十四条第二款所列法人，在无特殊事由的情况下，应呈缴出版物的册数为5册。

（地方公共团体各机关的呈缴册数）

第三条 根据法第二十四条之二第一款的规定，在无特殊事由的情况下，地方公共团体各机关应呈缴出版物的册数如下所示：

1. 都道府县（含《地方自治法》（昭和22年第67号法律）第二百五十二条之十九第一款规定的指定城市（以下称“指定城市”），以下同）（含参照都道府县级标准的特别地方公共团体，以下同）的各机关呈缴5册。

2. 市（指定城市除外，含特别区，以下同）（含参照市级标准的特别地方公共团体，下同）的各机关呈缴3册。

3. 町村（含参照町村级标准的特别地方公共团体，以下同）的各机关呈缴2册。

---

* 陈颖艳，张曙光，译；卢海燕，校。

❶ 即1949年6月28日。

❷ 即2009年4月10日。

❸ 关于法律条文的序号，日语原文一般是章、节、条、款后先以阿拉伯数字“1、2、3……”标注条款，且省略序号1，若有再下一级则是汉数“一、二、三……”，再是发音字母（假名）“イ、ロ、ハ……”，中文层级表述则相反，一般先用汉数“一、二、三……”表示一级，而后用阿数“1、2、3……”表示下一层级，其后再是“①、②、③……”。本法翻译采用了中文层级表述习惯。——译者注

（参照地方公共团体各机关标准的法人的呈缴册数）

第四条 法第二十四条之二第二款所列法人应呈缴的出版物，在无特殊事由的情况下，其呈缴册数如下所示：

1. 都道府县或都道府县和市町村所设立的法人呈缴 4 册。

2. 地方赛马全国协会、地方公共团体金融机构及日本下水道事业团呈缴 4 册。

3. 市或市和町村所设立的法人呈缴 2 册。

4. 町村所设立的法人呈缴 2 册。

（呈缴册数的上限）

第五条 上述各条规定的呈缴册数若超出该出版物发行册数的 1/10，则只需呈缴该发行册数的 1/10。

（补偿金额的决定手续）

第六条 法第二十五条第三款规定的补偿金，由馆长向呈缴本制度审议会咨询后决定其金额。

（呈缴的免除）

第七条 符合法第二十四条第一款第六项规定的出版物，暂时免除呈缴。但有特殊事由的情况除外。

（委托）

第八条 不在本规则规定范围内的其他必要的呈缴事项，由馆长规定。

附 则 （平成 21 年 4 月 10 日国立国会图书馆规程第 4 号）

该规程自《地方交付税法》等修订法律（平成 21 年第 10 号法律）附则第七条规定的施行日期起施行。

版权法（节译）*

（昭和45年5月6日❶第48号法律，
最终修订：平成24年6月27日❷第43号法律）

第二章❸ 作者的权利

第三节 权利的内容

第五小节 版权的界限

（图书馆等场所的复制）

第三十一条 一、国立国会图书馆以及为公众利用图书、记录及其他资料提供服务的图书馆和其他依照政令设立的设施（以下简称“图书馆等”），在不以营利为目的的前提下，符合下列情况时，可使用图书馆等的图书、记录及其他资料（以下简称“图书馆资料”）进行复制。

1. 应图书馆等的使用者请求，可提供公开发表作品的部分（若是在已发行相当长时间的期刊上刊载的作品，则为全部）复制品一份，供其调查研究使用。

2. 为了保存图书馆资料而必须进行复制的情况。

3. 应其他图书馆等的请求，可提供绝版的或基于类似理由而难以获取的图书馆资料的复制品。

二、除前款所列情况之外，国立国会图书馆为避免公众利用图书馆资料时致使原件丢失、损伤或污损，可制作电磁记录（根据电子方式、磁力方式以

---

* 陈颖艳，张曙光，译；卢海燕，校。

❶ 即1970年5月6日。

❷ 即2012年6月27日。

❸ 关于法律条文的序号，日语原文一般是章、节、条、款后先以阿拉伯数字“1、2、3……”标注条款，且省略序号1，若有再下一级则是汉数“一、二、三……”，再是发音字母（假名）“イ、ロ、ハ……”，中文层级表述则相反，一般先用汉数“一、二、三……”表示一级，而后用阿数“1、2、3……”表示下一层级，其后再是“①、②、③……”。本法翻译采用了中文层级表述习惯。——译者注

及其他凭借人的知觉不能感知的方式所制作的记录，供计算机进行信息处理[1]。第三十三条之二第四款同）以替代原件供公众使用，在必要的限度内，可将该图书馆资料的相关作品记录到记录介质上。

（根据国立国会图书馆法进行互联网资料收集时的复制）

第四十二条之四 一、国立国会图书馆馆长根据《国立国会图书馆法》（昭和23年第5号法律）第二十五条之三第一款的规定，收集同款规定所涉及的互联网资料（以下简称“互联网资料”）时，在必要限度内，可将该互联网资料的相关作品记录在国立国会图书馆使用的记录介质上。

二、《国立国会图书馆法》第二十四条及第二十四条之二规定的主体，根据该法第二十五条之三第三款的要求提供互联网资料时，在必要的限度内，可复制该互联网资料的相关作品。

[1] 电子记录方式或磁盘，就是以凭借人的感官作用不能确定记录的存在和状态的方式所制作的、供电子计算机进行演算、检索等处理情报用的记录。参考：黎宏．日本刑法精义［M］．北京：法律出版社，2008．

03 新加坡

国家图书馆管理局法*

（1995 年 5 号法令颁布，1996 年修订）

本法为设立和组建国家图书馆管理局制定，同时规定国家图书馆到国家图书馆管理局的概括移转及相关事项。

第一节　序　言

简　称

1. 本法应当被引称为《国家图书馆管理局法》。

术语释义

2. 除另有规定外，本法中使用术语一律采用以下含义：

（1）“管理局”是指依据本法第 3 条设立的国家图书馆管理局；

（2）“总裁”是指管理局总裁，包括临时总裁；

（3）“执行总裁”是指管理局执行总裁，包括代理其职权的个人；

（4）“副总裁”是指管理局副总裁，包括管理局临时副总裁；

（5）“基金”是指依据本法第 23 条建立的国家图书馆管理局捐赠基金；

（6）“图书馆信息服务”是指图书馆提供和管理的信息服务或图书馆服务

（7）“图书馆文献资料”是指——

（a）任何印刷型的图书、期刊、报纸、手册、乐谱、地图、图表、设计方案、图片、照片、印章和其他印刷品；

（b）包括电影胶片（缩微胶片和缩微平片）、底片、磁带、唱片、声带和其他装置，这些文献资料可独立或借助其他设备被复制为一个或多个视觉图像、声音或其他数据；

（8）“委员”是指管理局成员；

（9）涉及图书的“印刷”，是指通过印刷、平版印刷、复印或者其他类似

* 刘光祖，译；卢海燕，校。

工艺流程生产，且“印刷商”具有类似含义；

（10）“公立图书馆”是指政府或法定机构所有的图书馆，以及其他按照管理局的决定，直接或间接由政府完全或部分资助的图书馆；

（11）“新加坡境内出版”是指为了销售或公开配售在新加坡境内制作和发布；

（12）“出版者”是指在新加坡从事图书馆文献资料出版的人。

第二节　管理局的设立、组成、职能和权力

国家图书馆管理局的设立

3. 国家图书馆管理局应当设立为一个永久存续的法人团体，且以其名义应当具备以下能力：

（a）起诉和被起诉；

（b）财产的取得、所有、占有、用益和处分，包括动产和不动产；

（c）法人团体依法可以作出或承受的一切行为或事件。

法团印章

4.（1）管理局应当有一枚法团印章，且以管理局认为适当的方式保管。

（2）所有需要管理局印章的契约和其他文件应当用管理局的法团印章盖章，盖有法团印章的每一份文件应当由管理局为某目的概括授权或特别授权的任意两名委员签名，或者由一名同样授权的委员和执行总裁签名。

（3）所有法院、法官和司法判决的执行人应当对盖在任何文件上的管理局法团印章有司法注意，且推定盖章是适当的。

管理局的组成

5.（1）管理局应当由以下人员组成：

（a）总裁一人；

（b）副总裁一人；

（c）部长可不定期决定的委员10人以上20人以下。

（2）附件一关于管理局及其成员和会议录的规定应当生效。

管理局的职能

6. 管理局的职能包括：

（a）设立与维护图书馆，并提供图书馆信息服务；

（b）通过使用图书馆及其服务促进阅读和鼓励学习；

（c）为新加坡境内出版的图书馆文献资料提供存储书库；

（d）获取并维护涉及新加坡及其公民的图书馆文献资料的全面收藏；

（e）建立新加坡图书馆员工培训标准；

（f）提供关于图书馆和图书馆信息服务的咨询服务；

（g）编制并维护国家书目；

（h）就新加坡公立图书馆及其信息服务的国家需求和政策制定，向政府提出建议。

管理局的权力

7.（1）为履行职能，管理局应当有权作出一切必要或便利的事情。

（2）在不损害第一款规定的一般原则的情况下，管理局的权力应当包括：

（a）发展与管理管理局设立的图书馆；

（b）开发新加坡图书馆计算机网络；

（c）定义、开发与实施全国藏书政策和战略，并指定各国书馆和中心收藏不同学科领域对新加坡重要和有益的图书馆文献资料；

（d）协调和促进所有公立图书馆收藏的图书馆文献资料的使用；

（e）获取与提供新加坡图书馆资源和服务的信息；

（f）采取适当措施，维护和保存依据本法第 10 条缴送管理局的图书馆文献资料；

（g）建立与国外图书馆管理机构和信息提供者的联系，以促成与其职能相关的一切活动的最大限度合作；

（h）负责或赞助图书馆专业人员和雇员培训计划；

（i）在管理局任期内，安排或提供相关图书馆的专业技术服务；

（j）负责与促进图书馆及其业务的研究；

（k）通过一切合法手段筹集资金，以及无论是否基于信任，接受赠品和捐赠；

（l）依据本法相关条款规定，向与新加坡国家文学遗产或图书馆发展有关的个人或组织提供拨款、捐助或贷款；

（m）签订合同与建立信托；

（n）与任何个人或组织成立合资企业，或者设立公司或参与公司的设立；

（o）提供或者负责任何形式的宣传；

（p）对管理局提供的服务或设施收取费用、佣金或租金。

图书馆董事和顾问委员会

8. 管理局可以委任董事负责其设立的图书馆的综合管理，也可以委任顾问委员会针对图书馆的运营和服务提供建议。

委员会的委任与权力的委托

9.（1）根据管理局的意见，为使委员会更好地规范与管理图书馆，管理局可以从其委员或其他人员中委任委员会委员。委员会委员由管理局认为适当的委员或其他人员组成，或者由委员和其他人员共同组成。

（2）受其认为适当的条件或限制条件所限，国家图书馆管理局可以委托任何上述委员会，或者国家图书馆管理局的委员、官员、雇员，行使依据本法授予国家图书馆管理局的若干职能或权力，但是，依据本条授予的委托权力除外。

（3）本条规定的委托不妨碍国家图书馆管理局履行职能或行使权力。

图书馆文献资料的缴送

10.（1）新加坡境内每一种图书馆文献资料的出版者，应当在出版日期后4周内，自费向国家图书馆委员会缴送2册复本（条例另有规定的除外）至管理局指定的地方。

（2）管理局可以通过条例规定下列事项：

（a）无须向管理局缴送的图书馆文献资料；

（b）需要缴送的图书馆文献资料复本的质量和版式。

（3）任何图书馆文献资料的出版者违反或者未遵守本条规定，应当被判有罪，并处以不超过5000新加坡元的罚款。

（4）管理局可依其自由裁量权，就本条规定的违法行为，通过向合理怀疑已经构成违法行为的当事人收取总额不超过500新加坡元的方式私下和解。

全国联合目录的建立

11.（1）所有公立图书馆应当贡献其编目和馆藏记录，无论是原始的还是其他来源派生的，以建立最新的全国联合目录。

（2）国家图书馆管理局可以通过条例规定下列事项：

（a）需要送达管理局的编目和馆藏记录的标准和格式；

（b）更新全国联合目录的频次。

参与馆际互借计划

12. 所有公立图书馆应当参与由国家图书馆管理局经与上述图书馆磋商建立的馆际互借与馆际信息服务计划。

年度报告

13.（1）国家图书馆管理局应当在每个财政年度结束后，尽快准备一份关于该财政年度期间管理局各项活动的报告并提交给部长。

（2）部长应当尽快向议会呈递一份上述报告的副本。

部长指令

14.（1）经与管理局磋商或其他方式，部长可以对管理局下达指令。若指令与本法规定不相矛盾，且部长认为与管理局依据本法执行和履行职能是适当的，则管理局应当执行上述指令。

（2）管理局应当应部长的要求提供关于其财产和活动的信息。

第三节 人事规定

管理局执行总裁

15.（1）经部长批准，管理局应当依其可以决定的任期和条件委任 1 名执行总裁。

（2）执行总裁应当——

（a）凭管理局可以决定的上述委任而知名；

（b）对管理局负责，并根据管理局制定的政策施行行政事务管理。

（3）如果执行总裁暂时离开新加坡，或者由于患病或其他事由暂时不能履行职责，管理局需在首席执行官缺位期间委任他人代理其职位。

人员任免

16. 管理局可以——

（a）以支付报酬或依管理局可以决定的其他方式，委任一定数量的官员或雇员，且管理局可以终止他们的服务，或者在服务期内对其进行纪律管理；

（b）聘用管理局认为履行其职能和职责所必要的人员，并为他们的服务支付报酬。

《刑法典》中的公务员

17. 所有管理局的委员、官员和雇员（包括任何期间借调到管理局的人员）均应当被视为《刑法典》规定的公务员。

第四节 财政规定

管理局的资金

18. 管理局的资金应当包括：

（a）管理局接受的政府拨款；

（b）管理局接受的礼物、捐赠和资助；

（c）费用、佣金、租金、利息、红利和管理局的其他天然孳息；

（d）管理局依据本法借入的款项；

（e）管理局合法收到的其他款项。

银行账户和资金的使用

19.（1）只要管理局认为适合，管理局可以在一家或多家银行开通与维护一个或多个账户；每个账户应当尽可能通过支票方式操作，支票的使用需经过管理局不定期授权的一人或多人签字。

（2）管理局的资金应当仅用于支付或偿还管理局的费用、承付款项和债务，以及管理局授权或必需的支付。

投资权

20. 管理局可以依照《解释法》第33A条规定的法定主体的标准投资权进行投资。

借款权

21. 为实现本法之目的，管理局可不定期向政府或经部长同意从任何其他来源筹集贷款。

股票发行等

21A. 若政府依据本法赋予管理局任何财产、权利或债务，或者政府依据任何成文法对管理局注入资本或其他投资，管理局应当向财政部部长分配此类股票或其他有价证券，部长可不定期监督、指导。

拨　款

22. 为促进管理局依据本法履行职能，部长可在议会提供资金之外不定期向管理局拨款，额度应在部长权限范围内。

国家图书馆管理局捐赠基金的建立

23.（1）建立国家图书馆管理局捐赠基金，并由管理局管理，包括：

（a）管理局通过礼赠、遗赠或其他方式收到的款项；

（b）部长须详细说明的议会提供款项对该基金的贡献；

（c）管理局可以决定转移到该基金的其他款项。

（2）基金的收益应当用于下列所有或任一目的：

（a）规定的培训计划，以及图书馆员和雇员的奖学金；

（b）图书馆和信息科学领域的杰出人物的讲座；

（c）赞助重要的图书馆促进计划；

（d）资助阅读和图书馆事业研究；

（e）管理局可以决定的符合本法的其他目的。

财政条款

24. 设置于附件二的财政条款应当适用于管理局。

第五节　资产、债务转移和雇员转任

资产和债务的转移

25.（1）自1995年9月1日起，政府此前直接授予或者由国家图书馆使用或管理的一切动产，以及与国家图书馆相关的一切政府资产、权利、利益、债务和承付款项，应当转移或归属于管理局而无须进一步保证。

（2）自1995年9月1日起，管理局应当控制和管理所有在国家图书馆控制下的图书馆。

（3）如果依据本条第一款转移或归属管理局的任何特定财产，或者任何特定资产、权利、利益、债务或承付款项出现疑问，由财政部部长签发的证书应当成为该项财产、资产、权利、利益、债务或承付款项是否如此转移或归属的决定性证据。

存续协议等

26. 凡1995年9月1日以前存在的契约、证券、协议、文书、和解协议，若涉及依据本法第25条第1款转让或归属管理局的财产、权利、利益、债务或承付款项，应当在1995年9月1日及以后继续有效，且由（或对）管理局强制执行。如同管理局代替政府或代表政府行为的个人，名列在该等契约、证券、协议、文书、和解协议上，或是其中一方当事人一样。

未决法律程序

27. 1995年9月1日以前尚在进行中的，由（或对）政府或代表政府实施法律行为的代理人启动的关于国家图书馆的法律程序或起诉理由，须继续进行且由（或对）管理局强制执行。

雇员转任

28.（1）自1995年9月1日起，之前由部长决定的受雇于国家图书馆的人员，应当依据（本法）条款规定，以不低于调任前的待遇转任管理局的雇员。

（2）在管理局草拟服务的待遇和条件以前，在政府中服务的计划、待遇和条件应当继续适用于依据前款转任管理局服务的任何人，如同其仍在政府服务。

政府雇员养老金等权益的继续保留

29.（1）依据本法第28条的规定转任到管理局服务的雇员的待遇和条件，应当考虑到受雇于政府时享受的薪水、待遇和条件，包括休假的累算权益。任何与管理局服务期相关的待遇和条件，应当对其在政府的服务予以承认并转为服务管理局之下的待遇和条件。

（2）管理局草拟的服务待遇和条件的规定，不应对转任人员依据《养老金法》本应适用的应付养老金、退职金或津贴规定产生不利影响。

（3）凡依据本法第 28 条规定转任到管理局服务的人员，政府有责任在其退休时支付管理局一定比例的退职金、养老金或津贴，比例为其在政府服务期间可领取退休金的薪酬总额除以在政府和管理局服务期间的可领取退休金的薪酬总和。

没有涉及机构废止或重组的福利

30. 尽管《养老金法》有规定，但是依据本法第 28 条规定转到管理局服务的人员无权依据《养老金法》基于从为设立与并入管理局废止或重组的机构退休而主张任何福利。

惩戒性程序的继续与完成

31. （1）尽管本法另有规定，但是为完成听证或调查并作出责令或决定，政府或委员会应当依据 1995 年 9 月 1 日前被授予的权力，视情完成听证或调查，并作出责令、裁定或指导意见，如同政府或委员会 1995 年 9 月 1 日前所为。

（2）政府或委员会依据本条规定作出的责令、裁定或指导意见应当视为国家图书馆管理局的责令、裁定或指导意见，与国家图书馆管理局依据本法授权作出的责令、裁定或指导意见具有同等效力。

雇员转任前的渎职或玩忽职守

32. 管理局可以对依据本法第 28 条转任到管理局的人员，就其 1995 年 9 月 1 日前的不当行为或玩忽职守，施以训诫、降级、解职、开除或其他方式的处分，如同本法未颁布，其继续受雇于政府，宣布对其训诫、降级、解职、开除或其他方式的处分一样。

第六节　其他规定

管理局的标志

33. （1）管理局应当对其精选或设计的符号或标志享有专用权及其相关活动或事务中的展示权。

（2）未经管理局许可，任何人使用与管理局相同或近似的符号或标志，欺骗或造成混淆或者很可能欺骗或造成混淆，均构成犯罪，应当被判有罪并处以不超过5000新加坡元罚金，或不超过6个月有期徒刑，或者二者并罚。

个人责任保护

34. 诉讼或其他法律程序不应以执行或声称执行本法的善意或预备行为，而对管理局的委员、官员或雇员，或者其他依据管理局指示行为的个人提起。

规　章

35. (1) 经部长批准，管理局为实现本法目的和执行本法，可就依据本法有权规定的事项制定规章。

(2) 在不损害本条第1款规定的一般原则下，规章可以——

(a) 规定图书馆和图书馆建筑及其目录、设备、家具的使用，以保护其免受损害、破坏或滥用；

(b) 要求使用图书馆的人对归属图书馆的文献资料的遗失或损坏提供担保或保证；

(c) 授权管理局的官员或雇员将违反本法或依本法制定的规章的人员逐出图书馆或图书馆建筑物及其地面；

(d) 规定图书馆、图书馆建筑物及其地面的秩序维护与妨害阻止；

(e) 确定图书馆的开放日期和时间；

(f) 规定图书馆地面的车辆准入和交通管理；

(g) 规定因借阅的图书馆文献资料损坏、遗失或逾期归还而征收的罚款数额，以及罚款的免除与退还；

(h) 规定违反依据本法制定的规章的作为或不作为，应当构成违法，并征收不超过5000新加坡元的罚款。

过渡规定

36. 依据废止的《国家图书馆法》拟定、制定、同意或批准的任何计划、合同、文件、证书、执照、许可或决议，只要不违反本法规定，则继续有效并视为依据本法拟定、制定、同意或批准。

版权法（节译）*

（1987 年 2 号法令颁布，2006 年修订）

术语释义

7.（1）除另有规定外，本法中使用术语一律采用以下含义：

“档案”是指——

（a）依据《新加坡国家文物局法》（第 196A 章）第 17 条的规定建立，并由新加坡国家档案局进行保管的档案资料；

（b）依据该条第 4 款之规定可以适用本项的文件或其他资料的汇编。

（1A）由于本法对“教育目的”一词的含义未予限定，若作品或其他主题作品的全部或部分内容的复制品，满足以下任一条件，则应当视为为实现教育机构的教育目的而制作、使用或保存：

（a）该复制品的制作、保存或者使用，是与上述机构所提供的某项具体教学课程有关；或者

（b）制作、保存复制品是为列入上述机构的图书馆馆藏，或者该复制品就是该图书馆的馆藏。

（3）依本法，除有相反的目的外——

（b）本法中所提到的图书馆或档案馆的管理主体均是指对图书馆或档案馆的管理负有最终责任的主体（无论其是否具有法人地位）或法人（包括政府）。

为营利之目的而建立或经营的图书馆

13. 为实现本法之目的，图书馆不应当为营利之目的而建立或经营，该图书馆为从事营利性商业活动的个人所拥有的除外。

在图书馆及档案馆所安装的设备上制作的侵权复制品

34. 凡——

（a）在图书馆或档案馆自行安装的复制设备上、或经图书馆或档案馆管理主体同意而安装于图书馆或档案馆场地内或为方便人们使用图书馆或档案馆而安装在上述场地外的复制设备上，通过复制技术对某件作品全部或部分内

---

* 刘光祖，唐婷婷，译；卢海燕，校。

容、或者2件或以上作品的公开出版版本的全部或部分进行侵权复制的；并且

（b）在对于使用设备的人们来说非常显眼的设备上或十分靠近设备的位置，粘贴告示告知复制应采用的法定尺寸和法定形式的，不得仅因该侵权复制品制作于该设备而视为已获图书馆或档案馆的管理机构或主管官员的授权。

图书馆与档案馆为用户复制

45.（1）个人应当向图书馆（不包括直接或间接对个人营利的图书馆）或档案馆主管官员提交——

（a）书面申请，须载明其需求为某一定期出版物内文章全部或部分内容的复制品、或者公开出版的文学、戏剧或音乐作品的全部或部分内容的复制品；

（b）经个人签字的声明，须载明——

（i）其需要上述复制品仅为研究或学习之用，不会用作其他目的；且

（ii）其在此之前并未从获授权的图书馆或档案馆官员（视具体情况而定）处获得过上述文章或作品的复制品，或上述文章或作品的相同部分的复制品；如果其之前获得上述内容的复制品，则该复制品已丢失、损毁或遭到破坏。

（2）依本条之规定，第1款所述申请和声明已提交给图书馆或者档案馆内的主管官员的，应当对申请的内容进行自行复制或安排他人复制并向申请人提供该复制品，但获授权的图书馆或档案馆官员认为该声明的内容在重要事项上存在不真实内容的除外。

（3）依本条第1款所述申请制作并提供该复制品需要收费的，如果收费总额度超过制作和提供成本与对图书馆一般费用的合理承担额度之和，则第2款之规定不适用于该申请。

（4）本条第2款不得适用于申请复制同一定期出版物内的2篇或2篇以上文章的全部或部分内容，上述文章涉及相同主题除外。

（5）本条第2款不得适用于申请复制文学、戏剧或音乐作品（包含在某一定期出版物中的文章除外）的全部内容，也不得适用于申请复制超过该作品合理比例的内容，但以下情形除外——

（a）该作品构成图书馆或档案馆馆藏的一部分；并且

（b）在进行复制之前，图书馆获授权的官员在经过合理调查之后，声明其确信该作品（非二手版本）无法在合理的时间内以正常的商业价格获得。

（6）依本条第1款所述申请对某一定期出版物内一篇文章的全部或部分内容进行复制的，该复制行为不视为侵犯该文章的版权，但根据本条第2款之

规定将该复制品提供给非申请人的除外。

（7）依本条第 1 款所述申请对公开出版的文学、戏剧或音乐作品（某一定期出版物中的文章除外）全部或部分内容进行复制的，该复制行为不视为侵犯上述作品的版权，但根据本条第 2 款之规定将该复制品提供给非申请人的除外。

（7A）如果某一定期出版物的文章或公开出版的作品（非定期出版物内的文章）是以电子形式获取并成为图书馆或档案馆的馆藏，则图书馆或档案馆的主管官员在图书馆或档案馆场地内为用户提供在线获取上述文章或作品的行为，不构成对该文章或作品版权的侵犯，但此时要求用户不得通过图书馆或档案馆所提供的设备进行以下行为——

（a）对该文章或作品进行电子拷贝；或者

（b）传播该文章或作品。

（8）实施条例可在其规定的情形下排除适用本条第 6 款或第 7 款。

（9）依据本条第 2 款之规定，第 6 款和第 7 款不得适用于以下内容的电子拷贝——

（a）某一定期出版物的文章的全部或部分内容；或者

（b）申请人依据本条之规定申请传输的公开出版作品（而非上述文章）的全部或部分内容，除非——

（i）在电子版本传输给申请人之前或当时，根据实施条例向该申请人出具了包含以下内容的通知——

（A）已经依据本条规定制作了电子版本，且该文章或作品依据本法应受到版权保护；并且

（B）应当规定的其他类似事项。

（ii）将电子版本传输给申请人之后，应当视实际情况尽早销毁依据本条第 2 款之规定所制作的且为图书馆或档案馆所持有的电子版本。

图书馆或档案馆为其他图书馆或档案馆复制

46. （1）图书馆的主管官员可以自行或安排他人向另一图书馆的负责官员申请，要求该图书馆向其提供某一定期出版物的一篇文章的全部或部分内容的复制品，或者公开出版的文学、戏剧或音乐作品（非定期出版物内的文章）的全部或部分内容的复制品——

（a）上述行为之目的是将该复制品纳入本图书馆的馆藏，而非用来替代对上述某一定期出版物或作品的订阅，或是替代购买上述作品；或者

（b）上述行为之目的是向依本法第 45 条提出申请的人提供该复制品；

（2）依本条之规定，如申请是由图书馆主管官员依据本条第 1 款之规定自行或者以其名义向另一图书馆主管官员提出，则被申请的图书馆的获授权官员可以自行或者安排他人对申请的内容进行复制并将该复制品提供给前述作出申请的图书馆主管官员。

（3）图书馆获授权的官员依本条第 2 款之规定对某作品的全部或者部分内容进行复制并将其提供给依本条第 1 款之规定提出申请的另一图书馆主管官员的，则——

（a）为实现本法之目的，该复制品应当视为为实现该作出申请的图书馆的目的而以该图书馆获授权官员的名义而制作的；并且

（b）不得以上述复制或提供复制品的行为侵犯版权为由起诉被申请图书馆的管理主体、或者该图书馆的任何官员或雇员。

（4）依本条之规定，某一定期出版物某文章的全部或部分内容的复制品，或者任何其他文学、戏剧或音乐作品的全部或部分内容的复制品，如果基于本条第 3 款之规定应视为以图书馆获授权官员的名义而制作的，则该复制行为不构成对上述文章或作品版权的侵犯。

（5）实施条例可在其规定的情形下排除适用本条第 4 款。

（6）依本条第 1 款所述申请制作和提供复制品需要收费的，如果收费总额度超过制作和提供成本与对图书馆一般费用的合理承担额度之和，则本条第 4 款之规定不适用于该申请。

（7）基于本条第 3 款之规定而被视为为实现本条第 1 款所述目的，以图书馆获授权官员名义制作的文章或作品的全部或部分内容的复制品，不适用本条第 4 款之规定，在提出申请后，该官员在实际情况允许的情形下尽早提交一份列明申请具体事项声明（包括申请复制的目的）的除外——

（a）如果为了图书馆馆藏需要，曾经依据本条第 1 款所述申请获取该文章和作品的全部或部分内容的复制品，则声明须载明该复制品已经丢失、损毁或者遭到破坏，或有其他合适的事由；并且

（b）如果该份复制品的内容为文学、戏剧或音乐作品（非定期出版物内的文章）的全部或超过了该作品的合理比例，则声明须载明该份复制品的制作和提供是馆际协作的一部分，且这种协作并不会使得也不是为了使得参与其中的图书馆接受上述复制品并通过协作系统复制和提供的方式汇总在一起用来代替订阅或购买上述作品。

（8）本条规定中所提及的图书馆是指非对个人直接或间接营利的图书馆，同时也包括档案馆。

图书馆或档案馆内未公开出版作品的复制或传输

47.（1）文学、戏剧或音乐作品的版权，或者摄影、雕刻类艺术作品的版权，如果在该作品作者去世当年的第二年（日历年）起 50 年后，或者自创作该作品时或该作品创作期间截止时 75 年后，仍然存续，但——

（a）该作品未公开出版；并且

（b）该作品的原始版本或复制品作为馆藏被保存在图书馆或者档案馆，且根据馆藏规定，该作品向公众开放查阅，则下列情形不构成对该作品版权的侵犯——

（i）为个人研究、学习或将来出版之用对该作品进行复制或传输；或者

（ii）前述图书馆或档案馆主管官员确信需要该作品或其复制品的个人是为研究、学习或将来出版之用且不会用作其他目的之后，该主管官员自行或者他人以其名义对该作品进行复制或传输。

（2）未公开发表的论文或者其他类似文学作品的原始版本或复制品被保存在大学或其他类似机构的图书馆内或者被保存在档案馆内的，如果图书馆或档案馆的获授权官员确信被提供人需要该论文、作品或它们的复制品仅为研究或学习之用，则主管官员自行或者他人以该官员名义对上述论文或作品进行复制或传输，不构成对该论文或作品版权的侵犯。

为保存或其他目的复制作品

48.（1）依据本条第 4 款之规定，在以下情形下，图书馆或档案馆主管官员自行或者以其名义对馆藏作品进行复制，不构成对该作品版权的侵犯——

（a）该作品为原始版本，且复制的目的是为保存原始版本不至丢失或损毁，或者为保存作品的图书馆或档案馆或其他图书馆或档案馆现在或将来所实施的研究之用；

（b）该作品是以公开发表的版本作为馆藏，但该作品已遭破坏或损毁，为替代该作品而复制；

（c）该作品是以公开发表的版本作为馆藏，但该作品已丢失或失窃，为替代该作品而复制；

（2）图书馆或档案馆的主管官员，为使该图书馆或档案馆持有一份复印件，而非为实现本条第 1 款所述的复制目的，自行或者他人以该官员名义对其馆藏作品进行复制的行为，不构成对馆藏作品版权的侵犯。

（3）本条第 1 款之规定不适用于图书馆或档案馆馆藏中公开发表的作品，但是，图书馆或档案馆的获授权官员，在经合理调查后，发表声明确信该作品（非二手版本）的复制品无法在合理的时间内以通常的商业价格获得的除外。

（4）为实现本法之目的，如果图书馆或档案馆的主管官员为其他图书馆或档案馆正在进行或将要进行的研究之用，而依据第 1 款之规定自行或他人以该官员名义对未公开发表作品进行复制的，则该官员自行提供复制品或他人以该官员之名义提供复制品的行为，不构成作品的公开发表。

图书馆所存未公开发表作品的公开发表

49. （1）如果同时满足以下三个条件——

（a）公开出版的文学、戏剧或音乐作品（本条称“新作品”）包含有某作品（本条称“旧作品”）的全部或部分内容，且后述作品在前述作品公开出版前仍适用本法第 47 条第 1 款之规定；

（b）在新作品公开发表前，已经出具告知该作品意欲公开发表的法定告示；

（c）在新作品公开发表前，旧作品版权所有者的身份不被新作品出版社所知，

那么，为实现本法之目的，新作品首次公开发表以及后继公开发表（无论形式与首次相同还是经过修改），只要其构成旧作品的公开发表，就不应当视为对旧作品版权或旧作品未经授权的公开出版物版权的侵犯。

（2）包含旧作品部分内容的新作品，若后继公开发表的版本之内容未包含在该新作品首次公开发表的版本中，则不适用本条第 1 款之规定，除非满足以下三个条件——

（a）若非本条之规定，包含在新作品中的那部分旧作品内容即在后继公开发表前适用第 47 条第 1 款；

（b）在后继公开发表前已经发布了告知意欲出版的法定通知；

（c）在后继公开发表前，旧作品版权所有者的身份并不为后继公开发表的出版者所知。

（3）作品的全部或部分内容已公开出版且基于本条之规定该出版行为不视为侵犯该作品版权的，在公开发表之后，对该作品全部或部分内容进行广播、在有线传播节目中使用、或者在公开场合表演或者录制的行为都不构成对该作品版权的侵犯。

在图书馆及档案馆安装的设备上制作的侵权复制品

105A. 凡——

（a）在图书馆或档案馆自行安装、或经图书馆或档案馆管理机构同意而安装于图书馆或档案馆场地内或为方便人们使用图书馆或档案馆而安装在上述场地外的设备（包括电脑）上，对视听作品全部或部分内容进行侵权复制；并且

（b）在对于使用设备的人们来说非常显眼的设备上或十分靠近设备的位置，粘贴告示告知复制应采用的法定尺寸和法定形式的，

则不得仅因该侵权复制品制作于该设备而视为已获图书馆或档案馆的管理机构或主管官员的授权。

拷贝图书馆或档案馆内未公开发行的录音和影片

112. 如果录音或影片的版权自该录音或影片制作时起或制作期间结束时起 50 年后仍然存续，但是——

（a）该录音或影片未曾公开发表的；并且

（b）包含该录音内容的唱片或影片的拷贝被保存在图书馆或者档案馆内作为馆藏的，并且上述唱片或拷贝依据馆藏管理规定对公众开放使用的，

则下列行为不构成对上述录音或影片版权，或者上述录音或影片中所包含的作品或其他主题作品的版权的侵犯——

（i）个人为研究、学习或将来发行之目的而对该录音或影片进行拷贝或传输的；

（ii）图书馆或档案馆主管官员在确信需要该录音或影片或其拷贝的个人是为研究、学习或将来出版之用且不会将其用作其他目的之后，该官员自行或者他人以该官员名义对上述录音或影片进行拷贝或传输的。

为保存或其他目的拷贝录音或电影

113. （1）根据本条第 3 款之规定，由图书馆或者档案馆主管官员自行或者他人以该官员名义对构成图书馆或者档案馆馆藏的录音进行拷贝的——

（a）如果该录音是以原始录音入藏，且拷贝目的是为保存该录音以免丢失或损毁，或者是为持有该记录的图书馆或档案馆或者其他图书馆或档案馆正在进行或即将进行的研究之用；

（b）如果该录音是以公开发行方式入藏但已受到破坏或损毁，且拷贝目的是为替代该录音；或者

（c）如果该录音是以公开发行方式入藏但已丢失或失窃，且拷贝目的是为替代该录音，

则上述拷贝行为不构成对该录音版权或包含在该录音中的任何作品或其他主题作品版权的侵犯。

（2）根据本条第 3 款之规定，由图书馆或者档案馆主管官员自行或者他人以该官员名义对构成图书馆或者档案馆馆藏的影片进行拷贝的——

（a）如果该影片是以首次拷贝件入藏，且拷贝目的是为保存该份影片以免丢失或损毁，或者是为持有该拷贝的图书馆或档案馆或者其他图书馆或档案

馆正在进行或即将进行的研究之用；

（b）如果该影片是以公开发行方式入藏但已受到破坏或损毁，且拷贝目的是为替代该份影片；或者

（c）如果该影片是以公开发行方式入藏，但已丢失或失窃，且拷贝目的是为替代该份影片，

则上述拷贝行为不构成对该影片版权或包含在该影片中的任何作品或其他主题作品版权的侵犯。

（3）以公开发行方式入藏图书馆和档案馆的录音和影片分别不适用本条第1款和第2款之规定，但是，图书馆或档案馆的获授权官员经合理调查后，声明确信该份录音或影片的拷贝（非二手拷贝）无法在合理的时间内以普通的商业价格获得的除外。

（4）为实现本法之目的，图书馆或档案馆的主管官员，为了另一图书馆或档案馆正在进行或即将进行的研究之用，而依据本条第1款和第2款之规定，自行或他人以该官员的名义对未经公开发行的录音或影片进行拷贝的，该官员自行或他人以该官员名义向另一图书馆或档案馆提供该拷贝的行为，不构成该录音或影片的公开发行，也不构成对该录音或影片中所包含的任何作品或其他主题作品的公开发行。

复制品的标记等❶

201.（1）在起诉个人或机构因自行或者以公共机构之名义复制某件作品的全部或部分内容而侵犯该作品版权的程序中，该个人或机构无权援引本法第45条、第46条、第48条、第52条、第54条或者第54A条作为其复制行为的合理依据，但是，在复制行为发生之时，曾在复制品上作出以下标记的除外——

（a）表明该复制品是以上述公共机构的名义进行制作的，并标明复制的日期；并且

（b）如是依据本法第54条第4款进行的复制，则须表明该复制品是符合第54条第4款之规定的合法复制品。

（2）在起诉个人或机构因自行或者以公共机构之名义拷贝录音或影片而侵犯该录音或影片的版权的程序中，该个人或机构无权援引本法第113条作为其拷贝行为的合理依据，但是，在拷贝行为发生之时，该个人或机构在拷贝品上制作或粘贴标记表明该拷贝品是以上述公共机构的名义制作的并标明拷贝品制作的日期的除外。

---

❶ 第201条第（4）款因与图书馆领域无直接相关性，故略去未译。——译者注

（3）在起诉个人或机构因自行或者以服务残疾人读者的公共机构之名义将某件作品全部或部分内容的录音灌制成唱片而侵犯该作品版权的程序中，该个人或机构无权援引本法第 54 条第 1 款作为其行为的合理依据，但是，在灌制唱片行为发生之时且在录音开始前，唱片上已经包含有法定信息的录音的除外。

（5）为实现本条第 1 款、第 2 款和第 3 款规定之目的——

（a）如果图书馆获授权官员自行或者以图书馆的主管官员之名义对作品、录音或影片进行复制，且该图书馆为某公共机构的图书馆，则该复制品应当视为是以该公共机构的名义制作的；

（b）如果图书馆的授权官员自行或者以图书馆主管官员之名义对作品、录音或影片进行复制，且该图书馆非为公共机构的图书馆，那么——

（i）该复制品应当视为是以该个人或者图书馆管理机构的名义制作的；并且

（ii）本条第 1 款、第 2 款和第 3 款之规定的适用包括在上述条款中所提及的公共机构里包含上述个人或机构的情形。

（c）如果档案馆的授权官员自行或者以档案馆主管官员之名义对作品、录音或影片进行复制，那么——

（i）该复制品应被视为是以上述个人或档案馆管理机构之名义制作的；并且

（ii）本条第 1 款、第 2 款和第 3 款之规定的适用包括在上述条款中所提及的公共机构里包含上述个人或机构的情形。

实施条例

202.（1）为实施本法或使本法发挥功效，部长可在不违反本法规定的情况下，就必要事项制定实施条例。

（2）在不损害本条第 1 款规定之原则的情况下，依据本法制定的实施条例应规定下列事项——

（a）与图书馆、档案馆或公共机构所制作的作品复制品有关的记录和声明所进行的保存和保留；

（b）上述记录和声明对部长任命的人所进行的缴存；并且

（c）依据本法所作申请或事项应付的费用。

版权管理信息的删除或改变[1]

260.（6）依本条第 7 款之规定，自然人或法人作出本条第 2 款、第 3 款

---

[1] 第 260 条之第（1）~（5）款、第 8 款因与图书馆领域无直接相关性，故略去未译。——译者注

或第 4 款规定的行为时，若同时满足以下两个条件——

（a）故意为之；

（b）为获得任何商业利益或私人经济利益，

则视为犯罪，并将处以以下刑罚——

（i）构成本条第 2 款规定的行为的，将处以不超过 2 万新加坡元的罚金；或者

（ii）构成本条第 3 款或第 4 款规定的行为的，将处以不超过 2 万新加坡元的罚金或不超过两年的监禁或者并罚。

（7）本条第 6 款之规定不适用于任何非营利图书馆、非营利档案馆、教育机构、服务残疾人读者的公共机构、服务智力障碍读者的公共机构或者部长可能规定的类似公共、非商业性的广播组织自行作出的任何行为或者他人以上述机构名义作出的任何行为。

技术保护措施的规避❶

261C.（9）本条第 4 款和第 5 款之规定不适用于任何非营利图书馆、非营利档案馆、教育机构、服务残疾人读者的公共机构、服务智力障碍读者的公共机构或者部长可能规定的类似公共、非商业性的广播组织自行作出的任何行为或者他人以上述机构名义作出的任何行为。

规避禁令的免责情形❷

261D.（1）依据本条第 3 款之规定，在以下条件下规避技术保护措施的行为将不会触犯第 261C 条第 1 款（a）项之规定——

（a）该行为是为了使非营利图书馆、非营利档案馆、教育机构、服务残疾读者的公共机构或服务智力障碍读者的公共机构能够获取无法通过其他途径获取的作品或其他主题作品或表演录音、录像，且获取的目的仅为决定是否需要获取上述作品或其他主题作品或表演录音、录像的复制品。

---

❶ 第 261C 条之第（1）～（8）款、第 10 款因与图书馆领域无直接相关性，故略去未译。——译者注

❷ 第 261D 条之第 1 款第（b）～（h）项、第 2、2A、3 款因与图书馆领域无直接相关性，故略去未译。——译者注

04 印 度

印度国家图书馆法*

（1976 年第 76 号法律，1976 年 6 月 11 日）

本法旨在规范国家图书馆的管理和其他相关事宜。

印度共和国第 27 年由议会制定并颁布。

第一章 前 言

第 1 条 简称及生效

（1）本法称为《印度国家图书馆法（1976 年）》。

（2）本法自中央政府确定之日起生效，生效日由政府公报进行公告。

第 2 条 定 义

除另有规定外，本法中使用术语一律采用以下含义：

（a）"委员会"指依据第 3 条成立的委员会；

（b）"主席"指委员会的主席；

（c）"基金"指第 23 条述及的基金；

（d）"图书馆"指设于加尔各答且在宪法颁行时称为国家图书馆的机构；

（e）"成员"指包括主席在内的任一委员会成员；

（f）"规定的"指由本法制定的条例进行规定。

第二章 国家图书馆委员会

第 3 条 委员会的成立和组织机构

（1）中央政府可通过政府公报公告的形式指定某一日期，自该日起，依本法宗旨成立委员会，称为国家图书馆委员会。

（2）委员会为上述名称的法人团体，连续存在并拥有公章，有权依本法

---

* 刘冰雪，译；田贺龙，校。

规定取得、持有和处置财产和合同，并以自己的名义起诉和被起诉。

(3) 虽然委员会有本条第 (2) 款规定的权利，但是除经中央政府事先批准，委员会不得出售或以其他方式处置属于图书馆的任何手稿、图书、其他文献或物品，但家具、办公用品以及类似性质的固定资产除外。

如有他人捐赠给图书馆的任何手稿、书籍、文章或财产，拟以出售或其他方式处置，除非得到捐赠人或其利益继承人的书面许可，否则仍依本款规定不予批准。

第 4 条 委员会的组成

委员会由以下成员组成：

(i) 主席，为学术荣衔，由中央政府提名；

(ii) 议会选举 3 人，包括人民院议员 2 人，联邦院议员 1 人；

(iii) 按字母顺序，轮流由各邦政府提名 3 人；

(iv) 印度各大学的代表 4 人，以规定的方式提名；

(v) 大学拨款委员会主席从大学拨款委员会主席或成员中提名 1 人；

(vi) 中央政府按字母顺序从公共图书馆馆长中轮流提名 1 人，该"公共图书馆"指《公共图书馆书报呈缴法 (1954 年)》第 2 条第 (b) 项规定的公共图书馆，不包括加尔各答的国家图书馆；

(vii) 中央政府可从印度任一公共图书馆（非前项规定的图书馆）馆长中提名 1 人，该"公共图书馆"指拥有重要历史、文学或艺术手稿馆藏的图书馆；

(viii) 依据《社团登记法 (1860 年)》注册成立的印度图书馆协会可提名 1 人；

(ix) 印度国家档案馆馆长为当然成员；

(x) 中央政府从学者中提名 8 人，其学术背景涵盖人文、科学、社会科学、医学、工程技术和法学；

(xi) 图书馆管理人员和其他工作人员可以规定的方式选举 2 人，其中至少 1 人是图书馆的专业人员；

(xii) 中央政府提名 2 名职位不低于印度政府联合秘书的成员，分别代表中央政府主管图书馆的机构和中央政府主管财政的机构；

(xiii) 西孟加拉邦政府提名 1 人，代表邦政府；

(xiv) 图书馆馆长，任委员会秘书。

第 5 条 成员任职资格限制

有下列情况之一的，不得被提名或选举为委员会或执行理事会成员（执行理事会见本法第 11 条规定）：

(a) 因涉及道德卑劣的罪行而被定罪并处以监禁的；

(b) 有未清偿债务且无力偿债的；

(c) 被管辖法院宣告为精神失常的；

(d) 与委员会有经济或其他利害关系，可能影响成员职务履行的。

第6条 成员任职期间

(1) 本法第4条规定的主席和其他成员的提名或选举，由中央政府公报进行公告。任职期间为自公告之日起3年。

依本法第4条第（1）款第（ii）项和第（xi）项选举的成员，一旦从被选举的议会和图书馆卸任，则其在委员会的任职期间即视为结束。

(2) 任何被提名或选举的成员，向中央政府提交书面报告而辞职，或者通过中央政府公报公告而辞职，则其在委员会的职务均视为辞职。

(3) 因本条第（2）款规定的被提名或选举的成员辞职或其他原因造成的职位空缺，由有权提名的机构重新提名，或由有权选举成员的议会及其他组织重新选举。该次提名或选举应由中央政府公报进行公告。以此种方式被提名或选举的成员，在其剩余任职期间内，仍应在其被提名或选举的单位担任公职。

(4) 任职期间届满的成员可以连选连任。

(5) 任何被提名成员因健康或其他临时性原因不能履行职务的，因休假或其他任何非免职原因而不在岗的，有提名权的机构可以提名他人在其离岗期间担任职务。

第7条 成员免职

本法第11条所涉及委员会或执行理事会成员发生以下情况，中央政府应予除名：

(a) 出现本法第5条中任何成员资格限制情形的；

如果该成员属于本法第5条第（d）项所列明的成员资格限制情形，则不应被当然除名，除有合理机会进行听证外，对该项情形予以申辩。

(b) 非因休假原因，连续3次缺席委员会或执行理事会会议的。

第8条 非无效行为的情形

仅因下列情形，委员会的行为不应视为无效：

(a) 委员会成员空缺或委员会的组成有瑕疵；

(b) 代理委员会成员的提名有瑕疵；

(c) 任何不影响实体事实的程序违规。

第9条 成员披露与委员会相关的财务或其他利益

与委员会订立或拟定的合同存在直接或间接的利益关系的成员，在知悉相关情况后应尽快在委员会会议上披露其利益关系的性质，披露应记录于委员会的会议记录，在披露后该成员不得参与委员会有关该合同的任何审议或决议。

第10条 委员会会议

（1）委员会通常应在图书馆所在地每年召开至少2次会议，且按本条第（2）款至第（4）款规定，应遵守关于商事交易的程序规则，包括会议的法定人数，这些事项可由据本法所定细则规定。

（2）主席，或者主席缺席时由其他成员推举的1名成员，应主持委员会会议。

（3）兼政府公务员的成员，如不能参加委员会会议，经主席批准，可书面授权一位职位不低于印度政府副秘书的部门公务员，代替行使权利。

（4）委员会会议上所有议题，经出席成员的多数票通过才能决定。票数相等时，主席或者代替主席主持会议的成员，应行使决定性投票权。

第11条 执行理事会

（1）委员会的执行理事会应由9名成员组成。

（2）图书馆馆长是执行理事会当然主席，其他成员应由委员会任命，任命人选应包括委员会成员和委员会非成员。

来自中央政府主管财务的机构、中央政府主管图书馆的机构以及西孟加拉邦政府的代表，是执行理事会的当然成员。

在不损害前述限制性规定的情况下，应从非委员会成员中任命至多3名执行理事会成员。

（3）执行理事会应依本法规定，协助委员会行使职权、履行义务；并按照规定，直接行使委员会的特定职权，履行委员会的特定义务；或者在特定情形下代理委员会，该特定情形由委员会认定。

（4）经委员会批准，执行理事会应受理并裁定委员会管理人员和其他工作人员的申诉。

（5）执行理事会的非委员会成员，其任职期间同委员会成员。

第12条 特别委员

（1）委员会可以就自身业务，依本法制定细则所规定的特定方式和特定宗旨履行职责。在委员会依法履行职责时可向任何个人请求协助或征求建议。

（2）前述第（1）款所涉及人员，有权参与委员会有关该宗旨的讨论，但无权投票决定。

第13条 委员会、执行理事会的决议及其他文书的认证

（1）委员会作出的所有命令和决定，均须由主席或被授权成员的签名进

行认证；委员会出具的其他文书，应由委员会授权 1 名管理人员签名认证。

（2）执行理事会作出的所有命令和决定，均须由图书馆馆长签名认证。

第 14 条　监察员

（1）印度总统是图书馆当然监察员。

（2）监察员有权任命一人或多人，就图书馆任一相关事务，对图书馆进行调查或质询。

（3）监察员如有视察、调查的意愿，应预先通知委员会，委员会有权指派 1 名代表对该视察或调查列席并听证。

（4）监察员可就该视察和调查的结果通知主席，主席应向委员会传达监察员提出的意见和建议，以及可能采取的措施。

（5）委员会基于视察和调查结果拟采取或已采取的措施，应通过主席向监察员进行汇报。

（6）委员会未在合理期间内向监察员作出满意的答复，监察员在听取委员会的说明和申辩后，可对委员会作出指示，委员会应遵守该指示 。

（7）在不损害本条前述规定的情况下，监察员可每年或定期以书面命令的形式，取消或中止委员会的不符合本法规定或不符合依本法制定的条例、细则规定的事务。

除非已给予委员会合理机会就该项事务作出说明，监察员不得作出上述命令。

第 15 条　图书馆馆长

（1）监察员应以规定的方式任命一人为图书馆馆长，该人选应是拥有较高学术地位的杰出学者或图书馆员。

（2）馆长任期为 5 年，满 60 周岁退休。

如无适格的继任者，在任馆长可任职到 65 周岁之后。

（3）馆长有权领取薪酬和奖金，同时应遵守其他规定的服务条件。

（4）该法生效时已任命并任职的馆长，视为依照本条任命，并适用本条相关规定。

第 16 条　委员会工作人员

（1）按照本条规定，为有效履行本法规定的职责，委员会可任命一定数量的管理人员和其他工作人员。委员会的任命行为应符合中央政府关于表列种姓和表列部落预留名额的命令。

（2）该管理人员和其他工作人员的聘任和服务条款，可由细则规定。

（3）非委派任命的委员会的管理人员或其他工作人员，其任命应签订书面聘任合同。合同原件报委员会登记备案，本人保留复印件。

（4）非委派任命的管理人员或其他工作人员，与委员会签订的聘任合同所产生的一切纠纷，经该人员请求或经委员会的提议，应提交仲裁法庭。仲裁法庭的组成人员，由委员会任命1名、该人员指定1名，仲裁人由监察员任命。

（5）仲裁法庭的裁决是终审裁决，经仲裁法庭裁决的纠纷，法院不得受理。

（6）根据本条第（4）款规定提交仲裁法庭的一切事务，不得向法院提起诉讼或启动其他诉讼程序。

（7）仲裁法庭有权规定仲裁程序。

（8）任何有效的法律中有关仲裁的规定，不适用于本条规定的仲裁。

第17条 调任委员会任职

（1）委员会成立时，中央政府可下达命令，将其工作人员调任至委员会任职，调任自命令指定日期生效。

如本人不愿任职于委员会，并在政府指定日期内向中央政府提出申请，则不得根据本款强行调任。

（2）依照本条第（1）款所作命令进行调任的人员，自调任日起包括调任日，不再任职中央政府，同时按委员会指派任职于委员会。该人员的薪酬和其他待遇包括退休金、公休假、公积金，均应按照本条第（3）款、第（4）款、第（5）款的规定。任职期间截止到聘任期届满。

（3）依照本条第（1）款所作决议进行调任的人员，自指定生效日期起6个月内，可以书面提交方式行使以下选择权：

（a）可选择委员会成立前所任政府职位适用的薪酬范围，也可选择调任之后任职委员会职位适用的薪酬范围；

（b）可选择享受中央政府条例、命令规定的公休假、公积金、退休或其他福利，也可选择享受委员会细则规定的公休假、公积金或其他福利。选择权一旦行使即不得更改。

上述（a）项选择权的行使仅适用于平调的情形，如该人员为升任，则相应适用升任后的职位薪酬。

调任人在中央政府较高职位主持工作，如调任之前因休假或其他指定原因暂时离岗，其薪水在未满离岗期间内照发，且调任人有权选择与中央政府任职岗位相适应的薪酬范围，或者选择与调任之后委员会任职岗位相适应的薪酬范围。

（4）若出现以下情形，不得依照本条第（1）款规定进行调任：

（a）依委员会制定的细则规定，胜任委员会同等或类似级别职位，但将被主管单位解雇或除名的；

（b）本人因不利于己的指控受到调查，虽经提议有合理机会对该指控进行质询，仍将被解雇、除名或降级的；以及调查之后，处以任何处罚的。除非本人有合理机会对该处罚进行申述，但申述只能依据调查期间所提交的证据。

本款不适用于以下情形：

（i）因刑事犯罪被解雇、除名或降级的；

（ii）有权作出解雇、除名或降级的主管单位确信，出于某种理由，实际上不可能进行前述质询，但该种理由应由主管机关书面记录；或者

（iii）在调任后，被任命为更高职位，且该职位的招聘应发布公告并与外来者竞争。

（5）发生前述问题的工作人员，不论他是否有合理机会被进行本条第（4）款中涉及的质询，关于他的解雇、开除、降级均为最终裁决。

第 18 条 “印度国家图书馆”的名称和馆址

（1）本法生效时和生效后，图书馆应被称为“印度国家图书馆”，嗣后，已生效法律或合同、文书或其他文件中所涉及的国家图书馆，均按照印度国家图书馆理解。

（2）馆址仍位于加尔各答。

第三章 委员会的财产、义务和职责

第 19 条 委员会的财产和债务

（1）委员会成立后，

（i）中央政府为图书馆利益而拥有的财产、资金和应支付的费用，均由委员会继受；

（ii）中央政府为图书馆利益所负担的一切债务，均由委员会继受。

（2）委员会成立后，遗赠或移交给图书馆的一切财产，以及委员会后取得的一切财产，均划归委员会名下，由委员会持有。

第 20 条 委员会的义务

（1）委员会的一般义务为：管理图书馆；为图书馆制定符合现代科学准则的发展方案；就图书馆事务向中央政府和邦政府提出建议，包括书目、文献目录描述和其他事项；此外，委员会还应履行中央政府可能委派的其他职能。

（2）在不损害前述条款的规定下，委员会可以自行履行以下职责：

（a）为公众提供服务，并以现代科学方式保存现有的手稿、图书和其他文献等馆藏资源；

（b）收集并保存本国出版的具有重大意义的印刷品，收集并保存各国出版的有关印度的重要印刷品，收集并保存具有民族价值的手稿；

（c）为《公共图书馆书报呈缴法（1954 年）》第 2 条第（b）项所指的其他公共图书馆提供技术支持；

（d）承担书目的出版，并支持书目出版领域的机构和学者；

（e）协助或促进历史学、文学、自然科学等领域座谈会和研讨会的举行；

（f）举办委员会认定的符合公众兴趣的手稿、图书、文章或其他文献的展览；

（g）承担并促进与国外图书馆界和其他机构进行书刊的交换；

（h）按照委员会与他人或机构商议的期限和条件，复制（包括拍照复制）、保存手稿、图书、文章或其他文献；

（i）履行国家图书馆应尽的其他职责。

第 21 条 委员会的权力

（1）在不违反中央政府设定的限制条款下，委员会可以行使为履行职责所必要的权力。

（2）按照委员会为此订立的细则规定，购买或以其他方式获取委员会认为有重大保存价值的手稿、图书、文章和其他文献。

第四章 财政、会计、审计及报告

第 22 条 中央政府的补贴

为使委员会有效履行本法所规定的职责，中央政府按照议会决议依法拨款之后，仍可在政府认为必要的情形下，以每个财政年度为单位，给付委员会一定数额的补贴、贷款或其他方式的补助。

第 23 条 委员会的基金

（1）委员会持有的基金应包括以下资金来源：

（a）中央政府拨付的一切资金；

（b）按本法征集的一切费用；

（c）通过拨款、捐赠、遗赠、转让等方式取得的一切资金；

（d）以其他任何方式、从其他任何来源取得的其他一切资金。

（2）委员会为履行本法职责所花费的资金，计入支出费用。

（3）未超出细则规定的总额的，可存入任一预定银行的现金账户，该预定银行参照《印度储备银行法（1934年）》第2条的界定，或存入中央政府批准的其他银行。但是超出总额部分必须存入印度储备银行或印度储备银行的代理机构，或者以中央政府批准的特定方式进行投资。

第24条 预 算

（1）委员会应在每年中央政府指定的日期，以指定表格形式，提交下一财政年度的预算报告。该预算报告应列明预计的收入和支出，以及在该财政年度向中央政府申请拨款的总额。

（2）如一个财政年度内的中央拨款全部或部分未用，未用金额转入下个财政年度，中央政府在此基础上确定下年拨款金额。

（3）除本条第（4）款规定外，委员会不得自主、自利地花费基金，除非该支出按规定属于中央政府批准的预算费用。

（4）受制于中央政府设定限制性条款的规定，委员会可因项目支出或者项目目的的转变，批准再拨款。

第25条 会计和审计

（1）委员会应妥善保存会计账目、其他相关记录，并制作年度会计报表，包括以指定表格形式编制的资产负债表，并应符合中央政府与印度总审计长磋商后发布的总则要求。

（2）印度总审计长对委员会的会计账目进行一年一度的审计，由此产生的费用由委员会承担。

（3）印度总审计长以及由印度总审计长任命的审计人员，在审计委员会会计账目时，拥有审计政府会计账目时的一切权力和权限。同时，还有权要求委员会提供图书、账目、相关凭单和其他文件和证件，有权检查委员会和图书馆的办公地点。

（4）经审计并认证的会计账目和审计报告均应由委员会转发中央政府，并由中央政府提交议会审议。

第26条 收益和报告

（1）委员会应按中央政府要求的时间和形式，向中央政府上交收益、报告和详细说明。

（2）在不损害本条第（1）款规定的情况下，委员会应在每个财政年度伊始，于中央政府指定日期内，向中央政府提供报告，准确、完整地载明上一财政年度的活动经费账目和本年度可能负担的活动经费账目。嗣后，中央政府提交议会进行审议。

第五章 其 他

第27条 权力和义务的委托

委员会可以书面形式下达一般或特别命令，指令委员会的任一成员、管理人员或其他工作人员代表委员会，在一定环境或条件下，行使或履行本该由委员会行使或履行的权力和义务。

第28条 公务员身份

委员会的所有管理人员和其他工作人员（包括图书馆馆长），按照本法及据此所订条例或细则的规定行为时，均视为《印度刑法典》第21条所指的公务员。

第29条 依法行为的保障

委员会或其成员、管理人员或其他工作人员因善意或者依本法规定作出的任何行为，不得起诉、指控或启动其他诉讼程序。

第30条 中央政府制定条例权

（1）为有效保证本法施行，中央政府有权制定条例，并经政府公报公告。

委员会成立后，未经委员会磋商，不得制定条例。

（2）在不损害前述权力的原则下，条例可规定以下事项：

（a）付给成员（包括按本法第11条规定任命的执行理事会成员）和第12条规定之委员会相关人员的差旅费和其他津贴；

（b）馆长一职的任命方式、薪酬、津贴及其他条款和工作条件；

（c）委员会订立的或代表委员会利益的合同的条款和模式；

（d）可规定的其他事项。

（3）依据本条制定的条例应在每届议会开幕之前，提交议会审议。议会为期30日，由一次、两次甚至多次连续会议组成。如在议会闭幕之前，议会两院均同意对该条例作出修正，或者议会两院没有通过该条例，则该条例应以修正的形式生效或自始无效。但是修正和废除不得损害先前所作条款的有效性。

第31条 委员会制定细则权

（1）为有效履行职责，委员会可经中央政府批准后，根据该法制定细则，细则内容不得与本法和条例冲突。细则由政府公报进行公告。

（2）在不损害前述权力的原则下，细则可规定以下事项：

（a）使用图书馆手稿和图书的限制条款和条件；

(b) 委员会有关人员的行为方式和宗旨;

(c) 委员会会议时间和地点、会议议事程序和必要参会人数;

(d) 会议记录的保存、向中央政府的复件移送;

(e) 委员会管理人员和其他工作人员的招聘和工作待遇;

(f) 代表委员会进行给付、储蓄和投资的人员和方式;

(g) 现金账户的最高额;

(h) 账目和会计登记的维护;

(i) 图书馆手稿、图书、文章和其他文献的目录编辑;

(j) 为保存图书馆手稿、图书、文章和其他文献采取的具体工作方式;

(k) 图书馆的全面管理;

(l) 图书馆手稿、书籍的影印复制费;

(m) 图书馆读者旅馆住宿费用;

(n) 委员会认定的便于履行职责的其他事务的条款。

(3) 与委员会磋商后，中央政府可通过政府公报公告的形式，修正、修订或废除自己所批准的任何法规。在不损害本条第(1)款、第(2)款委员会行使职权的原则下，该法规即时生效。

马哈拉施特拉邦公共图书馆法*

(1967 年 1 月马哈拉施特拉邦第 34 号法律)

本法旨在规范马哈拉施特拉邦公共图书馆的建立、维护、组织和发展。

为上述马哈拉施特拉邦公共图书馆的建立、维护、组织和发展事宜，特此于印度共和国第 18 年制定并颁布本法。

第一章 序 言

1. 简称、范围、生效和适用

(1) 本法称为《马哈拉施特拉邦公共图书馆法(1967 年)》。

---

* 刘冰雪，译；卢海燕，校。

（2）本法适用于马哈拉施特拉邦。

（3）本法自邦政府指定之日起生效，生效日由政府公报进行公告。邦政府可根据本邦不同地区指定不同的生效日期。

2. 定　义

除另有规定外，本法中使用术语一律采用以下含义：

（i）“图书”包括以任何语种印制或石印的所有卷、卷册的部分，乐谱、地图、图表或规划文献，以及报纸、期刊、图片和用以保存视听信息的电影胶片、幻灯片、磁盘、录音带等其他文献；

（ii）“专门委员会”是指按照本法第 13 条任命的图书馆专门委员会；

（iii）“补助津贴”是指支付给理事会或委员会成员的出差补助、日常津贴或其他津贴。津贴的发放旨在补偿成员们因依照本法参加理事会、委员会会议或履行其他职能所遭受的个人经济损失；

（iv）“委员会”是指按照本法第 3 条的规定建立的邦图书馆委员会；

（v）“主任”是指按照本法第 8 条规定任命的图书馆部主任；

（vi）“地区”是指一个纳税区；

（vii）“区”是指按照《马哈拉施特拉邦土地税法（1966 年）》（1966 年马哈拉施特拉邦第 41 号）第 4 条第（1）款第（i）项的规定所指定的一个纳税部门。

（viii）“市政当局”是指依《孟买市政法（1888 年）》（1888 年孟买第 III 号）、《孟买市政法（1949 年）》（1949 年孟买第 LIX 号）或《那格浦尔市政法（1948 年）》（1950 年贝拉尔第 II 号）所成立的市政当局；

（ix）“市政委员会”是指依《马哈拉施特拉邦市政委员会、城镇和工业镇区法（1965 年）》（1965 年马哈第 XL 号）所建的市政委员会；

（x）“规定”是指依本法制定条例进行规定；

（xi）“公共图书馆”是指：

（a）邦政府建立并维护的为公众提供服务的图书馆；

（b）主任认可的接受图书馆基金财政补贴的图书馆；

（c）邦政府为本法宗旨通过政府公告宣布为公共图书馆的其他图书馆。

（xii）“年”是指一个财政年度。

第二章　邦图书馆委员会

3. 邦图书馆委员会的组成

（1）本法生效后，邦政府可依本法宗旨组建委员会，即邦图书馆委员会，并通过政府公报进行公告。

（2）委员会由以下成员组成：

（i）高等技术教育部部长是委员会当然主席；

（ii）邦高等技术教育部副部长是委员会当然副主席；

（iii）马哈拉施特拉邦高等技术教育部首席秘书或秘书；

（iv）慈善社团的理事，或由该理事提名的职位不低于助理理事的人员；

（v）马哈拉施特拉邦高等教育部在职主任；

（vi）由马哈拉施特拉邦议会发言人提名的 2 名议员；

（vii）由马哈拉施特拉邦立法委员会提名的 1 名立法委员会成员；

（viii）邦政府提名 1 名成员，代表马哈拉施特拉邦市政当局行使职权；

（ix）邦政府提名 1 名成员，代表各区市政委员会行使职权；

（x）邦政府从每区各提名 1 名成员，代表该区议会行使职权；

（xi）马哈拉施特拉邦图书馆协会主席；

（xii）马哈拉施特拉邦图书馆协会从每区提名 1 名成员，代表该区行使职权；

（xiii）依《孟买公众信托法（1950 年）》（1950 年孟买第 XXIX 号）注册的文学学会的主席；

（xiv）邦政府可自主提名 4 名成员，该 4 人须对图书馆服务相关事务具有专业知识、工作热情或实践经验；

（xv）图书馆部主任应兼任委员会秘书。

（3）依本条第（2）款第（vi）项、第（vii）项选举的成员，如从马哈拉施特拉邦议会或马哈拉施特拉邦立法委员会卸任，则在该委员会的职务视为解除。

4. 委员会的职能

委员会的职能是就本法的实施向邦政府提出建议。

5. 委员会成员的任期和薪酬

（1）除本法另有规定外，非当然成员的委员会成员，其任职期间为 3 年，自委员会首次会议开始。会议于本法第 3 条第（2）款所规定的成员任命后举行。

（2）委员会成员有权获得规定额度的补助津贴。

6. 委员会的临时空缺

由提名或选举的委员会成员在任期届满前，因事离岗的职位空缺，应视情况分别由提名或选举的方式进行填补。补任人员应在剩余任期内担任职务。

7. 委员会会议

（1）委员会应每年举行至少两次会议，会议日程和时段由委员会主席确定，两次连续会议之间不能间隔6个月。

（2）委员会主席可以在自己认为合适的时间，向委员会成员发送书面请求，发送书面请求的人数不得少于成员总数的1/3；并在请求送达后30日内，召集委员会会议。

（3）会议举行的法定人数为委员会成员总数的1/3。

（4）委员会应以法定方式和法定程序商讨相关事务。

第三章　图书馆部

8. 图书馆部

（1）为本法之宗旨，邦政府应建立图书馆部，并由各图书馆馆长之一任该部主任，其他工作人员和服务人员由邦政府选任。

（2）邦政府应任命有法定任职资格的全职人员任该部主任。

9. 主任职能

（1）在邦政府的管理、监督和指导下，为本法的实施履行职责。

（2）在不损害前款原则的情况下，主任应履行以下职责：

（a）规划、维护、组织和发展公共图书馆及公共图书馆体系；

（b）管理和指导公共图书馆的所有相关事宜；

（c）为本法的实施促进公共图书馆的建立；

（d）按照依本法制定的条例的规定，为图书馆基金财政补贴和政府补助的批准与支出，认可公共图书馆及邦、区和其他公共图书馆组织；

（e）管理图书馆基金会计账目，并确保基金的合理使用；

（f）发布本年度邦内出版的所有图书的书目；

（g）就公共图书馆依本法从事的各种工作，向邦政府提交年度报告；

（h）在公共图书馆收集并保存古籍善本、期刊、手稿及其他有教育意义的文献；

（i）制定图书馆学人才培养计划，组织参加图书馆培训课程人员的考核；

（j）根据依本法制定的条例规定，行使其他被授予的职权和履行其他被授予的职责。

10. 邦图书馆服务部

（1）邦政府应成立马哈拉施特拉邦图书馆服务部，并任命相应人员。

（2）马哈拉施特拉邦图书馆服务部应设置相应级别和种类的岗位，岗位设置由邦政府随时确定和调整。上述服务部的所有工作人员应为政府公务员，并由政府统一招聘，服务部的各种相应条件均应按照邦政府制定的条例设置。

（3）马哈拉施特拉邦图书馆服务部工作人员的薪酬、津贴、退休金、抚恤金及其他薪金，均从本邦统一基金中拨付。

第四章　公共图书馆

11. 公共图书馆的建立和维护

（1）邦政府应在本邦设置邦立中心图书馆，在各区设置分馆。

（2）在各地区，图书馆公共服务条款不得由当地政府、或者依《社团登记法（1860年）》（1860年第XXI号）登记成立的社团、或者依《孟买公益信托法（1950年）》（1950年孟买第XXIX号）登记成立的信托机构等制定。当地政府、社团或信托机构不愿或不能为公众提供图书馆服务，或者提供的服务不能达到图书馆部主任的要求，则邦政府可在各该地区设置为公众服务的图书馆。

若当地政府、社团或信托机构仍没有条件设置图书馆，则应说明邦政府不应设置图书馆的理由。

（3）所有依本条建立的图书馆均应通过图书馆部由邦政府统一维护、组织和发展。

12. 公共图书馆的职能

公共图书馆的职能应按照委员会的建议规定。

第五章　图书馆专门委员会

13. 图书馆专门委员会的组成

（1）邦政府应在各区任命区图书馆专门委员会。

（2）专门委员会应由以下成员组成：

（i）各区的区议会教育委员会的在职主席，为该专门委员会的当然主席；

（ii）各区图书馆协会（如有）主席；

（iii）邦政府从区各镇公共图书馆管理委员会主席中提名1人；

（iv）邦政府提名5位成员，其中应包括1名具有法定资格的图书馆员，应包括2名在市政委员会和市政当局内代表各图书馆的成员；

（v）邦政府从该区各市政首席官员中提名 1 人；

（vi）该区议会的在职教育部部长，为该专门委员会的当然秘书长。

（3）邦政府应在孟买任命图书馆专门委员会，该专门委员会应由下列人员组成：

（i）孟买市政当局的教育委员会主席，为该专门委员会的当然主席；

（ii）邦政府提名 5 位成员，其中应包括 1 名具有法定资格的图书馆员，应包括 2 名代表孟买各图书馆的成员；

（iii）孟买市政当局的教育部部长；

（iv）孟买教育部巡视员，为该专门委员会的当然秘书长。

14. 专门委员会成员的任期及薪酬

（1）除本法有其他规定外，专门委员会提名成员的任期为 3 年，自提名后召开第一次专门委员会会议之日起开始。

（2）专门委员会成员有权按照规定额度获得补助津贴。

15. 专门委员会的临时空缺

专门委员会的提名成员在任期届满前，因事离岗的职位空缺，应由提名的方式进行填补。补任人员应在剩余任期内担任职务。

16. 专门委员会的职能

专门委员会有以下职能：

（i）就本区和孟买图书馆服务的发展相关事宜，向邦政府提出建议；

（ii）确保各公共图书馆法定职能得以圆满履行；

（iii）履行法定的其他职责。

17. 专门委员会事务商讨方式

专门委员会应以法定方式和法定程序商讨相关事务。

第六章　财务和会计

18. 图书馆基金

（1）邦政府应建立基金，称为图书馆基金。

（2）图书馆基金由以下资金构成：

（a）根据本法第 20 条规定由邦政府捐献的资金；

（b）根据本法第 21 条规定由邦政府发放的专项补助金；

（c）印度政府为促进公共图书馆发展之目的，发放给邦政府的其他补助金；

（d）公众为促进公共图书馆发展之目的，赠与的资金和物品。

19. 图书馆基金的用途

（1）图书馆基金应被邦政府用以履行本法的宗旨。

（2）在不损害上述第（1）款的规定下，邦政府可以支出图书馆基金的款项，用以履行以下事务：

（a）建立、维护并促进公共图书馆的发展；

（b）支付委员会及专门委员会成员的补助津贴；

（c）按图书馆部主任认可的宗旨，拨付给各公共图书馆和图书馆协会的补助金。

20. 邦政府的捐献资金

邦政府应在依法拨款后，每年向图书馆基金捐献不少于250万卢比资金。

21. 邦政府的专项补助金

邦政府应向图书馆基金拨付专项补助金。

22. 公共图书馆财产所有权

邦政府用以维护公共图书馆之目的而获取或持有的所有财产，包括动产和不动产，均归邦政府所有。

第七章 报告和巡视

23. 报告和报表

担任任一公共图书馆的负责人，应根据邦政府图书馆部主任的随时要求，向其或代表其行使职权的人提交相应的报告和报表，并提供相应信息。

24. 公共图书馆的巡视

主任或代表他行使职权的人有权为本法宗旨和条例的履行，巡视任一公共图书馆及其附属机构。

25. 年度报告的提交

每年年终6个月内，主任应根据各公共图书馆本年的发展情况准备年度报告，提供规定的各种相应信息和详情，并向邦政府提交。

如未向邦政府提交报告，应经委员会批准。

第八章 其 他

26. 条 例

（1）邦政府为履行本法宗旨可以制定条例，并通过政府公报进行公告，但该条例不得与之前颁布的条例相冲突。

（2）在不违反前述职权的情况下，条例可对以下事项进行规范：

（i）本法第5条第（2）款和本法第14条第（2）款中，向委员会和专门委员会成员支付的补助津贴及津贴额度；

（ii）本法第7条第（4）款和本法第17条中，委员会和专门委员会商讨事务的方式和具体程序；

（iii）本法第8条第（2）款中，任命主任所必须具备的任职资格；

（iv）本法第9条第（2）款第（d）项中，主任为图书馆基金补助金之宗旨，认可公共图书馆及邦、区和其他公共图书馆协会的具体条例；

（v）本法第9条第（2）款第（j）项中，主任应执行或履行的其他职权和职责；

（vi）本法第10条第（2）款中，马哈拉施特拉邦图书馆服务部成员的招聘及服务条件；

（vii）本法第12条中，公共图书馆的具体职能；

（viii）本法第13条中，专门委员会提名馆员的任职资格；

（ix）本法第25条中，向邦政府提交的信息和详情。

（3）依本条制定的条例应在每届邦议会开幕之前，提交议会审议。邦议会为期30日，由一次或两次连续会议组成。如在议会闭幕之前，议会两院均同意对该条例作出修正，或者议会两院没有通过该条例，并将此决定在政府公报进行公告后，则该条例应自公告之日起，以修正的形式生效或自始无效。但是修正和废除不得违反先前所作的规定和删节。

公共图书馆书报呈缴法*

［《公共图书馆书报呈缴法》（1954年第27号）由《公共图书馆图书呈缴法修正案》（1956年第99号）修正］

本法旨在规范向加尔各答国家图书馆和其他公共图书馆呈缴图书事宜。

---

* 刘冰雪，译；卢海燕，校。

印度共和国第 5 年由议会制定并颁布。

1. 简称及适用范围

（a）本法称为《公共图书馆书报呈缴法（1954 年）》；

（b）本法适用于全印度。

2. 定 义

除另有规定外，本法中使用术语一律采用以下含义：

（a）“图书”包括以任何语种印制或石印的所有卷、卷册的部分，乐谱、地图、图表或规划文献。但不包括《图书出版和登记法（1867 年）》（1867 年第 25 号）第 5 条所规定的报纸。

（aa）“报纸”是指符合《图书出版和登记法（1867 年）》第 5 条所规定的定期出版的文献，其内容包含公共新闻和相关新闻评论。

（b）“公共图书馆”是指加尔各答的国家图书馆和中央政府以政府公报公布的其他三个指定图书馆。

3. 向公共图书馆的图书呈缴

（1）遵守依本法制定的条例，不得损害《图书出版和登记法（1867 年）》（1867 年第 25 号）第 9 条规定的内容。本法颁布后，凡在本国领域内出版的任何图书，无论出版者自愿与否，必须在本书出版后 30 日内，自费向加尔各答国家图书馆和指定的其他三家公共图书馆各自呈缴一个复本。

（2）向国家图书馆呈缴的复本，应是同批图书中质量最好的，包括地图、插图等全部附属内容，按照最严格的标准制作和着色，并使用该批图书中质量最好的纸张进行封皮、线装或装订。

（3）向任一指定公共图书馆呈缴的复本，其纸张和其他条件必须符合出售图书的一般标准。

3A. 向公共图书馆的报纸呈缴

遵守依本法制定的条例，不得损害《图书出版和登记法（1867 年）》规定的内容。本法颁布后，凡在本国领域内出版的任何报纸，其出版者应在每期出版后，自费向中央政府公报指定的每个公共图书馆呈缴复本。

（4）上述第（1）款所包含图书，如有再版或多次再版，且无论文字还是地图，印刷或其他雕刻印制都没有增补或修改，则该书初版或其后再版均应按照本法呈缴复本。

4. 图书呈缴回执

按照第 3 条规定进行呈缴后，接受呈缴的公共图书馆负责人（馆长或其他相应称谓）或被授权人应为出版者出具书面回执。

5. 罚　款

出版商如违反本法规定或条例规定，应处罚款 50 卢比。违法行为如涉及图书，应处以与该书相等价值的罚款。法院判决可对该违法人执行全部罚款或部分罚款，作为公共图书馆应接受呈缴的图书或报纸的赔偿。

6. 审判管辖权

（a）法院仅受理经一般授权或特别授权并代表中央政府的公务人员所提出的诉讼。

（b）治安官或基层法庭以上级别的法院，对本法规定的违法行为有管辖权。

7. 本法适用于政府出版的图书和报纸

本法也适用于政府权威部门出版的图书和报纸，但不适用于仅作官方用途的图书。

8. 条例制定权

中央政府有权对该法的执行制定条例，并通过政府公报进行公告。

公共图书馆图书呈缴条例*

（印度公报第Ⅱ部分第 3 节 1955 -03 -19，
教育部于新德里 1955 年 3 月 11 日）

根据《公共图书馆图书呈缴法（1954 年）》（1954 年第 27 号）第 8 条之规定，中央政府特制定本条例。

1. 简　称

本条例称为《公共图书馆图书呈缴条例（1955 年）》。

2. 定　义

除另有规定外，本条例中使用术语一律采用以下含义：

（a）“法”是指《公共图书馆图书呈缴法（1954 年）》❶（1954 年第 27 号）；

---

* 刘冰雪，译；卢海燕，校。

❶《公共图书馆图书呈缴条例（1954 年）》被《公共图书馆图书呈缴法修正案（1956 年）》修订为《公共图书馆书报呈缴法》。

（b）公共图书馆的“图书馆长”，是指负责该公共图书馆事务的人，包括依法经他授权负责该图书馆全部或部分事务的人；

（c）“条”是指法条；并且

（d）本条例未经解释的所有字词，均按照法律中的相应含义理解。

3. 呈缴方式

根据《公共图书馆书报呈缴法》第 3 条规定，凡经公开出版的图书都应由其出版者向每个公共图书馆呈缴复本，出版者应用挂号信或特快专递的形式向公共图书馆馆长送达。图书馆馆长在收到呈缴本后应以附表的形式开具收据，并将收据以挂号信或特快专递的形式送达出版者。该收据为最终证明，可作为出版者已经完成向该公共图书馆呈缴义务的证据。

4. 对出版者未履行义务的起诉

凡 1954 年 5 月 20 日以后公开出版的图书，自出版后 30 日内未完成呈缴的，相关官员可依《公共图书馆书报呈缴法》第 6 条第（1）款之规定，在诉讼期间届满前，就该出版者未履行义务的行为，向法院提起诉讼。法院应依《刑事诉讼法（1898 年）》（1898 年第 V 号法律）规定的诉讼程序对起诉案由进行调查并审理。

向法院提起诉讼前，图书馆馆长可以向出版者发出通知，告知出版者未在出版后 30 日内完成呈缴义务，通知送达后 30 日内，出版者仍未呈缴复本的，将被处以《公共图书馆书报呈缴法》第 5 条规定的罚款。

5. 关于出版日期的信息

图书出版者应在呈缴复本上加盖附有该书出版日期的印章，并注明为“依《公共图书馆图书呈缴法（1954 年）》呈缴的复本”。

6. 图书备忘录

图书出版者应向图书馆馆长提供详细描述（在可行范围内），包括以下详情：

（1）图书题名和标题页内容，如非英语书刊，则应将题名和标题页内容译为英文；

（2）图书语种；

（3）图书或图书部分内容的著者、译者或编者姓名；

（4）主题类别；

（5）印刷地和出版地；

（6）印刷公司和出版公司的名称；

（7）出版日期或发行日期；

(8) 图书的表格数、张数或页数;

(9) 开本大小;

(10) 版次;

(11) 此版印数;

(12) 铅印或石印;

(13) 定价;

(14) 著作权所有人或一定份额著作权所有人的姓名和地址。

印度版权法(节译)*

(1957 年 6 月 4 日)

本法旨在修订和统一与版权有关的法律。

印度共和国第 8 年由议会制定并颁布。

52. 正当行为不得视为侵犯版权

(1) 以下行为不构成侵犯版权:❶

(o) 在公共图书馆负责人的指导下,为图书馆使用之目的,可对印度境内未售书籍(包括卷册散帙、乐谱、地图、图纸和平面图)制作不超过 3 份的复本。

(p) 为研究、个人学习或发表之目的,图书馆、博物馆或其他机构收藏的未公开出版的文学、戏剧和音乐作品的复本或复制品,可向公众开放:

如图书馆、博物馆或其他机构能熟知上述作品或合著作品的作者身份,则本款有关复制的规定仅适用于作者死亡超过 60 年的作品,如是合著作品,则自最后死亡的作者死亡日算起。

---

* 刘冰雪,译;卢海燕,校。

❶ 本款第 (a) ~ (n) 项及第 (p) 项之后的第 (q) ~ (e) 项与图书馆领域无直接相关性,故略去未译。——译者注

非　洲

05 南　非

05 南 非

南非国家图书馆法*

（1998 年第 92 号法律，1998 年 10 月 20 日通过，
1999 年 11 月 1 日生效）

本法旨在为设立南非国家图书馆提供依据，指导国家图书馆完成收集、保存、提供、利用国家文献遗产和提高国家文献遗产意识的工作及其相关事宜。

简 介

定 义

1. 本法中，除文意另有所指外——

（i）书目服务，是指——

（a）创建书目记录，汇编目录、书目、索引及其他书目数据库；

（b）相关数据的汇编及传播；

（c）交换、出售、传播或者利用（a）项中提到的书目记录或者汇编。

（ii）委员会，是指依据本法第 6 条成立的国家图书馆委员会。

（iii）文献，是指通过文本、图形、画面、声音或者其他媒介形式来保存和传递信息的物体。任何译本或版本的文献与其他文献在文档内容、可识度或者物理表现方面显著不同的，均被视为单独文献。但《南非国家档案法（1996 年）》（1996 年第 43 号法律）第 1 条关于公共档案的界定或者地方立法中关于档案的界定并非出版文献，不属于本法所定义之文献。

（iv）文献遗产是指南非出版的或与南非相关的公开出版文献。

（v）介质，是指为阅读、收听或观看的需要而记录、传播信息的各种方式。

（vi）部长，是指艺术文化科技部部长。

（vii）国家图书馆馆长，是指依据本法第 9 条第（1）款第（b）项任命的人。

---

* 牛淑娟，刘英赫，译；田贺龙，校。

（viii）国家图书馆，是指依据本法第 2 条成立的南非国家图书馆。

（ix）规定，是指条例的规定。

（x）出版，是指制作众多的复本或者在不同的地点为下列人员提供需要：

（a）通过购买、出租、出借、订阅、许可或者免费发行的方式，提供给任何公众成员；或者

（b）任何符合条件的公众都可以参加的协会或社团的成员。

（xi）记录，是指以各种形式和介质记录的信息。

（xii）本法，包括依据第 15 条制定的条例。

第一章　南非国家图书馆

南非国家图书馆

2.（a）《国家图书馆法（1985 年）》（1985 年第 56 号法律）第 2 条提及的南非图书馆和国立图书馆，特此合并为南非国家图书馆。

（b）国家图书馆位于比勒陀利亚和开普敦，经部长决定并在政府公报上发布公告，可以在其他地点设置机构或者部门。

（c）国家图书馆馆长的办公地点由部长征求委员会意见后决定。

国家图书馆的宗旨

3. 国家图书馆旨在为推动社会经济、文化、教育、科学和创新发展而收集、记录、保存和提供国家文献遗产，并通过提升信息素养，加强对世界信息资源的了解来提高文献遗产保护意识。

国家图书馆的职能

4.（1）国家图书馆的职能是：

（a）（i）完整收集南非出版的或与南非相关的公开出版文献；

（ii）保存并扩大出版的或者未出版的其他形式的文献，重点是出自南部非洲或者与南部非洲相关的文献；

（iii）促进把南非的图书馆保存的出版文献作为国家资源的优化管理；

（iv）择选文献，补充第（iii）目提及的国家资源；

（b）（i）记录第（a）项提及的文献；

（ii）提供国家书目服务，并作为国家书目服务机构；

（c）促进国内与国际的公开出版物的最佳使用；

（d）提供国内和国际的参考和信息服务；

（e）行使国家保存本库的职能，并站在国家的立场上提供保护服务；

（f）提高对国家公开出版文献的遗产保护意识；

（g）提升信息意识和信息素养。

（2）为实现图书馆的宗旨，促进图书馆和信息服务在南非的发展，依据本条第（1）款规定的职能，国家图书馆须：

（a）提供适当的信息产品和信息服务；

（b）领导南非各类图书馆，并提供指导和建议；

（c）负责规划和协调与其他图书馆和信息服务机构的合作；

（d）在与教育机构和专业团体协商、合作的过程中，提供与本条第（1）款所述及的职能相当的培训和教育；

（e）开展研究和开发工作；

（f）保持与南非国内外图书馆和其他机构联系。

第二章　管理条款

国家图书馆的权力

5.（1）国家图书馆是一个法人机构，可以在符合本条第（2）款的情况下，根据委员会的意见，从事履行职能所必需的或附带的活动。

（2）在财政部部长授权部长同意的事项范围内，未经部长同意，国家图书馆不得从事下列事项：

（a）出租、出售、交换或者以其他方式处置国家图书馆的动产和不动产；部长可以规定国家图书馆有权在委员会单独决定的范围内处置动产；有权根据《法定呈缴法（1997 年）》第 7 条第（5）款的规定，处理本法第 4 条第（1）款第 a 项第①子项中所规定的文献转让事宜；

（b）如果是依据《国库法（1975 年）》（1975 年第 66 号法律）第 35 条的规定为给予国家图书馆贷款而提供的有效担保——

（i）抵押或者以其他方式处置通过贷款获得的不动产；

（ii）出租、出售、交换、质押或者以其他方式处置通过贷款获得的动产；

（c）举借外债。

国家图书馆委员会

6.（1）国家图书馆的事务由委员会负责，委员会由下列人员组成：

（a）委员会成员由部长按照规定的方式委任 7 至 9 人组成，但是规定的委任方式必须遵循透明性和代表性的原则，而且至少 1 名成员具有财经方面的专业知识；

（b）国家图书馆首席执行官是当然的委员会成员；

（c）比勒陀利亚馆和开普敦馆的主管是委员会中无表决权的当然成员。

（2）委员会成员在下列情况下必须离职：

（a）委员会成员的财产被没收，或者为了债权人的利益而被分割；

（b）主管法院认定其精神不健全；

（c）被判定有罪并被判处监禁，且没有付罚金的选择；

（d）未经委员会准许连续3次缺席委员会会议；

（e）被选举为国民议会或者省级立法机构的成员，或者被省级立法机关根据宪法或者《全国省级事务委员会（常驻代表空缺）法（1997年）》（1997年第17号法律）委任为全国省级事务委员会的常驻代表。

（3）部长认为有合理的理由解除委员会成员的职务，并经该成员申诉后，经与委员会协商一致，有权解除委员会成员的职务。

（4）如果委员会成员死亡、对部长提出书面辞职、主动或者被动辞职，部长有权按照规定的方式委任一人接替该成员余下的任期。

（5）（a）除本条第（3）款、第（4）款之外，委员会成员每届任期不超过3年，可以连选连任。

（b）委员会成员连续任职不得超过两届。

委员会成员的职责和报酬

7.（1）委员会具有下列职责：

（a）与部长商讨国家图书馆的方针政策；

（b）批准国家图书馆的财政预算；

（c）批准国家图书馆的财务报表；

（d）为部长提供与国家图书馆事务相关的建议；

（e）根据部长的需要为其提供各种信息。

（2）根据部长和财政部部长协商一致的决定，委员会可以向非全职政府雇员或者国家图书馆的非雇用关系的员工支付一定的报酬。

委员会会议

8.（1）委员会每年至少举行两次会议，时间、地点由委员会决定。

（2）（a）部长有权在委员会成员中任命委员会主席。

（b）委员会会议由委员会主席主持；主席缺席时，由出席会议的成员选举1名委员会成员主持。

（3）委员会会议每次必须由多数委员会成员参加才有效。

（4）就任何事项的决议必须经由出席会议的过半数的委员通过方才有效；

当赞成票和反对票相等时，会议主持人拥有除以委员身份拥有商讨性投票之外的决定性一票。

国家图书馆员工

9.（1）（a）为保证国家图书馆职能的正常运转，委员会有权按需任命国家图书馆的员工；

（b）（i）国家图书馆首席执行官由委员会任命，首席执行官对国家图书馆的管理事务负责，应委员会的需要向委员会汇报工作；

（ii）首席执行官同时也是图书馆的财务主管，负责管理图书馆的全部资金收入及其使用，对国家图书馆的财产负责；

（iii）国家图书馆馆长由首席执行官担任。

（2）委员会有权决定国家图书馆员工的薪酬、津贴、服务条件、补贴及其他福利等，但需经与公职及行政事务部磋商，并得到文化艺术部部长和财政部部长的一致同意。

（3）未经委员会决定，不得解聘员工，当事人有权以规定的方式在规定的时间范围内对解聘一事向部长提出申诉；部长有权确认、变更或者撤销委员会的决定，或者作出委员会根据部长的指令本应作出的其他决定。

（4）（a）为完成某一特定的服务，或者在一段时间内，可以借调员工为国家、其他政府或者其他个人提供服务，但需经员工同意并经委员会决定；

（b）在借调期间，员工依然要服从于法律或者服务条件中关于对国家图书馆员工的规定。

国家图书馆的员工的调入

10. 政府或者获政府财政支持的机构的全职人员，根据公职人员相关规定，并经委员会批准，可以调入国家图书馆工作。

国家图书馆的财产调拨

11. 依据《国有土地处置法（1961 年）》（1961 年第 48 号法律），经公共工程部部长、农业和土地事务部部长、财政部部长的一致同意，为确保国家图书馆职能的正常行使，委员会有权根据部长的决定调拨国有不动产归国家图书馆使用。

部长有权委托国家图书馆管理某些财产

12. 部长有权在委员会同意的情况下，以部长认为适当的方式将捐赠或遗赠给国家或居民的动产交由国家图书馆保管，除非捐赠人或者立遗嘱人作出关于财产委托管理的其他规定。

国家图书馆的财务管理

13. （1）国家图书馆的资金来源于：

（a）议会拨款；

（b）国家图书馆的借款；

（c）第（3）条规定的收入所得；

（d）各种费用及特许使用权所得收入；

（e）捐赠或者捐款；

（f）其他途径积累的财产，包括国家图书馆根据该法提供的服务所得。

（2）国家图书馆需根据本条规定，使用其资产支付其行使职能过程中所产生的各种费用。

（3）委员会有权在下列三种情况下使用资金进行投资：

（a）闲置资金；

（b）为合理的运营收支平衡而通过公共投资专员署进行投资；

（c）部长和财政部部长一致同意的其他情况。

（4）国家图书馆可以建立并运营准备金制度，以备不时之需。

（5）（a）国家图书馆需：

（i）在每一个财政年度，国家图书馆必须在部长规定的时间内提交未来三个财政年度的收支预算，以获得其批准；

（ii）在任一财政年度的任一时间，国家图书馆都有权向部长提出增补其预算支出，以获得其批准。

（b）国家图书馆不得从事超出预算和资金储备的支出行为。

审计和年度报告

14. （1）国家图书馆的财政年度截止于3月31日。

（2）国家图书馆必须准确记录其资产和财务状况。

（3）国家图书馆的财政每年必须经由总审计师审计。

（4）（a）国家图书馆必须根据部长的需要及时提供关于其职能和财政状况的各种信息；必须在每个财政年度结束后的3个月内，向部长提交由总审计师认可的年度审计报告，该审计报告包括该年度的资产负债表和收支状况说明，以及部长所需的明细；

（b）如果议会在例会期间，部长必须在收到报告的14日内向议会提交该报告；如果议会不在例会期间，部长必须在下一次例会开始后的14日内提交该报告。

第三章　一般条款

条　例

15.（1）部长有权制定下列条例——

（a）部长有权在本法规定的权限内根据需要制定相关条例；

（b）（i）对国家图书馆员工的不当收费行为或者其他任何相关违规行为的调查，以及该调查过程应遵循的程序，包括证人的召集和出席、制裁措施的批准。

（ii）关于员工的申诉调查程序；

（c）记录保存的规则；

（d）国家图书馆的财务报表和汇报提交的时间、形式，以及向何人提交；

（e）在国家图书馆所作的研究；

（f）专业的咨询委员会的建立；

（g）一般来说，为实现本法的目标，部长有权制定各种必要的、合适的条例。

（2）为了处置违法或者不能遵守配套条例的行为，部长有权规定罚金和不超过 1 年的监禁。

（3）部长必须在公报公布根据本条制定的条例。

过渡性条款

16.（1）（a）本法一经生效，国立图书馆委员会和南非图书馆委员会必须解散；

（b）这些委员会的成员整体成为过渡委员会成员，根据本法第 6 条的规定，国家图书馆委员会一经成立，该过渡委员会即刻解散；

（c）该过渡委员会必须从其成员中选举一人作为主席。

（2）（a）国立图书馆和南非图书馆的员工在本法生效之后立即转为国家图书馆的员工，保留其薪酬、津贴以及根据其个人申请而享受的其他福利；

（b）上述员工视为根据本法第 9 条的规定委任；

（c）上述员工的薪酬、津贴、服务条件和其他福利视为依据该条款已被确定，上述员工为国立图书馆和南非图书馆服务而产生的并以其为受益人的假期、退休金和其他福利，视作为国家图书馆服务而产生并以其为受益人。

（d）在委员会根据本法第 9 条第（1）款第（b）项第（i）子项选出首席执行官之前，由原国立图书馆的馆长暂时担任南非国家图书馆的首席执行官。

（3）原国立图书馆和南非图书馆所拥有的全部动产在本法生效后，立即转为国家图书馆所有。这些动产包括：

（a）上述图书馆账户上的资金余额，以及国家持有的为上述图书馆所用的资金；

（b）与上述图书馆相关的国家债权；

（c）国家或者上述图书馆签订的协议中与上述图书馆有关的国家权利和特权。

（4）原国立图书馆和南非图书馆对国家所负担的义务和责任转为国家图书馆负担。

（5）根据法律和文件的规定：

（a）原国立图书馆作为南非国家图书馆的比勒陀利亚馆；

（b）原南非图书馆作为南非国家图书馆的开普敦馆。

法律的修订和废除

17. 附录中所列法律在第三栏的范围内予以修订或者废除。

简称及生效

18. 本法称为《南非国家图书馆法（1998 年）》，总统在公报上发布公告的日期为生效日期。

图书馆与信息服务法*

（1999 年第 5 号法律，1999 年 4 月 14 日通过，
1999 年 4 月 16 日生效）

本法目的旨在建立、管理、控制自由州省的图书馆与信息服务体系及其相关事宜。

1. 定　义

本法中，除非文意显示，否则：

（1）委员会，指根据本法第 6 条成立的自由州省图书馆和信息服务委

* 牛淑娟，刘英赫，译；田贺龙，校。

员会。

（2）宪法，是指《南非共和国宪法（1996 年）》（1996 年第 108 号法律）。

（3）部，是指《国库法（1994 年）》（1994 年第 1 号法律）附表第一列规定的体育文化科学技术部。

（4）理事会，是指自由州省图书馆信息技术服务理事会。

（5）执行委员会，是指《宪法》第 132 条规定的自由州省的执行委员会。

（6）图书馆员，是指被委任行使图书馆服务职能的人员。

（7）馆藏资料，是指图书馆和信息服务机构提供的图书、期刊、手稿，图表、地图、录像带、幻灯片、电影胶片、缩微胶片、录音带、影音光碟、电脑软件或其他资料。

（8）图书馆和信息服务，是指向本省的每位公民提供便于获取阅读资源、信息资源以及以资源为基础的学习材料。

（9）呈缴地，是指《法定呈缴法（1997 年）》（1997 年第 54 号法律）规定的呈缴地点。

（10）法定的，是指条例规定的。

（11）省，是指《宪法》第 103 条第（1）款第（b）项所规定的自由州省。

（12）条例，是指根据本法制定的条例。

（13）责任议员，是指执行委员会中负责提供图书和信息服务的成员。

（14）服务部，是指体育文化科学技术部下属的图书馆与信息技术服务理事会。

（15）领导，是指《省级服务委员会法（1994 年）》（1994 年第 3 号法律）附录第二栏规定的主管体育、艺术、文化、科学技术工作的领导。

（16）本法，包含条例的规定。

2. 适用范围

根据宪法规定，本法适用于自由州省的图书馆和信息服务机构。

3. 本法目的

责任议员在考虑财政限制的前提下，建立、提供和发展本省的图书馆与信息服务，包括：

（1）提供方便的阅读和信息来源，以促进阅读和终身学习的文化；

（2）调动各种利益集团充分且积极参与省图书馆与信息服务事业的发展；

（3）在发展服务承诺、知识承诺和专业承诺文化的同时，提高图书馆员的尊严、身份、地位；

（4）反映在自由州省建立、提供、发展图书馆与信息服务事业的人口现状；

（5）用适用于全省的统一规范和最低标准统筹图书馆和信息服务政策；

（6）为建立咨询性的省级图书馆和信息服务委员会提供建议；

（7）建立图书馆和信息提供及支撑系统，以服务自由州省民众的需求及利益。

4. 责任议员的权力与职责

（1）责任议员与省图书馆信息服务委员会协商后，有权制定本省的图书馆信息服务政策，并在省宪报上刊登公告，省内的领导和图书馆馆员必须遵照执行。

（2）责任议员有权建立、维持和管理图书馆及其服务。

（3）自本法生效之日起，省内所有可以根据本法建立的现有图书馆一律被视为根据本条建立的图书馆。

（4）责任议员经与相关利益方协商后，有权在任何时间关闭图书馆，但需在省宪报上刊登公告。

5. 领导的职责

领导除本法赋予的其他职责外，需承担下列职责：

（a）管理并向所有图书馆提供图书馆与信息服务；

（b）建立专门委员会；

（c）经与责任议员和委员会协商后，根据需要按步骤实施省内的及国家的图书馆政策；

（d）就图书馆事务向责任议员提出建议；

（e）为实现本法目的所必需的所有职能。

6. 自由州省图书馆和信息服务委员会的建立

特此设立自由州省图书馆和信息服务委员会，该委员会享有本法第 11 条赋予的权利和职能。

7. 委员会成员的任命与任期

（1）委员会最多由责任议员任命的 9 名成员组成，且符合本条第（3）款的规定。

（2）责任议员应当确保委员会建立在民主的、无种族歧视的、无性别歧视的基础之上。

（3）责任议员任命委员会成员时，应通过媒体邀请相关利益方，并以在省宪报发布公告的形式提名候选人。自在媒体上发布邀请且该公告刊登之日起的21日之内，为责任议员的考察期限。

（4）委员会成员在符合本条第（6）款规定的情况下，每届任期不得超过3年。责任议员有权在其任期之内，决定其任期结束后继续连任。

（5）委员任期届满后，将继续留任至任命新任委员，但留任期不得超过3个月。

（6）下列情况下，责任议员可以随时终止委员会成员任期，但应事先给委员会成员提供陈述的机会：

（a）有足够的理由终止委员会成员任期；

（b）他或她在未向主席事先请假的情况下，连续两次缺席委员会会议。

（7）任何情况下，委员会成员任期届满之前出现空缺的，责任议员有权根据本条第（3）款的规定，任命其他人补足未满任命期限的空缺。

（8）非全职服务于行政机关的委员会成员，不享有省立法机关拨付的相应的专款，其参加委员会会议时，有权获得合理的生活和差旅费用。

8. 委员会会议

（1）委员会第一次会议的时间和地点由责任议员决定，继后会议的时间和地点由委员会决定。

（2）委员会主席有权随时召开委员会特别会议，或者应至少5名委员会成员的书面请求应当召开委员会特别会议，会议的时间和地点由委员会主席自行决定。

（3）任何一次委员会会议至少由5名成员组成。

（4）在任何一次委员会会议上，委员会的决定必须由参加会议的有表决权的成员过半数通过；如果票数相等，委员会主席可投决定性一票，但其作为委员会成员的审议表决除外。

（5）委员会认为有必要获得某一特定事项方面的建议时，有权为实现该目的指定1人成为委员会成员，但该人不得作为委员会成员实施本条第（3）款、第（4）款规定的职能。

9. 委员会主席与副主席

（1）责任议员应当任命1名委员会成员担任委员会主席。

（2）第一次会议期间，委员会应当选举一名成员担任委员会副主席。

（3）如果主席空缺或者因任何原因不能行使主席职能的，由副主席行使主席职能。

（4）如果主席和副主席同时缺席委员会会议，参会的成员应当选举1人在此次会议期间暂行主席职能。

10. 委员会的专门委员会

委员会可以任命一至数个专门委员会辅助其履行职责。

11. 委员会职责

（1）委员会应当向责任议员提出有关制定、发展、实施本省的图书馆与信息服务政策的建议。

（2）委员会应采取措施，纠正过去图书馆服务中的不平等条款。

（3）委员会应当根据本法的规定监督图书馆与信息服务的实施，并据此向责任议员提出建议。

（4）委员会应当监督图书馆与信息技术服务理事会的活动，确保理事会的职能符合自由州省的整体利益。

（5）委员会每年应当为自己的活动制定预算，安排省内各类型图书馆和信息服务机构行使职能所需的经费及津贴。

（6）委员会有权就需提交委员会处理的事项，或者在委员会看来，需提醒责任议员注意的事项，向责任议员提出建议。

（7）委员会应当于年度结束时向责任议员提交一份年度活动报告。

（8）委员会应提供账簿供审计长做年度审计。

12. 协 议

（1）为促进本法目的的实现，责任议员可以与其他政府部门、政府或者非政府组织、或者任何个人，达成协议；但未经执行委员会中的财政议员的同意，协议不得对体育文化科学技术部强加财政义务。

（2）责任议员有权根据《宪法》第 126 条的规定，赋予市议会有关图书馆与信息服务的权利或职责。

13. 条 例

（1）责任议员有权在下列事项的范围内制定条例：

（a）本法要求或允许范围内的任何事项；

（b）建立、维护、管理、控制图书馆服务，关闭图书馆以及中止在图书馆的活动；

（c）对图书馆的事务进行检查；

（d）建立委员会；

（e）读者的准入；

（f）制定图书馆成为图书馆与信息服务机构成员的条件；

（g）出借馆藏给作为图书馆与信息服务机构成员的其他图书馆和图书馆文献库；

（h）对借阅馆藏超过规定期限的处以罚金，对馆藏造成丢失或者损坏的，收取款项；

（i）对违反条例的行为作出处罚，处以罚金或者不超过6个月的监禁，或者并处罚金和监禁；

（j）为实现本法目的，有必要作出规定的任何事项。

（2）责任议员无权制定有关支付给他人或者从他人那里获得费用或者津贴的规则；未经财政和预算执行委员会成员的同意，责任议员无权制定与管理款项相关的规则。

14. 授 权

（1）除制定条例的权利之外，责任议员有权在其可决定的事项范围内，将本法授予他或她的权利或职责，授权给领导行使；领导获得责任议员的许可后，有权将该权利或职责授权给图书馆信息技术服务机构的成员。

（2）本条第（1）款的授权不得妨碍责任议员视情况行使自己的权利或者职责。

15. 法律的废除与例外

（1）附录中所列法律在附录第三栏的范围内予以废除。

（2）已经实施或者被认为已经实施的行为，符合本条第（1）款被废除法律的规定，以及即将实施的符合本法规定的行为，应当被认为是符合本法规定的行为。

16. 简 称

本法称为《图书馆与信息服务法（1999年）》。

附 录 （法律的废除）

法律编号和年份	简 称	废除的范围
1978年第49号法律	《博普塔茨瓦纳国家图书馆服务法（1978年）》	全部
1983年第10号法律	《侉侉国家图书馆服务法（1983年）》	全部

法定呈缴法*

（1997 年第 54 号法律）

本法目的旨在通过公开出版文献的法定呈缴来保存国家文献遗产；确保南非出版的及适用于南非的公开出版文献的保存、编目、获取；对获取政府信息进行规定；对法定呈缴委员会进行规定；并对与此相关的各项事宜予以规定。

（南非语文本由总统签署）

1998 年 11 月 6 日通过

本法由南非共和国议会颁布，内容如下。

定　义

1. 本法中，除非文意显示，否则：

（i）委员会，是指第 8 条规定的法定呈缴委员会；

（ii）部门，是指艺术文化科技部；

（iii）文献，是指通过文本、图片、视听资料或者其他媒介形式来保存和传递信息的物体。任何译本或版本的文献在文档内容、可识度或者物理表现方面显著不同的，均被视为单独文献。

（iv）介质，是指为阅读、聆听和观看的需要而记录、传播信息的各种方式；

（v）部长，是指艺术文化科技部部长；

（vi）政府出版物，是指国家级、省级或地方政府某一机构出版的文献，包括《公共机构报告法（1992 年）》（1992 年第 93 号法律）第 3 条所列的作为公共实体的半官方组织及其他机构出版的文献；

（vii）政府出版物呈缴地点，是指由本法第 6 条指定的法定呈缴地点；

（viii）法定呈缴地点，是指本法第 6 条所指的图书馆或者机构。

（ix）规定的，是指根据本法第 12 条的条例作出的规定。

（x）出版，是指制作众多的复本或者在不同的地点为下列人员提供需要——

* 牛淑娟，刘英赫，译；田贺龙，校。

（a）通过购买、出租、出借、订阅、许可或者免费发行的方式，提供给任何公众成员；或者

（b）任何符合条件的公众都可以参加的协会或社团的成员；

（xi）出版者，是指如下个人或者机构，不论其属公共或者私人性质：

（a）出版和发行文献；

（b）不论是个人或者机构或者是其他主体，认可和承担制作文献的资金风险，且该文献系以为公众利用为目的；

（c）进口国外出版的文献或者专为适应南非市场而改编并使其为公众所利用的文献的南非出版者；

（xii）本法，包括第 12 条制定的条例。

文献和信息保存

2.（1）出版者每出版一种文献，应当按照规定的数量和质量向规定的法定承缴地点呈缴各种版本及介质的文献，除政府出版物外，每种文献呈缴数量不超过 5 册。

（2）出版者每出版一种文献都要向国立图书馆提供与该文献相关的规定的信息。

费　用

3. 根据本法第 2 条第（1）款提供的文献费用，根据本法第 2 条第（2）款提供的信息费用，以及这些文献和信息的提供费，应当由出版者承担。

呈缴时间

4. 除非本法另有规定，否则出版者应在文献出版之日起的 14 日内，提供本法第 2 条第（1）款规定的文献，及本法第 2 条第（2）款规定的信息。

呈缴豁免

5.（1）（a）对因出版特定文献的单位成本过高或者系通过劳动密集方式生产而导致的单价成本较高的出版物，如果出版者根据第 2 条第（1）款向每一个法定呈缴地点免费呈缴 1 册复本，可能遭受严重的财政或者其他困难的，艺术文化科学技术部部长根据出版者的申请并与委员会商议后，可以免除该出版者按照部长的规定向法定呈缴地点呈缴该类出版物的义务。

（b）部长不得根据前述第（a）项的规定，免除出版商就每种文献向南非图书馆、国家电影音像档案馆呈缴 1 册复本的义务以及免除其向国家图书馆提供本法第 2 条第（2）款规定的相关信息的义务。

（c）出版者为向南非图书馆、国家电影音像档案馆履行呈缴义务，遭受经济困难的，部长经与委员会商议，可视情况给予一定的财政补贴，但补贴数

额不得超过这种文献每生产一额外复本而发生的费用。

（2）如果法定呈缴地点不需要本法第2条第（1）款规定的某种文献或者特定类型的文献，法定呈缴地点的负责人有权以书面形式豁免出版者呈缴某种文献或者特定类型文献复本的义务。

（3）出版者根据本条的规定免于向国家图书馆呈缴文献复本的，必须向国家图书馆提供本法第2条第（2）款规定的与该文献相关的信息。

（4）根据本条第（1）款第（a）项及第（2）款的规定而豁免的对某种文献或者某种类型文献的呈缴义务，部长及相关呈缴地点的负责人可视情况以书面形式予以撤回。

法定呈缴地点

6.（1）法定呈缴地点包括：

（a）位于布隆方丹的市图书馆；

（b）位于开普敦的国会图书馆；

（c）位于彼得马里茨堡的纳塔尔省学会图书馆；

（d）位于开普敦的南非图书馆；

（e）位于比勒陀利亚的国家图书馆；

（f）位于比勒陀利亚的国家电影音像档案馆，该档案馆按法律规定有权保存某种类型的文献；

（g）为保存某种特定文献的目的，由部长指定的其他图书馆或者机构。

（2）（a）根据各省图书馆执行委员会成员的建议，部长有权在各省范围内指定至少一个法定呈缴地点作为政府出版物的呈缴地点，除其他类型文献外的政府出版物，每种需向该地点呈缴1册。

（b）除位于开普敦的国会图书馆，任何一种政府出版物都可以根据部长的建议指定呈缴于某一现有的法定呈缴地点，但该呈缴地点根据本法第2条第（1）款的规定，仍保留其接受除正式出版物外的其他文献的权利。

（3）部长及每个省的执行委员会的相关成员，应向法定呈缴地点支付必要的费用以维持它们履行接受呈缴的义务，该费用由议会及相关省立法机构设立的专项基金中支付。

法定呈缴地点的义务

7.（1）法定呈缴地点按照规定对根据本法第2条第（1）款提供的文献承担以下职能：

（a）接受、获取、保留及保存文献；

（b）对文献进行编目；

（c）确保文献的自由使用。

（2）在其他法定呈缴地点和其他适当的图书馆与机构的协助下，国家图书馆具有下列汇编职能：

（a）编制国家总书目；

（b）在本法第 2 条第（1）款提供的文献及本法第 2 条第（2）款提供的信息的基础上，对南非出版文献的数量进行统计。

（3）在其他法定呈缴地点的协助下，南非国家图书馆及国家电影音像档案馆应当保证根据本法第 2 条第（1）款提供的每种文献，至少有一个复本可用于当前及今后使用。

（4）政府出版物的呈缴地应当承担下列职能：

（a）促进公众对政府及《公共机构报告法（1992 年）》（1992 年第 93 号法律）第 3 条所列机构出版的政府出版物及信息的意识及使用；

（b）为公众提供数据库及其他依法可以获取的信息资源。

（5）除本条第（1）款、第（2）款的规定外，法定呈缴地点的负责人根据委员会的建议，有权对根据本法第 2 条第（1）款的规定提供给一个或者多个法定呈缴地点的某种文献，行使下列职能：

（a）处置；

（b）从书目清单中剔除；

（c）从国家总书目中剔除；

（d）限制获取。

（6）如果一个法定呈缴地一贯未能遵守前述本条第（1）款、第（2）款、第（3）款、第（4）款的规定，部长有权根据委员会的建议，在公报上刊登通知，豁免所有出版者向该地点呈缴本法第 2 条第（1）款规定的文献的义务。

法定呈缴委员会

8.（1）法定呈缴委员会由下列成员组成：

（a）本法第 6 条第（1）款规定的法定呈缴地点的机构负责人；

（b）政府印刷品局的负责人；

（c）部长按照规定方式指定的各省政府出版物保存馆代表；

（d）部长按照规定方式指定的 2 名出版界代表；

但指定的方式由条例予以规定，遵循透明性和代表性原则。

（2）部长有权以法定的方式任命包括图书馆和信息服务机构在内的利益相关方代表成为呈缴委员会的成员，该成员人数不超过 4 人。

（3）部长经与出版者、图书馆、信息服务机构等利益群体商议后，可以规定方式，指定一人担任呈缴委员会主席，主席每届任期3年，可以连任。

（4）委员会的目的旨在协调和促进本法的实施。

（5）委员会的职能：

（a）就本法的执行提供建议；

（b）就依照该法制定的有关条例向部长提出建议；

（c）就各个法定呈缴地点在执行法定呈缴任务时的协调；

（d）就各法定呈缴地点在实施该法过程中出现的问题提出建议；

（e）必要时设立下级委员会或者工作组调查涉及该法实施中的有关问题，执行该法实施中的相关任务，在调查和执行任务期间指派人员到该下级委员会或者工作组；

（f）根据《公共机构报告法（1992年）》（1992年第93号法律）的规定，向议会汇报法定呈缴地的活动及财务状况。

（6）呈缴委员会成员、下级委员会及工作组成员均没有报酬，部长和财政部部长协商一致后，可在委员会获批准的预算范围内，支付下级委员会及工作组成员合理的差旅费及生活费。

罪 行

9. 出版者未能遵守本法第2条、第3条、第4条及第5条第（3）款的规定，即属犯罪，一经定罪，处以不超过20000兰特的罚金。

违法行为的补救

10. （1）（a）出版者如未依本法第2条第（1）款的规定向法定呈缴地点呈缴出版物的，经部长授权的官员可依法定的方式要求出版者在30日内呈缴；

（b）如该30日期间届满法定呈缴地点未收到要求呈缴的出版物，该官员可立即从市场购买该出版物；如该出版物已无法购得，可以符合质量要求的复印本替代。但出版者应支付购买或者复制该出版物的成本。

（2）如该官员未能根据本条第（1）款的规定，购得或者复制该出版物或者从出版者处获得成本补偿，艺术文化科技部在与法定呈缴委员会协商后，可对该出版者提起民事诉讼。

授 权

11. （1）部长有权将本法赋予他的权力授予艺术文化科技部的官员行使。

（2）前款的授权不妨碍部长本人相关权力的行使。

条 例

12. 部长有权制定下列条例：

（a）本法要求或允许作出规定的事项；

（b）一般来说，为实现本法的目标所必需的事项或者有利于本法目标实现的事项。

适用范围

13. 本法除第 9 条外，全国适用。

法律的废除

14. 附录中所列法律在第三栏的范围内予以废除。

简称及生效

15. 本法被称为《法定呈缴法（1997 年）》，总统在公报上发布公告的日期为生效日期。

附 录 需要废除的法律

法律编号和年份	简 称	废除的范围
1977 年第 11 号法律（特兰斯凯）	《国家图书馆服务法（1977 年）》	第 12 条
1978 年第 8 号法律（博普塔茨瓦纳）	《博普塔茨瓦纳国家图书馆服务法（1978 年）》	第 19 条第 5 款
1980 年第 18 号法律（夸祖鲁）	《夸祖鲁图书馆法（1980 年）》	第 7 条
1980 年第 19 号法律（西斯凯）	《西斯凯图书馆服务法（1980 年）》	第 12 条
1981 年第 12 号法律（文达）	《文达国家图书馆服务法（1981 年）》	第 14 条第 4 款
1982 年第 4 号法律（加赞库鲁）	《国家图书馆服务法（1982 年）》	第 14 条第 4 款
1982 年第 17 号法律	《出版物呈缴法（1982 年）》	全部
1983 年第 10 号法律（侉侉）	《国家图书馆服务法（1983 年）》	第 14 条第 4 款
1991 年第 7 号法律（利波瓦）	《中央图书馆服务法（1991 年）》	第 18 条

欧　洲

06 丹　麦

07 德　国

08 俄罗斯

09 法　国

10 芬　兰

11 挪　威

12 瑞　典

13 英　国

06 丹 麦

图书馆服务法*

（2000 年 5 月 17 日）

我，玛格丽特二世，以丹麦女王的名义，作如下宣告：该法律已由议会审议通过并得到丹麦皇室的许可。

第一部分 地方公共图书馆的建立目的和服务

第一条

公共图书馆的建立目的是通过向公众提供图书、期刊、有声图书以及其他相关资源，如音乐录制品、来自互联网和多媒体的数字信息等，以实现信息传播，促进教育和文化事业的发展。

（2）公共图书馆必须尽力保证为读者提供可用的视频资源。

（3）公共图书馆有责任促进地方和全国政府信息及社会发展各方面信息的公开与传播。

第二条

为实现公共图书馆的设立的目的，在选择馆藏文献时，应保证文献具有高质量，且必须能够反映社会发展的当前状况及未来趋势，并保证馆藏文献涉及的领域具有广泛性、综合性。除了上述标准，任何由文献所传递的宗教信仰、道德标准以及政治观点都不得作为选择馆藏的决定性因素。

第三条

自治市议会有责任单独或通过与其他自治市议会合作建立向儿童和成人分别提供服务的公共图书馆。自治市议会可与其他自治市议会就全部或部分的图书馆服务达成协议。

（2）自治市议会应尽其最大努力实现：1）为无法到馆的儿童和成人提供图书馆服务；2）根据读者需求调整开馆服务时间，以及 3）根据本市的规模

---

* 马谊，译；田贺龙，校。

及特点设立分支机构或者服务站点。

（3）公共图书馆馆长必须具备相关的专业背景。

（4）自治市议会可在图书馆内设立委员会以实现促进地方间图书馆服务合作的目的。

第四条

在与代表自治市一方进行协商的基础上，文化大臣可以就公共图书馆文献入藏以及利用问题制定条例。条例内容可涉及图书馆入藏的文献内容以及针对外借图书服务收费和不允许外借的特殊情况。

第五条

任何人都可以使用公共图书馆的馆舍，享受文献借阅服务。公共图书馆提供借阅的文献类型见本法第一条第一款。

（2）对于本馆没有的文献，在本馆读者需要时，加入全国馆际互借服务系统的公共图书馆应尽其所能满足读者的需要。

第六条

公共图书馆可以在企业及相关机构中设立并运营图书馆的服务站点，或者与上述机构就提供图书馆相关服务达成协议。

（2）公共图书馆为国家政府、郡政府以及其他非自治市政府相关机构提供服务所产生的费用由上述机构承担。

第七条

自治市公共图书馆必须和自治市的义务教育阶段学校图书馆进行合作，公共图书馆及学校图书馆必须使用统一编目系统等。

第二部分　发展图书馆事业的国家责任

国家责任

第八条

国家应鼓励图书馆间的合作，尽其所能确保读者通过公共图书馆获得由国立图书馆以及接受国家财政补贴的图书馆的馆藏文献，具体规定参见本法第九条至第十八条。

中心图书馆

第九条

中心图书馆作为公共图书馆的中心，对于不属于公共图书馆馆藏的文献，应设法获取。具体参见本法第十一条。

第十条

在与代表自治市一方进行协商的基础之上，由文化大臣决定作为中心图书馆的公共图书馆。

（2）为保证中心图书馆的职责得以有效履行，应以图书馆的馆藏文献、职员素质以及馆舍条件为决定中心图书馆的标准。

第十一条

文化部应与选定的中心图书馆所在自治城市的市政当局签订履约协议。

（2）该履约协议应列举中心图书馆对其所服务的公共图书馆应履行的职责。该履约协议应列举中心图书馆提供的免费服务。该履约协议中可以规定中心图书馆应履行的旨在提高图书馆职业水准以及在特定区域范围内促进各区间协作的相关职责。

第十二条

国家应就中心图书馆提供的服务提供经费。

（2）中心图书馆的国家财政拨款应列入国家年度财政预算。

国家级图书馆

第十三条

旨在促进教育、科研发展以及社会制度规范优化，由国家设立运营的图书馆为国立图书馆。

（2）任何人都可以使用国立图书馆的馆舍，享受文献外借服务。若加入全国馆际互借服务系统是国立图书馆获得财政拨款的前提条件，则图书馆应当履行相应责任。

（3）任何人都可以使用接受国家财政补贴的图书馆的馆舍并享受其文献外借服务。若加入全国馆际互借服务系统是接受国家财政补贴的图书馆获得财政拨款的前提条件，则图书馆应当履行相应责任。

（4）在与相关大臣进行协商的基础之上，由文化大臣就为了履行本条第二款、第三款提及的国立图书馆以及接受国家财政补贴的图书馆的相关职责制定条例。该条例中可以规定针对外借服务收费以及限制文献外借的特殊情况。在制定条例时，应充分考虑每个图书馆的特殊情况。

第十四条

国家图书馆作为公共图书馆最重要的馆际互借中心，应履行以下职责：

1）为公共图书馆提供图书、期刊及其他文献资料；

2）提供国内及国际文献互借服务；

3）应设法获取内容详细涉及难民与移民问题的文献，以满足公共图书馆和其他相关机构在此领域的文献需求；

4）履行作为文献资源总库职能，以便为公共图书馆提供相关的文献服务。

第十五条

丹麦国家盲人图书馆作为公共图书馆最重要的馆际互借中心，应为公共图书馆提供专门的旨在向因具有失明、视觉障碍、阅读障碍及其他残障情况而无法阅读印刷品文献的读者传播信息的文献资料。丹麦国家盲人图书馆可就公共图书馆针对上述读者群体展开的国内及国际文献互借服务提供相关建议。

（2）丹麦国家盲人图书馆可以针对公共图书馆对本条第一款中明确的读者群体提供的各项服务提出指导建议。

其他国家责任

第十六条

作为全国图书馆联合书目的组成部分，国家书目的编辑工作由政府提供相应经费。

（2）国家应尽其所能确保任何人都能够通过互联网使用全国图书馆联合书目。

第十七条

国家应为位于日德兰半岛南部服务于德裔少数民族的图书馆提供补贴。

（2）国家可为图书馆提供的特殊人群服务提供补贴。

（3）根据本条第一款，第二款的规定发放的国家补贴，文化大臣可就补贴的相关财务申报，补贴款项的审计权限以及审计程序制定条例。文化大臣可以要求上述享受补贴的图书馆提供额外的与审计事项有关的文件，并将其提交至国家审计署进行进一步的审计。

第十八条

政府应为发展公共图书馆和义务教育阶段学校图书馆提供财政补贴。

第三部分　特别规定

公共图书馆

第十九条

除本法第二十条，第二十九条规定以外，公共图书馆应免费提供文献借阅服务及到馆服务。

第二十条

自治城市的市政当局可针对公共图书馆提供的与其常规服务项目相关的特殊服务收取费用。但是，特殊服务必须提供与常规到馆服务、文献借阅服务以及普通咨询服务具有不同性质的更为广泛和全面的服务内容。自治城市当局可出售公共图书馆在常规服务过程中积累的智力成果，并可基于出售的目的对智力成果进行进一步的加工和开发。

（2）本条第一款提到的有偿服务，须经读者明确要求。

（3）除本条第四款所规定的情形外，由自治市议会针对本条第一款规定涉及的有偿服务的收费标准和方式作出决定。

（4）在提供本条第一款规定涉及的有偿服务的过程中，如果存在私营机构与公共图书馆形成竞争关系，则必须根据市场情况确定图书馆提供服务的价格，以防止不公平竞争现象的出现。

（5）对于存在市场竞争情况的公共图书馆有偿项服务项目，自治市议会在批准该项服务时，要保证该服务项目的运营状况不得在批准之后的三年内呈现总体亏损的状况。

（6）在与内政大臣协商的基础上，由文化大臣就本条第四款规定涉及的服务的具体定价，以及本条第一款规定中涉及的由自治市议会确认的有偿服务项目收费相关事宜的财务申报事项制定条例，参照本条第四款和第五款。

第二十一条

自治市议会可针对逾期归还图书的行为收取罚款，数额不得超过 20 丹麦克朗。但对于同一名读者，同时借阅的相同借期的多本图书，且该读者为年龄 14 岁以下的儿童或青年，罚款额度不得超过 10 丹麦克朗。超期 7 日以上的，罚款额度可以相应提高至 110 丹麦克朗，对于儿童以及 14 岁以下的未成年人，则不得超过 55 丹麦克朗。超期 30 日以上的，罚款额度可以调整至 220 丹麦克朗，对于儿童以及 14 岁以下的未成年人，则不得超过 110 丹麦克朗。

（2）本条第一款规定中涉及的罚款数额，从 2001 年开始，应在每年的 1 月 1 日根据税率调整百分比进行调整，并以 5 的整数倍为基数来调整罚款数额。

第二十二条

在馆际互借合作中提供服务的公共图书馆所在地区的市议会可向对方图书馆所在地区的市议会收取一定的费用，但是郡图书馆作为履行中心图书馆职责提供馆际互借服务时不得收取费用。因馆际互借产生的费用不得转嫁至读者。

（2）在与地方政府协会协商的基础之上，由文化大臣针对本条第一款中涉及的费用支付制定条例，条例可以涉及上述费用的收费标准及方式，并规定应就收费情况明确告知。

第二十三条

自治城市的市政当局可在作出明确告知的前提下，就公共图书馆为非本地居民提供的文献借阅服务向该居民所在居住地的市政当局收取费用。

（2）在与地方政府协会进行协商的基础上，文化大臣就本条第一款涉及的费用的收费标准和收费方式制定条例，必须规定对于收费要进行明确的告知。

第二十四条

自治城市的市政当局可就补办借阅证向读者收取一定的费用。

国家级图书馆

第二十五条

依据本法第十三条第二款、第三款的规定，国立图书馆以及接受国家财政补贴的图书馆应免费为读者提供文献借阅及到馆服务，但除本法第二十七条、第二十九条的规定之外。

第二十六条

依据本法第十三条第二款、第三款的规定，国立图书馆以及接受国家财政补贴的图书馆应免费向公共图书馆提供其馆藏范围外的文献。

第二十七条

依据本法第十三条第二款、第三款的规定的相关职责，国立图书馆以及接受国家财政补贴的图书馆，可就其提供的与其常规服务项目相关的特殊服务收取费用。但是，特殊服务必须提供与常规到馆服务、文献借阅服务以及普通咨询服务具有不同性质的更为广泛和全面的服务内容。

（2）在与相关大臣协商的基础之上，由文化大臣就本条第一款规定涉及的国立图书馆以及接受国家财政补贴的图书馆提供的有偿服务的服务项目及收费标准制定条例。

第二十八条

国立图书馆可对逾期归还图书的行为收取罚款。每本书收取的罚款不得超过 5 丹麦克朗。如果超期 7 日以上，收取的费用最多可提高到 25 丹麦克朗。如果超期 30 日以上，收取的罚款最多可提高到 50 丹麦克朗。从 2001 年开始，罚款数额应在每年的 1 月 1 日根据税率调整百分比进行调整，并以 5 的整数倍为基数来调整罚款数额。

（2）接受国家财政补贴的图书馆可参照本条第一款对逾期归还图书的行为收取罚款。

一般规定

第二十九条

图书馆与图书供应商或者版权所有者之间签订的就仅向特定读者群体提供文献的协议中可包括以收取特别许可费的方式为允许为特定读者群体之外的读者提供文献的条款。图书馆可以决定由读者承担特别许可费。

第三十条

在与地方政府协会及相关大臣协商的基础之上，由文化大臣可就图书馆必须针对通过互联网利用图书馆系统联合书目索取文献的行为收取费用的相关事宜作出决定。

（2）由发出文献索取请求的图书馆支付费用。

（3）在与地方政府协会及相关大臣进行协商的基础上，文化大臣可就本条第一款涉及的收取费用的数额、方式以及例外情况制定条例。

第三十一条

若相关人员存在严重违反规定，不能完整归还文献，可排除其向图书馆借阅文献的权利。

（2）排除借阅文献的权利的情况还包括读者未缴纳本法第二十一条和第二十八条规定涉及的因逾期归还图书所处罚款。

（3）在与地方政府协会及相关部门大臣协商的基础之上，文化大臣可就排除借阅权利的具体原则、告知方式以及排除权利的期限制定条例。

第三十二条

依据本法第二十一条和第二十八条的规定所处的罚款，若金额在200丹麦克朗以上，可通过扣押财产的方式执行罚款处罚。

第三十三条

根据本法第二十一条和第二十八条第一款的规定所处的罚款，由有权收取罚款的机构，收取一定费用，根据扣缴个人所得税的规定通过直接扣缴工资等方式收缴罚款。

另外，自治城市的市政当局应根据预扣所得税的相关规定针对上述应缴罚款以及收取的相关费用等额外钱款征收所得税款、劳动力市基金、雇员赔偿保险、利息等。

（2）文化大臣可就通过扣缴工资收取罚款的程序制定条例。

（3）负责收缴罚款的征收部门，可向税务部门及其他相关部门索要扣缴罚款必须具备的相关材料，如被罚款人的工资数额、个人资产情况等。上述信息可通过电子形式进行传递。

第三十四条

对于违反相关规定的行为，应依据本法第三十三条第二款规定的收缴罚款的程序进行处罚。

（2）条例的法律责任条款中可以规定对法人违反条例相关规定的行为追究刑事责任。

第三十五条

图书馆必须针对读者制定相关的规范。规范应当明确读者外借文献的资格要求、外借期限、文献索取、就未能完整归还文献行为处以罚款的情况以及收缴罚款的方式。

第四部分　最终条款

第三十六条

本法自 2000 年 7 月 1 日生效。同时于 1993 年 12 月 22 日制定的涉及公共图书馆的第 1100 号法失效。

（2）本法第五条第一款涉及的读者有权在居住地以外的其他公共图书馆借阅音乐录制品、多媒体资料的规定于 2003 年 1 月 1 日生效。

（3）本法第二十一条和第二十八条规定涉及的公共图书馆和接受国家财政补贴的图书馆针对逾期归还收取罚款的规定于 2003 年 1 月 1 日生效。

第三十七条

在文化大臣根据本法规定确定新的中心图书馆之前，根据 1993 年 12 月 22 日制定的第 1100 号法确定的中心图书馆继续保留。此外，哥本哈根图书馆和腓特烈斯贝市图书馆因履行本法第十一条规定的中心图书馆职能而继续享有国家特别拨款。

（2）1993 年 12 月 22 日制定的涉及公共图书馆的第 1100 号法中有关公共图书馆就逾期归还收取罚款的规定在 2000 年 12 月 31 之前有效。

第三十八条

本法不适用于法罗群岛和格陵兰岛。

图书馆服务条例*

（2000 年 10 月 24 日，文化部）

依据 2000 年 5 月 17 日通过的第 340 号法案《图书馆服务法》中的第四条、第十三条第四款、第二十条第六款、第二十二条第二款、第二十三条第二款、第二十七条第二款、第三十一条第三款、第三十三条第二款以及第三十四条的规定，制定并实施下列条款。

第一部分 公共图书馆

公共图书馆馆藏文献

第一条

公共图书馆应根据其服务的区域，每年新增适当的部分丹麦出版物。

（2）公共图书馆在对其馆藏文献进行处分前，对于其中仍可利用的文献，应提供给国家图书馆。

第二条

对于居住地不在本市的读者，自治城市的市政当局可在其借阅本市公共图书馆文献时收取一定的费用或者保证金。

第三条

公共图书馆在相关机构或者企业设立的服务站点的文献，原则上属于公共图书馆的馆藏文献，另有约定的除外。

第四条

公共图书馆文献的编目和分类工作应当遵循丹麦国家总书目的编制规范。

在市场竞争环境下公共图书馆提供的有偿服务

第五条

由自治市的市政当局批准公共图书馆提供的有偿服务项目以及就具体服务签订相关协议。若因涉及的有偿服务与私营业者形成竞争关系，市政当局应全

* 马谊，译；田贺龙，校。

面考量因实施某一具体服务项目或者某类服务项目产生的总成本费用。

（2）相关服务项目的成交价格不得小于实施该服务项目所需的预估总成本。

第六条

依据《图书馆服务法》第二十条第一款的规定，并参照该条第四款内容，计算市政当局考量因实施相关服务产生的总成本费用及与之有关的其他费用时，应包含以下费用项目：

（1）实施相关服务产生的所有直接费用，比如人员薪水（含养老保险及其他社会福利），因从事额外工作或者任务应向人员给付的费用，所需办公资料及购买相关办公设备的费用等；以及

（2）实施相关服务产生的所有间接费用，比如间接工资成本；相关服务产生的间接成本费用❶，如管理费用、行政费用、租金、设备更新费用等，以及相关人员的社会保险费用、应支出的退休金、运营资本利息、固定资产的利息与折旧费用，以及组织发展需要的费用等。以及相关人员的法定保险、养老金、运营资本的利息、投资资本的利息及折旧，以及其他有助于提供服务的成本费用。

第七条

应就依据《图书馆服务法》第二十条第一款、第四款规定批准提供的有偿服务的收入和支出情况，根据本条例第六条的规定进行连续的账目记录。

（2）自治城市的市政当局应在每年年度财政报告中纳入图书馆有偿服务运营总成本的明细报告，还应纳入当年所有业务活动的明细账目以及反映过去两个会计年度内业务活动具体情况的说明信息。

公共图书馆的馆际互借合作及向非本地居民提供的异地借阅服务

第八条

《图书馆服务法》第二十二条第一款规定的自治市公共图书馆间的馆际互借服务的费用标准为：每本书外借费用为25丹麦克朗。邮费和包装费可另行计算。

第九条

当本市为另一自治市居民提供的异地外借图书的数量超过该市的外借图书总量的7%时，本市的市政当局可以根据《图书馆服务法》第二十三条第一款

---

❶ 所有与有偿服务有关但不能作为直接资料或直接人工的成本。

的规定，收取费用。若本市的公共图书馆是本区域内的中心图书馆，其提供给另一自治市居民的异地外借图书数量须达到该自治市外借图书总量的 10% 时，才可收取费用。异地外借图书的数量须在 1000 册以上。

（2）异地读者所在自治市的外借图书总量包括该市向本地读者、异地读者以及其他图书馆提供借阅的图书数量。如果本市与其他自治市就联合发展公共图书馆建立了合作关系或者针对图书馆相关服务签订了全面协议，则这些自治市的外借图书总量也计入本市的外借图书总量。

（3）向异地居民提供借阅服务的自治市在确定一市的异地借阅总量时要扣除该市为本市居民提供的异地外借图书的数量。应以扣减之后的数量为准判断异地借阅图书数量是否达到 1000 册的最低收费标准，以及计算应收取费用的数额。

（4）异地借阅收费标准为每册图书 10 丹麦克朗。以每年的 1 月 1 日至 12 月 31 日的异地借阅总量计算服务费用，并于截止日期之后支付。正式开始收费之前必须预留 18 个月的准备时间。不得在 2003 年 1 月 1 日以前收取 2002 年 1 月 1 日至 12 月 31 日期间由异地借阅产生的服务费用。

（5）提供异地借阅服务的自治市，应在其向对方自治市发出的收费通知中表明除缴纳服务费用以外，还可以通过建立双方的合作关系继续获得本市提供的异地借阅服务。

第二部分　政府图书馆以及政府拨款支持的图书馆

第十条

国立图书馆以及接受国家财政补贴的图书馆，基于其设立的目的，在特定情况下，可以优先服务其主要读者。主要读者是指研究人员、在校学生以及上述图书馆所服务的机构内的雇员及其他相关人员。

（2）在特定情况下，上述图书馆可向其主要读者收取费用或者保证金。

第十一条

丹麦国家图书馆管理局每年应公布须履行《图书馆服务法》第十三条第二款、第三款内容规定的相应职责的国立图书馆以及接受国家财政补贴的图书馆。

第十二条

《图书馆服务法》第二十七条第一款规定的特殊服务，需要收取费用。

（2）对于特殊服务项目必须向读者作出明确告知。

第三部分　一般规定

借阅文献的相关限制以及排除读者借阅权的情况

第十三条

对于具有特殊价值的，或复本数量有限的，或基于其他原因，不适于外借的文献，图书馆可以规定不得外借。

第十四条

若读者出现多次不归还图书或者归还的图书存在破损的情况，图书馆可以依据《图书馆服务法》第三十一条的规定，排除其借阅文献的权利。

（2）如果读者没有缴纳《图书馆服务法》第二十一条、第二十八条规定涉及的罚款，且罚款金额超过 200 丹麦克朗，图书馆也可以排除该读者的借阅文献的权利。

（3）图书馆基于上述事由排除读者借阅文献权利的决定，应进行 7 日的公告。期满该决定生效。如果读者对本条例第十三条提及的文献实施了本条第一款规定的不当行为，排除其借阅文献的权利则无须经过公告。

（4）读者归还图书，或以相同的同版图书抵赔损坏图书，或者缴纳罚款之后，图书馆应恢复读者借阅文献的权利。

通过扣缴工资的方式追缴逾期罚款

第十五条

根据《图书馆服务法》第二十一条以及第二十八条第一款规定产生的罚款，由自治市税务部门征缴机构视情决定是否通过扣缴工资方式执行处罚，并收取相应的执行费用。

（2）作出上述决定前，应对纳税义务人的个人情况、经济状况进行评估。可参见《缴税法》第七十三条第三款。

（3）纳税义务人应向自治市税务部门征缴机构提交扣缴工资相关的重要说明信息，以便征缴机构确定是否采取扣缴方式执行罚款。

第十六条

自治市税务部门征缴机构在作出扣缴工资执行处罚的决定后，应当以书面形式立即通知纳税义务人，并且说明罚款的具体内容、数量以及征缴机构收取的执行费用。该书面通知必须引用《图书馆服务法》第三十三条的内容以及本条例的第十七条至第十九条的内容。

第十七条

自治市税务部门征缴机构作出扣缴工资执行处罚的决定，经在扣缴工资统一登记处登记生效。具体规定参见《工资扣缴普通登记法》。

第十八条

扣缴义务人（雇主）应将扣缴的纳税义务人工资作为罚款缴纳至扣缴工资统一登记处。工资扣缴与缴纳罚款同步完成。罚款缴纳的期限从扣缴工资当月的 1 日开始，至当月十五日结束。若当月 15 日为周六、周日或者节假日，则最后支付日期顺延至该日之后的第一个工作日。

（2）扣缴义务人（雇主）应向纳税义务人提供书面通知，通知内容包括纳税义务人的社会保险号、姓名和地址，扣缴工资的数额、工资数额，其中工资数额作为确定扣缴数额的基础。

第十九条

如果纳税义务人处于失业或者无收入状态，负责扣缴工资的相关人员必须将上述情况以书面形式上报至扣缴工资统一登记中心。

（2）扣缴义务人（雇主）有义务根据扣缴工资统一登记中心提出的要求披露相关信息，包括纳税义务人的工作状况、经济情况等与扣缴工资相关的信息。扣缴义务人应在扣缴工资统一登记中心提出要求的 14 日之内提交上述信息。

第二十条

任何人违反本条例第十五条第三款、第十八条和第十九条的规定都将受到相应的处罚。

（2）《刑法典》第五部分规定了公司等（具有法人资格）的刑事责任。

第四部分　生　效

第二十一条

本条例于 2000 年 11 月 15 日生效。

伊丽莎白 · 耶纳 · 尼尔森

克劳斯 · 约尔特

出版物法定呈缴法*

（第 1493 号法律，2004 年 12 月 22 日）

第一章　适用范围

§1　本法适用于以下法定呈缴物：

1）实体出版物（参见第二章）；

2）网络电子出版物（参见第三章）；

3）广播电视节目（参见第四章）；

4）公映的电影（参见第五章）。

第二章　实体出版物

§2　丹麦境内的任何实体出版物，都应当有 2 份复本送缴至法定存缴机构。

（2）经作者同意，将作品用于销售或者以其他方式为公众提供的，该作品即被视为出版。此外，经作者同意，向公众告知作品已经交付印制并已开始接受预订，该作品也被视为出版。

（3）符合下列情况之一的，视为在丹麦境内的实体出版物：

1. 出版物在丹麦境内印制；

2. 出版物虽在国外印制，但以在丹麦境内流通为目的。

（4）除非计算机程序是出版物组成部分，计算机程序无须呈缴。

§3　除本法第二十条第一款的规定外，呈缴本应当与其出版形式相同。

（2）如果一项作品只能通过技术设备获取，呈缴必须按照存缴机构的要求附随密码或者其他相关信息，以便于存缴机构制作该作品的复制品供公众使用。呈缴义务人有权要求存缴机构合理保存上述密码等相关信息，并不被第三人知晓。

（3）新版作品也应当送缴。

---

* 阴政宏，译；田贺龙，校。

§4 为作品出版完成印制的人为法定呈缴义务人。

（2）在印制者无法确定时，出版者是呈缴义务人。

（3）出版物在国外完成印制的，出版者是呈缴义务人；如果出版者为非丹麦居民，由境内进口商代替出版者履行呈缴义务。如果出版者居住地在境外且丹麦境内没有进口商，则出版者为送缴义务人。

§5 根据本法第二条的规定，任何丹麦境内的出版物都应当标明出版者的名称与居住地。

§6 出版者应当根据法定存缴机构的要求，提供出版物必要信息，以使该出版物能够正确编入国家文献目录。

§7 因印制法定缴存本而发生的费用由出版者承担。如果法定呈缴本在国外印制，则相应的费用由根据本法第四条第三款确定的呈缴义务人承担。文化大臣有权颁布返还全部或部分上述印制费用的实施细则。

第三章　网络电子出版物

§8 使用丹麦文出版的网络电子作品应当依法存缴。存缴义务由法定存缴机构通过索取或者生产出版物复制件履行。

（2）符合以下情形之一的，视为丹麦网络电子出版物：

1）在丹麦网域内的出版物；

2）在丹麦网域外出版的，但以丹麦境内公众为受众的出版物。

（3）文化大臣有权就上述第一款、第二款的界定颁布实施细则。

§9 丹麦网域内的出版物，该作品所属网络的域名注册登记者为呈缴义务人。其他网域的出版物，由该作品出版者履行呈缴义务。

§10 呈缴义务人应当按照存缴机构的要求提供访问密码或者其他相关信息，以便于存缴机构访问并制作该作品的复制品供公众使用。呈缴义务人有权要求存缴机构合理保存上述密码及相关信息，并不被第三人知晓。

§11 对丹麦网域进行行政管理的人员，应当根据法定存缴机构的要求向该机构递交载有域名注册登记者信息的清单。

§12 因访问、复制网络电子出版物而发生的费用，由法定存缴机构支付。

第四章　广播电视节目

§13 丹麦广播电视节目应当依法存缴。存缴义务由法定存缴机构通过获取节目录音、录像而履行。

（2）符合以下情形之一的，视为丹麦网络电子出版物：

1）根据《广播电视法》，由广播电视公司依法播报的节目，或者

2）境外广播电视公司所播出的，但以丹麦公众为受众的节目。

（3）文化大臣有权就上述第一款、第二款的界定颁布实施细则。

§14 负有法定呈缴义务的广播电视公司，应当按照存缴机构的要求提供访问密码以及其他相关信息，以便于存缴机构访问并制作该作品的复制品供公众使用。负有呈缴义务的公司有权要求存缴机构合理保存上述密码及相关信息，并不被第三人知晓。

§15 因录制节目而发生的费用，由法定存缴机构支付。

第五章　公映的电影

§16 任何以公众为受众的丹麦电影，其制片人都应当将其 2 个复本以及相关资料送缴法定存缴机构。“丹麦电影”应当根据《电影法》认定。

（2）根据上述第一款的规定，除非法定存缴机构拒绝接受免费提供的电影底片，丹麦电影的底片不得被销毁。

（3）因制作上述法定缴存本而发生的费用由制片人承担。文化大臣有权颁布返还全部或部分上述制作费用的实施细则。

第六章　一般条款

§17 “出版者”是指为出版物支付出版费用的人。

§18 法定呈缴义务人死亡或者被宣告破产时，其财产可用于履行法定呈缴义务。

§19 本法第二章所规定的呈缴本，应当由文化大臣决定将其分别存储在两个不同的地理空间。

（2）文化大臣有权制定关于存储本法第三章、第四章、第五章所述呈缴本的实施细则。

（3）法定呈缴本应当列入存缴机构收藏目录。存缴机构基于收集、存储的目的有权复制法定呈缴本。在法定呈缴本不受其他法律的限制的前提下，存缴机构可依《著作权法》将其提供给公众。

（4）文化大臣有权制定获取法定呈缴本的实施细则。

§20 文化大臣有权就呈缴本的送缴形式（包括应当附随与呈缴本相关的信息）、送缴时限以及呈缴地点的制定细则。

（2）文化大臣有权制定呈缴义务的豁免规则，如特殊种类出版物或者数量有限的出版物可以不予送缴。

（3）文化大臣可以就没有文化保存价值与研究价值的呈缴本，制定将其剔除的细则。

（4）法定存缴机构支付的邮资、运费，包括与邮资相类似的费用标准，由文化部规定。

§21 违反本法第二条第一款、第三条、第五条、第六条、第十一条、第十四条以及第十六条第一款与第二款的，应处以罚款。

（2）违反根据本法第八条第三款、第十三条第三款、第十九条第四款以及第二十条第一款制定的相关实施细则，也应处以罚款。

（3）违反本法规定的公司（法人）等，可依据《刑法典》第五章的规定追究其刑事责任。

§22 本法自2005年6月1日起施行。

（2）文化大臣应当在2007－08议会工作年度前向议会呈递对本法的修改建议。

（3）1997年6月10日颁布的《出版物法定呈缴法》废止。

§23 经1997年6月10日第423号法令和2003年12月17日第1156号法令修改后的1997年3月12日第186号法令颁布的《电影法》，作如下修改：

1）废止第十二条、第十四条、第十五条以及第十六条。

2）删除第二十五条第一款中“§12，§13”以及该条第二款中“§ 15并且”。

§24 2004年6月10日颁布的《广播电视法》第89条废止。

§25 本法适用于法罗群岛和格陵兰岛。

公共借阅权补偿金法*

(2002 年 12 月 17 日第 1175 号综合法案，
最后一次修订于 2003 年 5 月 28 日)

2000 年 1 月 11 日制定的第 21 号综合法案《公共借阅权补偿金法》，通过 2002 年 12 月 17 日的第 1053 号修正法案进行修正，构成 2002 年 12 月 17 日第 1175 号综合法案，现予以颁布。

1. 每一年度的财政法案都必须包含一定比例的财政拨款，用来向本法规定的为图书馆提供图书的作者、译者以及其他著作权人支付公共借阅权补偿金费用。

2. (1) 依照本法规定，以下人员有权获得补偿金：

1) 在本国以本国语言出版的图书作者，除非该作者的作品是外文著作的翻译作品、释义作品或者改编作品；

2) 将外文著作的新版作品、释义作品、改编作品翻译成丹麦语的译者和其他作者；

3) 作品包含在本款第 1 项描述的图书里的插画家、艺术家、摄影家、作曲家或者是作品已经单独在丹麦以图书形式出版的插画家、艺术家、摄影家、作曲家；

4) 已经向国家图书馆管理局提交申请，并且在外文文献的新版作品、改写作品、改编作品的丹麦语版本中产生的作品的插画画家；

5) 其他参与本款第 1 项和第 3 项提及的作品创作人员，上述人员应当向国家图书馆管理局登记申请，声明其确实参与到作品创作中，才能获得资格。但是，包括编辑工作在内对作品的产生作出贡献的创作者，在合同雇用关系期间不享有取得补偿金的权利。

(2) 依据本条第 1 款第 5 项规定的补偿金只支付给在 2002 年底前通过申请的，声明对作品的创作作出重大贡献的创作人。

(3) 本条第 1 款的规定适用于文学录音制品等作品。文化部部长可以规定第 1 款同样适用于仅含著作材料的电子产品。

---

* 苏荣城，译；田贺龙，校。

3.（1）本法第 2 条规定的权利人死亡时，以下人员有权获得公共借阅权补偿金：

1）在世的配偶；

2）已离婚的配偶，如果双方的婚姻关系存续了 5 年以上（包括 5 年），并且双方将获得补偿金作为离婚协议的一部分，那么该配偶有权保留权利；

3）如果双方同居关系已经存续了 5 年以上（包括 5 年），那么在权利人死亡的情况下，与权利人存在同居关系的另一方有权获得补偿金；并且

4）18 周岁以下的儿童在父母一方死亡或者没有资格获得补偿金的情况下，有权取得补偿金。

（2）如果本法第 2 条规定的权利人不止一人，那么所有权利人应平均分配补偿金。

（3）依据本法第 1 款和第 2 款规定的权利人所能获得的补偿金，只是第 2 条规定的权利人获得的补偿金的一半。

（4）本法第 2 条规定的权利人如果在 2003 年或者 2003 年之后首次取得获取补偿金的权利，那么幸存的人无权取得补偿金。

4.（1）依据本法第 2 条和第 3 条规定的权利人取得的补偿金，应根据每一种图书的页码数量和每一种图书在图书馆的借阅量计算分配。录音制品等作品只适用于记录时长而非页码数量。

（2）依据本法第 2 条第 1 款第 2 项规定的权利人，只能获得 1/3 的补偿金；依据本法第 2 条第 1 款第 5 项规定的权利人，只能获得 2/3 的补偿金。

（3）低于 1535 克朗的补偿金不予发放。

（4）依据本法第 1 款和第 2 款规定的公共借阅权的补偿金从 2003 年起按如下规则支付给权利人：

1）金额在 1535～328134 克朗之间的补偿金如数发放；

2）金额高于 328134 克朗低于 437512 克朗的补偿金按半数发放；

3）金额高于 437512 克朗的补偿金按 1/3 进行发放。

（5）本条第 3 款和第 4 款提及的限制，应符合年度利率调整的百分比（参照利率调整百分比的法案）。

（6）公立学校图书馆的图书借阅量，应按第 1 款和第 2 款的规定为前 15 本复本支付全额补偿金，此 15 本复本是每一公立学校图书馆使用的每一种图书；1/3 的补偿金支付给前 15 本复本之外的其余复本。

（7）依据本条第 1 款的规定，文化部部长应制定补偿金支付的具体细则。

细则有权规定本法第 2 条提及的图书分类，且有权规定对这些图书作出一定贡献的创作者无权取得任何补偿金。

5.（1）公共借阅权补偿金应基于公共图书馆、学校图书馆和国家盲人图书馆的报告进行分配，这些图书馆的馆藏应记录为机器可读形式，且在报告中应含有计算补偿金的数据。

（2）文化部可以制定图书馆进行报告的方式的具体细则。

6.（1）国家图书馆管理局负责公共借阅权补偿金的管理工作。

（2）依据本法第 1 条至第 5 条规定，在给定的财政年度内因公共借阅权补偿金产生的纠纷应在不迟于当年 10 月 15 日之前提交给国家图书馆管理局。

7. 国家图书馆管理局应在文化部部长设立的委员会作出裁定之前就本法第 6 条第 2 项产生纠纷作出裁定。该委员会应作出最终裁定。文化部部长应就该委员会的职能制定细则。

8.（1）每一年的财政法案应包含一定的财政补贴，用来支付给那些提出申请、作品在丹麦出版并在图书馆使用的作家、作曲家、表演艺术家和留声机唱片、录音带以及其他有声材料的创作者。

（2）文化部部长应就补贴数量的分配制定细则，可以在细则中规定补贴数量由文化部部长设立的委员会进行分配，并且文化部部长设立的委员会应作出最终的行政裁定。

9.（1）每一年的财政法案应包含一定的补贴额度用来支付给在图书馆通过原始艺术、幻灯片、图片、图像和海报形式进行展现的视觉艺术家。

（2）文化部部长应就补贴数量的分配指定细则，有权在细则中规定补贴的数量由文化部部长设立的委员会进行分配，文化部部长设立的委员会应作出最终的行政裁定。

10. 文化部部长可以与其他国家就法案的实践的制定实施细则。

11. 本法自 1992 年 1 月 1 日起生效。

12. 1989 年 6 月 23 日第 455 号《公共借阅权补偿金法》废止。

13. 本法不适用于法罗群岛和格陵兰岛。

公共借阅权补偿金条例*❶

(2011年3月17日第222号条例)

依据2002年12月17日第1175号《公共借阅权补偿金法》第4条第7款、第7条、第8条第2款以及第9条第2款的规定，现制定如下细则。

公共借阅权补偿金权利主体

1.（1）依照《公共借阅权补偿金法》第2条第1款的规定，以下人员有权获得补偿金：

1）在丹麦以丹麦语出版的图书作者，除非该作者的作品是外文文献的翻译作品、释义作品或者改编作品；

2）将外文文献的新版作品、释义作品、改编作品翻译成丹麦语的译者和其他作者；

3）作品包含在本款第1项描述的图书里的插画家、艺术家、摄影家、作曲家或者是作品已经单独在丹麦以图书形式出版的插画家、艺术家、摄影家、作曲家；

4）已经向国家图书馆管理局提交申请，并且因外文文献的新版作品、释义作品、改编作品的丹麦语版本而产生的作品的插画画家；

5）其他参与本款第1项和第3项提及的作品创作人员，上述人员应当向图书馆和媒体管理局登记申请，声明对作品的创作作出重大贡献的创作人，才能获得资格。但是，包括编辑工作在内对作品的产生作出贡献的创作者，在合同雇用关系期间不享有取得补偿金的权利。

（2）依据本条第1款第5项规定的补偿金只支付给在2002年底前通过申请的，声明对作品的创作作出重大贡献的创作人。（见《公共借阅权补偿金法》第2条第2款）

（3）本条第1款的规定适用于录音制品等作品。（见《公共借阅权补偿金

* 苏荣城，译；田贺龙，校。

❶ 最后一次修订于2011年3月23日（非官方译本）。

法》第 2 条第 3 款)

(4) 依据《公共借阅权补偿金法》第 4 条第 2 款的规定，以及本条例第 7 条第 4 款和第 14 条第 2 款制定规则的规定，第 1 条第 1 款第 2 项规定的译者等，只能获得 1/3 的补偿金；第 1 条第 1 款第 5 项涉及的其他作者，应取得 2/3的补偿金。

(5) 对报纸和期刊作出贡献的其他人无权因他们的贡献获取补偿金。前述规定同样适用于仅对封面作出贡献以及仅对图书中的文字或者插画作出极小贡献的人。

2. (1) 依据《公共借阅权补偿金法》第 3 条第 1 款的规定，以下人员有权在本条例第 1 条提及的权利人死亡的情况下获得公共借阅权补偿金：

1) 在世的配偶；

2) 已离婚的配偶，如果双方的婚姻关系存续了 5 年以上（包括 5 年），并且双方将获得补偿金作为离婚协议的一部分，那么该配偶有权保留权利；

3) 如果双方同居关系已经存续了 5 年以上（包括 5 年），那么在权利人死亡的情况下，与权利人存在同居关系的另一方有权获得补偿金；并且

4) 18 周岁以下的儿童在父母一方死亡或者没有资格获得补偿金的情况下，有权取得补偿金。

(2) 如果第 1 条提及的权利人不止一人，那么根据《公共借阅权补偿金法》第 3 条第 2 款的规定，补偿金应平均分配给权利人。

(3) 依据本条第 1 款和第 2 款的规定，本条例第 1 条所涉及的权利人，只能获得 50% 的补偿金。(见《公共借阅权补偿金法》第 3 条第 3 款)

(4) 如果本条例第 1 条规定的人员在 2003 年或者之后开始取得权利的，那么幸存的人员无权取得报酬。(见《公共借阅权补偿金法》第 3 条第 4 款)

注 册

3. (1) 在特定的财政年度内补偿金的支付条件是权利人在本条例第 18 条所列的最迟日期内以一定的方式向图书馆和媒体管理局申请注册，并提供其他详细的信息以便于补偿金的计算和分配。

(2) 包括任何特定图书的复制本在内的详细信息，应按图书馆和媒体管理局的要求提交。

补偿金分配基础

4. 支付给本条例第 1 条和第 2 条规定的权利人的补偿金，应根据每一种书的页码数量和每一种书的流通数量的计算单位系统予以分配，其中，权利人应在图书馆的库存报告有所体现出来。适用录音带等作品的计算单位系统是记录时长而不是页码数量。

流通数量和页码（时长）数量

5. （1）图书的流通数量取决于公共图书馆、公立学校图书馆的馆藏报告，前述图书馆的馆藏通过机读形式进行注册记录，并且前述图书馆的报告应包含计算补偿金的必要信息。

（2）列入计算前提的报告应提交电子形式，以便于图书馆和媒体管理局进一步进行处理。列入计算的年鉴应以单卷的形式进行报告。

（3）图书馆和媒体管理局应制定更详细的图书馆报告指南。

（4）公立学校图书馆的每一种图书的流通数量，15 本之外的报告复本的三分之二四舍五入到整个卷的，应排除在外。（见《公共借阅权补偿金法》第 4 条第 6 款）

流通数量是指分别由图书馆注册和报告的最小数量；图书的流通单位应为册，文字记录的录音带等作品的流通单位为盘（包含一种或一种以上的录音带）；混合作品材料，例如：一本书和一盘录像带，共同构成一个流通单元。

6. 国家书目（国家书目数据库）应提供确定页码/时长数量的点分配信息。

7. （1）图书按一点/页分配，但是；

1）图画书和卡通画册按三点/页分配；

2）乐谱（音乐作品）按六点/页分配；

3）诗歌按六点/页分配，并且

4）丹麦文和外文对照的词典按三分之一点分配。

（2）以录音带记录的图书按二分之一点/分钟分配，

1）图画书和卡通画册按一又二分之一点/分钟分配；

2）诗歌按三点/分钟分配；

3）丹麦文和外文对照的词典按六分之一点/页分配。

（3）本条第 1 款和第 2 款规定之外的供成人阅读的小说（不包括诗歌），应该按一点七点/页分配；关于主要贡献者，按零点八五点/分钟支付。

（4）本条第 1 款和第 2 款规定的将外文作品翻译成丹麦语的新版作品、改编作品和改版作品的作者除外的其他作者，应按三分之一点/页分配，六分之一点/分钟分配。翻译外国诗歌的作品的作者，按二点/页、一点/分钟分配。

8.（1）本条例第 7 条第 1 款和第 2 款规定的图画册和卡通画册，应是在国家书目注册为儿童图画册和卡通画册的图书。如果图画册和卡通画册未在国家书目注册为儿童图画册和卡通画册的图书，则在公共图书馆和公立学校图书馆的联合书目数据库中代码为“bi”和“te”注册将生效。

（2）乐谱（音乐作品）（见本条例第 7 条第 1 款），应在国家书目注册为乐谱类书籍。

（3）诗歌（见本条例第 7 条第 1 款和第 2 款）应在国家书目注册为诗歌类书籍。

（4）丹麦文和外文对照的词典（见本条例第 7 条第 1 款和第 2 款）应在国家图书馆注册为外文词典。

（5）小说（见本条例第 7 条第 3 款）应在国家图书馆归类为小说类书籍。成人类文学作品（见本条例第 7 条第 3 款），1976 年以后的成人类文学作品应通过国家图书馆中心（DBC）和国家图书馆进行书籍类别定义。1976 年以前出版的成人类文学应在 2006 年通过丹麦图书馆和媒体管理局进行书籍类别定义。

（6）外国诗歌的翻译作品（见本条例第 7 条第 4 款第 2 句），应在国家书目归类为外国诗歌的译著。

几类权利人

9.（1）除文集等方面的图书外（见本条例第 10 条），一个以上的权利人有资格取得补偿金的，符合本条例第 7 条规定的绩点应按照在国家图书馆注册登记的主要作者和次要作者的信息进行分配。在特殊情况下，图书馆和媒体管理局有权根据实际情况不遵循国家图书馆登记的绩点分配规定。（见本条例第 19 条第 1 款第 3 项、第 19 条第 2 款）

（2）如果图书作品存在主要作者和次要作者，那么绩点应按照第一作者四分之三、第二作者四分之一的原则进行分配。如果存在几个主要作者的情况，那么第一作者所得的四分之三绩点应该在几位主要作者中均分。如果存在几个第二作者的情况，那么第二作者所得的四分之一绩点应该在几位第二作者之间均分。如果只有主要作者，那么所有的绩点应在主要作者之间均分。

文集等

10.（1）本条例第7条第1款至第3款以及第4款第2句关于特殊类型文献权重的规定不适用于文集、其他合著作品或者年鉴。

（2）文集、综合类图书作品或者年鉴的绩点应在所有相应的权利人之间均分。

11. 对百科全书、歌集和其他图书的创作作出贡献的其他个人作者，只有在国家书目注册登记的，才有权获得公共借阅权补偿金。

12（1）文集和其他综合类图书（见本条例第10条），应在国家书目注册登记为综合类图书。

（2）年鉴（见本条例第10条）应在国家书目注册登记为年鉴类图书。

（3）百科全书和歌集（见本条例第11条），应在国家书目分别注册登记为百科全书类和歌集类图书。

证明文件：提供的文件或参考资料

13. 按照本条例第9条和第10条规定，补偿金支付的前提条件是：

1）三个以上主要作者或者三个以上次要作者的同一类人有权取得补偿金（见本条例第1条）；

2）文集；

3）其他综合类图书；

4）年鉴。

每一名创作者应在本条例第19条第2款规定的到期日内，按照图书馆和媒体管理局的要求呈交作品的版权页、内容清单以及其他符合条件的文件，并在相应的文件中罗列图书创作者、显示与获得公共借阅权补偿金权利有关的创作贡献。

翻译以及翻译贡献

14.（1）如果图书作品的翻译者不止一人，那么绩点应该在翻译人中均分。特殊情况，根据申请，图书馆和媒体管理局在实践中可以不遵循此分配规定。（见本条例第19条第1款第5项、第2款）

（2）在作者翻译的作品不能被整体认定为翻译作品的情况下，译者有权依据本条例第 9 条和第 10 条的规定获得三分之一绩点。

点的价值

15. 若某图书作品中有几个作者的话，补偿金不按点数得分的一定比例进行分配，上述比例不包含在得分总数里。

16. （1）基于本条例第 4 条至第 14 条规定的得分分配的总数应扣除财政法案规定的拨款。图书馆和媒体管理局应计算出该年度每点支付金额。每个权利人应按其所获得点数的数量收取相当的补偿金。

（2）因本条例第 17 条设定的支付限制而产生的资金应根据新的计算的基础在补偿金受益人之间进行分配。

支付限制

17. （1）依据《公共借阅权补偿金法》第 4 条第 3 款规定，补偿金总额低于 1535 丹麦克朗的不予支付。

（2）依据《公共借阅权补偿金法》第 4 条第 4 款规定，公共借阅权补偿金按如下规则支付给权利人：

1）总额高于 1535 丹麦克朗低于 328134 丹麦克朗的补偿金，全额支付；

2）总额高于 328134 丹麦克朗低于 437512 丹麦克朗的补偿金，支付一半；

3）总额超过 437512 丹麦克朗的补偿金，支付三分之一。

（3）根据《公共借阅权补偿金法》第 4 条第 5 款的，从 2003 年起，第 1 款和第 2 款规定的支付限制应遵循年度的利率调整政策。（见《利率调整法案》）

到期日

18. （1）根据本条例第 3 条第 1 款规定，公共借阅权补偿金的登记应在不迟于前一年度的 12 月 1 号之前收录到图书馆和媒体管理局，以便于在一个给定的财政年度向权利人支付补偿金，本条第 2 款的规定除外。

（2）根据本条例第 3 条第 1 款规定，第 2 条第 1 款和第 2 款规定的公共借阅权补偿金权利人应不迟于补偿金分配财政年的 4 月 1 日前向图书馆和媒体管理局登记。

19.（1）变更公共借阅权补偿金或者补偿金改变的前提是权利人提供符合下列情况的文件：

1）图书插画的创作者试图将封面插画包含到他（她）本人对图书作品创作的贡献中（见本条例第 1 条第 1 款第 3 项），应提供证明文件说明他（她）本人创作了封面插画。

2）将外文文献的新版作品、改写作品、改编作品翻译成丹麦语而产生的插画作品的插画作者试图获得公共借阅权补偿金（见本条例第 1 条第 1 款第 4 项），应提供证明文件说明插画作品是为译著创作的，等等。

3）图书作品作者要求图书馆和媒体管理局在国家图书馆登记的第一和第二作者作出区分（见本条例第 9 条第 1 款），在特殊情况下，申请人应提交证明文件以证明这种区分。

4）与三人以上作者同样有权获得补偿金的同一类权利人的图书、文集、综合类作品或者年鉴的创作者要求获得公共借阅权补偿金（见本条例第 13 条），应提交证明文件证明所作的贡献。

5）译者要求图书馆和媒体管理局对图书作品的译者按照图书点分平均分配的原则作出区分（见本条例第 14 条第 1 款），在特殊情况下，申请者应该提供证明文件作为要求区分的证据。

6）图书作者未在国家图书馆登记注册，并且该作者要求获得公共借阅权补偿金，申请者应证明贡献的性质和程度。

（2）为了将公共借阅权补偿金的分配纳入某一财政年度预算内，申请文件和相关文件应按本条第 1 款第 1 项至第 6 项规定，不迟于前一年度 10 月 15 日提交给图书馆和媒体管理局。

20.（1）在每一财政年度内，公共借阅权补偿金应支付给权利人或者当做权利人的遗产进行支付，如果补偿金支付的条件在当年 1 月 1 日得到满足。公共借阅权补偿金应在每年的 6 月底支付一次。补偿金可以按照权利人根据个人实际情况所需在随后的一定日期内予以支付。

（2）权利人有责任审核针对补偿金支付所列出的图书种类列表的信息。如果给权利人的补偿金低于 1000 丹麦克朗，那么图书馆和媒体管理局能有权不发送图书种类列表等信息给权利人。申请人可以通过向图书馆和媒体管理局申请，索取图书种类列表等信息。申请人应不迟于补偿金支付年的 10 月 15 日将错误或遗漏告知图书馆和媒体丹麦机构。

21. 根据《公共借阅权补偿金法》第 6 条第 2 款规定，在财政年度内因公共借阅权补偿金的分配产生的争议应不迟于当年的 10 月 15 日提交至图书馆和媒体管理局。

22.（1）图书馆和媒体管理局有权在本条例第 21 条产生的争议提交至公共借阅权补偿金委员会作出最终行政决定之前作出决定（见《公共借阅权补偿金法》第 7 条）。申请人应将争议在图书馆和媒体管理局作出最后的决定日起的 8 个星期的工作日内提交至公共借阅权补偿金委员会。

（2）公共借阅权补偿金委员会应包括 4 名成员。其中，文化部任命一名主席，主席必须具备行政和法律专业知识，文化部任命的另一名成员必须具备图书馆学专业知识。另外，文化部分别根据丹麦作家联盟的推荐提名和丹麦文学作家协会的推荐提名，任命两名具备公共借阅权补偿金委员会资格的代表作为机构的成员。

唱片等的津贴

23. 根据《公共借阅权补偿金法》第 8 条的规定，每一年的财政法案应包含一定的财政津贴，用来支付给那些提出申请、作品在丹麦出版并在图书馆使用的作家、作曲家、表演艺术家和留声机唱片、录音带以及其他有声材料的创作者。上述唱片等应已经在丹麦出版，即在市场上售卖或者已经向丹麦公众发行。

24.（1）津贴应分为两等份分别给创意艺术家和表演艺术家。津贴数量分配的准则是根据受益人呈缴到图书馆的唱片等作品的定量表现的评估，其他的一般准则可以作为分配决定的依据的一部分。

（2）申请下一财政年度的津贴分配的申请人，应将申请书和其他必要的信息以表格的形式递交给图书馆和媒体管理。该申请书应在当年 12 月 1 日前提交至图书馆和媒体管理局。

（3）18 人或者 18 人以上的音乐团体、乐团或者合唱团，应提交集体申请表。如果集体申请书是因相同的贡献而提交的，单个权利人不得就个人的贡献提交申请。

25.（1）津贴应由文化部任命的任期为 4 年的 7 人委员会进行分配。

（2）一名委员（主席）由文化部任命；文化部分别根据丹麦作曲家协会，丹麦爵士、摇滚、古典和乡村作家协会，丹麦词曲作家的协会，表演艺术家组织理事会以及丹麦演员工会的提名任命一名委员和一名代理人；文化部根据图书馆和媒体管理局的提名任命一名委员和一名代理人，委员和代理人应在图书馆在唱片等的采购政策方面有独到的见解。文化部部长应根据提名在上述委员中任命一名副主席。除主席之外，其他成员不得连任。图书馆和媒体管理局承担委员会秘书处的职责。

（3）委员会应就津贴的分配作出最终的行政决定。

视觉艺术家的津贴

26. 根据《公共借阅权补偿金法》第9条规定，每一年的财政法案应包含一定的津贴额度用来支付给在图书馆通过原始艺术、幻灯片、图片、图像和海报形式进行展现的视觉艺术家。津贴额度的支付要求上述作品已经公开出版，即在市场上售卖或者已经向丹麦公众发行。

27. （1）视觉艺术家的津贴应根据受益人在图书馆持有的视觉艺术作品的定量表现的评估，其他的一般准则可以作为分配决定的依据的一部分。

（2）申请下一财政年度的津贴分配的申请人，应将申请书和其他必要的信息以表格的形式递交给图书馆和媒体管理。该申请书应在当年12月1日前提交至图书馆和媒体管理局。

28. （1）津贴应由文化部任命的任期为4年的四人委员会进行分配。

（2）一名委员（主席）由文化部任命；文化部根据丹麦视觉艺术家协会的提名任命一名委员和一名代理人；文化部根据摄影协会、记者协会、平面设计师联合会的联合提名任命一名委员和一名代理人；文化部根据图书馆和媒体管理局的提名任命一名委员和一名代理人，委员和代理人应在图书馆在唱片等的采购政策方面有独到的见解。文化部部长应根据提名在上述委员中任命一名副主席。除主席之外，其他成员不得连任。图书馆和媒体管理局承担委员会秘书处的职责。

（3）委员会应根据津贴分配作出最终的行政决定。

生效等

29. （1）本条例自2011年4月1日起生效。

（2）2007年12月7日第1366号《公共借阅权条例》废止。

文化部部长

佩尔·斯蒂·穆勒

本特·斯科维贾德·克里斯滕森

2011年3月17日

07 德　国

德国国家图书馆法*❶

（2006年6月22日制定）

第一条　本法的地位及德国国家图书馆的所在地

（1）德国国家图书馆是德意志联邦共和国的总书库和国家书目中心。

（2）德国国家图书馆是具有公共权力的国家法定的联邦直属机构，包括莱比锡图书馆、法兰克福（莱茵河畔）德意志图书馆和德意志音乐档案馆。德国国家图书馆馆址设于法兰克福（莱茵河畔）。

第二条　使命和权限

国家图书馆负有以下使命：

1. 对以下出版物进行采访、编目、开发、编制索引和长期保存，为公众利用以下文献提供便利，以及承担中央书库和国家编目中心的工作：

a. 自1913年起在德国发行的各类出版物；

b. 自1913年起在德国国外出版的德语文献、德语著作的外文译本以及关于德国的外语文献。

2. 推动1933～1945年流亡文献博物馆、安娜·弗兰克大屠杀图书馆和德国图书与文献博物馆的正常运行。

3. 开展与本国及他国专业机构的合作，参与本土及国际专业组织的活动。

第三条　出版物

（1）出版物是指一切以文字、图片和声音形式展示出来的，以实体的形式传播或以非实体的形式供公众利用的内容。

（2）实体出版物是指一切存储在纸张、电子信息载体及其他载体上的内容。

（3）非实体出版物是指公共网络上的一切内容。

---

* 廖迅，刘景昌，译；田贺龙，校。

❶ 全文引自：《德国国家图书馆法》制定于2006年6月22日（《联邦法律公报》，第一卷，第1338页），根据2009年2月5日制定的《公务权改革法》（《联邦法律公报》，第一部分，第160页）第15条第62款进行修订。

（4）本法不适用于：不以音乐为重点的电影作品和仅供电台播放之用的内容。

第四条 规章、使用及收费

（1）国家图书馆所实施的规章必须由管理委员会3/4及以上的成员表决通过。该章程必须经过主管文化和媒体的联邦最高机构批准，并在联邦司法部公报上公示。

（2）使用国家图书馆馆藏者，必须遵守管理委员会发布的具有普遍性的使用守则。

（3）原则上，使用国家图书馆馆藏及服务者必须缴费。详细规定见管理委员会发布的收费条例。该收费规定必须由主管文化和媒体的联邦最高机构批准。

第五条 机 构

国家图书馆设以下机构：

1. 管理委员会；

2. 馆长；

3. 顾问委员会。

第六条 管理委员会

（1）管理委员会由13名成员组成。其人员构成须遵从以下四项规定：

1. 德国联邦议院派遣两名代表；

2. 德国联邦政府派遣3名代表，其中至少2名来自主管文化和媒体的联邦最高机构；

3. 德国书业协会派遣3名代表；

4. 德意志研究联合会、德国音乐制作人协会、音像业联邦协会、法兰克福市政府和莱比锡市政府各派一名代表。

此外，必须为每位成员指定一名代表。

（2）主席由联邦政府派遣的、在主管文化和媒体的最高联邦机构供职的人员担任。

（3）与会人员超过7人时，管理委员会有权作出决议。凡不涉及本法其他规定的提议，可在简单多数同意的情况下通过。若票数相等，则以主席所投票为准。

（4）管理委员会有权决定一切对图书馆及其发展具有根本意义或重大经济意义的事宜。管理委员会主要负责制定财政年度预算，有权在财政年度结算之后解雇馆长，并根据本法第二十条对馆内各项规章草案进行表决。管理委员会负责监督图书馆履行自身职能。管理委员会可在个别情况下授权馆长处理本条第一款中所涉及的各项事宜。

（5）详细规定见国家图书馆章程。

（6）管理委员会主席是管理委员会最高主管机构，有权将若干权限授予国家图书馆馆长。

第七条 馆　长

（1）馆长领导国家图书馆各项工作。凡一切不由管理委员会及其最高主管机构即管理委员会主席主管的各项事宜，皆由馆长决定。

（2）在法律事务和非法律事务中，馆长一律代表国家图书馆。馆长是国家图书馆公职人员的上级和官方领导。

第八条 顾问委员会

（1）顾问委员会可就一切与国家图书馆相关的事宜向管理委员会和馆长提供建议。在特殊情况下，德意志音乐档案馆由本馆顾问委员会提供建议。

（2）管理委员会委任不多于12名专家为顾问委员会成员，其中半数由德国书业协会推荐产生。德意志音乐档案馆顾问委员会主席也是德国国家图书馆顾问委员会成员。

（3）管理委员会委任不多于12名专家为德意志音乐档案馆顾问委员会成员，其中四分之一由德国音乐制作人协会和音像业联邦协会推荐产生。德国国家图书馆顾问委员会主席也是德意志音乐档案馆顾问委员会成员。

（4）国家图书馆章程对此作进一步规定。

第九条 法律监督

主管文化和媒体的联邦最高机构负责监督国家图书馆。

第十条 公职人员

（1）依据《联邦公务员法》第二条之规定，国家图书馆具有公职人员任免权。

（2）馆长及法兰克福、莱比锡的常任代表由联邦总理根据管理委员会的提议任命。该提议必须由管理委员会成员2/3的多数通过。

（3）只要管理委员会未曾通过国家图书馆章程将馆内人事任免权授予馆长，一律由管理委员会主席任命其他馆内公职人员。

第十一条 雇　员

联邦德国各项有效的劳资协定和其他相关规定都适用于规范馆内劳资关系。若国家图书馆无力向劳工支付薪酬，则由联邦以同等水平支付。

第十二条 住 宿

联邦德国各项关于建房、住房、租房的规定适用于国家图书馆及其公职人员。

第十三条 预算和结算

（1）联邦德国各项相关现行规定适用于国家图书馆预算、出纳和结算事宜。

（2）若要通过财政年度预算或在财政结算之后解雇馆长，必须由管理委员会 2/3 人数同意。

（3）财政年度预算必须由主管文化和媒体的最高联邦机构批准。

（4）国家图书馆预算资金由联邦政府根据联邦预算调拨。

第十四条 呈缴义务

（1）呈缴义务人须依据本法第十六条第一款之规定，向国家图书馆呈缴本法第二条第一款 a 项所指涉的实体出版物每种各 2 册。呈缴义务人须依据本法第十六条第一款之规定，向国家图书馆呈缴仅供租、借之用的乐谱（租、借文献）每种各 1 册。

（2）若本法第二条第一款 b 项所指涉的出版物的原始版权所有者的企业地址、或一处运营场所、或主要居住地在德国，则呈缴义务人须依据本法第十六条第一款之规定，向国家图书馆呈缴上述出版物每种各 2 册。

（3）呈缴义务人须依据本法第十六条之规定，向国家图书馆呈缴本法第二条第一款 a 项所指涉的非实体出版物每种各 1 册。

（4）若呈缴义务人自出版物发行或对公众开放之日起 1 周内未呈缴出版物，则国家图书馆可发出催缴通知；若呈缴义务人在该通知发出 3 周后仍未呈缴，则国家图书馆有权从其他渠道获取该出版物，费用由呈缴义务人承担。

第十五条 呈缴义务人

负有呈缴义务者是指有权发行出版物或公开出版物供公众使用、地址设于德国或在德国有一处运营场所的企业，或主要居住地在德国的个人。

第十六条 呈缴办法

自出版物发行或对公众开放之日起 1 周内，呈缴义务人必须免费向国家图书馆或其所指定之处呈缴完整、优质的出版物，不可对呈缴物的使用设定时间限制，呈缴物应适于国家图书馆长期保存。根据国家图书馆的要求，呈缴义务人也可将非实体出版物备档，以备国家图书馆索取。

第十七条 答询义务

呈缴义务人呈缴出版物时，必须根据国家图书馆的要求无偿向国家图书馆提供其因履行职责所必需的信息。若呈缴义务人未能履行该义务，国家图书馆有权自出版物发行之日或者对公众开发之日起1个月内自行通过其他渠道获取信息，由此产生的费用由呈缴义务人承担。

第十八条 补 助

若本该免费呈缴的实体出版物生产成本过高，国家图书馆可根据呈缴义务人的申请予以补助。详细规定见法规。

第十九条 罚款规定

（1）下列情况属违规行为：

1. 违反本法第十四条第一款、第二款、第三款，没有呈缴出版物，或者没有以准确、完整、规定的方式呈缴出版物，或者没有及时呈缴出版物；

2. 违反本法第十七条，没有提供信息，或者没有提供准确信息，或者没有及时提供信息。

（2）呈缴义务人因疏忽大意而造成本条第一款中所列情形，属违规行为。

（3）可对违规者处以不高于一万欧元的罚款。

（4）《违反秩序法》第三十六条第一款第一项中所指的管理当局在此即为国家图书馆。

第二十条 授 权

为了保证呈缴工作有序进行、防止浪费、杜绝不公正现象，本法授予联邦政府中主管文化和媒体的成员依法管理以下事务的权力：

1. 若公众对特定体裁的出版物的采集、编目、开发、保存没有需求，则须限制对该类出版物的呈缴义务和采集义务；

2. 若出版物的不同版本或不同稿本都已发行或者公众都可获取，则应全部购置；

3. 出版物的呈缴工作；

4. 向呈缴义务人支付补助的前期工作及支付补助。

第二十一条 州立法规

各州关于出版物呈缴的法规不受本法影响。

第二十二条 生效及失效

本法自公布之日生效。

德国国家图书馆章程*

根据2006年6月22日制定的《德国国家图书馆法》(《联邦法律公报》，第一卷，第1338页)，德国国家图书馆管理委员会于2006年6月22日制定本章程。

根据《德国国家图书馆法》第四条第一款第二句，联邦政府文化媒体部专员于2006年12月12日批准本章程。

第一条 公章、议事规程、结算

(1) 国家图书馆持公章，包括刻有“德国国家图书馆”文字、呈打开的书本形状的印章，和刻有“联邦直属公共权力机构”文字、用于签名的印章。

(2) 管理委员会和顾问委员会的会议必须有2/3及以上的成员参加。顾问委员会的议事规程必须由管理委员会批准。

(3) 根据《联邦预算规章》第109条第2款，国家图书馆的财政结算由联邦行政局完成。联邦行政局向国家图书馆的管理委员会提供结算结果、必需的证据及解释。根据《德国国家图书馆法》第六条第四款第二句，管理委员会可根据结算结果解雇馆长。

第二条 管理委员会

(1) 管理委员会主席由主管文化和媒体的联邦最高机构任命。

(2) 管理委员会成员及其代表由其派遣机构的主席以书面形式任命。当管理委员会成员及其代表脱离其被任命的职务、被其派遣机构召回或不再担任公职时，则终止其成员关系或代表关系。

(3) 管理委员会成员及其代表不因此获得特别的报酬。根据为联邦范围内各顾问委员会、理事会、委员会和此类机构成员提供补偿的指导方针，国家图书馆将根据申请为管理委员会成员及其代表提供差旅补贴。但前述第二句的规定不适用于德国联邦议会和联邦政府的成员。

(4) 管理委员会每年至少召开一次会议。管理委员会主席须至少提前3周邀请各成员参加会议，并附上会议日程。此外，如果至少有3名成员或者馆长要求召开会议，则必须马上召集各成员开会。

(5) 经各位参会成员一致同意，可在会议开始时更改会议日程。如果任

---

* 廖迅，刘景昌，译；田贺龙，校。

一管理委员会成员及其代表均未参加会议，可在看到会议记录1周内对某决议提出异议，下一次会议将对此进行讨论。

（6）如果不止一位管理委员会成员在两周内对某决议提出异议，并且该决议所涉事宜重要性不大，或者该事宜亟待解决、无法延至下次会议召开，则可由管理委员会主席以书面形式作出决议（传阅方式）。

（7）馆长和主管部门代表须参加管理委员会会议，但没有表决权。顾问委员会主席或其代表可自行决定是否参加管理委员会会议，但没有表决权。管理委员会可允许其他人员列会。

第三条 管理委员会对决定权的保留权、管理委员会主席的代表权

（1）在下列事项中，管理委员会保留决定权：

a. 若图书馆进行某些事务，在特殊情况下，需在每个财政年度花费超过50万欧元；

b. 根据《联邦预算法》第五十五条、第五十九条制定的、具有基本意义或重大意义的措施；

c. 关于地产以及类似权利的条约；

d. 管理委员会保留表决权的事务。

（2）在馆长面前，管理委员会主席代表图书馆。

第四条 授予馆长人事任免权

根据《德国国家图书馆法》第十条第三款，任免《联邦俸给条例A》中所涉及的图书馆公职人员的权力转交给馆长。

第五条 顾问委员会

（1）管理委员会每四年委任一届顾问委员会成员。本章程第二条第二款第二句以及第二条第三款第一句、第二句中相应规定也适用于顾问委员会。

（2）顾问委员会从成员中选举一人为主席，一人为代表。管理委员会每年在管理委员会会议召开之前至少举行一次会议。顾问委员会主席须至少提前三周邀请各成员参加会议，并附上会议日程。

（3）如果至少有一半成员参加会议，顾问委员会就有决议权。如果在场成员多数赞成，则可作出决议。

（4）管理委员会主席或其代表、馆长以及主管部门的代表须参加顾问委员会会议，但没有表决权。

（5）德国音乐档案馆馆长须参加德国音乐档案馆顾问委员会会议，但没有表决权。

（6）顾问委员会可允许其他人列会。

第六条 生效、失效

本章程在联邦司法部公报公示之日即刻生效。1969 年 8 月 11 日制定的《联邦德国图书馆法规》（1969 年 11 月 27 日公布，1969 年 12 月 5 日公示于《联邦司法部公报》226 号），曾于 1998 年 11 月 18 日完成最后一次修订（1998 年 10 月 10 日公布，公示于《联邦司法公报》第 17641 页），同时失效。

美茵河畔的法兰克福
2006 年 12 月 5 日
德国国家图书馆管理委员会主席
代表：苏珊娜·奥尔本茨博士

德国国家图书馆章程修订案*

根据 2006 年 6 月 22 日制定的《德国国家图书馆法》（《联邦法律公报》，第一部，第 1338 页）第四条第一款第一句规定，德国国家图书馆管理委员会决定对《德国国家图书馆章程》第四条作如下修订：

1. 原来的第四条作为第四条第一款；

2. 增加第二款如下：

“（2）根据 2006 年 6 月 22 日制定的《德国国家图书馆法》第七条，国家图书馆馆长受权在其管辖范围内公开与公务员权利无关的申诉回复。”

美茵河畔的法兰克福
2010 年 5 月 25 日
德国国家图书馆管理委员会主席
代表：苏珊娜·奥尔本茨博士

---

* 廖迅，刘景昌，译；田贺龙，校。

图林根州图书馆法*

（2008 年 7 月 16 日）

州议会通过以下法律。

第一条 信息自由（信息公开）

在遵守使用限定和具体用途的前提下，全体公众均可使用由自由州图林根与受其法律监管的法人征集、整理的图书及其他实体与非实体出版物。借此方式可保障大众利用公共资源便利地进行自我教育的基本权利。此规定适用于社区与县政府运营的图书馆。

第二条 图林根州各类图书馆

（1）耶拿市弗里德里希·席勒大学图书馆是自由州图林根的州立图书馆，其全称为“耶拿图林根大学暨州立图书馆”。作为学术图书馆领域的核心机构，它可与相关机构协商，承担规划和协调任务。

（2）馆藏大量学术研究及教学用书的图书馆（学术图书馆），常设立于高等院校、州立职业学校或作为独立的研究型图书馆存在。在不妨碍其完成学术研究与教学任务的前提下，可为全体公众提供个人及职业教育服务。此外，图林根州高等院校法的规定有效适用。

（3）由社区和县政府运营，面向所有公众的图书馆（公共图书馆）为学校教育、职业教育及通识性修养提供服务及信息。州立公共图书馆服务处向公共图书馆及其运营方提供图书馆专业与规划方面的咨询与帮助。

（4）若其他图书馆无法为公众提供所需书籍与出版物，在不影响官方公务的情况下，为政府行政部门及法院提供公务服务的图书馆（政府图书馆）以及图林根州议会图书馆也可对全体公众开放使用。

（5）设立于图林根州学校内的学校图书馆可在一定程度上与公共图书馆和学术图书馆合作，以提升公众的阅读、学习能力以及媒体使用能力。

（6）私立及教会图书馆（非公立图书馆）面向全体公众开放，以补充并丰富图林根州的图书馆服务体系。

---

* 刘景昌，廖迅，译；田贺龙，校。

第三条 教育功能及媒体使用能力

图书馆是教育机构，也是终生学习的良伴。它是知识的殿堂，也是会面与交流之所。通过适当的措施以及与学校、其他教育机构的合作，图书馆可促进知识积累、社会和谐，同时提升读者阅读能力、获取信息的能力以及媒体使用能力。

第四条 文化遗产

（1）图书馆珍藏历史文献与特藏文献是图林根州欧洲级文化遗产的一部分，尤其是魏玛安娜·阿玛丽娅公爵夫人图书馆、哥达研究图书馆（埃尔富特/哥达大学图书馆分馆）、安普朗尼学院图书馆的特藏文献，以及州立图书馆。图书馆的文化遗产必须予以妥善保存、开发，并通过适当措施加以保护、修复，进行数字化，以方便公众使用。

（2）主要利用历史文献、手稿或遗物创造完成的作品，在其出版后应主动向馆藏提供者（图书馆）无偿缴送1份样本。若因刊印数量过少或制作费用过高，不便无偿缴送，可在一定时期内向图书馆提供样本供其复制，也可向图书馆申请补助（最高金额为作品市价一半）。如果无法确定市价，最高补助金额则为样本制作费用的一半。

（3）图林根州档案法的相关规定适用于图书馆开发、利用遗稿加工健在者个人信息。

第五条 资 助

（1）图书馆由其运营者提供资金。社区图书馆的运营费用在社区财政范围内通过志愿服务拨款解决。在可支配的财政范围内，图林根州对州立公共图书馆服务处进行资助，并根据主管部门发布的方针与图书馆发展规划，促进创新性项目并保证图书馆服务质量。

（2）本法第二条第一款至第四款列举的图书馆可向社会收取一定的使用费用或成本，常规使用馆藏文献而不外借为免费项目。如果由公共财政保障其图书馆基本运营，则上述规定同样适用于非公立图书馆。

向德国国家图书馆呈缴出版物的法令

（法定呈缴本法）*❶

（2008 年 10 月 17 日制定）

开文格式

基于 2006 年 6 月 22 日制定的《德国国家图书馆法》第二十条（《联邦法律公报》，第一卷，第 1338 页）以及 1998 年 10 月 27 日的联邦总理组织旨令（《联邦法律公报》，第一卷，第 3288 页）联邦总理默克尔颁布：

第一条 呈缴义务的限制

（1）根据《德国国家图书馆法》第十四条至第十六条规定，为完成德国国家图书馆的使命，呈缴义务人须向国家图书馆缴送出版物，本法令另有规定的除外。如果公众对征集的出版物没有需求，国家图书馆可以拒绝接受呈缴本，这无损于本法令的第三条、第四条、第八条、第九条之规定。

（2）呈缴义务人不得主动要求国家图书馆将出版物纳入呈缴范围。

第二条 实体出版物的特点及呈缴义务的范围

（1）必须缴送未经使用的、市场通用规格的出版物。

（2）如果市场存在多种版本出版物，必须缴送保存时间最长的规格；如果能保证足够的保存时间，无须缴送特别昂贵的版本。

（3）电子数据载体上的出版物应按国家图书馆要求缴送适合加工成文献的格式。应图书馆要求，呈缴义务人应取消出版物的技术保护措施和进入限制，或者提供取消限制的方法。

（4）呈缴义务还包括：

1. 丛书封套及其类似物品；

2. 连续出版物的年度标题页、目录和索引；

3. 明显从属于需呈缴出版物的部分，即使它本身并无须呈缴，尤其是使用出版物和加工文献所必需的非市面通用的辅助手段和工具，均需与出版物一起缴送。

---

* 刘景昌，廖迅，译；田贺龙，校。

❶ 全文引自：2008 年 12 月 17 日制定的《法定呈缴本法》（《联邦法律公报》，第一卷，第 2013 页）。

第三条 不同版本实体出版物呈缴义务的限制

（1）如果新版本出版物（包括刊印数量超过数千本）在内容和书目方面都没有改变，且原有版本已经缴送，新版本则无需呈缴。

（2）如果出版物同时或是依次以不同载体或不同技术规格刊印不同版本，国家图书馆可以放弃逐个接收所有版本。

第四条 特定类型实体出版物呈缴义务的限制

以下类型实体出版物无需呈缴：

1. 刊印数量少于25本（册）的出版物；该限制不适用于博士论文和大学授课资格论文以及单独应要求发行的出版物；

2. 刊印数量少于25本（册）的单独应要求发行的实体出版物，如果已按图书馆要求缴送过适合存档和制作的非实体出版物；

3. 印刷页少于4页的出版物；该限制不适用于几份使用同一标志被视为一套的出版物、制图作品、插图、乐谱、博士论文和大学授课资格论文；

4. 选印本和无编页码及扉页的新书样本；

5. 造型艺术作品和有/无扉页、内容最多4页的原创艺术文件夹；

6. 德国专利商标局和欧洲专利局的专利权利要求书、说明书和专利文献；

7. 电子数据载体上的出版物样本和演示版本；

8. 法律、法规规定的仅在特定人群、机构中发行的出版物；

9. 机密出版物；

10. 由县区、乡镇及乡镇协会发行的、仅包括官方内容的出版物；

11. 光化学涂层载体上的电影、视听演示和单张幻灯片；

12. 主要用作工具书的出版物，例如操作系统和非专业性处理程序；

13. 仅用于职业、商业目的、企业内部用途、业务开展或者用于私人、家庭及群体生活目的的零星印件；

14. 以游戏角色和娱乐目的为主的游戏。

第五条 实体出版物的呈缴程序

（1）呈缴义务人必须主动向国家图书馆缴送包括本法令第二条第四款规定的出版物及相关部分，同样，呈缴义务人也必须主动缴送单独册（件）和连续出版物。日报只需应要求缴送。

（2）只要电子数据载体上出版物的使用和长期保存需要其他不能直接从出版物获取的信息，尤其是有关特殊技术安装说明的信息，呈缴义务人必须按照由国家图书馆确定的程序提供相关信息。

第六条 对实体出版物的补助

（1）根据《德国国家图书馆法》第十八条第一句规定，如果出版物总印数不超过 300 册（件），且单册（件）制作费用不低于 80 欧元，国家图书馆将根据其申请对其提供补助。如果音乐制品总数不超过 50 件，则国家图书馆根据呈缴义务人的申请提供补助。非职业或自由职业发行出版物的自然人，如果所缴送出版物的制作费用不低于 20 欧元，将获补助。前述第三句之规定同样适用于专门并直接为公益、慈善或教会目的的法人（按税法第五十一条规定），但公益性和慈善性必须由税务局开具认定书证明。

（2）制作费用是制作出版物所产生的费用。该费用一般包括影印费、载体费、装帧费和存储费。基于总印数的费用，比如排版费、版税、授权费和企业增值税中的税前扣除部分不属于制作费用。成套出版物、分次出版物和杂志的制作费用指的是单册本的制作费用。为制作所缴送出版物而使用的公共财物必须按份额从制作费用中减除。

（3）博士论文和大学授课资格论文不会获得补助。

（4）补助额度为所缴送出版物的制作成本，但最高不得高于所缴送版次的最低发行价。

（5）呈缴义务人须在出版物发行开始一月内使用国家图书馆的表格向国家图书馆提交补助申请。且应国家图书馆要求应该在申请中提交费用证明。呈缴义务保持不变。

第七条 网络出版物的特点与呈缴义务的范围

（1）非实体出版物（网络出版物）须以市面通用规格和凭市场通用工具可使用的状态呈缴。如果呈缴义务人根据《德国国家图书馆法》第十六条第二句与国家图书馆达成协议，以电子格式提供网络出版物，则无需呈缴。本法第二条第三款之规定适用于网络出版物的呈缴；第二条第三款第一句之规定也适用于提供相应格式的电子出版物。

（2）呈缴义务同样包括所有物理或电子形式明显从属于需呈缴的网络出版物的要素、软件和工具，即使它本身并无需呈缴。尤其是呈缴义务人发行的、提供和使用出版物所必需的非市场通用的辅助工具。这些都要和网络出版物一起缴送或提供电子格式。

第八条 不同版本、不同技术规格非实体出版物呈缴义务的限制

（1）如果网络出版物同时或依次以不同技术规格刊印不同版本，国家图书馆可以放弃接收或放弃获取电子格式的所有版本。

（2）如果技术程序不允许或需昂贵制作费用才能获取或存档，国家图书

馆可以放弃接收呈缴。如果采集所使用的自动程序不允许或需昂贵制作费用才能分选网络出版物，国家图书馆可以不存档。

（3）国家图书馆可以限制定期更新的网络出版物的呈缴规模和频率。

第九条 非实体出版物呈缴义务的其他限制

以下类型的非实体出版物无需呈缴：

1. 符合本法令第四条第八项、第十项、第十三项、第十四项特点的网络出版物以及仅为满足私人目的的网页；

2. 有时间期限的、实体或非实体出版物的非实体出版物样本和演示版本，如果这些版本在最终版本刊行后撤出网络的话；

3. 不在本法令第七条第二款范围里的自主出版的操作系统和非专业性处理程序以及为使用特定网络服务、工作和程序说明的专业性应用工具；

4. 非第三方发行的存货清单；

5. 非第三方发行的、由电视和广播产品引出的网络出版物；

6. 原始版本已缴送且内容无更改的网络出版物影像；

7. 基于网络的、没有事实和任务相关的交流、讨论或报道工具；

8. 无网络存档的、由电子邮件推送的新闻；

9. 只有私人用户群体能使用的网络出版物。

第十条 生效、失效

本法令自公告之日起生效。

德国著作权法（节译）*

第二十七条 复制件的出租与出借❶

（1）当作者将音像制品的出租权（第十七条）许可给音像制品或者电影作品制造商时，出租人也应当就出租行为向作者支付适当的报酬。该请求权不得预先予以放弃。该请求权仅能交由著作权集体管理组织行使。

（2）出租作品原件或者复制件的，该原件或者复制件可以按照第十七条

---

* 廖迅，刘景昌，译；田贺龙，校。

❶ 德国著作权法的“第二十七条（复制件的出租与出借）”和“第五十二b条（公共图书馆、博物馆与档案馆电子阅览室中的作品再现）”，同时是德国法律中对公共借阅权的法律规定。

第二款的规定继续发行，若该原件或者复制件在向公众开放的机构（书店、音像制品或者其他原件或者复制件的收藏机构）出借的，应当向作者支付适当的报酬。前句规定的出借是指既不以直接的也不以间接的营业目的而在一定时间内将作品支付他人使用的行为；第十七条第三款第二句的规定也适用。

（3）本条第一款与第二款规定的各项报酬请求权只能通过著作权集体管理组织来行使。

第五十二b条 公共图书馆、博物馆与档案馆电子阅览室中的作品再现

本法允许，在不违反合同规定的前提下，直接或间接不以商业、营利为目的公共图书馆、博物馆或档案馆将馆藏已出版作品置于仅在其机构内部设立的电子阅览室供读者研究或私人学习使用。原则上，电子阅览室不得同时提供超过作品馆藏样本数量的电子版本，并需支付相应的报酬。报酬请求权只能通过著作权集体管理组织来行使。

第五十三条 为私人目的及其他的自用目的而进行的复制

（1）只要不把复印件用于直接或间接的营业目的，而且没有使用明显违法获取的、或者公共传播的复制样本，本法允许自然人为私人使用目的将作品复制到某些载体上。只要他人的复制行为是无偿的、或者他人以某种影印技术或具有类似效果的手段将作品复制到纸张或其他类似载体，复制人也可让他人为自己复制。

（2）本法允许为下列目的对作品进行复制或让他人进行复制：

1. 仅用于自己的科研活动而不能用于营利目的；

2. 仅为个人存档的目的，并且使用自己私人占有的作品作为复制样本；

3. 为自己了解时事的目的而录制广播电视节目；

4. 对下列作品复制也属于自用目的：

a. 已出版作品的短小片段或报章杂志上发表的稿件；

b. 至少已经脱销两年以上的作品。

在前述第一句第二项中的情形中，还必须满足下列条件之一才适用该规定：

1. 使用某种影印技术或具有类似效果的手段将作品复制到纸张或其他类似载体上；或者

2. 仅对作品进行仿真输出；或者

3. 档案服务于公众需求，并且档案的建立不具有之间或间接的经济目的或营利目的。

在前述第一句第三项及第四项的情形中，另外只有存在第二句第一项或第二项的条件时，才适用该规定。

（3）本法允许为个人自己使用的目的在下列情况下对作品的小片段、短小的作品或者在报章杂志上以出版的稿件制作复制件或进行公共传播：

1. 为了使学校、非营利性教育和培训机构以及职业教育机构的教学活动直观化和形象化，可制作教学参加者所需数量的复制件；或者

2. 为国家考试以及学校、高等院校非营利性教育和培训机构以及职业教育机构中的考试之需要，自行制作或让他人制作所需数量的复制件。一律只有取得权利人的许可后，才能制作学校教学所需的复制件。

（4）复制下列作品时，

a. 音乐作品的乐谱及歌词；

b. 基本上全篇复制图书或杂志，

只要复制行为不是以抄写的方式进行，一律必须取得权利人的许可；或者必须满足第二款第一句第二项规定的前提条件，或者为自用目的对售罄至少两年以上的作品进行复制，才予以准许。

（5）第一款、第二款第一句第二项至第四项以及第三款第二项不适用于借助电子设备可逐个获取数据的数据库作品。第二款第一句第一项以及第三款第二项只有限适用于为科研目的和非营利性教学的目的使用数据库作品的情况。

（6）本法不允许对复制件进行发行或公开传递。但本法允许将合法制作的报纸复制件、脱销作品的复制件以及用来替换轻微损坏或丢失的原件的复制件予以出借。

（7）将公开朗读、表演或放映的作品录制在音像制品上的行为，按照造型艺术作品的设计稿和草图制作造型艺术做品以及仿造建筑艺术作品的行为，均必须征得权利人的许可。

第五十三 a 条 应预订而寄送复制件

（1）本法允许公共图书馆应预订对在报章杂志上以出版的稿件或者已出版作品的小片段进行复制，并通过邮寄或者传真发送给预订者，只要作品使用符合本法第五十三条规定。本法允许，在不以营利为目的的前提下，为了教学与科研目的，以电子形式复制并以图形文件格式提供给预订者。此外，只有公众不能明显随时随地根据合同规定以恰当的条件接触稿件或者作品的小片段时，本法才允许以电子形式复制并转送作品。

（2）复制、转送作品必须向作者支付适当的报酬，报酬请求权只能通过著作权集体管理组织来行使。

第五十八条 展览、公开出售以及对公众开放的机构中的作品

（1）本法允许活动组织者为公开展览或者公开出售的目的对某些特定的美术作品以及摄影作品进行复制、发行和公共传播，只要此举对促进活动的开展是必不可少的。

（2）此外，本法也允许在向公众开放的图书馆、教育机构或者博物馆所编制的、在内容上与时间上与某个展览活动有关联、或者为了对文献的状况作出说明而出版的并且不具有任何独立营业目的的目录清单中，对本条第一款规定的作品进行复制并发行。

08 俄罗斯

俄罗斯联邦图书馆事业联邦法*

（1994 年 11 月 23 日国家杜马通过）

本联邦法是俄罗斯联邦保护和发展图书馆事业的法律依据。本法规范了图书馆的工作原则，即保障个人、社会团体、社会各族人民自由获取信息、自由获得精神发展的权利；介绍本国和世界文化，以及开展文化、科学和教育活动。

本联邦法根据国际法的原则和标准，规范图书馆事业组织的一般问题，调整图书馆事业领域内国家、公民、企业、机关及组织之间的关系。

第一章　总　则

第一条　基本概念

本联邦法使用以下概念：

图书馆是指将收集整理的馆藏文献提供给自然人和法人临时使用的信息、文化、教育机构；图书馆既可以是独立的机构，也可以是企业、机关、组织的分支机构；

（2009 年 6 月 3 日法字第 119 号联邦法修订）

公共图书馆是指为不同法律组织形式、财产所有制形式的法人，不同教育程度、不同专业、不同宗教信仰的公民提供其馆藏和服务的图书馆；

图书馆事业是指从事信息、文化和教育活动的行业，旨在创建和发展图书馆网络，建设和加工图书馆馆藏资源，为图书馆用户提供图书馆组织、信息和书目咨询服务，培训图书馆馆员，为图书馆的发展提供科学和方法上的支持。

图书馆使用者是指接受图书馆服务的自然人或法人；

集成化图书馆体系是指各图书馆自愿联合组成的统一教育系统；

图书馆馆藏资源是指形式和功能上有一定联系的不同用途和种类的文献总

---

* 陈英爽，刘冰雪，译；卢海燕，校。

称，由图书馆登记、收购和保存，并服务于公众。

（本段内容见2009年6月3日法字第119号联邦法）

国家图书馆馆藏资源系图书馆馆藏的一部分，具有独特的历史、科学、文化价值，是永久保存并为全社会所使用的馆藏资源，是俄罗斯联邦的民族文化遗产。

（本段内容见2009年6月3日法字第119号联邦法）

珍本是指具有较高的思想和文物价值，独特的历史、科学、文化含义，以特殊方式进行登记、保存和使用的手稿或印刷品。

（本段内容见2009年6月3日法字第119号联邦法）

第二条 俄罗斯联邦图书馆事业法

俄罗斯联邦图书馆事业法属于俄罗斯联邦文化基本法，本法与俄罗斯联邦的各种法律法规，以及图书馆事业领域内俄罗斯联邦的各种法律法规相适应。

第三条 自2005年1月1日起失效。

第四条 图书馆的基本类型

1. 图书馆可以由各级政府部门、地方政府、个人创建。

2. 按照机构级别和所有制形式，图书馆可以分为以下基本类型：

（1）国家机关创建的国立图书馆，包括：

联邦图书馆；

俄罗斯联邦主体图书馆；

部委和其他联邦行政机构图书馆；

（2）地方政府机构创建的市级图书馆；

（3）俄罗斯科学院、其他院校、科研院所、教育机构图书馆；

（4）企业、机关、组织图书馆；

（5）社会团体图书馆；

（6）私人图书馆；

（7）外国法人和自然人，以及国际组织依据俄罗斯联邦国际条约规定而创建的图书馆。

第二章 公民在图书馆事业中的权利

第五条 接受图书馆服务的权利

1. 每个公民，无论其性别、年龄、民族、受教育程度、社会地位、政治信仰、宗教态度如何，都有在俄罗斯联邦境内接受图书馆服务的权利。

2. 公民接受图书馆提供的服务有：

创建国家和市级公共图书馆网，免费提供基本类型的图书馆服务；

由法人或自然人创办的多种类型的图书馆，无论其法律组织形式、所有制形式、专业和活动规模如何，均受国家政策保护。

3. 公民在接受图书馆服务方面优先于其他任何国家机构、社会团体、宗教和其他组织。

第六条 参与图书馆活动的权利

1. 任何法人或自然人都有权依据俄罗斯联邦法律在俄罗斯联邦境内创建图书馆。

2. 公民有权参加经图书馆领导人或创始人同意设立的监督理事会、读者理事会或其他读者协会的活动。

3. 图书馆工作人员有权为推广图书馆服务、提升专业水平、保护自身社会和职业权利而创办社会团体。

4. 私人拥有珍本的公民，有权通过提供珍本数据记录的方式获得国家支持，以确保珍本的安全，详见本联邦法第 16 条第 1 款第 2 项。

（2009 年 6 月 3 日法字第 119 号联邦法修订第 4 条）

第七条 图书馆用户的权利

1. 所有图书馆用户都有进入图书馆的权利和按照自己的需求和兴趣自由选取图书的权利。

2. 图书馆根据图书馆章程、国家保密法和俄罗斯联邦民族文化遗产保护法规定，制定图书馆馆藏访问制度、基本服务项目及图书馆服务的条件。

3. 图书馆用户有权在任何一家图书馆无偿获取该馆特有的馆藏信息。

4. 公民在公共图书馆享有的权利：

（1）出示个人身份证件后即可成为图书馆用户，未满 14 岁的未成年人，需出示其法定代理人的证件方可成为图书馆用户；

（2009 年 12 月 27 日法字第 370 号联邦法修订）

（2）通过目录系统或其他图书馆信息传播方式无偿获取图书馆的全部信息；

（3）在检索和选取信息时，无偿获得咨询帮助；

（4）无偿短期使用图书馆馆藏的任何文献；

（5）通过馆际互借，从其他图书馆获取文献或其复本；

（6）使用其他服务方式，包括图书馆使用规则中规定的付费项目。[1]

5. 图书馆用户在国立和市级图书馆内有权获得作为俄罗斯联邦国家语言的俄语服务和俄语文献，而在俄罗斯联邦各共和国的图书馆中，用户也可以获得俄罗斯联邦各共和国的官方语言服务。

6. 图书馆用户可以就图书馆对其的侵权行为向法院提起诉讼。

第八条 特殊群体图书馆用户的权利

1. 少数民族用户有权通过国立图书馆系统获取本民族语言文献。

2. 盲人和残疾人有权获得图书馆服务，有权从国立专门图书馆和其他公共图书馆获得特殊形式的文献。

3. 由于年龄或身体原因无法到馆的图书馆用户，有权通过信件或异地服务的方式从公共图书馆获取文献，这种服务由相应的预算和联邦计划提供资金保障。

4. 儿童和青少年图书馆用户有权从公共图书馆、国立儿童和青少年图书馆，以及与其章程相一致的教育机构图书馆获得服务。

第九条 图书馆用户的义务

图书馆用户必须遵守图书馆使用规则。

违反图书馆使用规则和对图书馆造成损坏的图书馆用户，需按照图书馆使用规则之规定进行赔偿，必要时需承担相应的法律责任。

第十条 图书馆创办人

图书馆创办人为图书馆的活动提供资金并按照现行法律的规定对图书馆活动进行监督，同时任命图书馆负责人。未经图书馆章程和现行法律许可，图书馆创办人无权干涉图书馆的创造性活动。

第三章 图书馆的义务和权利

第十一条 图书馆的地位

国立及市级图书馆，集成化图书馆系统，按现行法律规定注册生效，自生效之日起具备法人地位。

其他图书馆的地位由其创办人确定。

第十二条 图书馆的义务

1. 图书馆依据本法的规定保障公民在图书馆活动的权利。

---

[1] 见俄罗斯联邦文化部批准的2011年2月22日第87号令《关于提供国家图书馆馆藏书目信息和国家图书馆馆藏信息公共服务的管理条例，不涉及著作权》。——译者注

图书馆依据图书馆章程、图书馆使用条例和现行法律的规定为图书馆用户提供服务。

国家或其他审查机构不得限制图书馆用户自由使用图书馆馆藏的权利，不得限制图书馆用户、读者查找资料的权利，除非这些资料正在用于科学研究或被图书馆服务组织所使用。

2. 属于全额或部分预算拨款的图书馆，应在其活动中反映出当前社会政治和思想的多样性。

3. 图书馆应保护其馆藏珍本的安全，有责任及时提交这些珍本的信息以便登记在图书馆的珍本记录中。

（2009 年 6 月 3 日法字第 119 号联邦法修订）

4. 图书馆有义务根据现行法律和图书馆的创始文件向其创办人和国家统计机构进行汇报。

5. 国立图书馆有义务根据用户需求，为其提供该馆的成立信息和馆藏使用信息。

6. 图书馆负责对文化领域内联邦行政管理机构收录到图书馆馆藏的文献进行登记、整理、保存和使用。收入图书馆馆藏的手稿属于俄罗斯联邦档案收藏的组成部分。

（2009 年 6 月 3 日法字第 119 号联邦法修订）

第十三条 图书馆的权利

图书馆有以下权利：

（1）根据图书馆章程规定的目标和任务，自主决定图书馆的工作内容和具体方式；

（2）经创办人同意制定图书馆使用规则；

（3）确定珍本、珍贵和稀有印刷品的使用保证金数额，以及图书馆使用条例所规定的其他情况下使用保证金的数额；

（2009 年 6 月 3 日法字第 119 号联邦法修订）

（3.1）根据图书馆使用条例的规定，对珍本和用于永久保存的其他文献复制、展览和发行加以限制；

（2009 年 6 月 3 日法字第 119 号联邦法修订）

（4）根据图书馆使用条例，确定图书馆用户对图书馆造成损失的赔偿方式和程度；

（5）为拓展为图书馆用户提供的服务项目和促进图书馆的创新发展，可以在不影响主体业务的情况下，进行经营活动；

（6）在与法人和自然人协商的基础上，制定图书馆馆藏使用条例；

（7）根据现行法律的规定，成立图书馆协会；

（8）参与竞赛或实施其他联邦和区域图书馆事业发展规划；

（9）根据规定开展图书馆之间、图书馆和其他组织之间、图书馆和国际组织之间的合作，包括国际图书互换，按既定程序加入国际组织，参与国际图书馆及其他计划的实施；

（10）自主确定馆藏来源；

（11）在符合现行法律法规并征得图书馆创办人同意的情况下，根据剔除文献的规定，图书馆可以剔除和出售其馆藏文献；在此情况下，任何法律组织形式和所有制形式的图书馆，都无权剔除和出售珍本文献；

（2009 年 6 月 3 日法字第 119 号联邦法修订）

（12）从事与现行法律不相抵触的其他事务。

图书馆有权优先收购由联邦政府计划出版的文献，有权优先收购被剔除的图书馆文献。

第四章　国家在图书馆事业中的义务

第十四条　国家图书馆事业的政策

国家图书馆事业的基本原则是为图书馆使用的一般信息和具有文化价值信息的收集和提供创造条件。

国家为本联邦法规定的权利提供保障，不干涉图书馆从事专业性活动，但俄罗斯联邦法律另行规定的情况除外。

国家通过拨款、实行相应的税收、信贷和财政政策支持图书馆事业的发展。

作为俄罗斯联邦文化保护和发展规划的组成部分，俄罗斯联邦政府负责制定图书馆事业发展的联邦规划。

联邦行政执行机关为实现社会信息化服务，负责组织和协调图书馆不同区域和不同部门之间的关系。

国家支持为缺少社会经济保障的阶层和居民群体（儿童、青少年、残疾人、退休人员、难民、失业人员、农村居民、北部边远地区居民和其他类似地区的居民）发展图书馆服务。

国家政权机关对非公有制形式的图书馆给予财政支持，并鼓励其对居民提供无偿服务。

与俄罗斯联邦文化基本法相关的联邦政府规划中，应包含图书馆事业发展内容。

第十五条 国家发展图书馆事业的义务

1. 联邦国家权力机关保证：

（本联邦法条在2009年6月3日法字第119号联邦法第15章第1条第1款中作了最新修订）

（1）对特殊储存条件的保护情况和国家图书馆馆藏的使用情况进行监督；

（2009年6月3日法字第119号联邦法修订第1条第1款）

（2）创建和资助国家图书馆和其他联邦图书馆，并对它们进行管理；

（3）确定图书馆员工培训、进修、就业和劳动报酬方面的联邦政策标准。

（4）创建和资助对图书馆员工进行培训和进修的联邦教育机构，并对它们进行管理；

（5）组织图书馆事业领域内的科学研究，并对此给予方法上的支持以及资金上的帮助；

（6）制定国家图书馆的标准和规则，组建图书馆信息保障系统；

（7）保障组织国家图书馆的统计工作。

2. 俄罗斯联邦国家政权机关主体和地方自治机构：

1）保障提供采购资金，保护国立和市级图书馆馆藏的安全；

（2004年8月22日法字第122号联邦法修订）

2）保障公民享受图书馆服务的权利。

3. 联邦国家政权机关、俄罗斯联邦国家主体机关和地方自治机构无权采取决定和作出因不符合图书馆馆藏保存和图书馆服务劳动安全要求，导致国家资助的现有图书资源物流条件恶化的行为。

上述机构及其官员所下命令如侵犯了图书馆及其用户的合法权益，（当事人）可以向法院提起诉讼。

第五章 图书馆事业领域内俄罗斯联邦民族文化遗产保存和使用的特殊规则

第十六条 国家图书馆馆藏

（2009年6月3日法字第119号联邦法修订）

1. 国家图书馆馆藏是指在法定呈缴本和珍本体系基础上形成的文献。

2. 国家图书馆馆藏作为俄罗斯联邦的民族文化遗产受国家保护。

图书馆、档案馆、博物馆根据本联邦法、《俄罗斯联邦文献呈缴本法》、《俄罗斯联邦档案法》、《俄罗斯联邦博物馆馆藏法》及《俄罗斯联邦博物馆法》的规定，登记、采购、储存、使用和保护属于国家图书馆馆藏的文献。

第十六条第一款 珍 本

(2009 年 6 月 3 日法字第 119 号联邦法修订)

1. 珍本是指国家图书馆馆藏中特别珍贵的部分。

珍本分为单一孤本和复合珍本，是指根据所收珍本的来源、属性和其他特征组成的文献集。

2. 珍本应在珍本目录中进行登记。

俄罗斯联邦政府授权的联邦权力执行机构制定文献收入珍本的规则、珍本登记到珍本目录的规则、珍本登记规则。

第十七条 失 效

(2009 年 6 月 3 日法字第 119 号联邦法)

第十八条 俄罗斯联邦国家图书馆

1. 满足社会普遍信息需求的鲍里斯·尼古拉耶维奇·叶利钦总统图书馆、俄罗斯国立图书馆和俄罗斯国家图书馆均属俄罗斯联邦国家图书馆，这些图书馆从事有益于俄罗斯联邦全体国民的图书馆学、目录学、信息科学活动，发展本国和世界文化、科学和教育事业。

(2008 年 10 月 27 日法字第 183 号联邦法修订)

俄罗斯联邦国家图书馆的基本功能包括：

整理、保存并最大限度地为图书馆用户提供全面的本国文献，具有显著科学性的外国文献；

组织和从事图书目录统计工作；

参与图书馆学、目录学、图书学、方法学、信息科学等科研机构及联邦文化中心的国家出版物统计工作；

参与制定和实施图书馆事业领域内的联邦政策。

俄罗斯联邦国家图书馆由俄罗斯联邦政府批准，依据本法开展工作。

俄罗斯联邦国家图书馆是具有特殊价值的俄罗斯联邦民族文化遗产，属于联邦财产。

不得改变国家图书馆的所有制形式、不得撤销国家图书馆或更改其职能，确保国家图书馆馆藏的完整性和不可分割性。

国家图书馆的建筑、设施和其他物品由图书馆管理；根据俄罗斯联邦法律规定为各国家图书馆提供用地。[1]

（2007 年 6 月 26 日法字第 118 号联邦法修订）

俄罗斯联邦各国家图书馆在相互协调与合作的基础上开展工作。

俄罗斯联邦国家图书馆的个别职能可以在其他联邦图书馆和机构条例中加以规定。

1.1 为确保用户使用图书馆馆藏文献安全，俄罗斯联邦国家图书馆制作下列文献的电子复本：

破旧、磨损、损坏、有缺陷的文献；

用户使用过程中可能造成丢失、毁损或破坏的唯一和/或稀有的文献、手稿；

缺乏必要的科技手段，以机读形式供用户使用的文献；

具有科学和教育意义的文献；

根据俄罗斯联邦民法典保护脑力劳动成果之条款的规定，为用户制作和提供电子版文献。

（2008 年 10 月 27 日法字第 183 号联邦法修订）

2. 俄罗斯联邦共和国、自治州、自治区相应的国家政权机关，可以创建各自的国家图书馆。

这些国家图书馆依据本联邦法和与本联邦法相适应的俄罗斯联邦法律法规开展工作。

第六章 图书馆之间的关系

第十九条 国家参与保护图书馆服务的协调与合作

为了更好地满足图书馆用户对图书馆的信息需求，国家鼓励图书馆间的资源共享。为此，国家政权机关对国家图书馆的工作提供资金支持，包括行使中央职能，以便为实现资源共享（馆际互借、联合编目、自动化数据库、保存本）创造条件。

第二十条 中心图书馆

1. 俄罗斯联邦国家政权主体机关可以赋予起主导作用的综合性图书馆以俄罗斯联邦中心图书馆的地位，包括：

（2009 年 6 月 3 日法字第 119 号联邦法修订）

---

[1] “各国家图书馆”是指鲍里斯·尼古拉耶维奇·叶利钦总统图书馆、俄罗斯国立图书馆和俄罗斯国家图书馆。——译者注

共和国的中心图书馆是国家或共和国图书馆；

自治州、自治区中心图书馆是州或区图书馆；

边远地区中心图书馆是远郊地区图书馆；

取消第五段和第六段的法律效力——2004 年 8 月 22 日法字第 122 号联邦法。

地方自治政权机关可以赋予起主导作用的各区图书馆以中心图书馆的地位。

（2009 年 6 月 3 日法字第 119 号联邦法修订）

2. 中心图书馆在其服务区内应收集、保存并为图书馆用户提供尽可能全面的文献收藏，组织图书馆间的资源共享，包括实现馆际互借功能，维护联合编目，为其他图书馆提供方法上的支持。

3. 联邦国家政权机关、俄罗斯联邦国家主体政权机构和地方自治机构可以按照部门原则和特殊群体图书馆用户的需求成立专门的中心图书馆（儿童和青少年图书馆、盲人和视障人士图书馆等）。

4. 中心图书馆的职能可以根据既定程序在几个图书馆之间划分，在此情况下可以根据图书馆的工作量来提供预算资金。

5. 中心图书馆也可以由各部委或其他联邦权力执行机构创建。

第二十一条 图书馆和科技信息机构及档案机构的相互协作

为了确保国家信息资源的合理使用，图书馆应与科技信息机构、档案机构以及其他具有不同级别信息数据库的企业、机关、组织之间相互协作。

第七章 图书馆事业的经济调控

第二十二条 图书馆创建程序

1. 根据现行俄罗斯联邦法和本联邦法所规定的程序，在俄罗斯联邦领土内创建和使用各种类型的图书馆。

2. 图书馆按照现行图书馆法律程序进行注册，自注册之日起宣告成立并具备法人资格，没有法人资格的图书馆，在根据现行法律规定注册后，即可获得法人地位。

拒绝为其注册的，图书馆可以向法院提起诉讼。

3. 私有财产者或者由其授权的自然人或法人，以及文化机关均可以是图书馆的创办人。

图书馆创办人批准图书馆的章程，负责为图书馆提供资金和后勤保障。

在图书馆章程中应明确图书馆地位、资金来源、图书馆工作的主要任务、图书馆投入使用的条件、图书馆及其创办人之间的财产关系和图书馆管理程序。

图书馆和其创办人之间的产权和财务关系受现行法律和创始文件的监督。

第二十三条 图书馆重组和撤销

1. 经图书馆所有者或者创办人决定，在俄罗斯联邦法规定的情况下，图书馆可以重组和撤销。

2. 作出撤销图书馆决定的机关，应按照必要程序以书面形式通知国家法人注册机构，组建清算委员会，清算委员会由创办人代表、专业协会代表和图书馆员工代表组成，并自撤销图书馆之日起不晚于2个月内，在地方报纸上发布撤销公告。

图书馆撤销时，国家各级政权机关、地方自治机关及相应专业的图书馆有权优先收购该图书馆馆藏。

3. 依据图书馆创办人的建议，或者经图书馆各方协商后的建议，可以根据现行法律程序，以合并、加入、分离、分配、转换的方式重组图书馆。

4. 禁止非国有化、国家级和市级图书馆私有化，其中包括图书馆的处所及建筑物。

5. 对于非法撤销国立图书馆的决定，公民、社会团体或管理（读者）委员会可以向法院提起诉讼。

第二十四条 图书馆财产

1. 图书馆具有业务管理的权力，在俄罗斯联邦法律规定的范围内使用和分配其财产。

2. 2004年8月22日法字第122号第2～3条失效。

第二十五条 图书馆发展基金会

为了对各种类型图书馆的活动提供物质支持，可以创建图书馆发展非国有基金会。

基金来源包括创办人的捐款，企业、组织收入，公民、社会团体捐赠的善款，专项彩票，拍卖及其他商业活动收入。

（2004年8月22日法字第122号联邦法修订）

这些基金用于资助图书馆事业发展计划，图书馆活动的协调与合作，以及由基金会创办人批准的基金会章程中所规定的其他活动。

图书馆发展基金可用于促进任何所有制形式的图书馆的活动。

第二十六条　图书馆工作人员的劳动关系

图书馆工作人员的劳动关系由俄罗斯联邦劳动法确定。

根据俄罗斯联邦政府的规定，由联邦权力执行机关定期对图书馆劳动者进行评估。

（2008 年 7 月 23 日法字第 160 号联邦法修订）

第八章　最后规定

第二十七条　本联邦法生效

本联邦法自颁布之日起生效。

第二十八条　符合本联邦法的规范性法律行为

1. 自本联邦法生效之日起，1984 年 3 月 13 日苏联最高苏维埃主席团法令在俄罗斯境内失效（苏联最高苏维埃 1984 年 12 号公报第 173 页）。

根据本联邦法的规定，在本法之前的俄罗斯图书馆事业领域内的法规，视为本联邦法的一部分，与本法不相矛盾。

2. 建议俄罗斯联邦总统依据本联邦法颁布相关法规。

3. 委托俄罗斯联邦政府：

（1）依据本联邦法颁布法规；

（2）按照既定程序，为实施本联邦法，对俄罗斯联邦法律的修改和补充提出建议；

（3）通过图书馆领域内的法规，以确保本联邦法的实施。

俄罗斯联邦总统鲍里斯・叶利钦

莫斯科　克里姆林宫

1994 年 12 月 29 日法字第 78 号

俄罗斯联邦国家预算机构“叶利钦总统图书馆”章程*

（俄罗斯联邦2009年4月8日第309号政府令 关于批准联邦国家预算机构“叶利钦总统图书馆”章程的决议）

I. 总 则

1. 国家联邦预算机构“叶利钦总统图书馆”（以下简称机构）系俄罗斯联邦国家图书馆，从事图书馆学、图书目录学、信息学、科学研究和科学方法学方面的活动。

2. 根据俄罗斯联邦2007年6月18日第326号总统令“关于建立叶利钦总统图书馆”和俄罗斯联邦2008年11月5日第1615－p号政府令，设立本机构。

3. 机构依照俄罗斯联邦宪法、联邦宪法性法律、联邦法律、其他法规，以及本章程开展工作。

4. 机构的官方名称：

俄文名称：

全称为国家联邦预算机构“叶利钦总统图书馆”；

简称为ФГБУ“叶利钦总统图书馆”；

英文名称为Boris Yeltsin Presidential Library。

5. 机构地点为圣彼得堡市参议院广场3号楼，190000。

6. 机构系法人。

俄罗斯联邦政府行使机构创办人的权力。

机构有权以自己的名义获得并行使财产和道德权利，承担义务，有权以自己的名义起诉和应诉。

机构有权经营管理联邦所有权内的独立财产，有独立的资产负债表。

提供给机构的土地可以永久无限期使用。

---

* 陈英爽，刘冰雪，译；卢海燕，校。

7. 机构拥有刻有俄罗斯联邦国徽图案和自己名称的印章，其他机构活动必需的印章、戳、表格，以及标志。

8. 机构拥有在俄罗斯联邦境内和境外广告及其他用途中使用自己标志的特殊的权利，并且有权根据俄罗斯联邦法律规定，在协议的基础上，允许其他法人和自然人使用自己的标志。

9. 在联邦国库机构领域内，机构拥有联邦预算拨款和创收活动所得资金的俄罗斯联邦货币分户账。

10. 机构对其支配的现金负责。当现金缺失时，经营管理本机构的财产持有人承担法律责任。

11. 俄罗斯联邦总统办公室主要负责从联邦预算中向机构拨款，并且：

限定预算支付范围，批准预算；

签署开设创收活动获得资金分户账的许可证，批准创收活动收入和支出预算；

俄罗斯联邦法律规定的其他预算权力。

12. 机构根据俄罗斯联邦法律规定，从事保护国家机密信息和个人专有信息的活动。

13. 机构负责保护文件（管理、财政金融、人力和其他文件），保证完成具有科学历史意义的国家存储文献的搬迁，按照规定程序保存和使用人事档案。

II. 机构活动的目的和对象

14. 机构活动的主要目的是：

对有关俄罗斯国家历史、理论与实践，俄罗斯官方语言俄语方面的著作和文献进行数字化加工，形成国家信息资源库；

用于存储公众使用和满足公众的信息需求，制作保存数据库和以文字、声音、图像或其组合形式记录的视同书目的物质载体，并通过时空进行传播。

15. 机构的活动包括：

（1）根据采选条例，以数字、传统和组合的方式，以及通过文献购买、图书交换（包括国际交换）的方式和符合俄罗斯联邦法律的其他途径，制作俄罗斯和外国作品及文献的合集；

（2）组织和开展俄罗斯书目登记，参与国家印刷品书目登记；

（3）永久保存机构资源，保证其安全和完好；

（4）保证法定呈缴的电子出版物和传统出版物的保存和使用；

（5）根据俄罗斯联邦法律规定，为用户提供信息服务、图书馆服务和参考咨询服务；

（6）借助各种信息载体的目录系统，科学加工和展示机构资源，形成数字基地和数据库，保证对上述信息及其他俄罗斯和外国的信息资源进行访问，参与信息交换；

（7）从事俄罗斯国家历史、理论和实践领域的活动及俄罗斯联邦官方语言俄语的科学研究和科学方法活动，以及图书馆学、目录学、图书学和指定活动对象范围内的相关科学；

（8）创建和参与书目信息汇编、俄罗斯出版物书目制作，筹备科普书目；

（9）从事展览、出版、教育和培训活动；

（10）与俄罗斯和国外的图书馆、档案馆及其他组织合作，参与图书馆事业领域内国家政策的制定和实施，图书馆活动范围内的联邦目标和其他计划；

（11）通过与其他图书馆、档案馆和博物馆网络资源联合的方式，创建分布式电子资源网络；

（12）根据规定程序参与国际合作，包括参与联合国、联合国教科文组织、国际图书馆协会联合会（国际图联）、欧洲理事会及其他国际组织计划的实施，与其他组织在文化、科学和教育领域开展合作。

III. 机构财产

16. 机构根据其活动宗旨、财产持有人义务和财产用途，管理、使用和支配由其经营管理的联邦财产。

俄罗斯联邦总统办公室行使机构经营管理的财产持有人的权力。

机构无权处置或以其他方式支配由其经营管理的联邦财产。

17. 根据俄罗斯联邦法律规定，机构有权出租由其经营管理的不动产。

18. 本章程规定的从事创收活动获得的资金，以及依靠机构独立经营的收入购置的财产，登记在独立的资产负债表中。

19. 机构财产的来源：

（1）由机构经营管理的动产和不动产；

（2）依靠联邦预算拨款获得的财产，以及依靠创收活动获得的资金；

（3）根据俄罗斯联邦法律获得的其他财产。

20. 机构活动的经费来源：

（1）联邦预算拨款；

（2）机构从创收活动中获得的资金；

（3）根据俄罗斯联邦法律获得的其他收入。

21. 机构在规定的预算支付限度内，从联邦预算拨款中支出费用，而预算外资金消费，则根据估算的创收活动的收入和支出进行。

22. 俄罗斯联邦总统办公室对机构经营管理的财产使用情况进行监督。

IV. 机构的权利和义务

23. 机构有权：

（1）根据俄罗斯联邦法律和本章程规定的活动目标和宗旨，确定活动的内容和具体形式；

（2）为保护机构库中的作品，予以电子形式的复制；

（3）根据规定程序从事印刷和收藏活动，博物馆藏品、档案馆文献的说明、保护和修复相关活动，以及其他履行图书馆基本职能的活动；

（4）从事机构书库制作、保护和使用活动；

（5）在临时免费使用的情况下，提供数字形式的作品复本；

（6）根据机构书库使用条例，确定图书馆用户进行赔偿的种类和数量；

（7）确定使用稀有和珍贵出版物的押金数额，以及其他情况下使用机构书库的条例；

（8）经与被授权的执行机构商议，在不影响机构书库丰富和完整的情况下，从机构书库中剔除并出售多余的册子和文献复本；

（9）根据规定程序参与俄罗斯联邦及国外的联合会、协会、基金会及其他组织的活动；

（10）履行与机构所持有的不动产基本建设、现代化建设、改造和维修相关的开发建设者的职能；

（11）在俄罗斯联邦境内和境外创建分支机构和代表处，批准它们的规章并根据俄罗斯联邦法律的规定任命领导人；

（12）履行国家订货商订购商品的职能，并以此身份执行工作、提供服务。

（13）根据规定程序从事对外经济活动。

24. 机构使用符合章程宗旨和活动主题的其他规则，且不得违反俄罗斯联邦法律。

25. 机构有权根据俄罗斯联邦法律规定从事以下体现本章程第14条规定的用途的创收活动：

（1）为组织和公民提供信息学、图书馆学和参考咨询服务，包括提供远程馆际互借和国际馆际互借服务；

（2）编制信息分析、书目、专题咨询、简介；

（3）制作书目信息汇编、出版物书单，编制超出创办人法定任务之外的科学辅助及通俗参考书目；

（4）文献分析目录；

（5）文献注释；

（6）复制机构书库中的文献或文献的组成部分；

（7）提供文献复制、研究会、展览和其他事务的服务；

（8）提供用于展览、摄影和摄像的机构书库资源；

（9）组织和提供课程培训、实习，俄罗斯国家历史、理论和实践领域和俄罗斯联邦官方语言俄语，以及图书馆、档案馆和博物馆方面的咨询；

（10）为组织和公民个人提供文献鉴定与评估；

（11）出售依靠创收活动所得资金制作的、带有机构标志的出版物和纪念品；

（12）提供软件和自动化系统的开发、运行及维护服务；

（13）提供网络电子资源制作服务；

（14）提供文献扫描和加工服务。

26. 机构有义务：

（1）保证分配给机构的财产的安全性、有效性和实用性；

（2）提供机构依靠创收活动所得资金收购的财产信息，由俄罗斯联邦总统办公室管理；

（3）遵守劳动保护条例、卫生保健标准及要求；

（4）进行财务和其他活动成果的会计核算，制作统计和财务报表。

（5）根据规定程序开展民防及动员准备活动；

（6）保证电子出版物呈缴本的收集、保存和使用；

（7）从事以下类型的电子复本的制作：

磨损、破坏、残缺文献；

出售给用户的可能导致丢失、损坏或毁坏的唯一的和（或者）稀有的文献、手稿；

机读形式存储的文献和缺乏必要的技术手段加以使用的文献；

具有科学和教育意义的文献；

符合图书馆采选条例的文献；

（8）对所有出入机构书库的文献进行登记；

（9）确定和保证建立机构占用的建筑物、设施、土地和其他财产的维护、使用和保存；

（10）实行参观者和使用者访问制度、图书馆建筑物和馆舍内的财产和贵重物品保护制度。

27. 在俄罗斯联邦总统办公室、财政部和其他国家授权机构的管理下，对机构的财务活动进行审查。

V. 机构管理

28. 机构由馆长（以下简称“领导人”）领导。

29. 俄罗斯联邦总统办公室经俄罗斯联邦总理批准，任命和撤销领导人的职务。

30. 领导人系本机构的唯一执行者。

领导人对机构活动负专责。

31. 机构领导人经俄罗斯联邦总统办公室批准，任命和撤销机构副职领导和总会计师的职务。

机构副职领导和总会计师在规定了其权利和义务的劳动合同和职务规范的基础上，履行自己的职责。

在领导人暂时缺席的情况下，可委托一名副职领导代替领导人履行义务。

32. 领导人：

（1）组织机构的工作；

（2）无需授权，代表机构（包括代表机构的利益）开展工作；

（3）代表机构按照规定程序订立合同；

（4）联邦国库机构领域内开设联邦预算拨款和创收活动所得资金，应设立俄罗斯联邦货币分账户；

（5）批准机构的组织和在职人员名册；

（6）与机构工作人员签订聘用合同，修改和终止劳动合同；

（7）根据俄罗斯联邦法律规定的程序，授予委托书；

（8）签发命令，批准章程、条例，向机构全体工作人员发布指令；

（9）采用符合劳动法的奖励和处罚办法；

（10）根据俄罗斯联邦法律规定行使其他权力。

33. 领导人按照规定程序，向俄罗斯联邦总统办公室汇报机构的活动。

34. 根据俄罗斯联邦法律规定，由领导人确定构成专利或商业秘密的信息组成和数量及其保护办法。

35. 领导人制定办法和保证具有个人专有信息的机构工作人员的工作条件，并承担对其实行保密的专属责任。

36. 在机构内部设立学术委员会，作为委员会集体协商机构。

学术委员会章程及其成员由担任学术委员会主席职务的机构领导人批准。

VI. 机构改组和清算

37. 根据俄罗斯联邦法律规定，对机构进行改组和清算。

38. 如果俄罗斯联邦法律未作规定，清算之后的机构财产归财产持有人所有。

俄罗斯联邦国家预算机构“俄罗斯国家图书馆”章程*

（2011 年 9 月 8 日第 761 号）

俄罗斯联邦政府关于批准联邦国家预算机构“俄罗斯国家图书馆”章程的决议，确认俄罗斯联邦政府 2009 年 12 月 31 日第 1191 号《关于批准联邦国家预算机构“俄罗斯国家图书馆”章程》的法令无效。（俄罗斯联邦 2010 年第 3 次法律会议，第 317 条）

I. 总 则

1. 联邦国家预算机构“俄罗斯国家图书馆”（以下简称“图书馆”）是从

---

* 陈英爽，刘冰雪，译；卢海燕，校。

事图书馆学、图书目录学、科学研究、科学信息、方法学、文化教育和培训活动的非营利机构。

2. 根据俄罗斯联邦1992年3月27日第313号总统令，图书馆由M. E. 萨尔蒂科夫－谢德林国立公共图书馆变更为“俄罗斯国家图书馆”，是M. E. 萨尔蒂科夫－谢德林国立公共图书馆的继承者，是特别珍贵的国家遗产，构成俄罗斯联邦各民族历史和文化的精神财富。

3. 俄罗斯联邦是图书馆的创始人和财产所有权人。

4. 图书馆隶属于俄罗斯联邦文化部。

5. 俄罗斯联邦政府和俄罗斯联邦文化部根据本章程的规定，行使图书馆创始人的职能和权力。

6. 俄罗斯联邦文化部和联邦机构根据俄罗斯联邦法律有关国家财产管理的规定，授予图书馆财产所有权人的职能和权力。

7. 俄罗斯联邦政府行使创始人的下列职能和权力：

（1）批准图书馆章程，并对其进行修改；

（2）确保图书馆活动的法律和物质技术条件，确保图书馆所持有财产的安全性、完整性和不可分割性，包括资源、文化藏品和图书馆藏书。

8. 俄罗斯联邦文化部行使创始人的下列职能和权力：

（1）签订和终止图书馆馆长的劳动合同；

（2）根据本章程所规定的主要活动类型，制定和批准提供公共服务（工程）的国家任务（以下简称“国家任务”）；

（3）批准和修改图书馆创始人所持有的不动产清单，以及使用图书馆创始人资金为图书馆收购的不动产清单；

（4）批准和修改图书馆创始人所持有的特别珍贵的动产清单，以及使用图书馆创始人资金为图书馆收购的动产清单；

（5）协助图书馆完成大型交易；

图书馆大型交易是一种以现金方式出让某种财产（根据联邦法规定预算机构有权自行处置的），以及将该财产转让使用或抵押的交易或若干相关交易；

构成大型交易的前提是交易价格、出让价格或被转让的财产价格高于图书馆账面资产的10%，图书馆账面资产应根据最后申报期内的图书馆财务报表数据计算；

（6）批准图书馆参与有意向的交易；

（7）规定图书馆在超出国家任务范围，以及在联邦法律规定的国家任务范围内为自然人和法人提供的属于图书馆活动主要类型的服务（工作）的既定付款程序，但联邦法另行规定的情况除外；

（8）根据俄罗斯联邦财政部的总体要求，确定图书馆活动结果和图书馆所持有的联邦财产使用报告的制定和批准程序；

（9）同意使用图书馆所持有的特别珍贵的动产或利用图书馆创始人资金为图书馆收购的财产；

（10）同意对图书馆不动产进行使用，包括将其转租；

（11）为图书馆履行国家任务提供财政支持；

（12）根据俄罗斯联邦财政部的要求，确定图书馆财政金融活动计划的制定和批准程序；

（13）确定图书馆逾期应付账款的最大限额，超出最大限额的，根据俄罗斯联邦劳动法的规定，经授权人提议，解除同图书馆馆长的劳动合同。

（14）根据俄罗斯联邦法律的规定，对图书馆活动进行监督；

（15）同意图书馆馆长关于创立（开办）、改组、更名、清算图书馆分支机构和代理机构的提议；

（16）根据联邦法律和俄罗斯联邦总统、俄罗斯联邦政府以及本章程的规范性法规，行使创始人的其他职能和权力。

9. 图书馆官方俄文全称为俄罗斯联邦预算机构“俄罗斯国家图书馆”。

图书馆官方简称为 РНБ。

图书馆官方英文名称为 Federal State Institution“National Library of Russia (NLR)”。

10. 图书馆地点为圣彼得堡市花园大街 18 号楼，191069。

图书馆邮政地址为圣彼得堡市花园大街 18 号楼，邮编：191069。

11. 图书馆在俄罗斯联邦法及本章程的指导下开展自己的活动。

12. 图书馆系法人。

13. 经俄罗斯联邦文化部同意，根据俄罗斯联邦法律规定的程序，图书馆可以按照自身活动的目标，管理和使用属于图书馆经营管理的财产，但法律另行规定的情况除外。

图书馆对自己承担的全部义务负责。不仅有权经营管理财产所有权人指定给它的财产，而且有权经营管理通过提供有偿服务和从事其他创收活动所获得的收益。

但特别珍贵的动产、图书馆所有者所持有的该种财产或者使用图书馆所有者资金收购的财产，以及不动产除外。

14. 图书馆财产所有权人不对图书馆承担义务，但《关于改善国家（市政）

机构法律地位的俄罗斯联邦部分法律行为修正案》第33条第12款的规定除外。

图书馆不对图书馆财产所有权人承担义务。

15. 为了达到自身活动的目标，图书馆以自己的名义取得并行使经济和精神权利，承担义务，以自己的名义起诉和应诉。

16. 图书馆有独立的资产负债表，并且在联邦国库机关内设立分账户，根据俄罗斯联邦法律设立外币资金账户。

17. 图书馆履行由俄罗斯联邦文化部根据本章程规定的主要活动类型制定和批准的国家任务。

图书馆履行国家任务的财政保障是根据与俄罗斯联邦文化部签署的提供补贴的程序和条件的协议，实行联邦预算补贴。

图书馆根据国家针对国家任务和（或者）义务，从事与执行工作相关的强制性社会治安活动，提供图书馆活动范围内属于其主要活动类型的服务。

图书馆无权拒绝履行国家任务。

18. 除法定国家任务之外，图书馆有权在联邦法律规定的情况下，开展法定国家任务之外的工作，

在图书馆活动范围内，为自然人和法人提供由本章程第23条规定的属于图书馆主要活动的服务，以及在相同情况下提供相同类型的服务。

19. 图书馆可以印刷带有自己名称的俄罗斯联邦国徽图像，用于图书馆活动的邮戳、印章、信笺，以及根据俄罗斯联邦法律规定注册的商标。

20. 图书馆在与联邦国家预算机构“俄罗斯国立图书馆”和联邦国家预算机构“Б. Н. 叶利钦总统图书馆”协调与合作的基础上开展自己的活动。

II. 图书馆活动的目的、对象和类型

21. 图书馆活动的对象和目的：

（1）满足俄罗斯联邦各民族利益的图书馆、书目和科学信息活动团体、机构组织的大量信息需求，发展本国和世界文化、科学、教育；

（2）参与国内文献的国家书目登记，创建书目、摘要和概述分析资料；

（3）以文字、声音或图像的形式将信息记录在实物上，通过时空进行传播，以存储和公众使用为目的，反映人类知识并且首先是反映俄罗斯及其国家利益的大量文献资源（以下简称“文献”）的收集、保存和公众使用。

22. 在国家任务范围内，图书馆从事以下主要类型的活动：

（1）根据图书馆采选条例，在文献呈缴本的基础上，通过文献购买、图

书交换（包括国际交换）的方式以及符合俄罗斯联邦法律的其他途径，形成尽可能全面的国内文献资源，保证其长期保存；

（2）根据图书馆采选条例，形成和保存最具文化、科学和艺术价值的国外文献资源（优先采选、保存和登记有关俄罗斯的文献，包括在俄罗斯境外以俄罗斯各民族语言创作的文献）；

（3）组织和开展关于俄罗斯文献，包括在俄罗斯境外由俄罗斯各民族语言创作的文献的书目登记；

（4）参与国家印刷品书目登记；

（5）开展有关图书馆学、图书目录学和图书学的工作，并从事方法学、作为科技信息和联邦文化中心的活动；

（6）借助各种信息载体的出版物和目录系统，科学加工和展示图书馆馆藏资源，形成电子图书馆、信息库和数据库，保证对上述信息及其他俄罗斯的和国外的信息资源进行访问，参与信息交换；

（7）对存储在图书馆中的国内和国外文献，包括珍本、档案文献，以及博物馆藏品的鉴定、说明、保存及修复；

（8）对联邦国家政府机关就文献认证、技术鉴定和包括珍本在内的文献的评估进行辅导；

（9）向用户提供图书馆服务和信息服务，包括书目参考服务：

通过目录系统和其他形式的图书馆信息，免费提供关于图书馆馆藏的完整信息；

对检索和选择信息源提供免费的咨询帮助；

在图书馆阅览室内免费提供临时使用的图书馆馆藏文献，包括最全面的国内文献集和具有科学意义的国外文献集；

（10）在规定的活动范围内（包括会议、研讨会、论坛）进行科学、文化教育和培训活动；

（11）在俄罗斯联邦文化部规定的指标内，从事有关图书馆专业研究生教育计划的教学活动；

（12）在图书馆事业、图书目录学、图书和其他相关领域内开展科学研究、科技信息与教学方法研究工作；

（13）在规定的活动范围内对民意进行研究；

（14）根据俄罗斯联邦文化部图书馆活动计划，按照规定的程序参与图书馆事业领域内联邦政策的制定与实施；

（15）按照规定的程序从事俄罗斯联邦及境外的陈列展览活动；

（16）图书馆参观者（用户）的参观和讲座服务；

俄罗斯联邦法律和俄罗斯联邦总统令及俄罗斯联邦政府令规定的参观者属于联邦国家文化机构享受优惠待遇的参观者，根据优惠条件，保证为其提供免费参观和讲座服务；

（17）按照规定的程序从事出版和印刷活动；

（18）按照规定的程序参与国际合作，包括实施联合国、联合国教科文组织、国际图书馆协会联合会（国际图联）、国际标准化组织、欧洲委员会和其他国际组织的计划，以及与国外图书馆、文化、教育、科学、信息和信息化领域的其他组织进行合作。

23. 图书馆有权超出国家规定的任务范围执行工作，在图书馆活动范围内根据以下主要活动类型，为公民和法人提供付费服务以及在相同情况下提供相同的服务：

（1）对客户提供的文献，包括珍本及博物馆藏品的鉴定、说明、保存和修复；

（2）在规定的活动范围内组织和开展文化教育和培训活动；

（3）根据俄罗斯联邦法律，提供俄罗斯联邦文化部规定的指标之外的研究生教育计划，以及继续职业教育计划；

（4）在图书馆事业、图书目录学、图书事业和其他相关领域内组织和开展科学研究、科技信息与教学方法研究工作；

（5）在图书馆和信息情报领域，包括书目咨询方面，为用户提供服务，但本章程第 22 条第（9）项规定的领域除外；

（6）对图书馆事业、信息和信息学不同发展领域的概念、计划和其他文献进行深入研究；

（7）根据俄罗斯联邦法律从事教育活动，组织来自俄罗斯联邦和外国的专家实习，交换专家和进行大学生教育实践；

（8）按照规定程序在俄罗斯联邦和国外从事陈列展览活动；

（9）从事图书馆参观者（用户）的参观和讲座服务；

（10）按照规定的程序从事出版和印刷活动；

（11）在规定的活动范围内提供信息和咨询服务；

（12）根据图书馆采选条例进行文献的检验、鉴定和评估。

24. 为了达到根据指定用途创建图书馆的目的，图书馆有权从事以下非主要类型的活动：

（1）为文献再版提供图书馆馆藏文献，以及为照片、电影和视频提供指定的图书馆资源和内部设备；

（2）为广告和其他商业性活动提供图书馆馆藏的名称、标志、商标、建筑物图片、复制文献和文化珍品，以及根据俄罗斯联邦法律的规定，将其提供给其他法人或自然人；

（3）在联邦专门的、区域的和机关的规划框架内，根据协议和合同规定的活动范围开展工作和提供服务；

（4）从事制作和出售纪念品和印刷品，复制和销售任何载体形式的文献；从事生产音频、视频、照片和电影产品等付费服务以及其他创收活动；

（5）根据俄罗斯法律的规定，出售在从事图书馆活动过程中产生或收购的知识产权；

（6）按照俄罗斯联邦法律的规定，提供图书馆馆藏文献复制服务；

（7）在规定的活动范围内提供网络电子资源的创建服务并确保对其进行访问；

（8）在规定的活动范围内，提供软件及自动化系统的开发、经营和维护；

（9）组织和举办会议、研讨会、展览、拍卖和其他社会文化活动，出售包含文化教育、科学技术和教育信息内容的资料；

（10）根据俄罗斯联邦法律的规定，为图书馆举办活动的工作人员、参观者及参与者提供餐饮服务；

（11）组织图书馆工作人员和图书馆举办活动的参加者在图书馆拥有经营管理权或其他物权的宾馆和（或者）宿舍、房产内居住，以及在图书馆租赁的地方居住；

（12）根据俄罗斯联邦法律的规定，在图书馆拥有经营管理权的保健中心向图书馆举办活动的工作人员、工作人员家属和参加者提供康乐活动和娱乐休闲活动的服务；

（13）为图书馆举办活动的参观者、工作人员和参加者提供交通服务，包括对图书馆活动必需的交通工具的维护和使用；

（14）为了更好地提高对图书馆参观者的服务质量，组织和开展图书馆区域美化活动；

（15）在规定的活动范围内从事广告活动；

（16）从事属于图书馆活动范围的装箱工作和有关文献资料的装订工作；

（17）从事公文电信领域的活动；

（18）出售产品，包括根据委员会合同，提供收费服务及从事其他符合图书馆目标和宗旨的创收活动。

III. 图书馆的权利和义务

25. 图书馆的权利：

（1）根据俄罗斯联邦法律的规定，以及本章程所规定的活动宗旨和目标，确定其活动的内容和具体形式；

（2）按照规定的程序从事出版、印刷、陈列、参观、展览、教育和培训活动，相关文献（包括珍本、档案文献）和博物馆藏品的修复活动，以及相关图书拍卖活动；

（3）确定使用稀有和珍贵出版物的押金数额，以及规定其他情况下图书馆的使用规则；

（4）根据俄罗斯联邦法律和图书馆使用规则，确定用户给图书馆造成损失的赔偿金额和种类；

（5）经与被授权的联邦执行机构商议，在不影响丰富性和完整性的情况下，从图书馆馆藏中剔除和出售多余的册子和文献复本；

（6）根据俄罗斯联邦法律规定，确定图书馆提供收费服务的清单和价格（收费）；

（7）在与法人和自然人达成协议的基础上，制定图书馆馆藏使用条件；

（8）在不违背图书馆活动宗旨和目标的情况下，同俄罗斯及国外的法人和自然人签订合同；

（9）按照既定规则，转交非营利组织作为其创始人或参与者的现金（另行规定的条件除外）和其他财产，但图书馆所有权人所持有的特别珍贵的动产或使用图书馆所有权人资金为图书馆收购的财产，以及不动产除外；

（10）根据俄罗斯联邦法律的规定，参与俄罗斯联邦及国外的协会、工会、基金会和其他非营利组织的活动；

（11）购买和租赁保障图书馆活动所必需的财产；

（12）在俄罗斯联邦总统、俄罗斯联邦政府管辖的文化和艺术领域内，从自然人和法人，以及俄罗斯联邦法律规定的俄罗斯联邦境内有资格提供资助的国际组织处获取资助；

（13）获得自愿捐赠的财产、捐款、赠品，俄罗斯和外国法人和自然人遗赠的资金，国际组织的资金；

（14）经俄罗斯联邦文化部同意，根据俄罗斯联邦法律的规定，出租和（或者）临时免费使用由图书馆经营管理的不动产；

（15）推行研究生教育计划，以及职业继续教育计划；

（16）根据俄罗斯联邦法律规定的图书馆采选条例开展活动，包括从事与图书馆馆藏的收集、保存和使用相关的国际活动；

（17）为了保护图书馆馆藏中的作品，将其以电子载体的形式进行复制；

（18）在临时免费使用时，提供图书馆馆藏作品的数字拷贝；

（19）根据俄罗斯联邦法律的规定，履行图书馆所持有的不动产建设单位（建设者）的职能；

（20）履行其他有关分配供货订单、执行工作和提供图书馆需要的服务的职能；

根据俄罗斯联邦法律的规定，图书馆以自己的名义签订民事供货合同，开展工作和提供服务；

（21）根据俄罗斯联邦法律和集体谈判协议，利用提供收费服务和从事其他创收活动所得资金，向自己的员工提供额外的社会福利；

（22）根据俄罗斯联邦法律规定，为员工、图书馆参观者和图书馆举办的活动参加者提供医疗服务；

（23）确保提高图书馆员工的职业技能；

（24）经俄罗斯联邦文化部同意，创建分支机构并开设代理机构，以及根据俄罗斯联邦法律的规定，对上述机构作出重组、撤销和更名的决定；

（25）在不违反俄罗斯联邦法律的情形下，根据图书馆活动的宗旨和目标享有的其他权利。

26. 图书馆从事符合俄罗斯联邦法律规定的活动的权利，需要专门的许可（许可证、认证证书、其他许可证件），自图书馆获得许可之日起或在指定的期限内生效，到期终止，但俄罗斯法律另行规定的情况除外。

27. 图书馆的义务：

（1）确保图书馆所持有财产的安全、有效和正确使用；

（2）与俄罗斯联邦文化部协商，使用图书馆所有者所持有的特别珍贵的动产或使用图书馆所有权人资金购买的该项财产，以及不动产；

（3）向负责联邦财产登记的联邦行政管理机构提供相关财产证明；

（4）允许行使俄罗斯联邦预算系统现金预算职能的联邦执行机构，在互联网官方网站上发布以下文件：

图书馆成立文件，包括对其进行更改；

国立图书馆注册证书；

关于图书馆创建的创始人决议；

关于任命图书馆领导人（馆长）的创始人决议；

图书馆分支机构、代理机构条例；

图书馆财政经济活动规划；

图书馆年度财务报表；

图书馆从事的监督活动及结果报告；

国家任务；

图书馆活动成果及图书馆所属的联邦财产使用报告；

图书馆确保上述文件的公开性和可访问性符合俄罗斯联邦法律关于保护国家机密的要求；

（5）进行财政经济和其他活动成果的会计核算，根据俄罗斯联邦法律的规定进行统计和会计登记；

（6）根据俄罗斯联邦法律规定的程序和期限，提供会计报表和统计报表；

（7）遵守劳动保护规则、卫生保健规范、消防和反恐安全要求；

（8）采取安全、消防和反恐措施；

（9）根据既定规则进行相关民防和动员培训活动；

（10）确定和保证图书馆占用的建筑物、设施、土地和其他财产的维护、使用和保存制度；

（11）实行和保证参观者和使用者访问制度，图书馆建筑物和馆舍内的财产和贵重物品保护制度；

（12）保障图书馆馆藏的采选、保存和使用，特别是对属于珍品的出版物和收藏品的保存；

（13）制作破旧、磨损、损坏和残缺文献的电子复本：

出售给用户的可能导致丢失、损坏或毁坏的唯一的和（或者）稀有的文献、手稿；

机读形式存储的文献和缺乏必要的技术手段加以使用的文献；

具有科学和教育意义的文献；

符合图书馆采选条例的文献；

（14）对所有出入图书馆馆藏的文献进行登记。

IV. 图书馆活动的管理

28. 馆长对图书馆活动进行统一领导，经俄罗斯联邦文化部提议，由俄罗斯联邦政府任命和解除馆长的职务。

29. 俄罗斯联邦文化部根据俄罗斯联邦法律的规定，与馆长签订和终止劳动合同。

俄罗斯联邦政府规定馆长任期 5 年，俄罗斯联邦政府可提前解除其职务。

30. 馆长专责制，领导图书馆活动，对履行职能负全责。

31. 馆长：

（1）在国家政府机关、其他国家机关和地方自治机构中，以及在与法人和自然人的关系中，无需图书馆授权的委托书，即可代表图书馆的利益开展工作，并且代表图书馆签订合同，授予委托书；

（2）批准图书馆的组织和在职人员名册，并批准组织划分条例；

（3）给副职分配任务；

（4）根据图书馆工作人员既定规则进行任职和免职，规定其义务，与其签订劳动合同；

（5）采用图书馆工作人员奖励办法，并根据俄罗斯联邦法律的规定，对图书馆工作人员实施纪律处分；

（6）批准条例、发布命令和指示、对全体图书馆工作人员提供必要的指导；

（7）在规定的程序内支配图书馆的财产和资金，保证有效利用图书馆资源解决生产和社会问题；

（8）经俄罗斯联邦文化部同意，确定图书馆馆藏资源采选条例；

（9）按照既定规则实施有关维护和发展图书馆物质技术基础库的措施，为图书馆用户和工作人员创造必要的条件，负责图书馆资源，以及其他文化珍品和收藏品、建筑物、设施、设备和图书馆其他财产的安全和正确使用；

（10）创建解决图书馆所面临的问题的委员会和工作组，并批准其条例；

（11）制定规章和保证具有个人专有信息的图书馆工作人员的工作条件，并承担对其实行保密的专属责任；

（12）在自己的职权范围内，保护属于国家秘密的信息；

（13）确定构成专利或商业秘密的信息组成和数量，并根据俄罗斯联邦法律规定对其进行保护；

（14）根据俄罗斯联邦法律的规定，保证进行民防活动和动员培训；

（15）在图书馆区域内实现对消防系统和反恐安全的直接领导，在消防和反恐安全领域内，根据俄罗斯联邦的法律规范，对消防和反恐安全承担个人责任，制定和实施消防和反恐安全措施；

（16）确定图书馆工作人员劳动报酬的形式和金额；

（17）批准分支机构和代表处条例，以及领导人的任命；

（18）根据俄罗斯联邦法律和本章程的规定行使其他权力。

32. 馆长对未经俄罗斯联邦文化部事先批准，进行大型交易给图书馆造成的损失负责，无论这项交易是否被视为无效。

33. 经馆长决定，在图书馆内可以设立委员会集体协商机构，其组成和工作程序由馆长制定。

34. 作为委员会集体协商机构，可以在图书馆内创建由图书馆及其他科学组织的领导和专家组成的学术委员会。

馆长是学术委员会主席，批准学术委员会条例和其他学术委员会文件及章程规定的活动。

35. 经馆长决定可以设立图书馆主席的职务。

图书馆馆长和主席职务不得重合。

36. 经俄罗斯联邦文化部同意，馆长任命图书馆主席职务并按照类似程序解除该职务。

馆长同图书馆主席签订和解除劳动合同。

37. 图书馆主席经馆长同意行使以下权力：

（1）参与图书馆发展观念和战略研究；

（2）在与国家政府机关、其他国家机关、地方自治机构、公共组织、国际组织和其他组织之间的联系中代表图书馆；

（3）参与处理改善图书馆科学组织和管理活动的问题。

38. 根据俄罗斯联邦法律的规定，在与馆长达成一致的基础上，图书馆主席代表图书馆行使一切法律行为。

V. 图书馆财产和资金保障

39. 根据俄罗斯联邦民法典的规定，图书馆有权对其所属财产进行经营管理。

图书馆拥有为完成其指定任务所需土地的长期（永久）居留权。

由俄罗斯联邦法确定俄罗斯联邦人民的文化遗产（历史和文化遗产）、文化珍品，根据俄罗斯联邦其他规范性法规所采用的条件和程序，分配给图书馆限于公共使用或者禁止公共使用的自然资源（土地除外）。

40. 未经俄罗斯联邦文化部同意，图书馆无权支配图书馆所有权人所持有的特别珍贵的动产或者使用图书馆所有者资金为图书馆收购的财产，以及不动产。

图书馆有权自行支配属于图书馆经营管理的其他财产，但本章程第 8 条第（5）项、第 25 条第（9）项、第 51 ~ 53 条规定的情况除外。

41. 为了完成本章程所规定的活动，图书馆依据其宗旨，在法律规定的范围内管理并使用其所有的财产和（或者）经俄罗斯联邦文化部同意支配的财产，包括：

（1）根据规定程序分配给图书馆经营管理的财产；

（2）根据规定程序交付图书馆长期（永久）和免费使用的财产（包括土地）；

（3）获得的财产，包括利用可用资金产生的孳息，提供收费服务和从事其他创收活动所得的收益；

（4）通过俄罗斯和国外法人和自然人捐赠的方式获得的财产，以及根据遗嘱、协议或者俄罗斯联邦法律规定的其他方式获得的财产。

42. 利用图书馆经营管理的财产获得的成果、产品和收入，以及图书馆根据合同或其他原因获得的财产，纳入图书馆的经营管理范围。

43. 根据俄罗斯联邦法律的规定，经俄罗斯联邦文化部同意，属于图书馆经营管理的不动产可以出租或临时转让使用。

44. 图书馆对宗教文化遗产拥有经营管理权，包括限于公共使用或禁止公共使用的，转交给宗教组织临时使用的（以及将其转交给宗教组织免费使用的），根据联邦法律的规定终止使用的宗教文化遗产。

45. 由图书馆经营管理的俄罗斯联邦博物馆藏品、俄罗斯联邦档案馆馆藏文献和民族图书馆馆藏文献，应作为图书馆特别珍贵的动产。

46. 图书馆是国家图书馆馆藏和其他文献的总库。

图书馆的手稿资源是俄罗斯联邦档案馆馆藏的组成部分。

根据俄罗斯联邦法律的规定，图书馆馆藏作为俄罗斯联邦文化遗产不可分割的一部分，在特殊模式下进行保存和使用。

47. 经俄罗斯联邦文化部同意，图书馆制定图书馆使用规则，制定图书馆馆藏和其他信息资源的保存和使用制度，以及图书馆访问制度。

为了保护珍品和国家图书馆馆藏的其他文献，甚至在俄罗斯联邦法律规定的其他情况下，图书馆使用规则仍可以对图书馆资源的使用加以限制。

有限使用图书馆文献信息是众所周知的。

48. 根据俄罗斯联邦法律规定从图书馆的图书和档案馆藏中接收、登记、分发和剔除文献。

49. 图书馆财产来源：

（1）图书馆进行经营管理所获得的动产和不动产；

（2）根据长期（永久）免费使用的规定程序，交付图书馆的财产（包括土地）；

（3）联邦预算补贴，以及提供收费服务和从事其他创收活动的收益；

（4）根据俄罗斯联邦法律规定所获得的其他收入和进项。

50. 图书馆财产使用情况由俄罗斯联邦文化部和联邦机构在管辖范围内根据国家财产管理规定进行监督。

51. 经俄罗斯联邦文化部同意，从事大型交易和图书馆有意向的交易。

52. 未经俄罗斯联邦文化部同意，图书馆不得擅自进行交易活动，不得处置或抵押指定给图书馆的财产，不得利用联邦预算或俄罗斯联邦国家预算基金中分给图书馆的资金购买财产。

53. 除联邦法另行规定外，图书馆无权支配信贷机构的现金存款从事证券交易，以及以投资者身份参与贸易合作。

54. 提供收费服务和从事其他创收活动所获得的资金，以及利用这些资金所获得的财产，根据本章程第 8 条第（5）项、第 25 条第（9）项、第 51 ~ 53 条的规定，由图书馆自由支配。

55. 设立联邦预算拨款和提供收费服务及从事其他创收活动所得资金的俄罗斯联邦货币分账户，馆长可以根据俄罗斯联邦法律的规定，在联邦国库机构内开设外币资金账户。

56. 图书馆活动的经费来源：

（1）以下联邦预算拨款：

图书馆根据国家任务规定提供公共服务（执行工作）的成本补贴；

图书馆创始人所持有的不动产和特别珍贵的动产，或者图书馆依靠划分给创始人的资金购买的不动产和特别珍贵的动产支出费用；

纳税主体缴纳税款产生的相应支出，包括土地；

用于其他用途的补贴；

（2）根据合同和协议，用于实施区域和市政规划的俄罗斯联邦预算或地方预算资金；

（3）接收的捐款、自愿捐赠、礼品，从俄罗斯和国外的法人和自然人、国际组织处获得的指定用途的捐款、遗赠资金，以及举办的有益于图书馆的慈善活动收入；

（4）提供收费服务和从事其他创收活动获得的资金；

（5）根据俄罗斯联邦法律的规定，租赁由图书馆经营管理的财产所获得的收入；

（6）图书馆通过租赁用于居住的不动产获得的资金，图书馆提供收费服务和从事其他创收活动的收入；

（7）依靠联邦预算手段，国家额外支持（资助）形式的资金；

（8）获得的预算外资助资金；

（9）符合俄罗斯联邦法律的其他进项。

57. 图书馆完成国家任务的财政保障是通过提供公共服务（执行工作）获得的联邦预算补贴，在补贴程序和条件协议的基础上，可将补贴用作其他用途。

完成国家任务的财政保障还包括图书馆创始人所持有的不动产和特别珍贵的动产，或使用图书馆创始人资金收购的该财产的补贴，以及纳税主体缴纳税款产生的相应财产（包括土地）。

经俄罗斯联邦文化部同意，在租赁图书馆所持有的动产或不动产，或者使用图书馆创始人资金收购该财产的情况下，创始人不对该财产提供财政支持。

58. 只有当国家任务适当更改的情况下，在执行国家任务期间可以减少补贴数额。

59. 经俄罗斯联邦文化部同意，根据俄罗斯联邦法律的规定，图书馆可以将图书馆有权自由支配的现金和其他财产转交给作为其创始人或参与者的非营利组织。

60. 财政活动和财产使用，包括图书馆馆藏和其他文化珍品的收集，由俄罗斯联邦文化部和其他国家政府机构在其管辖范围内监督。

VI. 图书馆的改组、转型和清算

61. 根据俄罗斯联邦法律的规定，实现图书馆的改组和转型。

62. 图书馆转型非改组图书馆。

63. 图书馆是特殊的联邦财产。不得变更、清算或改变图书馆的所有权形式。图书馆馆藏的完整性和不可剥夺性受到保护。

俄罗斯联邦国家预算机构“俄罗斯国立图书馆”章程*

2011年9月8日第760号俄罗斯联邦政府令《关于批准联邦国家预算机构“俄罗斯国立图书馆”章程》的决议，废除俄罗斯联邦政府2009年12月31日第1190号《关于批准联邦国家预算机构“俄罗斯国立图书馆”章程》的法令。(俄罗斯联邦2010年第3次法律会议，第316条)

I. 总　则

1. 联邦国家预算机构“俄罗斯国立图书馆”（以下简称“图书馆”）是从事图书馆学、图书目录学、科学研究、科学信息、方法学、文化教育和培训活动的非营利机构。

图书馆系根据俄罗斯联邦总统1992年1月22日第38号《关于建立俄罗斯国立图书馆》的命令，在苏联国立列宁图书馆基础上建立的，是列宁图书馆的继承者。

2. 图书馆系俄罗斯联邦国家级图书馆。

3. 俄罗斯联邦是图书馆的创始人和财产所有权人。

4. 图书馆隶属于俄罗斯联邦文化部。

5. 俄罗斯联邦政府和俄罗斯联邦文化部根据本章程的规定，行使图书馆创始人的职能和权力。

6. 俄罗斯联邦文化部和联邦机构根据俄罗斯联邦法律有关国家财产管理的规定，授予图书馆财产所有权人的职能和权力。

7. 俄罗斯联邦政府行使创始人的下列职能和权力：

（1）批准图书馆章程，并对其进行修改；

（2）确保图书馆活动的法律和物质技术条件，确保图书馆所持有财产的安全性、完整性和不可分割性，包括资源、文化藏品和图书馆藏书。

8. 俄罗斯联邦文化部行使以下创始人的职能和权力：

（1）签订和终止图书馆馆长的劳动合同；

---

* 陈英爽，刘冰雪，译；卢海燕，校。

（2）根据本章程所规定的主要活动类型，制定和批准提供公共服务（工程）的国家任务（以下简称“国家任务”）；

（3）批准和修改图书馆创始人所持有的不动产清单，以及使用图书馆创始人资金为图书馆收购的不动产清单；

（4）批准和修改图书馆创始人所持有的特别珍贵的动产清单，以及使用图书馆创始人资金为图书馆收购的动产清单；

（5）协助图书馆完成大型交易；

图书馆大型交易是一种以现金方式出让某种财产（根据联邦法规定预算机构有权自行处置的），以及将该财产转让使用或抵押的交易或若干相关交易；

构成大型交易的前提是交易价格、出让价格或被转让的财产价格高于图书馆账面资产的10%，图书馆账面资产应根据最后申报期内的图书馆财务报表数据计算；

（6）批准图书馆参与有意向的交易；

（7）规定图书馆在超出国家任务范围，以及在联邦法律规定的国家任务范围内为自然人和法人提供的属于图书馆活动主要类型的服务（工作）的既定付款程序，但联邦法另行规定的情况除外；

（8）根据俄罗斯联邦财政部的总体要求，确定图书馆活动结果和图书馆所持有的联邦财产使用报告的制定和批准程序；

（9）同意使用图书馆所持有的特别珍贵的动产或利用图书馆创始人资金为图书馆收购的财产；

（10）同意对图书馆不动产进行使用，包括将其转租；

（11）为图书馆履行国家任务提供财政支持；

（12）根据俄罗斯联邦财政部的要求，确定图书馆财政金融活动计划的制定和批准程序；

（13）确定图书馆逾期应付账款的最大限额，超出最大限额的，根据俄罗斯联邦劳动法之规定，经授权人提议，解除同图书馆馆长的劳动合同；

（14）根据俄罗斯联邦法律的规定，对图书馆活动进行监督；

（15）同意图书馆馆长关于创立（开办）、改组、更名、清算图书馆分支机构和代理机构的建议；

（16）根据联邦法律和俄罗斯联邦总统、俄罗斯联邦政府以及本章程规定的规范性法规，行使创始人的其他职能和权力。

9. 图书馆官方俄文全称为俄罗斯联邦预算机构“俄罗斯国立图书馆”。

图书馆官方简称为 ФГБУ“РГБ”。

图书馆官方英文名称为 Federal State Institution “Russian State Library (RSL)”。

10. 图书馆地点为莫斯科市瓦斯特维仁卡大街 3/5 楼，191019。

图书馆邮政地址为莫斯科市瓦斯特维仁卡大街 3/5 楼，邮编：191019。

11. 图书馆在俄罗斯联邦法及本章程的指导下开展自己的活动。

12. 图书馆系法人。

13. 经俄罗斯联邦文化部同意，根据俄罗斯联邦法律规定的程序，图书馆可以按照自身活动的目标，管理和使用属于图书馆经营管理的财产，但法律另行规定的情况除外。

图书馆对自己承担的全部义务负责。不仅有权经营管理财产所有权人指定给它的财产，而且有权经营管理通过提供有偿服务和从事其他创收活动所获得的收益。

但特别珍贵的动产、图书馆所有权人所持有的该种财产或者使用图书馆所有者资金收购的财产，以及不动产除外。

14. 图书馆财产所有权人不对图书馆承担义务，但《关于改善国家（市政）机构法律地位的俄罗斯联邦部分法律行为修正案》第 33 条第 12 款的规定除外。

图书馆不对图书馆财产所有权人承担义务。

15. 为了达到自身活动的目标，图书馆以自己的名义获得并行使经济和精神权利，承担义务，以自己的名义起诉和应诉。

16. 图书馆有独立的资产负债表，并且在联邦国库机关内设立分账户，根据俄罗斯联邦法律设立外币资金账户。

17. 图书馆履行由俄罗斯联邦文化部根据本章程规定的主要活动类型制定和批准的国家任务。

图书馆履行国家任务的财政保障是根据与俄罗斯联邦文化部签署的提供补贴的程序和条件的协议，实行联邦预算补贴。

图书馆根据国家针对国家任务和（或者）义务，从事与执行工作相关的强制性社会治安活动，提供图书馆活动范围内属于其主要活动类型的服务。

图书馆无权拒绝履行国家任务。

18. 除法定国家任务之外，图书馆有权在联邦法律规定的情况下，开展法定国家任务之外的工作；

在图书馆活动范围内，为自然人和法人提供由本章程第 23 款规定的属于图书馆主要活动类型的服务，以及在相同情况下提供相同类型的服务。

19. 图书馆可以印刷带有自己名称的俄罗斯联邦国徽图像，用于图书馆活动的邮戳、印章、信笺，以及根据俄罗斯联邦法律规定注册的商标。

20. 图书馆在与联邦国家预算机构“俄罗斯国家图书馆”和联邦国家预算机构“Б. Н. 叶利钦总统图书馆”协调与合作的基础上开展自己的活动。

II. 图书馆活动的目的、对象和类型

21. 图书馆活动的对象和目的：

（1）满足俄罗斯联邦各民族利益的图书馆、书目和科学信息活动团体、机构组织的大量信息需求，发展本国和世界文化、科学、教育；

（2）参与国内文献的国家书目登记，创建书目、摘要和概述分析资料；

（3）以文字、声音或图像的形式将信息记录下来，通过时空进行传播，以存储和公众使用为目的，反映人类知识并且首先反映俄罗斯及其国家利益的大量文献资源（以下简称“文献”）的收集、保存和公众使用。

22. 在国家任务范围内，图书馆从事以下主要类型的活动：

（1）根据图书馆采选条例，在文献呈缴本的基础上，通过文献购买、图书交换（包括国际交换）的方式以及符合俄罗斯联邦法律的其他途径，形成尽可能全面的国内文献资源，保证其长期保存；

（2）根据图书馆采选条例，形成和保存最具文化、科学和艺术价值的国外文献资源（优先采选、保存和登记有关俄罗斯的文献，包括在俄罗斯境外以俄罗斯各民族语言创作的文献）；

（3）组织和开展关于俄罗斯文献，包括在俄罗斯境外由俄罗斯各民族语言创作的文献的书目登记；

（4）参与国家印刷品书目登记；

（5）开展有关图书馆学、图书目录学和图书学的工作，并从事方法学、作为科技信息和联邦文化中心的活动；

（6）借助各种信息载体的出版物和目录体系，科学加工和展示图书馆馆藏，形成电子图书馆、信息库和数据库，保证对上述信息及其他俄罗斯的和国外的信息资源进行访问，参与信息交换；

（7）对存储在图书馆中的国内和国外文献，包括珍本、档案文献，以及博物馆藏品的鉴定、说明、保存及修复；

（8）对联邦国家政府机关就文献认证、技术鉴定和包括珍本在内的文献的评估进行辅导；

（9）向用户提供图书馆服务和信息服务，包括书目参考服务：

通过目录系统和其他形式的图书馆信息，免费提供关于图书馆馆藏的完整信息；

对检索和选择信息源提供免费的咨询帮助；

在图书馆阅览室内免费提供临时使用的图书馆馆藏文献，包括最全面的国内文献集和具有科学意义的国外文献集；

（10）在规定的活动范围内（包括会议、研讨会、论坛）进行科学、文化教育和培训活动；

（11）在俄罗斯联邦文化部规定的指标内，从事有关图书馆专业研究生教育计划的教学活动；

（12）在图书馆事业、图书目录学、图书事业和其他相关领域内开展科学研究、科学信息和教学方法研究工作；

（13）在规定的活动范围内对民意进行研究；

（14）根据俄罗斯联邦文化部图书馆活动计划，按照规定的程序参与图书馆事业领域内联邦政策的制定与实施；

（15）按照规定的程序从事俄罗斯联邦及境外的陈列展览活动；

（16）图书馆参观者（用户）的参观和讲座服务；

俄罗斯联邦法律和俄罗斯联邦总统令及俄罗斯联邦政府令规定的参观者属于联邦国家文化机构享受优惠待遇的参观者，根据优惠条件，保证提供免费参观和讲座服务；

（17）按照规定的程序从事出版和印刷活动；

（18）按照规定的程序参与国际合作，包括实施联合国、联合国教科文组织、国际图书馆协会联合会（国际图联）、国际标准化组织、欧洲委员会和其他国际组织的计划，以及与国外图书馆、文化、教育、科学、信息和信息化领域的其他组织进行合作。

23. 图书馆有权超出国家规定的任务范围执行工作，在图书馆活动范围内根据以下主要活动类型，为公民和法人提供付费服务以及在相同情况下提供相同的服务：

（1）对客户提供的文献，包括珍本及博物馆藏品的鉴定、说明、保存和修复；

（2）在规定的活动范围内组织和开展文化教育和培训活动；

（3）根据俄罗斯联邦法律，提供俄罗斯联邦文化部规定的指标之外的研究生教育计划，以及继续职业教育计划；

（4）在图书馆事业、图书目录学、图书事业和其他相关领域内组织和开展科学研究、科技信息与教学方法研究工作；

（5）在图书馆和信息情报领域，包括书目咨询方面，为用户提供服务，但本章程第22条第（9）项规定的领域除外；

（6）对图书馆事业、信息和信息学不同发展领域的概念、计划和其他文献进行深入研究；

（7）根据俄罗斯联邦法律从事教育活动，组织来自俄罗斯联邦和外国的专家实习，交换专家和进行大学生教育实践；

（8）按照规定程序在俄罗斯联邦和国外从事陈列展览活动；

（9）从事图书馆参观者（用户）的参观和讲座服务；

（10）按照规定程序从事出版和印刷活动；

（11）在规定的活动范围内提供信息和咨询服务；

（12）根据图书馆采选条例进行文献的检验、鉴定和评估。

24. 为了达到根据指定用途创建图书馆的目的，图书馆有权从事以下非主要典型的活动：

（1）为文献再版提供图书馆馆藏文献，以及为照片、电影和视频提供指定的图书馆资源和内部设备；

（2）为广告和其他商业性活动提供图书馆馆藏的名称、标志、商标、建筑物图片、复制文献和文化珍品，以及根据俄罗斯联邦法律的规定，将其提供给其他法人或自然人；

（3）在联邦专门的、区域的和机关的规划框架内，根据协议和合同规定的活动范围开展工作和提供服务；

（4）从事制作和出售纪念品和印刷品；复制和销售任何载体形式的文献；从事生产音频、视频、照片和电影产品等付费服务以及其他创收活动；

（5）根据俄罗斯法律的规定，出售在从事图书馆活动过程中产生或收购的知识产权；

（6）按照俄罗斯联邦法律的规定，提供图书馆馆藏文献复制服务；

（7）在规定的活动范围内提供网络电子资源的创建服务并确保对其进行访问；

（8）在规定的活动范围内，提供软件及自动化系统的开发、经营和维护；

（9）组织和举办会议、研讨会、展览、拍卖和其他社会文化活动，出售包含文化教育、科学技术和教育信息内容的资料；

（10）根据俄罗斯联邦法律的规定，为图书馆举办活动的工作人员、参观者及参与者提供餐饮服务；

（11）组织图书馆工作人员和图书馆举办活动的参加者在图书馆拥有经营管理权或其他物权的宾馆和（或者）宿舍、房产内居住，以及在图书馆租赁的地方居住；

（12）根据俄罗斯联邦法律的规定，在图书馆拥有经营管理权的保健中心向图书馆举办活动的工作人员、工作人员家属和参加者提供康乐活动和娱乐休闲活动的服务；

（13）为图书馆举办活动的参观者、工作人员和参加者提供交通服务，包括对图书馆活动必需的交通工具的维护和使用；

（14）为了更好地提高对图书馆参观者的服务质量，组织和开展图书馆区域美化活动；

（15）在规定的活动范围内从事广告活动；

（16）从事属于图书馆活动范围的装箱工作和有关文献资料的装订工作；

（17）从事公文电信领域的活动；

（18）出售产品，包括根据委员会合同，提供收费服务及从事其他符合图书馆目标和宗旨的创收活动。

III. 图书馆的权利和义务

25. 图书馆的权利：

（1）根据俄罗斯联邦法律的规定，以及本章程所规定的活动宗旨和目标，确定其活动的内容和具体形式；

（2）按照规定的程序从事出版、印刷、陈列、参观、展览、教育和培训活动，相关文献（包括珍本、档案文献）和博物馆藏品的修复活动，以及相关图书拍卖活动；

（3）确定使用稀有和珍贵出版物的押金数额，以及规定其他情况下图书馆的使用规则；

（4）根据俄罗斯联邦法律和图书馆使用规则，确定用户给图书馆造成损失的赔偿金额和种类；

（5）经与被授权的联邦执行机构商议，在不影响丰富性和完整性的情况下，从图书馆馆藏中剔除和出售多余的册子和文献复本；

（6）根据俄罗斯联邦法律规定，确定图书馆提供收费服务的清单和价格（收费）；

（7）在与法人和自然人达成协议的基础上，确定图书馆馆藏使用条件；

（8）在不违反图书馆活动宗旨和目标的情况下，同俄罗斯及国外的法人和自然人签订合同；

（9）按照既定规则，转交非营利组织作为其创始人或参与者的现金（另行规定的条件除外）和其他财产，但图书馆所有权人所持有的特别珍贵的动产或使用图书馆所有权人资金为图书馆收购的财产，以及不动产除外；

（10）根据俄罗斯联邦法律的规定，参与俄罗斯联邦及国外的协会、工会、基金会和其他非营利组织的活动；

（11）购买和租赁保障图书馆活动所必需的财产；

（12）在俄罗斯联邦总统、俄罗斯联邦政府管辖的文化和艺术领域内，从自然人和法人，以及俄罗斯联邦法律规定的俄罗斯联邦境内有资格提供资助的国际组织处获取资助；

（13）获得自愿捐赠的财产、捐款、赠品，俄罗斯和外国法人和自然人遗赠的资金，国际组织的资金；

（14）经俄罗斯联邦文化部同意，根据俄罗斯联邦法律的规定，出租和/或临时免费使用由图书馆经营管理的不动产；

（15）推行研究生教育计划，以及职业继续教育计划；

（16）根据俄罗斯联邦法律规定的图书馆采选条例开展活动，包括从事与图书馆馆藏的收集、保存和使用相关的国际活动；

（17）为了保护图书馆馆藏中的作品，将其以电子载体的形式进行复制；

（18）在临时免费使用时，提供图书馆收藏作品的数字拷贝；

（19）根据俄罗斯联邦法律的规定，履行图书馆所持有的不动产建设单位（建设者）的职能；

（20）履行其他有关分配供货订单、执行工作和提供图书馆需要的服务的职能；

根据俄罗斯联邦法律的规定，图书馆以自己的名义签订民事供货合同，开展工作和提供服务；

（21）根据俄罗斯联邦法律和集体谈判协议，利用提供收费服务和从事其他创收活动所得资金，向自己的员工提供额外的社会福利；

（22）根据俄罗斯联邦法律规定，为员工、图书馆参观者和图书馆举办的活动参加者提供医疗服务；

（23）确保提高图书馆员工的职业技能；

（24）经俄罗斯联邦文化部同意，创建分支机构并开设代理机构，以及根据俄罗斯联邦法律的规定，对上述机构作出重组、撤销和更名的决定；

（25）在不违反俄罗斯联邦法律的情形下，根据图书馆活动的宗旨和目标享有的其他权利。

26. 图书馆从事符合俄罗斯联邦法律规定的活动的权利，需要专门的许可（许可证、认证证书、其他许可证件），自图书馆获得许可之日起或在指定的期限内生效，到期终止，但俄罗斯法律另行规定的情况除外。

27. 图书馆的义务：

（1）确保图书馆所持有财产的安全、有效和正确使用；

（2）与俄罗斯联邦文化部协商，使用图书馆所有者所持有的特别珍贵的动产或使用图书馆所有权人资金购买的该项财产，以及不动产；

（3）向负责联邦财产登记的联邦行政管理机构提供相关财产证明；

（4）允许行使俄罗斯联邦预算系统现金预算职能的联邦执行机构，在互联网官方网站上发布以下文件：

图书馆成立文件，包括对其进行更改；

国立图书馆注册证书；

关于创建图书馆的创始人决议；

关于任命图书馆领导人（馆长）的创始人决议；

图书馆分支机构、代理机构条例；

图书馆财政经济活动规划；

图书馆年度财务报表；

图书馆从事的监督活动及结果报告；

国家任务；

图书馆活动成果及图书馆所属的联邦财产使用报告；

图书馆确保上述文件的公开性和可访问性符合俄罗斯联邦法律关于保护国家机密的要求；

（5）进行财政经济和其他活动成果的会计核算，根据俄罗斯联邦法律的规定进行统计和会计登记；

（6）根据俄罗斯联邦法律规定的程序和期限，提供会计和统计报表；

（7）遵守劳动保护规则、卫生保健规范、消防和反恐安全要求；

（8）采取安全、消防和反恐措施；

（9）根据既定规则进行相关民防和动员培训活动；

（10）确定和保证图书馆占用的建筑物、设施、土地和其他财产的维护、使用和保存制度；

（11）实行和保证参观者和使用者访问制度，图书馆建筑物和馆舍内的财产和贵重物品保护制度；

（12）保障图书馆馆藏的采选、保存和使用，特别是对属于珍品的出版物和收藏品的保存；

（13）制作破旧、磨损、损坏和残缺文献的电子复本：

出售给用户的可能导致丢失、损坏或毁坏的唯一的和（或者）稀有的文献、手稿；

机读形式存储的文献和缺乏必要的技术手段加以使用的文献；

具有科学和教育意义的文献；

符合图书馆采选条例的文献；

（14）对所有出入图书馆馆藏的文献进行登记。

IV. 图书馆活动的管理

28. 馆长对图书馆活动进行统一领导，经俄罗斯联邦文化部提议，由俄罗斯联邦政府任命和解除馆长的职务。

29. 俄罗斯联邦文化部根据俄罗斯联邦法律的规定，与馆长签订和终止劳动合同。

俄罗斯联邦政府规定馆长任期 5 年，俄罗斯联邦政府可提前解除其职务。

30. 馆长专责制，领导图书馆活动，对履行职能负全责。

31. 馆长：

（1）在国家政府机关、其他国家机关和地方自治机构中，以及在与法人和自然人的关系中，无需图书馆授权的委托书，即可代表图书馆的利益开展工作，并且代表图书馆签订合同，授予委托书；

（2）批准图书馆的机构和在职人员名册，并批准组织划分条例；

（3）给副职分配任务；

（4）根据图书馆工作人员既定规则进行任职和免职，规定其义务，与其签订劳动合同；

（5）采用图书馆工作人员奖励办法，并根据俄罗斯联邦法律的规定，对图书馆工作人员实施纪律处分；

（6）批准条例、发布命令和指示、对全体图书馆工作人员提供必要的指导；

（7）在规定的程序内支配图书馆的财产和资金，保证有效利用图书馆资源解决生产和社会问题；

（8）经俄罗斯联邦文化部同意，确定图书馆馆藏资源采选条例；

（9）按照既定规则实施有关维护和发展图书馆物质技术基础库的措施，为图书馆用户和工作人员创造必要的条件，负责图书馆资源，以及其他文化珍品和收藏品、建筑物、设施、设备和图书馆其他财产的安全和正确使用；

（10）创建解决图书馆所面临的问题的委员会和工作组，并批准其条例；

（11）制定规章和保证具有个人专有信息的图书馆工作人员的工作条件，并承担对其实行保密的专属责任；

（12）在自己的职权范围内，保护属于国家秘密的信息；

（13）确定构成专利或商业秘密的信息组成和数量，并根据俄罗斯联邦法律的规定对其进行保护；

（14）根据俄罗斯联邦法律的规定，保证进行民防活动和动员培训；

（15）在图书馆区域内实现对消防系统和反恐安全的直接领导，在消防和反恐安全领域内，根据俄罗斯联邦的法律规范，对消防和反恐安全承担个人责任，制定和实施消防和反恐安全措施；

（16）确定图书馆工作人员劳动报酬的形式和金额；

（17）批准分支机构和代表处的条例，以及领导人的任命；

（18）根据俄罗斯联邦法律和本章程的规定行使其他权力。

32. 馆长对未经俄罗斯联邦文化部事先批准，进行大型交易给图书馆造成的损失负责，无论这项交易是否被视为无效。

33. 经馆长决定，在图书馆内可以设立委员会集体协商机构，其组成和工作程序由馆长制定。

34. 作为委员会集体协商机构，可以在图书馆内创建由图书馆及其他科学组织的领导和专家组成的学术委员会。

馆长是学术委员会主席，批准学术委员会条例和其他学术委员会文件及章程规定的活动。

35. 经馆长决定可以设立图书馆主席的职务。

图书馆馆长和主席职务不得重合。

36. 经俄罗斯联邦文化部同意，馆长任命图书馆主席的职务并按照类似的程序解除该职务。

馆长同图书馆主席签订和解除劳动合同。

37. 图书馆主席经馆长同意行使以下权力：

（1）参与图书馆发展观念和战略研究；

（2）在与国家政府机关、其他国家机关、地方自治机构、公共组织、国际组织和其他组织之间的联系中代表图书馆；

（3）参与处理改善图书馆科学组织和管理活动的问题。

38. 根据俄罗斯联邦法律的规定，在与馆长达成一致的基础上，图书馆主席代表图书馆行使一切法律行为。

V. 图书馆财产和资金保障

39. 根据俄罗斯联邦民法典的规定，图书馆有权对其所属财产进行经营管理。

图书馆拥有为完成其指定任务所需土地的长期（永久）居留权。

由俄罗斯联邦法确定俄罗斯联邦人民的文化遗产（历史和文化遗产）、文化珍品，根据俄罗斯联邦其他规范性法规所采用的条件和程序，分配给图书馆限于公共使用或者禁止公共使用的自然资源（土地除外）。

40. 未经俄罗斯联邦文化部同意，图书馆无权支配图书馆所有权人所持有的特别珍贵的动产或者使用图书馆所有者资金为图书馆收购的财产，以及不动产。

图书馆有权自行支配属于图书馆经营管理的其他财产，本章程第8条第（5）项、第25条第（9）项、第51~53条规定的情况除外。

41. 为了完成本章程所规定的活动，图书馆依据其宗旨，在法律规定的范围内管理并使用其所有的财产和（或者）经俄罗斯联邦文化部同意支配的财产，包括：

（1）根据规定程序分配给图书馆经营管理的财产；

（2）根据规定程序交付图书馆长期（永久）和免费使用的财产（包括土地）；

（3）获得的财产，包括利用可用资金产生的孳息，提供收费服务和从事其他创收活动所得的收益；

（4）通过俄罗斯和国外的法人和自然人捐赠的方式获得的财产，以及根据遗嘱、协议或者俄罗斯联邦法律规定的其他方式获得的财产。

42. 利用图书馆经营管理的财产获得的成果、产品和收入，以及图书馆根据合同或其他原因获得的财产，纳入图书馆的经营管理范围。

43. 根据俄罗斯联邦法律的规定，经俄罗斯联邦文化部同意，属于图书馆经营管理的不动产可以出租或临时转让使用。

44. 图书馆对宗教文化遗产拥有经营管理权，包括限于公共使用或禁止公共使用的，转交给宗教组织临时使用的（以及将其转交给宗教组织免费使用的），根据联邦法律的规定终止使用的宗教文化遗产。

45. 由图书馆经营管理的俄罗斯联邦博物馆藏品、俄罗斯联邦档案馆馆藏文献和民族图书馆馆藏文献，应作为图书馆特别珍贵的动产。

46. 图书馆是国家图书馆馆藏和其他文献的总库。

图书馆的手稿资源是俄罗斯联邦档案馆馆藏的组成部分。

根据俄罗斯联邦法律的规定，图书馆馆藏作为俄罗斯联邦文化遗产不可分割的一部分，在特殊模式下进行保存和使用。

47. 经俄罗斯联邦文化部同意，图书馆制定图书馆使用规则，制定图书馆馆藏和其他信息资源的保存和使用制度，以及图书馆访问制度。

为了保护珍品和国家图书馆馆藏的其他文献，甚至在俄罗斯联邦法律规定的其他情况下，图书馆使用规则仍可以对图书馆资源的使用加以限制。

有限使用图书馆文献信息是众所周知的。

48. 根据俄罗斯联邦法律规定从图书馆的图书和档案馆藏中接收、登记、分发和剔除文献。

49. 图书馆财产来源：

（1）图书馆进行经营管理所获得的动产和不动产；

（2）根据长期（永久）免费使用的规定程序，交付图书馆的财产（包括土地）；

（3）联邦预算补贴，以及提供收费服务和从事其他创收活动的收益；

（4）根据俄罗斯联邦法律规定所获得的其他收入和进项。

50. 图书馆财产使用情况由俄罗斯联邦文化部和联邦机构在管辖范围内根据国家财产管理规定进行监督。

51. 经俄罗斯联邦文化部同意，从事大型交易和图书馆有意向的交易。

52. 未经俄罗斯联邦文化部同意，图书馆不得擅自进行交易活动，不得处置或抵押指定给图书馆的财产，不得利用联邦预算或俄罗斯联邦国家预算基金中分给图书馆的资金购买财产。

53. 除联邦法另行规定外，图书馆无权支配信贷机构的现金存款从事证券交易，以及以投资者身份参与贸易合作。

54. 提供收费服务和从事其他创收活动所获得的资金，以及利用这些资金所获得的财产，根据本章程第 8 条第（5）项、第 25 条第（9）项、第 51 ~ 53 条的规定，由图书馆自由支配。

55. 设立联邦预算拨款和提供收费服务及从事其他创收活动所得资金的俄罗斯联邦货币分账户，馆长可以根据俄罗斯联邦法律的规定，在联邦国库机构领域内开设外币资金账户。

56. 图书馆活动的经费来源：

（1）以下联邦预算拨款：

图书馆根据国家任务的规定提供公共服务（执行工作）的成本补贴；

图书馆创始人所持有的不动产和特别珍贵的动产，或者图书馆依靠划分给创始人的资金购买的不动产和特别珍贵的动产支出费用；

纳税主体缴纳税款产生的相应支出，包括土地；

用于其他用途的补贴；

（2）根据合同和协议，用于实施区域和市政规划的俄罗斯联邦预算或地方预算资金；

（3）接受的捐款、自愿捐赠、礼品，从俄罗斯和国外的法人和自然人、国际组织处获得的指定用途的捐款、遗赠资金，以及举办的有益于图书馆的慈善活动收入；

（4）提供收费服务和从事其他创收活动获得的资金；

（5）根据俄罗斯联邦法律的规定，租赁由图书馆经营管理的财产所获得的收入；

（6）图书馆通过租赁用于居住的不动产获得的资金，图书馆提供收费服务和从事其他创收活动的收入；

（7）依靠联邦预算手段，国家额外支持（资助）形式的资金；

（8）获得的预算外资助资金；

（9）符合俄罗斯联邦法律的其他进项。

57. 图书馆完成国家任务的财政保障是通过提供公共服务（执行工作）获得的联邦预算补贴，在补贴程序和条件协议的基础上，可将补贴用作其他用途。

完成国家任务的财政保障还包括图书馆创始人所持有的不动产和特别珍贵的动产，或使用图书馆创始人资金收购的该财产的补贴，以及纳税主体缴纳税款产生的相应财产（包括土地）。

经俄罗斯联邦文化部同意，在租赁图书馆所持有的动产或不动产，或者使用图书馆创始人资金收购该财产的情况下，创始人不对该财产提供财政支持。

58. 只有当国家任务适当更改的情况下，在执行国家任务期间可以减少补贴数额。

59. 经俄罗斯联邦文化部同意，根据俄罗斯联邦法律的规定，图书馆可以将图书馆有权自由支配的现金和其他财产转交给作为其创始人或参与者的非营利组织。

60. 财政活动和财产使用，包括图书馆馆藏和其他文化珍品的收集，由俄罗斯联邦文化部和其他国家政府机构在其管辖范围内监督。

VI. 图书馆的改组、转型和清算

61. 根据俄罗斯联邦法律的规定，实现图书馆的改组和转型。

62. 图书馆转型非改组图书馆。

63. 图书馆是特殊的联邦财产。不得变更、清算或改变图书馆的所有权形式。图书馆馆藏的完整性和不可剥夺性受到保障。

俄罗斯联邦文献呈缴本法*

[1994 年 12 月 29 日法字第 77 号联邦法《关于文献呈缴本法》(包括 2000 年 12 月 27 日变更，2002 年 2 月 11 日、12 月 24 日变更，2003 年 12 月 23 日变更，2004 年 8 月 22 日变更，2005 年 6 月 3 日变更，2006 年 12 月 18 日变更，2008 年 3 月 26 日、7 月 23 日变更，2011 年 7 月 11 日变更)，1994 年 10 月 23 日国家杜马通过]

本联邦法确立了作为俄罗斯联邦完整的国家图书馆信息文献资源和国家书目系统发展的基础资源，在文献呈缴本领域内的国家政策，规定了文献呈缴本的保存和公共使用条例。

(2002 年 2 月 11 日法字第 19 号联邦法修订)

本联邦法规定了文献呈缴本的类型、文献呈缴本的制作者和接受者的范围、文献呈缴本的缴送期限和缴送程序，以及违反上述情况所应承担的责任。

本联邦法不包括涉及个人和（或者）家庭秘密的文献，涉及国家、公务和（或者）商业秘密的文献；单独执行的文献；档案文献（资料）（但根据本联邦法第 12 条、第 18 条和第 19 条的规定，转交给档案机构进行保存的文献除外）；

* 陈英爽，刘冰雪，译；卢海燕，校。

电信网络使用的专有电子文件；管理和技术文件（履历表、操作说明、产品清单、账簿和报表）。

（2002 年 2 月 11 日法字第 19 号联邦法修订，2011 年 7 月 11 日法字第 200 号联邦法修订）

第一章　总　则

第一条　基本概念

本联邦法包括以下基本概念：

文献呈缴本（以下简称“呈缴本”）是指文献制作者根据本联邦法所规定的程序和数量，免费提供给相关机构的各种类型的文献样本；

（2002 年 2 月 11 日法字第 19 号联邦法修订，2008 年 3 月 26 日法字第 28 号联邦法修订）

文献是指以文本、声音、图像和（或者）它们的组合方式记录在物质载体上的任何形式的信息，具有能够被识别的特征，通过时空传播的方式为公众使用和保存；

（2008 年 3 月 26 日法字第 28 号联邦法修订）

呈缴本是指相同原件的文献复制样本；

（本段收录在 2002 年 2 月 11 日法字第 19 号联邦法）

呈缴本制度是指各种类型呈缴本的总称，以及呈缴本收集、分配和使用的法定制度；

联邦呈缴本是指在俄罗斯联邦境内、俄罗斯联邦管辖的境外专门机构和部门出版的各种类型的呈缴本，以及根据本联邦法所规定的程序和数量，由文献制作者免费提供给相关机构的，引进俄罗斯联邦境内用于大众传播的文献；

（2002 年 2 月 11 日法字第 19 号联邦法修订，2008 年 3 月 26 日法字第 28 号联邦法修订）

俄罗斯联邦主体呈缴本是指在俄罗斯联邦主体境内或俄罗斯联邦主体管辖的境外专门机构出版的呈缴本，根据本联邦法规定的程序和数量，由文献制作者向俄罗斯联邦主体相关机构免费提供的各种类型的文献；

（2008 年 3 月 26 日法字第 28 号联邦法修订）

市级呈缴本是指在市政境内或由市政管辖范围之外的专门机构出版的呈缴本，根据本联邦法规定的程序和数量，由文献制作者向相关市政机构免费提供的各种类型的文献；

(2008 年 3 月 26 日法字第 28 号联邦法修订)

文献制作者是指法人（无论其法律组织形式和所有权形式如何），从事企业活动的没有法人资格的自然人，从事呈缴本的制作、出版（发行）和分配（转交、缴送）的出版社、公共信息传媒编辑部、音频制作者，音像制品制作者，广播电视产品生产机构，从事科学研究、实验设计和工程技术的机构，以及从事呈缴本制作、出版（发行）和分配（转交、缴送）的其他人；

(2002 年 2 月 11 日法字第 19 号联邦法修订)

文献接受者是指具有免费接受、保存和使用呈缴本权利的法人或其分支机构；

(2008 年 3 月 26 日法字第 28 号联邦法修订)

俄罗斯联邦国家图书馆信息文献资源是指由工作人员根据本联邦法的规定，在呈缴本的基础上补充的、用于长期保存和公众使用的各种类型的文献集合，是俄罗斯联邦民族文化遗产的一部分。

(2008 年 3 月 26 日法字第 28 号联邦法修订)

第二条 俄罗斯联邦呈缴本法

俄罗斯联邦呈缴本法由本联邦法组成，采用与之相适应的联邦法和俄罗斯联邦其他法规，以及俄罗斯联邦主体法律和其他法规。

第三条 本联邦法适用范围

(2002 年 2 月 11 日法字第 19 号联邦法修订)

1. 本联邦法适用于呈缴本的制作者和接受者，包括分配呈缴本的机构。

2. 有关建立、登记、保存和档案文献（资料）的公共使用等类型的档案机构活动，由俄罗斯联邦档案馆负责，由 2004 年 10 月 22 日法字第 125 号《俄罗斯联邦档案事业法》进行调节。

(2005 年 6 月 3 日法字第 57 号联邦法修订)

第四条 呈缴本制度形成的目的

1. 呈缴本制度形成的目的：

(2008 年 3 月 26 日法字第 28 号联邦法修订)

补充作为世界文化遗产一部分的俄罗斯联邦完整的国家图书馆信息文献资源；

实现国家书目登记；

组织呈缴本在俄罗斯联邦国家文献资源储藏库的长期保存；

利用呈缴本为用户提供书目信息和图书馆服务需求；

国内文献的国家（书目和统计）的注册，国家书目（现在和过去的）和信息统计的制作；

根据所接受文献的类型，制作和发行联合编目、信号情报和文摘情报；

（2008 年 3 月 26 日法字第 28 号联邦法修订）

有关所接受的各种类型文献的公共宣传；

（2008 年 3 月 26 日法字第 28 号联邦法修订）

形成市政和地方志资源文献集；

（2008 年 3 月 26 日法字第 28 号联邦法修订）

根据所接受文献的类型进行集中编目；

（2008 年 3 月 26 日法字第 28 号联邦法修订）

保障有关所接受文献信息的通道，包括通过远距离信息通讯网络获取文献信息的通道。

（2008 年 3 月 26 日法字第 28 号联邦法修订）

2. 失效

2008 年 3 月 26 日法字第 28 号联邦法

第五条 呈缴本组成文献的类型

（2002 年 2 月 11 日法字第 19 号联邦法修订）

1. 呈缴本由下列类型的文献组成：

（2008 年 3 月 26 日法字第 28 号联邦法修订）

印刷型出版物（文本、乐谱、地图、国外出版物）是指最新编辑出版的，独立装订印刷的，有版本说明的出版物；

（2008 年 3 月 26 日法字第 28 号联邦法修订）

盲人和视障人士出版物是指根据点字系统以凸出点状字体制作的出版物，凸出插图出版物，“有声读物”，针对视障人士的大字体出版物，针对盲人的电子出版物（借助盲文显示器和语音合成器的帮助，供视障人士阅读的改编版本）；

官方文献是指由立法、行政、司法机构采用的，具有强制、建议和情报性质的文献；

视听产品是指在任何类型载体上制作和复制的电影、视频、音频、摄影作品及其组合；

电子出版物是指信息以电子数字的形式呈现，经过编辑出版加工，拥有版本说明，以机读形式复制和传播的文献；

（2008 年 3 月 26 日法字第 28 号联邦法修订）

未发表文献是指包含科学研究成果、实验设计和技术工作的文献（关于科学研究、实验设计和技术工作的论文、报告，保存的科学著作，计算方法和程序）；

专利文献是指专利说明书和工业产权申请书；

物质载体上的计算机和数据库程序；

（本段收录在2008年3月26日法字第28号联邦法中）

标准；

（本段收录在2008年3月26日法字第28号联邦法中）

组合文献是指在不同载体（印刷、音像、电子）上制作的文献集和。

（本段收录在2008年3月26日法字第28号联邦法中）

（2002年2月11日法字第19号联邦法修订第一款）

2. 俄罗斯联邦主体国家机关和地方自治机关可以考虑自身的需要，确定组成俄罗斯联邦主体呈缴本的文献类型和市级呈缴本的文献类型。

（2008年3月26日法字第28号联邦法修订）

第二章　文献制作者的权利和义务

第六条　制作、出版（发行）和分配（转交、缴送）呈缴本费用的承担

（2002年2月11日法字第19号联邦法修订，2008年3月26日法字第28号联邦法修订）

1. 文献制作者必须免费将呈缴本转交给文献接受者。

（2008年3月26日法字第28号联邦法修订）

文献制作者承担呈缴本的文献制作、出版（发行）和分配（转交、缴送）的费用。

（2008年3月26日法字第28号联邦法修订）

根据文献接受者的要求，文献制作者应在1个月内对有缺陷的呈缴本予以替换。

（2008年3月26日法字第28号联邦法修订）

（2002年2月11日法字第19号联邦法修订第1款）

2. 文献接受者有权购买文献制作者尚未缴送的最新呈缴本。

第七条　印刷型出版物呈缴本的缴送

（2002年2月11日法字第19号联邦法修订，2008年3月26日法字第28号联邦法修订）

1. 所有类型的印刷型出版物，自第一版问世之日起，由文献制作者通过出版社向印刷、传媒和大众传播范围内的联邦行政管理机关缴送联邦呈缴本各1册。

（2002 年 2 月 11 日法字第 19 号联邦法修订，2008 年 3 月 26 日法字第 28 号联邦法修订）

2. 为了在大型图书情报机构之间进行出版物的连续分配，文献制作者自印刷出版物第一版问世之日起，向俄罗斯中央书库缴送：

（2008 年 3 月 26 日法字第 28 号联邦法修订）

俄文图书、小册子、期刊和连续出版物呈缴本 16 册；

（2008 年 3 月 26 日法字第 28 号联邦法修订）

俄文国外出版物、乐谱、地图和地图册呈缴本 7 册；

（2008 年 3 月 26 日法字第 28 号联邦法修订）

俄文的中央和俄罗斯联邦主体报纸呈缴本 9 册；

（2008 年 3 月 26 日法字第 28 号联邦法修订）

大量发行的俄文市政报纸和广告出版物呈缴本 3 册；

（2008 年 3 月 26 日法字第 28 号联邦法修订）

俄罗斯联邦民族语言（俄语除外）和外文图书、小册子，期刊和连续出版物，国外出版物，地图和地图册呈缴本 4 册；

（2008 年 3 月 26 日法字第 28 号联邦法修订）

俄罗斯联邦民族语言（俄语除外）和外文报纸呈缴本 3 册；

（2008 年 3 月 26 日法字第 28 号联邦法修订）

缩微呈缴本 4 册；

（2008 年 3 月 26 日法字第 28 号联邦法修订）

论文摘要和学术报告形式的论文呈缴本 9 册；

（2008 年 3 月 26 日法字第 28 号联邦法修订）

标准呈缴本 10 册。

（2008 年 3 月 26 日法字第 28 号联邦法修订）

3. 所有类型的印刷出版物，自第一版问世之日起，文献制作者通过出版社向相应的中央书库和（或者）俄罗斯联邦主体图书馆缴送俄罗斯联邦主体呈缴本各 3 册。

所有类型的印刷出版物，自第一版问世之日起，文献制作者通过出版社向相应的市政级机构缴送市级呈缴本各 2 册。

（2008 年 3 月 26 日法字第 28 号联邦法修订）

第八条 提供给独联体成员国国内出版物呈缴本用于互相交换

为了保存和发展独联体成员国共同的信息空间，在相关交流合作的合同和协议的基础上，向这些国家的国家资源储藏库提供本国出版物呈缴本。

第九条 盲人和视障人士出版物呈缴本的缴送

（2002 年 2 月 11 日法字第 19 号联邦法修订，2008 年 3 月 26 日法字第 28 号联邦法修订）

自第一版问世之日起 2 日内，文献制作者向俄罗斯国立盲人图书馆提供盲人和视障人士呈缴本各 2 册。

（2008 年 3 月 26 日法字第 28 号联邦法修订）

第十条 未发表的文献呈缴本的缴送

（2008 年 3 月 26 日法字第 28 号联邦法修订）

1. 文献制作者根据未发表文献的类型，向相应的科技信息机构和图书馆缴送未发表的文献呈缴本 1 册。

（2008 年 3 月 26 日法字第 28 号联邦法修订）

2. 文献制作者在 30 日内，向科学、科技和俄罗斯联邦政府确定的创新活动领域内的联邦科技信息行政管理机构缴送：

（2002 年 2 月 11 日法字第 19 号联邦法修订，2008 年 3 月 26 日法字第 28 号联邦法修订）

科研和实验设计工作报告自其批准之日起；

计算方法和程序自其加工完成之日起；

论文自其答辩和授予学位之日起。

3. 文献制作者自各学科（医学和药学除外）论文答辩和授予学位之日起 30 日内，向俄罗斯国立图书馆缴送论文呈缴本；

向莫斯科 И. М. 谢切诺夫医学院中央科学医疗图书馆提供医学和药学论文呈缴本。

（2002 年 2 月 11 日法字第 19 号联邦法修订，2008 年 3 月 26 日法字第 28 号联邦法修订）

4. 自相关学者或编辑出版委员会作出关于保存的决定后，文献制作者在 10 日内向俄罗斯科学院社会科学科技信息研究所缴送保存的科学著作呈缴本。

（2008 年 3 月 26 日法字第 28 号联邦法修订）

相关学者或编辑出版委员会作出关于保存的决定后，文献制作者在 10 日内向俄罗斯科学院全俄科技信息研究所缴送关于自然物理科学与技术著作呈缴本。

（2008 年 3 月 26 日法字第 28 号联邦法修订）

第十一条 官方文献和标准的缴送

（2008 年 3 月 26 日法字第 28 号联邦法修订）

1. 俄罗斯联邦国家机关和俄罗斯联邦主体国家机关经审批和注册（印有

注册号并加盖公章）后，向俄罗斯联邦议会图书馆缴送列入非机密性文献分配清单的官方文献呈缴本各2册。

2. 文献制作者向俄罗斯科技信息中心提供有关标准化、审计呈缴本各1册。

第十二条 音像制品呈缴本的缴送

（2008年3月26日法字第28号联邦法修订）

1. 为了音像制品在国家档案馆和图书信息文献储备库的登记、保存和使用，音像制品制作者应缴送：

自音频制品问世和视频制品拷贝完成之日起，向俄罗斯中央书库缴送呈缴本各3份；

（2008年3月26日法字第28号联邦法修订）

自问世之日起不超过1个月，向国家广播电视局缴送正版拷贝录音产品、电影产品呈缴本各2份，以及用于电视和广播的电子载体形式的视频产品、视听产品呈缴本各2份；

（2008年3月26日法字第28号联邦法修订）

自剪辑或配音完成之日起不超过1个月，向俄罗斯联邦国家电影局缴送正版拷贝的游戏、动画和科普电影呈缴本各1份。

缴送在任意类型原始载体上拷贝的游戏、动画和科普电影呈缴本各1份；

（2008年3月26日法字第28号联邦法修订）

自剪辑或配音完成之日起不超过1个月，向俄罗斯国家电影胶片文献档案馆缴送正版拷贝的纪录片和新闻片呈缴本各1份；

缴送在任意类型原始载体上拷贝的电视片呈缴本各1份；摄影文献呈缴本各2份；

（2008年3月26日法字第28号联邦法修订）

向俄罗斯音频文献档案馆缴送音频产品各2份，但用于电视和广播的音频产品除外。

（2008年3月26日法字第28号联邦法修订）

（2002年2月11日法字第19号联邦法修订第一章）

2. 正版拷贝连同剪辑或对话拷贝一起转交。

自电影和电视片的正版拷贝转交给国家保存后，发行其相同样本的出租许可证。

3. 有关电视广播产品的制作部门和电视广播机构的机构资料（包括根据订单制作的资料、停产和退出流通的资料），自其问世之日起不超过1个月，转交国家广播电视局保存。

(2002 年 2 月 11 日法字第 19 号联邦法修订第三章)

第十三条 电子出版物、计算机和数据库程序呈缴本的缴送

(2008 年 3 月 26 日法字第 28 号联邦法修订)

1. 文献制作者向科学院跨部门超级计算机中心缴送计算机和数据库程序呈缴本 1 份。

(2002 年 2 月 11 日法字第 19 号联邦法修订，2008 年 3 月 26 日法字第 28 号联邦法修订)

2. 文献制作者为了图书情报机构之间电子出版物的连续分配，向“信息索引”科技中心缴送电子出版物呈缴本 5 份，但盲人和视障人士电子出版物、计算机和数据库程序、视听文献和专利文献、官方文献、电子载体形式的标准文献除外。

(2002 年 2 月 11 日法字第 19 号联邦法修订，2008 年 3 月 26 日法字第 28 号联邦法修订)

第十四条 失 效

(2008 年 3 月 26 日法字第 28 号联邦法修订)

第十四条（一） 在不同载体上制作的文献呈缴本的缴送

(收录在 2002 年 2 月 11 日法字第 19 号联邦法中)

1. 呈缴本可以包括组合文献和不同信息载体上含有相同内容的文献。

由组合文献组成的呈缴本，根据本联邦法第七条至第十三条之规定，应分配给同一组呈缴本接受者。

(2008 年 3 月 26 日法字第 28 号联邦法第一款)

2. 由组合文献，以及不同信息载体上含有相同内容的文献组成的呈缴本的分配程序，由俄罗斯联邦政府授权联邦行政管理机关制定。

(2008 年 3 月 26 日法字第 28 号联邦法修订，2008 年 7 月 23 日法字第 160 号联邦法修订)

第十五条 失 效

(2004 年 8 月 22 日法字第 122 号联邦法修订)

第十六条 文献制作者的权利

为保证全面而及时地缴送呈缴本，文献制作者拥有以下权利：

(2008 年 3 月 26 日法字第 28 号联邦法修订)

免费发布国家书目和集中编目出版物中的书目信息，广告出版物中的信息情报和文摘情报；

在本联邦法基础上，长期保存由文献制作者制作的俄罗斯联邦国家资源储藏库的各种类型的文献；

包括国内和国际自动化数据库的书目信息；

根据文献制作者的要求，免费提供与其产品相关的事实和统计数据；

电视广播生产机构自己使用的文献，由这些机构缴送给国家档案馆；

（2002 年 2 月 11 日法字第 19 号联邦法修订）

根据俄罗斯联邦法律关于知识产权的规定，呈缴本接受者应尊重文献制作者的权利；

（2002 年 2 月 11 日法字第 19 号联邦法修订，2008 年 3 月 26 日法字第 28 号联邦法修订）

呈缴本缴送的书面证明。

（本段收录在 2002 年 2 月 11 日法字第 19 号联邦法）

第三章 呈缴本接受者的义务

第十七条 呈缴本接受和分配中心机构的义务

（2008 年 3 月 26 日法字第 28 号联邦法修订）

（2002 年 2 月 11 日法字第 19 号联邦法修订）

1. 俄罗斯中央书库负责：

实现国家印刷出版物（书目和统计）的注册，制作国家注册证书，管理国家印刷出版物书目登记，补充国内印刷出版物的国家资源储藏库，在接受单册印刷出版物联邦呈缴本的基础上，保障呈缴本的保存和使用；

（2008 年 3 月 26 日法字第 28 号联邦法修订）

根据俄罗斯联邦政府授权的联邦行政管理机关批准的缴送清单和条例，向图书情报机构配送印刷出版物呈缴本、音像制品呈缴本；

（2008 年 3 月 26 日法字第 28 号联邦法修订，2008 年 7 月 23 日法字第 160 号联邦法修订）

监督联邦印刷出版物呈缴本缴送的完整性和及时性。

（2008 年 3 月 26 日法字第 28 号联邦法修订）

2. 中央书库和（或者）俄罗斯联邦主体图书馆有配送属于俄罗斯联邦主体呈缴本的不同类型文献的义务，俄罗斯联邦主体国家政权机关对其配送情况进行监督。

（2008 年 3 月 26 日法字第 28 号联邦法修订第二条）

2.1 市政图书馆有配送属于市政呈缴本的不同类型文献的义务，地方自治机关对其配送情况进行监督。

(2008 年 3 月 26 日法字第 28 号联邦法修订)

3. "信息索引"科技中心负责：

电子出版物联邦呈缴本的国家注册，电子出版物国家书目登记的管理，电子出版物的集中收藏，电子出版物联邦呈缴本的保存和使用；

(2008 年 3 月 26 日法字第 28 号联邦法修订)

根据俄罗斯联邦政府授权的联邦行政管理机关批准的缴送清单和条例，向图书情报机构配送电子出版物联邦呈缴本；

(2008 年 3 月 26 日法字第 28 号联邦法修订，2008 年 7 月 23 日法字第 160 号联邦法修订)

监督电子出版物联邦呈缴本缴送的完整性和及时性。

(本段收录在 2008 年 3 月 26 日法字第 28 号联邦法中)

4. 联邦工业产权研究所负责：

制作、补充、填写国家书目登记，保护和使用电子版的专利文献呈缴本；

(2008 年 3 月 26 日法字第 28 号联邦法修订)

根据俄罗斯联邦政府授权的联邦行政管理机关批准的缴送清单和条例，向图书情报机构配送 6 份电子版的文献呈缴本。

(2008 年 3 月 26 日法字第 28 号联邦法修订，2008 年 7 月 23 日法字第 160 号联邦法修订)

4.1　呈缴本分配中心机构，按照国家行政机关、司法和执法机关的要求，提供国家注册文献和注册文献复本的相关信息。

(2008 年 3 月 26 日法字第 28 号联邦法修订)

5. 失效

(2008 年 3 月 26 日第 28 号联邦法修订)

第十八条　呈缴本接受中心机构的义务

(2008 年 3 月 26 日法字第 28 号联邦法修订)

1. Б. Н. 叶利钦总统图书馆负责补充、保存和使用电子出版物呈缴本。

2. 俄罗斯国立盲人图书馆负责盲人和视障人士出版物呈缴本的补充、注册和填写国家书目登记，并对其进行保存和使用。

3. 俄罗斯联邦议会图书馆负责对发行的信息出版物官方文献呈缴本的补充、注册、填写国家书目登记和统计，并对其进行保存和使用。

4. 俄罗斯标准化、计量和评审科技信息中心负责标准呈缴本的补充、注册、填写国家书目登记，并对其进行保存和使用。

5. 根据本联邦法第十条的规定，由以下机构负责信息出版物呈缴本的补充、注册、填写国家书目登记，并对其进行保存和使用：

未发表的文献由俄罗斯联邦政府确定的科学、科技和创新活动领域内的联邦行政管理机关科技信息机构负责；

被寄存的手稿由俄罗斯社会科学院科学信息研究所和俄罗斯科学院全俄科学和技术信息研究所负责；

论文由俄罗斯国立图书馆、莫斯科 И. М. 谢苗诺夫医学院中央科学医学图书馆负责。

6. 根据本联邦法第十二条的规定，俄罗斯联邦国家电影局、俄罗斯国家电影文献档案馆、俄罗斯国家音频文献档案馆和国家广播电视局依据呈缴本的类型，负责音像制品呈缴本的补充、注册、填写国家书目登记，并对其进行保存和使用。

俄罗斯中央书库负责向俄罗斯国立图书馆和俄罗斯国家图书馆分配音频和视频呈缴本。

7. 科学院跨部门超级计算机中心负责计算机和数据库程序联邦呈缴本的补充、注册、填写国家书目登记，并对其进行保存和使用。

第十九条 联邦呈缴本的长期保存

（2008 年 3 月 26 日法字第 28 号联邦法修订）

（2002 年 2 月 11 日法字第 19 号联邦法修订）

1. 联邦呈缴本的长期保存：

（2008 年 3 月 26 日法字第 28 号联邦法修订）

俄罗斯中央书库、俄罗斯国立图书馆、俄罗斯国家图书馆、俄罗斯科学院图书馆、俄罗斯科学院西伯利亚分院国家科技公共图书馆、远东国家科学图书馆负责对印刷出版物的保存；

（2008 年 3 月 26 日法字第 28 号联邦法修订）

俄罗斯国立盲人图书馆负责对盲人和视障人士出版物的保存；

联邦工业产权研究院负责对电子版专利文献的保存；

俄罗斯联邦议会图书馆负责对官方文献的保存；

俄罗斯标准化、计量和评审科技信息中心负责对标准出版物的保存；

（2008 年 3 月 26 日法字第 28 号联邦法修订）

俄罗斯联邦政府确定的科学、科技和创新活动领域内的联邦行政管理机关科技信息机构，俄罗斯科学院全俄科学和技术信息研究所，俄罗斯社会科学院科学信息研究院，莫斯科 И. М. 谢苗诺夫医学院中央科学医学图书馆负责相应类型的未发表的文献的保存；

(2008 年 3 月 26 日法字第 28 号联邦法修订)

俄罗斯中央书库、俄罗斯国立图书馆和俄罗斯国家图书馆负责音频制品和视频制品的保存；

(2008 年 3 月 26 日法字第 28 号联邦法修订)

俄罗斯联邦国家电影局、国家广播电视局、俄罗斯国家电影胶片档案馆和俄罗斯音频文献档案馆负责本联邦法第十二条第一款指定的音像产品的保存；

科学院跨部门超级计算机中心负责计算机和数据库程序的保存；

(2008 年 3 月 26 日法字第 28 号联邦法修订)

“信息索引”科技中心、俄罗斯国立图书馆、俄罗斯国家图书馆、俄罗斯科学院西伯利亚分院国家公共科技图书馆负责本联邦法第十三条第二款指定的电子出版物的保存；

(2008 年 3 月 26 日法字第 28 号联邦法修订)

Б. Н. 叶利钦总统图书馆负责电子出版物的保存。

(本段收录在 2008 年 3 月 26 日法字第 28 号联邦法中)

2. 负责保障相应类型的联邦呈缴本长期保存及公共使用的资源机构，组成俄罗斯联邦国家图书情报文献中心。

该类机构负责对俄罗斯联邦法律指定资源的保存。

(2008 年 3 月 26 日法字第 28 号联邦法修订)

第二十条 呈缴本的复制

1. 为使图书情报为俄罗斯联邦公民和机构服务，根据民法规定对呈缴本进行复制。

(2002 年 2 月 11 日法字第 19 号联邦法修订，2006 年 12 月 18 日法字第 231 号联邦法修订)

2. 根据图书馆、图书情报机构和其他机构的申请，负责长期保存和使用未发表的文献呈缴本和音像制品的机构，提供收费复制服务。

(2002 年 2 月 11 日法字第 19 号联邦法修订，2008 年 3 月 26 日法字第 28 号联邦法修订)

3. 根据民法规定，对电子出版物，包括属于其组成部分的计算机和数据库程序或者独立出版物呈缴本进行复制。

(2006 年 12 月 18 日法字第 231 号联邦法修订，2008 年 3 月 26 日法字第 28 号联邦法修订)

第二十一条 呈缴本缴送的监督

（2008 年 3 月 26 日法字第 28 号联邦法修订）

由负责注册和登记相应类型呈缴本的机构对向文献接受者缴送呈缴本的情况进行监督。

对于未缴送、未及时和全部缴送联邦呈缴本、俄罗斯联邦主体呈缴本、市政呈缴本的情况，由相应的联邦行政管理机关、俄罗斯联邦主体行政机关、地方自治机关在其权力范围内对呈缴本的缴送实行监督。

对呈缴本的提供进行监督的规则由俄罗斯联邦政府制定。

第二十二条 关于联邦文献呈缴本的信息

（2008 年 3 月 26 日法字第 28 号联邦法修订）

1. 俄罗斯中央书库颁布国家书目索引，包括缴送给俄罗斯中央书库的印刷出版物、音频制品和视频制品的信息。

（2008 年 3 月 26 日法字第 28 号联邦法修订）

2. 关于未出版的文献呈缴本的信息由以下机构负责：

（2008 年 3 月 26 日法字第 28 号联邦法修订）

俄罗斯联邦政府确定的科学、科技和创新活动领域内的联邦行政管理机关科技信息机构颁布包含科学和试验设计活动成果的书目和摘要索引；

（2002 年 2 月 11 日法字第 19 号联邦法修订，2008 年 3 月 26 日法字第 28 号联邦法修订）

俄罗斯科学院全俄科学和技术信息研究所，发行保存的科学著作书目索引；

俄罗斯社会科学院科学信息研究所，发行属于保存的科学著作信息的社会科学书目索引。

3. 官方联邦文献呈缴本的用户信息由俄罗斯联邦议会图书馆负责；

电子版专利文献联邦呈缴本的用户信息由联邦工业产权研究所负责；

标准联邦呈缴本的用户信息由俄罗斯标准、计量和测评科技信息中心负责。

（2002 年 2 月 11 日法字第 19 号联邦法修订，2008 年 3 月 26 日法字第 28 号联邦法修订）

4. 计算机和数据库程序联邦呈缴本的用户信息由科学院跨部门超级计算机中心负责；

本联邦法第十三条第二款指定的电子出版物联邦呈缴本的信息由“信息索引”科技中心负责。

（2002 年 2 月 11 日法字第 19 号联邦法修订，2008 年 3 月 26 日法字第 28 号联邦法修订）

5. 视听产品联邦呈缴本的用户信息由以下机构负责：

（2008 年 3 月 26 日法字第 28 号联邦法修订）

俄罗斯国家电影局提供有关游戏、动画和科普电影、电视片和电子版电影的信息；

俄罗斯国家电影胶片档案馆提供有关纪录片、新闻片、电视片和电子版电影及照片文献的信息；

国家广播电视局提供有关本联邦法第十二条第一款指定的音像产品的信息；

俄罗斯国家电影胶片档案馆提供有关电影胶片的信息。

（2002 年 2 月 11 日法字第 19 号联邦法修订）

6. 俄罗斯国立盲人图书馆提供盲人和视障人士联邦呈缴本的用户信息。

（2008 年 3 月 26 日法字第 28 号联邦法修订）

第四章　最后条款

（2008 年 3 月 26 日法字第 28 号联邦法修订）

第二十三条　呈缴本缴送的违约责任

未缴送、未及时和全部缴送呈缴本的，根据俄罗斯联邦法有关行政法规，由文献制作者承担责任。

（2008 年 3 月 26 日法字第 28 号联邦法修订）

第二十四条　本联邦法生效

1. 本联邦法自官方颁布之日起生效。

2. 自本联邦法生效之日起，俄罗斯联邦最高苏维埃 1993 年 6 月 3 日第 5098－1 号“关于免费和收费出版物呈缴本”的法令失效。

（俄罗斯联邦人民代表大会和俄罗斯联邦最高苏维埃 1993 年第 25 号公报，第 908 页）

3. 由俄罗斯联邦政府根据本联邦法的规定执行其颁布的法令。

以及按照法定程序，筹备和提交与本联邦法相关联的俄罗斯联邦法律的修订和补充建议。

俄罗斯联邦信息、信息技术和信息保护法*

（2006 年 7 月 8 日国家杜马通过，2006 年 7 月 14 日联邦委员会批准。2010 年 7 月 27 日法字第 227 号联邦法修订、2011 年 4 月 6 日法字第 65 号联邦法修订、2011 年 7 月 21 日法字第 252 号联邦法修订）

第 1 条 本联邦法适用范围

1. 本联邦法调整下列情形下发生的法律关系：

（1）行使信息搜集、获取、传递、生产和传播权的情形；

（2）信息技术应用的情形；

（3）信息保护的情形。

2. 本联邦法的条款不对知识产权保护和其他类似情况下发生的法律关系进行调整。

第 2 条 本联邦法中使用的基本概念

本联邦法中使用以下基本概念：

（1）信息是指任何表现形式的情报（消息、数据）；

（2）信息技术是指信息的操作、搜索、收集、保存、加工、提供、传播以及实施这些操作和方法的方式；

（3）信息系统是指存储在数据库中并保障对其信息技术和信息手段进行加工的体系；

（4）电信网络是指通过通信线路传递信息，利用计算机技术进行访问的技术体系；

（5）信息所有者是指独立创建信息或是根据法律或者协议的规定，有权允许或限制访问具有某些特征的信息的个人；

（6）信息访问是指获取并使用信息的可能性；

（7）信息保密是指强制访问某种信息的个人未经信息所有者同意，不得将该信息传递给第三方；

---

* 陈英爽，刘冰雪，译；卢海燕，校。

(8) 信息提供是指特定范围内的个人获取信息的行为或者将信息传递给特定范围内的个人的行为;

(9) 信息传播是指非固定范围内的个人获取信息的行为或者将信息传递给非固定范围内的个人的行为;

(10) 电子通信是指用户通过电信网络传递或获取信息;

(11) 文件信息是指记录在物质载体上的具有能够识别该信息要项的文件信息,或者在俄罗斯联邦法律规定情况下的信息物质载体;

(11.1) 电子文件是指以电子形式提供的文件信息,即便于人类利用计算机掌握的信息,以及通过电信网络传递的信息或在信息系统内加工的信息;

(2010年7月27日法字第227号联邦法第11条第1款修订)

(12) 信息系统操作员是指从事信息系统开发的公民或法人,包括对数据库中的信息进行加工的公民或法人。

第3条 信息、信息技术和信息保护领域内法律关系调整的原则

信息、信息技术和信息保护领域内法律关系的调整应基于以下原则:

(1) 以任何合法方式自由搜集、获取、传递、生产和传播信息;

(2) 仅由联邦法律规定限制访问信息;

(3) 对国家机关和地方自治机构活动的公开信息进行免费使用,但联邦法律另行规定的情况除外;

(4) 在创建信息系统以及对其进行开发时,俄罗斯各民族语言平等;

(5) 在创建信息系统以及对其进行开发时,确保俄罗斯联邦的安全,并对信息系统内的信息加以保护;

(6) 信息的可靠性和提供的及时性;

(7) 不得侵犯隐私权,未经同意不得收集、存储、使用和传播私人生活信息;

(8) 如果联邦法律尚未规定为创建和开发国家信息系统而强行更改某些信息技术时,不得制定某些技术信息对于其他技术信息来说具有某些应用优势的法规。

第4条 俄罗斯联邦关于信息、信息技术和信息保护法

1. 俄罗斯联邦关于信息、信息技术和信息保护法是依据俄罗斯联邦宪法、俄罗斯联邦国际条约制定的,由本联邦法和其他调整信息应用关系的联邦法组成。

2. 与大众传媒机构和活动相关的法律关系根据俄罗斯联邦大众传媒法调整。

3. 文件信息档案资源的保存和使用程序由俄罗斯联邦档案法规定。

第5条 信息作为法律关系的客体

1. 信息可以是公共、民事和其他法律关系的客体。如果联邦法律未对访问信息加以限制，或是未对提供和传播信息的程序有其他要求，任何人可以自由使用信息，将其由一个人传递给另一个人。

2. 根据访问的类别，信息可分为公开信息以及联邦法律限制访问的信息。

3. 根据提供和传播的程序，信息可分为：

（1）自由传播的信息；

（2）经相关参与者同意提供的信息；

（3）根据联邦法律规定，应该提供或传播的信息；

（4）在俄罗斯联邦境内限制或禁止传播的信息。

4. 俄罗斯联邦法律可以根据信息的内容或所有者确定信息的类别。

第6条 信息所有者

1. 信息所有者可以是公民（自然人）、法人、俄罗斯联邦、俄罗斯联邦主体、市政当局。

2. 信息所有者的权利由国家机关、地方自治机构代表俄罗斯联邦、俄罗斯联邦主体、市政当局在其权力范围内规定的相关法律法规实现。

3. 如果联邦法律未作另行规定，信息所有者有权：

（1）允许或限制访问信息，规定访问信息的程序和条件；

（2）使用信息，包括根据自己的意愿传播信息；

（3）根据合同或其他法律规定，向他人传递信息；

（4）在他人非法获取信息或非法使用信息的情况下，依靠法律手段保护自己的权利；

（5）执行其他信息操作或允许执行这些操作。

4. 信息所有者在行使自己的权利时必须：

（1）遵守法律和他人的合法权益；

（2）采取信息保护措施；

（3）如果联邦法律规定，有限制信息访问的义务。

第7条 公开信息

1. 常识属于公共信息，允许访问和利用。

2. 在遵守联邦法律对此类信息限制传播的情况下，任何人可以根据自己的意愿使用公开信息。

3. 自愿公开信息的信息所有者，有权要求传播该信息的人注明信息来源。

第 8 条 访问信息的权利

1. 公民（法人）和组织（法人）（以下简称组织）在遵守本联邦法和其他联邦法的情况下，有权搜寻和获取任何形式和任何来源的任何信息。

2. 根据俄罗斯联邦法律规定的程序，在不直接影响其权利和自由的情况下，公民（自然人）有权从国家机关、地方自治机构及其官员处获取信息。

3. 任何组织有权从国家机关、地方自治机构获取间接涉及该组织权利和义务的信息，以及在该组织从事自身活动时，与上述机构间活动相关的必要信息。

4. 不限制访问：

（1）涉及人类和公民权利、自由和责任的规范性法规，以及确立组织法律地位和国家机关、地方自治机构权力的规范性法规；

（2）有关环境状况的信息；

（3）国家机关和地方自治机构的活动信息，以及预算资金使用信息（国家或官方秘密情报除外）；

（4）收藏在图书馆、博物馆和档案馆公开馆藏中的信息，以及收藏在国家、市政和在其他信息系统中为保护公民（自然人）和组织而创建或制作的信息；

（5）联邦法律规定不允许限制访问的其他信息。

5. 根据联邦法律、俄罗斯联邦主体法律和地方自治机构的规范性法规，国家机关和地方自治机构有义务保障利用电信网络，包括互联网，访问俄语和俄罗斯联邦加盟共和国官方语言的活动信息。

需要访问该信息的人，不必说明其获取信息的必要性。

（2010 年 7 月 27 日法字第 227 号联邦法修订）

6. 国家机关和地方自治机构、社会团体、政府官员的决策和行为违反了信息访问的权利，可以上诉到上级机关或上级官员或法院。

7. 非法拒绝访问信息、延迟交付信息、故意提供虚假或不符合要求的信息内容的情况，均构成损害，这些损害可以依据民法予以赔偿。

8. 免费提供的信息包括：

（1）国家机关和地方自治机构，通过电信网络发布的相关活动信息；

（2）相关权利和俄罗斯联邦法律规定的相关责任人；

（3）法律规定的其他信息。

9. 只有在联邦法律规定的情况下，方可规定国家机关或地方自治机构提供有关其活动信息时收取费用。

第9条 限制访问信息

1. 联邦法律规定限制访问信息是为了维护宪法秩序、他人的道德、健康、权利及合法权益、国防与国家安全。

2. 信息保密具有强制性，联邦法律限制对其进行访问。

3. 根据俄罗斯联邦国家机密法的规定，保护属于国家机密的信息。

4. 联邦法律规定属于商业秘密、官方秘密和其他秘密的信息分类条件，规定对这类信息实行保密的义务，以及对披露信息的行为应承担的责任。

5. 公民（自然人）在履行其专业职务时或组织在开展某些活动（职业秘密）时获取的信息，如果联邦法律规定他们[1]有保护该信息的义务，应该对其进行保护。

6. 根据联邦法律和（或者）法院的决议，属于职业秘密的信息可以提供给第三方。

7. 只有经提供个人相关信息的公民（自然人）同意，才能对构成职业秘密的信息承担保密义务的期限进行限定。

8. 如果联邦法律不作另行规定，禁止要求公民（自然人）提供关于其私人生活的信息，包括个人或家庭信息，以及获取违反公民（自然人）意愿的信息。

9. 个人资料法规定访问公民（自然人）个人资料的程序。

第10条 信息传播或信息提供

1. 在遵守俄罗斯联邦法律规定的情况下，在俄罗斯联邦境内自由传播信息。

2. 未利用大众信息媒介传播的信息，应包括信息所有权人或相关人员的可靠资料，使被传播的信息在形式和内容上足够识别此人。

3. 在使用信息传播工具时，允许确定信息接受者，包括使用邮政和电子通信的信息接受者，信息传播者应当允许信息接受者拒绝接受此类信息。

4. 信息提供根据参与信息交换的人协商确定的程序进行。

5. 联邦法律规定强制性传播信息或提供信息的情况和条件，包括强制性提供电子复本。

6. 禁止传播用于宣传战争，煽动民族、种族或宗教仇恨和敌视的信息，以及传播其他应负刑事或行政责任的信息。

第11条 文件信息

1. 俄罗斯联邦法律或协议各方可以制定文件信息的要求。

---

[1] 指公民（自然人）或组织。

2. 联邦行政权力机构内的文件信息根据俄罗斯联邦政府规定的程序制定。

公文和文件管理规则由其他国家机关、地方自治机构在其管辖范围内制定，面向联邦行政权力机构的公文和文件管理应符合俄罗斯联邦政府制定的要求。

3. 失效。

（2011 年 4 月 6 日法字第 65 号联邦法修订）

4. 为了签订民事合同或签署其他法律协议，凡参与交换电子邮件、电子通信的人，每人需根据联邦法律、其他法规或各方协议规定的程序，签署电子签名或者模拟该信息发布者的其他手写签名，视为文件交换。

（2011 年 4 月 6 日法字第 65 号联邦法修订）

5. 包含文件信息的物质载体的所有权及其他物权，由民法规定。

第 12 条 信息技术领域的国家调控

2011 年 7 月 21 日法字 252 号联邦法规定从 2012 年 9 月 1 日起本文的第一部分将被补充到第 4 款，内容如下：

“（4）确保儿童信息安全。”

1. 信息技术应用领域内国家调控的规定：

（1）根据本联邦法规定的原则，协调利用信息技术（信息化）进行查找、获取、传递、生产和传播信息的关系；

（2）对提供给公民（自然人）、组织、国家机关和地方自治机构不同用途的信息系统进行开发，并保障这些系统间相互配合；

（3）为在俄罗斯联邦境内有效利用电信网络创造条件，包括“互联网”和其他类似的电信网络。

2. 国家机关、地方自治机构根据自己的意愿，可以：

（1）参与开发和销售信息技术应用方案；

（2）创建信息系统和保障访问俄语及俄罗斯联邦加盟共和国官方语言的信息。

第 13 条 信息系统

1. 信息系统包括：

（1）国家信息系统是指根据联邦法律、俄罗斯联邦主体法律，以国家机关的法律行为为基础创建的联邦信息系统和区域信息系统；

（2）根据地方自治机构的决议创建的市政信息系统；

（3）其他信息系统。

2. 如果联邦法律未作另行规定，则对信息技术资源数据库进行开发的人为系统操作员。系统操作员可以合理地使用该数据库资源，或者与个人签订信息系统使用协议。

3. 信息系统数据库中信息所有者的权利，无论是数据库版权还是其他权利，都受到保护。

4. 本联邦法规定的对国家信息系统的要求适用于市政信息系统，但俄罗斯联邦法关于地方自治的另行规定除外。

5. 国家信息系统和市政信息系统的操作特点可以根据技术规则、制定创建这些信息系统决议的国家机关的法规、地方自治机构的法规制定。

6. 不属于国家信息系统或市政信息系统的信息系统创建和操作程序，由这些系统的操作员根据本联邦法或其他联邦法律的要求制定。

第 14 条 国家信息系统

1. 创建国家信息系统是为了行使国家机构的权力，保障信息在这些机构间的交换，以及联邦法规定的其他目的。

2. 国家信息系统根据 2005 年 7 月 21 日法字 94 号联邦法“关于配售国家和市政需要的商品、工程、服务的订单”要求创建。

3. 国家信息系统在公民（自然人）、组织、国家机关、地方自治机构提供的统计信息和文件信息的基础上创建。

4. 联邦法律强制规定提供信息种类清单，由俄罗斯联邦政府或相应的国家机关制定信息提供的条件，但联邦法律另行规定的情况除外。

5. 由签订创建该信息系统国家合同的买方来行使系统操作者的职能，除非创建国家信息系统的决议另有规定。

在这种情况下，根据指定买方规定的程序操作国家信息系统。

6. 俄罗斯联邦政府有权规定某些国家信息系统操作程序的强制性要求。

7. 不得使用国家信息系统获取未经授权使用的属于知识产权范围的内容。

8. 对国家信息系统内容进行信息加工的技术方法，包括软件和硬件以及信息保护，应符合俄罗斯联邦关于技术管理的要求。

9. 国家信息系统内的信息，以及其他提供给政府的信息和文件属于国家信息资源。

国家信息系统内的信息为官方信息。

国家机关根据既定法规监督国家信息系统的职能，必须确保信息系统内信息的准确性和及时性，根据法律规定的情况和程序访问信息，并保护该信息不被非法访问、破坏、修改、封锁、复制、提供、传播及其他非法行为。

（2010 年 7 月 27 日法字第 227 号联邦法修订）

第 15 条 电信网络的使用

1. 根据俄罗斯联邦通信法、本联邦法和其他俄罗斯联邦规范性法规，在俄罗斯联邦境内使用电信网络。

2. 对电信网络的使用管理和访问不局限于特定范围的人，可以根据普遍接受的国际惯例在俄罗斯联邦境内从事该范围的活动。

其他电信网络的使用程序由这些网络所有者根据本联邦法的规定制定。

3. 在俄罗斯联邦境内的经济或其他活动领域使用电信网络不能作为规定额外要求或限制的理由，包括不使用这些网络对上述活动进行监督，以及不遵守联邦法律的规定。

4. 联邦法律可以规定对从事企业活动时使用电信网络的个人、组织进行强制认证。

在该情况下，俄罗斯联邦境内的电子邮件收件人，有权对发件人的电子邮件进行审核，而在联邦法律规定或双方达成协议的情况下，必须进行如此审核。

5. 在遵守联邦法律关于信息传播和保护知识产权相关规定的情况下，利用电信网络的方式传递信息不受限制。

只有在联邦法律规定的情况和条件下，才可能限制信息传递。

6. 俄罗斯联邦总统法规或俄罗斯联邦政府法规可以规定国家信息系统与电信网络进行联接。

第 16 条 信息保护

1. 信息保护是采用法律、组织和技术措施，以便：

（1）防止信息未经授权被访问、破坏、修改、封锁、复制、提供、传播，以及对该信息的其他非法行为；

（2）对受限制访问的信息保密；

（3）行使信息访问权。

2. 国家对信息保护领域内各类关系的调整通过制定信息保护要求，以及俄罗斯联邦法律关于信息、信息技术和信息保护的违约责任进行。

3. 对公开信息的保护要求可以根据本法第 1 条第 1 款和第 3 款制定。

4. 信息所有者、信息系统经营者在俄罗斯联邦法律规定的情况下，应确保：

（1）防止未经授权访问信息和（或者）将信息传递给无权访问该信息的人；

（2）及时发现未经授权访问信息的情况；

（3）防止因违反信息访问规定可能产生的不利影响；

（4）避免影响信息加工的技术手段，从而干扰其运作；

（5）立即修复因未经授权访问而修改或销毁的信息；

（6）进行长期监督，以保障信息安全级别。

5. 由安全领域的联邦行政机关制定国家信息系统信息保护的规章，联邦行政权力机构在其授权范围内制定技术情报和信息技术保护领域的要求。

在创建和开发使用国家信息系统时，为保护信息技术和信息方法，必须遵守上述规定。

6. 联邦法律可以规定限制使用某些信息保护的手段，并在信息保护领域内开展具体活动。

第 17 条 违反信息、信息技术和信息保护应承担的责任

1. 违反本联邦法的规定，应承担纪律、民事、行政处罚或根据俄罗斯联邦法律的规定承担刑事责任。

2. 因披露信息或其他非法使用信息而使其权利和合法权益受到侵害的个人，有权按照既定方式申请司法保护，包括索取精神、荣誉、尊严和商业信誉损失的赔偿。

如果采取这些措施和遵守这些规定是提出赔偿请求的人应尽的义务，则在其未遵守信息保密或违反俄罗斯联邦法律规定的信息保护要求的情况下，不可以满足其赔偿请求。

3. 如果联邦法律限制或禁止传播某些信息，在下列情况下，提供服务的个人不承担传播该信息的民事责任：

（1）在未改变和修正信息的情况下，将其传递给他人；

（2）在信息接受者不知道信息为非法传播的情况下，对其进行保存和访问。

第 18 条 俄罗斯联邦部分法律（法律条令）失效的说明

自本联邦法生效之日起，下列法律（法律条令）宣告无效：

（1）1995 年 2 月 20 日法字第 24 号《关于信息、信息技术和信息保护法》（1995 年第 8 次俄罗斯联邦立法大会，第 609 条）。

（2）1996 年 7 月 4 日法字第 85 号《国际信息交流联邦法》（1996 年第 28 次俄罗斯联邦立法大全，第 3347 条）。

（3）2003 年 1 月 10 日法字第 15 号联邦法第 16 条与联邦法通过的“准许某些类型活动”相关的《关于修订和增补某些俄罗斯联邦法律条令》（2003 年第 2 次俄罗斯联邦立法大会，第 167 条）。

（4）2003 年 7 月 30 日法字第 86 号联邦法第 21 条“关于修订和增补某

些俄罗斯联邦法律条令，废除俄罗斯联邦某些法律条令的说明，内政部提供的员工个人担保，监测贩运麻醉药品和精神药物的机构，为实施改善国家管理措施而撤销联邦税务警察”（2003 年第 27 次俄罗斯联邦立法大会，第 2700 条）。

（5）2004 年 7 月 29 日法字第 58 号联邦法第 39 条“关于修订某些俄罗斯联邦法律条令，与某些为实施改善国家管理措施而废除的俄罗斯联邦法律条令”（2004 年第 27 次俄罗斯联邦立法大会，第 2711 条）。

俄罗斯联邦总统
B. 普京
莫斯科，克里姆林宫
2006 年 7 月 27 日
法字第 149 号

俄罗斯联邦著作权法（节译）*❶

（2006 年 10 月 24 日国家杜马通过，
2006 年 12 月 8 日联邦委员会批准）

第七十章　著作权

第 1270 条　作品专有权

1. 作品的作者或其他权利持有人享有根据本法典第 1229 条的规定，以任何形式和任何不违背法律的方式包括本条第 2 款所规定的方式使用作品的专有权。

权利持有人可以处置作品的专有权。

2. 以下行为，无论是否以营利为目的，均视为使用作品：

（1）复制作品，即以任何物质载体的形式，包括以音频或视频形式，制

* 陈英爽，刘冰雪，译；卢海燕，校。

❶ 本法系《俄罗斯民法典》第四部分第七十章，本译本即译自第七十章。

作作品或作品的一部分的一个或多个复本，将二维作品制成一个或多个三维作品复本，将三维作品制作成一个或多个二维作品复本；

以电子载体形式保存作品，包括将其写入电子计算机内存的行为，也视为复制作品；但如果载入是暂时的，并构成工艺流程不可分割的一部分，而该工艺流程以合法使用作品记录或合法向公众公布作品为唯一目的，则不属于复制作品；

（2）通过出售或其他转让原作或其复本的方式传播作品；

（3）公开展示作品，即直接或借助于胶片、幻灯片、电视镜头或其他技术手段在屏幕上展示作品或其复本的行为，以及在超出通常家庭范围的人数的众多公开场所或公众自由出入的场所，直接或借助于技术手段，不遵守其连贯性而展示视听作品的某些镜头的行为，不考虑作品在其展示场所或在同时展示作品的其他地方被复制；

（4）以传播为目的引进作品的原作或其复本；

（5）出租作品的原作或其复本；

……

（9）翻译或对作品进行改编：这里的改编是指创造作品的衍生品（加工、改编电影、乐曲、剧本和类似作品）。电子计算机程序或数据库的加工（修改）是指电子计算机程序或数据库的任何改变，包括将该程序或数据库由一种语言翻译成另一种语言，但仅为了使程序或数据库在使用者具体技术设备上运行或在使用者具体程序控制下进行修改的情形除外。

第 1271 条 （略）

第 1272 条 已发表作品的原作或复本的传播

如果合法发表的作品的原作或复本通过出售或其他途径在俄罗斯联邦境内流通，则作品的原作或复本的继续传播无须征得权利持有人同意，也无须向其支付报酬，但本法典第 1293 条规定的情形除外。

第 1273 条 为个人目的自由复制作品

1. 允许公民无须征求作者或其他权利持有人同意，且无须支付报酬，纯粹为了个人目的而复制合法发表的作品，但下列情况除外：

（1）复制建筑物或类似建筑物形式的建筑作品；

（2）复制数据库或实质组成部分；

（3）复制计算机程序，但本法典第 1280 条规定的情形除外；

（4）复制图书（全部）和乐谱（第 1275 条第 2 款）；

（5）复制在供公众自由参观的场所或不属于通常家庭范围的人数众多的场所内放映的音像作品；

（6）借助于非家庭条件下使用的专业设备复制音像作品。

2. 在专为个人目的的复制唱片和音像作品的情况下，唱片和音像作品的作者、表演者、制作者有权根据本法典第 1245 条的规定获得报酬。

（2010 年 10 月 4 日法字第 259 号联邦法修订）

第 1274 条　以信息、科学、学习或文化为目的自由使用作品

……

2. 当图书馆提供合法流通的作品复本用于暂时免费使用时，可以无须征得作者或其他权利持有人同意且无须支付报酬。

在这种情况下，依据图书馆资源互借程序，图书馆只能在图书馆阅览室内提供暂时免费使用的以数字化形式复制的作品，条件是排除将这些作品制作成数字复本的可能性。

3. 在合法发表的文学、音乐或其他滑稽模仿手法或以讽刺漫画手法创作的作品（原创性作品）的基础上，创作作品和使用该滑稽模仿作品或讽刺漫画作品，可以无须征得作者或专有权持有人同意，也无须向其支付报酬。

第 1275 条　以复制的方式自由使用作品

1. 允许对唯一的复本不以营利为目的进行复制，且无须征得作者或其他权利持有人同意，也无须向其支付报酬，但必须指出被使用作品的作者姓名和出处［第 1273 条第 1 款第（4）项］：

（1）合法发表作品，是指图书馆和档案馆为了修复、替换丢失或损坏的作品以及为其他图书馆提供的由于某种原因而佚失的馆藏中的作品；

（2）合法发表在文集、报纸和其他期刊中的某些文章和小篇幅作品，合法发表的书面作品上的简短摘录（有插图或无插图），是指图书馆和档案馆根据公民要求用于学习或科学，以及教育机构用于课堂教学的作品。

2. 翻印（影印复制）是指借助于不以出版为目的的任何技术手段复制作品。

翻印不包括复制作品或将其拷贝成电子形式（包括数字形式）、光电或其他机读形式，但借助于专为从事翻印的技术手段制作临时复本的情形除外。

……

第 1291 条　作品原件的转让和作品专有权

1. 作者在转让作品原件（手稿、绘画、雕塑等类似作品的原件）时，包

括根据版权合同转让作品原件时，仍然保留对作品的专有权，但合同另行规定的情形除外。

如果作品的专有权未转移给原件获取者，则原件获取者有权无需征求作者同意且无需向其支付报酬而展出该原件，并且有权将原件复制到展览目录或其集合出版物中，亦有权将该作品的原件在他人举办的展览会上展出。

2. 如果对作品享有专有权的所有权人并非作品作者本人，则作品的专有权在原件转让时一并转移给原件获取者，但合同另行规定的情形除外。

3. 本条中涉及作品作者的规定，在作品专有权的有效期内，也适用于作者的继承人、继承人的继承人。

第七十一章　邻接权❶

第五节　数据库制作者的权利

第 1334 条　数据库制作者专有权

1. 如果数据库的创作（包括相应资料的加工或提交）需要重大财政、物质上的花费或组织上及其他方面的工作，则数据库的制作人享有从数据库中提取资料以及随后以任何方式使用这些资料的专有权（数据库制作人的专有权）。

数据库制作者可以处置上述专有权。

在没有相反证据时，内容包含不少于 10000 条独立信息元素（材料）的数据库视为其建立需要实质性花费的数据库［第 1260 条第 2 款第（2）项］。

任何人未经权利持有人同意，无权从数据库中获取数据并继续使用，但本法典另行规定的情形除外，

此处的获取信息是指将数据库的内容或者构成数据库资料的大部分内容以任何技术手段或任何形式转移到其他信息载体上。

2. （略）

3. 合法使用数据库的人，有权不经数据库制作者允许而从数据库中提取资料用于个人、科学、教育和其他非商业目的，使用范围应符合上述目的，以行为不侵犯数据库制作者和其他人的著作权为限。

在使用从数据库中提取的资料时，如果有不受限制范围的人获取资料，则应指明获取这些资料的来源数据库。

---

❶ 第七十一章中仅第五节的第 1334 条与图书馆领域直接相关，故略去其他章、节、条，仅选译第 1334 条。——译者注

09 法 国

国家图书馆法*[1][2]

（1994 年 1 月 3 日第 94 – 3 号规定建立）

法国国家图书馆的政令

共和国总统，

根据总理、财政部部长、文化部部长、预算部部长以及政府发言人的联合报告，根据《宪法》，尤其是第 13 条，以及 1985 年 11 月 28 日有关任命国家文职和军人的法律规定 58 – 436 号条例，尤其是第 1 条；根据国家地区法典；根据知识产权法典；根据公共市场法典；根据 1992 年 6 月 20 日 92 – 546 号条例；根据 1934 年 6 月 30 日颁布的有关当代国际文献图书馆和阿森纳图书馆的政令；根据 1935 年 10 月 25 日颁布的确定接受财务审查的办事处和国家自治机构名单的政令；根据 1935 年 10 月 30 日颁布的关于音乐图书馆合并的政令；根据 1938 年 4 月 8 日颁布的关于建立国家录音资料馆的政令；根据 1953 年 12 月 10 日有关会计法规适用于具有行政性质的国家公共机构的规定 53 – 1227 号政令；根据 1959 年 4 月 29 日关于任命部分公共机构、公有企业和国营公司管理职位的规定 59 – 587 号政令；根据 1962 年 12 月 29 日修订关于公共会计总则的规定 62 – 1587 号政令；根据 1964 年 5 月 28 日修订关于管理公共机构收入和预付款的规定 64 – 486 号政令；根据 1981 年 2 月 20 日关于国有博物馆、古迹和藏品机构的收费规定 81 – 169 号政令；根据 1990 年 5 月 28 日规定，由

---

* 肖珂诗，译；田贺龙，校。

[1] 全称为《1994 年 1 月 3 日第 94 – 3 号规定建立法国国家图书馆的政令》（*Décretn°94 – 3 du 3 janvier 1994 portant création de la Bibliothèque nationale de France*，NOR：MCCX9300196D）。来源：［EB/OL］．［2011 – 11 – 10］．http：//www. legifrance. gouv. fr/affich Texte. do？cidTexte = JORFTEXT000000545891&categorieLien = cid.

[2] 本法译自 2010 年 1 月 13 日修订综合版。在本书出版前经核，该法最新版本为 2013 年 1 月 1 日的修订本。——译者注

国家、具有行政性质的公共机构和部分接受国家津贴的机构负担工作人员在法国本土差旅费用的，由该法确定其费用结算条件和方式90－437号政令；根据1993年12月31日关于法定呈缴的规定93－1429号政令；根据1993年12月8日发布的国家图书馆联合技术委员会公告；根据1993年12月8日发布的法国图书馆公共机构联合技术委员会公告；根据1993年12月10日发布的文化部联合技术委员会公告；行政法院（内政处）决定；

部长委员会决定，

第一章 通 则

第1条 创建法国国家图书馆，一个具有行政管理性质的国家公共机构，受文化部部长管辖。

地址设在巴黎。

第2条 法国国家图书馆的使命是：

1° 采集、编目、保存、保管及丰富各领域知识和国家遗产，尤其是法语和涉及法国文化方面的文化遗产；

基于此：

根据上述1992年6月20日颁布法律[1]第5条第2项规定，法国国家图书馆承担该法以及相关政令赋予其法定呈缴的任务；并根据该法规定，代表国家作为缴存机构，履行使命；编纂、发行国家总书目；

以国家名义并代表国家采集法国和国外的印刷、手稿、钱币、徽章、版画、图片、地图、音乐、舞谱、音频、视频和信息类文献，并对其进行编目；

参与国内、国际的科学活动。

2° 在遵守知识产权法律法规，保证长期保存的前提下，确保馆藏开放最大化，但受法律保护的涉密文献除外；

基于此：

主导与其馆藏遗产相关的研究项目，尤其是图书馆学方面；

与国内外图书馆及文献研究中心开展合作，尤其是网络文献领域；

在国家确立的政策范围内，参与法国图书馆馆藏文献共享；

利用数据传输最先进的技术实现远程查阅；

竭力挖掘馆藏价值，为履行使命，开展与之相关的文化和商业活动。

---

[1] 1992年6月20日92－546号条例。

3° 完成国家图书馆的建设、改造和装修，尤其是由法国图书馆公立公益机构承办的馆舍建设，以及图书馆运营和对外开放。

4° 有效保护、管理和挖掘其所属建筑价值。

第 3 条 为履行职能，法国国家图书馆可以从事如下行为：

1° 购买必要的动产和不动产；

2° 开展调研，完成法国国家图书馆馆舍的建设、改造和装修，与其他公共或私立机构签订协议，确保营造适宜的环境；

3° 为保障共同合作，从预算、补贴或预付款中给予公共或私立机构财政支持，完成相关调研和研究工作；

4° 尤其是通过协议或参与公益组织方式，与公共或私立，法国的或国外的机构，特别是具有互补性或能提供协助的团体机构开展合作；

5° 特许公共或私立机构在公共区域的建筑和活动权；

6° 持有股份或创设分公司；

7° 在执行任务时，履行有效私法的一切法律行为；

8° 获取一切与知识产权相关的权利，并使其发挥作用。

应文化部部长、海外事务部部长或合作事务部部长的要求，法国国家图书馆参与其职能相关的国家、欧共体法规以及国际条约的制定和执行，同时在所有国际组织中代表法国。

第二章 行政组织

第 4 条 法国国家图书馆理事会除馆长外，还包括 19 名成员：

1° 8 名法定成员：

a）文化部图书主管或其代表；

b）文化部秘书长或其代表；

c）文化部档案主管或其代表；

d）总理府通讯主管或其代表；

e）预算部预算主管或其代表；

f）高等教育及研究部大学图书馆主管或其代表；

g）研究部科研主管或其代表；

h）外交部国际文化关系主管或其代表。

2° 行政法院副主席提名，文化部部长通过法令确定的行政法院成员 1 名。

3° 4 名职工代表，由文化部部长通过法令确立选举方式。

4° 4 名国际文化、科学和经济领域的知名人士，由文化部部长通过法令指定人选。

5° 2 名用户代表，由文化部部长通过法令确定选举方式。

上述 3°中规定的每名职工代表均有一名候补者，选举方式一样。

2°、4°和 5°中规定的人员任期为 3 年，可连任一届。

3° 中规定的人员任期为 3 年，可连任。

如遇现任席位空缺，不论何种原因，按相同条件指定新成员，新成员的任期为现任席位的剩余任期。

（2008 年 1 月 2 日 2008 -9 号政令修订）

第 5 条 理事会主席及其他成员不得在与图书馆有工程、供应或有偿服务合同的公司中谋求利益，或担任任何职务，也不得向相关公司提供有偿服务。

理事会成员所任职务没有酬劳，馆长除外。根据国家公务员相关规定，馆长享有差旅补助和规定的住宿标准津贴。

理事会职工代表每月享有 15 个小时专门用于履行其职务。

（2006 年 11 月 9 日 2006 -1365 号政令修订）

第 6 条 理事会由主席召集开会，并确定会议日程，每年不少于 3 次。此外，应文化部部长或 1/3 的理事会成员要求，主席应召集开会议。

如遇主席缺席或因故无法出席，由总主任召集会议，由文化部图书主管代行主席职务。

由文化部部长提出或 1/3 理事会成员要求写入会议日程的视为有效。

总主任、科学委员会主席、经济与金融综合监管团成员、会计师以及委员会的所有成员或主席希望搜集意见的其他人员以顾问身份出席会议。

理事会须至少半数以上成员、成员代表或候补人员参加会议才有效。如参会人数达不到法定人数，须在 8 日内就相同会议议程重新召集。再次召集无法定人数限制。

会议决议须由出席会议成员或其代表投票超过半数才能通过。如遇平票，由主席裁决。

第 4 条中 2°、4°和 5°规定的各理事可以书面形式委托另一理事，但每位理事最多可以接受两份委托。

如遇紧急情况，第 7 条 6°、7°、10°有关定价政策、入馆权限和服务资费以及与 11°相关的决议可经理事会成员书面磋商后通过。

（2005 年 5 月 9 日 2005 -436 号政令修订；2006 年 11 月 9 日 2006 -1365 号政令修订）

第 7 条 理事会就以下事项进行商议：

1° 机构以及活动和投资方向；

2° 公共机构全部活动预算及调整，财政账户及年度结算划拨；

3° 活动年报；

4° 服务机构、部门名单及其具体安排；

5° 不动产购买或租赁计划，公共机构自有不动产的出售或租赁计划；

6° 接受捐赠或遗赠；

7° 法律和交易事务；

8° 合同签订的一般条件，以及根据公共市场法典确定招标委员会构成；

9° 获取、扩大以及转让股份；创设分公司；

10° 机构的定价政策、入馆权限、服务资费，以及因在公共区域特许建造并赠与公共机构的建筑物租金；

11° 让与许可。

理事会就内部规章及公众开放条件进行商议。

6°、7° 、10°项所列事项，理事会可将其中部分授权予馆长。

理事会确立内部规章。

（2006 年 11 月 9 日 2006 – 1365 号政令修订）

第 8 条 理事会决议除下面条款规定外，如文化部部长在接收后 15 日内未作出明确批准通知，也未提出异议，则自动生效执行。

第 7 条之 2°、4°、5°、10°、11°规定的相关决议，除财政账户外，如文化部部长和预算部部长（权属范围内）、经济部部长、产业部部长接收后，未作出明确批准通知，也未提出异议，则自动生效执行。

第 7 条规定财政账户及 8°、9°规定的相关决议，须获得文化部部长和预算部部长（权属范围内）、经济部部长的明确批准后，方可生效执行。

（2006 年 11 月 9 日 2006 – 1365 号政令修订）

第 9 条 （2006 年 11 月 9 日 2006 – 1365 号政令废止）

第 10 条 法国国家图书馆馆长根据文化部部长提名，由部长委员会通过政令任命，任期 3 年，可连任。

第 11 条 法国国家图书馆馆长领导全馆工作。

基于此：

1° 馆长筹备理事会商议，并执行决定；

2° 按照第 7 条规定，馆长履行不属于理事会的其他所有事项；

3° 馆长管理人事，馆长聘任合同人员，对正式员工工作分配提出建议，考试竞聘岗位除外，馆长领导全馆员工，并将分配他们到不同岗位工作；

4° 馆长安排机构的收支；

5° 馆长签署在与机构的相关协议中是法定代表人；

6° 在取得经济与金融综合监管团成员及理事会批准同意后，馆长在下次最临近会议时可对预算作出修改决定，但不包括增加总开支、增加人员编制、缩减总收入、在运行与融资方面或人员与物资项之间转移支付的决定；

7° 馆长代表机构出席司法和各项社会事务。

馆长向理事会述职。

馆长可授权总主任签字。

如馆长不在，不论何种原由，由总主任安排机构日常收支，担任法定代表人。

（2005 年 5 月 9 日 2005 – 436 号政令修订，2006 年 11 月 9 日 2006 – 1365 号政令修订）

第 12 条 法国国家图书馆总主任由馆长提名，通过政令任命。

总主任协助馆长履行职务，基于此，接受授权管理机构各部门。

总主任可授权所辖部门主管签字。

第 13 条 法国国家图书馆科学委员会由 17 名成员构成：

1° 3 名法定成员：

图书馆高级委员会主席；

文化部研究与技术主管；

高等教育及研究部科技主管。

2° 2 名图书馆员团体和法国国家图书馆非在编人员代表，选举方式由机构内部规章制度确定。

3° 2 名机构科技人员代表，选举方式由机构内部规章制度确定。

4° 3 名优秀知名人士，由文化部部长通过政令指定。

5° 7 名法国和国外的科学、文献机构代表，由文化部部长通过政令指定。

如职位空缺，不论何种原因，按照相同条件指定新成员，新成员的任期为现职人员的余下任期。

图书馆馆长、总主任、媒体与文化产业主任或其代表、高等教育及研究部高校图书馆主管或其代表以顾问身份出席会议。

第 14 条 科学委员会主席由委员会内产生，由文化部部长通过法令命名。

委员会成员除法定人员外，其他成员任期 3 年，可连任一次。

科学委员会主席及其成员不能在与图书馆有工程、供应或有偿服务合同的公司中谋求利益，或担任任何职务，也不得向相关公司提供有偿服务，但出版公司除外。

科学委员会成员没有报酬。但根据上述1990年5月28日政令规定，其成员享有差旅补助和规定的住宿标准津贴。

（注：2006年7月3日2006－781法令第12X条规定：1986年3月12日、1989年4月12日及1998年9月22日的政令中有关短期出差的规定自2006年11月1日起由本政令取代。）

第15条 科学委员会每年至少召开会议一次，由主席召集。委员会就机构发展方向和科研活动进行商议，并向机构提出有关科学政策方面的建议。

第三章 财政制度

第16条 机构的金融交易和财务手续须符合上述1962年12月29日和1953年12月10日的政令规定。

根据上述1935年10月25日法令规定，机构接受国家财务监察。

经济与金融综合监管团成员职权及监管方式由文化部部长和预算部部长通过法令共同确定。

（2005年5月9日2005－436号政令修订）

第17条 机构会计师由文化部部长和预算部部长通过法令共同确定。

第18条 机构财源包括：

1° 国家、地方、公共机构、国有公司和私人提供的资助、预付款、协作基金或税金；

2° 入馆和参观收益；

3° 捐赠和遗赠；

4° 特许收益；

5° 股份收益；

6° 让与收益；

7° 动产与不动产收益，以及因在公共区域特许建造并赠与公共机构的建筑物租金；

8° 机构商业活动，及各种活动收益；

9° 现行法律、规章许可的其他各类收益或收入。

（2006年11月9日2006－1365号政令修订）

第19条 机构支出包括：

1° 人事经费；

2° 运行经费；

3° 研究经费；

4° 设备费用；

5° 为完成任务的一切必要开支。

第 20 条 可根据上述 1964 年 5 月 28 日政令规定要求，设立预付款和收入财产管理。

第四章 过渡及最终条款

第 21 条 法国国家图书馆从国立图书馆、法国图书馆公共机构接收和看管法定呈缴本，无偿或有偿采购的作品、文献和藏品。

法国国家图书馆以国家名义采集、保存文献和通过购买或来自捐赠或遗赠的物品。

本法第 2 条规定的藏品是国家不可分割的财产。

第 22 条 法国国家图书馆取代国立图书馆、法国图书馆公共机构，享有权利，承担义务。

第 23 条 在职工代表和用户代表第一次选举之前，理事会在无职工和用户代表出席的情况下亦有效。职工和读者代表自选举后出席理事会，他们的任期同理事会其他任命人员任期。

自本法公布 4 个月内选举职工代表。

第 24 条 在法国国家图书馆馆长任命前，由文化部图书与阅读中心主任临时代理其职权，可授权他人签字。

第 25 条 已废止的条款如下：

1983 年 3 月 22 日有关国立图书馆组织及财务制度的修订（83－226 号政令）；1989 年 10 月 17 日分别有关国立图书馆常务理事、科学部主任、技术部主任的职务规定（89－745 号、89－746 号和 89－747 号政令）；1989 年 10 月 13 日有关建立法国图书馆公共机构的规定（89－777 号政令）。

第 26 条 条款修订与废止说明[1]：

1993 年 12 月 31 日 93－1429 号政令：修订第 10 条；1993 年 12 月 31 日 93－1429 号政令：废止第 11 条；1993 年 12 月 31 日 93－1429 号政令：修订第

[1] 在 1993 年 12 月 31 日 93－1429 号有关法定呈缴的政令中，用“法国国家图书馆”代替原“国家图书馆”；用“馆长”代替“总主任”。

12 条；1993 年 12 月 31 日 93－1429 号政令：修订第 13 条；1993 年 12 月 31 日 93－1429 号政令：废止第 14 条；1993 年 12 月 31 日 93－1429 号政令：修订第 15 条；1993 年 12 月 31 日 93－1429 号政令：修订第 16 条；1993 年 12 月 31 日 93－1429 号政令：废止第 17 条；1993 年 12 月 31 日 93－1429 号政令：废止第 18 条；1993 年 12 月 31 日 93－1429 号政令：废止第 19 条；1993 年 12 月 31 日 93－1429 号政令：废止第 2 条；1993 年 12 月 31 日 93－1429 法令：废止第 20 条；1993 年 12 月 31 日 93－1429 号政令：废止第 21 条；1993 年 12 月 31 日 93－1429 号政令：废止第 22 条；1993 年 12 月 31 日 93－1429 号政令：废止第 41 条；1993 年 12 月 31 日 93－1429 号政令：修订第 7 条；1993 年 12 月 31 日 93－1429 号政令：修订第 8 条；1993 年 12 月 31 日 93－1429 号政令：修订第 9 条。

第 27 条　条款变更说明：

1959 年 4 月 29 日 59－587 号政令：修订附录（V）[1]。

第 28 条　本政令条款可通过行政法院政令修改，第 10 条除外，该条规定机构主席由部长委员会通过政令任命。

（2006 年 11 月 9 日 2006－1365 号政令修订）

第 29 条　总理、外交部部长、经济部部长、文化部部长、预算部部长、政府发言人、高等教育及研究部部长、公共服务部部长，根据职权范围，履行本政令。本政令将刊登在《法兰西共和国政府公报》（*Journal officiel de la République française*，*JORF*）上。

共和国总统：弗朗索瓦·密特朗
总理：爱德华·巴拉迪尔
文化部部长：雅克·杜蓬
外交部部长：阿兰·朱佩
经济部部长：埃德蒙·阿尔方戴利
预算部部长、政府发言人：尼古拉·萨科齐
高等教育及研究部部长：弗朗索瓦·菲永
公共服务部部长：安德烈·罗斯因诺特

---

[1] 加入以下内容：“机构或协会：法国国家图书馆”；“职务：行政管理委员会主席”。删除如下内容：“机构或协会：国家图书馆”；“职务：总理事”。

公共图书馆法*❶

（2012 年 3 月 24 日修订综合版）

第一章 市立图书馆

第 L310 – 1 条 市立图书馆由市镇政府组织并资助，并受国家技术监管。

第 L310 – 2 条 市立公共图书馆分为三类：

a）第一类：经典图书馆；

b）第二类：归技术监管部门定期或永久管理的图书馆；

c）第三类：可受上级机关监管的图书馆。

第 L310 – 3 条 由行政法院通过政令确定第一类经典图书馆，以及第二类、第三类图书馆的名单。

第 L310 – 4 条 未经相关市镇政府协商，不得修改图书馆分类。

第 L310 – 5 条 赋有大区职能的市立图书馆设立于人口不少于 100000 的市镇、大区首府或市镇联合体，并满足行政法院政令中所规定的馆舍面积、馆藏数量、文献载体多样性、联网能力和现代化的传播手段等要求。

第 L310 – 6 条 第 L310 – 2 条和第 L310 – 3 条规定不适用于摩泽尔省（Moselle）、下莱茵省（Bas – Rhin）和上莱茵省（Haut – Rhin）所辖市镇。

第二章 省级图书馆、大区图书馆和科西嘉地方行政区域图书馆

第 L320 – 1 条 市立图书馆的组织和运行法规适用于省级图书馆、大区图书馆和科西嘉行政区图书馆，省级外借图书馆除外。

第 L320 – 2 条 原各中央外借图书馆划归各省，并更名为省级外借图书馆。

第 L320 – 3 条 省级外借图书馆的技术工作受国家监管。

第 L320 – 4 条 由国家制定政令确定省级外借图书馆的设施设备方案。

---

* 肖珂诗，译；田贺龙，校。

❶ 本法节译自《文化遗产法典》法律部分第三卷（图书馆）部分。——译者注

第三章　机　构

（无内容）

法定呈缴本法（节译）*❶

- 法律部分
  - 第一卷　文化遗产通则
    - 第三编　法定呈缴

第一章　法定呈缴目标及适用范围

第 L131 -1 条　法定呈缴准许：

a）采集和保存第 L131 -2 条规定的文献；

b）编纂和发行全国总书目；

c）在遵守知识产权法律规定，保障长期保存的前提下，提供第 L131 -2 条规定文献的查阅服务，但受法律保护涉密文献除外。

保存机构须遵守知识产权相关法律规定，本编有特殊规定的除外。

（2006 年 8 月 1 日 2006 -961 号法律修订）

第 L131 -2 条　印刷、图表、图片、声音、视听及多媒体文献，不论其生产技术工艺、出版或发行，一旦向公众提供，即为强制呈缴对象，称为“法定呈缴”。公映影片在取得《电影和动画法典》❷ 第 L211 -1 条规定的放映许可证后，须法定呈缴。

软件和数据库一旦通过物质载体向公众发行，不论其载体形式，即须法

---

* 肖珂诗，译；田贺龙，校。

❶ 本法节译自《文化遗产法典》法律部分第一卷（文化遗产通则）第三编（法定呈缴）部分以及规章部分第六卷（文化遗产通则）第三编（法定呈缴）部分。——译者注

❷ 原文为：code du cinéma et de lı́mage animée.

定呈缴。

标志、信号、文字、图像、声音或任何性质的信息，通过电子途径向公众传播的，须法定呈缴。

（2009 年 7 月 24 日 2009 – 901 号条例修订）

第二章 法定呈缴模式及组织

第 L132 – 1 条 法定呈缴内容包括将文献送达或邮寄至存放机构，免付邮资，并规定样本数。

行政法院政令确定：

a）通过录制电台广播或电视节目等其他方式实现法定呈缴；

b）第 L132 – 2 条规定的各领域人员其呈缴特殊方式，以及可免除法定呈缴义务的条件；

c）不符合第 L131 – 1 规定法定呈缴目标的文献，不予采集、保存；

d）为实现第 L131 – 1 条规定的法定呈缴目标，可根据确定方式有选择地呈缴文献，除非采集和保存所有文献是为必要。

（2004 年 12 月 9 日 2004 – 1343 号法律修订）

第 L132 – 2 条 第 L131 – 2 条规定的法定呈缴义务人包括：

a）印刷、图表或摄影文献的出版商或进口商；

b）上述文献印刷商；

c）软件、数据库的出版商、生产商或进口商；

d）录音片（带）的出版商，或在无出版者的情况下，其生产商或订购商、进口商；

e）任何载体形式的电影文献生产商、进口商或发行商，以及用于公众私人使用的录像资料出版商和进口商，其中包括对于电影文献的复制；

f）根据 1986 年 9 月 30 日 86 – 1067 号法律有关通讯自由法规定的广播和电视服务提供商；

g）除上述以外的录像资料的出版商，或在无出版者的情况下，其制造商或订购商、进口商，且其通过电视传播不以商业使用为目的；

h）多媒体文献的出版商，或在无出版者的情况下，其制造商和进口商；

i）以通过电子途径向公众传播为目的，根据 1986 年 9 月 30 日 86 – 1067 号法律第 2 条第 2 段规定，标志、信号、文字、图像、声音或任何性质的信息的出版商或制造商。

根据本条规定，进口商是指向国内引进海外出版或制作的文献的机构或个人。

（2009 年 7 月 24 日 2009 - 901 号条例修订）

第 L132 - 2 - 1 条 第 L132 - 3 条规定的存储机构根据第 L131 - 1 条法定呈缴目的，面向第 L132 - 2 条规定的相关人员，实施采集面向公众或部分公众的标志、信号、文字、图像、声音或任何性质的信息。

存储机构向第 L132 - 2 规定的呈缴义务人告知法定呈缴的采集程序。保存机构可通过自动程序采集，也可与义务人协商采集方式。义务人不能以文献加密或访问限制为由阻碍保存机构对文献的采集。

域名管理机构和最高视听委员会授权向保存机构传送第 L132 - 2 条规定义务人提供的身份资料。

对于采集信息的选择和查阅条件由行政法院通过政令确定，且须经国家信息和自由委员会同意。

（2006 年 8 月 1 日 2006 - 961 号法律增补）

第 L132 - 3 条 法国国家图书馆、国家电影漫画中心、国家视听研究院和内务部负责法定呈缴相关部门，以国家名义，依据行政法院发布的政令相关规定，承担法定呈缴职责。

国家或地方的其他机构或公共服务部门如能满足法定担保和实现方式，尤其是技术方面的要求，且能保障实现第 L131 - 1 条规定法定呈缴目的，该政令可委托其履行法定呈缴。

（2009 年 7 月 24 日 2009 - 901 号条例修订）

第 L132 - 4 条 作者不得禁止保存机构实施本编如下规定：

1° 各保存机构认证的研究人员在其馆区内独立查阅作品，该使用权专为研究人员保留；

2° 基于采集、保存和 1°中规定查阅的需要，通过各种载体及程序对作品进行复制。

（2006 年 8 月 1 日 2006 - 961 号法律修订）

第 L132 - 5 条 艺术演绎者、录音录像制作者、视听通讯企业不得禁止在第 L132 - 4 条规定条件下，复制第 L131 - 2 条中规定文献及向公众传播。

（2006 年 8 月 1 日 2006 - 961 号法律增补）

第 L132 - 6 条 数据库商不得禁止对于数据库的提取和整合，并在第 L132 - 4 条规定条件下对其整体或部分的使用。

（2006 年 8 月 1 日 2006 - 961 号法律增补）

第三章 刑事规定

第 L133－1 条 第 L132－2 条规定的所有法定呈缴义务人如故意逃避呈缴义务，均可被处以 75000 欧元的罚款。如果出现了违反上述义务的情况，刑事法庭在确定被告有罪后，可暂缓对其宣判，要求被告按照法庭规定的期限，停止上述违法行为并赔偿由此造成的损失，并视情况规定逾期罚款。

刑事法庭作出暂缓宣判决定的同时，须开始执行逾期罚款，并确定逾期罚款起算时间及比率。暂缓宣判只能适用一次，可在当事人不能亲自到庭的情况下作出。

法官可作出强制先予执行的决定。

在案件重新开始审理后，法庭须在暂缓宣判 1 年内对逾期罚款。如出现此类情况，须加以评估，并对逾期罚款进行结算。如有必要，法庭可减免逾期罚款。与刑事罚金相同，逾期罚款也由主管该项业务的公共会计师收缴；逾期罚款不会导致被告的司法拘禁。

（2010 年 4 月 27 日 2010－420 号条例修订）

- 规章部分
  - 第一卷 文化遗产通则
    - 第三编 法定呈缴

第一章 法定呈缴目标及适用范围

第 R131－1 条 本章规定法定呈缴机构和条件。

第 L131－2 条第 1 款是指无论通过何种程序，向超过家庭范围的公众传播、发行或展示。

第 L131－2 条第 2 款是指面向公众出售、出租或发行，包括免费的情况。

（2011 年 5 月 24 日 2011－574 号政令增补）

第 R131－2 条 本章授权法国国家图书馆、国家电影动画中心、国立视听资料馆负责文献采集与保存，组织发布对应国家总书目，向公众提供基于研究目的的文献查阅服务。

（2011 年 5 月 24 日 2011－574 号政令增补）

第 R131－3 条 在第 R132－6 条中授权负责法定呈缴的其他图书馆肩负历史、

艺术和文化遗产的使命，其人事构成中的正式馆员和编外人员由文化部部长通过法令确定。图书馆名单由文化部部长发布法令确定。上述图书馆确保文献采集与保存，组织发布国家总书目，向公众提供基于研究目的的文献查阅服务，具体查阅方式由授权法令规定。

(2011 年 5 月 24 日 2011 -574 号政令增补)

第 R131 -4 条 存储机构确定文献加工处理条件。

(2011 年 5 月 24 日 2011 -574 号政令增补)

第 R131 -5 条 为履行文献保存任务，如有访问限制，存储机构在征得权利人同意后对其进行访问。

(2011 年 5 月 24 日 2011 -574 号政令增补)

第 R131 -6 条 呈缴文献须随附一式三份的声明材料，内容由文化部部长确定。

涉及向国家视听研究院呈缴文献的，由负责文化和传播事务的部长共同发布法令确定。

(2011 年 5 月 24 日 2011 -574 号政令增补)

第 R131 -7 条 需要提供声明内容的呈缴文献性质由部级法令，分别在第 R132 -8 条、第 R132 -14 条、第 R132 -22 条、第 R132 -32 条、第 R132 -40 条和第 R132 -46 条款中具体规定。

上述决定可考虑规定如下相关内容：

1° 根据具体情况，确定文献出版、印刷、制作或发行人员身份；

2° 法定呈缴期限及呈缴日期；

3° 创作、出版、制作或发行日期；

4° 符合国内和国际应用规则的识别码。

(2011 年 12 月 19 日 2011 -1904 号政令修订)

第二章 法定呈缴方式与组织

第一节 法国国家图书馆的法定呈缴

第一小节 印刷、图表和图片文献呈缴

第 R132 -1 条 各类印刷、图表文献，尤其是图书、期刊、小手册、版画、明信片、海报、卡片、地图、地球仪和地图册、乐谱、舞谱、图片文献，不论载体形式、生产技术工艺、出版及发行情况如何，一旦以一定数量向公众无偿或有偿提供，即须向法国国家图书馆呈缴。

(2011 年 5 月 24 日 2011 -574 号政令增补)

第 R132 -2 条 如下印刷文献不在法定呈缴之列：

1° 市政、商业或行政机构的印刷品；

2° 选举法中第 R26 条、第 R29 条和第 R30 条规定有关选举的文献；

3° 第 R132 -1 条规定文献及进口数不足 100 份复本的；

4° 进口乐谱、舞谱不足 30 份复本的；

5° 本章 1 ~3 节中已随附文献一并呈缴的印刷、图表和图片文献；

6° 专利证书、产品工业设计模型；

7° 期刊文章或其他文本的复印、复制汇编；

8° 同版重印。

（2011 年 12 月 19 日 2011 -1904 号政令修订）

第 R132 -3 条 由第 L132 -2 条第 a）项、第 b）项规定的自然人、法人或本小节规定的其他制作者履行第 R132 -1 条规定文献的法定呈缴。

（2011 年 5 月 24 日 2011 -574 号政令增补）

第 R132 -4 条 向公众提供的文献出版商履行呈缴义务。

出版商最晚于文献发行之日向法国国家图书馆呈缴 2 份复本。

（2011 年 5 月 24 日 2011 -574 号政令增补）

第 R132 -5 条 根据第 R132 -4 条例外规定，只向法国国家图书馆呈缴 1 份复本的文献是：

1° 发行量低于 300 册/件的图书、期刊、航海图和地图；

2° 发行量低于 200 册/件的雕版画、图片和铜版画；

3° 样本低于 10 册/件的乐谱、舞谱手稿、复制品或出版物。

（2011 年 5 月 24 日 2011 -574 号政令增补）

第 R132 -6 条 向公众提供的文献印刷商履行呈缴义务。

文献印制完成后，印刷商呈缴 1 份复本。其自然人住址或法人公司所在地在法兰西岛大区的，向法国国家图书馆缴送。不在该大区的，根据第 R131 -3 条规定，向文化部部长依法授权的接收呈缴本的外省图书馆缴送。

如需多位印制者联合制作，由最终向出版商交货的制作者呈缴复本。

（2011 年 5 月 24 日 2011 -574 号政令增补）

第 R132 -7 条 向公众提供的文献进口商履行呈缴义务。

进口商最晚于进口文献在国内发行日向法国国家图书馆呈缴 1 份复本。

（2011 年 5 月 24 日 2011 -574 号政令增补）

第 R132 -8 条 呈缴复本须质量优良，与发行本一致。

法国国家图书馆可特别要求呈缴数字文档以代替印刷、图表或图片文献的呈缴。具体呈缴方式需征得呈缴者同意。

期刊出版商根据第 R131－6 条有关声明规定，可在呈缴每年最后一期期刊时随附全年的整体声明，一式三份。如果是新刊创立或更名，则必须在呈缴当年第一期期刊时随附声明。

文化部部长通过法令确定本小节有关声明的具体内容。

(2011 年 5 月 24 日 2011－574 号政令增补)

第二小节　软件及数据库的法定呈缴

第 R132－9 条　任何载体形式的软件及数据库，一旦面向公众发行一定数量，无论是有偿或无偿，即须向法国国家图书馆呈缴。

(2011 年 5 月 24 日 2011－574 号政令增补)

第 R132－10 条　在法国出版发行的软件和数据库，由第 R132－9 条规定的载体发行商履行呈缴义务。

如无出版商，则由软件和数据库的制造商履行呈缴义务。

(2011 年 5 月 24 日 2011－574 号政令增补)

第 R132－11 条　进口的软件和数据库由进口商履行呈缴义务。

(2011 年 5 月 24 日 2011－574 号政令增补)

第 R132－12 条　在国内出版的软件和数据库最晚于面向公众发行之日向法国国家图书馆呈缴 2 份复本，如是进口的则须呈缴 1 份复本。

周期性软件和数据库出版商根据第 R131－6 条规定的相关声明规定，可在每年呈缴最后一次版本时集中随附全年整体声明，一式三份。如果是周期性软件或数据库新建或更名，则须在首次发行时随附声明。

(2011 年 12 月 19 日 2011－1904 号政令修订)

第 R132－13 条　通过递交或寄送公众可使用的载体以实现软件和数据库的呈缴。载体与文献相对应。呈缴复本须质量优良，且与向公众提供的一样。

(2011 年 5 月 24 日 2011－574 号政令增补)

第 R132－14 条　本小节规范文献须随附密码，如有必要，包括加密文献的访问密钥以及保存和查阅时所需的一切必要技术数据。

文化部部长确定本小节规定文献随附声明的具体内容。

(2011 年 5 月 24 日 2011－574 号政令增补)

第三小节　录音、录像制品及多媒体文献的法定呈缴

第 R132－15 条　各类音像制品，不论何种载体、生产技术工艺、出版或发行，一旦向公众提供，即须向法国国家图书馆呈缴。

(2011 年 5 月 24 日 2011－574 号政令增补)

第 R132 -16 条 录像制品，除第 R132 -25 条规定之外，一旦向公众提供，须向法国国家图书馆呈缴。

第一段规定的呈缴义务适用于第 R132 -26 条规定的在电影院之外放映的电影文献。

呈缴义务同样适用于第 R132 -30 条规定的除定影在光化载体之外的，通过其他方式向公众提供的录像制品。

呈缴义务同样适用于第 R132 -35 条和第 R132 -36 条规范的通过其他方式向公众提供的视听文献，但第 R132 -34 条规定条件下发行的文献除外。

(2011 年 12 月 19 日 2011 -1904 号政令修订)

第 R132 -17 条 多媒体文献，不论何种载体、生产技术工艺、出版或发行，一旦向公众提供，即须向法国国家图书馆呈缴。

第 L131 -2 条所指多媒体文献是指集合本节规范的两个或多个不同载体的文献，或是在同一载体组合两个或多个法定呈缴文献。

(2011 年 12 月 10 日 2011 -1904 号政令修订)

第 R132 -18 条 凡在法国出版录音、录像制品和多媒体文献的，根据第 R132 -15 条至第 R132 -17 条规定，由其载体出版发行者履行呈缴义务。

如无出版商，则由该文献制造者或订购者履行呈缴义务。

(2011 年 5 月 24 日 2011 -574 号政令增补)

第 R132 -19 条 进口的录音、录像制品和多媒体文献由进口商履行呈缴义务。

(2011 年 5 月 24 日 2011 -574 号政令增补)

第 R132 -20 条 国内出版的录音、录像制品和多媒体文献，一旦向公众提供，即须向法国国家图书馆呈缴 2 份复本，进口的呈缴 1 份复本。

周期性的录音、录像制品或多媒体文献的出版者根据第 R131 -6 条有关声明规定，可在呈缴每年最后一期文献时随附全年的整体声明，一式三份。如果是新的周期性录音、录像制品或多媒体文献创立或更名，则必须在当年呈缴第一期文献时随附声明。

(2011 年 12 月 19 日 2011 -1904 号政令修订)

第 R132 -21 条 通过递交或寄送公众可使用的载体以实现第 R132 -20 条规定的文献呈缴。载体与文献相对应。呈缴复本须质量优良，且与向公众提供的一样。

须随附各类包装及说明。

(2011 年 5 月 24 日 2011 -574 号政令增补)

第 R132 -22 条 本小节规范文献须随附密码，如有必要，包括加密文献的访问密钥以及保存和查阅时所需的一切必要技术数据。

文化部部长确定本小节规定文献随附声明的具体内容。

（2011 年 5 月 24 日 2011－574 号政令增补）

第四小节　公开网络资源的法定呈缴

第 R132－23 条　以下列入法国国家图书馆法定呈缴范围：

1° 根据 2004 年 6 月 21 日颁布的第 2004－575 号《关于数字经济互信法律》第 1 条第 IV 项规定，居住在法国的个人或服务器在法国境内的，以“.fr”为域名后缀注册，或以其他域名在一家或多家管理域名的法国机构注册的公开网站资源，不包括第 R132－34 条规定的服务项目和主要基于此的发行节目。

2° 根据 1986 年 9 月 30 日颁布的第 86－1067 号《关于通讯自由的法律》第 2 条规定的视听媒体网站资源，且根据该法第 43－2 条至第 43－3 条规定在法国境内设立的，不包括通过地面无线电广播或第 R132－34 条 1°项规定的向公众提供的服务节目。

（2011 年 12 月 19 日 2011－1904 号政令增补）

第 R132－23－1 条

I. 第 R132－23 条规定的公开网站资源和视听媒体网站资源 1 年至少应采集一次。

II. 如通过自动程序无法完成对第 R132－23 条规定的公开网站资源和视听媒体网站资源的完整采集，编辑者须向法国国家图书馆提供加密文档的密码和访问密钥用以采集，或者向其提供文档拷贝。此两种情况下，编辑者还须同时提供播放和长期保存所需的必要技术数据。存储机构和呈缴者共同确定文档提取方式。

III. 法国国家图书馆在其公开网站上，向公众发布采集程序和使用的自动采集工具技术规范。

IV. 根据第 L131－1 条第 b）项规定，对公开网站资源和视听媒体网站资源加注索引编入国家总书目。

（2011 年 12 月 19 日 2011－1904 号政令增补）

第 R132－23－2 条　采集的公开网站资源和视听媒体网站资源可以在如下馆区内提供查阅服务：

1° 法国国家图书馆和文化部部长通过法令授权提供查阅服务的机构；

2° 由法国国家图书馆或授权机构提供的配有访问、检索和处理界面的独立机位，且使用严格限于通过认证的研究人员。

（2011 年 12 月 19 日 2011－1904 号政令增补）

第五小节　其他规定

第 D132 -23 -3 条　法国国家图书馆由本法典附录 3 的政令加以规范。

（2011 年 12 月 19 日 2011 -1904 号政令增补）

有关法定呈缴的法令*❶

（1995 年 1 月 20 日修订综合版）

文化部部长，根据 1992 年 6 月 20 日有关法定呈缴的规定（92 -546 号法律）；根据 1993 年 12 月 31 日对于法定呈缴（93 -1429 号法令）的规定，尤其是第 5 条的修订；根据科学理事会对于法定呈缴的意见，

第 1 条　印刷商声明中须包含以下内容：

1° 印刷商名字（或公司名称）、地址、电话和传真号码；

2° 存放城市；

3° 作者的姓、名（期刊除外）；

4° 文献题名；

5° 呈缴文献类型：图书、期刊、卡片、乐谱、版画、图片或其他；

6° 出版商名字和地址；

7° 完成日期；

8° 公开发行数量；

9° 呈缴复本数量；

10° 提供期刊出版年和每期期号。

第 2 条　出版商在声明中须提供如下信息：

对于图书、卡片、地图和乐谱的呈缴：

1° 出版商或进口商的名字（或公司名称）、地址、电话和传真号码；

2° 国际标准号（ISBN 号或乐谱的 ISMN 号，如果有）；

3° 对于乐谱，出版商系列作品序号（编码或版本号）；

4° 作者姓名，附上笔名，如果有；

---

* 肖珂诗，译；田贺龙，校。

❶ 1995 年 1 月 12 日法令，确定关于法定呈缴印刷、图表和图片文献时随附声明的法定说明。

5° 作者出生日期；

6° 文献题名（如果是译著，标明原著作题名）；

7° 乐谱，注明是何种乐器使用的；

8° 丛书名，卷号；

9° 出版属性（首版、原版重印、新版）；

10° 文献尺寸以厘米计；

11° 页数；

12° 文献实体样式（平装、精装等）；

13° 印刷商和最后一位加工商的名字（或公司名称）以及地址；

14° 法国法郎码洋价；

15° 发行日期；

16° 公开发行数量；

17° 提交复本数量；

对于期刊的呈缴：

1° 出版商或进口商的名字（公司名称）、地址、电话和传真号码；

2° 出版机构负责人名字；

3° 以自然人和法人名义出版的期刊，其自然人和法人的名字和地址；

4° 期刊号和出版年；

5° 国际标准号（ISSN）；

6° 文献题名，副题名，如果有，单本或全套；

7° 版本；

8° 创刊年；

9° 发行周期；

10° 开本尺寸以厘米计；

11° 发行量；

12° 呈缴复本数；

13°（在法国本土和境外）订购全年期刊的法国法郎标价；

14°（法国本土和境外发行）每期期刊的法国法郎标价；

15° 印刷商的名字（或公司名称）和地址；

16° 期刊前身的题名及其 ISSN 号，如果有。

对于图表和图片文献的呈缴：

1° 出版商或进口商的名字（公司名称）、地址、电话和传真号码；

2° ISBN 号或 ISSN 号，如果有；

3° 作者姓名，附笔名，如果有；
4° 作者出生日期；
5° 题名；
6° 文献类型（版画、图片等）；
7° 技术；
8° 版本属性（首版、新印、新版）；
9° 开本尺寸以厘米计；
10° 印刷商名字（或公司名称）和地址；
11° 法国法郎销售标价；
12° 预计发行日期；
13° 公开发行数量；
14° 呈缴复本数。

第 3 条 图书和阅览司主任负责执行本法令，本法令将在《法兰西共和国政府公报》上公布。

雅克·杜蓬

图书馆借阅补偿法（节译）*❶

（2012 年 3 月 3 日修订版）

- 规章部分
  - 第三卷 通则
    - 第二编 著作权使用费收取和分配组织

第六章 授权统一征收图书馆借阅补偿费用的组织

第 R326－1 条 第 L321－1 条至第 L321－13 条规范的组织如果满足以下条件，

---

* 肖珂诗，译；田贺龙，校。

❶ 本法节译自《知识产权法典》规章部分第三卷（通则）第二编的第六章。——译者注

即符合第 L133－2 条的规定：

1° 提交如下证明：协商机构及领导构成、不同类型合作的广泛性、已有权利数量、主要经济收入或经营额及出版类别多样性；

2° 提交有关合作作者、出版商及领导机构中份额公平的代表证明；

3° 通过如下信息证明公司领导及代理人的专业资质：

a）责任人资质；

b）或其证书性质和等级；

c）或在出版行业的从业经验或在专业机构的管理经验；

4° 提交相关必要信息：

a）公司的行政机构、设立及设备条件；

b）图书馆采集作品的数据统计方法；

c）费用征收及根据必要数据分配费用的方式；

d）申请审批之后的 3 次财政预算计划。

5° 指出已经采用或将采用的在作者和出版者之间的酬劳分配规则，同时保证各类的分配公平。

（2004 年 8 月 31 日 2004－920 号政令新增）

关于批准法国著作者权益协会的法令*

文化部部长通过 2005 年 3 月 7 日法令，批准由法国著作者权益协会（la Société Française des Intérêts des Auteurs de l'écrit，SOFIA）统一负责图书馆借阅权酬劳费的征缴和分配。

---

* 肖珂诗，译；田贺龙，校。

图书馆借阅补偿法令[1]

文化部部长和高等教育及研究部部长，

根据《知识产权法典》，尤其是第 L133－1 条、第 L133－3 条、第 R133－1 条和第 R133－2 条的规定，

决定：

第 1 条 2011 年度，对外开放的图书馆注册用户借阅人数，作为图书馆借阅权付酬的参考因素，主要由以下构成：

——公共图书馆注册用户数：5784218；

——科学、文化、专业类公共机构以及高等教育及研究部所辖公共机构的图书馆注册用户数：1074143；

——其他对外开放用于借阅图书的图书馆注册用户数：231369。

第 2 条 2011 年，国家负担金额构成如下：

——文化部：9023380 欧元；

——高等教育及研究部：1074143 欧元。

第 3 条 高等教育及就业中心主任、图书与阅读中心主任，各司其职，负责落实本法令实施。本法令将于 2011 年 10 月 25 日刊登在《法兰西共和国政府公报》上。

文化部部长授权代部长，
图书与阅读中心主任：N. 乔治
高等教育及研究部部长授权代部长，
高等教育及就业中心主任：P. 海泽尔

---

[1] 2011 年 10 月 25 日法令，关于确定对外开放图书馆的注册用户借阅人数及由国家负担借阅权付酬款。

图书馆借阅补偿法律（2003－517号）[*][❶]

第1条 修订如下条款：

《知识产权法典》－第L133－1（V）条增补；[❷]

《知识产权法典》－第L133－2（V）条增补；[❸]

《知识产权法典》－第L133－3（V）条增补；[❹]

《知识产权法典》－第L133－4（V）条增补；[❺]

《知识产权法典》－第L335－4（M）条修订；[❻]

---

* 肖珂诗，译；田贺龙，校。

❶ 2003年6月18日2003－517号有关图书馆借阅版税及加强作者社会保护的法律。

❷ 当作品是以合同及图书形式出版发行，作者不得禁止公共图书馆提供该版本图书多复本的外借服务。作者有权根据第L133－4条规定方式，因图书借阅获取版税。

❸ 第L133－1条规定版税由第三卷第二编规定的一个或多个著作权使用费收取和分配组织（SPRD：scoiété de perception et de répartition des droits）征收，相关组织由文化部部长批准授权。

第1段规定的批准授予条件：

——合作多样性；

——领导人的专业资质；

——图书馆借阅版税的征收和分配方案；

——在合作者和领导机构中作者和出版者代表占有平等份额。

行政法院制定政令规范授予和撤销批准的条件。

❹ 第L133－1条第2段规定的借阅版税包括两部分：

第一部分：根据公共图书馆注册外借服务的用户数，确定国家承担的定额税金，学术类图书馆除外。通过政令确定税金总额。高等教育机构的图书馆及其注册用户数量的计算方式和该部分的税金计算方式可能会有所不同。

第二部分：对于1981年8月10日81－766号有关图书价格的法律第3条第3段（2°）规定的提供公共借阅的法人图书馆，这部分税金根据购买图书的税前价格确定；该部分税金由图书销售商支付。版税为正常售价的6%。

❺ 图书馆公共借阅版税按以下条件进行分配：

1° 对于上述1981年8月10日81－766号法律（Loi n° 81－766 du 10 août 1981 relative au prix du livre）第3条第3段（2°）中规定的提供公共借阅的法人图书馆，一部分税金根据每年购买图书的复本量在作者和出版者之间均等分配。根据法人和销售商向第L133－2条规定的一个或多个著作权使用费收取和分配组织上报的信息确定图书购买数量。

2°《社会保障法典》第L382－12条第3段和第4段规定的特定人群，将第二部分税金，且不超过总额一半，用以缴纳一部分补充退休金。

❻ 第L335－4条通过2004年3月9日2004－204号法律再次进行了修订，修订后的内容是：

任何定影、复制、传播或向公众有偿或免费提供，或是通过电视播送录音、录像、节目的，如未获得表演者、录音录像制作者或是音视频传播企业的授权许可，将被处以3年监禁以及30万欧元的罚款。

进口或出口录音录像制品，如未获制作者或表演者的授权许可，将处以同样刑罚。

如有个人复制或向公众传播，包括电视播送录音制品的行为，且未向作者、表演者或录音录像制作者支付版税的，将被处以第1段规定的罚款。

如未支付第L133－3条第3段规定的预付款，将处以第1段规定的罚款。

如是有组织的团伙触犯本条规定，刑罚将提高至5年监禁和50万欧元的罚款。

知识产权法典 – 第 L811 – 1（V）条修订❶

第 2 条 修订如下条款❷：

第 3 条 修订如下条款：

1998 年 8 月 20 日 98 – 731 号条例 – 第 6（V）条修订❸

第 4 条 修订如下条款：

1981 年 8 月 10 日 81 – 766 号法律 – 第 3（V）修订❹

第 5 条 本法生效 2 年后，政府将向议会提交一份该法实施及其财政影响的报告。

第 6 条 本法在登报公布的第二个月第一天正式生效，本条以下条款除外。

自本法正式生效 1 年内，知识产权法典第 L133 – 3 条第 3 段规定版税比率为 3%。其间，根据 1981 年 8 月 10 日 81 – 766 号有关图书价格法律第 3 条第 1 段规定，图书实际售价可根据出版商或进口商的图书定价基础上在 88% ~ 100% 进行浮动。

知识产权法典第 L133 – 3 条第 3 段的条款，以及上述 1981 年 8 月 10 日 81 – 766 号法律第 3 条前三段规定不适用于在本法正式生效前，已经公布公开招标的公共合同。

本法生效时公共合同已在履行中，或本法生效前已经公布公开招标的公共

---

❶ 2010 年 12 月 7 日 2010 – 1487 号法律对该条进行了最新一次修订，该条最新内容如下：

《知识产权法典》适用于瓦利斯群岛和富图纳群岛以及新喀里多尼亚，第 L335 – 4 条第 4 段、第 L133 – 1 条至第 L133 – 4 条、第 L421 – 1 条至第 L422 – 13 条以及第 L423 – 2 条除外。第 L133 – 1 条至第 L133 – 4 条、第 L142 – 1 条至第 L422 – 13 条、第 L423 – 2 条以及第 L335 – 4 条第 4 段不适用于法属南半球和南极地区。

❷ 对《社会保障法典》进行了修订：

1° 第 L382 – 11 条和第 L382 – 13 条废止；

2° 第 L382 – 12 条在 2010 年 11 月 9 日 2010 – 1330 号法律进行了最新修订：主要是关于养老保险补充制度的规定。

❸ 补充第 6 条第 VI 项：

VI.《社会保障法典》第 L382 – 12 条适用于圣皮埃尔和密克隆岛加入养老保险制度，且从事艺术家作者活动的个人，如该活动在法国本土或海外省开展，则加入普通保险制度，并适用上述法典第 L382 – 1 条规定。

❹ 第 3 条有关图书价格修订如下：

删除第 1 条第 4 段，根据最后一段规定，当实际购买时，图书售价为公共售价的 91% ~ 100%：

1° 国家、地方政府、以职业培训或研究为目的的教育机构、工会代表或企业委员会为了各自需要，不包括转售；

2° 为了丰富由法人管理的公共图书馆的馆藏。实际售价包含图书馆借阅版税，根据《知识产权法典》第 L133 – 3 条规定的图书售价确定版税金额。

学术类图书可自由设定实际售价，通过方便采集学术图书的联盟、成员，通过国家、地方政府或教育机构根据各自需要进行采购，但不包括转售。

合同，如含有不符合前述 1981 年 8 月 10 日 81 – 766 号法律第 3 条前三段规定的条款，最晚于本法生效后 1 年内解除合同。

行政法院根据需要，通过政令制定实施本法的具体条件。

第 7 条 修订如下条款：

法律 – 第 49 条废除；

法律 – 第 57 条修订；❶

税法 – 第 1647 条修订；❷

税法 – 第 302 条增补。❸

第 8 条 （废除）经 2004 年 2 月 20 日 2004 – 178 号条例废除——刊登在 2004 年 2 月 24 日的《法兰西共和国政府公报》上。

第 9 条 自创建具有行政性质的“国立摄影高等学院”以来，及本法颁布以后获聘为该机构终身雇员的员工，经申请，并在该机构工资预算内，可享有无限期公共合同、养老制度和养老金。退休后净薪酬待遇不低于之前的全额净薪酬。

共和国总统：雅克 · 希拉克

总理：让 – 皮埃尔 · 拉法兰

文化部部长：让 – 雅克 · 阿亚贡

（1）准备工作：2003 – 517 号法律。

参议院：

271 号（2001 – 2002）法律计划；

---

❶ 该条款已于 2005 年 12 月 30 日由 2005 – 1719 号关于 2006 年财政的法律第 50 条第 IV 项废止。

❷ 该条增加：“IX. 国家根据第 302 条 bis KB 规定的税金总额，预提 2.5% 作为评估和托收费。”

❸ 该条款最新修订为 2009 年 4 月 7 日 2009 – 389 号政令。具体内容如下：

从 2003 年 7 月 1 日起，对法国及海外省内，向用于私人使用的公众出售或出租录像制品的实行征税。

为实施本条规定，将出售或出租录像制品近似看做是根据个人的明确要求，向其提供有偿、通过电子途径使用电影或音视频作品的服务。

该税向出售或出租录像制品的个人征收，且租售对象不以出售或出租为目的。

根据不含增值税的净价评估税收。

税率为 2%。当提供的电影或音视频文献含有色情或是暴力性质的，税率则提高到 10%。通过政令规范确定作品性质的条件。

征税条件与增值税一样。

其确认、结算、征收与监管程序，其惩罚、担保、保证及特惠条件与增值税一样。申述、调查、审判法规同样适用。

该部分税收拨付给国家电影中心。后者可受理来自征税者与税收金额相关的赋税管理方面的咨询。

Daniel Eckenspieller 先生的报告，以文化事务委员会名义，n°1；

2002 年 10 月 8 日讨论和采纳。

众议院：

法律计划，被参议院采纳，n°248；

Emmanuel Hamelin 先生的报告，以文化事务委员会的名义，n°703；

2003 年 4 月 2 日讨论及采纳。

参议院：

法律计划，由众议院一读修订，n°240；

Daniel Eckenspieller 先生的报告，以文化事务委员会名义，n°337（2002 - 2003)；

2003 年 6 月 10 日讨论及采纳。

图书馆借阅补偿政令（2004 - 920 号）*❶

（2004 年 9 月 2 日修订版）

总理，

在文化部部长报告的基础上，根据《知识产权法典》，尤其是第 L133 - 2 条至第 L133 - 4 条款；根据《文化遗产法典》；行政法院（内政部）制定，

第 1 条 修订如下条款：

《知识产权法典》 - 第 R133 - 1 条增补；❷

---

* 肖珂诗，译；田贺龙，校。

❶ 2004 年 8 月 31 日 2004 - 920 号关于施行《知识产权法典》第 L133 - 2 条至第 L133 - 4 条及与图书馆借阅版税相关条款的政令。

❷ 第 R133 - 1 条：

第 L133 - 3 条和第 L133 - 4 条中所称对外开放并提供借阅服务的图书馆是：

1°《文化遗产法典》第 L310 - 1 条至第 L310 - 6 条、第 L320 - 1 条至第 L320 - 4 条确定的地方图书馆；

2° 具有科学、文化、专业性质的公共机构及隶属高等教育及研究部的其他高等教育机构的图书馆；

3° 企业委员会的图书馆；

4° 其他类型的图书馆或机构，其馆藏资料对公众开放，且超过一半以上馆藏图书用于个人或集体注册用户的借阅。

第 2 条 修订如下条款：

《知识产权法典》 –第 R326 –1 条增补；❶

《知识产权法典》 –第 R326 –2 条增补。❷

《知识产权法典》 –第 R326 –3 条增补；❸

《知识产权法典》 –第 R326 –4 条增补；❹

《知识产权法典》 –第 R326 –5 条增补；

《知识产权法典》 –第 R326 –6 条增补；❺

《知识产权法典》 –第 R326 –7 条增补；❻

第 3 条 修订如下条款：

《知识产权法典》 –第 R811 –1 条修订；❼

《知识产权法典》 –第 R811 –2 条修订。❽

本法典适用于马约特岛。

---

❶ 第 R326 –1 条：

第 L321 –1 条至第 L321 –13 条规范的组织如果满足以下条件，即符合第 L133 –2 条的规定：

1° 提交如下证明：协商机构及领导构成、不同类合作者的广泛性、已有权利数量、主要经济收入或经营额及出版类别多样性；

2° 提交有关合作作者、出版商及领导机构中份额公平的代表证明；

3° 通过如下信息证明公司领导及代理人的专业资质：

a）责任人资质；

b）或其证书性质和等级；

c）或在出版行业的从业经验或在专业机构的管理经验；

4° 提交相关必要信息：

a）公司的行政机构、设立及设备条件；

b）图书馆采集作品的数据统计方法；

c）费用征收及根据必要数据分配费用的方式；

d）申请审批之后的 3 次财政预算计划。

5° 指出已经采用或将采用的在作者和出版者之间的酬劳分配规则，同时保证各类的分配公平。

❷ 第 R326 –2 条　申请审批须和符合第 R326 –1 条要求的档案材料一并通过发出收信回执的挂号邮件寄到文化部部长。如果材料不完整，文化部部长将通过挂号邮件要求提供完整的档案材料。档案材料须在收到邮件后 1 个月内按照同样格式重新提交。

❸ 第 R326 –3 条　批准将通过文化部部长法令发出，刊登在《法兰西共和国政府公报》上。

❹ 第 R326 –4 条　批准时效为 5 年。可按照原始批准申请要求重新申请。

❺ 第 R326 –6 条　如授权公司终止履行第 R326 –1 条规定的任一要求，文化部部长将以书面通知其遵守批准要求。批准受益者须在 1 个月内提交其遵守，或在适当的时候，展示其为遵守而准备采取的措施。

批准撤销通过文化部部长法令宣布，并将刊登在《法兰西共和国政府公报》上。

❻ 如果作品出版发行时，作者和出版商还未指定著作权使用费收取和分配组织，则由管理作品数量最多的组织代理征收版税。该数量根据相关行业惯例确定。

文化部部长每年指定符合上段条件的组织。

❼ 2008 年 6 月 27 日 2008 –625 号政令又再次修订，主要内容是详说瓦利斯群岛和富图纳群岛，新喀里多尼亚和法属南半球和南极地区的条款适用情况。

❽ 2008 年 6 月 27 日 2008 –625 号政令又再次修订，内容为：除第 R811 –3 条、第 R133 –1 条、第 R133 –2 条、第 R326 –1 条、第 R326 –2 条、第 R522 –1 条、第 R613 –25 –1 条至第 R613 –25 –4 条规定不适用外，本法典（指《知识产权法典》）适用于马约特岛。

但是第 R133 - 1 条、第 R326 - 1 条到第 R326 - 7 条不适用。

第 4 条 本法令公布之日前出版的作品，其作者和出版商应在一年期内指定统一征收发放图书馆借阅补偿费用的授权公司。逾期后，自动适用知识产权法典第 R326 - 7 条规定。

第 5 条 文化部部长、海外省部长，各司其职，负责实施本政令。本法政令将刊登在《法兰西共和国政府公报》上。

经总理：让 - 皮埃尔·拉法兰
文化部部长：多内第·德·瓦布尔
海外省部长：布里吉特·吉拉尔丹

图书馆借阅补偿政令（2004 - 921 号）* ❶

（2004 年 9 月 2 日修订版）

总理，

在文化部部长报告的基础上，

根据知识产权法典，尤其是第 L133 - 1 条至第 L133 - 4 条规定，

第 1 条 如下条款修订：

新增《知识产权法典》 - 第 R133 - 2 条❷（与《版权法》部分重复）。

---

* 肖珂诗，译；田贺龙，校。

❶ 2004 年 8 月 31 日 2004 - 921 号关于施行《知识产权法典》第 L133 - 3 条及图书馆借阅版税部分由国家承担的政令。

❷ 第 L133 - 3 条第 2 段规定的第一部分付酬金额，根据第 R133 - 1 条规定的公共借阅图书馆注册用户数计算的版税基础进行计算。

具有科学、文化、专业性质的公共机构及隶属高等教育及研究部的其他高等教育机构的图书馆，按照一个注册用户 1 欧元计算版税，由高等教育及研究部支付。其他公共借阅图书馆按照一个注册用户 1.5 欧元计算版税，由文化部支付。

该法施行第一年，按照每位高等教育机构图书馆的注册用户 0.5 欧元，每位其他公共借阅图书馆注册用户 0.75 欧元分别计算版税。

每年根据以下条件，通过法令确定注册用户人数：

1° 执行《地方自治法典》第 R1422 - 5 条、第 R1422 - 14 条规定的市省，根据其提供的统计数据评估每年公共图书馆的注册人数；

2° 具有科学、文化、专业性质的公共机构及隶属高等教育及研究部的其他高等教育机构的图书馆注册用户人数，根据高等教育及研究部长提供的年度统计数据，每年进行评估；

3° 为统计其他提供公共外借服务的图书馆注册用户数量，按比例估算其注册用户数。现该比例确定为 4%，每三年根据图书馆的业务增长量等相关数据重新评估百分比。

第 2 条 修订如下条款：

《知识产权法典》 –第 R811 –1 条修订；❶

《知识产权法典》 –第 R811 –2 条修订。❷

第 3 条 国务部部长，经济、财政及工业部部长，高等教育及研究部部长，内政、内部安全及地区自由部部长，文化部部长，海外省部长，预算及预算改革国务秘书，各司其职，负责实施本政令。本政令将刊登在《法兰西共和国政府公报》上。

总理：让 –皮埃尔 · 拉法兰

文化部部长：多内第 · 德 · 瓦布尔

经济、财政及工业部部长：尼古拉 · 萨科齐

高等教育及研究部部长：弗朗索瓦 · 菲永

内政、内部安全及地区自由部部长：多米尼克 · 德维尔潘

海外省部长：布里吉特 · 吉拉尔丹

预算及预算改革国务秘书：多米尼克 · 比瑟罗

著作权法（节译）*❸

（2012 年 3 月 24 日修订版）

- 法律部分
  - 第一部分 文学和艺术产权
    - 第一卷 著作权
      - 第二编 著作权

---

❶ 2008 年 6 月 27 日 2008 –625 号政令又再次修订，主要内容是详说的条款适用情况。

❷ 2008 年 6 月 27 日 2008 –625 号政令又再次修订，内容为：除第 R811 –3 条、第 R133 –1 条、第 R133 –2 条、第 R326 –1 条、第 R326 –2 条、第 R522 –1 条、第 R613 –25 –1 条至第 R613 –25 –4 条规定不适用外，本法典（指《知识产权法典》）适用于马约特岛。

* 肖珂诗，译；田贺龙，校。

❸ 本法节译自《知识产权法典》法律部分第一部分之第一卷。——译者注

第二章 财产权利

第 L122－5 条 作品发表后，作者不得禁止：

1° 仅在家庭范围内进行的私人和免费的表演；

2° 来源合法，且仅供复制者私人而非集体使用的拷贝或复制品，但与原作品创作目的相同的艺术作品拷贝除外，也不包括根据第 L122－6－1 条第 II 款规定条件制作的备份拷贝之外的软件拷贝及电子数据库的拷贝和复制件。

3° 在明确指出作者姓名和出处的情况下：

a）在具有评论、论战、教学、科学或信息性质的作品中，加入分析和简短引用；

b）新闻摘要；

c）在政治、行政、司法或学术集会及政治性公共集会和官方庆典上向公众发表的讲话，作为时事新闻，通过报刊或电视广播进行传播甚至全文发布；

d）在法国进行的公开拍卖前，仅为描述参展作品之需，将平面或立体艺术作品全部或部分复制收录在向公众提供的公开拍卖名册中；

e）基于教学目的，在教学和研究环境中对节录作品进行表演或复制，使用数字版本的乐谱和作品，且教学的直接对象主要是学生、老师或研究人员，不包括以娱乐消遣为目的的活动。该表演或复制不得用于任何商业用途，同时根据第 L122－10 条规定在整体协商基础上支付合理酬劳，且不妨碍复制权转让；

4° 不违反有关规定的滑稽模仿、讽刺模仿及讽刺画；

5° 根据合同规定的使用需求和限度，访问数据库内容的必要行为；

6° 为达到合理使用作品的目的，或通过第三方中间媒介传输作品过程中，产生的具有过渡或附带性质的临时复制产物，是技术程序中不可分割的重要组成部分；尽管如此，临时复制产物只能随附原作品，不包括软件和数据库，且不具有自身的经济价值；

7° 法人或公共机构，例如图书馆、档案馆、文献中心、多媒体文化场所，可以为残障人士提供满足残障查阅需求的作品复制和表演，且不以娱乐为目的。残障人士须是生理、身体、感官、精神、认知或心理中的一项或多项具有残疾，且残疾程度达到或超过行政法院政令规定的等级，并得到特殊教育部门委员会、技术指导和再就业委员会认证，或《社会事业及家庭法典》第 L146－9 条提到的人权和残疾人独立委员会认证，或有医疗诊断证书，如经身体缺陷校正后仍有阅读障碍。本款所提及法人和公共机构的名录由行政机关通过法令确定。

本条7°中第1段提及的法人和公共机构须提交有关专业有效的工作设想、实现方式和符合上述残障人士需要的播送设备、人员或用户数、拥有的物质和人力资源，以及提供的服务等证明材料。

法定呈缴制度执行10年来，应本条7°中第1段提到的法人和公共机构的要求，自2006年8月4日开始，所有呈缴的印本作品，应同时向国家图书中心或通过政令指定的机构提交该作品的电子版本。

国家图书中心和通过政令指定的机构无限期保存作品已有的数字文档，并以符合2004年6月21日2004－575号法律（《数字经济时代的信息法》）第4条规定的开放标准，向本条7°中第1段提及的法人和机构提供。保证文档的保密性和访问安全。

本条7°中第1段所提及的法人和机构一旦将原数字文档设计制作成可供上述残障人士访问使用的文献后，随即删除原文档。

8° 在不谋求任何经济或商业利益的情况下，为了保存或保留查阅条件供个人研究和学习，公共图书馆、博物馆或档案馆，对作品进行复制或再现，并在机构馆区内及通过专用终端使用；

9° 在明确标注作者姓名的情况下，实时新闻及相关内容通过平面媒体、音频、视频或在线方式，对平面、立体或建筑艺术作品进行全部或部分的复制或再现。

本条9°中第1段不适用于一般作品，尤其是以传达信息为目的的照片或插图；

实时新闻及相关内容涉及作品复制或再现没有严格的比例，但要根据使用数量或格式尺寸，在协商的基础上或参照相关专业领域的市场价向作者付酬。

上述例外不得妨碍作品的正常使用和作者的合法利益。

本条具体实施方式，尤其是第3°项d中规定的资料特点和发行条件、7°中规定的行政机构、7°中第3段提及的作品存放机构指定及数字文档访问条件均由行政法院通过政令具体规定。

（2011年12月20日2011－1898号法律修订）

- 法律部分
  - 第二卷 邻接权
    - 单编

第一章 通 则

第 L211－3 条 本编列举的权利受益人，不得禁止：

1° 仅在家庭范围内进行的私人和免费的表演；

2° 复制来源合法，仅供复制人私人使用而非集体使用；

3° 在能充分识别出处的情况下：

——在具有评论、论战、教学、科学或信息性质的作品中，加入分析和简短引用；

——新闻摘要；

——对政治、行政、司法或学术集会及政治性公共集会和官方庆典上向公众发表的讲话，作为时事新闻，通过报刊或电视广播进行传播甚至全文发布；

——在作品具有教学目的的前提下，向公众传播或复制受邻接权保护的作品片段，并仅在教学和研究中用于演示说明，作品传播和复制的直接受众主要是学生、老师或研究人员，不包括以娱乐消遣或再创造为目的的活动。该传播或复制不得用于任何商业用途，且须在整体协商基础上支付合理酬劳；

4° 不违反有关规定的滑稽模仿、讽刺模仿及讽刺画；

5° 为达到合理使用受邻接权保护对象的目的，或通过第三方中间媒介传输过程中，产生的具有过渡或附带性质的临时复制产物，是技术程序中不可分割的重要组成部分；尽管如此，该临时复制不得具有自身经济价值；

6° 关于表演、录音录像制品或节目的复制及公共传播须遵守第 L122－5 条 7°第 1 段和第 2 段的规定。

7° 在不谋求任何经济或商业利益的情况下，为了保存或保留查阅条件供个人研究和学习，公共图书馆、博物馆或档案馆，对表演作品、录音录像制品或节目进行复制或再现，并在机构馆区内及通过专用终端使用；

上述例外不得妨碍表演作品、录音录像制品或节目的正常使用，也不能侵犯表演者、制作者或视听传媒企业的合法利益。

- 法律部分
  - 第一部分　文学和艺术产权
    - 第一卷　著作权
      - 第三编　权利的使用

第三章　图书馆借阅版税

第 L133 –1 条　当作品是以合同及图书形式出版发行，作者不得禁止公共图书馆提供该版本图书多复本的外借服务。

作者有权根据第 L133 –4 条规定方式，因图书借阅获取版税。

(2003 年 6 月 18 日 2003 –517 号法律增补，2003 年 6 月 19 日刊登在《法兰西共和国政府公报》上，2003 年 8 月 1 日生效)

第 L133 –2 条　第 L133 –1 条规定版税由本法第三卷第二编规定的一个或多个著作权版税征收和分配组织❶征收，相关组织由文化部部长批准授权。

第 1 段规定的批准授予条件：

——合作多样性；

——领导人的专业资质；

——图书馆借阅版税的征收和分配方案；

——在合作者和领导机构中作者和出版者代表占有平等份额。

行政法院制定政令规范授予和撤销批准的条件。

(2003 年 6 月 18 日 2003 –517 号法律增补，2003 年 6 月 19 日刊登在《法兰西共和国政府公报》上，2003 年 8 月 1 日生效)

第 L133 –3　第 L133 –1 条第 2 段规定的借阅版税包括两部分：

第一部分：根据公共图书馆注册外借服务的用户数，确定国家承担的定额税金，学术类图书馆除外。通过政令确定税金总额。高等教育机构的图书馆及其注册用户数量的计算方式和该部分的税金计算方式可能会有所不同。

第二部分：对于 1981 年 8 月 10 日有关图书价格的法律（81 –766 号）第 3 条第 2°项第 3 段规定的提供公共借阅的法人图书馆，这部分税金根据购买图书的税前价格确定；该部分税金由图书销售商支付。版税为正常售价的 6%。

(2003 年 6 月 18 日 2003 –517 号法律增补，2003 年 6 月 19 日刊登在《法兰西共和国政府公报》上，2003 年 8 月 1 日生效)

---

❶ 著作权使用费收取和分配组织为 SPRD（sociétés de perception et de répartition des droits）。

第 L133 -4 条 图书馆公共借阅版税按以下条件进行分配：

1° 对于上述 1981 年 8 月 10 日 81 -766 号法律[1]第 3 条第 3 段（2°）中规定的提供公共借阅的法人图书馆，一部分税金根据每年购买图书的复本量在作者和出版者之间均等分配。根据法人和销售商向第 L133 -2 条规定的一个或多个著作权版税征收和分配组织上报的信息确定图书购买数量。

2°《社会保障法典》第 L382 -12 条第 3 段和第 4 段规定的特定人群，将第二部分税金，且不超过总额一半，用以缴纳一部分补充退休金。

（2009 年 5 月 12 日 2009 -526 号法律修订）

- 规章部分
  - 第一卷 著作权
    - 第二编 作者权利
      - 第二章 财产权利
        - 第三节 针对残疾人的例外

第四小节 关于印刷作品的数字文档存放机构的规定

D122 -22 条 第 L122 -5 条 7°中第 3 段所指存放机构是法国国家图书馆。

（2009 年 2 月 6 日 2009 -131 号政令增补）

- 规章部分
  - 第一卷 著作权
    - 第三编 权利的使用

第三章 图书馆借阅版税

第 R133 -1 条 第 L133 -3 条和第 L133 -4 条中所称对外开放并提供借阅服务的图书馆是：

1°《文化遗产法典》第 L310 -1 条至第 L310 -6 条，第 L320 -1 条至第 L320 -4 条指定的地方图书馆；

2° 具有科学、文化、专业性质的公共机构及隶属高等教育及研究部的其

---

[1] 法律名称法文为：Loi n°81 -766 du 10 août 1981 relative au prix du livre。该法律 2014 年 3 月 19 日有最新修订。

他高等教育机构的图书馆；

3° 企业委员会的图书馆；

4° 其他类型的图书馆或机构，其馆藏资料对公众开放，且有超过一半以上馆藏图书用于个人或集体注册用户的借阅。

（2004 年 8 月 31 日 2004 – 920 号政令增补，2004 年 9 月 2 日刊登在《法兰西共和国政府公报》上）

第 R133 – 2 条 第 L133 – 3 条第 2 段规定的第一部分付酬金额，根据第 R133 – 1 条规定的公共借阅图书馆注册用户数计算的版税基础进行计算。

具有科学、文化、专业性质的公共机构及隶属高等教育及研究部的其他高等教育机构的图书馆，按照一个注册用户 1 欧元计算版税，由高等教育及研究部支付。其他公共借阅图书馆按照一个注册用户 1.5 欧元计算版税，由文化部支付。

该法施行第一年，按照每位高等教育机构图书馆的注册用户 0.5 欧元，每位其他公共借阅图书馆注册用户 0.75 欧元分别计算版税。

每年根据以下条件，通过法令确定注册用户人数：

1° 施行《地方自治法典》❶ 第 R1422 – 5 条、第 R1422 – 14 条规定的市省，根据其提供的统计数据评估每年公共图书馆的注册人数；

2° 具有科学、文化、专业性质的公共机构及隶属高等教育及研究部的其他高等教育机构的图书馆注册用户人数，根据高等教育及研究部部长提供的年度统计数据，每年进行评估；

3° 为统计其他提供公共外借服务的图书馆注册用户数量，按比例估算其注册用户数。现该比例确定为 4%，每三年根据图书馆的业务增长量等相关数据重新评估百分比。

（2004 年 8 月 31 日 2004 – 921 号政令增补，2004 年 9 月 2 日刊登在《法兰西共和国政府公报》上）

- 规章部分
  - 第三卷　通则
    - 第二编　著作权版税征收和分配组织

第六章　负责征收图书馆借阅版税的授权组织

［第 R326 – 1 条见图书馆借阅补偿法（2004 – 920 号）］

第 R326 – 1 条 第 L321 – 1 条至第 L321 – 13 条规范的组织如果满足以下条件，

---

❶ 《地方自治法典》原文为 code général des collectivités territoriales。

即符合第 L133 -2 条的规定：

1° 提交如下证明：协商机构及领导构成、不同类合作者的广泛性、已有权利数量、主要经济收入或经营额及出版类别多样性；

2° 提交有关合作作者、出版商及领导机构中份额公平的代表证明；

3° 通过如下信息证明公司领导及代理人的专业资质：

a）责任人资质；

b）或其证书性质和等级；

c）或在出版行业的从业经验或在专业机构的管理经验；

4° 提交相关必要信息：

a）公司的行政机构、设立及设备条件；

b）图书馆采集作品的数据统计方法；

c）费用征收及根据必要数据分配费用的方式；

d）申请审批之后的 3 次财政预算计划；

5° 指出已经采用或将采用的在作者和出版者之间的酬劳分配规则，同时保证各类的分配公平。

（2004 年 8 月 31 日 2004 -920 号政令第 2 条增补，2004 年 9 月 2 日刊登在《法兰西共和国政府公报》上）

第 R326 -7 条 如果作品出版发行时，作者和出版商还未指定著作权版税征收和分配组织，则由管理作品数量最多的组织代理征收版税。该数量根据相关行业惯例确定。

文化部部长每年指定符合上段条件的组织。

（2004 年 8 月 31 日 2004 -920 号政令增补，2004 年 9 月 2 日刊登在《法兰西共和国政府公报》上）

10 芬　兰

图书馆法*

（1998 年第 904 号法律，2009 年第 1709 号法律修正）

第一章　目　的

第一条

本法规定地方公共图书馆提供的图书馆和信息服务及其在国家和地区层面的促进措施。

第二条

1. 公共图书馆提供图书馆和信息服务的目的在于为公民在提高自身修养和素质、文化品位、知识的持续发展、个人技能和公民技能、国际化和终身学习等方面提供平等的机会。

2. 图书馆还应致力于虚拟互联网服务及其教育和文化内容的发展。

第二章　图书馆和信息服务的提供

第三条

1. 地方政府负责依据本法的规定安排图书馆和信息服务。

2. 地方政府可以独立提供图书馆和信息服务，也可以全部或部分与其他地方政府合作，或以其他方式提供图书馆和信息服务。地方政府负责保证提供的服务符合本法规定。

3. 应保证图书馆用户可以利用图书馆和信息服务人员提供的服务，以及持续更新的图书馆资料和设施。

4. 在双语地区，应平等地考虑两种语言群体的服务需要。

5. 在萨米族聚居的地区，应平等地考虑萨米语言群体和芬兰语言群体的

---

* 田贺龙，译；卢海燕，校。

服务需要。

第三章　图书馆和信息服务网络

第四条

1. 每个公共图书馆应与其他公共图书馆、研究图书馆及教育机构图书馆合作，成为国内和国际图书馆和信息服务网络的组成部分。

2. 公共图书馆的中心馆和省级图书馆补充公共图书馆的服务。

3. 公共图书馆的中心馆是由主管部级机构经地方政府同意后在其地区内指定的公共图书馆。中心馆的运营范围应是整个地区。

4. 省级图书馆是由主管部级机构经地方政府同意后在其地区内指定的公共图书馆。省级图书馆的运营范围应由主管部级机构确定。

5. 中心馆和省级图书馆的职责应由条例规定。主管部级机构在与地方政府协商后，可以撤销中心馆或省级图书馆的指定。

第四章　免费图书馆服务

第五条

1. 图书馆馆藏资料的馆内使用和外借应免费。

2. 中心馆和省级图书馆向公共图书馆提供的馆际互借服务应免费。

3. 地方政府可以对其他图书馆服务收费，但收费数额不得高于直接成本。

4. 特殊情况下，收费数额可以高于本应收取的直接成本。

第五章　评　估

第六条

1. 地方政府应评估其提供的图书馆和信息服务。

2. 评估的目的是提高图书馆和信息服务的可用性以及促进其发展。评估应监督图书馆和信息服务的提供以及服务质量和成本效益。

3. 全国性评估和国家参与国际评估的决定应由教育部作出，并由教育部和经济发展、交通和环境中心合作完成评估。地方政府应依照本款规定协助评估。

4. 评估的重要结果应予公布。

第六章　图书馆和信息服务的国家管理

第七条

教育部是全国图书馆和信息服务的行政管理机构。经济发展、交通和环境中心是地区的行政管理机构。有关经济发展、交通和环境中心职责由政府条例规定。

第七章　其　他

第八条

1. 图书馆应有足够数量、经过图书馆和信息服务专业培训并取得相应资格的员工和其他工作人员。

2. 图书馆员工任职资格的要求应由条例规定。

3. 特殊情况下，主管部级机构可以免除图书馆员工的正常资格要求。

第九条

1. 依据《地方基本服务转移支付法》的规定，地方政府接受中央政府对图书馆运营费用的转移支付拨款。

2. 依据《教育及文化资金法》的规定，地方政府接受中央政府自行支配资金的拨款，用于公共图书馆的中心馆和省级图书馆的运营以及新建和修缮公共图书馆。新建图书馆包括购买流动图书馆设备。

3. 中央政府自行支配的补助金可以拨付给地方政府或其他图书馆和信息服务提供者，用于完成指派的特定职责。

第十条

1. 图书馆可以制定图书馆规章制度，规范图书馆的使用和图书馆用户的权利和义务。

2. 违反图书馆的规定，应处以与损害相当的罚金，罚金数额由地方政府确定。

第十一条

本法实施细则应由条例制定。

第八章　施　行

第十二条

本法自 1999 年 1 月 1 日起生效。

11 挪　威

公共图书馆法*

（第108号法律，1985年12月20日颁布）

第一章　公共图书馆目标与活动

第一条　目　标

公共图书馆应免费为居住在挪威的每一个人提供信息、图书以及其他合适的文献资料服务，促进知识、教育和其他文化活动的发展。

每一个公共图书馆应在为儿童和成年人的服务中，强调提供高质量的、丰富的和不断更新的文献资料的重要性。

公共图书馆的活动应直接面向公众并宣传推广其服务。

公共图书馆是挪威国家图书馆体系的组成部分。

第二条　本法适用范围

本法适用于公共图书馆的一切活动，包括市属地方公共图书馆（本法第二章）、郡（县）属公共图书馆（本法第三章），以及中央政府所属中央图书馆及负责的咨询服务（本法第四章）活动。

公共图书馆的活动也包括为医院和卫生机构的病人提供的服务，以及为使用公共图书馆服务存在特殊困难的人员所提供的服务。

第三条　图书借阅合作与书目管理等业务

公共图书馆应遵守统一标准开展图书借阅合作和书目管理业务工作，以及编制年度统计数据和年报。文化与宗教事务部可颁布相关细则。

---

* 卢海燕，译；田贺龙，校。

第二章　市级公共图书馆

第四条　一般规定

为实现第一章所规定的目标，所有城市均应建立公共图书馆。

公共图书馆由市、郡（县）和中央政府机构管理，市属公共图书馆可以通过全部或者部分与其他城市合作开展服务。在前述情形下，文化与宗教事务部可以对本法第一条所规定义务予以豁免。

市政府应根据文化与宗教事务部发布的图书馆运行建议指南制定市级公共图书馆运行细则。

第五条　人　员

每一个市级公共图书馆应由1名具有专业资质的人员任馆长。

文化与宗教事务部可以对本条款中的规定给予豁免，并且针对馆长任职及转任条件制定细则。

第六条　与学校合作

应该在城市组织公共图书馆和学校图书馆间的合作。

文化与宗教事务部应该为此类合作制定建议指南。

第七条　（已废止）

第三章　郡（县）级公共图书馆

第八条　一般规定

为完成本法第一章所规定的郡（县）级图书馆的目标，所有郡（县）[1] 均应建立公共图书馆，并由1名具有专业资质的人员任馆长。文化与宗教事务部可以根据实际情况予以豁免。

郡（县）政府应根据文化与宗教事务部发布的图书馆运行建议指南制定郡（县）级公共图书馆运行细则。

第九条　馆际互借

郡（县）级公共图书馆应在郡（县）范围开展馆际互借并组织开展借阅合作。该项工作系图书馆的图书、期刊等文献采选与保存计划的组成部分。

---

[1] 参考1992年9月25日第107号法令。

郡（县）级公共图书馆可以通过汽车图书馆和舟船图书馆直接开展借阅服务。既可以独立，也可以与其他郡（县）图书馆或公共图书馆合作开展该项工作。

郡（县）级公共图书馆可以与一个或多个市级公共图书馆达成合作协议。

第十条　咨询服务等

郡（县）级公共图书馆应该为地方政府提出咨询建议，提供专业图书馆员咨询与帮助服务，根据图书馆业务安排会议和相关培训课程等事项。

应该在郡（县）级公共图书馆和郡（县）内的学校之间组织开展合作。郡（县）公共图书馆与学校间的合作应根据学校当局的要求，通过签署配备图书馆专家的协议予以确认。

第十一条　特别义务

除本法第三条规定外，郡（县）级公共图书馆应对中央政府资金的发放提出建议，并协助中央政府开展研究与计划制订。

第十二条　（已废止）

第四章　中央政府职责

第十三条　挪威档案馆、图书馆和博物馆管理局

依据本法，挪威档案馆、图书馆和博物馆管理局代表文化与宗教事务部履行中央政府职责。

第十四条　中央政府专项拨款

中央政府专项拨款可用于图书馆特定目标，即非属市级图书馆职责范围之内的业务，或是对于维护国家图书馆体系具有特别重要意义的业务。文化与宗教事务部将颁布相关细则。

第十五条　（已废止）

第五章　生效及对其他法律的修正

第十六条　本法自国王批准之日起生效。

文献法定呈缴法[*][1]

（1989 年 6 月 9 日第 32 号法令）

本法令由文化科学事务部向挪威议会下议院提议（第 52 号），并向下议院推荐（第 67 号），下议院决议（1988～1989 年第 84 号），经 1989 年 5 月 20 日下议院决议和 1989 年 5 月 25 日上议院决议通过。

第一条 本法目的

本法旨在确保包含普遍可获得信息的文献向国家级收藏机构呈缴，以保证记录挪威文化和社会生活的文献可以得到保存，并成为用于研究和文献收藏的资源文献。

第二条 本法适用的地理范围

国王可以决定本法适用于斯瓦尔巴德群岛和挪威大陆架部分。

第三条 定 义

以下定义适用于本法：

（1）媒体，系指存储信息的工具。

（2）文献，系指存储信息并用于读、听、展示或传播的媒体的一个或多个相同的复制品。

（3）出版者，系指为了公众自费生产相关文献产品的人。

（4）生产者，系指为出版者生产文献复制品的人。

（5）进口商，系指为了挪威公众而自费将国外出版的文献进口至挪威的人。

在如下情形下，可对公众提供文献服务：

（1）文献复制品用于出售、出租或借出，或者超出私有领域以其他方式传播；

---

* 卢海燕，译；田贺龙，校。

[1] 挪威有关文献呈缴的法律由《文献法定呈缴法》（Act No. 32 of 9 June 1989 Relating to the Legal Deposit of Generally Available Documents）《文献法定呈缴法生效及相关权力的授予》（Commencement of Act No. 32 of 9 June 1989 Relating to the Legal Deposit of Generally Available Documents and Delegation of Regulatory Powers）、《文献法定呈缴条例》（Regulations Relating to the Legal Deposit）及《宗教文化事务部对管理呈缴文献机构的指令》（For Institutions Which Administer Documents Deposited Pursuant to Act No. 32 of 9 June 1989 Relating to the Legal Deposit of Generally Available Documents）等四个法律文件构成。

（2）通过介绍、展示、广播、在线传播等方式，在私有领域之外所保存在文献中的信息。

第四条 呈缴内容

提供给公众服务的文献其缴存范围如下：

纸质或类似纸质文献，缩微品和照片，呈缴 7 份；

录音品、电影胶片、录像片、电子文件，以及这些文献的组合，呈缴 2 份；

广播节目录音，呈缴 1 份。

国外生产的文献也应呈缴，当这些文献是为挪威出版者，或是特别为挪威公众生产时。

国王对呈缴职责可以授权豁免或限定，也可以制定有关呈缴品形式、质量以及相关信息的专门条例。

第五条 呈缴者与其他呈缴条件

呈缴义务人可以是文献的出版者、生产者以及进口商，也包括法律规定或广播许可确定的任何人。

文献应无偿呈缴。对于呈缴者，如果生产呈缴品的费用高昂，文献存储者可以申请全部补偿或者部分补偿。

国王对法定呈缴义务人、呈缴地点、呈缴时间、呈缴方式作出进一步的规定。

第六条 呈缴者未能履行责任

如果出现破产和死亡，需以遗产抵押履行呈缴责任。

第七条 查封或没收文献

如果法定呈缴文献被查封或者没收，国王可以命令执行机构呈缴文献。

第八条 履行呈缴义务

遵循已颁布的规定，或者遵循本法履行呈缴义务，具有法律强制力。

第九条 处 罚

任何人故意或过失违反已颁布或本法的规定，应处以罚金。

第十条 生 效

本法自国王颁布之日起施行。有关印刷品向公共图书馆呈缴的 1939 年 6 月 9 日第 2 号法令同日废止。

1990 年 5 月 25 日皇家颁布。

文献法定呈缴法生效及相关权力的授予*

I

文献法定呈缴法 1989 年 6 月 9 日第 32 号法令 1990 年 7 月 1 日生效。有关印刷品向公共图书馆呈缴的 1939 年 6 月 9 日第 2 号法令，1940 年 9 月 12 日和 1956 年 6 月 8 日条例同日废止。

II

国王根据本法第四条、第五条和第七条条授予的权力，由宗教文化事务部执行。

III

授权宗教文化事务部制定指令，确保在全国范围执行新的法令开展对呈缴文献的管理。

文献法定呈缴条例*

（文献法定呈缴条例由宗教文化事务部，依据文献法定呈缴法 1989 年 6 月 9 日第 32 号法令，1990 年 5 月 25 日皇家颁布制定）

第一章　总　则

第一条　形式和质量

除非特别提出或者明确要求，文献应按照原初形式呈缴。

呈缴本应包括封皮、包装箱，以及与文献相随的其他物品。

呈缴品应该完整无缺。

---

* 卢海燕，译；田贺龙，校。

保存呈缴品机构应对呈缴文献形式和质量制定细则。

第二条 附加信息

参见各种文献附加细则，每一个呈缴文献寄送品应附呈缴目录清单。

保存机构关于附加信息应制定细则，对于规定的形式提出要求。

第三条 包装和发送

应对发送的呈缴品进行适当包装。如果呈缴品损坏，并且是由于呈缴者疏忽所为，呈缴者应尽速补送。

保存机构可以制定细则，对包装、发送方式等作出规定。

第四条 文献发送时间

除非特别规定，出版者和进口商应该最迟在文献提供给公众服务时缴送文献。

生产者在文献生产后1个月之内提供呈缴本。

另行时间缴送呈缴本，呈缴品保存机构应与呈缴者达成一致约定。

第五条 文献法定呈缴地址

挪威国家图书馆瑞纳馆[1]是纸本文献、缩微品、照片、综合文献、电子文献以及广播节目录音文献的收藏机构。

奥斯陆大学图书馆是录音品收藏机构。

挪威电影学院是电影胶片和录像片收藏机构。

上述提及的收藏机构，可以决定某一类型文献的次一级文献应直接发送至一个或多个应保存该种文献的收藏机构。

第六条 呈缴部门

关于纸质文献及类似文献和照片的呈缴（参见本法第十条和第十七条），条例对于出版者和生产者之间的责任所作出的规定是一般性的原则。根据实际或特殊原因考虑，对上述提及的文献类型，收藏机构可以决定不同的责任，或者可以确定将法定呈缴的任务赋予其中一方。

第七条 限 定

下列情况下的文献不属于法定呈缴范围[2]：

（1）国外出版者以挪威文出版并仅面向国外市场；

（2）分发、展示或演示的教育工具、讲座课件。

当出现某种特殊的原因，收藏机构可以修改或同意对呈缴责任的完全豁免。

---

[1] Rana Branch。

[2] 为方便读者阅读，序号为译者加。以下同——译者注

第二章　纸质文献及其他

第八条　范　围

纸质文献与类纸质文献总计应呈缴7份。

纸质文献与类纸质文献涵盖的信息涉及所有介质（如塑料），这些介质在用法上与传统纸质品相同。

当信息以数据库方式存储，文献复制件以纸质或其他按需要求制作，则该纸质文献应该按照这一类型文献的规定呈缴。

呈缴范围包括：

（1）图书；

（2）连续文献（包括号码连续和不连续的），如报告，论文以及绝版文献；

（3）连续出版物，如杂志、周刊、报纸、公司报纸、会员期刊以及教区报纸；

（4）小册子；

（5）传单及其上诉书；

（6）操作手册，目录与折页，如博物馆指南，展览目录，游客指南；

（7）法律，法规，法令以及公司、俱乐部机构组织章程；

（8）价目表以及纸质广告；

（9）节目单，如体育赛事，音乐会，剧场节目单，以及政治党派活动项目；

（10）公告；

（11）表单，如工资表；

（12）公司、俱乐部、机构组织的年度报告、季度报告；

（13）图画、地图、音乐、图表、计划、宣传海报、明信片、广告，以及挂图；

（14）书写形式的盲文文献；

（15）本条例第九条例外没有包括的纸质及类纸质文献。

第九条　例　外

以下情况下的文献不属于法定呈缴范围：

（1）未填写的表格等；

（2）标签、带有图案的信纸、信封、名片、地址卡等；

（3）零售贸易中的印刷包装品；

（4）盲文文献，如果已常规印刷出版；

（5）保存从其他一般文献中直接摘要的信息的文献，如葬礼使用的赞美诗；

（6）赛事单，只有日期无内容的日历；

（7）请帖和菜单；

（8）车票、彩票和其他有价票据；

（9）绘画、雕版印刷品及其相关艺术品。

第十条 出版者、生产者和进口商呈缴

当文献在挪威出版，生产者按常规应呈缴 2 份，出版者呈缴 5 份。

出版者应按要求呈缴如下文献：

（1）报纸；

（2）由多个生产者生产的文献；

（3）出版者自费生产的文献；

（4）在国外已经生产的文献。

如果出版者在国外，生产者应按要求呈缴文献。

如果生产者和出版者都在国外，进口商应按要求呈缴文献。

第三章 缩微品

第十一条 范 围

如果缩微品是原初出版，应缴送 7 份，当缩微品同步或二次以其他媒体形式出版，缴送 3 份。

缩微品包括胶片及类似胶片的文献，以及被缩小的手写、图纸或图片所包含的没有技术帮助不能理解其意的文献。

即使缩微品的原件是按需复制的唯一一件，也应缴送。

第十二条 形式和质量

缩微呈缴品的质量应利于长期保存和复制。

呈缴品应具有无需技术帮助易读的一致性主题内容。主题内容制作应符合国内外标准。

第十三条 例 外

由公共机构为保存其收藏中的原始文献而制作的缩微品（即使该复制品向其他人传播）不属于呈缴范围。

第十四条 出版者和进口商呈缴

出版者应按要求呈缴缩微品。

进口商应按要求呈缴缩微品，如果出版者在国外。

第四章　照　片

第十五条　范　围

照片呈缴数量应为 7 份，为提供公众服务，作为独立文献其至少应有 500 个复本。

条例规定的照片系指一个照片的正片、负片和幻灯片，而非原始胶片。

第十六条　附加信息

每一个照片呈缴品应该附有如下相关信息：摄影师、所有者、其他著作权人、主题、拍摄时间、地点以及环境。

第十七条　出版者、生产者和进口商呈缴

当照片在挪威生产，生产者按常规呈缴 2 份，出版者呈缴 5 份。

自费生产照片出版者，或在国外生产者，应按要求呈缴照片。

生产者应该按要求呈缴照片，如果出版者在国外。

进口商应按要求呈缴照片，如果出版者在国外。

第五章　综合文献

第十八条　范　围

当文献是以不同的媒介综合构成，如教学资料综合包，出版者应缴送 2 份。如果出版者在国外，进口商应予以缴送。

如果一个文献由纸质品、缩微品或者照片等一个或多个文献形式组成，出版者应另外将各组成文献各呈缴 5 份。

第六章　录音制品

第十九条　范　围

录音制品应呈缴 2 份。音乐制品和演说品（如有声读物）归属该条范围。

第二十条　附加信息

每一个录音呈缴品应该附有如下信息：出版者、生产者（唱片压缩工场、生产工场等），经销商以及版权拥有者。

第二十一条　出版者或进口商呈缴

出版者（唱片公司等）应缴送 2 份。如果出版者在国外，则进口商应缴送 2 份。

第七章　电影胶片

第二十二条　范　围

电影胶片应缴送 2 份。无长度和内容限定。

第二十三条　形式和质量

1 份带有声道未使用的母盘。除非有正当理由，收藏机构不可以同意或要求缴送中间底片。

其他呈缴品为工作用品。

如果电影胶片出版者在国外，而依据本法规定该胶片属于法定呈缴范围，应呈缴 2 份。

第二十四条　附加信息

电影胶片应附以下相关信息：出版者、出版工场、经销商、参与者、生产年、长度及版权等。

第二十五条　呈缴时间

依据第四条规定呈缴母盘（或者中间底片，如果合适），工作胶片在第一次公映一年内呈缴。

第二十六条　出版者或进口商呈缴

出版者同时呈缴母盘和工作胶片。如果出版者在国外，进口商应呈缴 2 份工作胶片。

第八章　录像片

第二十七条　范　围

录像片至少在制作 50 份或进口 50 份情况下，呈缴 2 份。

第二十八条　附加信息

参照第二十四条对电影胶片附加信息，适用对录像制品附加信息的要求。

第二十九条　出版者或进口商呈缴

出版者应呈缴 2 份。

如果出版者在国外，进口商应呈缴 2 份。

第九章　电子文献

第三十条　范　围

出版量或进口量至少 50 份的硬盘、软盘、磁盘、磁带、盒式录音带等电子文献，应呈缴2份。

通过通信、电视、数据互联网络及其相关在线传输手段而形成的电子文献，根据每一个收藏机构的特殊要求呈缴2份。

第三十一条 出版者或进口商呈缴

出版者缴送2份。

如果出版者在国外，进口商应呈缴2份。

第十章 广播节目

第三十二条 挪威广播公司

挪威广播公司遵循《伯尔尼公约》，缴送所有广播电视节目。

第三十三条 其他广播节目

在挪威任何持有从事广播许可的个人，应根据收藏机构的特殊要求缴送节目。关于该条款将会制定细则。

宗教文化事务部对管理呈缴文献机构的指令*❶

（宗教文化事务部1990年5月25日发布）

I

作为存储机构，挪威国家图书馆瑞纳馆、奥斯陆大学图书馆、挪威电影学院，应根据文献类型负责呈缴品收藏，并通过相应信息手段，以及控制和提醒程序确保法定呈缴工作。

II

挪威国家图书馆瑞纳馆应将收到的7份呈缴文献分别送给奥斯陆大学图书

---

* 卢海燕，译；田贺龙，校。

❶ 该《指令》系挪威宗教文化事务部根据《文献法定呈缴法生效及相关权力的授予》（Commencement of Act No. 32 of 9 June 1989 Relating to the Legal Deposit of Generally Available Documents and Delegation of Regulatory Powers）制定。

馆（2 份），卑尔根大学图书馆，特隆赫姆大学图书馆和特罗姆瑟大学图书馆，以及位于卡拉绍克的萨米图书馆（当呈缴内容为萨米语）；挪威电影学院（当文献属于法定呈缴范围的电影胶片或录像品）。

III

作为规则，挪威国家图书馆瑞纳馆在不晚于接受呈缴品的第二个工作日，应将呈缴品转发。但是挪威国家图书馆瑞纳馆及其相关图书馆可以同意采用其他程序分发一定数量的文献。

当一个或多个应该得到呈缴品的图书馆不希望获得相应呈缴品，这些图书馆应与挪威国家图书馆瑞纳馆签署协议。

IV

如果挪威国家图书馆瑞纳馆所接受的呈缴品少于本法规定的 7 份数量，应按照以下优先顺序处理：

第一本作为安全呈缴本[1]保存在挪威国家图书馆瑞纳馆；

第二本保存在奥斯陆大学图书馆；

第三本到第五本按照优先顺序保存在卑尔根大学图书馆，特隆赫姆大学图书馆和特罗姆瑟大学图书馆；

第六本存至奥斯陆大学图书馆；

第七本保存在挪威国家图书馆瑞纳馆用于馆际互借。

卡拉绍克萨米图书馆或挪威电影学院应有第三优先权，其他图书馆则次之。

V

已保存至挪威国家图书馆瑞纳馆的 1 份或 2 份呈缴文献，根据与这些机构的协议，1 份用于工作，应发送至奥斯陆大学图书馆。

VI

奥斯陆大学图书馆应每三个月将呈缴录音品的 1 份安全呈缴本发送给挪威国家图书馆瑞纳馆。

VII

挪威电影学院应每三个月将一份呈缴录像制品发送给挪威国家图书馆瑞纳馆。

---

[1] 原文为 the safe－deposit copy，据《指令》上下文条款内容理解，即应指图书馆通常说的“保存本”。——译者注

VIII

依据本法第七条规定呈缴的文献应送至并存储在挪威国家图书馆瑞纳馆的特殊库房。

IX

挪威国家图书馆瑞纳馆具有无时间限定保存安全呈缴本的职责。挪威电影学院具有管理电影胶片职责。

X

呈缴品保存机构应尽快对呈缴文献进行注册登记。非重要文献可以根据主题和性质进行分类归档，无需每个文献单独注册登记。

奥斯陆大学图书馆负责国家书目的编制和附加编目产品的制作。

XI

所有管理呈缴文献的机构，有责任确保在特定时间的现行有效的版权规定范围内进行文献使用。

12 瑞　典

关于瑞典皇家图书馆章程的条例 *❶

［瑞典法规号：2008 年第 1421 号条例（2008：1421）；
发布部（局）：教育研究部，发布日期：2008 年 12 月 18 日］

第一章　职　责

第一条　皇家图书馆是瑞典的国家图书馆，同时作为视听资料的国家存储机构履行相关文献管理和服务的职责。皇家图书馆应：

（1）优先收集、保存、描述所有瑞典印刷出版物和《法定呈缴法》（1993：1392，下同）第 10 条第 1 款规定的电子文献并提供服务。

（2）收集、保存并提供《法定呈缴法》（1993：1392）第 14 条第 3 款规定的电影、录音制品、录像制品和电子文献的法定呈缴本，以及《法定呈缴条例》（2008：1420）第 6 条规定的广播电视节目录制品。

第二条　皇家图书馆应：

（1）履行《法定呈缴法》（1993：1392）、《法定呈缴条例》（2008：1420）规定的职责；

（2）收集、保存、描述并提供与瑞典相关的国外出版物；

（3）收集、保存、描述并提供有代表性的国外文献，尤其是人文社会科学领域的国外文献；

（4）依据《法定呈缴法》（1993：1392）第 31 条第 1 款的规定，登记录像制品的呈缴本；

（5）保管、妥善利用善本图书及其他印刷文献、手稿、地图和图片；

（6）编制国家文献目录；

---

* 阴政宏，译；田贺龙，校。

❶ 基于瑞典成文法法律文本结构的特殊性，为便于读者理解与使用，译者结合我国立法实践，在翻译过程中对该法的章、节、条、款序号等的编排进行了加注，但在结构层次上保持了与其官方发布英文版本的一致性。——译者注

(7) 负责向国内研究型图书馆提供国外文献的联合目录，并与国外编目中心交换文献编目数据；

(8) 负责国内图书馆自动化系统 LIBRIS❶ 的建设；

(9) 负责协调研究型图书馆在文献传递、信息技术服务的使用和发展等领域的馆际合作；并

(10) 分析瑞典研究型图书馆的发展。

第三条 皇家图书馆可以通过接收呈缴本、接受赠与或者其他方式收集本法第二条第二款、第五款规定的文献以及第一条第二款规定的视听资料及其他以文字、声音或图像表现的多媒体资料。

第四条 对于本法第一条第二款、第三条规定的文献，皇家图书馆应：

(1) 保管馆藏文献；并

(2) 必要时进行文献剔除。

皇家图书馆应妥善保护文献。

第五条 皇家图书馆应当致力于图书馆领域的协作、发展以及图书馆领域的研究工作。

第六条 皇家图书馆应在业务领域内推进与国外机构和国际组织的国际合作。

第二章　管　理

第七条 皇家图书馆实行主管负责制。

第八条 皇家图书馆应成立顾问委员会，委员不得超过 10 人。

第三章　任命和委任

第九条 馆长是皇家图书馆的主管。

第四章　雇员纪律委员会

第十条 皇家图书馆应设立雇员纪律委员会。

---

❶ LIBRIS：瑞典全国计算机图书馆信息系统（Computerized Library Information System for Swden），也是瑞典图书馆的联合编目系统（The Union Catalogue of the Swedish Library），主要由瑞典皇家图书馆负责建设和管理，促进全国图书馆系统的协作，包括但不限于联机合作编目、馆际互借服务等。

第五章 某些条例的适用

第十一条 皇家图书馆应适用《雇员代表条例》（1987：1101）。

第六章 《政府机构条例》（2007：515）的例外

第十二条 《政府机构条例》中的以下条款不适用于皇家图书馆：

第 27 条代表国家参与诉讼的权利。

13 英　国

大英图书馆法*

（1972 年 7 月 27 日）

本法旨在建立在新的委员会控制和管理下的联合王国的国家图书馆、合并大英博物馆图书馆，处理相关事宜。

1　大英图书馆

（1）本法施行的目的是建立联合王国的国家图书馆，即大英图书馆，它综合收藏各类书籍、手稿、期刊、胶片以及其他记录资料，其中包括印刷型资料也包括其他类型的资料。

（2）大英图书馆应在一个公共机构的控制和管理下运行，即“大英图书馆委员会”，该委员会的职责为使大英图书馆成为在科技事务和人文科学方面的全国参考中心、研究中心、文献目录和其他信息服务中心。

（3）大英图书馆委员会应使大英图书馆优先服务于教育学术机构、其他图书馆和工商界，并且

（a）委员会在其职责范围内，本着有利于实现本法的目标和促进其他图书馆和信息服务的有效管理，开展研究或对研究予以支持，并且

（b）委员会可以向《公共图书馆与博物馆法（1964 年）》所指的图书馆机构或者其他任何提供图书馆服务设施（为公众服务或其他情况）的人提供经费支持。

（4）在符合委员会认为必要的保护馆藏的限制和条件下，委员会可以对馆藏进行出借，将部分馆藏或馆舍用于教育或者文化性质的活动。

在决定对馆藏是否进行出借、出借的期限以及出借的条件时，委员会应考虑学生以及其他到馆读者的兴趣，馆藏的物理状况以及珍稀程度，同时也应考虑出借该馆藏可能带来的风险。

2　大英图书馆委员会

（1）大英图书馆委员会应包括一位由国务大臣任命的主席、不少于 8 位

---

* 刘英赫，牛淑娟，译；田贺龙，校。

不多于13位的其他委员，其他委员中1人应由女王陛下任命，其余的委员由国务大臣任命；并且——

(a) 至少有1名委员（可以是主席）是全职委员；

(b) 除上述第（a）项规定外，任何委员（包括主席和女王陛下任命的委员）可以是兼职委员；

(bb) 国务大臣任命的其中1名兼职委员应对苏格兰具有专门的知识；并且

(c) 其中1名兼职委员应由大英博物馆理事会指定。

(2) 国务大臣在选任大英图书馆委员会的委员时，应考虑在图书馆或大学事务、财务、企业或者管理方面具有知识和经验的人。

(2A) 在根据上述第（1）款第（bb）项进行任命之前，国务大臣应征求苏格兰大臣的意见。

(3) 根据国务大臣与之协商后给予的指示，大英图书馆委员会应成立顾问委员会，在国务大臣或者大英图书馆委员会的决策事务方面，为大英图书馆委员会或者大英图书馆的各部门提供建议。

(4) 本法附录的规定适用于大英图书馆委员会及其委员、大英图书馆委员会的议事程序及其附带权力、人员的聘用以及聘用的期限和条件，还适用于根据本条所成立的顾问委员会。

3 大英博物馆图书馆的转让

(1) 根据本条规定，在指定日期之前所有的物品属于大英博物馆理事会，并且——

(a) 博物馆印本图书部、手稿部、东方印本图书和手稿部的现有馆藏，或者

(b) 上述部门为收藏、存储、管理，或者为部门行政管理所用的物品，

自指定日期起将不再属于理事会而变更为大英图书馆委员会的财产。

(2) 本法中所称的“指定日期”是指国务大臣按照行政立法性文件通过法令予以指定的日期。

(3) 如大英博物馆理事会和大英图书馆委员会已经书面约定财产不根据本条转为大英图书馆委员会所有，则上述第（1）款不予适用。

(4) 在不影响上述第（1）款规定的原则下，如果大英图书馆委员会向大英博物馆理事会表明某物品为大英图书馆所需，大英博物馆理事会可将该物品转予大英图书馆委员会；根据本条，大英博物馆理事会有转让财产的权力，不受任何禁止或限制财产处置的信托或条件（无论明示或默示）的限制，也不受《英国博物馆法（1963年）》的限制。

本款不适用于版画（《英国博物馆法（1963 年）》第 9 条对其转让的权力已有规定）。

（5）根据本条转给大英图书馆委员会的任何财产，如果之前以某些信托或条件授权给大英博物馆理事会，它应以相同的信托或条件转移给大英图书馆委员会。

（6）大英博物馆理事会可将其场所的任一部分供大英图书馆委员会使用，并可在征得大英图书馆委员会同意的情况下按照双方同意的条件（包括报酬）为大英图书馆委员会安排大英博物馆职员提供服务。

4　对大英图书馆委员会的进一步规定

（1）《版权法（1911 年）》第 15 条（该条规定对于在联合王国境内出版的每一种图书，图书出版者应将该图书的 1 份复本送缴大英博物馆）继续有效并做如下修改，其第（1）款、第（3）款和第（6）款中提及“大英博物馆理事会”之处由“大英图书馆委员会”替代：并且——

（a）《大英博物馆法（1932 年）》第 1 条第（1）款中所有涉及大英博物馆理事会的内容应进行相应的修订（该款根据大英博物馆理事会的书面要求，排除了《版权法（1911 年）》第 15 条所要求的部分种类的出版物）；

（b）《大英博物馆法（1932 年）》第 1 条第（2）款规定的制定实施细则的权力，应由大英博物馆理事会转为大英图书馆委员会行使；并且

（c）大英博物馆理事会根据上述《大英博物馆法（1932 年）》第 1 条制定的实施细则，在指定日期前有效的，如同大英图书馆委员会根据《大英博物馆法（1932 年）》第 1 条制定的实施细则一样依旧有效，细则中提及“大英博物馆理事会”之处由“大英图书馆委员会”替代。

（2）（已废止）

（3）大英图书馆委员会应于每年不晚于国务大臣决定的日期，向国务大臣递交一份关于委员会在过去 12 个月内的会议和活动的报告，国务大臣应将报告复本提交至议会两院。

5　财务与账目

（1）在议会提供的资金之外，国务大臣应为大英图书馆委员会提供财政部会予以批准的支出，该支出可以用于大英图书馆的管理费用（包括委员会采购新的馆藏），日常管理费用或者其他费用，基于国务大臣为大英图书馆委员会提供的支出额，委员会应遵循国务大臣可能作出的指示。

（2）委员会在任一财政年度内收到的金额，无论是处置财产所得，服务所得，或者其他所得，应在征得财政部的批准后由国务大臣指导使用，国务大

臣可指定上述金额的全部或部分交入统一基金中。

（3）委员会应妥善保存账目和其他记录，经财政部批准按国务大臣的指示准备每个财务年度的报告，在本财务年度终止后的下一年的 11 月 30 日或者之前，委员会应将报告提交给国务大臣，并经国务大臣转交给英国国家审计署主计长兼审计长，主计长兼审计长应对报告进行审查和核实，并将报告复制本与审计报告一起递交议会两院。

6 员工雇用期限和条件的磋商

（1）大英图书馆委员会的职责包括向适当的组织寻求磋商，以在委员会和该组织间达成符合双方意愿的协议，建立和维持某机制的运营，该机制通过协商确定委员会人员雇用的期限和条件，并规定由或根据协议缺失解决方案的情况下提交仲裁；并且

（2）大英图书馆委员会的职责包括向适当的组织寻求磋商，以在委员会和该组织间达成符合双方意愿的协议，建立和维持某机制的运营，该机制促进和加强影响员工安全、健康和福利的措施，讨论影响双方共同利益的其他事宜，其中包括委员会提供服务所产生的效益。

7 引 称

本法可引称为《大英图书馆法（1972 年）》。

附 录 大英图书馆委员会及其顾问委员会

大英图书馆委员会的组成及成员资格

1 委员会属法人团体，具永久连续性，并备公章。

2 根据本附录下述规定，委员会的成员应根据对其进行的任命进行职务担任与解除，委员会的成员的任职期限不得少于 3 年或者多于 7 年。

3 通过以书面形式通告国务大臣（或者，在委员会成员是女王陛下任命的情况下，以书面形式通告女王陛下），委员会的成员可以辞去其成员身份，委员会主席可通过这种方式辞去职务但不得辞去其成员身份。

4 曾经担任过委员会成员或委员会主席又被停职的人，可以重新任命。

报酬、津贴和退休金

5（1）委员会须——

（a）向其成员支付国务大臣决定的报酬和津贴；并且

（b）按国务大臣就任何成员的情况所作出的决定，向该成员或就该成员支付国务大臣所决定的退休金、津贴或酬金，或支付以提供该如此决定的退休

金、津贴或酬金的预留款项；

并且，如果某名人员不再是委员会成员并且国务大臣认为其具有获得补偿的情形，国务大臣可以要求委员会依其决定支付一定的数额给该人员。

（2）国务大臣应该在任命第一个委员会成员后尽快递交给议会两院关于根据本段应支付或将支付给委员会成员的薪金和津贴的报告；如果国务大臣根据本段在之后作出的决定与报告不符，或者根据本段作出的决定中涉及向委员会成员或者就委员会成员支付退休金、津贴或酬金，或者支付预留款项，国务大臣应该在作出决定后尽快将报告提交至议会两院。

（3）国务大臣根据本段所做的任何决定，以及根据本段所施加的任何要求，都需征得文官部大臣的同意。

6 （已废止）

程　序

7 （1）委员会的法定人数为5人；委员会可以决定其相关的会议安排。

（2）委员会有权规定议事程序。

8 委员会程序的有效性不应受成员缺失或者成员任命瑕疵的影响。

9 委员会印章的使用都需经委员会为该目的而一般的或就个别情况而授权的秘书或者其他人签字核实证明。

10 除非相反证明成立，否则任何文件凡看起来是经委员会盖章或者以委员会名义签字的形式正式签署的，须被接受为证据并被视为正式签署或者签字（视情而定）。

附带权力

11 （1）委员会作为一个法定机构，为附带于或有助于履行职责，有权从事相关事宜并签署协议，但委员会无权借款。

（2）委员会可随时拟定、修改、撤销与其运行或者签署协议相关的规定；这些规定经国务大臣批准，用来为委员会提供的服务项目或者为馆藏出租和使用征收费用。

（3）在不影响上述规定的前提下，委员会的权力应包括取得和处置财产的权力，不论其是否以馆藏为目的都须符合下述各节。

（4）根据本法第3条第（1）款第（a）项，委员会在下述情形下有权对转移至其的物品进行处分——

（a）该物品在委员会的馆藏中与另一物品完全相同（不论其是否属于上文所述转移至委员会）；或者

（b）经委员会认为，该物品的印制不早于1850年，并且其影印本或者类

似影印本已被委员会收藏；或者

（c）委员会认为某些物品不适合继续保存于馆藏中并且对其处置不会对学生的利益造成损害；或者

（d）对该物品的处置属于《博物馆和美术馆法（1992 年）》第 6 条赋予的权力行使的内容。

（5）委员会所掌管的财产［无论其是否根据本法第 3 条第（1）款第（a）项转移至委员会］须符合相应的信托或条件——

（a）除《博物馆和美术馆法（1992 年）》第 6 条的规定外，不得对该财产进行与信托或条件不一致的处置或处理；并且

（b）任何人手上从委员会取得的财产，应依照同样的信托或条件。

（6）（已废止）

人 员

12 （1）委员会应任命 1 名秘书，并且可任命其可决定的其他工作人员，经文官部大臣批准，国务大臣可决定对工作人员以及雇用的其他人员支付报酬和津贴。

（2）对于经文官部大臣批准委员会可决定的工作人员或者其他雇用人员（不属于委员会成员），委员会应向该人员或就该人员支付退休金、津贴或酬金，支付以提供该如此决定的退休金、津贴或酬金的预留款项，或者制定、维持相应的支付退休金、津贴或酬金的计划（不论是否需供款的）。

（3）上述计划的参与者成为委员会成员时，他可被视为该计划的委员会雇用人员而非委员会成员提供服务，并且其根据计划所享有的权利不受本附录第 5 段第（1）节（b）项影响。

13 （1）指定日期前为国家公职人员或受雇于大英博物馆理事会，在指定日期当日及以后受雇于委员会的，在协商雇用条款时，委员会应确保对该人员的雇用条款在总体上比委员会初次提供录用机会雇用的人员更具优惠性。

（2）在本段的下述规定中，“1965 年法”是指《冗员补偿法（1965 年）》，“养老金法”是指 1965 年和 1972 年《养老金法》。

（3）某人在紧接指定日期前受雇于上述第（1）款所指的机构，在指定日期受雇于委员会，则——

（a）《就业权利法（1996 年）》中的其之前所受雇的期限（下述第（4）款所述期限除外）应计入委员会的雇用期限中，雇主的变换不改变雇用期限的连续性；并且

（b）如其受雇于大英博物馆理事会，并且由于其被委员会雇用导致其之前

的雇用合同自雇用日起终止，其不被视为根据“1965 年法”由于冗员而被解雇。

（4）在就雇用期限的终止，根据“1965 年法”第一部分，或者养老金法或任何替代养老金法的法规，或者根据“1965 年法”第 41 条第（3）款涉及的任何该等安排向此人进行支付时，本款所排除的雇用期限，是指在指定日期之前随着雇用的结束而终止的雇用期限。

顾问委员会

14 （1）由委员会根据本法第 2 条第（3）款设立的顾问委员会，应包括 1 名主席和国务大臣根据该款在指示中指定的一定数量的其他成员。

（2）委员会应通过费用报销和津贴的方式对顾问委员会的主席和其他成员支付报酬，该支付经文官部大臣批准可由国务大臣进行决定。

苏格兰国家图书馆法*

（2012 年）

本法对苏格兰国家图书馆的名称、职责和管理作出进一步规定，并对相关事宜作出规定。

苏格兰国家图书馆

1　苏格兰国家图书馆

（1）根据 1925 年法第 1 条第（1）款建立的名为“苏格兰国家图书馆理事会”的法人团体，持续存在并更名为“苏格兰国家图书馆”或 Leabharlann Niseanta na h – Alba（NLS）。

（2）附录 1 中对 NLS 作出的详细规定，生效。

NLS 的职责

2　NLS 的职责

（1）NLS 的一般职责是将依据 1925 年法第 1 条第（1）款建立的苏格兰

---

* 马谊，译；田贺龙，校。

国家图书馆建设成满足读者参考、学习、研究以及作为国家书目需求的国家文献资源，特别是与苏格兰相关的文献资源。

（2）NLS 的具体职责包括——

（a）保存、保护并不断丰富馆藏文献，

（b）为公众以及学习、研究型读者提供馆藏文献，

（c）展示和阐释馆藏文献，并且

（d）增强与其他图书馆及信息服务提供者之间的经验交流与合作，并将好的经验应用到自身的实际工作中。

（3）NLS 履行职责的宗旨是——

（a）推动教育、研究活动，

（b）提高公众对于馆藏文献的了解和使用，

（c）促进不同读者群体对于馆藏文献的利用，并且

（d）提高公众对于苏格兰民族文化的了解。

（4）NLS——

（a）在苏格兰大臣明确要求的情况下，应当；以及

（b）在其他情况下，可以

为苏格兰大臣提供与 NLS 职责相关的建议、信息和协助。

（5）凡本条第（4）款第（a）项涉及的咨询、信息及协助服务，应当以苏格兰大臣确定的方式提供。

藏品的获取、保存、处分和出借

3 藏品的获取、保存和处分

（1）NLS 可以：

（a）取得（通过购买、交换或者赠与的方式），

（b）接受缴存，

符合馆藏文献入藏标准的藏品。

（2）本条第（1）款规定的权力，已经存在有关取得和接受缴存的类似规定。

（3）符合下列情况的，NLS 可以处分其馆藏文献范围内的任何藏品：

（a）在馆藏文献中有复本的或者有类似藏品的藏品，

（b）NLS 认为不再符合馆藏文献入藏标准的藏品，

（c）由于损坏、腐蚀损毁或虫害原因已无继续使用价值的藏品，

（d）藏品具有危险性，

（e）苏格兰大臣认为的其他可以进行处分的情况。

（4）根据本条第（3）款规定的处分藏品的方式，包括出卖、交换、赠与、返还或者销毁。

（5）本条第（3）款规定的权力，已经存在有关处分藏品的类似规定，尤其与通过下列法律确认的该项权力最为相似：

（a）《博物馆和美术馆法（1992 年）》第 6 条，以及

（b）《大屠杀（文物归还）法（2009 年）》第 2 条。

（6）本条第（3）款规定的处分权利不适用于属于 2003 年法第 7 条规定的相关文献范畴的藏品。

（7）对于禁止处分或者限制处分的藏品，只有符合以下情况时，NLS 可以排除禁止处分或者限制处分规定的适用，根据本条第（3）款的规定进行处分：

（a）经过有权要求禁止处分或限制处分的权利人同意，或者

（b）具有本条第（3）款第（c）项或第（d）项规定的情况。

4 藏品的借用与外借

（1）NLS 可以基于展览、学习或者研究的目的借用其他机构藏品或者同意其他机构提出的借用请求。

（2）NLS 可以出借其馆藏文献范围内的任何藏品。

（3）NLS 在决定是否出借藏品（以及出借期限、出借条件）时应考虑以下因素——

（a）面向群体的兴趣，

（b）藏品借用方是否适格，

（c）出借藏品的目的，

（d）藏品的保存状况以及珍贵程度，

（e）出借藏品可能面临的任何以及减轻该风险或者完全避免的可能性。

（4）本条第（1）款和第（2）款规定的权力，已经存在有关有关藏品借用和出借的类似规定。

（5）本条第（2）款规定的权力不适用于属于 2003 年法第 7 条规定的相关文献范畴的藏品。

（6）对于不得出借或者限制出借的藏品，只有符合以下情况时，NLS 可以排除禁止处分或者限制处分规定的适用，根据本条第（2）款的规定进行处分——

（a）经过有权要求禁止处分或限制处分的权利人同意，或者

（b）通过所有合理的方式，NLS 都无法确定拥有处分权利的权利人的姓名以及联系方式。

法律出版物

5 法律出版物

（1）根据 2003 年法第 1 条的规定送交 NLS 的法律出版物复制本——

（a）由 NLS 交付给协会，用于建设其法律图书馆，并且

（b）自交付之时起，成为协会的财产。

（2）NLS 应将协会需要的法律出版物，列入依据 2003 年法第 5 条的规定提出的送交要求中。

（3）本条第（1）款不适用于法律在线电子出版物。

（4）对于法律在线电子出版物，由 NLS 提供给协会使用。

凡在适用下列条款时，涉及有关法律出版物的定义问题——

（a）本条以及本法第 6 条，或者

（b）1925 年法第 5 条［该条在本法第 10 条第（5）款以及附录 3 生效前继续有效］，

由 NLS 与协会达成相关协议，若无法达成协议，则通过仲裁方式解决。

NLS 与协会之间的协议等

6 NLS 与协会之间的协议事项

（1）NLS 与协会双方必须就以下事项达成协议：

（a）NLS 与协会就以下事项进行的合作——

（i）NLS 馆藏文献，

（ii）协会馆藏法律文献，

（b）由协会成员针对 NLS 藏品提出的相关咨询，

（c）由 NLS 服务的读者针对协会馆藏法律文献提出的相关咨询，

（d）法律文献的保护与保存，

（e）由 NLS 要求送交的法律在线电子出版物，以及

（f）NLS 向协会提供法律在线电子出版物的方式。

（2）根据本条第（1）款达成的协议应包括有关费用的规定。

（3）1925 年法第 3 条第（1）款的规定根据本法第 10 条第（5）款和附

录 3 的规定废除。但是其中关于法学书籍、法律手稿、论文、图片以及属于协会所有的家具等有关财产界定的任何问题仍由协会图书馆馆长最终确定。

政府拨款及贷款

7　政府拨款及贷款

（1）苏格兰大臣可以为 NLS 拨款。

（2）除了根据本条第（1）款的规定，苏格兰大臣可以基于特定目的为 NLS 拨款。

（3）取得上述拨款的条件和具体规定（包括还款规定）由苏格兰大臣制定。

（4）NLS 可以为符合下列条件的人员提供拨款和贷款——

（a）能够切实履行 NLS 各项职责或从事其他相关工作；

（b）被认为能够推动 NLS 各项职责的履行。

（5）取得上述拨款和贷款的条件和具体规定（包括还款情况）由 NLS 制定。

政府指导和指引

8　政府指导和指引

（1）苏格兰大臣可就 NLS 履行其各项职责作出一般指导或者具体指导。

（2）但是，针对与下列内容有关的事项，苏格兰大臣不得进行指导——

（a）本法第 2 条第（2）款第（a）项至第（c）项或者第（3）款第（a）项、第（b）项或者第（d）项或者本法第 3 条至第 7 条中规定的 NLS 的职责，

（b）在 2003 年法中明确规定的以及相关的各项职责。

（3）NLS 应当——

（a）凡苏格兰大臣根据本条规定作出的指导，均应予遵守；

（b）凡苏格兰大臣就 NLS 履行职责颁布的指引文件，均应予注意。

（4）根据本条规定作出的指导应当以书面形式提供。

（5）凡根据本条规定作出的指导，苏格兰大臣均可进行修订或予以废除。

一般规定

9　释　义

本法中：

“1925 年法”是指《苏格兰国家图书馆法（1925 年）》；

“2003 年法”是指《法定缴存图书馆法（2003 年）》；

“协会”是指苏格兰出庭律师协会；

“NLS”具有本法第 1 条第（1）款给予的含义；

“藏品”的范围包括电子形式藏品；

“在线电子出版物”与 2003 年法第 14 条中该词的含义相同。

10 相关法律的修改和废除

（1）附录 2 中涉及的相关法律文件的修改生效。

（2）苏格兰大臣可以通过命令的形式，针对本法的任何条款，制定内容相关的、或者能够实现条文规定目的的或者宣布条文生效的附带性或者继起性的法律规定。

（3）根据本条第（2）款颁布的命令可对任何法律（包括本法）中的相关规定进行修改。

（4）根据本条第（2）款颁布的命令，只要涉及针对具体法律文本内容的增加、变更或者废除，则需要通过赞成程序。

（5）附录 3 表格第 1 列内容为根据本法规定废除的法律文件，具体情况见第 2 列。

11 附属立法

根据本法颁布的命令［除了根据本法第 10 条第（4）款以及第 12 条第（3）款颁布的命令］要通过否认程序。

12 生 效

（1）第 11 条、第 13 条和本条自皇室御准之日起生效。

（2）附录 2 第 1 段［以及涉及该段规定的第 10 条第（1）款］自皇室御准之日起算的 2 个月后生效。

（3）本法其他条款自苏格兰大臣指定的日期起生效，指定应以命令形式作出。

（4）依据第（3）款作出的命令可以包括过渡条款、临时条款或保留条款。

13 简 称

本法简称为《苏格兰国家图书馆法（2012 年）》。

附录 1 NLS ［正文第 1 条第（2）款引入］

法律地位

1（1）NLS 具有法人资格：

（2）NLS——

（a）不是皇室的受雇人或代理人；并且

（b）不具有皇室的身份，不享受皇室豁免权。

（3）NLS 的财产不是皇室的财产，也不是代表皇室管理的财产。

（4）NLS 组成人员和雇员不是公务员。

组成人员

2（1）NLS 由下列成员组成：

（a）由苏格兰大臣任命的 NLS 主席，以及

（b）由苏格兰大臣任命的其他组成人员，人数不得少于 8 人，且不得多于 13 人。

（2）组成人员之一应在协会会长提名范围内（可以包括会长本人）产生。

（3）苏格兰大臣可以通过命令的形式对本条第 1 款第（b）项涉及的组成人员人数的上下限进行修改。

（4）本款生效前，苏格兰国家图书馆理事会的组成人员，自本款生效之日起不再担任组成人员。

（5）成员任职和离职的条件和具体规定由苏格兰大臣制定。

（6）组成人员可以提出辞职，并通过书面方式告知苏格兰大臣情况。

（7）曾任 NLS 组成人员的人可以由苏格兰大臣再次进行任命。

不得作为 NLS 组成人员的情况

3 已经担任或者即将担任下列职务的人员不得任命为 NLS 的组成人员，已经任命的，应予辞退——

（a）下议院议员；

（b）苏格兰议会议员；

（c）欧洲议会的议员。

组成人员的免职

4（1）具有下列情况时，苏格兰大臣可以撤销组成人员的任命，并通过书面形式进行告知——

（a）组成人员破产；

（b）组成人员连续 3 次未经许可缺席会议；

（c）组成人员具有其他不适合担任组成人员的情况或由于任何原因无法继续履行组成人员职责。

（2）具有下列情况，构成本条第 1 款第（a）项规定的组成人员破产——

（a）组成人员的资产被没收；

（b）组成人员向债权人提交信托契约，或者与债权人就债务和解事项签订合同；

（c）双方就组成人员提出的自愿和解协议达成一致；

（d）法院判决组成人员破产。

组成人员的薪酬、津贴和相关费用

5 NLS 应按照苏格兰大臣的决定，为每一位 NLS 组成人员支付以下费用——

（a）工资；以及

（b）津贴和相关报销费用。

首席执行官及其他职员

6（1）NLS 应当聘任首席执行官。

（2）NLS 的组成人员不得担任首席执行官。

（3）在本条规定生效前产生的第一任首席执行官应当由根据 1925 年法第 2 条第（1）款第（f）项任命的苏格兰国家图书馆馆长担任。

（4）第一任首席执行官的任职资格与此人被任命为图书馆馆长时的任职资格一致。

（5）此后每任首席执行官应根据 NLS 制定的并经苏格兰大臣同意的任职资格和具体规定，由苏格兰大臣批准任命。

（6）NLS 可以根据需要聘任其他职员以履行其职责。

（7）上述职员的任职资格和具体规定由 NLS 制定，并经苏格兰大臣同意。

（8）NLS 应按照苏格兰大臣确定的应向现任职员或者曾任职员支付的或者与其有关的养老金、津贴、退休金，为上述人员——

（a）支付费用（或者就支付达成协议）；

（b）依照上述条款的具体规定，进行支付或者按规定缴纳比例支付雇主应当缴纳的费用；

（c）设立并维护上述费用的支付模式（包括雇主需要缴纳费用以及不需要缴纳费用两种模式）。

（9）本条第（8）款中规定的养老金、津贴、退休金等包括以失业补偿金形式支付的上述费用。

委员会

7（1）为履行职责，NLS 可以设立委员会。

（2）由 NLS 确定委员会的组成方式。

（3）NLS 可以任命 NLS 组成人员以外的人担任委员会组成人员，但是，上述被任命人员在委员会会议上无投票权。

（4）凡 NLS 作出的指导，委员会均应遵守。

议事程序和会议制度

8（1）NLS 可以确定理事会以及委员会的议事程序，包括出席会议的法定人数。

（2）下列人员可以出席并参与 NLS（以及任何一个委员会）的会议——

（a）苏格兰政府组成人员；

（b）由苏格兰大臣授权参与上述会议的人员；

（c）协会会长或者由协会会长进行授权的人员。

（3）本条第（2）款中涉及的人员在上述的会议中没有投票权。

授　权

9（1）NLS 可以授权下列人员——

（a）首席执行官；

（b）其他所有雇员；

（c）所有委员会，

根据 NLS 授权的目的和范围履行职责。

（2）下列职责不得授权——

（a）批准年度报告、财务报表；

（b）批准所有预算及其他财务计划；

（3）本条第（1）款的规定不影响 NLS 履行职责。

会议程序和行为的有效性

10 NLS 的会议程序和行为的有效性（包括其各委员会的诉讼主体资格）不受下列因素影响——

（a）NLS 组成人员或者各委员会的组成人员存在空缺，

（b）NLS 组成人员或者各委员会的组成人员的任命存在瑕疵，或者

（c）进行任命之后，人员丧失任命资格。

职　权

11（1）NLS 可以全面开展以下工作——

（a）对于 NLS 切实履行职责必要的或者适当的以及与履行职责相关的，

（b）有助于 NLS 履行其职责的。

（2）根据具体情况，NLS 可以——

（a）签订合同；

（b）经苏格兰大臣同意，取得和处分土地的权利；

（c）向苏格兰大臣借款，或者经苏格兰大臣同意，向其他人员借款；

（d）参与商业经营活动；

（e）通过单独或者与他人合作的方式建立，创立或者取得公司（公司是指《苏格兰公司法（2006年）》中对于公司的定义）；

（f）与他人合作建立合资企业；

（g）参与或者履行慈善信托组织的工作；

（h）可将无需立刻用于履行职责的款项用于投资；

（i）接受赠与的钱款或者其他财产；

（j）采纳和接受由NLS认为具有相应资格的人员给出的建议及帮助；

（k）从事或者委托其他机构从事研究活动；

（l）发行出版物；

（m）针对文献提供服务收取费用；

（n）针对其他与履行职责相关的事项收取费用（包括就提供产品与服务收费）。

（3）本条第（2）款第（g）项中规定的慈善信托组织的设立目的必须符合《苏格兰慈善与信托人投资法（2005年）》第7条第（2）款的规定。

财 务

12（1）NLS应当——

（a）正确制作账目以及会计记录；

（b）在每个财政年度内制作财务报表；并

（c）向苏格兰大臣递送财务报表。

（2）凡苏格兰大臣根据本条第（1）款的规定作出的指导，NLS均应遵守。

（3）NLS应当向苏格兰审计总署递送财务报表接受审核。

报 告

13（1）每个财政年度结束后，NLS应根据具体情况及时制作年度报告，报告包括以下内容——

（a）该财政年度内NLS履行职责的具体情况；并

（b）提供经过苏格兰审计总署审核的财务报告的副本。

（2）NLS应当——

（a）向苏格兰大臣递送运营报告的副本；并

（b）公开出版该报告。

（3）苏格兰大臣应当将运营报告的副本提交苏格兰议会。

（4）NLS 还可以在认为适当的情况下，公开与其职责相关的其他报告和信息。

附录 2　相关法律的修改 [正文第 10 条第（1）款引入]

第一部分　对相关法律作出的临时修改

1 在本法第 10 条第（5）款以及附录 3 内容生效前，1925 年法附录第二段的规定有效，其中自“意愿”开始到“理事会”结束的部分，修改为“意愿，理事会主席由苏格兰大臣任命”。

第二部分　对相关法律作出的相应修改

《苏格兰文物遗产保护法（1985 年）》

2《苏格兰文物遗产保护法（1985 年）》第 22 条第（2）款应作以下修改——

（a）“爱丁堡,”修改为“ 爱丁堡以及 ”；以及

（b）从“，以及”开始至该款结束的规定废止。

《博物馆和美术馆法（1992 年）》

3《博物馆和美术馆法（1992 年）》应作以下修改——

（a）附录 5 第 1 部分（特定文献的转移和取得）中，“苏格兰国家图书馆理事会”修改为“ 苏格兰国家图书馆 ”；以及

（b）附录 6（能够转让土地的机构）作以下修改——

（i）在“苏格兰国家图书馆”后加入“，根据《苏格兰国家图书馆法（1925 年）》第 1 条第（1）款的规定建立”；以及

（ii）“苏格兰国家图书馆理事会”修改为“ 苏格兰国家图书馆 ”。

《苏格兰议员及公务人员行为规范（2000 年）》

4《苏格兰议员及公务人员行为规范（2000 年）》附录 3（公共服务机构）中，“苏格兰国家图书馆理事会”修改为“ 苏格兰国家图书馆 ”。

《苏格兰公共服务巡视专员法（2002 年）》

5《苏格兰公共服务巡视专员法（2002 年）》附录 2 第 2 部分的第 30 段（机构列表）中，“苏格兰国家图书馆理事会”修改为“苏格兰国家图书馆”。

《苏格兰信息自由法（2002 年）》

6 《苏格兰信息自由法（2002 年）》附件 1 第 7 部分第 105 段（苏格兰政府）中，“苏格兰国家图书馆理事会”修改为“ 苏格兰国家图书馆 ”。

《法定缴存图书馆法（2003 年）》

7 《法定缴存图书馆法（2003 年）》作以下修改——

（a）第 12 条（在苏格兰与威尔士地区适用的条例）作以下修改——

（i）第（1）款第（a）项中，废除“主管机构”；

（ii）第（1）款第（b）项中，“上述主管机构”修改为“苏格兰国家图书馆”；

（iii）第（2）款第（b）项中，废除“主管机构”；以及

（iv）第（3）款中废除“主管机构”，以及

（b）第 14 条（释义），“缴存图书馆”的定义作如下修改——

（i）在“理事会”后加入“，苏格兰国家图书馆”；以及

（ii）废除第（a）项内容。

《大屠杀（文物归还）法（2009 年）》

8 《大屠杀（文物归还）法（2009 年）》作如下修改——

（a）第 1 条（本法适用机构）中，“苏格兰国家图书馆理事会”修改为“苏格兰国家图书馆 ”；以及

（b）第 2 条第（5）款（决定归还战争受害者物品的权力）中，“苏格兰国家图书馆理事会”修改为“苏格兰国家图书馆”。

《苏格兰公共服务改革法（2010 年）》

9 《苏格兰公共服务改革法（2010 年）》作如下修改——

（a）附录 5（完善公共服务职责：机构列表）中，“苏格兰国家图书馆理事会”修改为“ 苏格兰国家图书馆 ”，以及

（b）附录 8（公共服务信息公开：机构列表）中，“苏格兰国家图书馆理事会”修改为“苏格兰国家图书馆”。

《苏格兰国家档案法（2011 年）》

10 《苏格兰国家档案法（2011 年）》附录中，“苏格兰国家图书馆理事会”修改为“苏格兰国家图书馆”。

附录3　废　除 ［见正文第10条第（5）款］

法　律	废除的范围
《苏格兰国家图书馆法（1925年）》	全部废除
《苏格兰文物遗产保护法（1985年）》	第18条
《公共财政及分配责任法（2000年）》	附件4第2条
《法定缴存图书馆法（2003年）》	第15条第（2）至第（5）款

公共图书馆与博物馆法*

（1964年7月31日）

本法旨在建立在国务大臣监督下由英格兰和威尔士地方政府提供的公共图书馆服务，对管理和改进该项服务、英格兰和威尔士地方政府提供和维持的博物馆和美术馆服务及上述相关事宜作出新的规定。

公共图书馆服务

1　国务大臣对图书馆服务的监督

（1）自本法生效时起，国务大臣负责监督英格兰和威尔士地方政府提供的公共图书馆服务，促进该项服务的发展，确保英格兰和威尔士地方政府适当履行本法授予的图书馆主管机构职能。

（2）国务大臣根据本条的规定履行职责时，图书馆主管机构应按照其提出的要求，提供检查图书馆馆舍、库存和记录所需的信息和设施。

2　国家顾问委员会

（1）应设立两个图书馆顾问委员会，一个为英格兰（蒙茅斯郡除外）服

---

* 刘英赫，牛淑娟，译；田贺龙，校。

务，另一个为威尔士和蒙茅斯郡服务，两个委员会负责向国务大臣提出有关图书馆设施的提供或使用的建议，无论依据本法或者委员会认为适宜的其他规定，还是有关国务大臣提出的其他问题。

（2）每个委员会的成员应由国务大臣任命，国务大臣还应任命其中一名成员担任委员会的主席，任命一名国务大臣所在部门的管理人员担任委员会秘书。

（3）每个委员会应包括对地方政府提供的图书馆服务具有管理经验的人员，还应包括对其他机构管理的图书馆具有管理经验的人员。

（4）每个委员会中被任命的成员，应按照各自任命的期限就任和离任，停任后可以被再次任命。

但委员会的成员可随时以书面通知的方式向国务大臣辞去职务。

（5）每个委员会应自行确定其会议程序，但委员会会议的法定人数应由国务大臣确定。

3 图书馆馆际合作的地区委员会

（1）本法一经生效，国务大臣应通过命令指明图书馆分区的范围，全部图书馆分区应覆盖整个英格兰和威尔士。

（2）在征询分区内图书馆主管机构的意见后，国务大臣应为每个图书馆分区制定方案——

（a）规定分区图书馆委员会的成立、合并及其职能，分区图书馆委员会由代表每个图书馆主管机构的人员和方案中规定的其他人员组成，其职能为促进图书馆主管机构之间的合作以及图书馆主管机构与分区内外的具有图书馆相关职能的其他机构的合作，作出工作安排并予以监督；并且

（b）规定每个图书馆主管机构遵守图书馆委员会制定的要求，包括要求图书馆主管机构支付委员会开支，

以及国务大臣认为适宜的促进分区内外图书馆合作的其他规定。

（3）分区图书馆委员会的多数委员应由分区内图书馆主管机构的成员组成，在图书馆委员会内没有其成员的图书馆主管机构，应以分区图书馆委员会中其他图书馆主管机构的成员作为其代表，此类代表可以依据成立委员会的方案予以确定。

（4）本条所授予的制定命令或方案的权力应以议会通过行政立法性文件的方式行使，并依照议会两院中任一院的决议予以废除；并且依据本条制定的命令或方案可因进一步的命令或方案而更改或撤销：

在更改或撤销一个方案前，国务大臣应该征询相关分区图书馆委员会以及

相关图书馆主管机构的意见。

（5）为提高公共图书馆服务的效率或促进其发展，国务大臣可以要求根据本条成立的图书馆委员会与其他这类委员会或者其他具有图书馆相关职能的机构订立和实施相关协议。

4 图书馆主管机构和服务区

（1）（已废止）

（2）图书馆主管机构的相关职能在与其行政区域一致的范围内（本法中指“图书馆服务区”）行使，或者

在根据下述第5条成立联合委员会的情况下，组成委员会的主管机构的服务区将形成联合委员会的服务区；

并且，如果主管机构认为适宜，也可以在图书馆服务区外的其他区域行使。

（3）除下述第5条规定外，在威尔士，郡议会和自治郡议会应为本法中所称的图书馆主管机构。

5 联合委员会

（1）国务大臣经与两个或两个以上的图书馆主管机构协商一致，可以通过命令规定成立由上述图书馆主管机构组成的联合委员会，自开始履行职能之日起，联合委员会代替上述图书馆主管机构成为图书馆主管机构；并且在不损害《地方政府法（1972年）》（该法授权对联合委员会适用“1972年法”）第241条的情况下，命令可以规定联合委员会的组成，其会议的程序（包括法定人数），及费用支出的方式。

上述第241条应适用于根据本条由伦敦城议会组成联合委员会，如同伦敦城议会在“1972年法”的规定里即作为一个地方政府。

（2）自根据本条成立的联合委员会开始履行职能之日起——

（a）组成联合委员会的图书馆主管机构的职员应因本条规定的实施被调往联合委员会成为该委员会的职员；并且

（b）除成立联合委员会的命令另有规定外，组成联合委员会的图书馆主管机构的资产和负债应因本条规定转移至联合委员会。

（3）经组成联合委员会（根据本条成立的）的主管机构的申请，国务大臣可以通过命令规定委员会的解散，在委员会解散时，组成委员会的主管机构应该重新成为图书馆主管机构。

（4）根据本条成立的联合委员会解散时——

（a）联合委员会的每个图书馆职员应因本条规定的实施——

（i）在委员会成立时他是委员会中某个图书馆主管机构的职员，在委员会解散时，其所在的主管机构又再次成为图书馆主管机构的，则其应调回该图书馆主管机构担任职员；

（ii）在其他情况下，如果委员会解散时，图书馆主管机构（该主管机构在委员会解散时再次成为图书馆主管机构）间能够达成协议则其可以被调往图书馆主管机构中作为职员；如果不能达成协议，则由国务大臣来决定。

（b）根据解散委员会命令的规定，联合委员会的图书馆资产和负债应在上述图书馆主管机构之间进行划分。

6 （已废止）

7 图书馆主管机构的一般职能

（1）每个图书馆主管机构的职能是向所有希望利用图书馆的人提供综合的、有效的图书馆服务，

尽管图书馆主管机构有权为任何人出借图书和其他资料提供设施，但其职能不包括根据本款为不在主管机构的图书馆服务区内居住、工作的人或者不在该服务区内接受全日制教育的人提供类似设施。

（2）在履行前款所规定的职能时，图书馆主管机构应特别注意——

（a）通过保持充分的馆藏、与其他图书馆主管机构协商以及任何其他的适宜方式，确保向读者提供设施进行图书、其他印刷型资料、图片、唱片、胶片等资料的出借等相关服务，确保上述资料在数量、范围和质量上符合成年人和儿童的一般需求及任何特殊需求；并且

（b）鼓励成年人和儿童充分利用图书馆的服务，为其使用提供建议并提供使用者可能需要的图书目录和其他信息；并且

（c）涉及图书馆主管机构和图书馆服务区内其他机构之间的职能问题时，确保参与履行职能的人员之间得以充分的合作。

8 图书馆设施收费的限制

（1）除非本条规定，图书馆主管机构（向其他图书馆主管机构的除外）不得因其提供图书馆设施而收取费用。

（2）除下述第（3）款和第（4）款规定外，国务大臣可以通过条例——

（a）授权图书馆主管机构对条例中指定的其提供的图书馆设施进行收费；并且

（b）就图书馆主管机构提供图书馆设施进行收费作出规定，但不得制定条款要求进行其认为适宜的收费。

（3）在下述情况下，根据本条制定的条例不得授权图书馆主管机构对向

任何人出借书面资料收取费用——

（a）提供设施进行出借服务是上述第7条第（1）款所述的图书馆主管机构的职能；

（b）资料是在图书馆馆舍内提供该等设施的过程中进行出借的；

（c）资料是以不使用电子或其他仪器的情况下就可读的形式出借的；并且

（d）该人并未要求提供或使用上述设备，以使该资料成为可出借的形式，但是本款不应阻止根据本条制定的条例授权因保存书面资料所用设备而收取费用，或者因迟于归还或损坏出借资料而收取费用。

（4）在下述情况下，根据本条制定的条例不得授权图书馆主管机构因在图书馆馆舍内提供服务设施而收取费用——

（a）读者在图书馆主管机构藏有书面资料的时间内，阅读该资料的全部或部分，该资料不需使用任何电子或其他仪器或以缩微形式即可阅读；

（b）仅仅是出于公共图书馆服务的目的，不论以何种形式查阅（无论是否取得任何仪器或者任何人的帮助）目录、索引或者类似资料。

（5）在不损害上述第（2）款通用性的情况下，根据本条制定的条例——

（a）有权授予根据条例收取费用数额的裁量权；

（b）有权规定根据条例所指定或者决定的最高金额或者最高金额范围的可行裁量权；

（c）有权要求图书馆主管机构采取条例中指定或者决定的措施，使公众知悉图书馆设施收费的金额；

（d）有权制定国务大臣认为必要或者适宜的其他附带条款、补充条款、继起性条款和过渡条款；并且

（e）有权根据不同的情况制定不同的规定，包括关于不同人员、情况或者地区制定不同的规定。

（5A）根据本条制定条例的权力，以议会通过行政立法性文件的方式行使；除非条例草案提交议会两院并经议会两院的批准，不得根据本条制定条例。

（6）（已废止）

（7）本条中——

“图书馆馆舍”是指——

（a）图书馆主管机构所占用的处所，以及图书馆主管机构在提供公共图书馆服务的过程中向公众人员提供的图书馆设施之地；

（b）图书馆主管机构为提供服务所使用的交通工具或者在其内具有服务

设施的交通工具；

并且

“书面资料”是指——

（a）任何图书、期刊、小册子或者其他类似物品；或者

（b）任何复印的复制本（该复制本的含义依《版权、外观设计和专利法（1988年）》之规定）或者任何上述第（a）项所包含的物品，或者以任何方式对该物品进行复制的复制品。

9 资助和拨款

（1）图书馆主管机构可以向其他为公众提供图书馆服务设施的机构或个人提供资助。

（2）国务大臣可以向维护图书目录或索引并允许所有图书馆主管机构使用的机构拨款，也可以向提供类似便利以协助所有图书馆主管机构履行第7条第（1）款规定职责的机构拨款。

10 国务大臣对不作为的处罚权

（1）如果——

（a）有人向国务大臣投诉图书馆主管机构未能履行本法赋予的公共图书馆服务相关的职能；或者

（b）国务大臣认为应对图书馆主管机构是否失职进行调查，

并且，在对此事件进行地方性调查后，国务大臣确信图书馆主管机构未履行其职责，其可以制定命令确认不履行职责并且进行引导以消除不履行职责行为的发生，为确保图书馆主管机构履行其职责，国务大臣在命令中可以明确在一段时间以一定的方式指导图书馆主管机构履行其职责。

（2）如果图书馆主管机构未能履行按照前款规定作出的命令的要求，国务大臣不以训令或其他形式要求履行命令——

（a）（已废止）

（b）如果主管机构是联合委员会，国务大臣可制定命令规定该委员会在某指定日期予以解散，并且——

（i）解散后，组成委员会的主管机构，其应重新成为图书馆主管机构；

（ii）（已废止）

（iii）命令为此指定的图书馆主管机构的公共图书馆服务职能应移交给国务大臣；或者

（c）在任何其他情况下，国务大臣可制定命令规定图书馆主管机构的与公共图书馆服务相关的职能应移交给国务大臣。

（3）上述第（2）款所赋予的制定命令的权力，以议会通过行政立法性文件的方式行使，根据议会两院任何一方的决议，予以废除。

（4）在根据上述第（2）款图书馆主管机构的职能已经转给国务大臣的情况下，国务大臣可以随时通过命令将该职能交还给图书馆主管机构，并且国务大臣认为适宜，该命令可以包括为实现此目的的补充规定。

（5）《公共卫生法（1936 年）》第 324 条（该条涉及机构不履行职能而产生的相关费用）应适用于国务大臣行使图书馆主管机构的职能发生费用的情况，如同该条中提及的大臣视为本法中的国务大臣，该条中提及地方政府时包括本法中的图书馆主管机构。

11　职员、资产和负债转移的补充规定

（1）根据本法规定将某个职员调入图书馆主管机构，则该图书馆主管机构负责确保——

（a）只要该职员通过调动继续受雇于图书馆主管机构，在其收到新的雇用条款和条件的书面声明前，其享受的雇用条款和条件不应低于其调动前的相关待遇；并且

（b）上述新的条款和条件是指——

（i）与调动前其从事的工作比较，在其合理履行职责情况下其工资或报酬的额度，并且

（ii）其被雇用的其他条款及条件，

不能低于其调动前享受的相关待遇。

（2）《地方政府法（1972 年）》第 255 条应适用于以下人员——

（a）因本法的实施被调动工作后失业、薪金损失或缩减的人；

（b）（已废止）

如同其适用于规定的其他情形。

（3）在图书馆的职员或者图书馆的资产、负债因本法的实施从一个地方政府转移至另一个地方政府的情况下，上述地方政府可以通过协议对各自相关的财产、权利和义务进行调整，尤其是有关双方应支出的费用。

（4）当国务大臣认为有必要就任何转移作出第（3）款提及的调整（包括由相关地方政府作出的支付），根据上款进行的协商以及在与相关机构商谈后，国务大臣可以发出指令对上述调整作出规定。

（5）关于图书馆职员、图书馆资产或者负债是否已因本法的实施，从一个地方政府转移到另一个地方政府所引起的任何问题，由国务大臣决定。

（6）本法附录 1 的规定对退休金以及在相关情况下提供的其他津贴有效。

博物馆和美术馆

12 博物馆服务和美术馆服务的提供和维持

（1）地方政府在其行政区域内或者在英格兰和威尔士的其他地方，可以提供博物馆和美术馆服务并予以维持，并且可以进行与博物馆、美术馆服务的提供或者维持相关的必要或适宜的工作。

（2）根据本条维持博物馆或美术馆的地方政府，可与其他的被授权维持博物馆或美术馆的地方政府就博物馆或美术馆及其藏品的转让达成协议。

13 博物馆、美术馆门票

（1）地方政府可根据本法第 12 条，对其维持的博物馆或美术馆收取门票。

（2）在决定是否执行或者以何种方式执行本条中与博物馆或美术馆相关的权力时，地方政府应该考虑到，须保障博物馆或美术馆在提高教育方面发挥充分的作用，并且尤其要注意儿童和学生的兴趣爱好。

14 博物馆、美术馆费用的资助

地方政府可以对下述情况引起的费用进行资助——

（a）在英格兰或者威尔士境内的任何地方提供或维持博物馆、美术馆；或者

（b）在上述地方为了博物馆、美术馆的利益提供建议、其他服务或者财政支持。

15 建立“展品购买基金”的权力

（1）根据本法第 12 条维持或者计划提供博物馆、美术馆的地方政府，可以设立基金，用于购买根据该条地方政府所维持或者计划提供的博物馆、美术馆的展览物品。

（2）地方政府根据本条设立基金，其根据《地方政府法（1972 年）》维护该基金，该基金被准许用于购买前述物品，地方政府可对该基金进行合并，但是不得对地方政府接受特定赠与相关条件的效力造成损害。

（3）本法附录 2 的规定适用于地方政府根据本条设立的基金的管理。

（4）（已废止）

通　则

16 调　查

国务大臣可以根据本法对与图书馆主管机构的职能相关的任何问题进行调查。

17　年度报告

国务大臣应每年向议会两院递交其根据本法履行职能的报告。

18　（已废止）

19　附　则

（1）地方政府可以根据本法制定附则来规制其提供的设施的使用以及拥有各种设施的馆舍内相关人员的行为，并且国务大臣负责对附则进行确认。

（2）在不损害《地方政府法（1972 年）》第 237 条的情况下（该法的附则包括处以罚金的规定），根据本条制定的附则可以规定，地方政府的职员有权在地方政府根据本法所维持的馆舍禁止违反附则的人员入内或者对其驱逐。

（3）根据上述《地方政府法（1972 年）》第 236 条第（8）款（其要求附则一经认可就须让公众获得），地方政府应制作其所制定的并具效力的附则的复制品，在地方政府依据本法予以维持之馆舍进行展示，以使公众获得。

20　教育或文化活动对馆舍的使用

根据本法维持馆舍的地方政府，可以为以下事项使用馆舍或者允许使用该馆舍（无论是否获取报酬）：召开会议、进行展览、放映影片和幻灯片、举行音乐表演以及其他教育或者文化活动。即使第 8 条有相关的规定，地方政府仍可以收取或者授权收取入场费。

21　（已废止）

22　（已废止）

23　地方法

即使地方法中有不一致的规定，本法各项规定依旧有效，并且本法生效时根据地方法授权的由图书馆主管机构维持的公共图书馆应被视为根据本法予以维持而不是根据地方法的授权予以维持；但是，除本法上述内容另有规定外，不得偏离地方法的规定。

24　锡利群岛

（1）在征询锡利群岛议会的意见后，国务大臣可通过行政立法性文件制定命令，规定本法中与图书馆相关的条款适用于群岛，但受命令中指明的更改的制约，如同群岛是非都市郡则为郡议会。

（2）根据本条制定的命令包括过渡性规定，这些规定在经过前述意见征询后，国务大臣认为是适宜的；并且该命令可被后续的命令更改或撤销。

25　释　义

本法中——

“图书馆服务区”的含义由本法第 4 条第（2）款规定；

“图书馆资产和负债”是指完全或主要为履行公共图书馆服务相关职能，由地方政府占有的财产、被授予的权利或承担的债务。

“图书馆主管机构”是指本法规定的，或者本法生效前“1892～1919 年公共图书馆法”规定的图书馆主管机构；

“图书馆职员”是指完全或主要为履行公共图书馆服务相关职能，由图书馆主管机构雇用的地方政府人员；

“地方政府”在威尔士是指郡议会或者自治郡议会；

“职员”包括雇员。

26 简称、废止、生效及适用范围

(1) 本法可引称为《公共图书馆与博物馆法（1964 年）》。

(2)（已废止）

(3) ～ (4)（已废止）

(5) 本法生效前根据《博物馆和体育馆法（1891 年）》第 7 条或《公共图书馆法（1901 年）》第 3 条制定的生效条例，不因这两部法律的废止而无效，而应被视为已经制定，并根据本法第 19 条的规定经国务大臣的确认而继续有效。

(6)（已废止）

(7) 本法自 1965 年 4 月 1 日起生效。

(8) 本法不适用于苏格兰和北爱尔兰。

附录 1 调职等情况下的退休金和其他津贴

1 (1) ～ (3)（已废止）

(4)（已废止）

2（已废止）

3（已废止）

4 (1) 在根据本法第 5 条成立的联合委员会解散的情况下，在其解散前的任何时间——

(a) 委员会自停止雇用其职员时起向该职员定期支付或以年金的方式支付退休金；或者

(b) 职员在受雇于委员会期间死亡或者在上述第 (a) 项提及的向其支付退休金的过程中死亡的，委员会向该职员的遗孀或者其他任何受该职员赡养的人定期支付或以年金的方式支付退休金；

并且，如果委员会在那时尚未解散，涉及退休金的一个或多个款项，根据补助金的规定会由委员会在上述时间后进行支付（无论委员会是否有义务进行支付），这些款项应由国务大臣指定的机构（该机构在委员会解散时再次成为图书馆主管机构）进行支付。

（2）在不损害上述第（1）款的情况下，关于退休金的规定，如果委员会尚未解散，则委员会在解散日后的任何时间成为以下人员的雇用机构或原雇用机构——

（a）该职员受雇于委员会期间在解散日前死亡，或者被委员会停止雇用；或者

（b）该职员的遗孀或者其他任何受该职员赡养的人，

国务大臣可指定某机构（该机构在委员会解散时再次成为图书馆主管机构），该机构在那段时间被视为上述所称职员或职员的遗孀、其他受赡养人的雇用机构或者原雇用机构，具体视情况而定。

5 本附录中——

“退休金规定”是指普通法或者地方法中所包含的关于退休金的规定，或者根据一般法或地方法制定的关于退休金的规定。

附录 2　购买展品基金的管理

基金款项的获取

1 非经本附录下述规定的授权或要求，该基金（以下称为“艺术基金”）不得获取款项。

2（1）艺术基金可由郡基金、议会基金取得，或者视情况从普通基金取得，或者在城市议会的情况下从地方政府决定的城市基金中的部分款项取得。

（2）～（3）（已废止）

3 根据本法第 12 条由地方政府维持的博物馆或美术馆的展品被地方政府出售，并且出售所得不受任何禁止用于购买其他展品的信托条款的限制（无论是售出展品的博物馆或美术馆，还是其他地方政府维持的博物馆或美术馆），则出售所得或出售所得的一部分都可以缴入艺术基金。

投资权

4 在艺术基金的资金被要求用于符合其目的的用途之前，地方政府可将其

用于投资，如同受托人依据法律的授权进行投资。为此，《受托人投资法(1961年)》第7条（该条规定该法第1~6条适用于有受托人投资权的非受托人）所具效力须犹如本法在该法之前通过。

但地方政府依据本段进行投资的，该法附录1第二部分第9段（该段确定应以授权投资方式发行证券的地方政府）不适用于地方政府或依据本法第5条建立的由地方政府构成的联合委员会。

5 根据上述第4段进行的投资所得收益，应计入郡基金、议会基金或者普通基金，在城市议会的情况下计入城市基金，再从上述基金中抽出相等金额计入艺术基金。

6（已废止）

附录3

（已废止）

苏格兰公共图书馆综合法*

（1887年9月16日）

本法修正、合并相关苏格兰公共图书馆法。

1 简 称

本法可引称为《苏格兰公共图书馆综合法（1887年）》，并只适用于苏格兰。

2 释 义

除文意另有所指外，基于本法的目的，本法中所指的“图书馆主管机构”和“博物馆和美术馆主管机构”是指依据《苏格兰地方政府法（1994年）》第2条建立的区议会；并且，在述及主管机构时，“辖区”也应据该法解释。

3 废 止

本法对其他法律规定的废止不影响依据这些法律（或其中任何一部法律）

---

* 田贺龙，译；卢海燕，校。

已作出行为的效力，并且本法通过前，所有已经批准的这些法律的苏格兰自治市和堂区，应在本法通过后遵循本法的规定。但本法中的任何内容不影响《爱丁堡公共图书馆评估法（1887 年）》的规定。

4~9 （已废止）

10 拨付、购买、租赁土地等

图书馆主管机构、博物馆和美术馆主管机构，可随时根据具体情况，为实施本法而购买、永久租借或租赁任何土地或适宜的建筑；并且，可以为实施本法而改建、扩建、维修、改良适合公共图书馆、公共博物馆和美术馆使用的建筑，还可以为其配备必需的家具、设备和设施。

11~20 （已废止）

21 主管机构的权力

图书馆、博物馆和美术馆主管机构，可根据具体情况，管理、规范、控制所有依据本法建立或适用于本法的图书馆、博物馆和美术馆；并有权从事任何上述管理所必需的任何行为，具体包括：

为建立、发展和利用图书馆、博物馆和美术馆，购买其所必需的物品，包括图书、报纸、评论、杂志和其他期刊、雕塑、绘画、雕版印刷品、地图、美术品、科学标本、唱片、录音带、电影以及其他物品，并对上述物品进行适宜的保存和维修；

随时提供必需的燃料、照明及其他资源；

出售或交换图书、艺术品或其他可以复制的物品，但对出售所得收入和交换所得物品的使用和占有应符合本法的目的；

在图书馆内提供适宜的空间，用于图书、期刊和报纸的阅览；

通过其管理的图书馆，主管机构可以为辖区内的居民或其认为适合的部分居民提供图书外借服务；主管机构可酌情决定将外借图书的权力授予居住于工读学校、教练船[1]、感化院、兵营及其他类似机构的人，上述机构应是位于该辖区内或为该辖区而设立的；也可以授予辖区内从事经营活动或在辖区内工作的人，即使其并不在辖区内居住；

主管机构可以编辑、出版、出售其管理的图书馆、博物馆和美术馆的图书目录或其他藏品的目录和年度报告，对出售所得收入的使用应符合本法的目的。

22 制定规则的权力

为施行本法，图书馆主管机构、博物馆和美术馆主管机构可依法制定规

---

[1] 原文 training ships。——译者注

则，规范图书馆、博物馆和美术馆财产和物品的控制、管理、保护和使用，在其认为适宜时可以对违反规则的行为处以罚金，罚金每次不超过5英镑；主管机构可以在其认为适宜时随时废除、变更或重新制定规则，但不得与苏格兰法律相抵触，并应经行使该辖区司法权的郡长批准和确认；并不得排除图书馆主管机构、博物馆和美术馆主管机构因任何人造成物品损坏（或持续损害）而获得赔偿的权利。

23 （已废止）

24 规则和规则草案的公示

依据本法第22条由图书馆主管机构、博物馆和美术馆主管机构制定的规则和规则草案应放置于其主管的图书馆、博物馆或美术馆（视具体情况而定）的显著位置。

25～27 （已废止）

28 罚金和罚款的追讨权

由本法、已全部或部分并入本法的法律或依据上述法律制定的规则所设定的罚金和罚款，可以图书馆主管机构、博物馆和美术馆主管机构名义向所在辖区行使司法权的郡长或司法官提起普通的小额债务诉讼进行追讨；相关赔偿应向图书馆主管机构、博物馆和美术馆主管机构支付，赔偿所得的使用应符合本法的目的；依据本法提起的诉讼中，图书馆主管机构、博物馆和美术馆主管机构提供的图书节选，经相关官员鉴证后，应被视为与原书效力相同；所有图书馆主管机构、博物馆和美术馆主管机构提供的被告人图书借阅记录应被视为所证明被告人借阅图书相关事实的证据，举证责任由提出主张的当事人承担，如果判决其败诉，提出主张的当事人应承担相关费用。

29～30 （已废止）

31 已建立机构的适用

依据任何当时有效的公共图书馆法或本法建立的公共图书馆、公共博物馆、科学和艺术学校、技术学校、艺术学校、美术馆，无需进一步的程序要求即可适用本法。

32 图书馆等机构的免费服务

依据本法建立或适用于本法的图书馆、博物馆和美术馆，应对公众免费开放，不得对图书和杂志的外借服务收费。

苏格兰公共图书馆法*

（1955 年 5 月 6 日）

本法撤销《苏格兰地方政府法（1947 年）》第 191 条、《苏格兰公共图书馆综合法（1887 年）》第 14 条规定的郡议会、镇议会有关公共图书馆年度开支限制和借款限制，促进法定图书馆主管机构和非法定图书馆主管机构之间的合作，授权撤销批准《苏格兰公共图书馆综合法（1887 年）》的决定，扩大法定图书馆主管机构出借图书馆资料的权力。

1 （已废止）

2 促进法定和非法定的图书馆主管机构之间合作的规定。

（1）法定图书馆主管机构应有权和其他法定图书馆主管机构或者任何非法定图书馆主管机构就改善各自的图书馆服务订立合约。在不损害前述的一般性情况下，合约可以约定一个图书馆向另外一个图书馆出借图书馆资料。

（2）图书馆主管机构经国务大臣的一般或者特别同意，可以为任何非法定图书馆主管机构的开支提供资助。

（3）凡

（a）非法定图书馆主管机构的目的包括向所有苏格兰的法定图书馆主管机构提供图书馆服务，并且

（b）代表相关地方当局的联合会答允在指定年限内由隶属于该联合会的法定图书馆机构每年联合向前述非法定图书馆机构提供专项金额的资助，并且上述金额应由前述当局按一定基准予以支付。

则，在每个前述委员会决议的情况下，隶属于该协会的法定图书馆主管机构应在约定年份内根据该协议提供给相应图书馆资助；在国务大臣批准前述约定的情况下，法定图书馆主管机构应按照上述约定作出相应的贡献。

（4）本条的规定应不受其他规定（包括地方法中的任何规定）的影响而生效。

注释：修正（原文）

本条由《苏格兰地方政府法（1973 年）》（c. 65），Sch. 29 取代。

---

* 苏荣城，译；田贺龙，校。

3 （已废止）

4 公共图书馆出借权力的扩大

《基本法》第21条第7款授予的从图书馆出借图书的权力，应扩大至图书馆管理员认为可以出借的任何图书馆资料。

5 释义、引称和适用范围

（1）本法中，下列词语所指的是：

“图书馆资料”指的是《基本法》第21条第3款授权下购买的任何图书馆资料。

“非法定图书馆主管机构”指的是非行使法定权力而提供图书馆服务的非营利机构。

“基本法”指的是《苏格兰公共图书馆综合法（1887年）》。

1887年至1920年间的苏格兰公共图书馆立法或其他规定（包括地方法中的任何规定）授权提供图书馆服务的郡议会、镇议会或议会委员会，或者《苏格兰教育法（1946年）》中规定的郡教育主管机构。

（2）本法可引称为《苏格兰公共图书馆法（1955年）》，本法及1887年至1920年间的苏格兰公共图书馆立法可引称为《苏格兰公共图书馆法（1887～1955年）》。

（3）本法仅适用于苏格兰。

北爱尔兰图书馆法*

（2008年6月17日）

本法规定了北爱尔兰图书馆管理局的设立及其职能；授权文化艺术部为与图书馆服务方面提供补贴等相关目的。

经北爱尔兰议会通过并由女王陛下御批，颁布如下法律：

---

* 阴政宏，译；田贺龙，校。

北爱尔兰图书馆管理局

北爱尔兰图书馆管理局

1. －（1）现设立名为北爱尔兰图书馆管理局的法人团体。

（2）附录 1 适用于该管理局。

（3）管理局是北爱尔兰图书馆的主管局。

（4）据此，根据《北爱尔兰教育与图书馆令（1986 年）》（NI 3）设立的教育与图书馆委员会应当停止行使其在图书馆领域的职权。

（5）文化、艺术和娱乐部可以制定一份或者多份方案完成教育与图书馆委员会和管理局之间就指定财产、权利和义务的移交。

（6）根据上述方案，自移交之日起，指定财产、权利和义务移交至并归属于管理局。

（7）附录 2 对方案有进一步的规定。

（8）本条及附录中：

方案中的“指定的”，是指依方案指明的或者确定的。

“方案”是指根据本条制定的“方案”。

方案所规定的“移交日”是指方案确定的具体生效日期。

管理局提供图书馆服务的职责

2. －（1）管理局应当为北爱尔兰地区居民的生活、工作和学习提供广泛而高效的公共图书馆服务。

（2）为履行本条第一款规定的职责，管理局应当——

（a）保证其提供的用于借阅、参考文献的服务设施在数量上、种类上以及质量上能够满足成人和儿童的一般需求（无论是通过保持足够的藏书量、与其他团体就图书馆服务协作或者通过其他适当的途径）；

（b）须顾及——

（i）鼓励成人和儿童充分利用图书馆；

（ii）提供使用图书馆服务的建议；根据读者接受服务时的需要，提供文献目录等信息；

（iii）推动扫盲，促进终身学习；

（iv）搜集并入藏与北爱尔兰文化遗产相关的文献资料；

（v）利用图书馆馆舍开展社会文化活动；

（vi）以适当方法满足成人和儿童的特殊需求。

（3）基于更高效地履行第一款规定的职责的需要，管理局可以与区域内或者北爱尔兰地区以外的机构协作。

（4）管理局可以以其自认为恰当的方式为来访北爱尔兰的人提供图书馆服务。

管理局的附带权力

3. –（1）管理局有可以做任何其认为有助于或者附带于履行其职能的事情。

（2）特殊情况下，管理局可以——

（a）签订合同；

（b）根据本法第5条的规定，取得或者处分财产；

（c）借款；

（d）经文化、艺术和娱乐部批准，设立法人，或取得或者处分法人利益；

（e）接受赠与；

（f）货币投资；

（g）开展、委托或者协助他人进行研究；

（h）与其他依法成立的机构合作或为其提供建议。

管理局进行商业活动的权力

4. –（1）根据本条规定，经文化、艺术和娱乐部的批准，管理局可以从事商业活动。但本条规定以外，管理局不得从事商业活动。

（2）根据本条作出的批准——

（a）应当根据文化、艺术和娱乐部的批准进行特定的商业活动；

（b）应当根据文化、艺术和娱乐部的批准的具体条件。

（3）根据本条的规定，管理局有权——

（a）从事任何有助于或附带于行使本条所规定的权力的活动；

（b）管理局在行使权力过程中可以收取其认为适当的费用，并且根据合理的商业标准评估上述费用。

（4）本条未授予管理局以下权力——

（a）从事任何有碍于履行本法其他条款所规定职责的商业活动；或者

（b）违反法律规定或者凌驾于他人合同权利或财产权利之上。

（5）如果文化、艺术和娱乐部认为管理局——

（a）违反文化、艺术和娱乐部依据本条而作出的批准；或者

（b）已经根据违反第四款的批准，开始从事任何商业活动，

文化、艺术和娱乐部应当将以下通知送达管理局——

（i）撤销批准；

（ii）变更批准，变更特定的商业活动或者变更进行商业活动的具体条件。

（6）根据本条第五款作出的变更或撤销的决定，不影响变更或撤销的决定送达日前管理局尚未完全履行的合同义务的效力。

（7）本条所述的批准或通知应当以书面的形式作出。

（8）本条所称的“商业活动”包括：

（a）为其他团体或个人完成工作；

（b）为其他团体或个人提供商品或服务；

（c）激发创意、开发知识产权。

管理局与土地相关的权力

5. –（1）基于履行职责的需要，经文化、艺术和娱乐部批准，管理局可以取得、占有和处分土地。

（2）根据本条第（3）款、第（4）款的规定，管理局可以以强制的方式取得土地；包括在创设地役权或者其他地上权利。

（3）管理局通过强制的方式取得土地的，应当向文化、艺术和娱乐部申请确定土地归属权的令状（“归属令”），文化、艺术和娱乐部有权根据本条第（4）款、第（5）款的规定颁发归属令。

（4）《北爱尔兰地方政府法（1972 年）》（C. 9）附录 6 中的规定在经下述变通后，适用于根据第（3）款申请以强制方式获得土地使用权、以强制方式取得土地的归属令的颁布——

（a）凡是提及理事会会之处均以管理局代替；

（b）凡是提及有关部门之处均以文化、艺术和娱乐部代替；

（c）凡是提及法律之处均以本法代替；

（d）第 6 条第（2）款中提及的“基金会”之处均以“管理局基金会（附录中规定的‘补偿基金’），并由管理局筹付相应款项”代替；

（e）第 12 条第 2 款中“理事会秘书”以“该人应当由管理局基于附录的规定目的予以任命”代替。

（5）未经环境部同意，本条未授权取得任何土地或者根据《北爱尔兰历史古迹和考古对象令》（NI 9）规定而为文化、艺术和娱乐部所知悉的附着有古迹或者考古对象的土地。

（6）根据本条颁布的归属令效力及于以下土地：

（a）任何依法成立的且可以强制方式取得土地的团体所有的土地；

（b）依法规定或者依法被宣告为不可转让的土地，但是土地所有人就上述归属令作出适当的反对陈述且未撤销的，不得颁布归属令，除非议会批准同意。

图书馆服务收费

6. –（1）管理局不得就其提供的图书馆服务收费，除非——

（a）有关服务已在文化、艺术和娱乐部批准的收费方案中列明，并由管理局公布；且

（b）收取的费用与方案的规定一致。

（2）收费方案应当根据具体情况而制定，包括依人员、条件、地点的不同而不同。

关于使用图书馆设施的规则

7. –（1）管理局可以制定规则——

（a）规范管理局提供和维护图书馆设施的使用，以及人员在图书馆的行为；

（b）授权管理局工作人员可以禁止在图书馆违反上述规则的人员进入或者将在图书馆违反上述规则的人员逐出图书馆舍。

（2）违反依据本条所制定的规则，构成犯罪的，可以适用简易程序判处不超过二级罚金刑；如属持续的犯法行为，应自犯罪行为发生之日，按照每日数额不超过二级罚金刑 1/10 的标准处以刑罚。

（3）未经文化、艺术和娱乐部的认可，根据本条制定的规则不得生效。

（4）管理局应当至迟提前 1 个月将拟定的规定交文化、艺术和娱乐部认可——

（a）应当在管理局秘书办公室或者文化、艺术和娱乐部指定的其他地点存放拟定规则的草案；

（b）允许任何人员在任何恰当的时间免费查阅上述规则的复制本；

（c）基于申请，为任何人员提供拟定规则或其部分内容的复制本，并依据管理局制定合理的收费标准支付费用。

（5）在文化、艺术和娱乐部批准认可之前，应当确保规则符合本条第（4）款第（a）项的规定。

（6）根据本条制定的规则复本——

（a）应当印制并存放于管理局秘书办公室和文化、艺术和娱乐部指定的其他地点；

（b）应当在合理的时间内免费公开便于公众查阅。

（7）根据管理局制定合理的收费标准，管理局应当为任何人按照本条提供规则的复本。

（8）在任何法律程序中，除有相反的证明外，根据本条规定经管理局行政负责人证实并签署的规则复本视为真实且正式批准的复本，是其合理制定、

认可且存在的证据，而无需其他进一步的证明。

管理局的职能

关于图书馆服务的补贴

8. –（1）文化、艺术和娱乐部可以给任何人（除管理局外）就已经发生的或者即将发生的因图书馆服务或与图书馆服务相关的费用予以补贴。

（2）本条所指补贴的——

（a）款项数额；

（b）期限和条件（包括偿还条件），

由文化、艺术和娱乐部决定。

（3）在不抵触消极决议的情况下，文化、艺术和娱乐部可以根据本条第（1）款、第（2）款，以命令的形式规定可以由管理局（代替或者补充）执行的职能。

（4）根据本条第（3）款作出的命令，可以对本条第（1）款、第（2）款进行变更。

指　令

9. –（1）基于管理局履行职能的需要，文化、艺术和娱乐部可以对管理局作出一般或者特别的指令。

（2）文化、艺术和娱乐部应公布依据本条作出的所有指令。

（3）管理局应当遵循文化、艺术和娱乐部根据本条颁布的任何指令。

附　则

修改与废止

10. –（1）附录三❶中列举的法律条款根据该附录的规定修改后生效。

（2）附录四❷中列举的法律条款，根据该附录第2栏的规定予以废止。

释　义

11. 本法中——

“管理局”是指根据第1条设立的北爱尔兰国家图书馆管理局。

“部”是指文化、艺术和娱乐部。

“文献材料”包括文字、图片、声音、数据以及任何记录在介质中或介质

❶❷ 原法律文本中未见该附录。——译者注

上的信息。

“图书馆舍”是指——

（a）管理局占有的、为公众提供图书馆设施的场所；

（b）管理局用于提供图书馆设施的交通工具。

“法定条款”的含义见《北爱尔兰解释法（1954 年）》（C. 33）第 1 条第（f）款。

生 效

12. –（1）以下条款在该法经皇室御批之日起 1 个月后生效：

（a）第 1 条第 5 ~ 8 款；

（b）第 11 条；

（c）第 12 条；

（d）第 13 条；

（e）附录 2。

（2）本法其他条款自文化、艺术和娱乐部颁布的命令确定之日生效。

（3）文化、艺术和娱乐部在本条第二款的命令中可以规定过渡条款或者保留条款。

简 称

13. 本法可以引称为《北爱尔兰图书馆法（2008 年）》。

附 录

附录 1 北爱尔兰图书管理局

地 位

1. –（1）管理局不应当被认为——

（a）王权的受雇人或者代理人；

（b）享有国王地位、豁免权或者其他特权。

（2）管理局所有的财产不应被视为皇室的财产或者以皇室名义而占有。

（3）在符合下述条款的前提下，《北爱尔兰解释法（1954 年）》（C. 33）第 19 条适用于管理局。

成 员

2. –（1）管理局应当由以下成员构成——

（a）1 名主席；

（b）不超过 18 人的其他成员。

（上述成员）应当由文化、艺术和娱乐部任命。

（2）文化、艺术和娱乐部根据本条第（1）款任命相关人员时，应当尽量确保：

（a）任何时候大多数成员应当是议员［议员的范畴见《北爱尔兰地方政府法（1972 年）》（C. 9）］；

（b）成员都应当具有在与管理局履行职责领域内的相关履职经历。

（3）根据消极决议，文化、艺术和娱乐部可以命令形式就本条第（1）款第（b）项的规定的人数进行变更。

任职期限

3. –（1）管理局主席和其他成员的任免分别适用本附录有关任用的条款的规定。

（2）主席或在管理局任职的其他成员在任何时候都可以以书面形式向文化、艺术和娱乐部递交辞职申请。

（3）不再是管理局成员的，应当终止其管理局主席的任职。

（4）文化、艺术和娱乐部可以以通知的形式免除主席或者管理局的其他成员职务。

（5）除本条第（4）款规定外，管理局停止任职的主席或其他成员，可以再次委任。

成员等的薪酬

4. 管理局应当根据文化、艺术和娱乐部规定的标准，向主席和管理局的其他成员支付薪酬和津贴。

雇　员

5. –（1）管理局应当有：

（a）行政长官，负责管理局职能的履行和雇员的管理；

（b）管理局认定的其他雇员。

（2）管理局的首席行政官由文化、艺术和娱乐部任命。

（3）任何一位继任的行政长官都应当由管理局任命。

（4）未经文化、艺术和娱乐部同意，管理局不得任命他人做行政长官。

（5）任何人如果连续 12 个月终止管理局成员资格，管理局应当取消其雇员资格。

雇员的薪酬、津贴和养老金

6. –（1）管理局应当依其确定的标准，根据本条第（2）款的规定，向雇员发放薪酬和津贴。

（2）薪酬和津贴的种类和级别由文化、艺术和娱乐部以指令的形式规定。未经文化、艺术和娱乐部同意，管理局不得依据本条第（1）款规定雇员薪酬和津贴。

（3）管理局应当——

（a）根据文化、艺术和娱乐部的批准，向雇员、前雇员支付或就某雇员、前雇员支付退休金或酬金；

（b）根据文化、艺术和娱乐部的同意，制定并实施为雇员或者前雇员发放退休金或酬金的方案（无论是否需分担）。

（4）本条所指的退休金和酬金包括以补偿金方式的对雇员或就某一雇员遭受的就业损失以及薪酬的减少予以补偿。

协助措施

7. –（1）管理局可以安排其认为合适的人提供协助（包括文化、艺术和娱乐部或者其他政府部门）。

（2）除文化、艺术和娱乐部外根据本条安排的人外，

（a）应当经文化、艺术和娱乐部同意；

（b）相关费用应当由管理局承担。

委员会

8. –（1）管理局应当设立委员会。

（2）未经文化、艺术和娱乐部同意，非管理局成员不得被任命为管理局委员会成员。

（3）经文化、艺术和娱乐部同意，管理局应当向既不是管理局成员又不是其雇员的委员会成员支付薪酬和津贴。

对委员会及其工作人员的授权

9. –（1）管理局可以决定将其职能委派给——

（a）管理局的任何委员会成员；

（b）管理局的雇员。

（2）管理局委员会可以将其一定职责委派给管理局的雇员。

会议程序

10. 在不违反《北爱尔兰解释法（1954 年）》第 19 条第（1）款第（a）款、第（v）项规定的情况下，管理局应当订立常规以规范管理局及其委员会的程序，包括以下条款：

（a）举行会议；

（b）法定最低人数；

（c）会议事项；

（d）披露成员与会议讨论事项有金钱利益、家庭成员关系，并就上述参会成员对该事项的讨论实行回避；

（e）允许或者禁止公众和媒体参会；

（f）会议记录；

（g）文件存档；

（h）官员的职责；

（i）管理局认为与履行职责有关的其他会议事项。

11. 管理局及其委员会会议的有效性，不受下列情况的影响——

（a）任何管理局成员或者委员会成员的空缺；

（b）管理局主席职位的空缺；

（c）管理局任何成员任用、管理局主席任用存在瑕疵；或者

（d）任何违反第 10 条规定的情况。

印章和文件的使用

12. 管理局印章的使用应当须经签署认证——

（a）经管理局主席或者行政长官；

（b）管理局为此目的（一般或者特别）授权管理局的其他成员或者雇员。

13. 任何契据如可由个人无须盖上印章而执行，则应由任何获管理局为此目的而一般授权或特别授权的人以管理局名义签立。

场　所

14. –（1）管理局的秘书办公地应当经文化、艺术和娱乐部批准。

（2）图书馆舍应当在和任何合理的时间开放，以接受文化、艺术和娱乐部授权人员的监督。

财　务

15. –（1）文化、艺术和娱乐部应当为管理局拨付款项。

（2）本条规定的款项应依照文化、艺术和娱乐部规定的期限和条件进行拨付。

（3）根据本条第（4）款的规定，管理局应当将其在履行职能过程中或者因履行职能而取得的款项上缴文化、艺术和娱乐部。

（4）第（3）款不适用于文化、艺术和娱乐部指示中特别规定的款项或种类。

（5）文化、艺术和娱乐部依据第（3）款取得的款项应当缴存统一基金。

账 目

16. –（1）管理局应当——

（a）适当的留存与账目相关的记录；

（b）依财政年度的准备账目报表。

（2）账目报表——

（a）形式；以及

（b）内容，

应当经财政与人事部批准，由文化、艺术和娱乐部指令。

（3）每个财政年度结束后，管理局应当在文化、艺术和娱乐部规定的期限内将年度账目报表复件送达——

（a）文化、艺术和娱乐部；

（b）主计审计长。

（4）审计长应当——

（a）审查、核实根据本条第（3）款第（b）项收到的账目报表并出具报告；

（b）将上述审查报告复件送达文化、艺术和娱乐部。

（5）文化、艺术和娱乐部应当将账目报表复本连同审计长出具的审计报告复本一并报送议会。

年度报告

17. –（1）每一个财政年度结束后，管理局应当向文化、艺术和娱乐部报送上一年度履行职能情况的年度报告。

（2）管理局应当向将年度报告的复本报送议会。

释 义

18. 本附录中的“财政年度”是指——

（a）自管理局成立之日至下一年的 3 月 31 日。

（b）随后至每年 3 月 31 日满 12 个月的期间。

附录 2 移交方案

创设和分配财产、权利和责任等

1. 方案是——

（a）使转让人根据该方案进行财产上权益的移交；

（b）为管理局创设转让人所有的财产上的权益；

（c）在管理局和转让人之间确立权利义务关系。

2. –（1）方案为财产、权利和义务的转让订立条文，如不订立则不可转让或者分派。

（2）特殊情况下，方案可以规定转让生效而不受某一权利或权益的妨碍，此等妨碍是指让与人依据某一有效条款所规定的条件而获得财产、权利或承担债务。

（3）本条第（2）款可依据法律规定、合同约定或者其他方式生效。

3. 文化、艺术和娱乐部出具的有关根据本方案而取得的财产的证书视为上述事实的确凿证据。

雇用合同

4. –（1）本条适用于依方案移交所产生的雇用合同的权利、义务关系。

（2）除本条外，《企业转让（劳动保护）条例（2006 年）》（S. I. 2006/246）适用于移交，而无论移交是否基于相关条例的目的。

（3）方案应当——

（a）确定转任的雇员（通过姓名或者其他方式）；

（b）包括为上述雇员提供退休金保障；

（c）包括制定处理雇员对本方案提出申诉的程序条款；以及

（d）包括文化、艺术和娱乐部对因本方案而引起的雇员损失或伤害的赔偿程序的规定。

（4）在制定方案前，文化、艺术和娱乐部应当征询——

（a）该方案以名字方式确定转任雇员时，上述雇员；

（b）该方案以其他方式确定转任雇员时，代表全体转任雇员与文化、艺术和娱乐部协商的员工代表。

（5）基于本条第（3）款、第（4）款的目的——

（a）"转任雇员"是指因雇员合同而成为教育与图书馆委员会雇员的人，以及根据本条第（2）款的规定与管理局签订雇员合同的人。

（b）"退休保障"是对转任雇员（"T"）的保障，如果 T 的雇主发生变更，管理局的雇员有权要求与作为教育和图书馆委员会的雇员相当的或者不少于其数额的退休金利益（总体而言）。

（6）根据第（3）款第（c）项规定的程序，除以下人员的申诉外，任何一项雇员的申诉都应当审查，除非——

（a）教育和图书馆委员会成员或者具有委员身份的职员；

（b）管理局的委员或者具有委员身份的职员；

（c）文化、艺术和娱乐部具有委员身份的职员。

连续性

5. 根据方案完成的转让，不影响在移交生效前转让人或者与其有关的任何行为的效力。

6. 所有行为——

（a）根据方案，转让人基于移交的目的或者与之相关的任何行为；以及

（b）转让日前立即生效的，均视为管理局的行为。

7. 需由管理局继续完成的或者与之相关的以下事项（含法律程序）——

（a）依据方案进行相关的移交；并且

（b）转让日到来前，转让人正在进行的或者与转让人有关的行为。

8. -（1）本条适用于任何文件——

（a）根据方案进行的相关的移交；并且

（b）转让日前立即生效的。

（2）文件中的任何述及转让人的，都视为对管理局的提及。

附带条款

9. 方案可以包括补充条款、附带条款、过渡条款以及相应条款。

释 义

10. 附录中的“转让人”，是指根据方案进行移交的教育与图书馆委员会。

法定缴存图书馆法*

（2003 年 10 月 30 日）

本法旨在取代《版权法（1911 年）》第 15 条关于印刷型出版物和类似出版物（包括在线出版物和离线出版物）的缴存规定，并对缴存资料的使用、保存及相关事宜作出规定。

缴存义务

1 出版物缴存

（1）任何人在联合王国境内出版适用本法的作品后，须自付费用送交一

* 刘英赫，牛淑娟，译；田贺龙，校。

份复本至指定地址（一般或特定情况下），该地址由本条规定的缴存图书馆指定。

（2）如果都柏林三一学院图书馆主管机构以外的缴存图书馆未指定地址，则应将复本送交至该图书馆。

（3）就印刷型出版物而言，本法适用于——

（a）图书（包括小册子、杂志和报纸）；

（b）凸版活字印刷品或乐谱；

（c）地图、规划图、图表或表格；以及

（d）任何上述作品的一部分；

但另有规定的除外。

（4）就非印刷型出版物而言，本法适用于规定种类的作品。

（5）上述规定种类的非印刷型出版物，不包括仅由如下成分组成的作品——

（a）录音、电影，或由录音和电影组成的作品；或

（b）类似作品和仅仅是附属于上述作品的资料。

（6）除第6条第（2）款第（h）项的规定外，第（1）款规定的义务是指以作品出版时的载体形式送交复本。

（7）本条中的“地址”是指联合王国内的地址或电子地址。

2　新版本和替代版本

（1）本法不适用于已在联合王国境内以相同载体形式出版的实质相同的作品。

（2）如实质相同的作品，在联合王国境内以一种以上的载体形式出版，则——

（a）第1条第（1）款只适用于其中某一种载体形式；并且

（b）该种载体形式由国务大臣制定的条例确定。

（3）国务大臣可以制定条例，规定作品视为或不视为本条述及的实质相同的特定情形。

3　执　行

（1）依据本法应向缴存图书馆指定的地址或缴存图书馆送交复本的人（本条中指“出版人”）未履行送交义务时，适用本条规定。

（2）图书馆可依据法庭规则向郡法院（在苏格兰，向郡司法官）申请命令，要求出版人履行义务。

（3）如果依据上述第（2）款进行申请时，出现下列情况——

（a）出版人不能履行义务；或者

（b）因其他原因，不宜作出前款规定的命令，

郡法院或郡司法官可作出替代命令，要求出版人向图书馆支付一定数额钱款，总额不得超过因出版人不履行义务而产生的费用。

印刷型出版物

4 印刷型出版物：大英图书馆

（1）依据第 1 条，大英图书馆委员会有权接受所有印刷型出版物复本。

（2）复本必须自出版之日起 1 个月内送交。

（3）送交时的复本应与为在联合王国境内出版而制作的最佳品质复本相同。

（4）委员会必须出具书面收据（可以是电子方式或其他方式）。

5 印刷型出版物：其他图书馆

（1）除大英图书馆委员会外，每个缴存图书馆有权依据第 1 条接受其要求的印刷型出版物复本。

（2）本条规定的送交要求必须以书面形式提出（可以是电子方式或其他方式）。

（3）送交要求——

（a）可以在出版前提出；并且

（b）特殊情况下，可以针对百科全书、报纸、期刊或其他作品所有将要出版的期次或部分。

（4）自出版之日起的 12 个月期间结束后，不得提出送交要求。

（5）作品的复本必须在下列日期起 1 个月之内送交——

（a）出版之日；或

（b）如延迟，收到送交要求之日。

（6）送交时的复本应与为在联合王国境内出版而制作的最多数量的复本相同。

非印刷型出版物

6 条例：非印刷型出版物缴存

（1）国务大臣可以制定条例，对第 1 条和第 2 条进行补充规定，以适用于非印刷型出版物。

（2）特定情况下，根据本条制定的条例可以——

（a）规定任何缴存图书馆开始或者不再有权根据第 1 条接受缴存的时间或情形；

（b）规定第 1 条第（1）款述及的人在送交作品复本时，一并送交访问该作品所需的计算机程序和信息的复本，以及附属于该作品并提供给公众的手册和其他资料的复本；

（c）规定与出版或其他事件相关的一段时间内送交复本；

（d）允许或要求以电子方式送交复本；

（e）当作品存在为出版而制作的不同品质复本时，指定应送交复本的品质；

（f）当作品以不同的形式出版或提供给公众时，规定送交复本的形式应按缴存图书馆或它们中的任何一个（一般或特定情况下）指定的要求来确定；

（g）规定在线出版物视为或不视为在联合王国境内出版的情形；

（h）规定在线出版物送交复本的载体形式。

7　非印刷型出版物相关行为的限制

（1）除第（3）款的规定外，相关人员不得从事第（2）款所列的与相关资料有关的行为。

（2）前款所述行为包括——

（a）使用相关资料（无论使用是否必须制作相关资料的临时复本）；

（b）复制相关资料（为使用相关资料而必须制作临时复本的除外）；

（c）对包含计算机程序或数据库的相关资料进行改编；

（d）将相关资料借予第三方（缴存图书馆在其馆舍内借予读者使用的除外）；

（e）将相关资料转让给第三方；

（f）处置相关资料。

（3）国务大臣可以通过条例，规定允许相关人员从事任何第（2）款所列的与相关资料有关的行为，但需遵守规定的条件。

（4）根据本条制定的条例，可对下列事项作出特别规定——

（a）可以使用或复制相关资料的目的；

（b）读者首次可以使用相关资料的时间或情形；

（c）可以使用相关资料的读者类型；

（d）对在同一时间使用相关资料的读者人数作出限制（可以是对缴存图书馆内读者同时访问电子出版物的终端数量进行限制，也可以是其他方式）。

（5）在本条中——

（a）“读者”是指经缴存图书馆准许，在其馆舍内为研究或学习目的而使用相关资料的人。

（b）“相关资料”是指——

（i）根据第1条的规定送交的非印刷型出版物复本；

（ii）按照依据第6条制定条例的规定送交的第6条第（2）款第（b）项规定的计算机程序或资料复本；

（iii）适用第10条第（6）款规定的作品复本；

（iv）第（i）至第（iii）目提及的任何资料的复本（不论复制程度如何）。

（c）“相关人员”是指——

（i）缴存图书馆或代其名义行事的人；

（ii）读者。

（d）述及缴存图书馆时包括苏格兰出庭律师协会。

（6）因违反本条规定而遭受损失的人可以针对该违法行为提起诉讼，该诉讼答辩和附带程序/抗辩权和附带权利适用违反法定义务诉讼的规定。

8 非印刷型出版物相关的行为：版权等

（1）在《版权、外观设计和专利法（1988年）》第1部分第3章（该章规定了法律允许的与版权作品有关的行为）第44条后插入——

“44 法定缴存图书馆

（1）缴存图书馆或代其名义行事的人对互联网上的作品进行复制，在下述情况下不构成对版权的侵犯——

（a）根据《法定缴存图书馆法（2003年）》第10条第（5）款制定的条例中规定的作品；

（b）在互联网上出版的作品或者将作品在互联网上出版的人，与联合王国存在着规定的联系；并且

（c）复制已经按照规定的条件完成。

（2）根据《法定缴存图书馆法（2003年）》第7条制定的条例中规定的对相关资料所实施的行为，不构成对其版权的侵犯。

（3）关于对相关资料所实施的规定行为，国务大臣可以通过其制定的条例排除本章所规定的条款的适用。

（4）根据第（3）款制定的条例可以对下列事项作出特别规定——

（a）实施行为的目的；

（b）实施行为的读者类型；

（c）作为实施对象的相关资料的种类；

（d）不符合规定条件的实施行为。

（5）根据本条所制定的条例可针对不同目的制定不同条款。

（6）根据本条所制定的条例应通过行政立法性文件作出，并依照议会两院中任一院的决议予以废除。

（7）在本条中——

（a）‘2003 年法’是指《法定缴存图书馆法（2003 年）》。

（b）‘缴存图书馆’、‘读者’以及‘相关资料’与《法定缴存图书馆法（2003 年）》第 7 条规定的含义相同。

（c）‘规定’是指由国务大臣制定的条例所作出的规定。”

（2）在《版权和数据库权条例（1997 年）》第 3 部分（数据库权利）第 20 条后插入——

“20A 数据库权利的例外：缴存图书馆

（1）缴存图书馆或代其名义行事的人对互联网上的作品进行复制，在下述情况下不构成对数据库中数据库权利的侵犯——

（a）根据《法定缴存图书馆法（2003 年）》第 10 条第（5）款制定的条例中规定的作品；

（b）在互联网上出版的作品或者将作品在互联网上出版的人，与联合王国存在着规定的联系；并且

（c）复制符合规定的条件。

（2）根据《法定缴存图书馆法（2003 年）》第 7 条制定的条例中规定的对相关资料所实施的行为，不构成对数据库中数据库权利的侵犯。

（3）关于对相关资料所实施的规定行为，根据《版权、外观设计和专利法（1988 年）》第 44A 条第（3）款制定的条例排除第（2）项的适用，如同（也是在这个限度内）条例排除《版权、外观设计和专利法（1988 年）》第 44A 条第（2）款对上述相关行为的适用。

（4）在本条例中——

（a）‘2003 年法’是指《法定缴存图书馆法（2003 年）》。

（b）‘缴存图书馆’和‘相关资料’与《法定缴存图书馆法（2003 年）》第 7 条规定的含义相同。”

责任免除

9　责任免除：出版物等的缴存

（1）送交人根据第 1 条送交作品复本——

（a）不得违反送交人作为一方当事人的与该作品部分相关的任何合同；并且

（b）不得侵犯与该作品任何部分或任何专利相关的版权、出版权或数据库权。

（2）按照依据第6条所制定条例的规定，第（1）款适用于第6条第（2）款第（b）项规定的计算机程序或其他资料复本的送交，如同该款适用于根据第1条进行的作品复本的送交。

10　责任免除：出版物相关行为

（1）缴存图书馆，或代其名义行事的人，对相关人员实施的、第7条第（2）款所列的、与第1条规定的送交作品复本相关的行为所导致的名誉损害，不承担损害赔偿责任或者任何刑事责任。

（2）在下列情形，第（1）款不适用于缴存图书馆——

（a）缴存图书馆知道，或者就损害赔偿而言它从应当知道的事实或情况中了解到，复本包含毁损名誉的陈述；并且

（b）自知道上述情况时起，它有防止与复本相关的行为发生的合理机会。

（3）在送交人（本条中，指“出版人”）已经根据第1条向缴存图书馆指定的地址送交作品复本的情况下，出版人对相关人员实施的、第7条第（2）款所列的、与第1条规定的送交作品复本相关的行为所导致的名誉损害，不承担损害赔偿责任或者任何刑事责任。

（4）在下列情形，第（3）款不予适用——

（a）出版人知道，或者就损害赔偿而言出版人从应当知道的事实或情况中了解到，复本包含毁损名誉的陈述；并且

（b）自知道上述情况时起，它有合理的机会通知图书馆它所知道的事项、事实或情况但它没有这么做。

（5）作品在互联网上出版的，如果存在下列情形，第（6）款适用于作品的复本——

（a）根据本款制定的条例中规定的作品；

（b）在互联网上出版的作品或者将作品在互联网上出版的人，与联合王国存在着规定的联系；并且

（c）复本是由缴存图书馆或代其名义行事的人根据规定的条件从互联网上对作品进行复制。

（6）在本款适用于作品复本的情况下——

（a）除图书馆以外的其他人，对相关人员实施的、第7条第（2）款所列

的、与第 1 条规定的送交作品复本相关的行为所导致的名誉损害，不承担损害赔偿责任或者任何刑事责任；并且

（b）第（1）款和第（2）款适用于复本相关行为的实施，如同它们适用于根据第 1 条送交作品复本的相关行为的实施一样。

（7）在本条中——

（a）“相关人员”与第 7 条的含义相同；

（b）述及第 7 条第（2）款所列的行为时包括与相关资料（第 7 条所界定的）有关的无论是否已实施的行为；

（c）述及缴存图书馆时包括苏格兰出庭律师协会。

（8）鉴于本条适用于因毁损名誉而引起的有关损害赔偿和刑事责任，国务大臣可以制定条例，规定本条适用于条例所规定的任何种类的相关责任（包括刑事责任），并可以规定的方式进行修改。

（9）若本条适用于作品复本相关行为的实施，则其也适用于该复本的复本（不论复制程度如何）相关行为的实施。

（10）本条不对任何人规定法律责任。

条　例

11　条例：一般规定

（1）本法赋予的制定条例的权力——

（a）可以为不同目的作出不同规定，包括特定情况下不同的载体形式、作品种类、缴存图书馆或地区，以及

（b）可行使于授权范围内的所有情形，也可行使于授权范围内指定的例外情形，或某个或某类特定情形。

（2）国务大臣根据本法制定条例，必须征询下列机构的意见——

（a）缴存图书馆；以及

（b）国务大臣认为可能受到影响的出版人。

（3）根据第 1 条第（4）款或第 6 条制定的条例不得对条例制定前出版的作品作出规定。

（4）除非国务大臣认为，条例的实施给相关出版者增加的成本与送交作品复本为公众提供的收益是相称的，否则不得根据第 1 条第（4）款、第 2 条或第 6 条制定条例。

（5）除非国务大臣认为该条例并未不合理的损害条例相关作品出版人的

利益，否则不得根据第 1 条第（4）款、第 2 条、第 6 条、第 7 条或第 10 条第（5）款制定条例。

（6）根据本法制定条例的权力，以议会通过行政立法性文件的方式行使，除非条例草案提交议会两院并经议会两院的批准，不得制定条例。

12 条例：苏格兰和威尔士

（1）未经苏格兰大臣同意，不得根据本法制定条例，如果这些条例将会——

（a）取消由或根据本法授予苏格兰国家图书馆主管机构的权力；或者

（b）授予其他任何缴存图书馆其主管机构没有被授予的权力。

（2）如果该权力是针对电子出版物复本的提交，下述情况下第（1）款不予适用——

（a）在该出版物是法律出版物的情形，苏格兰出庭律师协会；或者

（b）在其他情形，苏格兰国家图书馆的主管机构，

能够通过电子方式访问这些出版物。

（3）在第（1）款不予适用的情况下，除非国务大臣已经征询了苏格兰大臣的意见，不得根据本法制定会影响苏格兰国家图书馆主管机构的条例。

（4）未经威尔士国民议会同意，不得根据本法制定条例，如果这些条例将会——

（a）取消由或根据本法授予威尔士国家图书馆主管机构的权力；或者

（b）授予其他任何缴存图书馆其主管机构没有被授予的权力。

但这不适用于该权力是送交电子出版物复本以及该主管机构能够通过电子方式访问这些出版物的情形。

（5）在第（4）款不予适用的情况下，除非国务大臣已经征询了威尔士国民议会的意见，不得根据本法制定会影响威尔士国家图书馆主管机构的条例。

13 条例：都柏林三一学院

（1）不得根据本法制定授予都柏林三一学院图书馆主管机构权力的条例，除非国务大臣确信，送交相关资料的相关权力——

（a）就第 7 条（包括根据该条制定的任何条例）规定的对相关资料有关行为的限制而言，根据爱尔兰法律对这些行为的限制并没有在实质上减少；

（b）就根据联合王国任何部分的法律对相关资料有关的版权、出版权、数据库和专利权的保护而言，根据爱尔兰法律对相应权利的保护没有在实质上减少；并且

（c）就根据第 10 条第（3）款和第（4）款（或者根据该条所制定的条例所适用的款）规定的责任所给予的保护而言，根据爱尔兰法律规定相应责任

所给予的保护没有在实质上减少。

（2）在本条中，“相关资料”与第7条的含义相同。

一般规定

14 释 义

在本法中——

“1988年法”是指《版权、外观设计和专利法（1988年）》；

“数据库权”的含义由《版权和数据库权条例（1997年）》第13条第（1）款规定；

“缴存图书馆”是指大英图书馆委员会和下列图书馆的主管机构——

（a）苏格兰国家图书馆；

（b）威尔士国家图书馆；

（c）牛津博德利图书馆；

（d）剑桥大学图书馆；

（e）都柏林三一学院图书馆。

“电子出版物”是指在线或离线出版物，包括任何以电子形式的出版物（其含义由“1988年法”第178条规定）。

“电影”的含义由“1988年法”第5B条规定。

“载体形式”是指出版的载体形式，包括在线出版或离线出版。

“规定”是指由国务大臣制定的条例所作出的规定。

就作品而言，“出版”——

（a）是指作品的复本向公众发行；并且

（b）包括使公众可以通过电子检索系统访问作品。

并且与此相关的表述应作相应解释。

“出版权”的含义由《版权及相关权利条例（1996年）》第16条第（1）款规定；

“录音”的含义由“1988年法”第5A条规定。

15 相应的修改、废除及撤销

（1）附录中所列的规定在指定范围内废止或撤销。

（2）《苏格兰国家图书馆法（1925年）》第5条［根据《版权法（1911年）》第15条规定进行的权力转让］修改如下。

（3）第（1）至第（3）款替换为——

“（1）依据《法定缴存图书馆法（2003 年）》第 1 条，作为图书馆主管机构的委员会应将缴存的法律出版物复本转交苏格兰出庭律师协会委员会。

（2）委员会应将苏格兰出庭律师协会以书面形式指定的法律出版物名录，插入依据该法第 5 条规定提出的请求当中。”

（4）在第（4）款和第（5）款中，“法律图书”替换为“法律出版物”。

（5）在第（5）款之后增加——

“（6）在本条中，‘出版物’包括通过电子检索系统向公众提供的出版物。”

16 生效日期和适用范围

（1）除授权制定条例的条款外，本法中其他条款的生效日期由国务大臣以行政立法性文件中命令的形式规定。

（2）可因不同目的而作出不同规定。

（3）除非已征询苏格兰大臣和威尔士国民议会的意见，否则国务大臣不得根据第（1）款作出命令。

（4）本法不适用于第 1 条生效前出版的作品。

（5）本法适用于北爱尔兰。

17 简 称

本法可引称为《法定缴存图书馆法（2003 年）》。

公共借阅权法*

（1979 年 3 月 22 日）

本法旨在规定作者的公共借阅权及其相关事宜。

1. 公共借阅权的建立

（1）根据国务大臣制定并即将实施的方案的规定，作者享有公共借阅权，即有权获得因联合王国地方图书馆当局向公众出借图书而支付的报酬，该报酬

* 牛淑娟，刘英赫，译；田贺龙，校。

由中央基金随时予以支付。

（2）适用公共借阅权的图书的种类、类型和范畴，及与之相关的中央基金的支付范围，由实施方案予以规定或者根据实施方案予以规定；在实施方案的制定过程中，国务大臣需与作者和图书馆当局代表、有可能受该实施方案影响的其他代表予以协商。

（3）国务大臣需任命一人作为公共借阅权注册官，本法附录对注册官有效。

（4）注册官应根据实施方案建立和保管登记簿，该登记簿对适用公共借阅权图书和享受注册图书之权利的人予以登记。

（5）对于任何一本注册图书，注册官应依据实施方案决定需支付的公共借阅权补偿金数额（如果有的话）；对该图书享有公共借阅权资格的个人有权以债务的形式要求注册官支付该笔金额。

（6）根据实施方案的规定，图书的公共借阅权的存续期间，自该书第一次出版之日起（或自该书被注册当年第一天起）至作者死后第二年起 50 年。

（7）实施方案需对下列权利作出规定——

（a）通过注册确定公共借阅权；

（b）公共借阅权可作为非土地财产或动产，借转让、遗嘱性质的处置或法律的施行而转让；

（c）由当时有权享有该权利的个人或替代该个人取得请求的权利；

（d）按照通知的注册官的意旨（全部或部分，临时或永久），可以有放弃该权利。

2. 中央基金

（1）中央基金由国务大臣设立，由注册官支配和管理。

（2）国务大臣经财政部批准决定为偿还基金债务所需金额，该笔金额由国会提供的款项中支付，并随时拨付与中央基金；但是，根据本法附录第 2 条（注册官的工资、退休金等），在每一个会计年度内，去除该会计年度支付金额总和，基金债务金额不得超过 200 万英镑。

（3）经财政部同意，国务大臣有权随时在法定文书中以命令的形式增加本条第（2）款中规定的中央基金总额，该命令自颁布后的下一个财政年度开始实施；但草案非经提交下议院且决议批准通过的，不得制定该命令。

（4）以下项目由中央基金支付——

（a）根据实施方案需要随时支付的与公共借阅权相关的费用；

（b）注册官的管理费，以及根据本法需要由中央基金支付的其他费用；

（5）注册官处置地产、行使职能或根据本法所获款项，划归中央基金，但国务大臣与财政部另有商议的除外；上述情况所获款项划归统一基金。

（6）注册官应保持适当的账目和其他记录，按照国务大臣经财政部批准的形式编制每个财政年度基金账户报表；并在该财政年度结束后的下一个 8 月 31 日或之前，将账户报表提交审计官和总审计师，审计官和总审计师应审查和确认该报表，报表副本连同审查报告一同提交议会审查。

3. 实施方案及其管理

（1）本法一经生效，国务大臣需为本法的实施起草一份纲要，草案副本需提交议会审查。

（2）方案草案经议会决议批准后，由国务大臣以法定文书命令的形式予以实施（以草案的形式），实施令需提交议会审议；实施令可以对实施方案的不同条款规定不同的生效时间。

（3）实施方案应根据图书从个别图书馆被借出的次数，拟定授予公共借阅权，并参照被借出的次数拟定公共借阅权的范围，出借次数由实施方案指明或者按照方案条款的规定。

（4）为此，“图书馆”——

（a）指任何一个地方图书馆当局的图书收藏，这些图书可以由公众借阅；并且

（b）包括可以借往各处的任何这类收藏。

（5）实施方案可以对地方图书馆当局作出如下规定——

（a）当注册官要求或者国务大臣提出指令的时候，按照他们要求或者指令的形式提供地方图书馆当局决定的适用公共借阅权的图书或者其他图书出借给公众的借款信息；

（b）对图书进行编号、标记、编码，便于注册管理及公共借阅权的确定和管理。

（6）注册官应当用中央基金支付当地图书馆当局落实实施方案所需费用，费用数额由实施方案予以规定。

（7）在符合本法规定的情况下（特别是本条上述规定），经上述第 1 条第（2）款规定的协商后，实施方案可以随时由国务大臣予以变更，变更以实施令的形式予以生效，依照议会两院之一的决议予以废除；变更可以包含附带条款和过渡条款，附带条款和过渡条款在国务大臣看来对于实施方案之继续实施是适当的。

（8）国务大臣每年都需编制纲要实施报告，并提交议会审查。

4. 注　册

（1）注册的形式，及所含图书及其作者等具体细节都应遵守法律的规定。

（2）就任何一本图书而言，除非其类别、描述及分类符合对适用公共借阅权的图书的规定，否则，未经注册申请，不得受理。

（3）为注册之需，实施方案需规定某种图书是否适用公共借阅权，是否授予个人（如有）当其时享有该项权利。

（4）实施方案应当含有制定或者修改注册簿中记项的条款，就任何一本（若有）暂时授予公共借阅权的图书来说，应按法定方式提出申请，并以法定的事项（验证规定）予以支持以便证明。

（5）如果某本图书在至少 10 年之内，没有因公共借阅权而产生到期的费用，注册官可以指令将该本图书的所有记项从注册簿中剔除，但这并不损害其以后再申请注册。

（6）注册官可以根据法定的比例和利率要求支付费用，以补充登记簿中记录的图书复本；某一事项的图书复本经注册官证实，或者经授权该事项的注册官的职员证实（其授权无须证明），应在所有的法律程序被接纳为证据，其有效性与原本相同。

（7）对任何人而言，凡在与注册登记簿上记载的任何事项有关的情况下，在要项上作出其明知虚假的陈述，或者在要项上罔顾后果地作出虚假陈述，则构成犯罪；任何人犯本条所定罪行，经简易程序定罪，处以不超过标准额度 5 级的罚金。

（8）凡某法人团体犯上述第（7）款所定罪行的，且经证明该罪行是在该法人团体的任何董事、经理、秘书或其他类似的人员，或看来是以任何该等身份行事的人的同意或纵容下犯的，或可归因于任何该等人士本身的疏忽的，则该人士（以及该法人团体）均属触犯该罪行，并据此被提起诉讼。

凡任何法人团体的事务被该成员所管理，则该款就任何成员在其管理职能方面的作为与过失而适用，犹如该成员是该法人团体的董事一样。

5. 引　用

（1）本法被引称为《公共借阅权法（1979 年）》。

（2）本法中提到的“实施方案”，根据本法第 1 条、第 3 条的规定，由国务大臣筹划并付诸实施（根据第 3 条第（7）款的规定，实施方案可以随时予以变更）。

“地方图书馆当局”是指——

（a）《公共图书馆与博物馆法（1964 年）》规定的一个图书馆管理机构；

（b）《苏格兰公共图书馆法（1955 年）》里面规定的一个法定的图书馆管理机构；

（c）《北爱尔兰教育和图书馆令（1972 年）》中规定的一个教育和图书馆委员会。

“规定的”是指实施方案的规定。

“登记”是指根据第 1 条第（4）款规定的，必须由注册官建立和维持的事项。

“注册官”是指公共借阅权注册官。

（3）本法规定自国务大臣以法定文件发布命令指定之日起生效，该法定文件需提交议会。

（4）本法适用于北爱尔兰。

附录　公共借阅权注册官

1. 注册官应按照其委任条款任职和离职，但可以随时以书面形式向枢密院议长提出辞职；枢密院议长可以随意以无行为能力或行为不检点为理由免任注册官。

2. –（1）经财政部部长批准，国会应当按照枢密院议长的决定向注册官支付报酬和津贴。

（2）注册官须经财政大臣批准，由枢密院议长任命，就任何一个担任注册官职务的人而言，应向其支付退休金、津贴或酬金，或按规定向其支付与退休金、津贴或酬金相关的供款或付款。

3. 如果，当任何人停任注册官，枢密院议长认为情况特殊，以至该人理应得到补偿的，经财政部批准，应从中央基金中拨付一笔款项作为补偿，该款项由财政部决定。

4. 在《下议院丧失资格法（1975 年）》附录 1 第三部分（其他丧失资格的职务），以下内容将按字母顺序插入在适当位置——

“公共借阅权注册官”

此类插入同样适用于《北爱尔兰议会丧失资格法（1975 年）》附录 1 第三部分。

5. –（1）公共借阅权注册官以该名义享有独立法人资格，并有法人印章。

（2）公共借阅权注册官并非官方的受雇人或者代理人。

6. 如果注册官被列入该法附录第1栏，如果注册官或任何被授权代表其行事的人在其附录第2栏被提到，如果注册官或者任何符合条件的人发布的任何文书中含有本法相关的规则，则《文书证据法（1868年）》具有效力。

7. –（1）经枢密院议长批准，注册官可以委任其认为合适的人作为助理注册官和雇员，这些人作为他们的成员；他们的服务条款和条件，以及支付给他们报酬和津贴，须由注册官决定。

（2）根据本款，注册官对由其任命的人选，可以在以下方面进行管理——

（a）根据其决定，支付给他们退休金、津贴和酬金；

（b）向他们支付退休金、津贴和酬金的支付条款由其决定；并且

（c）实施方案应制定和维持（无论是否共同出资）由其决定的向他们支付退休金、津贴和酬金的支付条款。

（3）根据本款所需支付的工资、津贴，以及根据上述第（2）款所需支付的退休金、津贴和酬金应由中央基金支付。

（4）根据本款注册官的指令和决定都需经枢密院议长和财政部的批准。

8. 该法授权或者要求由注册官实施的任何事项（附录第7条除外），或者，由实施方案或根据实施方案授权或要求注册官实施的事项，可以由为此而获注册官书面的一般授权或者特别授权的助理注册官或者作为注册官雇员的成员予以实施。

版权、外观设计和专利法（节译）*

（1988年11月15日）

图书馆和档案馆

37. 图书馆和档案馆：引言

（1）在第38条至第43条中（由图书馆馆长及档案馆馆长进行复制）——

---

* 刘英赫，牛淑娟，译；田贺龙，校。

（a）任何条款中所提及的指定图书馆或档案馆是指国务大臣制定的条例中涉及的条款所描述的图书馆或档案馆；并且

（b）任何条款中所提及的指定条件是指国务大臣制定的条例中所指定的条件。

（2）该条例可以规定，当图书馆馆长或者档案馆馆长在进行复制或者提供复制品前需确信下述事项——

（a）图书馆馆长或者档案馆馆长可以信赖复制品需求者签署的相关声明，除非该图书馆馆长或档案馆馆长意识到声明存在重大虚假事项，并且

（b）在指定的情况下，图书馆馆长或档案馆馆长如缺失复制品需求者按照指定格式所签署的声明，其不得制作或提供复制品。

（3）如果复制品需求者作出的声明存在重大虚假事项并且其已获得复制品（如果该复制品是其自行复制的则本已属侵权复制品）——

（a）他将如同自行进行复制并需承担侵犯版权的责任，并且

（b）该复制品被视为侵权复制品。

（4）条例可就不同类别的图书馆或档案馆和为不同目的而作出不同的规定。

（5）条例应通过行政立法性文件作出，并依照议会两院任一院的决议予以废除。

（6）本条所述，以及第38条至第43条中提及的图书馆馆长或者档案馆馆长包括代其行事的人。

38. 图书馆馆长进行的复制：期刊中的文章

（1）在符合指定条件的情形下，指定图书馆的图书馆馆长可以对期刊中的文章制作和提供复制，其行为并不构成对文章本身、文章所附插图或者版式设计方面版权的侵犯。

（2）上述的指定条件包括以下各项——

（a）复制品仅被提供给图书馆馆长确信其作如下使用的人——

（i）用于非商业目的的研究，或者

（ii）个人学习，

并对复制品不作其他目的的使用；

（b）同一文章的多份复制品不能提供给同一个人，期刊同一期中多篇文章的复制品也不能提供给同一个人；并且

（c）被提供复制品的人需支付不少于制作成本（包括对图书馆的一般支出所作分担）的款项。

39. 图书馆馆长进行的复制：公开出版作品中的部分内容

（1）在符合指定条件的情形下，指定图书馆的馆长可以对已出版的文学作品、戏剧作品或者音乐作品（期刊中的文章除外）的一部分制作和提供复制，其行为不构成对作品本身、作品所附插图或者版式设计方面版权的侵犯。

（2）上述的指定条件包括以下各项——

（a）复制品仅被提供给图书馆馆长确信其做如下使用的人——

（i）用于非商业目的的研究，或者

（ii）个人学习，

并对复制品不做其他目的使用；

（b）同一资料的多份复制品不能提供给同一个人，任何作品超过合理比例的复制品也不能提供给同一个人；并且

（c）被提供复制品的人需支付不少于制作成本（包括对图书馆的一般支出所作分担）的款项。

40. 对同一资料进行多份复制的限制

（1）为实现本法第 38 条和第 39 条（图书馆馆长对文章或公开出版作品中部分内容的复制）的规定，条例应作出如下规定：复制品应被提供给使图书馆馆长确信其复制需求与另一个人的类似需求没有关联的人。

（2）条例还可规定——

（a）对复制品的需求如果属于实质相同的资料、在实质相同的时间并且出于实质相同的目的，则该需求被视为相似需求；

（b）如某些人在同一时间及地点接受与资料有关的指示，则该等人应被视为有关联。

40A. 图书馆馆长或档案馆馆长对复制品的出借

（1）公共图书馆对适用公共借阅权实施方案的图书进行出借，不构成对任何形式作品的版权的侵犯。为此——

（a）“公共借阅权实施方案”是指根据《公共借阅权法（1979 年）》第 1 条的规定已生效的制度，并且

（b）某图书无论其事实上是否合格，只要其符合公共借阅权实施方案有关其资格的相关规定则其适用该制度。

（2）指定图书馆或档案馆（公共图书馆除外）不以营利为目的对作品复制本的出借不构成对其版权的侵犯。

41. 图书馆馆长进行的复制：为其他图书馆提供复制品

（1）在符合指定条件的情形下，指定图书馆的馆长可以为另一指定图书

馆制作和提供复制品——

（a）期刊中的一篇文章，或者

（b）已出版的文学作品、戏剧作品或者音乐作品的全部或部分，

其行为不构成对文章本身、作品所附插图或者版式设计方面版权的侵犯。

（2）在制作复制品之时，进行复制的图书馆馆长知道或者可以通过合理调查确认有权获得复制授权的个人姓名和地址的，则第（1）款第（b）项不予适用。

42. 图书馆馆长或档案馆馆长进行的复制：替代复制品

（1）在符合指定条件的情形下，为实现下述目的，指定图书馆的馆长或档案馆的馆长可对图书馆或档案馆的永久收藏品进行复制——

（a）为保存或替代该藏品而将复制品作为额外藏品或替代品置于永久藏品中，或者

（b）为替代另一指定图书馆或档案馆已经丢失、毁坏或损坏的永久藏品，

并且上述行为并不构成对文学作品、戏剧作品或者音乐作品及其所附插图或公开出版版式设计方面版权的侵犯。

（2）指定条件必须包括施加以下限制的条文：只有在购买有关复制品作该用途并非合理地切实可行的情况下，方可制作复制品。

43. 图书馆馆长或档案馆馆长进行的复制：某些未出版的作品

（1）在符合指定条件的情形下，指定的图书馆馆长或档案馆馆长可以制作、提供图书馆或档案馆所藏的文学作品、戏剧作品或音乐作品的全部或部分，其不构成对作品或者所附插图版权的侵犯。

（2）本条不适用于——

（a）作品在存放于图书馆或档案馆前已经出版，或者

（b）版权人禁止对作品的复制，

并且在制作复制品时图书馆馆长或者档案馆馆长已经知道或者应该知道上述事实。

（3）上述的指定条件包括以下各项——

（a）复制品仅被提供给图书馆馆长或档案馆馆长确信其做如下使用的人——

（i）用于非商业目的的研究，或者

（ii）个人学习，

并对复制品不做其他目的的使用；

（b）同一资料的多份复制品不能提供给同一个人；并且

（c）被提供复制品的人需支付不少于制作成本（包括对图书馆或档案室的一般支出所作分担）的款项。

44. 作品输出复制

具备文化的、历史的重要性或意义的作品从联合王国输出是非法的，除非已经对其进行复制并且复制本收藏于适当的图书馆或博物馆，在此情况下进行的复制不构成对版权的侵犯。

44A. 法定缴存图书馆

（1）缴存图书馆或代其名义行事的人对互联网上的作品进行复制，在下述情况下不构成对版权的侵犯——

（a）根据《法定缴存图书馆法（2003 年）》第 10 条第（5）款制定的条例中规定的作品，

（b）在互联网上出版的作品或者将作品在互联网上出版的人，与联合王国存在着规定的联系，并且

（c）复制已经按照规定的条件完成。

（2）根据《法定缴存图书馆法（2003 年）》第 7 条制定的条例中规定的对相关资料所实施的行为，不构成对其版权的侵犯。

（3）关于对相关资料所实施的规定行为，国务大臣可以通过其制定的条例排除本章所规定的条款的适用。

（4）根据本条第（3）款制定的条例可以对下列事项作出特别规定——

（a）实施行为的目的；

（b）实施行为的读者类型；

（c）作为实施对象的相关资料的种类；

（d）不符合规定条件的实施行为。

（5）根据本条所制定的条例可针对不同目的制定不同条款。

（6）根据本条所制定的条例应通过行政立法性文件作出，并依照议会两院中任一院的决议予以废除。

（7）在本条中——

（a）“2003 年法”是指《法定缴存图书馆法（2003 年）》。

（b）“缴存图书馆”“读者”以及“相关资料”与《法定缴存图书馆法（2003 年）》第 7 条规定的含义相同。

（c）“规定”是指由国务大臣制定的条例所作出的规定。

北美洲

14 加拿大

15 美 国

14 加拿大

加拿大国家图书档案馆法*

（2004 年 4 月 22 日批准）

本法为设立加拿大国家图书档案馆而制定，同时对《版权法》及其他相关法律及与之不相适宜的规定进行修正。

前　言

制定本法的必要性如下：

（a）保存加拿大的文化遗产，造福当代和后代人；

（b）作为一个持久的知识获取的资源，应建立一个机构，为所有人服务，为一个自由、民主社会的加拿大的文化、社会和经济进步而服务；

（c）该机构为加拿大搜集、保存和传播知识的机构之间的合作提供方便；

（d）该机构作为加拿大政府及其机构的永久记忆器；

经加拿大上议院和下议院建议，女王陛下批准，现颁布本法如下内容。

法案简称

简　称

1. 本法可引称为《加拿大国家图书档案馆法》。

术语释义和适用

定　义

2. 本条定义适用于本法。

文献遗产

“文献遗产”指与加拿大有关的出版物和文件记录。

---

* 庄俊峰，译；田贺龙，校。

政府机构

“政府机构”指与《信息法》第 3 条以及《隐私法》第 3 条所称含义相同，或指由加拿大总督所指定的机构。

政府文件记录

“政府文件记录”指在政府机构管理下的文件记录。

图书档案馆馆长

“图书档案馆馆长”指本法第 5 条第 1 款任命的图书档案馆馆长。

部　长

“部长”指由枢密院总督在女王加拿大枢密院成员中依本法指定的部长。

部长文件记录

“部长文件记录”指与女王加拿大枢密院中部长级成员的职务相关的文件记录，而不是个人的、政治的或政府的文件。

出版物

“出版物”指任何可以多份复本或者多个位置，免费或其他方式提供给普通公众，或以订阅或其他方式提供给具有资格的公众的馆藏。出版物可以通过任何媒介或任何形式（包括印刷品、网络信息或录音）提供给公众使用。

文件记录

“文件记录”指出版物以外的任何媒介或形式的文献资料。

适　用

3. 本法约束女王陛下在加拿大的权力。

机构和组织

机　构

4. 特此设立一个名为“加拿大国家图书档案馆”的联邦公共管理机构，由部长主管，并由图书档案馆馆长负责具体工作。

图书档案馆馆长的任命

5. （1）总督应任命一位官员担任“加拿大国家图书档案馆馆长”职务，具有副部长的级别和权力。

代理图书档案馆馆长

（2）当图书档案馆馆长缺席或不能胜任职务，或该馆长职位空缺时，部长可以任命一人担任代理图书档案馆馆长，但是该代理期限不能超过 6 个月，除非得到总督的认可。

设立顾问委员会

6. 部长可以设立顾问委员会，向图书档案馆馆长就如何让文献遗产为加拿大人和对加拿大感兴趣的人所了解和方便获取而提出建议。

目标和权力

目　标

7. 加拿大国家图书档案馆的目标是：

（a）获取并保存加拿大的文献遗产；

（b）确保文献遗产被加拿大人和对加拿大感兴趣的人所了解和方便获取；

（c）成为加拿大政府出版物、有历史或档案价值的政府和部长文件记录的永久存储库；

（d）促进政府机构对信息的管理；

（e）协调政府机构的图书馆服务；并且

（f）支持图书馆和档案馆的发展。

图书档案馆馆长的权力

8.（1）为实现加拿大国家图书档案馆目标，图书档案馆馆长可以开展如下工作：

（a）获取出版物和文件记录，或者取得出版物和文件记录的保存、保管或管理权；

（b）对出版物和文件记录进行编目、分类、鉴别、保管、修复；

（c）编制和维护信息资源，如国家书目和国家联合目录；

（d）提供信息、咨询、研究或借阅服务，以及其他有利于获取文献资源的服务；

（e）制定方案，鼓励或者组织包括展览、出版、表演在内的活动，向人们展现文献遗产并使之理解；

（f）与加拿大国内外其他图书馆、档案馆或相关机构签订协议；

（g）就管理政府机构产生或使用的信息，向政府机构提出建议并提供服务；

（h）引领和指导政府机构的图书馆服务；

（i）为保存、振兴文化遗产并提供便利使用的图书馆，给予专业的、技术的和财政的支持；并且

（j）履行总督所指定的其他相关职责。

网络文献

（2）在行使第 8 条第（1）款第（a）项所列权力以及基于保存的目的，国家图书档案馆馆长可以在任何时候，以其认为适当的方式获取对加拿大有利的、具有代表性的文献，使公众通过互联网或任何其他类似媒介无限制地使用。

销毁或移交

9.（1）图书档案馆馆长可以处理其管理的任何出版物或文件记录，包括其认为没有必要保留时对出版物或文件进行销毁。

限　制

（2）任何类似处理须遵守购买此类出版物或文件记录的合同条款规定。

法定缴存

出版物的缴存

10.（1）在加拿大自费生产出版物的出版者，应该遵守相关规章，向图书馆员和档案馆员（其将以此签发收据）缴送其出版物的 2 份复本：

（a）除本款第（2）项情形之外，在出版物公开发行之日起 7 日后；或

（b）按照本条第（2）款第（4）项规定的出版物，在收到图书档案馆长书面要求之后 7 日或其他图书档案馆要求指定的更长期限内提供复本。

规　章

（2）部长可以制定如下规章：

（a）定义“出版者”；

（b）为使非纸质出版物及其内容更易于被图书档案馆馆长获取，而采取的相关措施；

（c）规定只需提供唯一复本的出版物的种类；以及

（d）在图书档案馆馆长书面请求的情况下，规定所涉本条第（1）款规定的缴送出版物的种类。

财　产

（3）依据本条缴送给图书档案馆馆长的出版物属于女王陛下，同时是加拿大图书档案馆馆藏的一部分。

出版物的版本、版次或形式

(4) 就本条而言，一个出版物的每一个版本、每一个版次或者每一种形式，应该视为不同的出版物。

为保存目的获取有档案价值的文件记录

提供具有档案价值的复本

11. (1) 如果图书档案馆馆长认为某一能够为公众获取的文件记录具有历史档案价值，可以书面请求任何合法人员，依据图书馆员和档案馆员基于档案保存目的及要求的形式和质量，为其提供一个复制件。

文件记录的定义

(2) 本条中，“文件记录”是指任何需要借助机器才能对其内容进行使用的声音、图像或是其他信息。

复制成本支付

(3) 由图书档案馆馆长，而不是女王陛下或其代理人，向基于本条第(1) 款提供复制件的人偿付实际制作成本。

省内王权的约束

(4) 本条规定约束女王陛下在加拿大各省的权力。

财　产

(5) 依据本条缴送给图书档案馆馆长的出版物属于女王陛下，同时应是加拿大国家图书档案馆馆藏的一部分。

政府和部门文件记录

销毁和处理

12. (1) 如果没有图书档案馆馆长或由其书面给予类似授权认可的人的书面同意，不得对任何政府文件记录或部门文件记录擅自进行包括销毁处理方式在内的处理，无论其是否多余。

获取文件记录的权利

(2) 不论议会其他法律如何规定，图书档案馆馆长有权获得任何要求其同意处理的文件记录。

例　外

(3) 基于本条立法目的，图书档案馆馆长只有在枢密院秘书同意下可以获取《信息法》第69条第1款所规定的文件记录，以及在相关政府机构负责人同意下获取包含此部法律信息披露中限制使用的或根据《信息法》附表二条款中规定的任何政府文件记录。

授予访问权

（4）无论议会其他法律如何规定，任何一个政府机构的官员或雇员可以确保图书档案馆馆长访问任何要求其同意处理的文件记录。

安全要求

（5）图书档案馆馆长以及每一个代表其或在其领导下行使职责的人，在访问记录时应该满足任何适用于正常访问这些文件记录的人们的安全性要求，并按照要求进行保密宣誓。

文件记录转移

13.（1）将图书档案馆馆长认为有历史和档案价值的政府文件记录和部长文件记录转移给图书档案馆保管和管理，应该按照图书档案馆馆长与文件记录所属政府机构或者是负责人可能达成的转移协议进行。

条 例

（2）总督可通过条例规定本条第（1）款所述记录转移之条款及条件。

有风险的政府记录

（3）如果图书档案馆馆长认为本条第（1）款所述政府文件记录和部长文件记录面临极大的破坏和损坏风险，图书档案馆馆长可以要求将这些文件在其指定的时间内，按照其要求的形式进行移交。

历任政府机构的记录

（4）除非另有总督指示，图书档案馆馆长应该保管和管理已经结束任期的历任政府机构的所有文件记录。

适 用

14. 第12条和第13条不适用于由一个政府机构保存用于参考或展览目的的图书馆或博物馆馆藏方面的文件记录。

限制访问枢密院机密

15. 未获枢密院秘书同意，图书档案馆馆长不得将《信息法》第69条第1款规定的女王加拿大枢密院机密提供利用。

民意研究

15.1 按照《财政管理法》第2条规定，每一政府机构在根据所签合同展开的民意研究数据收集工作完成之后6个月内，应该向图书档案馆馆长送交《财政管理法》第40条第2款所规定的书面报告。

盈余资产法

多余出版物

16. 无论《盈余资产法》如何规定，已超过政府机构需求的所有出版物应由图书档案馆馆长统一保存和管理。

《盈余资产法》不适用情形

17. 《盈余资产法》不适用于任何处于图书档案馆馆长保管和管理之下的文件记录或出版物。

财政条款

账　户

18. （1）在加拿大账户中应该有一项称作加拿大国家图书档案馆账户的账目，包括捐赠在内的所有加拿大国家图书档案馆收到的款项都应登记入此。

账户款项拨付

（2）任何依据本法所拨付款项可以划至加拿大国家图书档案馆之账户。

资金使用

（3）本条第（1）款所称款项应该依照所有相关条款及细则使用。

一般条款

核定复本的制作

19. （1）如果图书档案馆馆长根据本条第（2）款规定，需要提供其馆藏中的一个出版物或者一个记录的复制件，图书档案馆馆长在无签名证据或官方性质的证明时，可以保证提供1份与原件具有同等证据价值的复制件。

（2）如果在法院、特别法庭或其他机构依法要求下，图书档案馆馆长可以按需提供满足当事人需求的出版物或记录；考虑到在原件制作及保存和持续利用重要性中存在的风险，图书档案馆馆长可以要求相关法院、特别法庭或其他组织应该确保采取任何为保管和维护其提供的出版物或记录原件所必需的措施，并保证一旦使用完毕即刻归还给图书档案馆。

违反和处罚

违反和处罚

20. （1）任何人违反本法第10条第（1）款或相关规章，或没有遵守第

11 条第（1）款馆长的要求，即属犯罪，可以依照简易程序定罪：

（a）对于个人，按照加拿大《刑法》第 787 条第（1）款进行罚款；

（b）对于机构，按照加拿大《刑法》第 735 条第（1）款进行罚款。

未缴纳罚款的不能监禁

（2）虽然加拿大《刑法》第 787 条第（2）款有相应规定，但对于拒绝缴纳依照第 735 条第（1）款罚款的不能进行监禁。

追讨罚款

（3）依照第（1）款所处罚款是一种对女王陛下的债务支付，可以在任何有管辖区的法院或依议会任何法律规定的任何方式追讨。

21.（对《版权法》的修正）（已修正）

22.（对《信息法》的相关修正）（已修正）

23.（对《信息法》的相关修正）（已修正）

24.（对《信息法》的相关修正）（已修正）

25.《版权法》（已修正）

26.《版权法》（已修正）

27.《退伍军人事务法》（已修正）

28.《消费税条例》（已修正）

29.《财政管理法》（已修正）

30.《财政管理法》（已修正）

31.《历史遗迹古迹法》（已修正）

32.《所得税法》（已修正）

33.《伤残军人补偿法》（已修正）

34.《努温特土地诉求协议法》（已修正）

35.《加拿大议会法》（已修正）

36.《退休金法》（已修正）

37.《隐私法》（已修正）

38.《隐私法》（已修正）

39.《隐私法》（已修正）

40.《隐私法》（已修正）

41.《隐私法》（已修正）

42.《刑事收益（洗钱）及恐怖分子融资法》（已修正）

43.《公共部门赔偿法》（已修正）

44.《公共部门赔偿法》（已修正）

45.《公务员关系法》(已修正)

46.《公务员关系法》(已修正)

47.《退伍军人津贴法》(已修正)

48.《少年刑事审判法》(已修正)

49.《少年刑事审判法》(已修正)

50.《育空原住民土地诉求解决法》(已修正)

51.《育空原住民自治法》(已修正)

过渡条款

职务无续任

52.(1)所有加拿大国家档案馆馆员和加拿大国家图书馆馆员在第55条未生效之前立即暂停其由即将生效的第5条第(1)款所规定之职权。

馆藏移交

(2)所有构成加拿大国家档案馆和加拿大国家图书馆馆藏的出版物和文件记录,依所有适用于这些出版物和记录的条款细则,应立即移交至加拿大国家图书档案馆馆长。

人事延续

(3)每一在第55条生效前由加拿大国家档案馆和加拿大国家图书馆曾聘任的雇员将由加拿大国家图书档案馆续聘。

资金转账

(4)所有在第55条规定生效前由加拿大国家档案馆账户和加拿大国家图书馆特别账户所持有的款项转入加拿大国家图书档案馆账户。

相关表述

(5)除另有规定外,"加拿大国家图书档案馆"在下述规定情形中一律取代"加拿大国家档案馆"和"国家图书馆":

(a)所有在《法定规范法》中第2条规定的条例,以及

(b)其他法律规范,包括:

(i)在执行根据《议会法》授权时制定的;

(ii)根据总督授权制定的。

相关表述

(6)除另有规定外,"加拿大国家图书档案馆馆长"在下述规定情形中一律取代"加拿大国家档案馆馆长"和"国家图书馆馆长":

（a）所有在《法定规范法》中第2条规定的条例，以及

（b）其他法律规范，包括：

（i）在执行根据《议会法》授权时制定的；

（ii）根据总督授权制定的。

相关表述

（7）除另有规定外，所有合同条款或其他文件中的相关表述须按以下处理：

（a）“加拿大国家档案馆”和“国家图书馆”应被称作“加拿大国家图书档案馆”；

（b）“加拿大国家档案馆馆长”和“国家图书馆长”应被称作“加拿大国家图书档案馆长”。

53.（相关修正）（废止）

54.（相关修正）（已修正）

55.（废止）（废止）

56.（废止）（废止）

实　施

实施令

*57. 本法所有条款，除第21条、第53条及第54条之外，自同一日或依加拿大总督之命令之日起生效。

（*注：第21条、第53条及第54条经讨论一致同意在2004年4月22日生效；本法，除第21条、第53条及第54条之外的其他条款将2004年5月21日生效，参见SI/2004－58号条例。）

公共图书馆法*

（最新修订案：2009）

定　义

1. 本法中

第一篇中的“委员会”指公共图书馆联盟、联合会、县级公共图书馆委员会或者县级图书馆联合会；

“县级市”，相对县而言，指组成一个地方县的市级组成部分；

“部长”指文化部部长或者类似由《执行委员会法》规定行使本法管理权的行政委员会成员；

“市”指一个地方市；

“规定”指该条例的相关规定；

“条例”指本法规定的各种条例；

“单列市”，相对县而言，指一个市虽然地理上位于一个县内，但是并不构成这个县的组成部分。❶

第一篇　公共图书馆服务

公共图书馆委员会

公共图书馆延续

2. 依照本法前身（1985 年 3 月 29 日生效的法律）建立的每一个公共图书馆仍遵照本法现有规定运行。❷

公共图书馆的建立

3. （1）市委员会可以依法建立公共图书馆。❸

---

* 庄俊峰，译；田贺龙，校。

❶ R. S. O. 1990，c. P. 44，s. 1；2002，c. 17，Sched. C，s. 24（1）；2002，c. 18，Sched. F，s. 3（1－3）；2009，c. 33，Sched. 11，s. 7（1）.

❷ R. S. O. 1990，c. P. 44，s. 2.

❸ R. S. O. 1990，c. P. 44，s. 3（1）；2002，c. 18，Sched. F，s. 3（4）.

依法呈送部长的复本

（2）依本条第（1）款通过的规章复本应由办事人员及时邮递给部长。❶

委员会

（3）公共图书馆应由委员会管理，该委员会一般在英语中称为（××市）公共图书馆委员会，在法语中则被称为（××市）公共图书馆委员会。❷

联盟委员会

图书馆联盟延续

4. 依照在1985年3月29日之前的有效条款而建立的每一个公共图书馆联盟应继续依照该条款执行。❸

公共图书馆联盟的建立

5.（1）两个及两个以上的市委员会可以就设立公共图书馆联盟制定协议。❹

协　议

（2）依照本条第（1）款制定的协议应具体规定公共图书馆联盟的设立、运作和维持等费用的组成，包括由各个市支付正在服务中的图书馆运行成本。❺

联合委员会

（3）公共图书馆联盟应由联盟委员会管理，该委员会在英语中一般称为（填入合适的名字）公共图书馆联盟委员会，在法语中被称为（填入合适的名字）公共图书馆联盟委员会。❻

公共图书馆委员会的解散

（4）当依照本条第（1）款而制定协议时，

（a）因市而建立的公共图书馆委员会解散，而联盟委员会正是为这些市而建立；以及

（b）这些公共图书馆委员会的资产和负债均由联盟委员会继受和承担，

---

❶ R. S. O. 1990, c. P. 44, s. 3 (2).

❷ R. S. O. 1990, c. P. 44, s. 3 (3).

❸ R. S. O. 1990, c. P. 44, s. 4.

❹ R. S. O. 1990, c. P. 44, s. 5 (1).

❺ R. S. O. 1990, c. P. 44, s. 5 (2).

❻ R. S. O. 1990, c. P. 44, s. 5 (3).

协议另有规定的除外。❶

呈送给部长的协议复本

（5）一旦基于本条第（1）款而制定协议后，应由最多人口的市委员会的办事人员及时将协议复本邮寄给部长。❷

县级图书馆委员会

县级图书馆延续

6. 所有依照本篇之前于1985年3月29日生效的法律而建立的县级图书馆仍然依照本篇而延续。❸

县级图书馆的建立

7.（1）当一个县的2/3以上市委员会基于市政利益的决议，要求该县设立县级图书馆时，县委员会可以依法为这些市设立县图书馆。❹

呈送给部长的附则复本

（2）一旦符合本条第（1）款的附则通过时，办事人员应即刻将该附则的1份复本邮寄给部长。❺

其他内容：协议

（3）当一个县图书馆建立之后，未参与的县级市或单列市委员会可以与县委员会订立协议，以把该县级市或单列市纳入县图书馆服务范围；县委员会应依法修改建立图书馆的规定。

协议内容

（4）依照本条第（3）款订立的协议应该具体规定由县及单列市分别负担县图书馆的设立、运作和维护费用的组成。❻

公共图书馆委员会的解散等

（5）当县图书馆建立之后，

（a）所有为市或其他属于该区域内的单位而设立的公共图书馆委员会和县图书馆合作委员会解散；以及

（b）这些委员会的资产和负债由县图书馆委员会继受和承担，设立此图

---

❶ 2002, c. 18, Sched. F, s. 3 (5).

❷ R. S. O. 1990, c. P. 44, s. 5.

❸ R. S. O. 1990, c. P. 44, s. 6.

❹ R. S. O. 1990, c. P. 44, s. 7 (1).

❺ R. S. O. 1990, c. P. 44, s. 7 (2).

❻ 2002, c. 17, Sched. C, s. 24 (2).

书馆的附则另有其他规定的除外。[1]

同　上

（6）当一个市参加县图书馆建设时，本条第（5）款应作相应的修改。[2]

县图书馆委员会

（7）县图书馆应由委员会管理，该机构在英语中称作（××县）图书馆委员会，在法语中称作（××县）图书馆委员会。[3]

县图书馆合作委员会

县图书馆合作委员会延续

8.（1）所有依照本法前身1985年3月29日之前生效的法律而建立的县图书馆合作委员会仍依本法而存续。[4]

解散后

（2）如果一个县图书馆合作委员会在该县图书馆所在区域具有管辖权，该合作委员会解散，其资产和负债由这个县图书馆委员会继受与承担。[5]

一般原则

公共图书馆委员会的构成

9.（1）公共图书馆委员会应该由至少5位市议会任命的成员组成。[6]

联盟委员会的构成

（2）联盟委员会应该由至少5位由市议会任命的成员组成，相关市议会组成的各个市是依照本法第5条第（1）款制定的协议中约定的比例分摊。[7]

县图书馆委员会的构成

（3）县图书馆委员会应该由至少5位县议会任命的成员组成。[8]

同　样

（4）当一个单列市加入一个县图书馆时，所有这个县图书馆委员会的成员应该由该县议会和单列市议会任命，其比例由该县议会和单列市议会商定而成。[9]

---

[1] 2002，c. 18，Sched. F，s. 3（6）.

[2] R. S. O. 1990，c. P. 44，s. 7（6）.

[3] R. S. O. 1990，c. P. 44，s.

[4] R. S. O. 1990，c. P. 44，s. 8（1）.

[5] 2002，c. 18，Sched. F，s. 3（7）.

[6] 2002，c. 18，Sched. F，s. 3（8）.

[7] 2002，c. 18，Sched. F，s. 3（8）.

[8] 2002，c. 18，Sched. F，s. 3（8）.

[9] 2002，c. 18，Sched. F，s. 3（8）.

县图书馆合作委员会构成

（5）县图书馆合作委员会应该由至少5位县议会任命的成员组成。❶

委员会成员

10. （1）由任命委员会任命的委员会成员须具备以下资格：

（a）年满18周岁；

（b）加拿大公民；

（c）是——

（i）公共图书馆委员会所在市的市民，联盟委员会所在市的市民，属于县图书馆委员会所在市的市民，或者某县图书馆合作委员会所服务区域的市民；

（ii）与委员会按照本法第29条签订合同的市的市民；

（iii）与委员会按照本法第29条签订合同的当地服务委员会所在区域的市民；

（iv）与委员会按照本法第29条签订合同的印第安群体的成员；或者

（v）与委员会签订合同以为其市民购买图书馆服务的二级委员会成员；以及

（d）非受雇于该委员会，或者该市，或者该县，或者联合委员会以及任何相关的城市。❷

委员会理事会成员数量的限定

（2）任命委员会不能任命多于其委员会成员数量的委员，

（a）对于公共图书馆委员会或者联盟委员会，应少于该委员会的半数；以及

（b）对于县图书馆或者县合作图书馆来说，应为委员会的刚过半数。❸

任　期

（3）委员会成员的任期应该与任命委员会的任期相同，或者直到继任者确定，也可以重新获任一届或多届任期。❹

任命时间

（4）新任委员会成员的初次任命应在理事会例会上作出，此后委员会成员应该尽快到任。此后的任命应该在每届理事会第一次会议上作出，若非如

---

❶ 2002，c. 18，Sched. F，s. 3（8）.

❷ R. S. O. 1990，c. P. 44，s. 10（1）；2002，c. 18，Sched. F，s. 3（9）.

❸ R. S. O. 1990，c. P. 44，s. 10（2）.

❹ R. S. O. 1990，c. P. 44，s. 10.

此，应于第一次会议之后60日内的任何一次例会或者特别会议上作出决定。[1]

职位招聘

11.（1）指定市县，或者联盟委员会的办事人员，以及相关市的办事人员应在当地阅读广泛的报纸上刊登委员会职位空缺告示，以招聘新人。[2]

同　上

（2）本条第（1）款规定的告示应该视情以英文或者英法两种文字写成。[3]

（3）（已废除）[4]

职位空缺

12. 当委员会成员出现职位空缺时，任命委员会应即刻任命新人填补空缺直至该任期届满，在该届任职期间未满45日则除外。[5]

取消委员会成员的资格

13. 如果一个委员会成员，

（a）被控有罪；

（b）变得无法胜任岗位职责；

（c）在未经委员会批准情况下，连续3个月缺席委员会会议；

（d）本法第10条第（1）款第（c）项情况下，停止其委员会成员资格；或者

（e）因其他处罚离职

该委员的职位即为空缺，其他在任委员应立即宣告此职位空缺，并随即通告任命委员会。[6]

第一次会议

14.（1）在新一届委员会任期里，第一次会议应由如下人员召集：

（a）如果依照本条第（2）款的附则通过，依照第15条第（2）款委任的主要执行官员；另外

（b）如果没有依照本条第（2）款通过的附则，任命委员会或联盟委员会的秘书，或者是有最多数人口城市的秘书。[7]

---

[1] R. S. O. 1990，c. P. 44，s. 10（4）；2002，c. 18，Sched. F，s. 3（10）.

[2] R. S. O. 1990，c. P. 44，s. 11（1）.

[3] R. S. O. 1990，c. P. 44，s. 11（2）.

[4] 2002，c. 18，Sched. F，s. 3（11）.

[5] R. S. O. 1990，c. P. 44，s. 12.

[6] R. S. O. 1990，c. P. 44，s. 13.

[7] R. S. O. 1990，c. P. 44，s. 14（1）.

重新召集首次会议附则

（2）市议会，或者就联盟委员会而说，其相关市议会的多数可以凭附则授权主执行官依照第 15 条第（2）款在每届新任期负责召集委员会首次会议。[1]

主 席

（3）委员会应该在新一届任期首次会议中选举其中 1 位成员为委员会主席。[2]

执行主席

（4）当主席缺位时，该委员会可以指定其中的 1 位委员会成员作为执行主席。[3]

员 工

15.（1）委员会可以在其认为必要时任命或者辞退雇员，决定聘任期限，确定其薪酬以及规定工作职责。[4]

首席执行官

（2）委员会应该指派一位首席执行官，以负责统一监督引导公共图书馆及其员工的管理，参加委员会的所有会议，完成委员会交派的任务。[5]

秘 书

（3）委员会应该指任一位秘书，负责：

（a）管理该委员会的公文；以及

（b）整理委员会每次会议纪要。[6]

财务主管

（4）委员会应该指派一位财务主管，负责：

（a）接收和计算委员会所有的资金；

（b）在特许银行，信托公司或者委员会所认可的信用社，以委员会的名义开设账户和账目；

（c）代表委员会把接收的资金存入信贷账户；以及

---

[1] R. S. O. 1990, c. P. 44, s. 14 (2).

[2] R. S. O. 1990, c. P. 44, s. 14 (3).

[3] R. S. O. 1990, c. P. 44, s. 14 (4).

[4] R. S. O. 1990, c. P. 44, s. 15 (1); 1993, c. 27, Sched.

[5] R. S. O. 1990, c. P. 44, s. 15 (2).

[6] R. S. O. 1990, c. P. 44, s. 15 (3).

(d) 根据委员会的指示，支付款项。[1]

同　上

(5) 秘书和财务主管可一人兼任，根据本条第（2）款指任的首席执行官既可以兼任秘书，也可以兼任财务主管。[2]

会　议

16. (1) 委员会应该于每年中至少有 10 个月每月举行例行会议，或者于其他时间中在认为有必要时召开会议。[3]

特别会议

(2) 通过书面通知每个委员，具体说明召集会议的合理理由，委员会主席或者任何 2 个委员可以召集委员会特别会议。[4]

(3)，(4) (已废除)[5]

法定人数

(5) 每次会议决定需要委员会委员多数通过。[6]

投　票

(6) 委员会主席或者执行主席可以与其他委员共同对所有问题进行表决，表决票数相等的任何议题即为否决。[7]

开放会议和闭门会议

16.1 (1) 本条中：

"委员会"指任何咨询或者其他委员会、小组委员会或者类似组织，其成员组成中至少有 50% 同为委员会成员；

"会议"指任何一种常规的、特别的委员会或其他委员会所召开的会议。[8]

开放会议

(2) 除本条所涉之外，所有的会议都应该对公众开放。[9]

不当行为

(3) 委员会主席可以因任何人的不当行为而将其驱除会议。[10]

---

[1] R. S. O. 1990, c. P. 44, s. 15 (4).
[2] R. S. O. 1990, c. P. 44, s. 15 (5).
[3] 2009, c. 33, Sched. 11, s. 7 (2).
[4] R. S. O. 1990, c. P. 44, s. 16 (2).
[5] 2002, c. 17, Sched. C, s. 24 (4).
[6] R. S. O. 1990, c. P. 44, s. 16 (5).
[7] R. S. O. 1990, c. P. 44, s. 16 (6).
[8] 2002, c. 17, Sched. C, s. 24 (5).
[9] 2002, c. 17, Sched. C, s. 24 (5).
[10] 2002, c. 17, Sched. C, s. 24 (5).

闭门会议

（4）一个会议或者部分会议内容可以以非公开方式举行，若是该会议的主题事关：

（a）委员会的资产安全；

（b）涉及个人隐私；

（c）委员会提议的或者悬而未决的有关地产的处理问题；

（d）劳资关系或者雇员谈判；

（e）与委员会有关的行政诉讼或者潜在的诉讼；

（f）接受律师特别建议，包括以此为目的必需的交流；

（g）依据其他法律规定，委员会或者委员会理事会可以举行闭门会议的其他情形。❶

其他情形

（5）如果会议主题相关《城市信息自由和隐私保护法》规定的情形，若该委员会或委员会理事会具体负责该法所规定的相关机构，可以举行闭门会议。❷

解决办法

（6）委员会或者委员会的理事会应依照决议，在举行闭门会议或者部分会议内容不对公众开放之前予以阐明：

（a）该闭门会议事项；以及

（b）在闭门会议上所要商议的一般事项。❸

公开会议

（7）除本条第（8）款规定之外，会议表决过程应对公众开放。❹

例　外

（8）会议表决过程可以不对公众开放，如果：

（a）本条第（4）款或第（5）款准许或要求该次会议为闭门会议；以及

（b）属于程序性或者对官员、雇员以及委员会代理人或者委员会理事会代理人，或者与委员会有合同关系的相关人员的一些指导性、说明性的表决。❺

---

❶ 2002, c. 17, Sched. C, s. 24 (5).

❷ 2002, c. 17, Sched. C, s. 24 (5).

❸ 2002, c. 17, Sched. C, s. 24 (5).

❹ 2002, c. 17, Sched. C, s. 24 (5).

❺ 2002, c. 17, Sched. C, s. 24 (5).

语　言

17. 委员会会议语言可以为英文或法文，或者英文和法文两种语言。依照《市政法（2001年）》第247条第（1）款、第（4）款、第（5）款和第（6）款，以及《多伦多城市法（2006年）》第195条第（1）款、第（4）款、第（5）款和第（6）款，若是实际需要，可以根据情形更改。[1]

开　销

18. 委员会可以报销其委员因执行公务而产生的各种合理差旅费及其他开支。[2]

不动产

19. （1）在任命委员会同意下，或者联盟委员会所在市议会多数决议同意下，委员会可以：

（a）依需以购买、租赁、征用或其他形式获得土地；

（b）新建、增建或改建建筑；

（c）因图书馆用途而获得或者新建更大些的建筑，也可以租赁部分额外的建筑；以及

（d）以出售、出租或者其他形式处置该委员会不再需要的土地或建筑。[3]

《征用法》的适用

（2）《征用法》适用于本条第（1）款土地征用情形。[4]

委员会职责

20. 委员会

（a）应该寻求与其他委员会的合作以提供反映社区公共需求的合理、高效的公共图书馆服务；

（b）视情用法语提供图书馆服务；

（c）应该管理一个或更多的图书馆，确保其能够在符合本法规定下运转；

（d）在必要的时候，可以与图书馆保持特殊的服务联系；

（e）负责安排委员会的会议时间、地点、形式、会议进程及整理、保存全面、准确的会议纪要。

（f）应向部长提交年度报告，以及依本法规定或应部长不时之需提交相关报告和信息。

---

[1] 2002，c. 17，Sched. C，s. 24（6）；2006，c. 32，Sched. C，s. 53（1）.

[2] R. S. O. 1990，c. P. 44，s. 18.

[3] R. S. O. 1990，c. P. 44，s. 19（1）.

[4] R. S. O. 1990，c. P. 44，s. 19（2）.

（g）制定条款为委员会的不动产及动产提供保险；

（h）为财务主管提供适当的保护；

（i）可委任其认为合适的委员会。[1]

县图书馆委员会负责分馆管理

21. 县图书馆委员会应管理当地市的分馆，若该市在并入该县图书馆系统前已设有公共图书馆，除非该县委员会和市有关委员会另有约定。[2]

员工福利

退休金

22.（1）依照决议，委员会可以向各层级的雇员，或他们在世的配偶及子女支付抚恤金。[3]

带薪病休政策

（2）依照决议，委员会可以为各层级雇员制定带薪病休抚恤制度，须根据情况符合《市政法（2001年）》第281条规定，或《多伦多城市法（2006年）》第220条的规定，及其相关《市政法（2001年）》和《多伦多城市法（2006年）》的修订条款。[4]

向公众开放的图书馆

23.（1）委员会不能因许可公众进入图书馆和使用图书馆文献而向公众收取费用。[5]

图书馆的免费服务

（2）所有委员会都应该允许公众：

（a）预约、借阅符合规定的流通文献，或者预约、借阅特种文献；以及

（b）无须任何费用使用该委员会认为切实可行的参考咨询服务。[6]

费　用

（3）委员会可以在其认为适当情形下收取如下费用：

（a）非属于本条第（1）款及第（2）款的服务；

（b）使用其建筑中非公共区域；以及

（c）使用居住在非委员会辖区人员提供的服务。[7]

---

[1] R. S. O. 1990, c. P. 44, s. 20; 2009, c. 33, Sched. 11, s. 7 (3).

[2] R. S. O. 1990, c. P. 44, s. 21.

[3] 2006, c. 32, Sched. C, s. 53 (2).

[4] 2006, c. 32, Sched. C, s. 53.

[5] R. S. O. 1990, c. P. 44, s. 23 (1).

[6] R. S. O. 1990, c. P. 44, s. 23 (2).

[7] R. S. O. 1990, c. P. 44, s. 23 (3).

规　定

（4）依照相关条款，委员会可以制定具体规定，包括：

（a）利用图书馆服务规定；

（b）公众准入图书馆规定；

（c）驱除干扰图书馆正常秩序或损坏图书馆财物人员的规定；

（d）罚款规定；

（e）暂停违规读者图书馆使用权；并且

（f）对所有与图书馆及其财物有关的管理事项作出规定。[1]

预　算

24. （1）每年度在规定日期前后，公共图书馆委员会，县图书馆委员会或者县图书馆合作委员会应向其任命的理事会，以理事会规定的方式提交委员会年度预算。[2]

预算批准

（2）由理事会批准或者修改并通过的预算额，应拨付给委员会。[3]

同　上

（3）根据本条第（4）款，委员会应申请依照本条第（2）款批准的预算额拨款。[4]

理事会授权调整

（4）在委员会的预算审批中，或者应委员会随时请求，理事会可以依照本条第（2）款批准委员会申请一定额度或一定比例额度的费用，而非已批准的预算。[5]

同上：联盟委员会

（5）联盟委员会应该向委员会所属每一个市议会提交预算。本条第（1）款、第（2）款、第（3）款及第（4）款视情形同样适用于联盟委员会。[6]

当涉及两个及以上市时

（6）联盟委员会应提交其预算报告，或其相应部分至需要支付其款项的每一个市。如若代表该委员会所属区域人口一半多数的市议会批准或者修改并

---

[1] R. S. O. 1990，c. P. 44，s. 23（4）.

[2] R. S. O. 1990，c. P. 44，s. 24（1）.

[3] R. S. O. 1990，c. P. 44，s. 24（2）.

[4] R. S. O. 1990，c. P. 44，s. 24（3）.

[5] R. S. O. 1990，c. P. 44，s. 24（4）.

[6] R. S. O. 1990，c. P. 44，s. 24（5）.

通过后的预算，对所有市都有约束力。[1]

(7)（已废除）[2]

(8)（已废除）[3]

图书馆债券

25. (1) 基于委员会或联盟委员会在获取土地以新建、修建、改建馆舍，或者为新建图书馆购买图书及其他事项时，应委员会请求，可以由市政债券事务部门筹款。[4]

向理事会提出的申请

(2) 委员会的申请应向理事会或者该委员会所在市议会提出。[5]

理事会对申请的处理

(3) 理事会或者多于1个理事会中的每一个理事会须在收到申请之后首次会议时尽快讨论批准或者不批准；如若在该理事会讨论中表决为等额票数，则视为否决。[6]

债券发行

(4) 如果理事会，或多个理事会中的多数批准该申请，市议会，或者多个市中的拥有最大人口的市议会应该提出债券总额，该数额须为债券发行部门以按照《市政法（2001年）》或者《多伦多城市法（2006年）》规定的方式；或者如若该申请很急迫，任何市议会可以提出其债券发行部门所要求数额的部分比例数额。[7]

县预算：市政贷款

运行成本

26. (1) 由县议会批准的县图书馆委员会用以满足其运行成本的预算，应该包括在该县依据《市政法（2001年）》第289条第（1）款第（d）项规定的数额之内。[8]

税　款

(1.1) 第（1）款所提及的数额应构成该县一般性较高征税的一部分，除

---

[1] R. S. O. 1990, c. P. 44, s. 24 (6).

[2] 2009, c. 33, Sched. 11, s. 7 (4).

[3] 2009, c. 33, Sched. 11, s. 7 (4).

[4] R. S. O. 1990, c. P. 44, s. 25 (1); 1996, c. 32, s. 83 (1).

[5] R. S. O. 1990, c. P. 44, s. 25 (2).

[6] R. S. O. 1990, c. P. 44, s. 25 (3).

[7] R. S. O. 1990, c. P. 44, s. 25 (4); 1996, c. 32, s. 83 (2); 2002, c. 17, Sched. C, s. 24 (11); 2006, c. 32, Sched. C, s. 53 (4).

[8] 2002, c. 17, Sched. C, s. 24 (12).

非并不是该县的所有自治市都参与县图书馆的建设情形下，则第（1）款所提及的数额应当构成该县一项特殊性较高征税的一部分。这部分特殊性较高征税应依据《市政法（2001年）》第311条来征收。第311条适用于县辖自治市以及参与县图书馆体系建设的自治市所开展的全部较高层次目的的可定级评估事项。❶

可以由地方市提供的馆舍

（2）一个或多个市组成的议会可以应县图书馆委员会请求向委员会出租馆舍，可以为委员会建造馆舍发行市政债券，但该建筑物所有权应归属市政；如果委员会和市议会有其他协议，则另议。❷

理事会授权

27. 任何市议会或县议会可以因资金、土地或建筑而向委员会授权。❸

查阅记录

28. （1）依照本条第（2）款，个人可以在工作时间内，于委员会秘书在场的情况下查阅任何记录、书籍、账户及文件。❹

例　外

（2）当负责人按照《城市信息自由和隐私保护法》第6条至第16条应当否决某信息披露时，秘书应该拒绝依照本条第（1）款的查阅，也可以在负责人依照前述法律任何条款规定而可以否决某项披露时，拒绝允许第（1）款所规定的查阅。❺

图书馆服务合同

29. （1）市议会、地方服务委员会或印第安社群理事会，不再设立或维护公共图书馆，而应加入与公共图书馆委员会、联盟委员会或县图书馆委员会，基于向市民或当地服务委员会区域或社群成员提供图书馆服务签订的合同，在其中规定服务条款、条件等。❻

报　告

（2）所有纳入依照本条第（1）款而签订合同的市议会、地方服务委员会或者社群理事会应依本法规定或应部长请求提交报告。❼

---

❶ 2002, c. 17, Sched. C, s. 24 (12).

❷ R. S. O. 1990, c. P. 44, s. 26 (2); 1996, c. 32, s. 83 (3).

❸ R. S. O. 1990, c. P. 44, s. 27.

❹ 2002, c. 18, Sched. F, s. 3 (12).

❺ 2002, c. 18, Sched. F, s. 3 (12).

❻ 2002, c. 17, Sched. C, s. 24 (13); 2009, c. 33, Sched. 11, s. 7 (5).

❼ 2009, c. 33, Sched. 11, s. 7 (6).

对委员会的补助

30.（1）在规定情形下，部长应该向每个委员会基于图书馆目的而拨款补助。❶

同上：此种情形下，该市已签订图书馆服务合同

（2）部长应该基于图书馆目的，向符合规定条件，依照第 29 条第（1）款签订有图书馆服务合同的每一个市、地方服务委员会或印第安社群拨款补助。❷

同上：地区市图书馆

（3）若某地区市已有符合本篇规定的公共图书馆委员会，部长应该基于图书馆目的拨款补助该委员会。❸

同上：印第安社群图书馆或地方服务委员会

（4）在已有公共图书馆的印第安社群或者地方服务委员会的地方，若委员会为符合本篇规定，部长应基于图书馆目的对其拨款补助。❹

第二篇 （第 31 条至第 38 条）（已废除）❺

第三篇 一般原则

规 定

39. 议会副议长可以对下列事项进行规定：

（a）规定立法机关拨付给图书馆的所有资金分配；

（b）规定补助金支付管理条件；

（c）规定公共图书馆的建立、组织、管理、馆舍及条例；

（d）依照第 23 条第（2）款第（a）项规定流通书籍及其分类。❻

特别图书馆服务委员会

40.（1）部长可以设立一个特别图书馆服务委员会，提供其指定的资源

---

❶ R. S. O. 1990, c. P. 44, s. 30（1）.

❷ R. S. O. 1990, c. P. 44, s. 30（2）; 2002, c. 18, Sched. F, s. 3（14）.

❸ R. S. O. 1990, c. P. 44, s. 30（3）.

❹ R. S. O. 1990, c. P. 44, s. 30（4）.

❺ 2009, c. 33, Sched. 11, s. 7（7）.

❻ R. S. O. 1990, c. P. 44, s. 39.

或服务，或基于图书馆目的而批准特别图书馆服务委员会的立法拨款。❶

给部长的信息

(2) 依照本条第 (1) 款建立的特别图书馆服务委员会应该应部长要求向其提交任何所需信息。❷

多伦多公共图书馆委员会

(3) 多伦多公共图书馆委员会应属于一个特别图书馆服务委员会，可以为安大略图书馆社区提供图书馆资源及服务。❸

对违规委员会补助金的限制

41. 若委员会在任何财政年度内违反本法或相关规定，部长可以对其该年度全部或部分法定补助金予以限制。❹

部长解散权

42. (1) 部长可以解散一个公共图书馆委员会、联盟委员会、县图书馆委员会或县图书馆合作委员会，如果该委员会在此之前 2 年内未对图书馆进行维护和管理。❺

同 上

(2) 若其辖区内安大略图书馆服务已不复存在，部长可以解散该图书馆服务委员会。❻

委员会解散后的资产和负债

(3) 当委员会依照本条第 (1) 款解散后，其资产和负债由该市县承受与负担，或者由部长指导下，在联盟委员会所属各市之间进行权益和义务分配。❼

同 上

(4) 当一个委员会依照本条第 (2) 款解散后，其资产和负债由安大略皇室继受和承担。

---

❶ R. S. O. 1990, c. P. 44, s. 40 (1).

❷ 2009, c. 33, Sched. 11, s. 7 (8).

❸ R. S. O. 1990, c. P. 44, s. 40 (3); 1997, c. 26, Sched.

❹ R. S. O. 1990, c. P. 44, s. 41.

❺ R. S. O. 1990, c. P. 44, s. 42 (1).

❻ R. S. O. 1990, c. P. 44, s. 42 (2).

❼ R. S. O. 1990, c. P. 44, s. 42 (3); 2002, c. 18, Sched. F, s. 3 (16).

出版物法定呈缴条例*

加拿大遗产部部长，依照《加拿大国家图书档案馆法》第10条第（2）款，特此制定《出版物法定呈缴条例》。

2006年12月11日，魁北克，加蒂诺
贝弗利·J. 欧德
加拿大遗产部部长

解　释

1. 如下定义适用于本条例。

法　案

"法案"指《加拿大国家图书档案馆法》。

出版者

"出版者"指在加拿大制作出版物并获授权对其出版物可再生产的人，但不包括出版物发行者。

呈缴——非纸质出版物

2. 为了使图书档案馆馆长利用非纸质媒介使用出版物及其内容，出版者应该：

（a）在向图书档案馆馆长提供出版物复本之前，

（i）对出版物中加密数据解密，以及

（ii）解除或禁用限制访问出版物的安全系统或设备；

（b）当向图书档案馆提供出版物复本时，

（i）提供由该出版者制作的为使用该出版物所必需的软件复本，

（ii）提供1份技术或者使用该出版物所必需的其他信息复本，包括与出版物随附的手册复本，以及

（iii）提供有关该出版物任何有用的描述性的数据，包括题目、创作者、语言、出版日期、格式、主题和版权信息。

呈缴——1份复本

3. 除本条例第4条所描述的出版物种类外，出版者根据《加拿大国家图书档案馆法》第10条的规定，对以下种类出版物呈缴1份复本：

---

* 庄俊峰，译；田贺龙，校。

（a）音乐和语音制品；

（b）由两种及以上不同实物形式组成的多媒体出版物；

（c）不多于100份复本的出版物；

（d）按需对原版出版物进行再生产且不多于100份的复本；以及

（e）在线出版物。

呈缴要求

4. 出版者根据《加拿大国家图书档案馆法》第10条第（1）款的规定，对以下种类出版物义务呈缴2份复本：

（a）不多于4份的非在线出版物的出版物；

（b）在加拿大生产或发行的纸质出版物，以及带有加拿大出版者印记的纸质出版物；

（c）在加拿大制作或者发行的录音制品，以及不包含加拿大内容或者主要角色（如作曲家、艺术家、讲述者、指挥、乐队、演员、作家、词作者或者制片人）不是加拿大人的作品；

（d）重印本或者与已呈缴本无重大不同的出版物；

（e）纸质报纸；

（f）活动、事件的计划书；

（g）作者、艺术家或者出版者采用截然不同的创意过程制作的艺术作品或者其他作品；

（h）商业目录、广告、宣传材料、说明书和价格单；

（i）运输服务时刻表；

（j）无附配文本的空白簿本或空白表格；

（k）日历和无附配文本的议事日程；

（l）长条稿样复本、未完成的作品、未定稿版和草稿；

（m）学生报告、论文以及其他因课程要求而创作的作品；

（n）没有文本的图画书和儿童剪纸书；

（o）新闻稿和通告；

（p）地方通讯，主要包括由协会组织、教区、雇员团体、居民委员会或学校联盟出版的出版物；

（q）会议纪要和章程；

（r）海报和广告横幅；

（s）图案、模型、计划和蓝图；

（t）书签；

（u）明信片；

（v）中小学年鉴；

（w）游戏；

（x）网络会议议程，邮件群发通讯录，公告牌和电子邮件；

（y）包括门户网站、个人网站、服务站点、内部网在内的网站，以及主要由链接到其他网站站点组成的网站；以及

（z）动态数据库和元数据。

废 除

5.（已废止）

生 效

6. 本条例于 2007 年 1 月 1 日生效。

版权法（节译）*

1. 本法可以引称为《版权法》。

术语释义

定 义

2. 本法中

“图书馆、档案馆和博物馆”指

（a）这样的一个机构，即无论其是否为注册公司，都不能是为营利而设立或经营，或者是属于一个对公众或研究者开放的收藏文献等材料的营利性机构，或为其直接或间接管理或控制也非为允许；或

（b）法规规定的任何其他非营利性机构。

图书馆、档案馆和博物馆馆藏的管理和维护

30.1（1）图书馆、档案馆或博物馆，或个人依照图书馆、档案馆或博物馆授权基于保存或管理之需，对其所拥有的永久馆藏或其他图书馆、档案馆或

---

* 庄俊峰，译；田贺龙，校。

博物馆永久馆藏，为永久收藏而以出版或非出版形式制作该藏品的复本或类似复制物，不构成侵犯版权：

（a）如果原版极少或未出版，或者

（i）状况持续恶化，已损坏或丢失，或

（ii）具有可能持续恶化或损坏或丢失的风险；

（b）基于现场使用，因为条件所限或藏品保存环境条件所要求而无法放映、翻阅、收听原版；

（c）假如原版格式现在已过时，或者使用原版所需技术现已无法可得，则使用可替代的形式；

（d）为内部记录保存和编目的目的；

（e）因为保险目的或警察调查；或

（f）基于修复的必要。

限　制

（2）本条第（1）款中第（a）项至第（c）项不适用于如下情形：基于商业应用媒介而制作的复本，以及基于第（1）款目的而制作的具有相当品质的复本。

中间复本的销毁

（3）若一个人为制作第（1）款所述各种情形中的复本而不得不制作中间版本，则其必须在一旦不再需要这些版本时立即予以销毁。

规　则

（4）总督应对依照第（1）款制作复本的相关程序作出具体规定。

研究与个人学习

30. 2（1）图书馆、档案馆或博物馆及个人依授权代表任何个人做其可依照第29条或第29.1条的行为而不认为是侵犯版权。

为研究进行的文章复制

（2）如下不为侵犯版权行为，如果图书馆、档案馆或博物馆及个人依照图书馆、档案馆或博物馆的规定，应任何人基于研究或学习的请求，对某作品制作复印品，该作品可以是或部分是公开发表在如下出版物中的文章：

（a）学术、科技期刊；或

（b）除学术、科技期刊之外的报纸、杂志，须为在复制之前业已发行超过1年期的报纸、杂志。

限　制

（3）第（2）款中第（b）项所述不适用于小说、诗歌、喜剧或音乐一类作品。

条 件

(4) 图书馆、档案馆或博物馆可以基于第 (2) 款在如下情形中制作复制品:

(a) 该复制品所交付之人须同意其不会非因研究或学习而使用该复制品;而且

(b) 仅向该人提供该作品的单份复制品。

其他图书馆的读者等

(5) 图书馆、档案馆或博物馆及个人依图书馆、档案馆或博物馆规定可以代表另一个图书馆、档案馆或博物馆的读者即个人依照第 (1) 款或者第 (2) 款对相关印制品依需而为,但此复制品须非为电子版形式。

中间复本的销毁

(5.1) 凡因制作第 (5) 款所述相关作品的复本而产生的中间复本,应在复本提交给读者之后予以销毁。

规 则

(6) 总督应依本条目的而制定如下规则:

(a) 对 "报纸" "杂志" 作出定义;

(b) 对学术、科研以及技术类期刊作出定义;

(c) 对根据第 (1) 款和第 (5) 款采取行动的记录信息以及该信息保存方式、形式作出规定;

(d) 对第 (4) 款所述条件的满足方式、形式作出规定。

30.3 (1) 教育机构或图书馆、档案馆或博物馆在如下情形中,不构成侵犯版权:

(a) 用印刷形式复印机器制作作品的复制品;

(b) 该机器为教育机构、图书馆或档案馆于其场所安装或批准安装,以供其本机构学生、教师和员工或使用这些机构服务的人们使用的机器;

(c) 在规定的地方以规定的形式张贴公告提醒版权保护。

申 请

(2) 第 (1) 款仅适用于影印复制等:

(a) 与为确保许可使用的版权所有者授权的代表团体签署协议的教育机构、图书馆、档案馆或博物馆;

(b) 委员会依照本法第 70.2 条确定所有的特许权使用费、有效期限和许可条件;

（c）依照本法第70.15条批准的收费标准；或者

（d）集体著作权协会根据本法第70.13条协议确定的收费标准。

（3）当集体著作权协会提出或者已经开始本条第（2）款第（a）项的协商，委员会可以应各方请求，命令教育机构、图书馆、档案馆或博物馆在规定的时期内视同本条第（1）款所指机构。

与著作权人达成的协议

（4）在教育机构、图书馆、档案馆或博物馆已经加入与著作权所有者而不是相关复制协会的协议时，本条第（1）款的规定仅适用于协议所涉著作权所有者的作品。

规　则

（5）总督应基于本条第1款第（c）项目的，依照规定阐释公告张贴、地点的方式，以及公告的尺寸、形式与内容。

教育机构中的图书馆、档案馆和博物馆

在教育机构中的图书馆等的应用

30.4 为明确起见，如下部分条款：第29.4条至第30.3条，以及第45条所规定侵犯版权的例外情形，也适用于归属于某类教育机构的图书馆、档案馆或博物馆。

加拿大国家图书档案馆

特许行为

30.5 根据《加拿大国家图书档案馆法》，加拿大图书档案馆馆长如下所为不属于侵犯版权：

（a）符合该法第8条第（2）款规定，为保存之需而制作某作品或藏品的代表性的样本；

（b）实现该法在第2条所定义的出版物复本的固化，这是为该法第10条第（1）款相关通信所涉内容。

（c）基于该法第11条之目的，制作该条第（2）款所规定的记录复本；或者

（d）当如《广播法》第2条第（1）款所定义的广播公开播放作品或类似作品时，对其播放的内容制作复制品。

例　外

45.（1）尽管本法另有规定，下列情形为例外，视为合法：

（a）基于个体使用目的可以进口不超过两份某作品或题材的复制品，但该复制品须为在其制作国已获得版权所有者同意；

（b）为供加拿大政府或各省政府使用，进口其制作国已获版权授权的复制品；

（c）基于图书馆、档案馆、博物馆或教育机构使用的要求，在某作品或其他题材的复制品在加拿大制作出来之前的任何时候，进口除书籍之外的，其制作国已获版权授权的复制品；

（d）基于图书馆、档案馆、博物馆或教育机构使用而进口某书不多于1份的复制品，该复制品须是其制作国已获得版权授权；

（e）进口任何除在教育机构内教学过程中的科技、学术教科书之外的使用过的书籍复制品，该复制品须其制作国已获版权授权。

15 美　国

博物馆与图书馆服务法*

第一节　总　则

§9101　*一般定义*

在本章使用的：

(1) 被确定为淫秽的

“被确定为淫秽的”是指经美国有管辖权法院的、终审裁决的法庭记录中被确定为淫秽的。

(2) 数字素养技能

“数字素养技能”是指使用技术为用户寻找、评估、组织、创建以及传递信息的相关技能。

(3) 署长

“署长”是指依照本编[1]第9103条规定任命的博物馆与图书馆服务署(The Institute of Museum and Library Services) 署长。

(4) 终审判决

“终审判决”是指某一判决——

(A) 没有被其他有权重审的法院重审；或者

(B) 不应当由其他法院重审。

(5) 印第安部落

“印第安部落”是指《阿拉斯加原住民理赔法》(《美国法典》第43编第1601条)(*The Alaska Native Claims Settlement Act*) 定义的任何宗族、宗族群、部落或其他组织或共同体，包括任何阿拉斯加州原住村庄、区域自治机构或村落自治机构。经内政部部长确认，“印第安部落”享有美国基于印第安居民的特殊身份向其提供专门项目和服务的资格。

---

* 张维，译；卢海燕，校。

[1] 本法中如无特殊说明，“本编”系指《美国法典》(*United States Code*) 第20编，其余条款同。

（6）署

“署”是指依照本编第 9102 条设立的博物馆与图书馆服务署。

（7）博物馆与图书馆服务委员会

“博物馆与图书馆服务委员会”是指依照本编第 9105a 条设立的博物馆与图书馆服务委员会。

（8）淫秽的

仅就某一项目而言，“淫秽的”是指——

（A）用现代社会普通人的标准衡量，该项目总体上是宣扬色情的；

（B）以公然冒犯的方式描绘或者描述性行为的；以及

（C）总体来说，缺乏严肃的文学、艺术、政治或科学价值。

§ 9102 博物馆与图书馆服务署

（a）设立

在国家艺术和人文基金会（The National Foundation on the Arts and the Humanities）设立博物馆与图书馆服务署。

（b）办公室

博物馆与图书馆服务署由博物馆服务办公室和图书馆服务办公室组成。

（c）博物馆与图书馆服务委员会

依照本编第 9105a 条的规定，在博物馆与图书馆服务署成立国家博物馆与图书馆服务委员会。

§ 9103 博物馆与图书馆服务署署长

（a）任命

（1）一般规定

博物馆与图书馆服务署由署长领导，经参议院提名并通过后，由总统任命。

（2）任期

署长每届任期为 4 年。

（3）资格

自 1996 年 9 月 30 日任命的第一任署长后，随后的人选任命，应当从具备图书馆和信息服务相关专业技能的人员中任命。自 1996 年 9 月 30 日任命第二任署长后，随后的人选任命，应当从具备博物馆服务相关专业技能的人员中任命。

（b）薪金

署长的薪金应当按照第 5 编[1]第 5314 条中行政职位薪金级别表第 3 级所规

---

[1] 本法中如无特殊说明，“第 5 编”系指《美国法典》（*United States Code*）第 5 编，其余条款同。

定的标准发放。

（c）职责和权力

（1）首要职责

制定和实施相关政策，以确保博物馆、图书馆和信息服务能够充分满足美国国民对信息、教育、研究、经济、文化的基本需求。

（2）职责

除履行第（1）项所述首要职责外，署长还应当履行以下职责：

（A）为总统、国会和其他联邦机构或办公室提供关于博物馆、图书馆及信息服务方面的建议，以确保知识的创造、保存、组织和传播；

（B）参与对联邦、州和地方政府机构以及私营团体的评估，确定博物馆、图书馆及信息服务是否满足美国公众需求，并协调相关计划、政策和活动以有效满足公众需求；

（C）实施研究和发展项目，开展数据收集和财政援助，以扩展和改善为美国公众提供的博物馆、图书馆及信息服务；以及

（D）确保博物馆、图书馆及信息服务能够完全融入到美国的信息和教育基础设施当中。

（d）禁止授权

对不属于博物馆与图书馆服务署的官员或雇员，署长不得委托授权。

（e）机构间协议

署长可以进行以下机构间的协议——

（1）或有偿或无偿，加入机构间的协议，以推动或协助与博物馆、图书馆及信息服务有关的其他联邦机构的活动；以及

（2）依照本章规定，支付第（1）项中各项活动成本。

（f）协调

署长应确保博物馆与图书馆服务署的政策和活动，与联邦政府的其他机构或办公室改善博物馆、图书馆及信息服务的宗旨和责任相协调。必要的时候，署长应确保此类政策和活动与以下项目和活动之间的协调——

（1）本编第6383条规定的活动；

（2）《学前教育法》（*The Head Start Act*）所规定的项目和活动［包括该法第641条第（d）款第（2）项中的第（H）目第（vii）段和第（J）目第（iii）段所规定的项目和活动］；

（3）《劳动力投资法（1998年）》（*The Workforce Investment Act of* 1998）规定的活动［包括该法第134条第（c）款规定的活动］；

（4）旨在增强博物馆、图书馆和信息服务能力的联邦项目和活动，此类项目和活动在经济和社会发展、教育和研究、提高数字素养技能和传播健康信息中发挥着重要作用。

（g）机构间协作

署长应当与劳工部部长、教育部部长、联邦小企业署署长、联邦通讯委员会主席、国家科学基金会主席、卫生及公共服务部部长、国务卿、国家环保总署署长、内政部部长、城市和住建部部长、国家艺术基金会主席、国家人文基金会主席和行政管理与预算局局长等联邦部门或机构的负责人，或是其指派的人，开展如下合作——

（1）为图书馆开展的劳动力发展活动提供行动上、物质上和技术方面的支持；

（2）通过资源和政策的途径消除障碍，以充分发挥博物馆和图书馆在支持早期教育、素养教育、终身学习、数字素养技能、劳动力发展以及美国公众教育需求中的作用；以及

（3）为博物馆开展的教育、文化、历史、科学、环境以及其他活动，提供行动上、物质上和技术方面的支持。

（h）制定规章

为贯彻执行本章的规定，署长可以颁布必要的和适当的规则和规章。

（i）申请程序

（1）一般规定

根据本章的规定有资格接受财政援助的个人或机构，应当依照署长制定的程序规则提交一份申请。

（2）审查和评估

署长应当为审查和评估依照本章规定提交的申请制定程序。博物馆与图书馆服务署和署长在制定、修改和废止本章规定的程序中，具有自由裁量权。在制定这些程序时，署长应当确保评估申请的标准与本章的目的相一致，同时考虑到尊重美国公众的不同信仰和价值观的一般标准。

（3）被确定为淫秽项目的处理

（A）一般定义

本款第（2）项描述的程序应当包括，明确规定淫秽是指没有重大文学、艺术、政治或科学价值，以及不受言论保护的条款。

（B）禁止性规定

依照本节的规定提供的财政援助，不得提供给任何被确定为淫秽的项目。

（C）未批准的申请的处理

任何未被批准的申请者的项目，不得解释为或视为，是或不是淫秽的证据。

§9104 副署长

图书馆服务办公室应当由1名副署长领导，副署长由署长在具有图书馆学及图书馆和信息服务专业学位的人员中任命。博物馆服务办公室应当由1名副署长领导，副署长应当由署长在具有博物馆服务专业知识的人员中任命。

§9105 人　事

（a）一般规定

为履行博物馆与图书馆服务署的职责，署长可确定并依据第5编的规定，决定雇员的薪金。

（b）技术和专业雇员的任命和薪金

（1）一般规定

除第（2）项规定之外，署长确定履行职责所必要，可任命技术和专业雇员，无须执行第5编有关竞争性服务领域人员任命的条款，以及本编第51章或第53章第3节有关普通职位薪金级别分类的条款规定。

（2）职数和薪金

（A）一般规定

依照第（1）项的规定任命和发放薪金的雇员职数，不能超过博物馆与图书馆服务署全日制或专业雇员职数的1/5。

（B）薪金等级

（i）一般规定

除第（ii）段规定之外，依照第（1）项规定任命和发放薪金的雇员的基本薪金等级不能超过第5编第5332条中普通职位薪金级别表GS－15所规定的水平。

（ii）例外

依照第（1）项的规定，署长可以任命不超过3名雇员，这些雇员的基本薪金等级可超过上面第（i）段所规定的等级，但是不能超过第5编第5315条中行政职位薪金级别表第4级所规定的有效的基本薪金等级。

（c）志愿服务

署长可以接受和使用个人志愿服务，并且补偿个人差旅费和每日津贴。对不定期为联邦政府服务的受雇人，根据第5编第5703条规定，给予相同标准的补偿和津贴支付。

（d）专家和顾问

署长有权按照第5编第3109条的规定，聘请专家和顾问，包括聘请专家组。

§9105a 国家博物馆与图书馆服务委员会

（a）设立

在博物馆与图书馆服务署设立“国家博物馆和图书馆服务委员会”（National Museum and Library Services Board）。

（b）成员构成

（1）职数和任命

国家博物馆与图书馆服务委员会由以下成员组成：

（A）主任。

（B）副主任，分管图书馆服务办公室。

（C）副主任，分管博物馆服务办公室。

（D）经参议院提名并通过，由总统任命的10名成员，这些成员应为美国公民，并且在教育、培训方面具有专长，或是具有图书馆服务经验，或者为图书馆事业作出过贡献。

（E）经参议院提名并通过，由总统任命的10名成员，这些成员为美国公民，或具有教育、培训专业资质，或具有博物馆服务经验，或为博物馆事业作出过贡献。

（2）资格

（A）图书馆成员

依照本款第（1）项第D目的规定任命博物馆和图书馆委员会的成员——

（i）5名专业图书馆员或信息专家，其中——

（I）不得少于1名精通电子信息和图书情报服务与科学的专家；以及

（II）不得少于1名了解服务水平低下社区对图书馆情报服务需求的专家；以及

（ii）其余人员应具有满足美国图书情报服务需求的能力和知识。

（B）博物馆成员

依照第（1）项第E目的规定任命博物馆和图书馆委员会的成员——

（i）5名应当是，或者熟悉以下领域的博物馆专家——

（I）能共同的、广泛代表图书馆、博物馆的管理者，熟悉相关收藏、教育，以及美国的文化资源；或者

（II）能共同的、广泛代表各种类型博物馆，包括与博物馆相关的科学，历史、科技、艺术、动物学、植物学以及专为儿童设计的博物馆；以及

（ii）其余的人应当是具有广泛的知识、专业技能，以及在博物馆方面具有一定经验或对博物馆有贡献的人。

（3）地理区域和其他代表

博物馆与图书馆委员会成员的任命应当考虑美国不同地域的代表性。博物馆与图书馆委员会的成员组成，同一州的成员代表在任何时候不得超过3名。总统任命时，应当对博物馆和图书馆领域的妇女、少数民族以及残疾人代表给予公正合理的考虑。

（4）表决

主任、分管图书馆服务办公室的副主任和分管博物馆服务办公室的副主任均无投票权。

（c）任期

（1）一般规定

依照本条第（b）款第（1）项第（D）目或第（E）目的规定任命的博物馆与图书馆委员会成员一届任期为5年。

（2）任期调整

总统在必要时可应需调整博物馆与图书馆服务委员会成员的任期，并确保任届期满成员在同一年不超过4名。调整应当与任命同时进行。

（3）空缺职位

任何获任命以填补空缺的成员的任期应为其前任余下的任期。

（4）重新任命

连续7年担任博物馆与图书馆委员会的非任命成员，应当重新任命。

（5）服务到继任者就职

除非本款另有规定，任何博物馆与图书馆服务委员会成员，应在其任期届满后继续任职，直到继任者就职为止。

（d）职责和权力

（1）一般规定

博物馆与图书馆服务委员会针对博物馆与图书馆服务署有关博物馆、图书馆和信息服务的责任、权力，向署长提出一般性政策建议。

（2）国家奖项和奖章

博物馆与图书馆服务委员会应当就本编第9107条规定的国家奖项和奖章的授予向署长提出建议。

（e）主席

博物馆与图书馆服务委员会主席应当由署长担任。

（f）会议

（1）一般规定

博物馆与图书馆服务委员会应当在署长的召集下，每年召开的会议不少于2次。

（2）表决

博物馆与图书馆服务委员会每一项关于其职责和权力行使的决定，均应当由出席且经授权的委员会成员多数票通过。

（g）法定人数

正式会议中，博物馆与图书馆服务委员会有投票权的多数成员构成法定人数，少数成员则可以举行听证会。

（h）薪金和差旅费

（1）薪金

为非联邦政府职员或雇员的博物馆与图书馆服务委员会的成员，履职期间（包括出差时间），可以获得由总统决定薪金等级的薪金，但是不得超过第5编第5108条规定的普通薪金级别表GS－15以上职位最高薪金等级的日薪金。为联邦政府全职职员或雇员的博物馆与图书馆服务委员会的成员，不得因其对博物馆与图书馆服务委员会的服务，获得额外的报酬、津贴或其他利益。

（2）差旅费

每位博物馆与图书馆服务委员会的成员，均应获得包括与第5编第57章第1节规定相一致的适当的每日费用在内的差旅费。

（i）协调

署长应根据博物馆与图书馆服务委员会的建议，对本编第9103条第（f）款和第（g）款所规定的政策和活动的发展与实施，进行组织协调。

§9106 捐 赠

博物馆与图书馆服务署有权以美国名义请求、同意、接受赠礼、遗产、遗赠款或其他财产与服务，或据此进行投资。有权利用此类财产与服务以促进职能履行。

捐赠者或捐赠者代理人应将获准捐赠的赠礼、遗产、遗赠款支付给署长。

署长应将所获收入存入博物馆与图书馆服务署专设付息存款账户，以用于专项目的。

§9107 奖项和奖章

署长可以根据博物馆与图书馆服务委员会的建议，每年对为社会作出重大贡献的、杰出博物馆和图书馆员，授予国家奖项和奖章。

§9108 政策研究、分析、数据收集和传播

（a）一般规定

署长应每年开展政策研究、分析和数据收集，以拓展和改进国家的博物馆、图书馆及信息服务。

（b）要求

开展政策研究、分析和数据收集工作，应由署长酌情决定与下列机构进行合作与协商——

（1）州图书馆行政机构；

（2）国家、州及地区的博物馆和图书馆组织；以及

（3）其他相关的机构和组织。

（c）目标

开展政策研究、分析和数据收集旨在——

（1）明确国家对博物馆、图书馆及信息服务发展趋势的需求；

（2）评估并报告博物馆、图书馆及信息服务在美国各方面的影响和成效，包括根据本法授权的联邦项目的影响；

（3）确定最佳实践案例；以及

（4）制定发展计划，以改善美国的博物馆、图书馆和信息服务，加强国家、州、地方、区域和国际交流与网络合作。

（d）传播

为完成第（c）款目标，署长每年可依本条规定对政策研究、分析和数据收集工作的成果进行广泛传播。

（e）合同授权

署长被授权以下行为——

（1）为完成第（c）款规定的目标，与联邦机构、其他公共或私营机构，签署合同、拨款或合作协议；以及

（2）视情决定，以适当的形式出版和传播根据第（1）项规定完成的报告、调查、研究和其他成果。

（f）拨款授权

（1）一般规定

为执行本条规定，2011 财政年度拨款 350 万美元，从 2012 年到 2016 年的每一财政年度，按照与 2011 年同等额度拨付。

（2）资金使用

任何财政年度根据第（1）项拨付的款项，都有保留的义务，直到用尽为止。

§ 9109 资金使用的禁止性规定

为执行本章、本章第 2 节或第 3 节所使用的资金，不得用于拨付建设款项。

§ 9110 听证会

为执行本节规定，署长有权视情决定在任何时间、任何地点举行听证会。

§ 9111 行政事业经费

除非本章另有规定，署长应专设账户，用以支付执行本章规定的联邦行政管理成本，账户存款额度不得超过依照本编第 9108 条第（f）款、第 9123 条和第 9176 条规定所拨付资金总数的 7%。

第二节 图书馆服务与技术

§ 9121 目 的

本节据以下目的制定——

（1）加强与博物馆和图书馆服务相关的联邦项目之间的协调；

（2）促进所有类型图书馆不断改进服务，以便更好地为美国公众提供服务；

（3）帮助使用各类图书馆资源，以实现培养公民文化素养的目的；

（4）鼓励各类型图书馆之间资源共享，为公众提供经济高效的图书馆服务；

（5）促进公民文化素养、教育和终身学习能力的提高，扩大图书馆服务以及与劳动力发展、21 世纪技能和数字素养技能等相关的资源；

（6）增强图书馆员工技能，吸纳图书馆情报服务领域专业人才；

（7）确保以各种形式保存知识及图书馆馆藏，使图书馆能在灾难期间为公众提供服务；

（8）加强图书馆在美国信息基础设施中的作用，为研究、教育和创新提供支持；以及

（9）推动图书馆服务，即通过国家、州、地方、地区、国际间合作，以及互联网为用户提供获取信息的服务。

§ 9122 定 义

本节中使用的定义：

（1）图书馆

“图书馆”包括——

（A）公共图书馆；

（B）公立小学或中学图书馆；

（C）高等院校图书馆；

（D）本节意义下的研究型图书馆，包括——

（i）公开提供适用于学术研究的图书馆服务和文献，而不向其他公众提供；以及

（ii）并非高校教育机构所必需的部分；以及

（E）私人图书馆或其他专业图书馆，但是只在州确定此类图书馆符合本节规定的情况下。

（2）图书馆联盟

“图书馆联盟”是指任何地方的、全州的、地区的、各州之间的，以及国际间的图书馆联合协作的实体。致力于改进图书馆服务，为学校图书馆、公共图书馆、高等院校图书馆、专业图书馆和信息中心提供系统有效的资源服务。

（3）州

除非另有指定，本章所指的“州”包括美国 50 个州、哥伦比亚特区、波多黎各、美属维尔京群岛、关岛、美属萨摩亚、北马里亚那群岛、马绍尔群岛共和国、密克罗尼西亚联邦，以及帕劳共和国。

（4）州图书馆管理局

“州图书馆管理局”是指依州法律规定、具有发展全州公共图书馆服务职能的官方机构。

（5）州计划

“州计划”是指确保官方指定的州图书馆管理局管理本节涉及的所有方面，而赋予其财政上和法律上的权力和能力，保障州政策、优先权、准则的确立，且是实施本节所有项目必经的程序，提交符合博物馆与图书馆服务署署长颁布规章的要求的审批复本，确定州图书馆需求，以及采取措施满足所确定的需求，按照本节规定由联邦基金协助支持的文件。

§ 9123 拨款授权

（a）一般规定

授权拨付以下款项——

（1）2011 财政年度为开展本节第 1 部分、第 2 部分和第 3 部分的项目，共拨款 2. 32 亿美元，从 2012 年到 2016 年，这三部分项目每一财政年度的拨款总额与 2011 年财政年度相同；

（2）2011 财政年度为开展本节第 4 部分的项目拨款 2450 万美元，从 2012

年到 2016 年，这一部分项目每一财政年度的拨款额度与 2011 年财政年度相同。

（b）远期资金

（1）一般规定

为图书馆事务和项目争取联邦财政援助，是联邦、州政府及地方官员的最终责任。本节所述的资助、合同或其他付款项目，都应该包含在项目执行完毕之前的财政年度授权法案之中。

（2）额外拨款的授权

为执行第（a）款授权的拨款计划，本条款的适用，可能会导致在一个财政年度内，为本节中连续两个财政年度进行的项目单独拨款（无论是依据相同的拨款法案或以其他方式）。

第一部分　基本项目要求

§ 9131　保留与分配

（a）保留

（1）一般规定

来自依照本编第 9123 条的规定授权的每一财政年度的拨款数额，署长——

（A）应当依照本编第 9161 条的规定保留 1.75% 作为奖金；以及

（B）应当依照本编第 9162 条的规定保留 3.75% 用于国家级补助或合同执行。

（2）专门规定

如果依照本款第（1）项第（B）目的规定在一个财政年度内保留的资金，到该财政年度结束时尚未负有债务，那么这些资金应当依照本条第（b）款的规定分配给下一个财政年度。

（b）分配

（1）一般规定

署长应当根据第（3）项的规定，从本编第 9123 条拨付款总额中［而非本条第（a）款规定的财政年内保留的资金］分配每个州不低于最低分配额度的份额。任何分配剩余的资金，应根据第（2）项规定的方式进行分配。

（2）剩余资金

署长应当从本编第 9123 条授权拨付款总额的剩余资金中［而非本条第（a）款规定的财政年内保留的资金以及依照第（1）项规定分配的资金］按照

各州人口占全美人口的比例，给予各州额度分配。

（3）最低分配额度

（A）一般规定

根据本款规定之目的，每个州的最低分配额度应当为 68 万美元，但是，美属维尔京群岛、关岛、美属萨摩亚、北马里亚那群岛、马绍尔群岛共和国、密克罗尼西亚联邦以及帕劳共和国的最低分配额度为 6 万美元。

（B）按比例减少

尽管第（A）目有规定，但如果依照本编第 9123 条授权拨付的款项（不是依照本条第（a）款的规定留存的款项）不足以满足第（A）目的要求，那么最低分配份额就应当按比例减少。

（C）专门规定

（i）一般规定

尽管本款有其他规定，以及依照本款规定使用分配给马绍尔群岛共和国、密克罗尼西亚联邦和帕劳共和国的资金，博物馆与图书馆服务署署长应当向美属维尔京群岛、关岛、美属萨摩亚、北马里亚那群岛、马绍尔群岛共和国、密克罗尼西亚联邦或帕劳共和国分配资金，用以开展本节所述的、署长决定的与本节规定相一致（而不得与本段规定相抵触）的活动。

（ii）补助根据

署长经认真考虑夏威夷檀香山太平洋地区教育实验室建议，依照第（i）段的规定在竞争的基础上给予补助。

（iii）行政成本

署长可以提供不超过 5% 的资金以支付太平洋地区教育实验室依本段规定开展活动的行政成本。

（4）数据

每个州的人口和所有州的人口应当在人口调查局提供的最新数据的基础上由署长决定。

§ 9132　管　理

（a）一般规定

可以用以支付行政成本的资金不应超过一个州任何财政年度内依照本节规定获得的总资金的 4%。

（b）解释

本条中的任何规定不得解释为限制支付依照本编第 9134 条第（c）款规定的评估费用，除非是源自本节的其他规定。

§9133 支付；联邦财政担负；维护费

（a）支付

署长应从本编第9123条规定拨付的款项中，向州图书馆管理局支付应由联邦担负的图书馆服务活动（列入据第9134条制定的州计划中）的成本费。

（b）联邦财政担负

（1）一般规定

联邦财政担负的份额应为66%。

（2）非联邦担负份额

非联邦担负的份额应当由非联邦、州或地方提供。

（c）维护费

（1）州支出

（A）条件

（i）一般规定

如果第（2）项所述的州前一财政年度的开支额度，少于上一财政年度的前三个财政年度开支的平均额度，那么一个财政年度内依照本部分规定分配给一个州的另外款项，应当削减。任何财政年度所减少的分配额度应当等于分配额度乘以如下分数——

（I）分子是本财政年度的前三个财政年度决定支出的总额减去本财政年度决定支出的额度所得的差额；

（II）分母是本财政年度的前三个财政年度决定支出的总额。

（ii）计算

任何因第（B）目的应用造成的州的支出额的削减，都不应当包括第（i）段所述的任何前三个财政年度州支出的平均额度的计算。

（B）联邦支持的减少

如果依照本节的规定在一个财政年度内可获得的款项少于在该财政年的前一财政年度内可获得的款项，那么根据第（A）目要求的对于该前一财政年度的支出应当按照所获得款项减少的相同的百分比削减。

（2）州支出额度

第（1）项规定的州支出额度应当包括由州图书馆管理局因符合本节规定的图书馆项目所支出的所有州的花费。上述所有支出费用包括本款规定的本财政年度内支出的维护费用，而不包括资本支出、特殊一次性项目成本或类似的意外支出。

（3）豁免

在诸如自然灾害或州财力意外下降的这些异常的或不可控制的情况下，署长可以在认为公平合理的基础上豁免上述第（1）项的规定。

§ 9134 州计划

（a）要求

（1）一般规定

州图书馆管理局需每隔 5 年提交一份州计划，以获得博物馆与图书馆服务署署长批准的、符合本节规定的津贴。

（2）规划期

州计划规划期为 5 个财政年度。

（3）修改

如果州图书馆管理局对州计划欲做实质性的修改，该州图书馆管理局应向博物馆与图书馆服务署署长提交一份该州计划的修正案，并在该修正案即将生效的前一个财政年度的 4 月 1 日之前提交。

（b）内容

州计划应当包含以下内容——

（1）设定目标、确定优先等级，与本节规定相一致；

（2）说明计划内容，需与第（1）项内容相一致、符合本节及本编第 9141 条规定，州图书馆管理局据此使用补贴并予以组织实施；

（3）说明州图书馆管理局实施计划的步骤；

（4）说明州图书馆管理局评估依据第（2）项制定的活动计划和实现第（1）项优先权规定的方法；

（5）说明州图书馆管理局为实施计划邀请州内图书馆和用户参与政策制定的具体安排；

（6）说明州图书馆管理局如何同其他州管理局和办公室在资源、项目及服务活动方面开展合作；如何推动而非代替，联邦和州在以下领域进行投资——

（A）中小学教育，包括本编第 6383 条规定的，通过拨款支持的州内活动协作；

（B）学前教育，包括以下协作：

（i）州开展的在第 42 编[1]第 9837 条第（b）款第（4）项和第（e）款第

[1] 本法中如无特殊说明，“第 42 编”系指《美国法典》（*United States Code*）第 42 编，其余条款同。

(1) 项规定范围内的活动；

(ii) 符合第42编第9837条第（c）款第（4）项第（B）目第（i）段规定的，州战略计划所述的活动；

(C) 劳动力发展，包括以下协作：

(i) 第29编[1]第2821条第（d）款规定范围内，州劳工投资委员会（The State Workforce Investment Board）开展的活动；以及

(ii) 依照第29编第2864条第（c）款的规定建立的一站式文献传递系统；

(D) 其他与图书馆服务相关的联邦项目和活动，包括经济与社区发展和健康信息；以及

(7) 确保遵守本条第（f）款规定；

(8) 确保署长对州图书馆管理局提交的包含上述内容的报告满意。署长可以对落实本节的规定提出合理要求，确保依照本节规定拨付资金的有效使用。

(c) 评估和报告

依照本节规定获得补贴的每一个州图书馆管理局，应独立进行评估，并针对本节给予支持的活动，于5年计划结束前向署长提交情况报告。

(d) 上报信息

依照本节规定，每一接受补贴的图书馆都应向该州图书馆管理局上报本条第（c）款规定的信息。

(e) 批准

(1) 一般规定

署长应当在任何一项州计划满足本节的要求，以及确保该计划能顺利开展的情况下，依照本节的规定批准该州计划。

(2) 公众获取

每个依照本节规定接受补贴的州图书馆管理局，都应将州计划告知公众并易于获取，包括通过电子方式提供公众使用。

(3) 管理

如署长确定该州计划不符合本条规定，则署长应当——

(A) 立即将决定和理由告知该州图书馆管理局；

---

[1] 本法中如无特殊说明，“第29编”系指《美国法典》（*United States Code*）第29编，其余条款同。

（B）向该州图书馆管理局提供修改计划的机会；

（C）提供技术援助，以帮助该图书馆管理局满足本条规定的条件；以及

（D）向该州图书馆管理局提供举行听证会的机会。

（f）网络安全

（1）一般规定

本编第9122条第（1）款第（A）项或第（B）项所述的、未获得第47编第254条第（h）款第（6）项❶规定的优惠服务的图书馆，不可投入资金购买能够访问互联网的电脑，或支付访问互联网的直接成本，除非——

（A）此类图书馆——

（i）已制定保护未成年人的互联网安全政策，包括对任何一台与互联网相联的计算机实施技术保护措施，以免受如下视频图像侵扰——

（I）淫秽的；

（II）儿童色情作品；或

（III）对未成年人有害的；以及

（ii）在未成年人使用计算机时强制执行技术保护措施的操作；以及

（B）此类图书馆——

（i）已制定保护未成年人的互联网安全政策，包括对任何一台与互联网相联的计算机实施技术保护措施，以免受如下视频图像侵扰——

（I）淫秽的；或

（II）儿童色情作品；以及

（ii）在任何使用计算机时强制执行技术保护措施的操作。

（2）其他资源的访问

本款不应当解释为禁止图书馆限制性访问或使用除第（1）项第（A）目第（i）段的第（I）小段、第（II）小段和第（III）小段规定之外的互联网资源。

（3）禁用的解除

任何行政人员、管理者或其他权威机构为纯粹的学术研究或其他合法目的，可以解除第（1）项技术保护措施的使用。

（4）实施与适用

（A）一般规定

第（1）项规定范围的图书馆，应保证遵守第（1）项的要求，并作为自

---

❶ “第47编第254条第（h）款第（6）项”系指《美国法典》第47编（电报、电话和无线电）第5章（有线或无线通讯）第（h）款中有关图书馆提供互联网服务的安全规定。

本款生效之日后申请下一年项目资金，及其他项目资金程序的组成部分。

（B）程序

（i）已制定互联网安全政策并采取技术保护措施的图书馆

符合第（1）项规定的互联网安全政策和技术保护措施的图书馆，应当在每个项目申请周期内证明其符合第（1）项的规定。

（ii）未制定互联网安全政策也未采取技术保护措施的图书馆

未制定第（1）项规定的互联网安全政策和技术保护措施的图书馆——

（I）依照本节规定申请资金的图书馆，在本款生效之日后第一个项目年，应保证采取相应行动（包括任何必需的采购程序）落实到位，且符合上述要求的网络安全政策；以及

（II）依照本节规定申请资金的图书馆，本款生效之日起第二个项目年，应当保证遵守相关要求。

任何不能保证在第二个项目年遵守上述要求的图书馆，都不具有依照本节取得第二个项目年以及所有之后年度资金的资格，直到符合要求为止。

（iii）豁免

除非另有规定，如果州或地方性采购规则、规章或竞争性招标的要求阻碍了互联网安全政策的制定和技术保护措施的采取，第（ii）段第（II）子段情形中的图书馆，可以寻求豁免。

该图书馆应将该条款的适用性通知博物馆与图书馆服务署署长，并保证在本款生效之后第三个项目年度之前，达到第（1）项要求。

（5）违规

（A）《一般教育规章法》（*General Education Provisions Act*）补救措施的使用

无论何时，博物馆与图书馆服务署署长一旦确定本节规定的资金接受者没有实质遵守本款的规定，署长即可——

（i）拒绝向本节规定的接受者继续支付资金；

（ii）通过发出投诉，强令资金接受者服从；或者

（iii）与资金接受者达成协议，引导其遵守上述要求。

（B）禁止资金的重新获得

上述第（A）目授权是针对违反本款规定的图书馆的专有补救措施，且署长不得为此寻求资金的重新获得。

（C）重新支付

无论何时，署长一旦确定（无论通过证明还是其他适当的证据），依照第

（A）目第（i）段规定，被扣付资金的接受者已改正并遵守第（A）目第（i）段规定，署长应当终止向资金接受者的款项扣付决定。

（6）可分性

如果本款的任何规定被认为无效，那么本款的其余条款并不因此而受影响。

（7）定义

在本款中：

（A）儿童色情作品

“儿童色情作品”是指第18编[1]第2256条规定的术语。

（B）对未成年人有害

“对未成年人有害”是相关以下任何图片、影像、图像文件或其他视频图像——

（i）使未成年人对裸体、性或是排泄物产生淫秽兴趣的；

（ii）以公然冒犯的方式向未成年人描绘、描述或表现实际的或模拟的性行为或性交往，实际的或模拟的正常的或变态性行为，或生殖器的淫秽展示；以及

（iii）总体来说对未成年人严重缺乏文学、艺术、政治或科学价值。

（C）未成年人

“未成年人”是指未满17周岁的个人。

（D）淫秽的

“淫秽的”指第18编第1460条规定的术语。

（E）性行为；性交往

“性行为”和“性交往”指第18编第2246条规定的术语。

第二部分　图书馆计划

§9141　拨款的使用

（a）一般规定

州图书馆管理局依照本编第9123条规定获得的资金，通过直接、或通过资金拨付、或通过合作协议的方式，至少应将不低于该资金的96%额度用于如下服务——

---

[1] 本法中如无特殊说明，“第18编”系指《美国法典》（*United States Code*）第18编，其余条款同。

（1）在所有类型图书馆，拓展学习、使用信息和各种教育资源的服务，以满足所有年龄的个体在教育、终身学习、劳动力发展和数字素养技能方面的需求；

（2）按照本编第 9134 条第（b）款第（6）项规定，建立、增强各图书馆间以电子方式或和其他形式的联系，促进图书馆间协作，提高图书馆信息服务质量和使用图书馆信息服务能力；

（3）（A）提供培训和专业发展，包括继续教育，提高图书馆全体员工和领导人员的技能，推进图书馆和信息服务的传递；以及

（B）努力加强图书馆和信息服务领域的未来专业人才的引进；

（4）发展与其他机构和社区组织的公共的和私人的合作关系；

（5）针对不同地区、不同文化和社会经济背景的个人、残障人士以及文化素养或信息能力不足的个人提供图书馆服务；

（6）针对使用图书馆有困难的人，以及得不到充足服务的城市和农村地区，包括来自家庭收入在贫困线［依照第 42 编第 9902 条第（2）款规定的由管理及预算办公室每年确定的］以下的儿童（从出生到 17 周岁）提供图书馆信息服务；

（7）发展图书馆服务，通过本地、州、地区、国家以及国际间合作和互联网，为所有用户提供信息服务；以及

（8）开展与本编第 9121 条规定的州图书馆管理局的计划宗旨相一致的其他活动。

（b）专门规定

每个州图书馆管理局依照本部分的规定获得的资金，可以根据各州图书馆的具体需要，按照第（a）款所述的优先顺序进行分配。

第三部分　管理规定

第 a 分部　对州的规定

§ 9151　州咨询委员会

按照本节规定，每个希望得到援助的州可以成立广泛代表州内各类型图书馆的州咨询委员会，包括公共图书馆、学校图书馆、高等院校图书馆、专业图书馆、研究机构图书馆，以及服务残障人士的图书馆。

第 b 分部　对联邦的规定

§ 9161　原住民服务

依照本编第 9131 条第（a）款第（1）项第（A）目规定，在任何财政

年度内所保留的款项，署长应当向印第安部落和主要服务并代表夏威夷原住民（由本编第7517条定义的）的组织拨款，以帮助开展本编第9141条规定活动。

§9162 国家奖助项目，合同或合作协议

（a）一般规定

依照本编第9131条第（a）款第（1）项第（B）目规定在任何财政年度内所保留的款项，署长应设立并实施国家奖助项目，或签订合同或合作协议，以提高全国图书馆服务质量，协调图书馆与博物馆间的合作。此类奖助项目、合同或合作协议应用于以下活动——

（1）为管理国家信息基础设施和服务公众信息教育需求，开展人力资源和公共机构能力建设；

（2）（A）设立研究和示范项目，旨在通过有效和高效地利用新技术，改善或加强图书馆信息服务，包括能够使图书馆用户获得数字素养技能，以及使信息资源更易于访问的项目；

（B）奖助项目信息的传播与宣传；

（3）图书馆文献资源的保存和数字化，重点优先考虑合作性、非重复性，及公共机构和图书馆以外的研究者利用的项目，包括国家、地区、州或地方制定应急预案，确保在灾难发生时知识和图书馆馆藏得以保存；以及

（4）图书馆与博物馆之间合作示范项目。

（b）奖助拨款、合同，或合作协议

（1）一般规定

署长通过拨款，或签署合同，或达成与图书馆、政府机构、高等教育研究机构以及博物馆间的合作协议，开展本条第（a）款规定的活动。

（2）竞争基础

依本条规定的奖助拨款、合同及合作协议签署，均应在竞争基础上获得。

（c）专门规定

署长应当尽一切努力，以确保依照本条款援助的活动由合适的图书馆和博物馆专家来管理。

§9163 州和地方的主动权

本节不应当解释为干预州和地方的主动权及指导图书馆服务的责任。州和地方对图书馆的行政管理，有关人事和图书文献的采选，以及符合本节规定，依本节对资金最佳使用的决定权，均应得到保留。

第四部分 劳拉·布什21世纪图书馆员计划

§9165 劳拉·布什21世纪图书馆员计划

(a) 目的

本部分旨在通过以下方式培养多种类型的图书馆人才——

(1) 招聘和教育下一代图书馆员，包括鼓励中学生，以及高中毕业生从事图书馆信息服务事业；

(2) 培养图书馆员工和领导者，包括扩大图书馆信息科学研究生院规模；

(3) 加强图书馆员培训，优化图书馆员专业发展，以满足公众的需求，包括与文化素养和教育、劳动力发展，终身学习和数字素养技能相关的需求。

(b) 活动

为完成本部分所述之目的，依照本编第9123条第(a)款第(2)项提供的款项，署长可以酌情决定，同图书馆、图书馆联盟和协会、高等教育机构(依照本编第1001条的定义)以及其他机构实体签订协议，包括捐赠、合约、合作协议以及其他形式的帮助，并开展如下活动——

(1) 增加就读国家承认的图书馆学和信息科学专业的研究生人数，为图书馆服务事业做准备；

(2) 进一步吸引人才，包括努力吸引有前途的中学生、高中毕业生从事图书馆和信息科学事业；

(3) 开发或增加图书馆员和图书馆人力资源的专业发展项目；

(4) 增加国家承认的图书馆和信息科学研究生课程；

(5) 加强博士生教育，开发未来图书馆专业人才教育和图书馆领导者的能力；并且

(6) 开展研究，包括支持成功吸引和教育下一代图书馆员的研究。

(c) 评估

署长应制定检查和评估本部分所述项目的程序。

第三节 博物馆服务

§9171 目 的

本节据以下目的制定——

(1) 鼓励和支持博物馆履行公共服务职责，以提高全社会对作为文化遗产组成内容的文化、历史、自然和科学的认识；

（2）鼓励和支持博物馆履行教育职责，发挥其作为提供学习者，和学校、家庭与社区联结者的作用；

（3）鼓励领导力和创新能力的提高，支持新技术的使用，以及通过国际的、国家的、地区的、州和地方的网络与协作，推进博物馆服务的实践；

（4）帮助、鼓励和支持博物馆履行管理职责，使其在保存美国文化的、历史的、自然的和科学遗产领域达到最高标准，造福后代；

（5）帮助、鼓励和支持博物馆实现管理和公众服务水平的最高标准，减轻因日益增长的公共需求而产生的财政负担；

（6）支持资源共享以及博物馆、图书馆、学校和其他社会组织之间的合作；

（7）鼓励和支持博物馆作为经济发展和社区复兴的一部分；

（8）确保对不同地理区域的不同类型、不同规模的博物馆给予关注和支持；

（9）为发挥博物馆资源效用，扩大博物馆服务，提供州级水平支持。

§9172 定　义

本节中使用的定义——

（1）博物馆

博物馆，是指基于永久的、为基础教育和审美目的而设立的、公共的或私人的非营利机构；博物馆配备专业人员，拥有或使用可触摸的实体，保护可触摸实体并定期向公众展示。博物馆包括可触摸的和数字化产品，其中包括水族馆、植物园、艺术博物馆、儿童博物馆、综合性博物馆、古建筑及遗址、历史博物馆、自然中心、自然历史和人类学博物馆、天文馆、科学与技术中心、专业博物馆以及动物园。

（2）州

“州”是指美国50个州、哥伦比亚特区、波多黎各、美属维尔京群岛、关岛、美属萨摩亚、北马里亚那群岛、马绍尔群岛共和国、密克罗尼西亚联邦以及帕劳共和国。

§9173 博物馆服务活动

（a）一般规定

根据博物馆与图书馆服务委员会的政策建议，署长可以为博物馆、州、当地政府以及其认为适当的实体，进行包括拨款、合同、合作协议以及其他援助形式的活动，以支付联邦承担的份额——

（1）支持博物馆以多种形式（包括展览、项目、出版物和网站）向所有年龄段的个体提供学习和访问馆藏、信息及多种形式的教育资源；

（2）支持博物馆与国立学校建立学习伙伴关系，并且发展博物馆资源和州及当地学校课程项目；

（3）支持博物馆藏品的收藏和保存，包括——

（A）提供最佳的储存、展览和使用条件；

（B）为应对灾难和紧急情况做准备；

（C）为收藏品建立保险机制；以及

（D）培训博物馆员工保管收藏品的技能；

（4）提供州级水平支持，发挥博物馆资源效用，包括在州范围内开展对博物馆服务与需求的评价，开展对旨在改善和最大限度利用全州博物馆服务的州计划的开发评价；

（5）为实现资源共享和加强联盟，鼓励博物馆与以下机构的合作：

（A）图书馆；

（B）学校；

（C）国际、联邦、州、地区以及地方的机构和组织；

（D）非政府组织；以及

（E）其他社会组织；

（6）鼓励新技术和新媒体的使用，包括信息传播的新途径，提高博物馆馆藏、项目和服务的利用；

（7）支持博物馆向不同地理区域、不同文化和社会经济背景的人以及残障人士提供服务；

（8）鼓励博物馆开发服务特定公众的专门项目，诸如城市街区、农村地区、印第安居留地和州公共机构；

（9）支持专业发展和技术援助项目，以加强博物馆运营和增强博物馆员工所有等级的技能，并且支持博物馆未来领导者和专业人才队伍的发展，以确保博物馆在所有方面的运营达到最高标准；

（10）支持博物馆开展研究、项目评估以及收藏和向博物馆专业人士和公众提供信息；以及

（11）鼓励、支持和宣传博物馆与图书馆合作的示范项目。

（b）联邦财政担负

（1）50%

除第（2）项之外，本条第（a）款所描述的活动，联邦分担的份额不得超过50%。

（2）超过 50%

如果署长在安排本条第（a）款规定的项目时，使用不超过本财政年度在本节规定下可获得资金的 20%，则联邦承担的份额可以超过 50%。

（3）运营经费

非博物馆实体不能获得依照本条规定提供的运营经费。

（c）审查与评估

（1）一般规定

署长应当制定本节中本条第（a）款所述协议的审查和评估程序。

（2）拨款的分配

署长应当考虑对所拨款项在美国不同地理区域的不同类型和不同规模的博物馆进行公平分配。

（3）技术支持的应用

（A）一般规定

因执行本节规定，署长用于技术支持的拨付资金不得超过 10%。

（B）个体博物馆

个体博物馆接受第（A）目规定的技术支持不能超过 3 项。随后的技术援助应当接受博物馆与图书馆服务署外部机构的审查。

（d）原住民服务

依照本编第 9176 条的规定拨付的款项，署长应当保留 1.75% 向印第安部落和主要服务并代表夏威夷原住民（由本编第 7517 条定义的）的组织拨款，或与其订立合同或合作协议，以帮助开展本条第（a）款规定的活动。

§§9174，9175 （已废除）

§9176 拨款授权

（a）拨款

为了实施本节的规定，署长在 2011 财政年度获得 3860 万美元的拨款，从 2012 年到 2016 年的每一财政年度，按照与 2011 年同等额度拨付。

（b）保留可用资金

任一财政年度依照本条第（a）款的规定拨付的款项，都有保留的义务，直到用尽为止。

（c）资金规则

尽管有其他规定，但如果第（a）项规定的一个财政年度的拨款多于 2011 财政年度拨款，且增加额为 1000 万美元，那么可以从增加额中提取高于 30%

低于50%的资金，用于本编第9173条规定的各种活动，落实本编第9173条第（a）款第（4）项规定的评估活动和州计划的实施。

国会图书馆法*

§131 国会图书馆馆藏、馆藏地

国会图书馆馆藏包括至1873年12月1日之前依法保存的图书、地图及其他出版物；和在此基础上不断增加的根据国会指令购买、交换、接受捐赠、保存的出版物，以及根据版权法规定获得的其他文献资料。所有这些资料均应保存在国会图书馆馆舍中。

§132 国会图书馆组成

国会图书馆应设置并由综合图书馆和法律图书馆组成。

§132a 增加综合图书馆拨款

国会拨付用于增加综合图书馆的拨款，其未用余额连同今后可能因相同目的拨入的款项，应根据图书馆联合委员会的指导计划安排使用。

§132a－1 债务偿还和周转金活动；限制

国会图书馆为履行债务偿还和周转金活动的款项，限于以下所提供的总额：（1）依照《年度拨款法》（*The Annual Regular Appropriations Act*）为立法部门拨付的款项，或（2）依照《补充拨款法》（*Supplemental Appropriations Act*）为立法部门拨付的款项。自1995年财政年度开始生效。

§132a－2 家具、陈设，以及办公室和图书馆设备；资金划拨

（a）资金划拨

除了法律另行规定其他划拨权力，在2001年及以后各财政年度内，国会图书馆馆长可以划拨资金，或使用国会图书馆拨给其可用的账户额度，购买、安装、维护，维修家具，陈设以及办公室和图书馆设备。

（b）有效资金

任何依照上述第（a）款划拨的资金都应合并使用，且资金的使用应符合拨款与资金划拨目的和使用周期的要求。

---

* 张维，译；卢海燕，校。

（c）国会批准

国会图书馆馆长只有经众议院和参议院拨款委员会批准，方可依照上述第（a）款的规定划拨资金。

§132b 图书馆联合委员会

自1947年1月3日起，国会图书馆联合委员会应当由参议院规则和行政委员会（The Committee On Rules and Administration of the Senate）主席及其4名成员，和众议院监督委员会（The Committee on House Oversight of the House of Representatives）主席及其4名成员共同组成。

§133 国会休会期间的图书馆联合委员会

国会图书馆联合委员会中的参议员应当在国会休会期间，在法律规定范围内行使国会图书馆联合委员会的权力并履行相关义务。

§134 法律图书馆的杂项开支

法律图书馆的杂项开支应当从国会图书馆拨款中列支。

§135 法律图书馆的图书采购

国会图书馆馆长应当在最高法院首席大法官的指导下，并按照其提供的目录，为法律图书馆购买图书。

§135a 为盲人和其他残障人士提供的图书和录音复制资料；年度拨款；采购

除拨付给国会图书馆的其他专款，按年度拨付给国会图书馆的款项应在国会图书馆馆长指导下使用。该款项有必要用于为美国各州、各属国和属岛，以及哥伦比亚特区的盲人和其他残障人士，提供以录音资料或其他任何形式出版的图书，以及用于此类录音资料的购买、维护和复制设备的更换。所有此类盲文图书、录音和复制设备，均属于国会图书馆的财产，但是可以依据国会图书馆馆长为该项服务制定的相关规定，出借给经权威部门认证的由于自身限制不能阅读普通印刷品的盲人和其他残障人士。在采购盲文图书或录音资料时，国会图书馆馆长不必考虑第41编[1]第6101条的相关规定，应当优先购买非营利机构或专门为盲人或其他残障人士服务机构的产品，只要价格或报价公平合理。

§135a－1 盲人及残障人士图书馆；拨款的批准

（a）国会图书馆馆长应当设立旨在收藏盲人和其他残障人士使用的乐谱、教科书以及其他相关专业资料的图书馆，并负责维护。以使盲人和其他残障人

[1] 本法中如无特殊说明，“第41编”系指《美国法典》（*United States Code*）第41编，其余条款同。

士能接受更好的音乐教育、培训和艺术熏陶。此类乐谱、教科书和资料应根据相关规定提供外借，该规定由国会图书馆馆长或其代理人，与从事盲人及残障人士相关工作的人员、组织和机构协商制定。

（b）为执行本条规定拨付专款。

§135b 地区和区域中心；盲人和伤残退伍军人的优先权；规则和规章；拨款的批准

（a）国会图书馆馆长可以依照合适条件和制度规定，以合同或其认为合适的任何其他方式，同公共图书馆或其他非营利图书馆、机构、组织，以地区和区域为中心提供以下项目的流通服务：（1）本编[1]第135a条所涉及的图书、录音资料和复制资料；（2）本编第135a－1条所涉及的乐谱、教科书及其他专门资料。在提供上述图书、录音资料、复制资料、乐谱、教科书及其他专业资料的外借服务中，应随时优先满足盲人和美国武装部队荣誉退伍军人的需求。

（b）为执行本条规定拨付专款。

§136 国会图书馆馆长；任命；规则和规章

国会图书馆馆长应当由总统根据参议院的提名，并经参议院同意后任命。国会图书馆馆长应当制定管理图书馆的规则和规章。

§§136a，136a－1 （已删除）

§136a－2 国会图书馆馆长和副馆长；薪金

除法律另有规定外——

（1）国会图书馆馆长年薪金标准，应当与第5编[2]第5313条规定的行政职位薪金级别表中第2级的年薪金标准相同；

（2）国会图书馆副馆长年薪金标准，应当与第5编第5314条规定的行政职位薪金级别表中第3级的年薪金标准相同。

§136b （已删除）

§136c 国会图书馆的薪金拨款可以用于支付额外的开支和服务

自1983年10月1日起，依照本法规定向国会图书馆拨付的薪金款项，可以用于支付国会图书馆雇员的人身安保措施和对雇员开展的适当调查，专门和临时性的服务（包括聘请按天数、小时或计件的雇员），以及第5编第3109条准许的服务。

§137 法律图书馆的使用和规则

最高法院法官可以自由使用法律图书馆，并且有权为在开庭期间使用法律

---

[1] 本法中如无特殊说明，“本编”系指《美国法典》（*United States Code*）第2编，其余条款同。

[2] 本法中如无特殊说明，“第5编”系指《美国法典》（*United States Code*）第5编，其余条款同。

图书馆制定规则，但不得与法律相抵触。但是这些规则不能限制任何人从国会图书馆和法律图书馆借书，也不能限制任何人使用国会图书馆的权限。

§§137a，137b （已删除）

§137c 国会图书馆图书的提阅

哥伦比亚特区联邦上诉法院首席法官和助理法官，以及哥伦比亚特区联邦法院首席法官和助理法官，有权与最高法院法官以相同方式，遵守相同规则使用和提阅国会图书馆的图书。

§138 法律图书馆；开放时间

法律图书馆应当在国会参议院和众议院开会期间每日开放。

§139 （已删除）

§140 雇员；条件

国会图书馆馆长之下所有受雇于国会图书馆的工作人员，应当根据他们自身条件安排其工作任务。

§141 图书馆馆舍与土地的责任分配

（a）国会大厦建筑师

（1）一般规定

国会大厦建筑师应当负责国会图书馆馆舍与土地（如本编第167j条定义的那样）的所有工作，包括：

（A）国会大厦整体建筑架构；

（B）建筑系统，包括机械设备、电力设备、水管装置及电梯；

（C）国会大厦的建筑特征；

（D）符合建筑和消防的法典、法律及规章中有关本段的专责规定；

（E）图书馆土地的维护与保养；以及

（F）购买为履行本段规定的职责所必需的全部设备。

（2）雇员

依照第（1）项的要求履行职责的雇员应当由国会大厦建筑师任命。

（b）国会图书馆馆长

国会图书馆馆长负责［除上述第（a）款之外的］国会图书馆馆舍和土地的所有工作。

（c）资金划拨

国会大厦建筑师和国会图书馆馆长可以达成完成本条所述各项工作的协议，并且经众议院和参议员拨款委员会以及图书馆联合委员会批准，划拨款项或其他可动用资金，用以支付因此所付出的费用。

§ 141a 安全系统的设计、安装和维护；责任的转移

国会警察局（The Capitol Police Board）负责国会图书馆（包括馆舍和土地）安全系统的设计、安装和维护。安全系统的设计、安装和维护应当在众议院监督委员会和参议院规则和行政委员会的指导下实施，可不受第 41 编第 6101 条规定的限制。未经国会大厦建筑师的批准，不得因上述安全系统的需求，对图书馆建筑和用地的结构、机械性能和建筑特征进行任何改变。

§ 141b 馆藏、安全、管理以及国会图书馆秩序和礼仪的维护

（a）规章的制定

国会图书馆馆长应当针对国会图书馆馆藏和财产的安全、管理、保存，以及馆内秩序和礼仪的维护，制定标准和规章。

（b）安全系统的管理

（1）安全系统的责任

依据本法、本法修正案以及第（3）项的规定，国会警察局局长和国会图书馆馆长应当为本编第 167j 条所述的国会图书馆馆舍和土地安全系统的运转负责，并在以下两个方面进行磋商和协调：

（A）国会图书馆馆长应当为管理、保存图书馆馆藏和财产的安全系统设计负责，但该安全系统必须经国会警察局局长的审查和批准。

（B）国会图书馆馆长应当为国会图书馆位于哥伦比亚特区之外的任何建筑或设施的安全系统的运转负责，但该安全系统必须经国会警察局局长的审查和批准。

（2）对系统运转的初步建议

2008 年 10 月 1 日之前，国会警察局局长同国会图书馆馆长协商，并为众议院房屋管理委员会（The Committee on House Administration of the House of Representatives）、参议院规则和行政委员会，以及众议院和参议院的拨款委员会（The Committees on Appropriations）准备和提交开展本款所述项目的初步建议。

（3）法律规定

本项所涉及的法律如下：

（A）本编第 141 条。

（B）本编第 141a 条

（C）本编第 1964 条。

（D）本编第 1965 条。

§ 142 （已删除）

§ 142a 取消国会图书馆办公室行政助理和出纳主管职位；相关职责移交国会图书馆馆长指定人员

自1928年6月10日起，取消依据本编第142条设置的国会图书馆办公室行政助理和出纳主管，其职责交由国会图书馆馆长指定人员，在国会图书馆馆长的指导下履行。

§ 142b 国会图书馆签付员；会计责任；责任免除

自1957年6月13日起，凡已获得馆长书面正式授权的每位官员和雇员（包括版权办公室）（The Copyright Office），在签付有关拨款和资金支付单据时，应当（1）对文件、其他凭据或其他形式的说明文件中列举事实的存在及真实性负责，以及对所涉及拨款和资金支付的合法性负责；（2）（已废除）；（3）对签付单据计算的正确性负责；以及（4）对任何由其出具的伪造的、不准确的或有误导性的文件，从而导致任何违法的、不合适的或错误的款项的支付，向联邦承担责任并作出赔偿，同时对任何违法支付或并不代表拨款或资金的法律义务负责。但是，联邦总审计长发现有下列情形时，可以酌情免除签付员或雇员的支付责任：（1）支付凭证是基于官方记录，相关签付员或雇员不知情，并且经过合理尽职调查和查询也不能确定事实的；或（2）债务的引起是出于善意，相关付款没有与明确禁止支付的法令相违背，并且美国能够在此支付中获得利益。另外，当总审计长发现多付运费仅因为支付的运输票据在行政审查前没有对运费费率、货物种类或土地转让收益扣减这三项进行审查时，则应免除签付员或雇员因第31编第3726条规定的公共承运人运输服务多付费用的责任。

§ 142c 国会图书馆签付员责任的履行

签付员或雇员履责，应当以目前法律关于出纳主管和其他财务官员责任履行的相同方式和相同范围进行，签付员或雇员根据凭证付款所产生的任何法律问题，有权向总审计长咨询并得到明确答复。

§ 142d 国会图书馆出纳主管；根据支付凭证付款；支付凭证的审查；责任

国会图书馆的出纳主管应当（1）严格依据经国会图书馆馆长或由馆长以书面形式授权的国会图书馆官员或雇员签付的支付凭证予以支付；（2）对支付凭证进行必要的审查，以确定凭证的格式是否正确，以及是否经过签付和核准；（3）但是，出纳主管不应当为由任何不真实、不准确或不明确的支付凭证导致的任何不合法、不适当或不正确的付款承当责任，而应由本编第142b条规定的国会图书馆签付员或雇员承担相应责任。

§ 142e 国会图书馆出纳主管；国会预算办公室支出，会计责任；根据国会预算办公室主任和国会图书馆馆长达成的协议为国会预算办公室财务管理提供支持；国会预算办公室签付员：支付凭证认证，会计责任，责任免除

自 1976 年 1 月 1 日起，国会图书馆出纳主管经授权为国会预算办公室拨付资金，国会图书馆应按照国会预算办公室（Congressional Budget Office）主任同国会图书馆馆长达成的协议，向国会预算办公室提供财务管理支持。国会图书馆依照第 5 编第 5504 条的规定，经进一步授权，计算和支付国会预算办公室所有员工的基本工资，但是，国会预算办公室主任的基本工资应当依照第 5 编第 5505 条的规定计算和支付。

经正式授权的国会图书馆签付员核实的所有付款凭证，应附一份经国会预算办公室主任以书面形式正式授权国会预算办公室官员或雇员出具的证明文件，以核实从国会预算办公室拨款中支付的款项。国会预算办公室签付员应当（1）对文件、其他凭据或其他形式的说明文件中列举事实的存在及真实性负责，以及对所涉及拨款和资金支付的合法性负责；（2）对签付单据计算的正确性负责；以及（3）对任何由其出具的伪造的、不准确的或有误导性的文件，从而导致任何违法的、不合适的或错误的款项的支付，向联邦承担责任并作出赔偿，同时对任何违法支付或并不代表拨款或资金的法律义务负责。但是，联邦总审计长发现有下列情形时，可以酌情免除签付员或雇员的支付责任：（1）支付凭证是基于官方记录，相关签付员或雇员不知情，并且经过合理尽职调查和查询也不能确定事实的；或（2）债务的引起是出于善意，相关付款没有与明确禁止支付的法令相违背，并且美国能够在此支付中获得利益。另外，当总审计长发现多付运费仅因为支付的运输票据在行政审查前没有对运费费率、货物种类或土地转让收益扣减这三项进行审查时，则应免除签付员或雇员因第 31 编第 3726 条规定的公共承运人运输服务多付费用的责任。

出纳主管不应当为由任何不真实、不准确或不明确的凭单导致的任何不合法、不适当或不正确的付款负责，而应由国会预算办公室签付员或雇员承担。

§ 142f 国会技术评估办公室；资金的支付，基本工资的计算和支付，国会图书馆提供财务管理支持

自 1981 年 10 月 1 日起，国会图书馆出纳主管经授权为国会技术评估办公室（Office of Technology Assessment）拨付资金，国会图书馆应根据国会技术评估办公室主任同国会图书馆馆长达成的协议，向国会技术评估办公室提供财务管理支持。国会图书馆依照第 5 编第 5504 条的规定，经进一步授权计算和支付国会技术评估办公室所有员工的基本工资。

经正式授权的国会图书馆签付员核实的所有付款凭证，应附一份经国会技术评估办公室主任以书面形式正式授权国会技术评估办公室官员或雇员出具的证明文件，以核实从国会技术评估办公室拨款中的支付款项。国会技术评估办公室签付员应当（1）对文件、其他凭据或其他形式的说明文件中列举事实的存在及真实性负责，以及对所涉及拨款和资金支付的合法性负责；（2）对签付单据计算的正确性负责；以及（3）对任何由其出具的伪造的、不准确的或有误导性的文件，从而导致任何违法的、不合适的或错误的款项的支付，向联邦承担责任并作出赔偿，同时对任何违法支付或并不代表拨款或资金的法律义务负责。但是，联邦总审计长发现有下列情形时，可以酌情免除签付员或雇员的支付责任：（1）支付凭证是基于官方记录，相关签付员或雇员不知情，并且经过合理尽职调查和查询也不能确定事实的；或（2）债务的引起是出于善意，相关付款没有与明确禁止支付的法令相违背，并且美国能够在此支付中获得利益。另外，当总审计长发现多付运费仅因为支付的运输票据在行政审查前没有对运费费率、货物种类或土地转让收益扣减这三项进行审查时，则应免除签付员或雇员因第 31 编第 3726 条规定的公共承运人运输服务多付费用的责任。

出纳主管不应当为由任何不真实、不准确或不明确的凭单导致的任何不合法、不适当或不正确的付款负责，而应由国会技术评估办公室签付员或雇员承担。

§ 142g 版税法庭；由国会图书馆计算和支付法庭工作人员工资

自 1983 年 10 月 1 日起，授权国会图书馆依照第 5 编第 5504 条的规定，计算和支付版税法庭（Copyright Royalty Tribunal）所有工作人员的基本工资。

§ 142h 生物伦理委员会；资金的支付，计算和支付基本工资，以及由国会图书馆提供财务管理服务和支持

自 1988 年 10 月 1 日起，授权国会图书馆出纳主管——

（1）为生物伦理委员会（Biomedical Ethics Board）拨付支付资金；

（2）计算和支付生物伦理委员会所有工作人员的基本工资；

（3）以本编第 142f 条对国会技术评估办公室规定的相同方式为生物伦理委员会提供财务管理服务和支持。

§ 142i 国会大厦保护委员会；由国会图书馆提供财务管理服务和支持

自 1989 年 1 月 15 日起，国会图书馆应按照国会图书馆馆长同国会大厦保护委员会（United States Capitol Preservation Commission）联合主席达成的协议，为国会大厦保护委员会提供财务管理服务和支持。

§142j 斯坦尼斯公共服务培训与发展中心；资金支付，计算和支付基本工资，以及由国会图书馆提供财务管理服务和支持；服务费用

自1988年10月1日起，授权国会图书馆——

（1）为斯坦尼斯公共服务培训与发展中心（John C. Stennis Center for Public Service Training and Development）拨付支付资金；

（2）为斯坦尼斯公共服务培训与发展中心的所有工作人员计算和支付基本工资；

（3）按照本编第142f条对国会技术评估办公室规定的相同方式为斯坦尼斯公共服务培训与发展中心提供财务管理服务和支持；以及

（4）上述第（1）（2）（3）项服务的全部成本从拨付给斯坦尼斯公共服务培训与发展中心的资金中支付，与《美国法典》第31编第1535条和第1536条有关服务协议的规定相一致。

§142k 国会图书馆出纳办公室；编制工资

自1989年10月1日起，国会图书馆馆长应采取适当措施，确保由国会图书馆出纳办公室支付薪金的立法机构雇员中没有人因履行人事或编制工资职能的不同方式而受到不利影响。

§142l 国会图书馆出纳主管；为审计办公室支付款项；支付凭证认证，会计责任，责任免除

自1996年10月1日起，国会图书馆出纳主管经授权为审计办公室支付款项，国会图书馆应按照审计办公室主任同国会图书馆馆长达成的协议，向审计办公室提供财务管理支持。国会图书馆依照第5编第5504条的规定，经进一步授权计算和支付执法办公室所有员工的基本工资。

经正式授权的国会图书馆签付员核实的所有付款凭证，应附一份经审计办公室主任以书面形式正式授权审计办公室官员或雇员出具的证明文件，以核实从审计办公室拨款中支付的款项。审计办公室签付员应当（1）对文件、其他凭据或其他形式的说明文件中列举事实的存在及真实性负责，以及对所涉及拨款和资金支付的合法性负责；（2）对签付单据计算的正确性负责；以及（3）对任何由其出具的伪造的、不准确的或有误导性的文件，从而导致任何违法的、不合适的或错误的款项的支付，向联邦承担责任并作出赔偿，同时对任何违法支付或并不代表拨款或资金的法律义务负责。但是，联邦总审计长发现有下列情形时，可以酌情免除签付员或雇员的支付责任：（1）支付凭证是基于官方记录，相关签付员或雇员不知情，并且经过合理尽职调查和查询也不能确定事实的；或（2）债务的引起是出于善意，相关付款没有与明确禁止支付的

法令相违背，并且美国能够在此支付中获得利益。另外，当总审计长发现多付运费仅因为支付的运输票据在行政审查前没有对运费费率、货物种类或土地转让收益扣减这三项进行审查时，则应免除签付员或雇员因第31编第3726条规定的公共承运人运输服务多付费用的责任。

出纳主管不应当为由任何不真实、不准确或不明确的支付凭证导致的任何不合法、不适当或不正确的付款负责，而应由执法办公室签付员或雇员承担。

§143 图书馆馆舍和土地的拨款

专为图书馆馆舍和土地拨付给国会大厦建筑师的款项，应当与他能支配的其他拨款相同的方式用于此目的。

§143a 资金的支付

自1978年10月1日起，国会图书馆的可用资金，按照国会图书馆馆长批准的规则和规章，参照经修订的《外交事务法（1946年）》（*The Foreign Service Act of* 1946）第444条（《美国法典》第22编[1]第889条第a款）规定的相似补偿办法，用以补偿国务院为国会图书馆驻外雇员提供的医疗服务，以及代表国会图书馆签订合同和雇用外籍员工的费用；用以购买或租用客运机动车辆；用以旅行、日常用品的贮存和运输，员工每日交通（不超过24小时）费的开支；用以支付与经修订的《外交事务法（1946年）》第911条第（9）款、第911条第（11）款和第941条（《美国法典》第22编第1136条第（9）款、第1136条第（11）款和第1156条）相类似的津贴；与第22编第2396条第（b）款规定的支付现在或今后为国际开发署（The Agency for International Development）（包括国际开发署的管理人员或由其指定的人）工作的对外服务的单身员工相类似的差旅费。

§143b 预付订购费或其他费用

从1980年10月1日起，只要有利于图书馆业务更迅速、更高效或更经济的开展，国会图书馆馆长可以预付编目数据、出版物以及其他任何形式资料和服务的订购费或其他费用。

§143c 使用图书馆其他资金支付款项

除依照本编第182b条第（e）款第（2）项的规定划拨数额之外，国会图书馆馆长可以将国会图书馆在一个财政年度内可获得的薪金和费用，拨付适当的金额给美国国会大厦警察局，以补偿国会警察因本编第182b条第（a）款

---

[1] 本法中如无特殊说明，“第22编”系指《美国法典》（*United States Code*）第22编，其余条款同。

第（4）项所述的特殊事件或项目所提供的服务。

§ 144 《法令汇编》的复本

由利特尔 & 布朗出版社出版，至 1859 年 2 月 5 日之前收藏于国会图书馆的 10 套《法令汇编》（*Statutes at Large*）复本，应由国会图书馆馆长保存，以便联邦最高法院法官在开庭期间使用。

§ 145 国会议事录和文件的复本

由参、众两院印制的，以牛皮纸作精美装订的 2 套国会议事录和文件复本，应由国会图书馆收藏，不得外借。

§ 145a 委员会听证记录的定期装订

授权国会图书馆馆长在每次国会会议结束时，将已印制的国会各委员会在会议期间举行的听证会听证记录装订成册。

§ 146 参议院和众议院议事录的收藏

公开的 25 套参议院和众议院议事录，应当由位于美国政府所在地的国会图书馆收藏，并在国会会议期间提供给国会议员使用，以及任何其他依照法律规定有权使用国会图书馆图书的人使用，国会议员及有权使用之人应向国会图书馆馆长提出申请，并与使用其他图书相同的方式获得确认。

§ 147 （已废除）

§ 148 （已废除）

§ 149 向其他图书馆调拨图书

国会图书馆馆长可以随时向哥伦比亚特区内的政府图书馆（包括公共图书馆）调拨其认为国会图书馆已不再需要，而其他图书馆认为还有需要的属于国会图书馆的图书和资料，前提是，这些资料已无用，可以予以处理或者销毁。联邦政府的档案依照本条授权，不得调拨处理或销毁。

§ 150 卡片索引复制品和其他出版物的销售

国会图书馆馆长有权应机构和个人的购买要求，出售图书馆卡片索引复制品和其他出版物，该销售应按照成本加上 10% 的价格操作，而非常规交易进行，由此所得的全部款项均应交存国库，并应当记入为图书馆卡片目录和其他出版物的准备和发行所需经费的拨款。

§ 151 史密森学会图书馆

史密森学会图书馆（Smithsonian Library）馆藏由史密森学会依照 1846 年 8 月 10 日通过的法律第 25 章的规定，并经该学会董事会的同意由学会大楼搬迁至国会图书馆收藏，除以下条款另有规定外，该学会的藏书适用与国会图书馆相同的规定。

§152 史密森学会藏书的保管与使用

史密森学会（The Smithsonian Institution）在搬迁之前应当参照本编第151条的规定使用图书。所有史密森学会图书馆的图书、地图以及图表应当同国会图书馆的藏书使用相同的方式进行妥善的管理和保存，除非史密森学会向美国财政部补偿因装订和保管这些藏书的费用，或者根据国会同史密森学会董事会达成的协议，否则不得将史密森学会图书馆的藏书转移出国会图书馆。

§153 对众议院图书馆的管理

众议院图书馆应接受国会图书馆馆长管理和领导，并由国会图书馆馆长提供所有为此所需的参考书籍。该图书馆馆长、2名馆长助理和1名图书馆助理，由众议院秘书长任命并经众议院议长批准。除向规则委员会（The Committee on Rules）报告并经委员会批准外，不得随意撤换上述职务。

§154 国会图书馆信托基金委员会；成员；法定人数；公章；规则和规章

创建和成立"国会图书馆信托基金委员会"（Library of Congress Trust Fund Board）（以下简称为"委员会"），由财政部部长（或是由财政部部长书面指定的1名部长助理）、图书馆联合委员会主席和副主席、国会图书馆馆长、由总统任命的任期为5年的2名成员（第一次任命的2人任期分别为3年和5年）、由众议院议长任命（同众议院少数党领袖磋商）的任期为5年的4名成员（第一次任命的4人任期分别为2、3、4、5年），以及由参议院多数党领袖（同参议院少数党领袖磋商）任命的任期为5年的4名成员（第一次任命的4人任期分别为2、3、4、5年）组成。

根据委员会主席的要求，任何任期届满的成员可以继续在信托基金委员会任职，直到这些成员被指定继任者任职之前，或者这些成员任期届满1年后。委员会7名成员即构成业务执行的法定人数，委员会应具备公章，并进行司法公告。委员会可以批准规范其业务程序及业务行为的规则和规章。

§155 国会图书馆信托基金委员会的报酬和开支

不应当对委员会的任何成员以委员会职务身份从事的业务，支付任何报酬，但是对于他们支付的必要开支可以从基金收入或与这些费用相关的资金中补偿。委员会主席出具的支付凭证应当作为相关费用为正当合理开支的充分证据。委员会的任何开支（包括公章的成本，信托基金持有的任何不适合列入账目的收入），应当作为国会图书馆的维护费用列入国会图书馆馆长的年度预算。

§156 对国会图书馆信托基金委员会的捐赠等

经委员会和图书馆联合委员会批准，委员会有权接受、接收、持有对国会图书馆的捐赠、遗赠，或与图书馆、馆藏及其服务相关的不动产遗赠。

§157 国会图书馆信托基金委员会基金；基金的管理

捐赠或遗赠给委员会的信托基金（包括现金或证券），应当交由财政部部长签收，并由其根据委员会的决定进行投资、再投资或留存投资。委员会无论何时以何种方式所得收益，均应交由美国财政部部长存入国会图书馆专门信用账户，并根据国会图书馆馆长每项用途的目的予以支出。但是，不论怎样，国会图书馆馆长应遵照财政部部长规定的方式，并符合相关规章提出申请款项，财政部部长有权批准其请求。委员会不得参与任何经营业务，既不可行使与其持有证券相关的表决特权，也不能通过哥伦比亚特区的信托公司进行任何不合法的投资，除非捐赠文书中直接授权，委员会方可进行投资和留存所接收的投资。

§158 国会图书馆信托委员会基金存放

如果没有其他相反的特殊情况，该信托基金本金，将以现金形式存入美国财政部，作为对美国财政部的长期借款；该存款年息按4%高息计算，或者财政部部长在考虑长期债券市场已发行债券平均利率水平的基础上，调整降低0.25～0.125个百分点，按半年计息。该利息作信托基金的收益，可作为国会图书馆专用资金。依照本条规定，存放在美国财政部的本金总额，在任何时候都不能超过1000万美元。

§158a 国会图书馆临时接受的现金或证券形式的捐赠；投资

以现金或证券形式提供给国会图书馆的捐赠，如果，因为考虑捐赠者的附加条件或是类似的考虑，国会图书馆馆长依照本编第156条规定，可尽快临时接受捐赠且须向捐赠者出具收据，并依照本编第157条的规定进行投资、再投资或者留存。但不包括——

（1）证券形式的捐赠不能投资或再投资；以及

（2）任何现金形式捐赠的投资或再投资均应当承担美国利息的义务，或是由美国作为本金和利息的担保人。

如果这些捐赠在国会图书馆馆长临时接受后的12个月内没有被批准，应当将本金归还捐赠者，其间所获得的收益，国会图书馆可依法使用。

§159 国会图书馆信托基金委员会的永久继承和相关诉讼

委员会享有受托人所有一般权利和义务的永久继承权，除用于指定目的外，包括对所有财产、货币或证券的让与、转让、分配、遗赠、交付或支付。委员会可在哥伦比亚特区联邦地区法院应诉，该法院具有委员会因接受信托而引起诉讼的管辖权。

§160 国会图书馆对于捐赠等的使用

本编第154条至第162条以及第163条不应解释为，禁止或限制国会图书馆馆长以美国的名义接受捐赠或遗赠，并为国会图书馆及其馆藏和服务给予即时性的支出。国会图书馆接受捐赠后，捐赠人或其代表人应将捐赠或遗赠交存美国财政部部长，并由财政部部长出具签收收据。美国财政部部长应将收到的捐赠或遗赠存入国会图书馆专门信用账户，并根据国会图书馆馆长每项用途的目的予以支出。

由国会图书馆馆长同委员会达成协议，国会图书馆馆长依照本条第 1 段规定接收的捐赠或遗赠，可以与本编第 157 条规定的信托基金相同的方式进行投资或再投资。

§ 161 对国会图书馆捐赠等的免税

国会图书馆获得的捐赠或遗赠或不动产遗赠，包括委员会获得的捐赠或遗赠，以及由此所获得的收入，应当免征所有联邦税，包括哥伦比亚特区征收的所有税。

§ 162 国会图书馆员工工资

为履行国会图书馆信托基金委员会或国会图书馆馆长专门职责，或从事并担任与国会图书馆相关合作业务职责的员工，不适用于第 18 编[1]第 209 条的规定；也不适用于第 5 编第 5533 条关于支付雇员额外工资的规定。

§ 162a 国会图书馆员工的总薪金

今后，国会图书馆任何职位的总薪金，在加上依据本编第 162 条所规定的拨款以外的款项中支付的酬金时，不能超过一定数额，即当总薪金加上上述酬金时，会超过第 5 编第 51 章和第 5 编第 53 章第 3 节规定的最高薪金。

§ 162b 小学者儿童发展中心；雇员薪金和人事管理

（a）可享受：授信、年金、残疾人补助、节约储蓄计划及相关信用证明等福利

（1）本款适用于符合以下条件的个人——

（A）在依照《立法机构拨款法（1991 年）》（*The Legislatire Branch Appropriations Act* 1991）第 205 条第（g）款第（1）项成立的国会图书馆儿童发展中心［“小学者儿童发展中心”（Little Scholars Child Development Center），以下简称为“中心”］工作的，以及

（B）由国会图书馆馆长依照本款规定的范围选择确定的，但不得迟于——

（i）自 2000 年 12 月 21 日起 60 日之后，或者

---

[1] 本法中如无特殊说明，“第 18 编”系指《美国法典》（*United States Code*）第 18 编，其余条款同。

（ii）正式工作之日起60日之后。

（2）（A）凡是自2000年12月21日之前成为第（1）段所述中心雇员的，可以不适用第5编第8411条第（b）款第（3）项的规定，而是按照第5编第8411条第（f）款第（2）项的规定，享受授信待遇。

（B）凡是符合上述条件，自2000年12月21日之后在该中心入职的员工，可以按照第5编第8411条的规定享受授信，并且由人事管理办公室根据第5编第8422条的规定，从其工资中进行代扣代缴。

（3）尽管本款另有规定，任何符合本款第（1）段所述的中心雇员，应当视为符合第5编第8411条关于年金规定的民用诚信服务，以及第5编第84章第4节和第5节有关残疾人补助的规定，并由人事管理办公室根据第5编第8422条的规定，连同利息从其工资中进行代扣代缴。

（4）本款第（1）段所述个人应当被认为是符合第5编第84章第3节规定的雇员，可以在依照第5编第8432条规定的第一次有效支付期之日起，或依照本款规定缴纳。

（5）人事管理办公室应当接受国会图书馆馆长依本款出具的授信证明。

（b）医疗保险

自中心成立之日起或本法颁布（2000年12月21日）之日起，依据第5编第8901条第（1）款规定所称的雇员，应视为第5编第89章规定的医疗保险范围人员。自本法颁布之日起在中心工作的雇员，可以在本法颁布之日之后60日内依照本款规定选择保险范围，并且在此期间经人事管理办公室核准聘用日期。

（c）人寿保险

依据第5编第8701条第（a）款聘用的中心雇员，应视为第5编第87章规定的人寿保险范围人员。

（d）政府出资部分

依照本法第8423条、第8432条、第8708条和第8906条的规定计算的、由政府出资的部分，应当由国会图书馆馆长从国会图书馆可支配的拨款中支付。

（e）国会图书馆工资单和人事运行

由国会图书馆馆长或其指定的代理人——

（1）为中心雇员制作工资单，包括根据第5编第8422条、第8432条、第8707条和第8905条确定的应在雇员工资中扣除和扣缴的部分；

（2）为中心雇员保存有关人事和工资的信息记录，并将相关信息转交人

事管理办公室；以及

（3）依照本条的规定，将政府和雇员缴纳的资金转交给人事管理办公室。

（f）中心职责

中心应当——

（1）根据国会图书馆计算的额度，向国会图书馆支付薪金，以及依照第26编[1]第3111条的规定，雇主应当为雇员承担的税额；

（2）根据国会图书馆馆长的要求，补偿国会图书馆因履行本条第（e）款第（1）项所产生的合理行政费用；

（3）遵守国会图书馆馆长为执行本条规定制定的规章和程序；

（4）根据国会图书馆馆长的要求，保留中心所有雇员信息记录；

（5）为执行、贯彻本条，与国会图书馆馆长磋商。

（g）规章

为执行本条规定，国会图书馆馆长可以制定相关规章。

§163 （已删除）

§164 编纂各州立法索引和摘要

国会图书馆馆长有权对美国各州立法每两年编纂一部索引，并附该时期重要立法摘要。

§164a 各州立法索引和摘要的官方发布

国会图书馆馆长通过本编第164条授权编制的索引和摘要，只能由官方发布、印刷和装订。

§165 两年索引拨款的批准

为执行本编第164条的规定，每年拨款3万美元，直到用完为止。

§166 国会研究服务部

（a）立法参考咨询服务部的更名

国会图书馆“立法参考咨询服务部”（The Legislative Reference Service）更名为“国会研究服务部”（Congressional Research Service），并继续作为国会图书馆的一个独立部门。

（b）职能和目标

国会图书馆政策是——

（1）国会图书馆馆长应竭力支持、帮助和促进国会研究服务部开展如

---

[1] 本法中如无特殊说明，“第26编”系指《美国法典》（*United States Code*）第26编，其余条款同。

下工作——

（A）为国会提供最实际和最有效的服务，

（B）最迅速、最实际、最有效地满足国会的特殊需求，并且

（C）履行为国会服务的职责；

以及

（2）为实现上述目标，国会图书馆馆长应当准许并给予国会研究服务部独立开展研究和最大限度的独立行政权。

（c）主任、副主任和其他必要人员的任命和薪金；高级专家的最低级别；按薪金级别表中的 GS－16、GS－17 和 GS－18 级安排专家和高级专家的薪金；任命不考虑公务员法和政治立场，只考虑履行职责所具备的条件

（1）国会图书馆馆长经与图书馆联合委员会协商，任命国会研究服务部主任。国会研究服务部主任的薪金应为第 5 编第 5314 条规定的行政职位薪金级别表中第 3 级基本薪金标准相等的年薪金。

（2）国会图书馆馆长根据国会研究服务部主任的提名，任命国会研究服务部副主任和其他必要人员。国会研究服务部副主任基本薪金的确定与第 5 编第 51 章（薪金分类）和第 5 编第 53 章第 3 节（普通职位薪金）的规定相一致；但不适用第 5 编第 5108 条第（a）款的规定。国会研究服务部所有其他必要人员的基本薪金应与第 5 编第 51 章（薪金分类）和第 5 编第 53 章第 3 节（普通职位薪金）的规定相一致，除了——

（A）本条第（e）款规定范围内的各个领域的高级专家的级别，不能少于政府行政部门中目前不承担管理职责的研究分析专家和顾问享有的最高级别；以及

（B）国会研究服务部专家和高级专家的职位，可按照第 5 编第 5332 条规定的薪金级别表中的 GS－16、GS－17 和 GS－18 安排，但不适用该编第 5108 条第（a）款的规定，并且在安排各个职位时，应事先获得图书馆联合委员会的批准。

（3）依照本款第（1）项和第（2）项的规定，以及本条第（e）款的规定作出的各项任命，不应考虑公务员法的规定及其政治立场，而只考虑其履行职责所具备的条件。

（d）国会研究服务部的服务职责；帮助国会各委员会；结题项目和研究专题目录；立法资料、研究等；情报研究；摘要及编制；立法目的和效果，以及备忘录的编制；情报与研究能力，人才培养

无党派偏见的国会研究服务部职责——

（1）应需为参议院和众议院各委员会、两院联合委员会立法提议的分析、

评估和评价提供建议和帮助，或者通过总统或任何行政机构向国会提交议案，以便帮助委员会——

（A）确定相关立法提案的可行性；

（B）评估相关立法提案及其选择方案可能产生的结果；

（C）评价实现提案的不同方式；

以及，为上述目的提供委员会认为适当的其他研究和分析服务，另外对立法提案和一般提议的正确评估和分析提供基本的帮助；并且，在履行上述职责时应经委员会的授权作为该委员会的代理人，满足美国政府各部和机构关于图书、档案、信函、备忘录、论文和文献的需求；同时，在履行上述职责以及其他相关职责时，国会研究服务部应当与相关委员会保持联系。

（2）在新一届国会履职初始，向参议院和众议院各委员会以及两院联合委员会提供一份在该委员会职权范围内的、依照现行法律的，计划在本届国会任期内完成的项目和活动列表。

（3）在新一届国会履职初始，向参议院和众议院各委员会以及两院联合委员会提供一份该委员会可能擅长深入分析的热点问题和政策领域的目录。

（4）根据需求，或是对需求的预测，以研究、报告、汇编、摘要、简报、索引、译文及相关立法数据制作等形式，主动进行相关问题的收集、分类和分析等，并且将可用资料提供给参议院和众议院各委员会和两院联合委员会及其议员。

（5）根据需求，或是对需求的预测，主动向参议院和众议院各委员会和两院联合委员会及其议员准备和提供信息、研究、参考资料和服务，以帮助他们履行立法和代议职能。

（6）编制参议院或众议院提出的法律草案和普通公共性质决议的汇编和摘要。

（7）根据国会各委员会或议员的要求，准备并向有关委员会或议员提交国会各委员会已公告的听证会所涉及的一项或多项立法议案的简明备忘录，该备忘录应包含每一项立法议案的目的和影响的说明，国会之前提出的有类似目的和影响的其他立法议案，以及到目前为止，由国会或在国会范围内实施的其他相关立法议案。以及

（8）培养和保持高级专家、专家、其他雇员以及顾问的情报研究能力，以履行本款所规定的职责。

（e）专家和高级专家；任命；任命的领域

国会图书馆馆长有权在以下领域，根据国会研究服务部主任的提名，任命

高级专家和专家：

（1）农业；

（2）美国政府与行政管理；

（3）美国公法；

（4）环境保护；

（5）教育；

（6）工程与公共事务；

（7）住房；

（8）产业组织与公司财务；

（9）国际事务；

（10）国际贸易与经济地理；

（11）劳动与就业；

（12）矿业经济学；

（13）货币与银行；

（14）国防；

（15）价格经济学；

（16）自然科学；

（17）社会福利；

（18）财税政策；

（19）科技；

（20）运输与交通；

（21）城市事务；

（22）退伍军人事务；以及

（23）国会研究服务部主任认为其他需要研究的领域。

上述高级专家和专家，以及国会研究服务部所需的其他雇员，都应当为参议院和众议院各委员会和两院联合委员会及其议员，开展本条第（d）款规定的各项专门工作。

（f）主任职责；设立和变更研究参考组，或其他内设机构；或同时设立和变更研究参考组和其他内设机构

国会研究服务部主任有权——

（1）根据参议院和众议院各委员会及两院各联合委员会及其议员向国会研究服务部提出的建议、帮助和服务的请求，随时按以下类别和范畴进行分类、组织、整理、归类和拆分——

(A) 快速处理由参议院和众议院提交的个人请求；

(B) 提高为参议院和众议院各委员会及两院联合委员会服务的效率；以及

(C) 为高效履行国会研究服务部立法研究和与此相关的一般职能提供支持，

以及

(2) 在主任认为适当时，可随时设置和变更国会研究服务部内设研究和参考部门或其他组织机构，或同时设置和变更国会研究服务部内设研究和参考部门或其他组织机构，以实现本条规定之目的。

(g) 预算评估

国会研究服务部主任应将国会研究服务部预算提交国会图书馆馆长审查、审议、评估和批准，并将其纳入美国政府预算。

(h) 个人和有组织的专家或顾问，以及有专业知识的个人和组织；提供临时或周期性的帮助；劳务合同，非个人和个人服务；不适用广告招聘；最终成果；报酬；出差

(1) 国会研究服务部主任可以通过以下方式，聘请专家或顾问（包括速记人员），以及在某个特殊或专业领域有造诣的人临时或周期性的提供帮助——

(A) 通过与专家个人、顾问或其他相关人员签订非劳务合同，该方式不适用要求以广告形式进行合同招标的任何法律，作为独立订约人，应向国会研究服务部提供书面研究报告、专题著作、课题研究、著述、专题论文、论文、综述、咨询意见或其他最终成果；或者

(B) 通过签订劳务合同或以其他方式，聘请专家个人、顾问或其他相关人员在国会研究服务部工作（不超过 1 年），这种方式不适用职位分类相关的法律，而适用的薪金标准不能超过第 5 编第 5332 条规定的普通职位级别表目前实行的最高薪金的日平均标准，包括必要的差旅费也按同一标准支付。

(2) 国会研究服务部主任可以通过签订合同的方式，临时（单次不得超过 1 年）或周期性的聘请教育、研究或其他方面的专家和顾问（包括速记人员），以及聘请教育、研究或其他专门或特殊领域有造诣的人员对其提供帮助，签订该合同不适用要求以广告形式进行合同招标的任何法律。

(i) 向图书馆联合委员会提交工作报告

国会研究服务部主任应当在每次常会开幕时，准备并向图书馆联合委员会提交一份单独的和专门的报告，总结并详细说明国会研究服务部上一财政年度

工作的全面情况。

（j）拨款的批准

批准每个财政年度拨给国会研究服务部为开展各项工作所需的经费。

§§167 至 167h （已废除）

§167i 对国会图书馆馆舍和土地禁用规定的暂停执行

为保证在国会图书馆馆舍和土地范围内举行经批准的典礼仪式，国会图书馆馆长可据此暂停包括第 40 编[1]第 5106 条和第 5104 条规定在内的禁止性规定的执行，但必须指定相关责任人员，维持仪式中的秩序和礼仪，保护图书馆馆舍和土地及其人员、财产安全。

§167j 国会图书馆土地区域；“馆舍和土地”的定义

（a）国会图书馆土地范围西至东南第一大街（介于东南 B 大街和国会大厦东大街之间）；北至国会大厦东大街（介于东南第一大街和东南第二大街之间）；东至东南第二大街（介于国会大厦东大街和东南 B 大街之间）；南至东南 B 大街（介于东南第一大街和东南第二大街之间）；以及西至东南第二大街（介于东南宾夕法尼亚大道和隔开图书馆附楼与福尔杰莎士比亚图书馆街巷的北边之间）；隔离图书馆附楼街巷的南面（介于东南第二大街和东南第三大街之间）；东至东南第三大街（介于上述街巷南面和东南 B 大街之间）；南至东南 B 大街（介于东南第三大道和宾夕法尼亚东南大道之间）；西北至宾夕法尼亚东南大道（介于东南 B 大街和东南第二大街之间）。

（b）“国会图书馆馆舍和土地”系指（1）国会图书馆租用或以其他方式占有，并由国会图书馆馆长监督和管理的任何大楼和建筑物的全部或任何部分；（2）国会图书馆占有的任何大楼和建筑物的附着土地；以及（3）连接国会图书馆全部或部分占有的两处或两处以上建筑的地下通道或走廊通道。

（c）“国会图书馆馆舍和土地”系指（1）1990 年 8 月 1 日哥伦比亚特区测量员记录在案的、位于哥伦比亚特区 869 广场第 51 号地的所有不动产，其范围至广场路缘外，包括作为划定所有不动产土地线和路缘线之内的全部或者部分街巷，以及（2）这些不动产的改良。

（d）“国会图书馆馆舍和土地”应当包括下列财产：

（1）位于弗吉尼亚州卡尔佩珀县总共约 45 英亩的三处地产，地产税号码分别为 51 - 80B、51 - 80C 和 51 - 80D。在里士满联邦储备银行转让给戴维

---

[1] 本法中如无特殊说明，“第 40 编”系指《美国法典》（*United States Code*）第 40 编，其余条款同。

（David）和露西尔·帕卡德（Lucile Packard）基金会的契约书上则描述为40.949英亩，该契约书于1998年3月15日订立，并于1998年3月19日，由弗吉尼亚州卡尔佩珀县巡回法院书记室记录于契约汇编第644册第372页；以及拉塞尔·H. 英斯基普（Russell H. Inskeep）转让给帕卡德人文协会（Packard Humanities Institute），契约书描述为4.181英亩的地产，该契约书于2002年2月13日订立，并于2002年2月13日，由弗吉尼亚州卡尔佩珀县巡回法院书记室记录，契约号为020001299。

（2）上述不动产的改良。

§168 美国宪法；修订本编制和出版；注释；增补；十年修订本和增补

国会图书馆馆长应当编制——

（1）《美利坚合众国宪法——分析与解释》（*The Constitution of the United States of America—Analysis and Interpretation*）精装修订版，作为第88届国会参议院第39号文件［以下称为《宪法注释》（*Constitution Annotated*）］出版，《宪法注释》应包含联邦最高法院于1971年10月底开庭期间作出的解释宪法规定的判决注释；

（2）联邦最高法院在1973年10月、1975年10月、1977年10月和1979年10月开庭期结束后，依照上述第（1）款规定编制的《宪法注释》的精装修订本的累积袖珍本补编，应当包含由联邦最高法院在1971年10月之后开庭期间作出的所有判决的注释；

（3）联邦最高法院在1981年10月开庭期结束后，及在此之后最高法院每十年的10月开庭期结束后，《宪法注释》十年一度的精装修订版，应当包含由最高法院在此之前作出的所有解释宪法判决的注释；以及

（4）联邦最高法院在1983年10月开庭期间，及最高法院每个奇数年（不包括最后一位数字为1的奇数年）10月开庭期结束后，最新出版的《宪法注释》的十年一度修订版的累积袖珍版补编，应当包含《宪法注释》精装十年修订版中未包括的，最高法院作出的所有相关判决的注释。

§168a 《宪法注释》刊印

所有精装修订本和累积袖珍补编都应作为参议院文件刊印。

§168b 《宪法注释》的增印和分发

依照本编第168条第（1）款规定编制的《宪法注释》精装修订本，以及所有累积袖珍补编总计增印4870套，其中2634套供众议院使用，1236套供参议院使用，以及1000套供印刷联合委员会使用。在依照上述条款编制的《宪法注释》精装修订本发行之后新当选的，以及在第一个十年精装修订本发行

之前的，所有未收到依照上述条款编制的精装修订本的国会议员、美国副总统、代表和属地代表，都应据其适时请求，向其提供任何版本的《宪法注释》和现行累积袖珍补编以及在此之外的任何补编。在根据上述条款编制的《宪法注释》精装修订本发行之后不再任职的，已获得精装修订本的国会议员、美国副总统、代表和属地代表，可以根据其适时要求，获得除此之外的任何累积袖珍补编。

§ 168c 《宪法注释》十年修订本及其补编的增印和分发

精装十年修订本以及此外的累积袖珍补编，均应依照此后通过的任何相关决议增印和分发。

§ 168d 为《宪法注释》拨款的批准

为履行本编第 168 条至第 168d 条的规定，拨付所需相关款项，直到用完为止。

§ 169 国会图书馆职位国籍要求的豁免

自 1983 年 10 月 1 日起，在国会图书馆设置总数不超过 15 个的职位，可以不适用拨款法案中关于现行财政年度内对外籍人员就业的规定。但是，只有当国会图书馆馆长确定如下人员的聘任不能得到满足，即符合特殊职位具有某一领域专门资质的人员，或者符合国会图书馆人员聘用常规标准的人员，方可聘用任命。

§ 170 美国广播电视档案馆

（a）在国会图书馆设立并维护美国广播电视档案馆；目的：国会图书馆馆馆长决定其收藏、编目、索引和使用

国会图书馆馆馆长（以下称为“图书馆馆长”）应在国会图书馆设立和维护一个名为美国广播电视档案馆（American Television and Radio Archives）的图书馆（以下称为“档案馆”）。该档案馆旨在长期保存作为美国人民文化遗产的广播电视节目，并在不会促使或导致侵犯版权的情况下，提供历史学家和学者查阅使用。

（1）图书馆馆长在与相关组织和个人磋商后，应当确定并在档案馆收藏美国或其他国家向公众播放的广播电视节目的复制品和录音制品，这些复制品或录音制品具有现时或潜在的社会或文化影响、历史意义、认识作用或其他保存价值，其中包括下列已出版发行及未出版发行的广播节目的复制品和录音制品：

（A）依照第 17 编❶第 407 条和第 408 条的规定获得的；

---

❶ 本法中如无特殊说明，“第 17 编”系指《美国法典》（*United States Code*）第 17 编，其余条款同。

（B）从国会图书馆现有馆藏中调拨的；

（C）其他图书馆、档案馆、组织或个人赠送给档案馆或与之交换的；以及

（D）向所有权人购买的。

（2）依照本条规定，图书馆馆长应当保存并公布档案馆馆藏目录和索引，并为学术研究提供使用。

（b）为研究目的，图书馆馆长负责组织对定时新闻广播或现场新闻报道进行复制、编辑和使用；规章的颁布

尽管第 17 编第 106 条有规定，但图书馆馆长有权按照规章规定的标准和条件，对定时新闻广播或现场新闻报道等组成的广播电视节目，进行下列行为：

（1）为保存或安全目的，或为根据本款第（3）项所述条件进行使用的目的，以相同或其他有形形式，将此类节目复制成录制品；

（2）根据主题对该录制品进行汇编、不经删节或其他编辑，并根据本款第（1）项规定之目的，对汇编作品进行复制；以及

（3）通过下列方式使用依照本款第（1）项或第（2）项规定制作的复制品：

（A）向从事研究工作的人员提供外借；

（B）在符合第 17 编第 108 条第（a）款要求的图书馆或档案馆内保存，

对于上述任何一种情况，仅用于研究目的，不得进行再复制或表演。

（c）图书馆馆长或图书馆雇员的侵权责任

依本条授权，图书馆馆长或图书馆雇员的任何行为，都不应当为因其他任何人侵犯版权的行为承担责任，除非图书馆馆长或雇员故意地参与侵犯版权的行为。本条规定不应当被解释为，免除或限制因任何未经该编或本条授权的行为，或因任何未经该编或本条授权的个人的表演行为而产生的责任。

（d）简称

本条可称为《美国广播电视档案馆法》（*American Television and Radio Archives Act*）。

§ 171 国会关于图书阅读中心的设立和目的的声明

国会在此声明——

（1）美国国会于 1800 年 4 月 24 日设立国会图书馆；

（2）1815 年，国会收购了美国第三任总统的私人图书馆，该馆藏包含人类所知的各类学科，这些收藏成为“一个伟大国家图书馆的基础”；

（3）美国国会承认 1930 年购买并藏于国会图书馆的《古腾堡圣经》（*The Gutenberg Bible*），对于印刷的重要性，及对美国产生的影响；

（4）美国国会通过法令和拨款，向公众开放国会图书馆；

（5）国会图书馆的藏书及其他图书馆资料，已使其成为人类文明最伟大的图书馆之一；

（6）图书和文字成果对美国文明和学术产生了深远的影响，并成为美国民主信念历经200年不衰的坚实基础；

（7）1977年，美国国会特此郑重发表声明，重申文字成果和图书的重要性，以及作为认识美国自己和世界的中心，图书阅读中心（Center for the Book）继续研究和发展馆藏的重要性。

本编第171条至第175条旨在国会图书馆设立一个图书阅读中心，为研究人类知识的传播提供途径，并提高公众对于在知识传播过程中起着重要作用的书籍和印刷品的兴趣。

§172 定 义

本编第171条至第175条中使用的——

（1）“中心”是指图书阅读中心；

（2）“图书馆馆长”是指国会图书馆馆长。

§173 图书阅读中心的设立

特此在国会图书馆设立图书阅读中心。

该中心接受国会图书馆馆长的领导。

§174 图书阅读中心的职能

国会图书馆馆长通过中心，组织包括演讲、展览、出版在内的访问学者交流活动及其他相关活动，以激励公众的兴趣，和图书在知识传播中所起作用方面的研究。

§175 行政性规定

国会图书馆馆长在履行中心职能时，有权——

（1）制定其认为需要的规章；

（2）接受向中心捐赠或遗赠的资金、动产或不动产，并且为履行中心职能，在使用、出售或以其他方式处理这些财产时，不必考虑联邦法律中有关财产处分的规定；以及

（3）接受、使用志愿者和义工服务，并依照第5编第5703条规定补偿他们的差旅费，包括每日津贴。

§176 图书脱酸设备；国会图书馆馆长管理

除法律另有规定，国会图书馆馆长应当提供、安装、管理和维护图书脱酸设备。

§177 桂冠诗人诗歌顾问

（a）承认

国会承认的国会图书馆诗歌顾问，是曾经在国家生活中占有突出位置，为文学事业作出过贡献，履行与其他国家和社会的桂冠诗人相似职责和职能的人。国会图书馆馆长在任命诗歌顾问（任期1～2年）时，仅参考其在文学上的成就，并从国会图书馆信托基金委员会管理的捐赠基金中支付其薪金。国会承认该职位等同于美国桂冠诗人。

（b）职位的设立

在国会图书馆设立桂冠诗人诗歌顾问（Poet Laureate Consultant in Poetry）职位。国会图书馆馆长任命桂冠诗人诗歌顾问的程序，与1985年12月20日国会图书馆馆长任命桂冠诗人诗歌顾问的程序相同。

（2）鼓励联邦政府各部门和办公室在庆典和其他庆祝活动中，请桂冠诗人诗歌顾问提供服务，但应遵守国会图书馆馆长制定的关于桂冠诗人诗歌顾问参加此类活动不得影响其工作连续性的规定。

（c）诗歌活动

（1）国家艺术基金会（The National Endowment for the Arts）主席应根据国家艺术理事会（The National Council on the Arts）的建议，每年举办一个由桂冠诗人诗歌顾问介绍自己主要作品，或其他著名诗人作品的活动。

（2）为执行本款规定之目的，准许在1987财政年度以及1990年10月1日之前的每个财政年度内，向国家艺术基金会拨款1万美元。

§§178 至 178l （已废除）

§§179 至 179k （已废除）

§179l 国会图书馆国家电影名录

依照本编第179l条至第179w条的规定，为保留和保护具有文化、历史、审美价值的影片，国会图书馆馆长（在本编第179l条至第179w条称为“图书馆馆长”），应当继续将符合标准的影片在《国家电影保护法（1988年）》（*The National Film Preservation Act of* 1988）和《国家电影保护法（1992年）》（*The National Film Preservation Act of* 1992）规定的国家电影名录（National Film Registry）中登记。

§179m 国会图书馆馆长职责

（a）权力

（1）一般规定

在与依照本编第179n条设立的委员会协商后，图书馆馆长应当——

（A）与其他影片档案工作者，教育工作者和历史学家、版权人、电影制造业代表以及其他与电影保护相关的人员协作，为保护《国家电影保护法（1992年）》规定的电影，继续实施国家电影保护计划。依照《国家电影保护法（1992年）》的规定，考虑到电影保护研究的客观性，以及国家计划的复杂性，这个计划应当——

（i）协调档案工作者和版权人以及其他公共和私营部门人员之间的活动，以确保他们的活动成果是有效的并相互补充；

（ii）引导公共意识并支持这些活动；

（iii）增加用于教育目的的电影；以及

（iv）在必要时对电影保护活动进行研究和调查，包括新技术的效能，以及改善这些做法的途径；

（B）制订列入国家电影名录的标准和程序，但任何符合标准的影片，均要在该电影第一次发行10年之后才可列入国家电影名录；

（C）制定普通公众向委员会建议有关影片列入国家电影名录的程序；以及

（D）确定哪些影片符合上述第（B）段制定的标准，并且能够列入国家电影名录，但图书馆馆长每年选入国家电影名录的影片不得超过25部。

（2）名录中电影的公布

图书馆馆长应当在《联邦公报》（*The Federal Register*）中公布所有被选入国家电影名录的电影名称。

（3）印章

图书馆馆长应当提供一个印章，以表明该影片入选国家电影名录，且为名录版本。图书馆馆长应当为依照本条第（b）款的方式许可使用印章而制定准则。

（b）印章的使用

根据本条第（a）款第（3）项规定提供的印章，仅用于电影名录版本或其他被许可使用的名录版本的复本。该印章仅由依照本条第（a）款第（3）项规定制订的准则申请的，并经图书馆馆长许可后使用。在获得版权、大规模发行、传播或出版作品的情况下，仅版权人或版权持有人可以在被选入国家电影名录的电影或许可使用的名录版本的复本上使用印章，并且图书馆馆长可以在任何国会图书馆收藏的列入国家电影名录的电影或许可使用的名录版本的复本上使用印章。且应当附言："本电影由国会图书馆国家电影保护委员会，基于文化、历史或审美价值的目的，选入国家电影名录。"为促进国家电影名录的发展，图书馆馆长可以在展览、表演或进行其他传播时，授权图书馆或其他机构以有限目的使用印章。

（c）协调与其他收藏、保存及相关的活动

继续实施《国家电影保护法（1992 年）》规定的国家电影保护项目中对电影的保护，图书馆馆长应当同依照本编第 179n 条设立的委员会就以下三项进行磋商——

（1）开展各项活动，以使列入国家电影名录的电影在基于研究和教育目的的前提下，得到更加广泛的利用，同时引导公众意识、支持名录和国家电影保护项目的实施；

（2）审查国家电影保护计划的实施，并在必要范围内修订该计划，以确保保存技术的先进性，并以多种方式获取电影收藏品；以及

（3）尽可能地采取广泛的举措以确保美国动态影像遗产的保存，包括电影、录影带、电视节目和原生数字动态影像，这些工作由国会图书馆国家视听资料保护中心（The National Audio－Visual Conservation Center）以及其他合适的非营利典藏和保护机构承担。

§179n 国家电影保护委员会

（a）委员人数和任命

（1）委员人数

图书馆馆长应当在国会图书馆设立国家电影保护委员会（National Film Preservation Board），该委员会由图书馆馆长依本条规定选出的 22 名委员组成。图书馆馆长应当要求第（A）~（Q）项［除第（C）项和第（N）项以外］列举的机构向其提交一份包含 3 名候选人的名单。除依照本条第（2）项任命的一般委员外，图书馆馆长应当分别从这些机构提交的名单中任命 1 名委员及候补委员，以便当委员会任命的委员不能参加会议时，候补委员可代替其参加会议。这些组织如下：

（A）美国电影艺术与科学学院（The Academy of Motion Picture Arts and Sciences）。

（B）美国导演协会（The Directors Guild of America）。

（C）美国编剧协会（The Writers Guild of America）。美国东部编剧协会（The Writers Guild of America East）与美国西部编剧协会（The Writers Guild of America West）应当分别提名 3 名候选人，其中一组织选出 1 名委员，则由另一组织选出 1 名候补委员。

（D）美国影评协会（The National Society of Film Critics）。

（E）电影与媒体研究协会（The Society for Cinema and Media Studies）。

（F）美国电影学院（The American Film Institute）。

（G）洛杉矶加利福尼亚大学戏剧、电影与电视学院，电影、电视和数字媒体系（The Department of Film，Television，and Digital Media of the School of Theater，Film and Television at the University of California，Los Angeles）。

（H）纽约大学艺术与科学学院电影研究系（The Department of Cinema Studies of the Tisch School of the Arts at New York University）。

（I）大学电影与电视协会（The University Film and Video Association）。

（J）美国电影联盟（The Motion Picture Association of America）。

（K）电影与电视制片人联盟（The Alliance of Motion Picture and Television Producers）。

（L）美国演员协会（Screen Actors Guild）。

（M）美国影院业主协会（The National Association of Theater Owners）。

（N）美国电影摄影师协会和国际摄影协会（The American Society of Cinematographers and the International Photographers Guild），应当共同提交一份包含3名候选人的名单，从中将选出1名委员和1名候补委员。

（O）国际电影资料馆联盟美国委员会（The United States Members of the International Federation of Film Archives）。

（P）动态影像档案学家协会（The Association of Moving Image Archivists）。

（Q）作曲家与作词家协会（The Society of Composers and Lyricists）。

（2）一般委员

除依照第（1）段任命的委员外，图书馆馆长应当任命不超过5名一般委员。图书馆馆长应当为每位一般委员选择1名候补，当其不能参加会议时代替其出席会议。

（b）主席

图书馆馆长应当任命1名委员会成员担任主席。

（c）任期

（1）任期

除不得限制任何委员个人担任的任期外，委员会委员的任期为4年。

（2）委员或机构的除名

如果任何委员或机构超过2年、参加委员会定期会议少于1次的，图书馆馆长有权将委员会委员或本条第（a）款所列举的机构除名。

（3）空缺的职位

委员会空缺职位的填补方式，应依照本条第（a）款的规定进行最初的任命，除非图书馆馆长可以从上述机构或相关机构预先提交的候选人名单中选出人员填补该空缺。任何在其前任任期届满之前为填补空缺而任命的委员，其任期为其前任所余剩的任期。

（d）法定人数

委员会 12 名委员即构成法定人数，但是不足 12 人也可以举行听证会。

（e）费用的补偿

委员会委员无薪金，但可以依照第 5 编第 5702 条和第 5703 条的规定，支付差旅费，包括每日津贴。

（f）会议

委员会在每个财政年度内至少召开一次会议。会议的召开应当通知馆长。

（g）利益冲突

图书馆馆长应当制定规章和程序，规范委员会委员和委员会职责之间可能发生的利益冲突。

§ 179o 委员会的职责和权力

（a）一般规定

委员会应对所提交入选国家电影名录的提名电影进行审查，并依照本编第 179m 条的规定，与图书馆馆长协商哪些电影具备文化、历史和审美价值并应入选国家电影名录和保存。

（b）电影的提名

委员会应当考虑由公众及电影业代表提交的为入选国家电影名录的电影提名，例如行业协会和社会的演员代表、导演、编剧、电影摄影师，以及其他创造性艺术家、制片人、电影评论家、电影资料馆和其他电影保存机构与电影研究项目的学术机构代表。每年由委员会选入国家电影名录的电影不超过 25 部。

（c）权力

（1）一般规定

委员会为履行其职责，可以在图书馆馆长和委员会认为适当的时间和地点举行听证会，听取证人证言并接受证据。

（2）基金会任职

依照第 36 编[1]第 151703 条的规定，国家电影保护基金会的成员，经图书馆馆长任命，由 2 名现任委员会委员担任。

---

[1] 本法中如无特殊说明，"第 36 编"系指《美国法典》（*United States Code*）第 36 编，其余条款同。

§179p 国会图书馆国家电影名录收藏

（a）符合保存质量标准的电影复本的获取

图书馆馆长应当尽力从电影所有人处获得一份列入国家电影名录的电影复本，该复本是符合保存质量标准的电影复本。图书馆馆长尽可能的获得最好的留存资料，包括预印资料。为进一步达到本法保存之目的，大力鼓励版权人和其他有这些资料复本的人，向国会图书馆提供预印资料和其他档案资料。

（b）补充材料

为教育和研究的目的，图书馆馆长应当尽可能的获得列入国家电影名录电影相关的补充材料，如背景材料、制作报告、拍摄脚本（包括连续性脚本）和其他类似材料。

（c）美国财产

尽管第17编有规定，由图书馆馆长接受的所有国家电影名录的电影复本，以及由图书馆馆长根据本条第（b）款的规定接受的其他材料，均为美国政府财产。

（d）国家电影名录的收藏

图书馆馆长根据本条第（a）款的规定接受的所有国家电影名录的电影复本，以及图书馆馆长根据本条第（b）款的规定接受的其他资料，均应由国会图书馆保存，并称为“国会图书馆国家电影名录收藏”。图书馆馆长应通过规章，并依照第17编的规定，为学术和研究目的，在合理范围内提供电影及其他相关资料的获取和使用。

（e）国家视听资料保护中心

图书馆馆长应当使用在弗吉尼亚卡尔佩珀的国会图书馆国家视听资料保护中心（National Audio - Visual Conservation Center），确保选入国家电影名录的电影以适当的方式保存，并且依照以下规定向研究者、学者和公众提供——

（1）本法典第17编；以及

（2）图书馆馆长同音像作品版权人之间达成的协议。

§179q 国家电影名录的印章

（a）印章的使用

（1）发行和放映的禁止性规定

任何人不得在公开场合故意发行或放映，一部具有本编第179m条第（a）款第（3）项所述印章的电影版本或该电影的任何形式的复本。除非这些电影——

（A）没有列入国家电影名录的；或者

（B）已列入国家电影名录，但是依照本编第 179m 条第（a）款第（1）项第（D）目的规定，图书馆馆长没有许可使用印章的电影或电影复本。

（2）宣传的禁止性规定

对于依照本编第 179m 条第（a）款第（3）项所述的印章，任何人不得故意用任何形式宣传除名录版本以外的该电影的任何版本。

（b）印章生效日期

使用本编第 179m 条第（a）款第（3）项所述的印章，应当在图书馆馆长于《联邦公报》公布之后生效，依照本编第 179m 条第（a）款第（2）项的规定，该影片名称应当为被选入国家电影名录时的名称。

§179r 救 济

（a）管辖权

美国有关地区法院对于相关事由具有管辖权，以预防和阻止违反本编第 179q 条第（a）款的规定。

（b）法律救济

（1）印章的取消

除下述第（2）段规定之外，对于违反本编第 179q 条第（a）款规定的救济，应限于取消违法行为所涉影片的国家电影名录的印章。

（2）罚款和禁令救济

故意违反本编第 179q 条第（a）款规定的，美国地区法院可以处以 1 万美元以下的罚款和适当的禁令救济。

§179s 救济的限制

本编第 179r 条规定的相关救济，应为依本编第 179l 条至第 179w 条规定的排他性救济措施，或者任何其他联邦或州的法律中有关本编第 179m 条第（a）款第（3）项所述印章使用的规定。

§179t 委员会工作人员；专家和顾问

（a）工作人员

为执行本编第 179l 条至第 179w 条的相关规定，图书馆馆长可以任命合适的人作为委员会的工作人员，并确定他们的薪金。

（b）专家和顾问

为执行本编第 179l 条至第 179w 条的相关规定，图书馆馆长可以依照第 5 编第 3109 条第（b）款的规定，获得专家或顾问的临时性或周期性服务，但是，专家或顾问的日薪不得超过普通薪金级别表中的GS－15规定的最高等级。

依照本条的规定，在任何情况下，委员会委员及候补委员都不能按照与专家和顾问相同的方式获得薪金。

§179u 定 义

本编第179l条至第179w条中使用的——

（1）“图书馆馆长”是指国会图书馆馆长；

（2）“委员会”是指国家电影保护委员会；

（3）“电影”在第17编第101条定义为“动态影像”，除此之外不包括任何最初没有固定在电影胶片上的作品，如固定在录像带或激光磁盘上的作品；

（4）“发行”是指在第17编第101条定义的“发行”；

（5）“名录版本”是指电影第一次发行的版本，或是由图书馆馆长进行保护和修复活动后的完整版本，在最初的资料不可挽回的情况下，可由资料管理员而非图书馆馆长或版权人对其进行编辑。

§179v 拨款的批准

为执行本编第179l条至第179w条规定之目的，准许自1996年10月11日起或之后的第一个财政年度至2016年的每一财政年度内向图书馆馆长拨付其所需的款项，但是每个财政年度内所拨付的款项不得超过25万美元。

§179w 生效日期

本编第179l条至第179w条的规定适用于任何影片的所有版本，包括依照《国家电影保护法（1988年）》和《国家电影保护法（1992年）》的规定被选入国家电影名录的影片，除依照上述两部法律被选入的影片外，均应视为该影片依照本编第179l条至第179w条的规定被选入国家电影名录。

§180 立法信息检索系统

（a）目的

本条旨在消除电子法律信息系统重复建设，降低国会信息支持成本而制定。

（b）“立法信息”的定义

本条中使用的“立法信息”系指由立法部门内部编制的信息，包括可公开的草案、修正案、委员会听证会及委员会报告文本、国会议事录文本、有关草案状况资料、立法活动资料，或直接关系到立法进程的其他类似公共信息。

（c）开发服务国会的独立立法信息系统

依照本条第（d）款批准的计划，并与任何其他法律规定相一致，国会图书馆或根据第（d）款批准的计划指定的实体机构，应当同立法机构中合适的实体机构合作，共同开发、维护国会的独立立法信息检索系统（Legislative

Information Retrieval System）。

（d）计划的制定与批准

国会图书馆应当为该系统的建设制定计划，通过考虑众议院第 103－517 研究报告的调查结果和建议，以确认和排除国会信息系统的冗余。该计划应当由参议院规则与行政委员会，众议院监督委员会，以及参议院和众议院拨款委员会批准。图书馆应当定期向上述委员会提供计划执行情况的报告。

（e）公共信息的获取

国会图书馆在计划制订过程中，应当对公众获取信息的有效渠道认真调查。该项调查结果应当提交给参议院和众议院拨款委员会、参议院规则与行政委员会以及众议院监督委员会，为他们可能采取的行动提供参考。

§181 立法机构之间的信息交流项目

（a）自 1996 年 9 月 16 日起，应当以提高信息技术的规划和评估为远景目标，为立法机构之间更广泛的信息交流设立一个项目。众议院监督委员会和参议院规则与行政委员会应当确定该计划的结构和运行，并提供适当的监督。立法机构中所有适合的办公室和代理处，应当参加该信息交流计划，并向众议院拨款委员会和参议院拨款委员会提交关于其参与项目程度和性质的年度预算报告。

（b）本条中使用的——

（1）“立法机构中的办公室和代理处”系指，众议院秘书办公室、参议院秘书办公室、国会大厦建筑师办公室、政府问责办公室、政府印刷局、国会图书馆、国会研究服务部、国会预算办公室、众议院行政办公室主任和参议院警卫官；以及

（2）“技术”系指基于计算机的系统、服务，以及支持信息的创建、处理、交换和传递的任何形式的计算机硬件和软件；提供语音、数据或图像通信的电信系统及相关的硬件和软件。

§182 联合采购项目周转基金

（a）设立

自 1997 年 10 月 1 日起，在美国财政部设立名为“联合采购项目周转基金”（本条以下称为“周转基金”）。国会图书馆馆长可以不受财政年度限制使用周转基金的款项。该款项用于联合采购项目（本条以下称为“项目”）的经费支持。项目系指在收回成本的基础上，国会图书馆代表众多机构购买外国出版物和研究文献的活动。周转基金的义务仅限于在拨款法案中指定用于此目的的每个财政年度的资金数额。

(b) 周转基金构成

周转基金包括以下内容——

(1) 任何依法为周转基金拨付的款项;

(2) 国会图书馆馆长于 1997 年 10 月 1 日或 1997 年 10 月 7 日 (以较后之日为准) 持有的任何款项, 将作为支付图书馆项目的间接成本; 以及

(3) 办公用品、设备和捐赠基金结余及该计划的其他资产的总价值, 与该项目负债 (包括无资金准备的负债, 例如雇员年假累积的价值) 的差额。

(c) 周转基金的信贷

周转基金应该以信贷方式使用, 其信贷总额即为项目的联采购买费、服务费以及为项目参加机构提供办公用品的费用总和。根据国会图书馆馆长的预计, 信用额度能满足合理期间内项目的全部直接或间接成本支出。

(d) 未承付结余

周转基金的结余, 即国会图书馆馆长计划利用的周转基金超过项目活动实际需要额度的结余, 均应作为杂项收入存入美国财政部。由周转基金支付的活动经费指该项目的直接和间接成本, 包括采购、运输、书籍装帧及其他图书馆资料的成本; 该项目所需办公用品、资料、设备和服务; 薪金及福利; 一般开销和差旅费。

(e) 审计

周转基金应当由总审计长慎重审计。

§ 182a 音像制品保存中心复制服务的周转基金

(a) 设立

国会图书馆馆长 (以下本编第 182a 条至第 182d 条称 "图书馆馆长") 为保障国家音像制品保存中心 (Audiovisual Conservation Center) 开展复制及传递服务, 在财政部设立周转基金。国家音像制品保存中心依照 1997 年 12 月 15 日批准的《为国会图书馆或其他目的授权购买不动产法令》(*An Act to Authorize Acquisition of Certain Real Property for the Library of Congress, and for Other Purposes*) 而建立。

(b) 服务费

图书馆馆长可对提供本条第 (a) 款所述的服务进行收费, 并根据本条规定, 将收取的费用存入周转基金中。

(c) 基金内容

(1) 一般规定

本条所述周转基金应包含以下几项内容:

（A）图书馆馆长根据本条第（b）款规定所存放的款项；

（B）任何由本条第（a）款所述国会图书馆服务所产生的其他款项；

（C）由图书馆馆长按照下面第（2）项规定存放的款项；

（D）其他依法拨付的款项。

（2）周转期内基金的缴存

图书馆馆长应当按照以下条款规定转付周转基金：

（A）在转付之日由本条第（a）款所述服务产生的，且依旧存在的（待付款的）保留余额和未动用剩余经费。

（B）上述期间内如下两项差额——

（i）办公用品、资产、设备、捐赠资金结余，以及由服务产生的其他资产的全部价值；

（ii）由上述服务所负债务的全部价值。

（d）基金使用额度

为开展本条第（a）款规定的服务，国会图书馆馆长可以不受财政年度限制，在拨款法案规定的额度内使用周转基金。

§ 182b 纪念品店、十进制分类法、照片复制以及相关服务的周转基金

图书馆馆长为开展下列项目和活动在财政部设立周转基金：

（a）设立

（1）十进制分类法的研制；

（2）与国会图书馆的馆藏、展览、表演以及特殊事件有关的纪念品店或其他物品销售的运营；

（3）文献复制和缩微复制服务；

（4）特殊事件和项目。

（b）设置独立账户

根据本条规定，在周转基金中保留一个独立账户，用于本条第（a）款所述项目和活动。

（c）服务费

图书馆馆长可以对提供本条第（a）款所述的服务进行收费，并根据本条对项目和活动的规定，将收取的费用存入周转基金中。

（d）基金账户内容

（1）一般规定

每个周转基金账户均应包含以下几项内容：

（A）图书馆馆长根据本条第（c）款的规定所存放的款项；

（B）任何由图书馆馆长获得的，因该账户所包含的项目和活动产生的其他款项；

（C）由图书馆馆长按照下面第（2）项的规定缴存的款项；

（D）其他依法拨付的款项。

（2）周转期内基金的缴存

图书馆馆长应当按照以下条款规定转付每一个账户的周转基金：

（A）在转付之日由账户所涉项目及活动产生的，且依旧存在的（待付款的）保留余额和未动用剩余经费。

（B）上述期间内如下两项差额——

（i）办公用品、资产、设备、捐赠资金结余，以及因这些项目和活动产生其他资产的全部价值；

（ii）由于上述项目和活动所负债务的全部价值。

（e）使用额度

（1）一般规定

除下述第（2）项规定外，为开展基金账户所涉及的项目和活动，图书馆馆长可以不受财政年度限制，在拨款法案规定的额度内使用本条规定的周转基金账户的额度。

（2）为支付国会大厦警察服务的专门规定

为支付美国国会警察局开展与第（a）款第（4）项所述的特殊事件或项目相关的服务所组成的周转基金的任何款项，依据国会警察局的收据将款项转至国会警察局适用的拨款账户中。

§ 182c 联邦图书馆和信息网络项目及联邦研究项目的周转基金

（a）设立

为国会图书馆的“联邦图书馆和信息网络项目”（本法中简称“FEDLINK项目”）［同本条第（f）款第（1）项的描述］及联邦研究项目［同本条第（f）款第（2）项的描述］在财政部设立周转基金。

（b）设置独立账户

根据本条规定，在周转基金中保留一个独立账户，用于本条第（a）款所述项目和活动。

（c）服务费

（1）一般规定

图书馆馆长可以对“FEDLINK项目”及联邦研究项目收取费用，并根据本条规定，将收取费用存入周转基金中。

（2）预付资金

“FEDLINK 项目”和联邦研究项目的参与者，应当通过预付资金支付项目的产品和服务所需经费——

（A）如果图书馆馆长确定周转资金额度不足以支付所提供的产品和服务的费用；或者

（B）根据参与者和图书馆馆长达成的协议。

（d）基金内容

（1）一般规定

每个周转基金账户均应包含以下几项内容：

（A）图书馆馆长根据本条第（c）款规定所存放的款项；

（B）任何由图书馆馆长获得的，因该账户所包含的项目产生的其他款项；

（C）由图书馆馆长按照下面第（2）项的规定缴存的款项；

（D）其他依法拨付的款项。

（2）基金周转期内的缴存

尽管第 31 章第 1531 条第（d）款有规定，但图书馆馆长应当按照以下条款规定转付拨款账户的周转基金：

（A）在转付之日由账户所涉“FEDLINK 项目”和联邦研究项目产生的，且依旧存在的（待付款的）保留余额和未动用剩余经费。

（B）上述期间内如下两项差额——

（i）办公用品、库存资产、设备、捐赠资金结余，以及因这些项目和活动产生其他资产的全部价值；

（ii）因上述项目和活动所负债务的全部价值。

（e）基金使用额度

为开展基金每一账户所涉及的项目和活动，图书馆馆长可以不受财政年度限制，在拨款法案规定的额度内使用本条规定的周转基金账户的额度。

（f）项目描述

（1）联邦图书馆信息网络项目

本条中“联邦图书馆和信息网络项目”系指，由图书馆员代表联邦图书馆、联邦信息中心以及联邦政府和哥伦比亚特区相关机构，提供下列服务的国会图书馆项目：

（A）商业信息采购服务、多种形式的出版物以及图书馆支撑服务；

（B）相关会计服务；

（C）相关教育、信息和支撑服务。

（2）联邦研究项目

本条中“联邦研究项目”系指，图书馆员为联邦政府和哥伦比亚特区政府提供的研究报告、翻译出版物以及分析研究（不同于国会研究服务部项目）的国会图书馆项目。

§182d 总审计长审计

依本法第182a条至第182d条所设立的周转基金，应当由总审计长慎重审计。

§183 众议院历史

（a）一般规定

根据可用资金且与本条及本编第183a条的要求相一致，国会图书馆馆长经与众议院管理委员会（The Committee on House Administration）协商，筹备、印刷、发行以及安排资金，撰写一部新的、完整的《众议院历史》（*History of the House of Representatives*）。筹备撰写《众议院历史》期间，国会图书馆馆长应当咨询、委托，或吸引知名历史学家、众议院现任和前任议员参加。

（b）指导原则

为执行本条第（a）款规定，国会图书馆馆长应当考虑以下几个方面：

（1）按编年顺序说明、叙述众议院历史；

（2）《众议院历史》阅读对象为普通读者，及国会议员和工作人员；

（3）《众议院历史》应当包括第一、二届大陆会议及制宪会议的内容，尤其是它们在创立众议院中所起的作用。

（c）印刷

（1）一般规定

国会图书馆馆长负责安排印刷。

（2）印刷安排

印刷可以通过以下方式执行——

（A）依照第44编第5章的规定由政府印刷厂（The Public Printer）印刷；

（B）根据本条第（e）款所获得的私人资金，由国会图书馆馆长和私营出版者联合完成；或

（C）依照上述第（A）段和第（B）段的规定。

（3）网络发布

任何依照上述第（2）项所进行的印刷安排，都应当包括由美国政府在互联网发布有关众议院历史节选内容的条款。

（4）发放议员份数

《众议院历史》由政府印刷厂印制，依据本条第（d）款提供给国会的份

数应当记入政府印刷局为国会印刷和装订的档案中。

（d）发行

国会图书馆馆长应当向公众发售《众议院历史》，并免费向每位众议院议员发放5册，向参议院提供250册。

（e）私人资金

国会图书馆馆长应当为《众议院历史》的筹备、出版、销售和公开发布，向私人、私营组织或实体筹募资金。

§183a 众议院口述历史

（a）一般规定

国会图书馆馆长应当承担众议院口述历史的保存、保护、维护以及使用。众议院口述历史由众议院议员和前议员口述，美国前国会议员协会或其他私人组织，或志愿或依据合同进行编制和更新。依据本条规定，国会图书馆馆长可以获得志愿者或志愿机构的帮助，或者在必要的时候订立服务合同。

（b）口述历史定义

本条中“口述历史”系指通过下列一个或多个方式记录的、由个人回忆组成的一个故事或一段历史：

（1）交谈；

（2）文字记录；

（3）音频记录；

（4）视频记录；

（5）其他可能适用于这些信息的记录和保存的方式。

§184 将数字馆藏纳入教育课程

（a）简称

本条被引称为《国会图书馆数字馆藏和教育课程法（2005年）》（*Library of Congress Digital Collections and Educational Curricula Act of* 2005）。

（b）项目

国会图书馆馆长应当实施一个旨在教导教育工作者、图书馆员如何将国会图书馆数字馆藏纳入教育课程的项目。

（c）教育协会

在依照本条规定实施的项目中，国会图书馆馆长可以——

（1）成立教育协会以支持该计划；并且

（2）为该项目拨付资金以供协会成员、教育机构和图书馆使用。

（d）拨款授权

为执行本条规定，自 2006 年财政年度及之后的每个财政年度，根据授权予以拨款。

§185 国会图书馆监察长

（a）简称

本条被引称为《国会图书馆监察长法（2005 年）》（*Library of Congress Inspector General Act of* 2005）。

（b）监察长办公室

监察长办公室（Office of Inspector General）独立设置于国会图书馆内——

（1）除了在本段任何可能被解释为授权监察长审计或调查的任何美国国会警察局的行动或活动，指导和监督有关国会图书馆的审计及调查工作，不包括涉及暴力和个人财产的事件；

（2）领导、协调和提供政策建议，以促进国会图书馆经济、高效率、有效益的工作；以及

（3）提供国会图书馆馆长和国会充分、及时了解关于国会图书馆管理与运行中的问题和不足的途径。

（c）监察长的任命；监督；免职

（1）任命与监督

（A）一般规定

由国会图书馆馆长任命 1 名监察长作为监察长办公室的负责人，该任命不计政治背景，重在诚实正直品质的考虑，以及在会计、审计、财务分析、法律政策、管理分析、公共管理或调查方面能力的全面考虑。监察长应当向国会图书馆馆长报告并接受国会图书馆馆长监督。

（B）审计、调查和报告

国会图书馆馆长无权阻止或禁止监察长下列行动——

（i）开展、实施或完成审计或调查；

（ii）审计或调查期间发出的任何传票；或者

（iii）发出任何报告。

（2）免职

国会图书馆馆长可以免除监察长职务，并应以书面形式向国会两院报告免职理由。

（d）义务、职责、职权和报告

(1) 一般规定

《监察长法（1978年）》（*The Inspector General Act of* 1978）第4条、第5条（除第（a）款第（13）项）、第6条第（a）款（除第（7）项和第（8）项）和第7条，适用于国会图书馆监察长和监察长办公室，国会图书馆和国会图书馆馆长由下列术语替代时同样适用这些条款——

（A）“国会图书馆”为“机构”；以及

（B）“国会图书馆馆长”为“机构负责人”。

（2）雇员

依据国会图书馆选择、任命和雇用等法律规定，为履行监察长办公室职能、权力和职责，监察长为执行本条规定有权选择、任命和聘用包括顾问在内的官员和雇员。

（e）移交

国会图书馆调查办公室的所有职能，包括人事和经费预算均移交监察长办公室。

（f）现任人员

2005年8月2日仍在国会图书馆监察长职位任职人员，依照本条有关免职规定，继续履行职责。

（g）援引

援引自任何联邦法律、行政命令、规则、规章，或授权或者任何涉及国会图书馆监察长的文件，均应视为依据本条对国会图书馆监察长的解释。

（h）生效日期

本条自2005年8月2日起生效。

图书馆复本或录音制品的法定呈缴（节译）*

第407条 向国会图书馆缴送复本或录音制品

（a）除第（c）款另有规定，在符合第（e）款规定的条件下，在美国出版的作品的版权人或专有出版权所有人，应在其作品出版之日起3个月内缴送

* 张维，译；黄国彬，刘冰雪，卢海燕，校。

下列物品——

（1）2 份最佳版本的完整复本；或

（2）如果该作品为录音制品，则 2 份最佳版本的完整录音制品，以及与该录音制品同时出版的印刷资料或其他可视资料。

本款有关缴送的要求以及第（e）款的相关规定，均不构成版权保护的要件。

（b）按前款要求缴存的复本或录音制品应当向版权局缴送，以供国会图书馆使用或处置。经缴送者要求，并在缴送者支付第 708 条规定的登记费后，版权局局长应当为其开具缴送收据。

（c）版权局局长可以依条例免除按本条规定要求缴送的任何类别资料的缴送，或者要求仅缴送一份复本或录音制品。在下述情况下，这些条款应当规定完全免除依本条要求进行的缴送，或者采取其他旨在提供该作品令人满意的档案记录而不增加缴送者实际的或财政上困难的替代形式：个人作者是绘画、平面美术或雕塑作品的版权人，并且（i）该作品已出版的复本不超过 5 件，或（ii）该作品已发行的复制件为有编号的限量版本，其货币价值使强制缴送该作品的 2 份最佳版本的复本是难以承担、不公平或不合理的。

（d）依照第（a）款的规定，在作品出版后的任何时间内，版权局局长可以书面要求第（a）款规定的缴送义务人进行法定缴送。缴送义务人应当自收到书面要求起 3 个月内完成缴送，否则缴送义务人须承担下列责任——

（1）每一作品处以 250 美元以下的罚款；

（2）向国会图书馆专门指定的基金缴纳应缴送的复本或录音制品的零售价总额，未确定零售价的，应缴纳国会图书馆获取复本或录音制品的合理成本；

（3）如果缴送义务人故意或屡次未能履行或拒绝履行缴送义务的，除依照第（1）项和第（2）项的规定处罚外，还应处以 2500 美元的罚款。

（e）有关已经录制并在美国向公众播放，但尚未发行的广播节目，版权局局长应当在同国会图书馆馆长及其他有利害关系的组织和官员协商之后，制定条例，通过缴送或其他方式进行规范，以保证国会图书馆对此类广播节目的复制品或录音制品的入藏。

（1）应当允许国会图书馆馆长依据此类条例规定的标准和条件，直接从向公众播放的广播中录制广播节目，并为存档目的复制一份该录制品的复制品或录音制品。

（2）此类条例应当规定有关的标准和程序，使国会图书馆馆长可以书面要求在美国国内享有节目广播权的主体，缴送一份特定广播节目的复制品或录音制品。此类缴送，可以经在美国国内享有广播权的主体选择，可以通过赠送、以复制为目的的外借，或不超过复制和提供复制品或录音制品成本价格出售的方式进行缴送。依照本条款制定的条例，应为进行缴送规定不少于3个月的合理期限，并应根据合理需要允许延长合理期限，以及调整缴送要求的范围或履行缴送义务的方式。在美国国内享有广播权的主体，如果故意不能或者拒绝按照此类条例规定条件履行缴送义务的，应当向国会图书馆专门指定的基金支付不超过复制或提供复制品或录音制品所需成本的金额。

（3）本款任何规定都不应解释为，在收到第（2）项规定的明确书面要求之前播放节目的情况下，为缴存的目的，要求制作或保留未发行的广播节目的任何复制品或录音制品。

（4）如果仅以获得本款规定的复制品或录音制品为目的，为执行本款第（1）项和第（2）项的规定所实施的各种行为，不产生侵权责任。

版权法（节译）*

第108条 专有权的限制；图书馆和档案馆的复制

（a）除本法另有规定外，即使第106条有规定，任何图书馆或档案馆，或其雇员在其职务范围之内，制作、发行该作品的复制品或录音制品不超过一份的，除本条第（b）款和第（c）款另有规定外，符合下列情况的，不构成侵权——

（1）复制或发行复制品或录音制品不以直接或间接的商业利益为目的；

（2）图书馆或档案馆的藏品，（i）向公众开放；或（ii）既提供图书馆或档案馆及其所属机构的研究人员使用，也提供专门领域的其他研究人员使用；以及

（3）依本条有关规定制作的，用于该作品复制或发行的复制品或录音制品应当包含版权声明，如果依本条规定制作的复制品或录音制品不包含版权声明，则应包含该作品受版权保护的声明。

---

* 张维，译；黄国彬，刘冰雪，卢海燕，校。

（b）本条规定的复制权和发行权，适用于复制未出版作品的 3 份复制品或录音制品，该复制仅以保存和安全目的，或符合第（a）款第（2）项规定的在此类型图书馆或档案馆中为研究而保存的目的，并符合下列情形——

（1）用于复制的复制品或录音制品应为图书馆或档案馆现有馆藏；以及

（2）任何以数字格式制作的复制品或录音制品，没有以数字格式发行，并且公众无法在图书馆或档案馆馆舍之外获取的。

（c）本条规定的复制权和发行权，适用于复制未出版作品的 3 份复制品或录音制品，该复制仅为替代损毁、濒于损毁、丢失或失窃的复制品或录音制品，或目前存储格式已过时，并符合下列情形——

（1）图书馆或档案馆在经过适当的努力之后，确定无法以合理价格获得一份未经使用的替代品；以及

（2）任何以数字格式复制的复制品或录音制品，公众无法在合法收藏该复制品或录音制品的图书馆或档案馆馆舍之外获取的。

根据本款的相关规定，如果以一种格式存储作品所必需的机器或设备不再生产，或者无法在市场上合理获得，此格式则被视为已过时。

（d）在符合下列情况下，本条所述的复制权和发行权适用于，从使用者提出请求的图书馆或档案馆的馆藏或另一图书馆或档案馆馆藏中，制作不超过一份受版权保护的汇编作品或期刊的一篇文章或一部分的复制品，或制作其他受版权保护作品的小部分内容的复制品或录音制品——

（1）该复制品或录音制品成为使用者的财产，并且图书馆或档案馆未被告知该复制品或录音制品除供个人学习、学术或研究以外，还会用于其他目的；以及

（2）图书馆或档案馆应在收取复印申请单的场所，醒目地展示符合版权局局长制定的条例所规定的版权警示，并且在复印申请单上附有版权警示。

（e）在符合下列情况下，本条所述的复制权和发行权适用于，从使用者提出请求的图书馆或档案馆的馆藏或另一图书馆或档案馆馆藏中，复制受版权保护的整本作品或作品的一大部分内容，该复制行为必须在图书馆或档案馆合理调查的基础上，确定不能以合理价格获得版权作品的复制品或录音制品——

（1）该复制品或录音制品成为使用者的财产，并且图书馆或档案馆未被告知该复制品或录音制品除供个人学习、学术或研究以外，还会用于其他目的；以及

（2）图书馆或档案馆应在收取复印申请单的场所，醒目地展示符合版权局局长制定的条例所规定的版权警示，并且在复印申请单上附有版权警示。

（f）本条任何规定不得——

（1）解释为未经监督而在图书馆或档案馆馆舍内使用复制设备，使图书馆或档案馆，或其雇员承担版权侵权责任；前提是上述复制设备已附有符合版权法规定的规范复制行为的版权声明；

（2）解释为如果上述复制行为超出第 107 条[1]规定的合理使用的范围，则不得免除上述使用复制设备的人，或依照本条第（d）款规定请求复制品或录音制品的人的侵权责任，或任何后续使用这些复制品或录音制品的人的侵权责任；

（3）解释为依照本条第（a）款第（1）项、第（2）项、第（3）项的规定，图书馆和档案馆只能出借数量有限的视听新闻节目复制品和节录此视听新闻节目，而限制其复制或发行；

（4）以任何方式影响第 107 条规定的合理使用的权利，或者图书馆或档案馆在将获得的作品的复制品或录音制品纳入其馆藏时所需承担的合同义务。

（g）本条规定的复制权和发行权可引申适用于，在不同场合对同一资料的单份复制品或录音制品进行独立的和无关联的复制和发行，但是不能引申适用于下列情形，图书馆或档案馆，或其雇员——

（1）明知或有充分理由相信，对同一资料的多份复制品或录音制品进行相关联或一致的复制或发行，无论是一次或在一段时间内完成，也不论是由一人或多人共同使用还是由一个组织的各个成员单独使用；或

（2）系统地复制或发行单份或多份本条第（d）款中所规定资料的复制品或录音制品，但是，本款任何规定不禁止图书馆或档案馆参与馆际协作，该馆际协作不以图书馆或档案馆接受该复制品或录音制品的总量足以替代订阅或购买该作品为目的和结果。

（h）（1）依照本条规定，在已发表作品版权保护期的最后 20 年内，图书馆或档案馆，包括具备上述机构功能的非营利性教育机构，在其合理调查的基础上首先确定，不存在本款第（2）项第（A）目、第（B）目和第（C）目规定的条件下，以保存、学术或研究为目的，可以影印或数字化的形式复制、发行、展览或表演此作品复制品或录音制品的全部或部分内容。

（2）有下列情形的，不得进行复制、发行、展览或表演——

（A）作品用于普通商业用途；

---

[1] 本法中如无特殊说明，“第 107 条”系指《美国法典》（*United States Code*）第 17 编第 107 条，其余条款同。

（B）能够以合理的价格获得作品的复制品或录音制品；

（C）版权所有人及其代理人依照版权局局长制定的条例所提供的声明，适用于上述第（A）目、第（B）目规定的情形。

（3）本款中的免责规定，不适用于上述图书馆或档案馆以外用户的后续使用。

（i）本条所规定的复制权和发行权，不适用于音乐作品、绘画、平面美术或雕塑作品，或电影或除新闻报道以外的其他视听作品，但第（b）款及第（c）款所赋予的权利不适用此限制，依照第（d）款和第（e）款规定复制或发行的作品的插图、图表或类似附属形式发表的绘画或平面美术作品也不适用此限制。

第 704 条 送缴版权局物品的保存与处置

（a）依照第 407 条❶和第 408 条❷的规定向版权局缴送的所有复本、录音制品及鉴别材料，包括与申请书一起送缴但被拒绝登记的物品，均属于美国政府的财产。

（b）对于已出版的作品，其所有缴送的复本、录音制品和鉴别材料，均应由国会图书馆收藏，或与其他图书馆交换，或调拨给其他图书馆。对于未出版的作品，国会图书馆有权依照版权局局长制定的条例，选择任何缴送的未出版的作品纳入其馆藏，或调拨给美国国家档案馆或联邦档案中心（依照第 44 编❸第 2901 条定义确定的）。

（c）版权局局长对于特定类别和一般类别的作品，在依照第（b）款规定，将上述作品移交给国会图书馆之前，或者依照第（d）款规定，将上述缴送的作品销毁或作其他处理之前，有权影印根据第 408 条规定缴送版权局的作品的全部或部分内容，并将复制品进行版权登记。

（d）依照第（b）款的规定未被国家图书馆选中的缴送物品，以及这些物品的鉴别材料及复本，应当在版权局局长和国会图书馆馆长认为的合理时间内，在版权局的控制之下保存，包括在政府储备库保存。上述保存期满后，由版权局局长和国会图书馆馆长共同审慎决定将其销毁或作其他处置。但是，对于未发表的作品，除非依照第（c）款规定，将全部缴送资料的复制件作为版

---

❶ 本法中如无特殊说明，“第 407 条”系指《美国法典》（*United States Code*）第 17 编第 407 条，其余条款同。

❷ 本法中如无特殊说明，“第 408 条”系指《美国法典》（*United States Code*）第 17 编第 408 条，其余条款同。

❸ 本法中如无特殊说明，“第 44 编”系指《美国法典》（*United States Code*）第 44 编，其余条款同。

权记录的一部分，否则在其版权保护期内，任何人都不得故意将该物品销毁或作其他处置。

（e）依照第408条的规定，复本、录音制品或鉴别材料的缴送人或已作登记的版权人，可以请求版权局对其缴送的一件或多件材料予以保存，直至版权保护期满。版权局局长应当制定条例规定提出和批准此类申请的要件，并在申请批准后，依照第708条第（a）款规定收取相关费用。

大洋洲

16 澳大利亚

17 新西兰

16 澳大利亚

国家图书馆法*

（1960 年第 69 号法案，2011 年第 46 号法案修正）

第一章　序　言

1　简　称

本法可引称为《国家图书馆法（1960 年）》。

2　生效时间

本法应自公告指定之日起生效。

4　解　释

在本法中，除非有相反意思表示，否则：

（a）财政部部长是指负责监督《财政管理和责任法（1997 年）》实施的部长。

（b）图书馆资料包括图书、期刊、报纸、手稿、影片、录音、乐谱、地图、规划图、图片、照片、雕版印刷品和其他记录资料，其可以是书面或其他形式。

（c）成员是指委员会成员。

（d）委员会是指依据本法所设立的澳大利亚国家图书馆委员会。

（e）馆长是指图书馆馆长。

（f）图书馆是指依据本法所设立的澳大利亚国家图书馆。

第二章　澳大利亚国家图书馆的设立

5　国家图书馆的设立

（1）特此设立法人团体，名为“澳大利亚国家图书馆”。

---

* 唐婷婷，霍迎，译；田贺龙，校。

注释:《联邦机构与公司法(1997年)》适用该图书馆。该法规定了联邦政府相关事项,包括报告及问责制、金融投资及官员行为。

(2)该图书馆:

(a)应当有自己的公章;

(b)有权取得、持有和处置其不动产和动产;

(c)可以以其法人名称起诉及应诉。

(3)所有法院、法官及司法人员都应对加盖于文件之上的该图书馆公章予以司法认知,并推定该公章是正式加盖的。

6 图书馆的职责

该图书馆的职责是代表联邦从事以下活动:

(a)保管和扩充国家收藏的图书馆资料,包括关于澳大利亚本国和澳大利亚人民的综合性图书馆资料;

(b)按照管理委员会所规定的方式和条件,使得国家收藏的图书馆资料可供管理委员会所规定的任何人和机构取阅,以便为国家利益充分利用上述资料;

(c)提供管理委员会认为合适的图书馆相关服务及图书馆资料(包括书目信息服务),同时还特别为以下单位提供服务:

(i)国会图书馆;

(ii)联邦各部及各机关;

(iii)各领地;

(iv)政府各专门机构(依据《公职人员法(1999年)》之规定);

(d)在图书馆事务方面(包括推动图书馆科学的进步)与国内外的图书馆相关机关和个人进行合作。

7 图书馆的权力

(1)该图书馆有权执行为履行职责或与职责有关的一切必要或适宜的事务。

(2)前款所述的图书馆职权不限于其规定的一般性事务,还包括:

(a)购买或租用、接受寄存或借用图书馆资料以及该图书馆需要的家具、设备和物品;

(b)处理、出借或出租图书馆资料或其他作为该图书馆财产的物品;

(c)购买或租赁该图书馆所需要的土地或屋舍及建造屋舍;

(d)处理或出租该图书馆所有的土地或建筑;

(e)占有、利用和管理联邦所拥有的或租赁的土地或建筑,并供该图书馆使用；

（f）接受（无论是以信托或其他形式）赠与、遗赠和转让给该图书馆的财产；

（g）充当受托人管理信托给该图书馆的货币、图书馆资料或者其他资产，或者代表联邦或联邦机关监管有关图书馆资料或图书馆事务的信托。

（3）无论本法如何规定，该图书馆都应依据其作为受托人的职权和义务处理受托管理的货币或资产。

7A 购买和处理资产的权力

（1）未经财政部部长批准，该图书馆不得：

（a）获得任何数额或价值在 25 万澳元以上的财产、权利或特权，如规定有更高的数额，则不得高于该数额；

（b）处理任何数额或价值在 25 万澳元以上的财产、权利或特权，如规定有更高的数额，则不得高于该数额；

（c）签订为该图书馆建造屋舍且需图书馆支付 25 万澳元的合同，如规定有更高的数额，则不得高于该数额；

（d）签订 10 年以上期限的土地租赁合同。

8 转让给图书馆的图书馆资料等

在图书馆管理委员会的要求下，部长可与适当的机构作出安排，将任何原本属于联邦的图书馆资料、设备或物品的所有权、使用权或监护权转让给该图书馆。

9 土地和屋舍

澳大利亚总督可以为满足该图书馆之需要而向其提供联邦所拥有的或者所租赁的任何土地或屋舍。

第三章 图书馆的管理

10 管理委员会的组成

（1）该图书馆之事务应由管理委员会处理，其全称为“澳大利亚国家图书馆管理委员会”。

（2）该管理委员会应包括：

（aa）馆长；

（a）参议院推选的参议员 1 名；

（b）众议院推选的议院成员 1 名；

（c）由总督任命9名在其看来可以他们的知识和经验全面推动图书馆发展的人员。

（3）依本法之规定，由参议院或者众议院推选出的国家图书馆管理委员会成员任期均不超过3年，该任职期间由其所在议院在推选时确定。

（4）依本法之规定，由总督任命的国家图书馆管理委员会成员任期均不超过3年，该任职期间由总督在任命时确定。

（5）由参/众议院推选出的管理委员会成员，或者由总督任命的管理委员会成员，均有资格被再次推选或任命。

（6）管理委员会履行职权或职责不受其有空缺职位这一情况的影响。

11　代理成员

（1）在下列期间，部长可以任命1人代理总督任命的成员：

（a）该成员职位空缺期间；或者

（b）该成员未履职或未在澳大利亚境内，或者由于任何其他原因无法履行该职位的职责的这段期间或该期间内的任何时间段；

但是在职位空缺时所任命的人员担任该职位不应超过12个月。

（2）本条所规定的“任命”仅仅在任命文书所规定的情形下才被视为有效。

（3）部长可以：

（a）决定依据本法所任命人员的任职期限和任命条件，包括酬薪和补贴；以及

（b）在任何时候终止该任命。

（4）依据本条第1款第（b）项之规定代理总督任命的成员的，且在代理期间该成员职位又出现空缺的，则依据本条第2款之规定该代理成员可以继续代理直至部长另有指示、该职位空缺已被填补或自空缺出现之日起已满12个月，具体应视哪种情况先发生为准。

（5）依据本条之规定所任命的代理成员可以通过向部长递交其本人签字的书面辞呈而向部长辞去该任命。

（6）代理人员可以行使被代理成员的所有权力，并应当履行被代理成员的所有职责。

（7）依据本条第1款之规定而作出的代理行为之效力不应当基于以下原因而受到质疑：其任命时间还未到、其任命本身或相关事宜有瑕疵或不正当、任命已经失效或者代理时间还未到或已终止。

12　主席和副主席

（1）总督可以在其任职期间指定其所任命的成员中的1名成员作为管理

委员会主席。

（2）管理委员会还应设立副主席，副主席应当由所有成员不定期选出。

13 酬薪和补贴

（1）管理委员会的所有成员都应当享有酬薪，酬薪数额由酬薪审裁处决定。

（2）管理委员会成员还应当享有法定的补贴。

（3）依据《酬薪审裁处法令（1973 年）》之规定，本条内容均具有效力。

14 任职终止

（1）总督任命的管理委员会成员无法胜任工作的、工作效率低下的或者行为不端的，总督可以终止其任职。

（2）国会参/众议院可以免去由其推选出的管理委员会成员的职位。

15 停 职

（1）管理委员会中馆长以外的其他成员：

（a）已经破产、正在采取法律途径为破产或无力偿付的债务人寻求救济、与其债务人达成和解或将其酬薪转让给债权人的；

（c）国会参/众议院推选出来的成员，不再是国会成员的；

（d）未经委员会允许，连续 3 次未出席委员会会议的；或者

（e）无正当理由，未遵守《联邦机构与公司法（1997 年）》第 27F 条或第 27J 条所规定的义务的；

总督应当终止该成员的任命。

（2）为达成本条第 1 款第（c）项之规定，如果国会参/众议院成员仍旧有权领取其作为议员所享有的国会补贴，则不应当认为其不再是该国会议员。

15A 辞 职

除馆长以外的其他成员可以通过向以下人员递交有其个人签名的通知辞去其职务：

（a）如果该成员是由总督任命的，则需向总督递交通知；或者

（b）如果该成员是由参议院或者众议院推举的，则分别向参议院议长或众议院院长递交，具体视情况而定。

16 管理委员会会议

（1）主席，或者主席由于任何原因不能履职时，副主席：

（a）在其认为该会议对于业务效率的提高非常有必要时，可以召开管理委员会会议；以及

（b）在收到不少于 4 名成员签名的书面要求之后，应当召开管理委员会会议。

（2）部长可以在任何时间召开管理委员会会议。

（3）当有主席出席管理委员会会议时，该会议应当由主席主持。

（4）当主席缺席管理委员会会议时，该会议应当由副主席主持。

（5）当主席和副主席均缺席管理委员会会议时，出席会议的成员应当任命他们中的1名成员来主持该会议。

（6）每一次的管理委员会会议法定参会人数为5名。

（7）依据本条第8款之规定，在管理委员会会议上提出的所有问题都应当由出席并参加表决的人员投票决定且多数票即为通过，同时为达成上述目的，主持会议的成员具有商讨性投票权。

（8）对管理委员会会议上提出的决议进行投票时，如果赞成票与反对票票数相同，则该决议视为不通过；但如果相同的决议在后来举行的下一次会议上又被提出并仍出现赞成票与反对票票数相同的情况，则主持该会议的成员对该决议享有决定性的一票。

17 馆 长

（1）为达成本法之目的，国家图书馆应当设立馆长1名。

（2）国家图书馆馆长应当由总督任命。

（3）馆长是管理委员会的行政主管，并在管理委员会的监督下处理国家图书馆的事务。

（4）为达成《公职人员法（1999年）》之目的：

（a）馆长和协助馆长工作的澳大利亚公共服务部门职员一起构成法定机构；并且

（b）馆长为该法定机构的最高领导。

（5）馆长可以将本法所赋予其的所有或者其中任何权力和职责，部分或者全部通过书面文件委托给《公职人员法（1999年）》中所涉及的人员（其中不包括该项委托权）。

（6）馆长将其全部或者其中任何的权力和职责委托给他人的权力必须符合管理委员会的指示。

（7）被委托人可以像馆长一样充分而有效地行使或履行依据本条之规定委托给其的权力或职责。

（8）本条所规定的委托可以随时被撤销且并不妨碍馆长行使权力或履行职责。

17A 任命的期限和条件

（1）馆长任职期间不超过7年，具体时间以其任命文书中所规定的为准，但其有权被再度任命为馆长。

17B 休 假

（1）全职成员可以享受年假，具体由酬薪审裁处决定。

（2）部长或者具有部长授权的管理委员会，可以给予全职成员除年假以外的额外假期，假期期间和享受假期的条件由部长或具有部长授权的管理委员会决定。

17C 免 职

馆长行为不端、无行为能力或者心智不健全的，总督可以终止对其的任命。

17D 辞 职

馆长可以通过向总督提交其亲笔书写的信函辞去馆长职务。

17E 停 职

（1）如果馆长：

（a）未经部长批准从事其职务以外的带薪工作；或者

（aa）无合理理由未能遵守《联邦机构与公司法（1997年）》第27F条或者第27J条，或者本条第3款之规定的；或者

（b）已经破产、正在采取法律途径为破产或无力偿付的债务人寻求救济、与其债务人达成和解或将其酬薪转让给债权人的；

总督应当终止对馆长的任命。

（2）为达成本条第1款规定的，部长不应当批准馆长从事其职务以外的带薪工作，除非部长确信该带薪工作意义不重大且不会妨碍馆长履行本法所规定的职务。

（3）馆长必须向部长书面申报其在任何交易中或者在任何进行交易的法人团体中拥有的或者获得的所有直接或者间接的金钱利益。

17H 《退休养老金法案》的适用

为达成《退休养老金法案（1922年）》第4条第3A款和第4款之规定，馆长应当视为必须在其任职期间内将其所有时间都花在履行其职务职责上。

17J 代理馆长

（1）在以下情形下，部长可以任命一人代理馆长职务：

（a）馆长职务出现空缺时；

（b）馆长未履职或未在澳大利亚境内，或者由于任何其他原因无法履行馆长职责的这段期间或该期间内的任何时间段；

但是在馆长职位空缺时所任命的人员担任该职位不应超过12个月。

（2）本条所规定的“任命”仅仅在任命文书所规定的情形下才被视为有效。

（3）部长可以：

（a）决定依据本法所任命人员的任职期限和任命条件，其中还包括酬薪和补贴；以及

（b）在任何时候终止该任命。

（4）依据本条第1款第（b）项之规定代理馆长的，且在代理期间馆长职务又发生空缺的，则依据本条第2款之规定该人员可以继续代理直至部长有其他指示、馆长职位空缺已填补或者自空缺之日起已经满12个月，具体视哪种情况先发生为准。

（5）依据本条之规定所任命的代理人员可以通过向部长递交其本人签字的书面辞呈而向部长辞去该任命。

（6）代理馆长职务的人员可以行使馆长的所有权力，并且应当履行馆长的所有职责。

（7）依据本条第1款之规定而作出的代理行为的效力不应当基于以下原因而受到质疑：其任命时间还未到、其任命本身或相关事宜有瑕疵或不正当、任命已经失效或者代理时间还未到或已终止。

（8）本法第17B条之规定也适用于依据本条规定任命的有关人员，适用方式与对馆长的适用方式相同。

18 官 员

图书馆的工作人员都应当纳入《公职人员法（1999年）》的规范范围。

第四章 财 政

20 拨付图书馆的资金

（1）国会可以为图书馆之目的而向图书馆拨出专用资金。

（2）财政部部长可以对本条第1款所规定的拨付给图书馆的资金数额和拨付时间进行指示。

22 图书馆资金的适用

（1）图书馆资金只能用于：

（a）支付或偿还依据本法所支出的成本和花销；以及

（b）支付管理委员会成员的酬薪、补贴和花销。

（2）本条第1款并不排除图书馆依据《联邦机构与公司法（1997年）》第18条之规定将多余资金进行投资。

26 免 税

在联邦、各州或者领地的任何法律管辖内，图书馆都不纳入征税范围。

第五章 其他事项

27A 图书馆场地内酒精饮料的提供

（1）实施细则可以制定规则规范位于澳大利亚首都领地内的图书馆所有的或所管辖之下的场地内对酒精饮料的售卖、提供、处置、持有或管理。

（2）有关售卖、提供和处置酒精饮料的澳大利亚首都领地的法律并不适用于依据本条第1款之规定实施规则已经生效的馆舍内。

（3）本条规定中：

酒精饮料是指白酒、烈酒、麦芽酒、啤酒、黑啤酒、苹果酒、梨子酒或者其他包含通常用于或者适合用于饮料的酒精的液体。

27B 图书馆土地和屋舍的管理

（1）实施细则可以对以下事项或有关以下事项的其他事宜作出规定：

（a）规范、限制或禁止人员进入图书馆所有或其管辖之下的任何土地或屋舍；或者

（b）规范在上述土地或屋舍内人员的行为；或者

（c）清除在上述土地或屋舍内的人员。

（2）本条所指的图书馆所有或其管辖之下的土地或屋舍包括上述土地或屋舍内的任何一部分，具体视情况而定。

28 实施细则

总督可以依据本法制定实施细则，规定所有本法需要或者本法允许规定的事宜，或者，为实施本法或使本法有效而有必要或方便规定的事宜，尤其是对违反实施细则的违法行为进行不超过500澳元罚金的具体规定。

公共借阅权法*

［1985 年第 200 号法律（经修正）］

本汇编完成于 2012 年 2 月 14 日，内含 2011 年第 46 号法律之前的所有修正案。

2012 年 2 月 14 日前未生效的修正文本已补充在注释部分。

修正案的实施可能会受注释部分所规定的适用条款的影响。

本汇编由位于堪培拉的澳大利亚司法部立法起草与发布办公室整理完成。

为了向澳大利亚图书馆中的澳大利亚图书支付报酬，特制定本法。

1 简 称

本法可引称为《公共借阅权法（1985 年）》。

2 生 效

本法自发布之日起实行。

2A 立法目的

制定本法的目的在于：

（a）支付一定的补偿金给澳大利亚籍的图书作者及澳大利亚本土图书出版商，以弥补其因图书在澳大利亚本土的公共图书馆被免费借阅或使用而遭受到的收入损失。

（b）通过鼓励澳籍人士著书、鼓励本土出版商出版图书，从而促进澳大利亚文化的发展。

3 解 释

（1）本法中，除非有相反意思表示：

澳大利亚包括海外领地；

主席是指公共借阅权委员会主席；

请求权指依据本方案主张报酬的权利；

请求权人指主张报酬的当事人；

委员会指依据本法第 7 条之规定所设立的“公共借阅权委员会”；

委员指包括主席在内的委员会成员；

---

* 唐婷婷，霍迎，译；田贺龙，校。

“先前方案”指在本法实施生效之前由司法部制定的已经生效的“公共借阅权方案”。

“方案”指本法第 5 条中所批准的方案，或是依据第 5 条之规定经过修改后的方案。

（2）本法中提到的澳大利亚籍作者或者澳大利亚籍人士，依具体情况是指符合以下条件的作者或者人士：

（a）澳大利亚公民，且住所不限；或者

（b）澳大利亚常住公民。

（3）本法适用于至少一名澳大利亚籍作者参与写作的情况，如图书是由一名或若干名澳大利亚籍作者与另一或若干名其他人员共同完成的，则本法的适用与“图书由一名或若干名澳籍作者完成的”情形一样。

（4）本法中所提到的方案修改包括：删除或增加条款，或者用新条款替代原有条款。

（5）为达成本法与先前方案之目的，依照先前方案之规定，有权获取图书报酬的人员，应当将其视为该图书的报酬申请人，除非依先前方案之规定，该人员无权再继续获得该图书的报酬。

4 海外领地的适用

本法适用于各个海外领地。

5 公共借阅权方案

（1）部长可在公报中以公告形式作出以下行为：

（a）为支付图书相关人员的报酬而批准该方案，以及批准对图书相关人员的报酬支付方案；

（b）修改方案并予以批准。

（2）如该方案规定了以下内容，则依据本条第（1）款第（a）项之规定，部长不应当批准该方案：

（a）该方案之设立是为了向澳大利亚境内图书馆所藏以外的其他图书支付报酬；

（b）该方案之设立是为了向非法定图书有关人员支付报酬。

（3）如本条第（2）款禁止部长批准依第（1）款第（a）项之规定经修改的方案，则部长不能依据本条第（1）款第（b）项之规定修改该方案。

（4）本条中，与图书相关的“法定人员”，包含下列几种：

（a）该图书的澳大利亚籍作者；

（c）为该书进行插图制作、翻译、汇编或者编辑的澳大利亚人；

（e）该图书的出版商，其应当包含在本方案所规定的出版商的范围中。

6　本方案下的报酬支付

（1）委员会应当依照方案之规定确认报酬申请人的资格和应当支付给报酬申请人的报酬数额（如果有）。

（2）依照方案规定向报酬申请人所支付的报酬不应当超出委员会所作出的决定范围。

（3）为履行本法或者本方案所规定的职责，委员会有权要求报酬申请人作出以下行为：

（a）向委员会提供委员会所明文规定的信息或文件；并且

（b）通过法定声明证实其向委员会提供的信息或文件的真实性。

（4）报酬申请人未能满足本条第（3）款所规定的要求的，则委员会有权拒绝考虑其申请。

7　公共借阅权委员会

为达成本法之目的，应当设立公共借阅权委员会。

8　委员会的职能

（1）委员会的职能有：

（a）决定报酬申请人的资格和支付给申请人的报酬数额（如果有）；

（b）批准符合方案规定的报酬；

（c）就此法案或方案实施的相关事宜向部长提出建议，自发建议或者应部长要求进行建议均可。

（d）就以下方面向部长提供建议：

（i）修改方案，包括修改方案中所规定的报酬数额或报酬比例；以及

（ii）其他与本法或者本方案实施有关的事宜；以及

（e）部长通过书面方式所决定的其他职能。

（2）为履行其职能，委员会可以向任何可为其提供援助的个人或机构寻求咨询或合作，其中包括各州、北领地或者地方政府机构所设立的机构。

9　委员会的组成

（1）委员会由以下人员构成：

（a）主席1名；

（b）澳大利亚籍作者代表2名；

（c）澳大利亚籍作者所著图书的出版商代表1名；

（d）藏有澳大利亚籍作者所著图书的图书馆代表1名；

（e）司法部在任官员1名，由司法部部长提名委任；

(f) 国家图书馆的官员 1 名，由国家图书馆馆长提名委任。

(2) 委员会的成员：

(a) 须由部长任命；

(b) 须有业余时间来任职，并且

(c) 依据本条第 (5) 款之规定，由成员任命书规定任职时间，且不超过 4 年，但可以连任。

(3) 依据本条第 (5) 款之规定，在第 (2) 款情形下的连续任职不得超过 8 年。

(4) 在本条第 (2) 款情形下连续任职满 8 年的人员自卸任起 12 个月内不得再连任。

(5) 本条第 (1) 款第 (e) 项或第 (f) 项中提到的委员，可持续任职直到部长依据第 (6) 款之规定终止对其的委任。

(6) 当且仅当司法部部长或国家图书馆馆长要求终止委任，部长才可终止对第 (1) 款第 (e) 项或第 (f) 项中提到的委员的委任。

(7) 根据具体的情况，主席可以称为 Chairman 或 Chairwoman。

(8) 委员会职能的履行和权力的施行不因委员会成员空缺而受到影响。

10 酬金和津贴

(1) 成员 [不包括本法第 9 条第 (1) 款第 (e) 项或第 (f) 项提到的成员] 应得到由酬薪审裁处所决定的酬金，如果酬金审裁处作出的支付裁决不生效，成员可以依照规定获得酬薪。

(2) 成员可依照规定获得津贴。

(3) 本条依《津贴审裁法 (1973 年)》之规定具有效力。

11 辞 职

成员可通过向部长递交个人亲笔签署的书面辞呈，从委员会辞职。

12 任职的终止

(1) 对于有行为过失，或者在生理上或精神上无完全行为能力的成员，部长可以终止对其的任命。

(2) 如果一名委员连续 3 次缺席委员会会议，除非经部长允许缺席会议，则部长可以立即终止对于该成员的任命。

(3) 在本条中，“成员”不包括第 9 条第 (1) 款第 (e) 项或第 (f) 项中所指人员。

13 主席的代理

当出现以下情况，部长有权任命代理主席：

（a）在主席职位空缺的情形下且无论是否先前已任命他人于该职位；或者

（b）当主席离职或离开澳大利亚，或其由于任何理由而无法履行主席职责的任何或所有任职期间内。

14 成员的代理

（1）在下列期间，部长可以任命一人代理成员：

（a）在委员会的成员职位出现空缺期间，且无论委员会之前是否对该职位进行过任命；或者

（b）该成员未履职、未在澳大利亚境内或者由于任何其他原因无法履行该职位的职责的任何或所有任职期间。

（8）本条中，“成员”不包括主席。

15 利益关系的公开

（1）委员会中任何成员如果存在与委员会商讨之事项有直接或者间接经济利益，应该在其本人知晓相关的利益后，立即在委员会上公开此项利益关系。

（2）依照本条第（1）款之规定而进行的利益关系公开应当记录在会议记录中，除非部长或者委员会另有决定，否则成员不得：

（a）出席委员会对上述相关事项所进行的审议工作；或者

（b）参与任何与该事项相关的决策；

（3）为便于委员会根据本条第（2）款之规定对依本条第（1）款作出利益公开的人员进行裁决，则与公开事项有直接或者间接利益关系的人员，不得：

（a）在委员会进行裁决审议期间在场；或者

（b）参加委员会裁决的作出。

16 会 议

（1）委员会应该为履行其职能之必要而召开会议。

（2）主席：

（a）可以在任何时间召开委员会会议；并且

（b）应当在收到不少于 3 人联名签署的书面请求时，召开委员会议。

（3）部长可以在任何时间召开委员会会议。

（4）有主席出席的所有委员会会议，应当由主席担任主持。

（5）当主席缺席委员会会议时，与会其他成员可委派 1 名成员主持该会议。

（6）委员会会议的法定人数为 4 人。

（7）在委员会会议上提出的问题，应该由出席委员会的委员通过投票解决，票数过半才能决定。

（8）主持委员会会议的人员有商讨性的普通投票权，在票数均等的情况下，并且有决定性投票权。

（9）在本条中：

"主席"包括代理主席的人员。

"委员"包括代理委员的人员。

16A　召开会议

（1）经委员会决议，委员会成员可以通过以下通信方式来参与会议并且构成法定人数：

（a）电话；

（b）闭路电视；

（c）委员会所决议的其他通信方式。

（2）前款规定的决议可以对委员会的特定会议作出，也可以对所有会议作出。

（3）以上述本条第（1）款所规定的方式参与会议的委员视为出席了该会议。

16B　非通过会议作出的决议

经委员会决议，在以下情形下，决议视为由委员会会议通过：

（a）未召开会议，半数以上的成员以委员会所决定的方式达成了一致；并且

（b）如果出席了委员会会议并且参与了表决投票，该过半数的人员即构成法定人数。

17　委托代表

（1）根据惯例或者其他规定，委员会可以通过表决将本法所规定的或本方案下的所有或任何权力委托给一名委员、一名代理委员，或者协助委员会的一名工作人员，但本委托权除外。

（2）依本法和本方案之规定，被委托的权力在行使时应当视为与委员会行使时效力相同。

（3）本款所指的委托：

（a）可由委员会通过表决予以撤销（无论该委员会的成员是否是委托权力时该委员会的组成人员）；

（b）不能妨碍委员会权力的行使；并且

（c）在委员会成员发生变化时继续有效。

（4）依本条之规定所进行的权力委托或撤销委托应当由主席告知部长。

（5）《法律解释法（1901年）》第34A条适用于本条款下的权力委托：委员会等同于当事人；上述第34A条同样也适用于本方案下委员会权力的委托，且为其他法律所应参照之第34A条同样应被本方案参照。

（6）由主席或者代理主席依据本条之规定而签署的有关权力委托的任何事项的证书都将作为该事项的初步证据。

（7）声称是本条第（6）款所规定的证书的文件，除非有相反情形出现，否则应当视为是该证书并视为已经合理出具该证书。

18　雇　员

协助委员会工作所必要的员工应当为依据《公职人员法（1999年）》所雇用的员工。

19　年度报告

（1）每年6月30日之后，委员会应尽快准备并向部长提交关于公共借阅权方案以及本法执行的报告，特别是截至6月30日之前的该年度的实施情况。

（2）本条第（1）款下的"报告"可以包含：

（a）有关公共借阅权方案实施效果的信息或评论；以及

（b）任何有关该方案或者该法案实施的建议。

（3）部长应在收到本条第（1）款规定的报告后，将报告复本递交国会两院，递交时间为收到报告之日起15个会期日之内。

（4）如果部长提出要求，委员会应随时向部长提供补充报告以及委员会认为需要的报告。

20　委员会决议的复审

（1）在本条下：

"决定"的含义与《行政上诉审裁法庭法（1975年）》中所表达的一致；

"委员会决议"指的是本法下与报酬申请相关的委员会决议。

（2）委员会应当将委员会的决议以书面形式告知委员会决议中的报酬申请人。

（3）不服委员会决定的申请人，可以在委员会向其送达决议通知之日起28日内，或者在委员会所允许的更长的期间内，以书面形式要求委员会重新审议该决议。

（4）依据本条第（3）款之规定所提出的复议要求应当有其合理的理由。

（5）在收到本条第（3）款所规定的书面复议要求后，委员会应当重新审议该决议并可以：

（a）维持原决议；

（b）变更原决议；或者

（c）将原决议作废，并作出新决议。

（6）按照本条第（3）款之规定提出的书面复议要求，委员会根据本条第（5）款之规定进行重新审议的，应当以书面形式将复议结果告知提出该复议要求的报酬申请人。

（7）在以下情形下：

（a）申请人根据本条第（3）款之规定提出复议要求；并且

（b）自提出复议要求之日起90日内，该人员没有获得复议的结果通知。

由此可视为委员会已根据本条第（5）款维持原裁决。

（8）报酬申请人可以向行政上诉审裁法庭递交以下决议的审查申请：

（a）被维持的决议或视为维持的决议；

（b）经变更的决议；或者

（c）重新作出的以替代原决议的新决议；

且上述决议都是依据本条第（5）款之规定作出的。

21　附随决议通知的声明

（1）根据第20条第（2）款作出发给报酬申请人的附随决议（本款中指"原决议"）的通知应当包含以下内容：

（a）申请人对于原决议不服的，则申请人可以根据第20条第（3）款之规定要求委员会重新审议原决议；并且

（b）依据《行政上诉审裁法庭法（1975年）》，利益受到原决议影响的当事人如果对以下情况不满意：

（i）复议后的决议；或者

（ii）在申请复审之日起90日内，未收到关于原决议的复议结果通知；

则该人员可以向行政上诉审裁法庭提出对复议后决议或原决议的审查申请，具体视情况而定。

（2）依据第20条第（6）款之规定给予申请人的决议复议通知应当包括以下内容：根据《行政上诉审裁法庭法（1975年）》，利益受到复议结果影响的当事人对该复议决议不服的，则可以向行政上诉审裁法庭提出审查该决议的申请。

（3）不满足本条第（1）款或第（2）款之规定的，不影响该决议的有

效性。

22　处　罚

（2）如果当事人被认定触犯了与本法有关的《刑法》第137.1条或者第137.2条之规定，除了判处罚金，法院可以责令该当事人向澳大利亚联邦政府偿付一定数目的金额，该金额应当等同于政府因其作出声明和出示文件而支付给其的所有报酬。

（3）对上述偿还金额具有民事管辖权的法庭依照本条第（2）款之规定作出命令的，应当签发一份由其相应官员签字的证明，规定其应当偿还的金额和接收偿还的人员，且同时该证明文件将作为该法庭的终审判决，在各方面都具有法律执行力。

23　超额支付的追讨

基于报酬申请人自行或以该申请人名义作出的声明或出示的文件而依本方案向申请人支付报酬的，无论其是否知情，如果在其提交的声明或出示的文件中有重要事项出现了错误和误导，则具有管辖权的联邦法院可以将该款项作为联邦的债务向其追讨。

24　偿付凭证

根据本法第22条和第23条之规定，经主席或者代理主席签署的证书，且其中标明了因申请人作出声明或出示文件而向其支付的报酬数额的，是该证书中所声明事项的初步证据。

25　报酬收益权不可剥夺

依本法第26条之规定，本方案中所规定的报酬收益权（如果有的话）不得以转让、抵押或者其他任何方式或途径而被剥夺，并且该收益权不得因执行或依据破产法的规定而受到侵犯。

26　向遗产代理人支付报酬

委员会已经根据本条款认定当事人有权获得报酬的，但直到当事人死亡时依然未支付，则该金额可以支付给当事人的法定遗产代理人。

27　实施细则

总督可以在不违背本法之规定的情形下，对以下事项制定实施细则：

（a）本法所要求和允许制定的事项；或者

（b）为了本法的执行或生效而必要或方便规定的事项。

著作权法（节译）*

［1968年第63号法案（经修正）］

该版本于2011年6月1日开始汇编，内含该法截至2011年第39号法案之前的所有修正案。

2011年6月1日前未生效的修正文本已补充在注释部分。

修正案的实施可能会因注释部分所规定的适用条款而受影响。

本汇编由位于堪培拉的澳大利亚司法部立法起草与发布办公室整理完成。

第二编 解 释

受权官员，在涉及图书馆和档案馆时，是指主管图书馆或档案馆的官员，或者经该主管官员授权可以以主管官员名义行事的人员。

主管官员是指：

（a）在档案馆内——是指档案馆员或其他暂且照看和管理档案馆馆藏的人员；以及

（c）在图书馆内——是指图书馆员或其他暂且照看和管理图书馆馆藏的人员。

国家图书馆员与《国家图书馆法（1960～1967年）》中的“国家图书馆员”意义相同。

国家图书馆是指依据《国家图书馆法（1960～1967年）》所设立的国家图书馆。

（1A）由于本法对“教育目的”一词的含义未进行限制，则作品或其他主题事项的全部或部分内容的复制品在满足以下任一条件下应当视作为达成教育机构之教育目的而被制作、使用或保留：

（a）该复制品被制作、保留或者被使用，是与上述机构所提供的某项具体教学课程有关；

（b）制作、保留复制品是为作为上述机构的图书馆馆藏或该复制品本就

* 唐婷婷，霍迎，译；田贺龙，校。

是该图书馆的馆藏。

(3) 依本法，除非出现相反的意图，否则——

(a) 本法中所提到的公共机构的管理机构应当被认为：

(i) 当公共机构为法人团体时，是指该公共机构；或者

(ii) 在其他情况下，是指对公共机构的监管负有最终责任的机构或个人(包括皇室)；以及

(b) 本法中所提到的图书馆或档案馆的监管机构应当被认为：

(i) 当档案馆处于本法第 1 条“档案馆”定义中第 (aa) 项的范围内时——是依据该项规定对档案馆有监管权的个人；或者

(ii) 其他情况下——则是指对图书馆或档案的管理负有最终责任的机构(无论其是否具有法人地位) 或个人 (包括皇室)。

18 为营利之目的而建立或经营的图书馆

为达成本法之目的，图书馆不应当为营利之目的而建立或经营，除非该图书馆为从事营利经营活动的个人所拥有。

39A 在图书馆及档案馆所安装的机器上制作的侵权复制品

如果——

(a) 在图书馆或档案馆自行安装的复制机器上 (包括电脑)、或经图书馆或档案馆管理机构同意而安装于图书馆或档案馆场地内或为方便人们使用图书馆或档案馆而安装在上述场地外的复制机器上 (包括电脑)，对某件作品全部或部分内容进行侵权复制的；并且

(b) 在对于使用机器的人们来说非常显眼的机器本身或十分靠近机器的地方，附着有告示告知复制应采用的法定尺寸和所依据的格式的，

不得仅仅因为该侵权复制品制作于该机器而视为已获图书馆或档案馆的管理机构或主管官员的授权。

44A 图书进口等

(4) 满足以下条件的，未经版权所有人许可而将非侵权图书的两份或两份以上的复制品进口至澳大利亚境内的，不视为侵犯该出版作品的版权 (无论其初版是在本法生效日之前、当日或者之后)：

(a) 进口之目的是为达成书面订单或经证实的电话订单，同时该订单须是通过图书馆或者以图书馆名义发出的，且为个人或组织 (直接或间接) 利益而经营的图书馆除外；并且

(b) 如果是书面订单，订单须包括一份经订单发出人签字的声明，表明

图书馆将不会利用任何图书达成第 37 条第（1）款第（a）项、第（b）项和第（c）项之目的；并且

（c）如果是电话订单，订单发出人须作出包含第（b）项之内容的证明声明；并且

（d）进口的复制品数量不能超过订单所需的复制品数量。

48A 国会图书馆为国会成员之目的而进行的复制行为

主要为国会成员提供图书馆服务的图书馆内受权官员，仅为协助国会成员履行其成员职责而进行的复制行为，不视为侵犯作品版权。

49 图书馆和档案馆为用户之目的而进行的作品复制和传播

（1）个人可以向图书馆或者档案馆主管官员提交：

（a）书面申请，说明其需要定期出版物内文章的全部或部分内容的复制品，或者出版作品的全部或部分内容的复制品，且该连续出版物或出版作品非为图书馆或档案馆馆藏；并且

（b）经个人签字的声明，须载明：

（i）其需要上述复制品仅为研究或学习之用，不会用作其他目的；并且

（ii）其在此之前并未从图书馆或档案馆受权官员处获得过上述相同文章或作品的复制品，或上述文章或作品相同部分的复制品。

（2）依本条之规定，第（1）款所述申请和声明已提交给图书馆或者档案馆内主管官员的，除非图书馆或档案馆受权官员认为该声明在重要事项上存在不真实内容，否则其应当对申请内容进行自行复制或安排他人复制并向申请人提供该复制品。

注释：为替代图书馆馆藏中已遭到破坏、损毁或已丢失或遭窃的文章或出版作品，可以对依据本法第 51A 条第（1）款未侵犯他人著作权的图书馆馆藏文章或出版作品的复制品进行再复制。

（2A）个人可以向图书馆或档案馆受权官员：

（a）作出申请，说明其需要定期出版物内文章的全部或部分内容的复制品，或者出版作品（非为连续出版物内的文章）的全部或部分内容的复制品，且该连续出版物或出版作品非为图书馆或档案馆馆藏；并且

（b）作出声明，内容为：

（i）其需要上述复制品仅为研究或学习之用，不会用作其他目的；

（ii）其在此之前并未从图书馆或档案馆受权官员处获得过上述相同文章或作品的复制品，或上述文章或作品相同部分的复制品；

（iii）由于申请人所处距离遥远，申请人无法便利地迅速向图书馆或档案

馆主管官员提交本条第（1）款所涉及的复制申请和声明，从而导致不能在申请人所要求的时间之前向申请人提供复制品。

（2B）本条第（2A）款所提及的申请或声明无须书面形式。

（2C）依据本条之规定，当：

（a）个人向图书馆或档案馆受权官员递交了本条第（2A）款所指申请和宣言；并且

（b）受权官员作出声明，列明了个人所提出的申请和声明的事项并表示：

（i）在受权官员的认知范围内，该申请在本条第（2A）款第（b）项（i）和（ii）所规定的事项上不存在重大内容上的不真实；以及

（ii）受权官员确信该个人所提出的声明在本条第（2A）款第（b）项（iii）所规定的事项上真实可信；

则该图书馆或档案馆受权官员可以对申请的内容进行复制或安排他人进行复制并向申请人提供该复制品。

注释：为替代图书馆馆藏中已遭到破坏、损毁或已丢失或遭窃的文章或出版作品，可以对依据本法第51A条第（1）款未侵犯他人著作权的图书馆馆藏文章或出版作品的复制品进行再复制。

（3）依本条第（1）款或第（2A）款，第（2）款或第（2C）款所述申请制作并提供该复制品需要收费的，如果收费额度超过制作和提供复制品所需成本，则不得将本条第（2）款或第（2C）款之规定适用于该申请。

（4）本条第（2）款或第（2C）款不得适用于申请复制同一连续出版物内2篇或2篇以上文章的全部或部分内容，除非申请复制上述文章的目的是为同一个研究或学习课程之用。

（5）不得将本条第（2）款和第（2C）款之规定适用于复制作品的全部内容（连续出版物内的文章除外），或复制超过该作品合理比例的内容，但以下情况例外：

（a）该作品构成图书馆或档案馆馆藏的一部分；并且

（b）在进行复制之前，图书馆受权官员在经过合理调查之后，声明其确信该作品（非二手版本）无法在合理的时间内以正常的商业价格购买获得。

（5A）如果连续出版物内的文章或出版作品（非连续出版物内的文章）是以电子形式获取并成为图书馆或档案馆的馆藏，则负责管理图书馆或档案馆的官员可以在其场馆内为用户提供上述文章或作品的在线获取，但是用户不得利用图书馆或档案馆所提供的机器进行以下行为：

（a）对该文章或作品进行电子拷贝；或者

（b）传播该文章或作品。

（7A）不得依据本条规定的向申请人传播的申请，将本条第（6）款和第（7）款之规定适用于依第（2）款或第（2C）款所进行的以下内容的电子复制：

（a）连续出版物内文章的全部或部分内容；或者

（b）出版作品的全部或部分内容，上述文章除外；

除非：

（c）在电子版本传播给申请人之前或当时，根据实施条例向该申请人告知：

（i）已经依据本条规定制作了电子版本，且该文章或作品依据本法应受到著作权的保护；并且

（ii）可能规定的其他类似事项；并且

（d）将电子版本传播给申请人之后，应当视情况尽早销毁依据本条第（2）款或第（2C）款之规定所制作的且为图书馆或档案馆所持有的电子版本。

（9）在本条规定中：

档案馆是指其部分或全部馆藏可以为公众获取的档案馆。

图书馆是指其部分或全部馆藏可以为公众直接或者通过馆际互借获取的图书馆。

提供包括通过传播工具进行的提供行为。

注释：依据本法第203F条之规定，对本条规定之目的作出错误性或误导性声明的，属违法行为。第203A条、第203D条以及第203G条也对在保存与本条规定之目的有关的声明中可能存在的违法行为作出了规定。

50　图书馆或档案馆为其他图书馆或档案馆之需要对作品进行复制和传播

（1）满足下述任一条件，图书馆的主管官员就可以自行或安排其他人向另一图书馆的主管官员申请，要求该图书馆向其提供连续出版物内的一篇文章全部或部分内容的复制品，或者出版作品的全部或部分内容的复制品（连续出版物内的文章除外），且该连续出版物或出版作品须为该图书馆馆藏：

（a）上述行为之目的是为了将该复制品作为本图书馆的馆藏；

（aa）作出申请的图书馆是主要向国会成员提供图书馆服务的图书馆，其目的旨在协助国会成员履行其作为国会成员的应有职责；或者

（b）上述行为之目的是为了向依本法第49条提出复制申请的人提供该复制品。

（2）依本条之规定，如果申请是由图书馆主管官员依据本条第（1）款之

规定自行或者以其名义向另一图书馆的主管官员提出，则收到申请的图书馆受权官员可以自行或者安排他人对申请的内容进行复制并将该复制品提供给前述提出申请的图书馆主管官员。

注释：为替代图书馆馆藏中已遭到破坏、损毁或已丢失或遭窃的文章或出版作品，可以对依据本法第51A条第（1）款未侵犯他人著作权的图书馆馆藏文章或出版作品的复制品进行再复制。

（3）图书馆受权官员依本条第（2）款之规定对某作品的全部或者部分内容进行复制并将其提供给依第（1）款之规定提出申请的另一图书馆主管官员的，则：

（a）依本法，该复制品应当视作为达成申请图书馆之目的而以该图书馆受权官员的名义而制作的；并且

（b）不得以上述复制行为或提供复制品的行为侵犯了著作权为事由起诉被申请图书馆的管理机构、或该图书馆的官员或雇员。

（4）依本条之规定，连续出版物内文章的全部或部分内容的复制品，或者任何其他出版作品的全部或部分内容的复制品，如果基于本条第（3）款之规定可视为以图书馆受权官员名义而制作的，则下述情况不构成对上述文章或作品著作权的侵犯：

（a）复制品制作行为；或者

（b）依据本条第（2）款之规定通过传播工具提供作品时，传播作品的行为。

（5）实施细则可在其规定的情形下排除适用本条第（4）款之规定。

（6）依本条第（1）款所述申请制作并提供该复制品需要收费的，如果收费额度超过制作和提供所需成本且同时超过对图书馆总花费的合理贡献的，则不得将本条第（2）款之规定适用于该申请。

（7）在下列情形下：

（a）依据本条第（2）款之规定向图书馆主管官员提供文章全部或部分内容的复制品，或者另一作品全部或部分内容的复制品（本条中的复制品是指相关复制品）的；并且

（b）依据本条第（2）款之规定，在此之前已经提供了上述相同文章或作品的复制品，或者上述文章或作品同一部分的复制品以作为图书馆馆藏；

则不得将本条第（4）款适用于相关复制品，除非图书馆受权官员在其依据第（1）款之规定作出相关复制申请之后，视实际情况尽早提交一份包括以下内容的声明：

（c）列明申请具体事项（包括申请相关复制品的目的）；同时

(d) 说明本条第（b）项所规定的复制品已经丢失、损毁或遭到破坏，或者视情况所需而定。

(7A) 如果：

(a) 复制品所复制内容为作品的全部（连续出版物内的文章除外）或该作品合理比例内的内容；并且

(b) 复制的作品是以印本形式制作的；并且

(c) 该复制品已经依据本条第（2）款之规定提供给了图书馆主管官员；

则不得将本条第（4）款之规定适用于相关复制行为，除非：

(d) 该图书馆是主要向国会成员提供图书馆服务的图书馆，其提供复制的目的旨在协助国会成员履行其作为国会成员的应有职责；或者

(e) 图书馆受权官员在其依据本条第（1）款之规定提出相关复制申请之后，视实际情况尽早提交一份包括以下内容的声明：

(i) 列明申请具体事项（包括申请相关复制品的目的）；同时

(ii) 表明受权官员在经过合理调查后，确信该作品（非二手版本）无法在合理的时间内以正常的商业价格获得。

(7B) 如果：

(a) 复制品所复制内容为作品（包括连续出版物内的文章）的全部或部分内容，同时无论该部分是否超过该作品内容的合理比例；并且

(b) 复制的作品是以电子形式制作的；并且

(c) 该复制品已经依据本条第（2）款之规定提供给了图书馆主管官员；

则不得将本条第（4）款之规定适用于相关复制行为，除非：

(d) 该图书馆是主要向国会成员提供图书馆服务的图书馆，其提供复制的目的旨在协助国会成员履行其作为国会成员的应有职责；或者

(e) 图书馆受权官员在其依据本条第（1）款之规定提出相关复制申请之后，视实际情况尽早提交一份包括以下内容的声明：

(i) 列明申请具体事项（包括申请相关复制品的目的）；同时

(ii) 如果复制品所复制内容为作品（文章除外）的全部内容，或超过其合理比例的内容，则须说明受权官员在经过合理调查后，确信该作品（非二手版本）无法在合理的时间内以正常的商业价格获得；并且

(iii) 如果复制品所复制内容为作品（文章除外）合理比例的内容或少于其合理比例的内容，则须说明受权官员在经过合理调查后，确信所复制的该作品内容不能通过电子形式在合理的时间内以正常的商业价格单独获得，或者作为其他材料的合理部分一起获得；并且

（iv）如果复制品所复制内容为文章的全部或者部分内容，则须说明受权官员在经过合理调查后，确信该文章不能通过电子形式在合理的时间内以正常的商业价格获得。

（7BA）为达成本条第（7A）款以及第（7B）款之目的，如果作品的特点与第10条第（2）款或第（2A）款所规定的“复制品是否只包括作品的合理比例内容”这一问题有关，则该问题只能依据第10条第（2）款或第（2A）款之规定进行判断，而不是依据“合理比例”这一词语的普通意思进行判断。

（7BB）为达成本条第（7A）款第（e）项（ii）和第（7B）款第（e）项（ii）、（iii）及（iv）之目的，判断作品的电子复制品、作品、作品的一部分或者文章（合适的）是否真的无法在合理的时间内以合理的商业价格获得时，受权官员必须考虑：

（a）依据本法第49条之规定申请复制品的个人需要复制品的时间；以及

（b）作品的复制品（非二手复制品）可以以正常的商业价格交付给申请人的这一时间段；以及

（c）复制品、作品、作品的部分或者文章是否可以以电子形式在合理的时间内以正常的商业价格获得。

（7C）如果：

（a）复制品是通过图书馆受权官员或以该官员之名义以电子形式制作的并且该复制品所复制内容为作品（包括连续出版物内的文章）的全部或部分内容；并且

（b）该复制品已经依据本条第（2）款之规定提供给了图书馆主管官员；

则不得将本条第（3）款之规定适用于相关复制行为，除非在该复制品提供给其他图书馆之后，该图书馆视实际情况尽早将所持有的上述复制品全部销毁。

（8）为了相同的目的申请对同一连续出版物内的2篇或2篇以上文章的全部或部分内容进行复制或传播的，不得适用本条第（4）款之规定，除非：

（a）申请之目的在本条第（1）款第（aa）项所规定的范围之内（协助国会成员履行其职责）；或者

（b）申请之目的在本条第（1）款第（b）项所规定的范围之内（向依据第49条之规定为了研究或学习之用而提出申请的个人提供复制品）且

（10）在本条中：

图书馆是指：

（a）其部分或全部馆藏可以为公众直接或者通过馆际互借获取的图书馆；或者

（b）其主要职能是为国会成员提供图书馆服务的图书馆；或者

（c）其部分或全部馆藏可以为公众获取的档案馆。

提供包括通过传播工具进行的提供行为。

注释：依据本法第203F条之规定，对本条规定之目的作出错误性或误导性声明的，属违法行为。第203A条，第203D条以及第203G条也对在保存与本条规定之目有关的声明中可能存在的违法行为作出了规定。

51 对图书馆或档案馆内未出版作品的复制和传播

（1）文学、戏剧、音乐或艺术作品的著作权，如果在该作品作者去世当年的第二年（日历年）起50年后仍然存续，但是：

（a）该作品还未出版；并且

（b）该作品的复制品，或者文学、戏剧、音乐作品的手稿作为馆藏被保存在图书馆或档案馆内，且根据馆藏规定该图书馆或档案馆是向公众开放查阅的；

则下述任一行为均不构成对该作品著作权的侵犯：

（c）为个人研究、学习或将来出版之用而对该作品进行复制或传播；或者

（d）在前述图书馆或档案馆主管官员确信需要该作品或其复制品的个人是为研究、学习或将来出版之用且不会将其用作其他目的之后，该官员自行或者他人以该官员名义对该作品进行复制或传播的行为。

（2）未公开发表的论文或者类似的其他文学作品的手稿或者复制品被保存在大学图书馆、类似的其他公共机构的图书馆或者档案馆内的，如果上述图书馆或者档案馆的主管官员确信被提供人（无论其是通过传播或是其他方式进行提供）需要该复制品仅为研究或学习之用，则该官员自行或者他人以该官员名义对上述论文或作品的复制品进行复制或传播的行为，不构成对该论文或作品著作权的侵犯。

51A 为保存或其他目的所进行的作品复制和传播

（1）依据本条第（4）款之规定，在以下情形下，图书馆或档案馆内的主管官员自行或者他人以其名义对馆藏作品进行复制或传播的行为，不构成对该作品著作权的侵犯：

（a）如果馆藏的该作品为手稿或者原始版本的艺术作品且复制目的是为保存原始版本不至丢失或被损毁，或者，是为持有该作品的或非持有该作品的图书馆或档案馆现在正在进行的或将要进行的研究之用；

（b）如果馆藏的该作品为发表版本但该作品已被破坏或损毁且复制目的是为替换该作品；或者

（c）如果馆藏的该作品为发表版本但该作品已丢失或被盗窃且复制目的

是为替代该作品。

（2）图书馆或者档案馆的主管官员为了行政管理之目的而对馆藏作品进行复制的行为，不构成对该作品著作权的侵犯。

（3）图书馆或者档案馆的主管官员经其主管机构批准，自行或者他人以其名义，将依据本条第（2）款之规定而制作的馆藏作品的复制品，通过图书馆或档案馆场地内安装的电脑终端向馆内官员提供在线获取的传播行为，不构成对该作品著作权的侵犯。

（3A）在下述第（3B）款所规定的情形下，图书馆或者档案馆的主管官员自行或者他人以其名义将其馆藏艺术作品的保存本通过电脑终端提供在线获取的传播行为，不构成对该艺术作品原始版本著作权的侵犯：

（a）同时该电脑终端须安装在上述图书馆或档案馆的场地内；并且

（b）获取该作品的人员不得利用该电脑终端对该作品的复制品进行电子拷贝或硬拷贝，或者传播该复制品。

（3B）依据本条第（3A）款之规定，下述任一情形都不会构成对艺术作品原始版本著作权的侵犯：

（a）自制作了作品的保存本之后，该作品就已丢失或遭到破坏；或者

（b）该作品已经非常脆弱，进行展示会有导致其遭到严重破坏的风险。

（4）不得将本条第（1）款之规定适用于图书馆或档案馆馆藏的作品的出版版本，除非该图书馆或档案馆受权官员在经过合理的调查后，已经作出了下述声明：

（a）说明其确信该作品（非二手版本）或该作品的馆藏版本无法在合理的时间内以正常的商业价格获得；并且

（b）如果其确信上述作品的另一版本（非二手复制品）可以在合理的时间内以正常的商业价格获得，则须说明为什么需要复制馆藏的该作品版本。

注释：依据本法第203F条之规定，对本条规定之目的作出错误性或误导性声明的，属违法行为。第203A条、第203D条以及第203G条也对在保存与本条规定之目的有关的声明中可能存在的违法行为作出了规定。

（5）如果图书馆或者档案馆的主管官员为其他图书馆或档案馆正在进行或将要进行的研究之用，而依据本条第（1）款之规定自行或者他人以该官员名义对未发表作品进行复制的，则该官员自行或者他人以该官员名义提供或传播该复制品的行为，依据本法之规定，不构成对该作品的发表。

（6）在本条中：

行政管理目的是指直接与照看或支配馆藏相关的目的。

图书馆或档案馆官员包括协助照看或支配馆藏的志愿者。

保存本，如与艺术作品相关，则是指为了保存该作品，防止其丢失或被损毁而依据本条第（1）款之规定制作的该作品的复制品。

51B 对主要文化机构收藏的重要作品进行保存本的制作

（1）本条之规定在以下条件下适用于图书馆或档案馆馆藏作品：

（a）如果该图书馆或档案馆管理机构：

（i）依据澳大利亚联邦、州或者领地之法律规定，负有开发和保护馆藏的职责；或者

（ii）为达成本款规定之目的而由实施细则所指定；并且

（b）图书馆或档案馆的受权官员确信该作品对澳大利亚有着历史或文化方面的重大意义。

手稿

（2）如果作品是以手稿形式保存于图书馆或者档案馆，为了防止其丢失或者受损而由馆内受权官员对其进行复制且复制品数量不超过3份，则该复制行为不构成对上述作品著作权的侵犯。

原始艺术作品

（3）为了防止以原始艺术作品的形式保存于图书馆或者档案馆的作品丢失或受损而由馆内受权官员对该作品进行全面的摄影复制，如果复制品数量不超过3份且该官员确信该作品的摄影复制品（非二手复制品）不能在合理的时间内以正常的商业价格获得，则该官员的复制行为不构成对上述原始艺术作品著作权的侵犯。

第六节 对除作品以外的其他主题事项著作权的侵犯

104A 国会图书馆为国会成员之目的而进行的行为

如果图书馆的主要目的是为国会成员提供图书馆服务，且该图书馆的受权官员仅为协助国会成员履行其成员职责而进行的任何行为，均不构成对上述依据本部分之规定而产生的著作权的侵犯。

104B 在图书馆及档案馆所安装的机器上制作的侵权复制品

如果：

（a）利用图书馆或档案馆管理机构所安装的或经该管理机构同意而安装于图书馆或档案馆场地内或为方便人们使用图书馆或档案馆而安装在上述场地外的机器（包括电脑），对视听作品或作品出版版本的全部或部分内容进行侵犯复制的；并且

（b）在对于使用机器的人们来说非常显眼的机器本身或十分靠近机器的

地方，附着告示告知复制应采用的法定尺寸和所应依据的法定格式；

则不得仅因该侵权复制品制作于上述机器上而将其视为已获得图书馆或档案馆管理机构或者馆内主管官员的授权。

110A　对图书馆或档案馆内未出版的录音和影片的复制和传播

如果录音或影片的著作权自该录音或该影片制作时起或制作期间结束时起50年后仍然存续的，但是：

（a）该录音或影片未曾出版；且

（b）录音制品或者影片复制品作为馆藏被保存在图书馆或档案馆内且依据馆藏管理规定可对公众开放使用；

则下述任一行为均不构成对上述录音或影片著作权，或上述录音或影片中所包含的作品或其他主题事项著作权的侵犯：

（c）个人为研究、学习或将来出版之目的而对该录音或影片进行复制和传播；

（d）图书馆或档案馆主管官员在确信需要该录音复制品或影片复制品的人是为了研究、学习或将来出版之用且不会将其用作其他目的之后，该官员自行或者他人以该官员名义对上述录音或影片进行复制或传播。

110B　为保存及其他目的对录音和电影进行复制及传播

（1）依据本条第（3）款之规定，由图书馆或者档案馆主管官员自行或者他人以该官员名义对图书馆或者档案馆馆藏的录音进行复制的：

（a）如果该录音是以原始记录入藏的——且复制的目的是为保存该记录以免其丢失或损毁，或者是为持有该记录的图书馆或档案馆或者其他图书馆或档案馆正在进行或即将进行的研究之用；

（b）如果该录音是以出版形式入藏但已经受到破坏或损毁，且复制的目的是为替代该录音；或者

（c）如果该录音是以出版形式入藏但已经丢失或被盗窃，且复制的目的是为替代该录音，

则上述复制行为不构成对该录音著作权，或者该录音所含的任何作品或其他主题事项的著作权的侵犯。

（2）根据本条第（3）款之规定，由图书馆或者档案馆主管官员自行或者他人以该官员名义对图书馆或者档案馆馆藏影片进行复制的：

（a）如果该影片是以首次复制品入藏的，且复制的目的是为了保存该份影片以免其丢失或者损毁，或者是为持有该复制品的图书馆或者档案馆或者其他图书馆或档案馆正在进行或者即将进行的研究之用；

（b）如果该影片是以出版形式入藏但已经受到破坏或损毁，且复制的目的是替代该份影片；或者

（c）如果该影片是以出版形式入藏但已经丢失或被盗窃，且复制的目的是替代该份影片；

则上述复制行为不构成对该影片著作权或者其包含的任何作品或其他主题事项的著作权的侵犯。

（2A）图书馆或者档案馆主管官员自行或者他人以该官员名义，利用经图书馆或档案馆管理机构同意而安装于馆内的电脑终端，通过在线获取的方式向馆内其他官员传播依据本条第（1）款或者第（2）款之规定所制作的录音或影片复制品的，其行为不构成对该馆藏录音或影片著作权或者其所包含的任何作品或其他主题事项著作权的侵犯。

（2B）如果：

（a）录音或影片的复制品是由图书馆或者档案馆主管官员自行或者他人以该官员名义依据本条之规定制作的；并且

（b）制作该复制品的目的是为了其他图书馆或者档案馆正在进行的或者即将开展的研究之用；

则该主管官员自行或者他人以其名义，利用经其他图书馆或档案馆管理机构同意而安装于其他图书馆或档案馆馆内的电脑终端，通过在线获取的方式向其他图书馆或档案馆官员传播该复制品的，其行为不构成对该馆藏录音或影片著作权或者其所包含的任何作品或其他主题事项著作权的侵犯。

（3）以出版形式入藏图书馆和档案馆的录音和影片分别不得适用本条第（1）款和第（2）款之规定，除非图书馆或档案馆受权官员在经合理调查后，声明其确信该份录音或影片的复制品（非二手复制品）无法在合理的时间内以正常的商业价格获得。

注释：依据本法第203F条之规定，对本条规定之目的作出错误性或误导性声明的，属违法行为。第203A条、第203D条以及第203G条也对在保存与本条规定之目的有关的声明中可能存在的违法行为作出了规定。

（4）如果图书馆或者档案馆的主管官员，为了另一图书馆或档案馆正在进行或即将开展的研究之用，而依据本条第（1）款和第（2）款之规定自行或者他人以该官员名义对未经出版的录音或影片进行复制的，则该官员向上述另一图书馆或档案馆提供或传播该复制品的行为，依据本法之规定，不构成对该录音或影片的出版，也不构成对该录音或影片中所含的任何作品或其他主题事项的出版。

110BA 对主要文化机构收藏的重要录音和电影进行保存本制作

（1）本条之规定在以下条件下适用于图书馆或档案馆馆藏的录音或影片：

（a）如果图书馆或档案馆管理机构：

（i）依据澳大利亚联邦、州或者领地之法律规定，负有开发和保护馆藏的职责；或者

（ii）为达成本款规定之目的而由实施细则所指定；并且

（c）图书馆或档案馆的受权官员确信该作品对澳大利亚有着历史或文化方面的重大意义。

包含录音内容的首份录制品，或未出版录制品

（2）如果包含录音内容的录制品是首份录制品或未出版录制品，图书馆或档案馆受权官员为了保存录音防止其丢失或受损而对该录制品进行了复制且复制品不超过3份，则上述行为不构成对该录音著作权的侵犯。

已出版的录音

（3）如果包含录音内容的录制品已经出版，图书馆或档案馆受权官员在确信该录音的复制品（非一手版本）不能在合理的时间内以正常的商业价格获得之后，为保存录音防止其丢失或受损而对该出版制品进行了复制且复制品不超过3份，则上述行为不构成对该录音著作权的侵犯。

影片的首份制品，或未出版制品

（4）如果被保存的影片是首份录制品或还未出版，图书馆或档案馆受权官员为保存影片防止其丢失或受损而对该首份录制品或未出版制品进行了复制且复制品不超过3份，则上述行为不构成对该影片著作权的侵犯。

已出版影片

（5）如果被保存的影片已经出版，图书馆或档案馆受权官员在确信该影片的复制品（非一手版本）不能在合理的时间内以正常的商业价格获得之后，为保存影片防止其丢失或受损而对该出版制品进行了复制且复制品不超过3份，则上述行为不构成对该影片著作权的侵犯。

112A 图书的进口和出售等

（1）~（3）略

（4）在以下条件下，未经过著作权所有人许可而向澳大利亚本土引进非侵犯图书的复制品达到2本或2本以上的行为，不构成对该作品出版版本（无论该版本出版于本法生效日之前、当日或之后）著作权的侵犯：

（a）进口的目的是为了完成书面订单或者可证实的电话订单，且订单是

由图书馆或以图书馆之名义给出的，同时该图书馆非为个人或组织（直接或间接）营利；并且

（b）如为书面订单——订单须包括一份经由订单下达人签名的声明，声明须表明图书馆将不会为达成本法第102条第（1）款第（a）项，第（b）项或第（c）项所提及的目的而利用订单中的任何一本图书；并且

（c）如为电话订单——订单下达人须作出包含本款第（b）项内容的证实声明；并且

（d）引进的复制品数量不能超过所预定的复制品的数量。

112AA 对主要文化机构收藏的重要出版版本进行保存本的制作

（1）本条之规定在以下条件下适用于图书馆或档案馆馆藏的1本或1本以上作品的出版版本：

（a）如果该图书馆或档案馆管理机构：

（i）依据澳大利亚联邦、州或者领地之法律规定，负有开发和保护馆藏的职责；或者

（ii）为达成本项规定之目的而由实施细则所指定；并且

（b）图书馆或档案馆的受权官员确信该作品对澳大利亚有着历史或文化方面的重大意义。

出版版本

（2）图书馆或档案馆受权官员在确信出版版本的复制品或传真本（非二手版本）不能在合理时间内以正常的商业价格获得之后，为保存出版版本以避免其丢失或受损而对该馆藏版本进行复本制作且数量不超过3份，则上述行为不构成对出版版本著作权的侵犯。

第五编 救济与违法

第2A章 有关科技保护措施以及电子权利管理信息的行为

第一节 科技保护措施

116AN 规避访问控制的科技保护措施

（1）如果出现以下情况，作品或其他标的物的著作权所有人或特许所有人可以对侵权人提起诉讼：

（a）作品或其他标的物是通过技术保护措施限制访问的；并且

（b）侵权人的行为规避了访问控制的科技措施；并且

（c）侵权人知道或应该知道，行为会导致规避的结果发生。

（d）行为人在进行行为时不能通过其他方式获取该作品或其他主题事项。

注释：如果是商人所拥有的图书馆，则其本身不能为营利所用（参见本法第 18 条）。

第二节　重大的商业规模侵权

132AC　损害著作权所有人的商业规模侵权

（1）～（6）略

（7）以下行为人在履行其职责的过程中所进行的任何合法行为都不适用本条之规定：

（a）图书馆（非为个人进行直接或间接营利的图书馆）；

（b）以下条款所提到的机构：

（i）第 10 条第（1）款中对档案馆进行定义的第（a）项；或者

（ii）第 10 条第（4）款；

（c）教育机构；

（d）非商业性的公共广播公司，包括：

（i）依据《广播服务法令（1992 年）》提供全国性广播服务的机构；

（ii）依据《广播服务法令（1992 年）》持有社区广播许可证的机构。

注释 1：商人所拥有的图书馆本身不可用做营利（参见第 18 条）。

注释 2：被告对本条第（7）款所规定的事项负有举证责任［参见《刑法典》第 13.3 条第（3）款］。

（8）在以下情形下，与著作或者其他主题事项相联系的个人所进行的任何合法行为都不适用于本条之规定：

（a）该个人依据《档案法（1983 年）》第 64 条的安排对著作或其他主题事项进行监管；并且

（b）依据本条第（7）款，上述行为是澳大利亚国家档案馆可以进行的合法行为。

注释：被告对本条第（8）款所规定的事项负有举证责任［参见《刑法典》第 13.3 条第（3）款］。

132APC　规避访问控制的科技保护措施

（1）下列情况属侵权行为：

（a）侵权人作出某一行为；并且

（b）该行为规避了某一科技保护措施；并且

（c）科技保护措施是控制访问的措施；并且

（d）侵权人作出这一行为的目的是为了获得商业利益或利润。

处罚：罚款单位的 60 倍。

132APD 为科技保护措施而制造规避仪器

（1）下列情况属侵权行为：

（a）侵权人作出下列行为：

（i）以提供给他人为目的制作相关仪器；

（ii）以提供给他人为目的进口相关仪器到澳大利亚；

（iii）批发相关仪器给他人；

（iv）向公众提供相关仪器；

（v）向他人提供相关仪器；

（vi）运输相关仪器；并且

（b）侵权人的行为目的是获取商业利益或利润；并且

（c）仪器属于规避科技保护措施的仪器。

处罚：罚款单位的550倍或监禁5年，也可并罚。

132APE 为科技保护措施而提供规避仪器

（1）下列情况属侵权行为：

（a）侵权人作出以下行为：

（i）向他人提供服务；或者

（ii）向公众提供服务；并且

（b）侵权人的行为目的是获取商业利益或利润；并且

（c）服务的目的是为了获得商业利益或利润。

处罚：罚款单位的550倍或监禁5年，也可并罚。

132AT 违 法

执法与国家安全

（1）为执法或维护国家安全而由以下行为人自行或者以以下行为人的名义所进行的任何合法行为都不适用于本条之规定：

（a）澳大利亚联邦、联邦的各州或者各领地；或者

（b）澳大利亚联邦当局、联邦的各州政府或者各领地政府。

注释：被告对本条第（1）款所规定的事项负有举证责任［参见《刑法典》第13.3条第（3）款］。

特定的公共机构等

（2）以下机构在履行其职责的过程中所进行的任何合法行为都不适用于本节之规定：

（a）图书馆（非为个人进行直接或间接营利的图书馆）；或者

（b）以下条款所提及的机构：

(i) 第10条第(1)款中对档案馆进行定义的第(a)项；或者

(ii) 第10条第(4)款；

(c) 教育机构；

(d) 非商业性的公共广播公司，包括：

(i) 依据《广播服务法令(1992年)》提供全国性广播服务的机构；以及

(ii) 依据《广播服务法令(1992年)》持有社区广播许可证的机构。

注释1：商人所拥有的图书馆本身不可用做营利(参见第18条)。

注释2：被告对本条第(2)款所规定的事项负有举证责任[参见《刑法典》第13.3条第(3)款]。

(8) 在以下情形下，与著作或者其他主题事项相联系的个人所进行的任何合法行为都不适用于本节之规定：

(a) 该个人依据《档案法(1983年)》第64条的安排对著作或其他主题事项进行监管；并且

(b) 依据本条第(2)款，上述行为是澳大利亚国家档案馆可以进行的合法行为。

注释：被告对本条第(3)款所规定的事项负有举证责任[参见《刑法典》第13.3条第(3)款]。

第十编　其他事项

195A　解　释

(1) 本编[除第203H条第(5)款之外]，主管官员是指：

(a) 在档案馆内，是指任职于档案馆管理机构或履行该机构服务职责的人员，该人员对档案馆内的馆藏负有直接维护和提供与馆藏相关服务的职责；

(b) 在中央档案局内，是指任职于中央档案局管理机构或履行该机构服务职责的人员，该人员对馆内所藏负档案记录有直接维护和提供与档案相关服务的职责；

(c) 在图书馆内，是指任职于图书馆管理机构或履行该机构服务职责的人员，该人员对馆藏有直接维护和提供与档案相关服务的职责。

200AB　为特定目的而使用作品和其他主题事项

(1) 如果满足以下所有情形，则使用作品或其他主题事项不会构成对该作品或者其他主题事项著作权的侵犯：

(a) 使用[本条第(b)项、第(c)项和第(d)项中所描述的情形]

的环境是特殊的；

（b）使用是指本条第（2）款、第（3）款和第（4）款所描述的情形；

（c）使用不会和作品或者其他主题事项的正常开发利用相矛盾；

（d）使用不会不合理地损害著作权所有者的合法利益。

为图书馆或档案馆管理机构所使用

（2）本款之规定涵盖了在以下情形下的使用：

（a）由图书馆或者档案馆管理机构所使用或者以其名义进行使用；并且

（b）使用之目的是为了维护或者经营图书馆或档案馆（包括经营图书馆或档案馆以便提供图书馆或档案馆的常规服务）；并且

（c）非为图书馆或档案馆管理机构获得商业优势或利润而使用。

201 向国家图书馆呈缴图书馆资料

（1）任何在澳大利亚出版的且依据本法具有著作权的图书馆资料，其出版商都应当在出版之后的 1 个月内，自费将该资料的复本呈缴给国家图书馆。

罚款：100 澳元。

（2）任何依据本条之规定呈缴给国家图书馆的图书馆资料复本都应当是整个资料（包括任何插图）的复本，同时内容应当是已经完成的、纸张经过上色并被捆绑、缝合或者通过其他方式固定在一起的，该种方式应当与该资料出版的最好版本固定方式一致，且资料印刷所用纸张也应当是最好的。

（3）依据本条之规定向国家图书馆呈缴图书馆资料之后，国家图书馆馆员都应当为该资料出具一份书面的收据交给其出版商。

（4）任何规定向指定的各州或各领地公共图书馆或其他图书馆呈缴在其境内出版的图书馆资料复本的各州或各领地的法律（无论其制定是在本法生效之前、之时或者之后），其执行都不受到本条之规定的排除或限制。

（5）在本条中：

插图包括图画、雕刻和照片。

图书馆资料包括图书、期刊、报纸、宣传单页、信件、乐谱、地图、计划、图表或表格，它们必须是文学、戏剧、音乐或艺术作品，或者是上述作品的其中一版，但是不包括任何资料的第二版或者第二版以后的版本，除非该版本在铅印或插图上有所增加或修改。

203A 违法——未能保存有关图书馆或档案馆内复制行为的声明

（1）如有以下情形，则认定为违法：

（a）在行为期间，行为人：

（i）从根本上说，负有管理图书馆或者档案馆的责任；或者

（ii）是图书馆或者档案馆的主管官员；以及

（b）行为期间是：

（i）在图书馆或档案馆受权官员依据本法第 49 条、第 50 条、第 51A 条或第 110B 条之规定对作品的全部或部分内容或其他主题事项进行复制或复印之后；并且

（ii）在依据上述条款之规定作出了有关复制或复印的书面声明之后；并且

（iii）在法定的声明保存期间结束之前；并且

（c）在上述期间内，该声明并没有存放入图书馆或者档案馆的记录内。

罚款：罚款单元的 5 倍。

（2）如果存在以下情形，则不适用于本条第（1）款之规定：

（a）行为人是图书馆或档案馆主管官员，并且能证明

（i）复制或者复印行为发生在该行为人成为主管官员之前；并且

（ii）行为发生当日，声明并不为图书馆或档案馆管理人员所持有；或者

（b）该行为人证明其进行了所有合理的防范措施并已经尽职来确保上述声明被保存在了图书馆或者档案馆的档案记录中。

注释：该行为人对本条第（2）款中所规定事项负有法律责任（参见《刑法典》第 13.4 条）。

（3）本条第（1）款所规定的违法行为属于严格责任。

注释：对于严格责任的规定，请参见《刑法典》第 6.1 条。

（4）依据本条之规定，只能对行为人有关声明的行为定一个罪名。

注释：本法第 203G 条认定提早销毁或处置声明即为违法。

203D 违法——未按时间顺序整理声明

（1）如有以下情形，则认定为违法：

（a）行为人：

（i）从根本上说，负有管理图书馆或者档案馆的责任；或者

（ii）是图书馆或者档案馆的主管官员；以及

（b）该行为人的记录包含 2 个或 2 个以上有关图书馆或档案馆受权官员进行复制的声明，声明作出是为了达成本法第 49 条、第 50 条、第 51A 条或者第 110B 条所规定的目的；

（c）声明在记录中并没有按照可以反映出其声明作出时间的顺序进行整理。

罚款：罚款单元的5倍。

(2) 如果该行为人证明其进行了所有合理的防范措施并已经尽职来确保上述声明已经按照可以反映出其声明作出时间的顺序整理在了档案记录中，则本条第(1)款之规定不适用于该情形。

(3) 本条第(1)款所规定的违法行为属于严格责任。

注释：对于严格责任的规定，请参见《刑法典》第6.1条。

203E 对图书馆、档案馆或者公共机构所留置的档案记录和声明进行检查

(1) 作品、录音或电影著作权的所有人，或者上述所有人的代理人：

(a) 可以书面通知图书馆或者档案馆的主管官员，表明他/她想查看：

(i) 图书馆或者档案馆所留存的所有有关依据本法第49条、第50条、第51A条或者第110B条对作品全部或部分内容，或者其他主题事项进行复制的声明；或者

(ii) 在通知所规定的时段内所作出的上述有关依据本法第49条、第50条、第51A条或者第110B条对作品全部或部分内容，或者其他主题事项进行复制的声明；

通知所指定的查看日期，须为图书馆、档案馆或公共机构的正常工作日，且应当在通知下发之日起7日之后；并且

(b) 如果通知涉及依据本法第51A条或者第110B条对作品的全部或部分内容或对其他主题事项进行复制，则可以在通知中说明他/她同时也想在指定的当日查看图书馆或档案馆的馆藏。

(4) 依据本条第(1)款之规定而通知图书馆或者档案馆主管官员他/她想在特定的某日查看特定的声明的，则该人可以在上述特定某日的图书馆或档案馆正常工作时间内（但是最早为上午10点，最晚为下午3点）查看通知中所涉及的声明；同时如果通知中还涉及查看图书馆或者档案馆的馆藏，则该人也可以在上述同一时间内查看馆藏并可因此而进入图书馆或档案馆的场馆内。

(6) 如有以下情形，则认定为违法：

(a) 行为人：

(i) 从根本上说，负有管理图书馆或者档案馆的责任；或者

(ii) 是图书馆或者档案馆的主管官员；以及

(b) 另一当事人（查看人）依据本条第(4)款所规定的权利而进入图书馆或者档案馆的场馆内；并且

(c) 查看人未能得到所有合理的设施和援助以有效行使其权利。

罚款：罚款单元的5倍。

(6A) 本条第(6)款所规定的违法行为属于严格责任。

注释：对于严格责任的规定，请参见《刑法典》第6.1条。

(8) 如果图书馆或档案馆主管官员可以列举证据证明，其有合理的理由相信进入图书馆或者档案馆的上述检查人已经获得了所有合理的设施和援助以有效行使第(4)款所赋予的权利并且该证据未能被控方反驳，则不能被认定其违反了本条第(6)款之规定。

(9) 如果图书馆或档案馆管理机构可以列举证据证明，其进行了所有合理的防范措施并已经尽职来确保进入图书馆或档案馆场馆内的查看人已经获得了所有合理的设施和援助以有效行使第(4)款所赋予的权利并且该证据未能被控方反驳，则不能认定该管理机构违反了本条第(6)款之规定。

203H 特定复本的标记等

(5) 依据本条第(1)款和第(2)款之规定：

(a) 如果作品的全部或部分内容的复制品，或者录音或电影的复制品是：

(i) 由图书馆受权官员进行制作的；或者

(ii) 由图书馆主管官员自行制作或者他人以其名义进行制作的；

如果该图书馆是公共机构的图书馆，则上述复制品应当视为是以公共机构的名义制作的；同时

(b) 如果作品的全部或部分内容的复制品，或者录音或电影的复制品是：

(i) 由图书馆受权官员进行制作的；或者

(ii) 由图书馆主管官员自行制作或者他人以其名义进行制作的；

如果该图书馆非为公共机构的图书馆，则：

(iii) 上述复制品应当视为是以个人名义或者图书馆管理机构的名义所制作的；并且

(iv) 上述条款对公共机构的适用与对上述个人或机构的适用是一样的；并且

(c) 如果作品的全部或部分内容的复制品，或者录音或电影的复制品是：

(i) 由图书馆受权官员进行制作的；或者

(ii) 由图书馆主管官员自行制作或者他人以其名义进行制作的；

则：

(iii) 上述复制品应当视为是以个人名义或者图书馆管理机构的名义所制作的；并且

(iv) 上述条款对公共机构的适用与对上述个人或机构的适用是一样的；并且

（d）如果作品部分或全部内容的复制品或录音制品是由公共机构的管理机构自行或者以其名义进行制作的，则该复制品应当视为是由该机构制作的或者以该机构的名义制作的；并且

（e）如果录音或者电影的复制品是由公共机构的管理机构自行制作的或以其名义制作的，则该复制品应当视为是由该公共机构制作的或以该机构名义制作的。

241 向国家图书馆呈缴图书馆资料

本法第201条不适用于在本法生效之前所出版的图书馆资料。

248B 教育目的

由于第248A条第（1）款对“被豁免的录制”进行定义的第（c）项对“教育目的”所表达的意义未加限制，则对表演所进行的录像，在以下情形下应当视为是为教育机构之教育目的而制作的：

（a）用于与教育机构所提供的具体课程有关的用途；或者

（b）用作公共机构的图书馆馆藏。

著作权条例（节译）*

5 公共图书馆馆藏未出版作品的拟出版通告

依本条例第52条第（1）款第（b）项和第（2）款第（b）项之规定，新作品的法定拟出版通告应当在新作品出版之前的2至3个月期间以公告形式发布在公报上，具体视情况而定，并且：

（a）~（d）略

（e）说明保存原作品的复制品或者手稿的图书馆或其他地方的名称和地址；

（f）对于保存于图书馆或其他地点的原作品的复制品或者手稿，须注明其来源人，若拟出版新作的人员不知道该作品的复制品或手稿的来源人（出自何人），则须注明此事实。

---

* 唐婷婷，霍迎，译；田贺龙，校。

附录 4　向提出申请的图书馆用户作出通告的法定形式

（实施细则 4D）

……

澳大利亚联邦著作权法（1968 年）

有关《著作权法（1968 年）》第 49 条第（7A）款第（C）项的通告

警　告

依据《著作权法（1968 年）》第 49 条之规定向您提供的本材料应当出于研究或者学习之目的。本材料中的内容是受到著作权法的著作权保护的。

利用本材料进行进一步交易将构成对著作权的侵犯。判定该交易是否构成侵权，须参照《著作权法（1968 年）》第三部分第三节中所规定的标准。

4　图书馆或者档案馆

4.1　本条例第 49 条中提到的图书馆或者档案馆可以出于上述条款所规定情形下的研究或者学习之目的，向个人进行文章或出版作品的部分或全部内容的复制或传播。

4.2　图书馆或者档案馆可以在本条例第 50 条规定的情况下，为另一图书馆或档案馆复制和传播文章或已出版作品的全部或者部分内容。

4.3　图书馆或者档案馆可以：

（a）出于本条例第 51A 条所提到的目的或在第 51A 条提到的情形下对作品进行复制或传播；并且

（b）在本条例第 110A 条所提到的情形下，为研究或者学习，或者预出版之目的，对未出版的录音或者胶片进行复制或传播；并且

（c）在本条例第 110B 条所规定的情形下，为了保存或替代原有录音或者胶片，或者为研究之目的，对原有录音或胶片进行复制和传播。

17 新西兰

新西兰国家图书馆法*

（公共法案：2008 年第 104 号，批准日期：2008 年 9 月 29 日）

1 名 称

本法为《新西兰国家图书馆法（2003 年）》，亦可被引称为——
《新西兰国家图书馆法（2003 年）》。

第一章 一般规定

2 生 效

本法自女王同意之日起生效。

3 立法目的

本法规定了对国家图书馆（包括亚历山大·特恩布尔图书馆）馆藏的保存、保护、开发以及通过与其作为文献遗产地位相符的方式向新西兰所有公众提供馆藏的获取与使用，旨在：

（a）维护并提升国家图书馆地位；并且

（b）维护并提升亚历山大·特恩布尔图书馆地位，该馆为国家图书馆的一部分；并且

（c）促进国家图书馆馆长与亚历山大·特恩布尔图书馆馆长的相互支持❶；

（d）设立名为“亚历山大·特恩布尔图书馆管理委员会”的非法人团体，其职责之一是向新西兰公众保证亚历山大·特恩布尔图书馆将永久保存其馆藏；

（e）设立名为“图书馆与信息咨询委员会”的非法人团体，以便为部长

---

* 霍迎，唐婷婷，译；卢海燕，校。

❶ 第 3 条第（c）项：于 2011 年 2 月 1 日被《新西兰国家图书馆法修正案（2010 年）》（2010 年第 132 号）第 4 条替代。

在图书馆与信息问题咨询方面提供建议；并且

(f) 解散依《国家图书馆法（1965 年）》而设立的名为“国家图书馆理事会”的法人团体；并且

(g) 授权部长宣布将公共文献复本呈缴给国家图书馆的规定，以促进新西兰文献遗产的保存，并且

(h) 保障要求获取第（g）款所规定的公共文献的权力❶可以延及互联网文献，并且授权国家图书馆馆长可以复制上述文献；

(i) 规定其他相关事宜。

4 解 释

除非本法文意另有所指——

亚历山大·特恩布尔图书馆即指第 11 条所规定的亚历山大·特恩布尔图书馆；

行政长官即指部委的行政长官❷；

图书馆馆长即指本法第 13 条所指的亚历山大·特恩布尔图书馆馆长；

委员会即指依据本法第 22 条所设立的图书馆与信息咨询委员会；

部委是指由总理授权的某个国家部委负责在一段时间内监管本法实施❸。

文献是指任何形式的文献，包括：

(a) 书写于任何材质上的文字；以及

(b) 通过任何记录设备、电脑、其他电子设备或其他设备记录或存储的信息，以及记录或存储信息的材料；以及

(c) 图书、手稿、报纸、期刊、宣传册、杂志、凸版印刷品、唱片、地图、计划、图纸、油画、图片、蚀刻、印刷品、表格、图表以及绘画；

(d) 照片、胶片、底片、磁带或包含 1 张或多张可以被复制的（无论是否需要仪器辅助）视觉图像；

(e) 上述文献的再版或多次版本。

电子包括耗电的、数字的、含磁的、光纤的、电磁的、生物计量的、光电的（方式）；

图书馆管理委员会即指本法第 16 条规定的亚历山大·特恩布尔图书馆管

---

❶ 《新西兰国家图书馆法》中，关于“权力”一词的使用在不同条款中有“权力”（power）、“职权”（powers）不同意义的使用，译者根据相关条款上下文意的不同，分别采用不同的翻译。

❷ 第 4 条行政长官：于 2011 年 2 月 1 日由《新西兰国家图书馆法修正案（2010 年）》（2010 年第 132 号）第 5 条第（3）款添加。

❸ 第 4 条部委：于 2011 年 2 月 1 日由《新西兰国家图书馆法修正案（2010 年）》（2010 年第 132 号）第 5 条第（3）款添加。

理委员会；

信息包括文件、数据、文本、图像、声音或演讲等形式的信息；

部长即指经通过委任令授权或者总理授权的内阁阁员，其负责在一段时间内监督本法实施；❶

国家图书馆馆长即指本法第 8 条所指的国家图书馆馆长；

国家图书馆即指本法第 6 条所规定的新西兰国家图书馆；❷

年即指每一年截至 6 月 30 日。

5 对官方的适用

本法案对官方具约束力。

第二章 国家图书馆

（包括亚历山大·特恩布尔图书馆）

第一节 国家图书馆及其馆长

国家图书馆

6 国家图书馆沿革

（1）设有新西兰国家图书馆。

（2）依据《国家图书馆法（1965 年）》第 3 条设立。

（3）亚历山大·特恩布尔图书馆系国家图书馆的组成部分。

7 国家图书馆宗旨

国家图书馆旨在通过以下恰当的方式丰富新西兰人民的文化和经济生活，并与其他国家进行交流：

（a）收集、保存和保护文献，特别是与新西兰相关的文献，通过与其作为文献遗产地位相符的方式，使之可为新西兰公众获取和利用；并且

（b）补充和促进新西兰其他图书馆的工作；并且

（c）与其他具有相同宗旨的科研机构进行合作，包括国际图书馆界成员。

8 国家图书馆馆长

（1）设立国家图书馆馆长一职。

（2）国家图书馆馆长即指行政长官依据《政府组织法（1988 年）》任命

---

❶ 第 4 条部长：于 2011 年 2 月 1 日由《新西兰国家图书馆法修正案（2010 年）》（2010 年第 132 号）第 5 条第（1）款替代。

❷ 第 4 条国家图书馆：于 2011 年 2 月 1 日由《新西兰国家图书馆法修正案（2010 年）》（2010 年第 132 号）第 5 条第（2）款修正。

的在一段时间内担任该职位的人员。[1]

（3）（已废止）[2]

9 国家图书馆馆长的职能与职权

（1AA）国家图书馆长依据本法享有贯彻和履行法定职能与责任的所有权力。[3]

（1）为实现国家图书馆宗旨，馆长有如下职能：

（a）发展并维护馆藏文献，包括广泛收集与新西兰及新西兰人民相关的文献；并且

（b）以适当方式且符合部长的有关规定，使馆藏文献易于获取，以便发挥馆藏文献资源的最大作用；

（c）提供部长认为适当的其他服务，包括提供信息资源、提供书目和校园服务；

（d）促进与官方或与新西兰境内外其他人士开展图书馆业务合作；并且

（e）建议和辅助部长处理与图书馆和信息领域问题相关的事务；并且

（f）依据本法所制定的相关条例所规定的其他职能。

（2）馆长必须采取合理措施，以便：

（a）根据依本法所制定的相关条例或部长的有关规定，向研究机构或个人开放国家图书馆馆藏文献；

（b）（已废止）[4]

（c）根据依本法所制定的相关条例或部长的有关规定，在图书馆发展过程中向研究机构或个人提供协助；

（3）未经部长许可，国家图书馆馆长不得向任何当局或个人转移图书馆馆藏文献的保管权和使用权，不得剔除任何馆藏文献。[5]

（4）上述第（3）款——

---

[1] 第8条第（2）项：于2011年2月1日由《新西兰国家图书馆法修正案（2010年）》（2010年第132号）第6条替代。

[2] 第8条第（3）项：于2011年2月1日由《新西兰国家图书馆法修正案（2010年）》（2010年第132号）第6条废止。

[3] 第9条第（1AA）款：于2011年2月1日由《新西兰国家图书馆法修正案（2010年）》（2010年第132号）第7条第（1）款添加。

[4] 第9条第（2）款第（b）项：于2011年2月1日由《新西兰国家图书馆法修正案（2010年）》（2010年第132号）第7条第（2）款废止。

[5] 第9条第（3）款：于2011年2月1日由《新西兰国家图书馆法修正案（2010年）》（2010年第132号）第7条第（3）款替代。

（a）不适用《公共档案法（2005 年）》[1]；并且

（b）适用本法第 11 条第（2）款之规定。

9A 国家图书馆馆长的委托权[2]

（1）在一般或特定情况下，国家图书馆馆长可将依本法获得的职能、责任或权力之全部或部分委托给馆内某一雇员，该委托权除外。

（2）该委托——

（a）应采用书面形式；并且

（b）符合国家图书馆馆长认为适宜的限制和条件；

（c）在任何时候，均可采用书面形式将之撤销；并且

（d）不得妨碍国家图书馆馆长行使或执行其职能、职责或权力。

（3）被委托行使任何职能、职责或权力的受托人履行职能、行使权力的方式及效力与直接由本法授权的方式及效力相同，而非与委托的方式及效力相同。

（4）除非有相反的证据证明，否则依据委托所进行的代理行为可推定为符合其条件的代理。

（5）本条应符合本法第 13 条第（3）款和第 14 条所规定的限制条件。

口述历史

10 国家图书馆对口述历史的规定

（1）本条中——

口述历史是指以任何种类的记录设备录制的个人回忆录，反思录以及由之产生的相关信息。

人即指任何自然人，包括部长、行政长官以及任何国家机构的职员。

国家机构是指新西兰治下的所有政府机构，不论部委、社团、行政机关或其他机构。

（2）如果个人以国家图书馆馆长、王室及其代理人所同意的书面条件（例如，以获取信息为条件）向国家图书馆提供口述历史，国家图书馆馆长、王室及其代理人（包括国家图书馆馆长）必须遵守该上述条件。

（3）本条——

（a）适用于由王室自行或者以其名义创作或取得的口述历史；并且

---

[1] 第 9 条第（4）款第（a）项：于 2005 年 4 月 21 日由《公共档案法（2005 年）》（2005 年第 40 号）第 67 条第（1）款修正。

[2] 第 9A 条：于 2011 年 2 月 1 日由《新西兰国家图书馆法修正案（2010 年）》（2010 年第 132 号）第 8 条添加。

（b）不适用《公共档案法（2005 年）》❶。

第二节 亚历山大·特恩布尔图书馆

11 亚历山大·特恩布尔图书馆的沿革

（1）亚历山大·特恩布尔图书馆组成：

（a）依据惠灵顿的亚历山大·霍斯伯勒·特恩布尔于 1918 年在其遗嘱的第二个附录所捐赠给王室的文献；以及

（b）亚历山大·特恩布尔图书馆获得的遗赠品、捐赠品及其他获得品。

（2）王室永久拥有亚历山大·特恩布尔图书馆馆藏。

（2A）在与国家图书馆馆长磋商后，行政长官必须提供——❷

（a）设于国家图书馆内独立而适宜的馆舍，以保存亚历山大·特恩布尔图书馆的馆藏；

（b）丰富学术馆藏以提升亚历山大·特恩布尔图书馆的服务，特别是在新西兰及太平洋研究和珍本图书领域。

（3）除本法第 15 条规定，亚历山大·特恩布尔图书馆的馆藏必须由国家图书馆随时监管。

（4）本条第（2）款不适用《公共档案法（2005 年）》。❸

12 亚历山大·特恩布尔图书馆宗旨

亚历山大·特恩布尔图书馆宗旨是：

（a）永久保存、保护和完善馆藏，并通过与其作为文献遗产地位相符的方式，使之可为新西兰公众获取和利用；并且

（b）丰富学术馆藏以提升亚历山大·特恩布尔图书馆的服务，特别是在新西兰及太平洋研究和珍本图书领域；

（c）发展并维护与新西兰及其人民相关的综合性文献。

13 亚历山大·特恩布尔图书馆馆长

（1）设立亚历山大·特恩布尔图书馆馆长一职。

（2）依据《政府组织法（1988 年）》，经国家图书馆馆长推荐，由行政长

---

❶ 第 10 条第（3）款第（b）项：于 2005 年 4 月 21 日由《公共档案法（2005 年）》（2005 年第 40 号）第 67 条第（1）款修正。

❷ 第 11 条第（2A）款：于 2011 年 2 月 1 日由《新西兰国家图书馆法修正案（2010 年）》（2010 年第 132 号）第 9 条添加。

❸ 第 11 条第（4）款：于 2005 年 4 月 21 日由《公共档案法（2005 年）》（2005 年第 40 号）第 67 条第（1）款替代。

官任命。[1]

（3）馆长不能同时兼任——

（a）国家图书馆馆长；或者

（b）在政府机构中担任其他职位。行政长官和国家图书馆馆长认为，在政府机构中任职将有碍于亚历山大·特恩布尔图书馆馆长充分履行其职能，有碍于本法9A授予亚历山大·特恩布尔图书馆馆长权力的行使。[2]

（4）在《新西兰国家图书馆法修正案（2010年）》实施之前担任亚历山大·特恩布尔图书馆馆长一职的人员，将在该法案生效时所规定的相同任期和条件下继续担任该职，只要其任期和条件与馆长作为政府职员的任期和条件相符合。[3]

14　亚历山大·特恩布尔图书馆馆长的职能、职责与权力[4]

馆长必须履行本法第9A条授权的全部职能和职责，并行使权力，即保存、保护、发展亚历山大·特恩布尔图书馆馆藏，使之得以利用。

15　公益性文献展

（1）在本法第9A条授权的范围内，馆长可视情利用亚历山大·特恩布尔图书馆馆藏中的一种或多种文献，在新西兰境内外举办临时性公益展览。[5]

（2）在决定是否行使上述权力时，馆长必须考虑如下因素：

（a）亚历山大·特恩布尔图书馆宗旨；以及

（b）到馆读者的利益；以及

（c）文献的实际情况及珍贵性；以及

（d）文献展览的物理环境；以及

（e）文献陈列、运输、保管过程中可能遇到的风险，个人或机构对用于展览的文献的责任；以及

（f）国家图书馆馆长依本法第9A条授权的任期条件。[6]

---

[1] 第13条第（2）款：于2011年2月1日由《新西兰国家图书馆法修正案（2010年）》（2010年第132号）第10条第（1）款修订。

[2] 第13条第（3）款第（b）项：于2011年2月1日由《新西兰国家图书馆法法修正案（2010年）》（2010年第132号）第10条第（2）款第（a）（b）（c）项修订。

[3] 第13条第（4）款：于2011年2月1日由《新西兰国家图书馆法修正案（2010年）》（2010年第132号）第10条第（3）款替代。

[4] 第14条：于2011年2月1日由《新西兰国家图书馆法修正案（2010年）》（2010年第132号）第11条替代。

[5] 第15条第（1）款：于2011年2月1日由《新西兰国家图书馆法修正案（2010年）》（2010年第132号）第12条修正。

[6] 第15条第（2）款第（f）项：于2011年2月1日由《新西兰国家图书馆法修正案（2010年）》（2010年第132号）第12条修正。

第三节　亚历山大·特恩布尔图书馆管理委员会

16　亚历山大·特恩布尔图书馆管理委员会

（1）设立名为“亚历山大·特恩布尔图书馆管理委员会”的非法人团体，其成员不得多于5人。

（2）经与毛利事务部部长协商，部长可任命图书馆管理委员会委员并于公报上公告。

（3）依据上文，部长在任命之前——

（a）必须与毛利事务部部长协商；并且

（b）可以与其认为适宜的全国性的毛利组织协商；

（4）图书馆管理委员会委员的任期不得超过3年，可连任，但其任期总计不能超过6年。

（5）根据部长的意见，图书馆管理委员会委员必须具有与“亚历山大·特恩布尔图书馆管理委员会”宗旨和职能相关的专业知识与资质。

17　图书馆管理委员会宗旨

图书馆管理委员会应确保向新西兰公众提供——

（a）亚历山大·特恩布尔图书馆永久保存其馆藏；

（b）将馆藏文献——

（i）为馆藏提供独立而适宜的馆舍；

（ii）保存、保护和完善馆藏，并通过与其作为文献遗产地位相符的方式，使之可为新西兰公众获取和利用；

（c）突出亚历山大·特恩布尔图书馆为研究型图书馆的服务特色。

18　图书馆管理委员会职能

（1）图书馆管理委员会就下列任意事项向部长提供建议：

（a）亚历山大·特恩布尔图书馆获取用于研究、学术，或服务于毛利文化，或为其他图书馆及新西兰公众所用的文献的能力；

（b）获取和研究使用亚历山大·特恩布尔图书馆馆藏的服务规定；

（c）对亚历山大·特恩布尔图书馆馆藏适当且充分的保护措施；

（d）亚历山大·特恩布尔图书馆馆长依据本法第15条作出的将本馆馆藏文献用于公益性展览的决定；

（e）维护下列事项的方式——

（i）亚历山大·特恩布尔图书馆馆藏文献的特性及地位；

（ii）研究型图书馆的服务特色；

（f）收藏、保护亚历山大·特恩布尔图书馆馆藏的充分性与适当性；

（g）与亚历山大·特恩布尔图书馆相关的其他事项。

（2）国家图书馆馆长与亚历山大·特恩布尔图书馆馆长必须竭尽所能向亚历山大·特恩布尔图书馆管理委员会提供其履行职能所需的信息。

19 报 告

（1）亚历山大·特恩布尔图书馆馆长必须每年就其履行和行使本法第9A条所赋予的职责和权力情况向国家图书馆馆长作出报告。❶

（2）国家图书馆馆长必须每年——❷

（a）向亚历山大·特恩布尔图书馆管理委员会汇报亚历山大·特恩布尔图书馆馆长履行和行使本法第9A条所委托授权给其的职责和职权的情况以及国家图书馆馆长认为适当的其他情况；并且

（b）将其收到的亚历山大·特恩布尔图书馆馆长依据本法第（1）款所作的最新报告副本附于上述报告。

（3）亚历山大·特恩布尔图书馆管理委员会必须每年向部长作出报告，内容必须包括——

（a）上一年度的履职情况；以及

（b）本条第（2）款所提及的国家图书馆馆长与亚历山大·特恩布尔图书馆馆长所作出的报告。

（4）在收到上述第（3）款所规定的报告后，部长必须尽快将其递交下议院。

（5）本条不适用《公共财政法（1989年）》第43条的规定。

20 费用与津贴

根据亚历山大·特恩布尔图书馆管理委员会宗旨，管理委员会委员有权得到超出国会拨款额度的如下款项——

（a）由部长依据政府政策而决定支付的费用；

（b）管理委员会委员履行职能过程中所需的津贴补助或需报销的实际且合理的花费。

---

❶ 第19条第（1）款：于2011年2月1日由《新西兰国家图书馆法修正案（2010年）》（2010年第132号）第13条修正。

❷ 第19条第（2）款第（a）项：于2011年2月1日由《新西兰国家图书馆法修正案（2010年）》（2010年第132号）第13条修正。于2005年1月25日由《公共财政法修正案（2004年）》第37条第（1）款修正。

21 行政管理

（1）亚历山大·特恩布尔图书馆管理委员会每年至少举行3次会议。[1]

（2）本法所指定的部委必须向亚历山大·特恩布尔图书馆管理委员会提供行政监管服务。

第三章 图书馆与信息咨询委员会及咨询机构

22 委员会的设立

（1）设立名为图书馆与信息咨询委员会的非法人组织。

（2）该委员会由以下人员构成——

（a）成员6名；以及

（b）国家图书馆馆长，其为当然成员。

（3）委员会成员必须由部长经与毛利事务部部长协商之后，通过公报公告。

（4）委员会成员的任期不得超过3年，可连任，但任期总计不得超过6年。

（5）根据部长的意见，委员会成员必须具备与实现委员会宗旨和职能相关的专业知识与资质。

23 委员会宗旨

该委员会宗旨在就图书馆与信息领域议题，包括毛利文化议题，向部长提供建议。

24 委员会职能

（1）委员会就下列问题向部长提供建议及报告——

（a）有关新西兰的图书馆与信息领域的议题，包括毛利文化，以及获取图书馆与信息服务等议题；

（b）图书馆与信息服务（包含毛利文化）在新西兰文化与经济生活中的作用；

（c）部长要求的其他事项。

（2）向部长提出建议之前，为保证建议的可行性，委员会必须考虑——

（a）国内外和图书馆与信息服务相关的进展状况；并且

---

[1] 第21条第（1）款：于2011年2月1日由《新西兰国家图书馆法修正案（2010年）》（2010年第132号）第13条修正。

（b）以适当的方式促进个人及研究机构（例如，博物馆、图书馆以及档案馆）在保护、保存以及推广信息获取（包括文献遗产和毛利文献）等领域的合作。

25 咨询机构

除委员会外，部长可以建立一个或一个以上的咨询机构，向其就图书馆与信息方面事务提供建议。

26 年度报告

委员会以及依据本法第 25 条所设立的任何咨询机构，都必须每年向部长就上一年度履职情况提交报告。

27 费用与津贴

依本法第 25 条设立的图书馆与信息咨询委员会成员和任何咨询机构的成员，有权据其宗旨得到超出国会拨款额度的如下款项：

（a）由部长依据政府政策而决定支付的费用；以及

（b）委员会或咨询机构履职过程中所需的津贴补助或需报销的实际且合理的花费。

28 行政管理[❶]

部长必须向委员会或依本法第 25 条所设立的所有咨询机构提供行政管理服务。

第四章 关于复印馆藏公告文献的规定

29 本章释义

（1）除非本章中上下文文意另有所指，否则——[❷]

委托授权，涉及网络文献时，是指依本法第 31 条第（3）款所作出的授权。

电子文献即指其信息通过电子记录设备、计算机或其他电子媒介储存或呈现的公共文献，包括网络文献。

网络文献系指在互联网上发布的公共文献，无论对获取文献是否有限制，且包括网站的全部或部分内容。

---

❶ 第 28 条：于 2011 年 2 月 1 日由《新西兰国家图书馆法修正案（2010 年）》（2010 年第 132 号）第 13 条修正。

❷ 第 29 条释义（1）公共文献第（d）（i）：于 2005 年 4 月 21 日由《公共档案法（2005 年）》第 67 条第（1）款修正。

复制，涉及网络文献，是指依本部分之规定，为储存和使用而对文献进行复制；且包括规避任意旨在防止或阻止复制、保存或使用文献的技术保护手段。

印刷者，涉及任何印制的公共文献，系指从事印刷或生产文献的所有者。

公共文献是指——

（a）下述文献的一个或一个以上的复本（无论公共成员获取或使用文献是否受限）——

（i）面向公众发行；或者

（ii）依公众需求而提供的；或者

（iii）通过互联网向公众提供的；并且

（b）在新西兰境内以任何其他方式印刷或生产，或居住或主要营业地在新西兰的人在新西兰境外印刷或生产的文献；

（c）依据《著作权法（1994 年）》享有著作权或者与该法第 27 条第（1）款相关的文献；

（d）不包括——

（i）《公共档案法（2005 年）》第 4 条所规定范围内的公共档案，但向公众开放的公共档案除外（例如，标有 ISBN 或 ISSN 号的公共档案）；或者

（ii）依据本法或任意先前的法案而与向国家图书馆馆长呈送的文献的内容与形式完全相同的再版文献；

出版是指按照规定的方式向公众公开，无论公众成员获取或使用文献是否受限。

出版者是指——

（a）涉及公开出版的文献，即指文献的出版者；并且

（b）涉及其他非网络文献的公共文献，即指在新西兰境内进行生产的人员，或指委托境外进行文献复本加工的人员，且该文献为已向公众发行的文献或公众依需要可获得的文献；并且

（c）涉及网络文献，即指管理文献所载网站全部或部分内容的人。

规定是指由部长依据本法第 31 条第（1）款所公告的规定，且包括——

（a）依本法第 31 条第（3）款所公示的授权；且

（b）依本法第 31 条第（4）款所公示的修正案。

限制条件，涉及对任意一种公共文献的获取、使用或可得到、可使用时：

（a）指物理限制、技术限制或器械限制，例如要求付费，或使用密码，或其他防止或限制公众免费使用文献的要求；但是

（b）非指公共文献所记载的或所主张的任何法定限制。

（2）为避免产生质疑，可在网络上获取的公共文献是指特定时间内的文献，如其有任何改变，依本法规定，其将成为不同的公共文献。

30 本章宗旨

本章旨在协助保存新西兰的文献遗产，以便其在适当的规定和条件下为新西兰人所受益。

31 对公共文献规定的公告

（1）部长可通过公报公告，要求公共文献（非网络文献）出版者无偿向国家图书馆馆长缴送制定数量（不超过3本）的以下文献的复本：

（a）印刷本形式的公共文献；以及

（b）如该文献为电子文献，则为包含该文献的媒介。

（2）上述第（1）款所规定的公共文献的复本，必须按照如下规定提供：

（a）文献第一次出版后的20个工作日之内（或者由公告所指定的更长的期限内）；

（b）或依据公告所指定的有关格式、公共获取或其他事项方面的条款和条件。

（3）部长可以通过公报公告，授权国家图书馆馆长随时依其自身判断，对成为公共文献的网络文献进行复制。且该复制行为应当符合公告中所指定的有关格式、公共获取或其他事项方面的条款和条件。

（4）通过公报公告，部长可以修改或撤销依据上述第（1）款或第（3）款所公告的要求。

32 规定的内容

（1）规定必须明确：

（a）生效日期，且依据第31条第（2）款之规定，该日期应当至少在该公报公告之日起3个月之后；

（b）明确是否适用于所有类别的公共文献还是只适用于特定一类或部分类别的公共文献；

（c）在依据本法第31条第（1）款公告了要求的情形下，明确是否适用于所有公共文献出版者还是只适用于某一类或部分类别的公共文献出版者。

（2）在《国家图书馆法（1965年）》还未被本法所废止的情形下，则其第30A条所适用的图书缴送日期不受上述第（1）条第（a）项所规定的最短3个月期限的限制。

33 出版者应协助国家图书馆馆长保存及利用文献

（1）如果国家图书馆馆长随时提出书面协助请求，则请求中所涉及的电子文献出版者必须于收到该请求后 20 个工作日内无偿提供合理的协助以便国家图书馆馆长储存、使用与原文献一样的复本。

（2）上述第（1）款所提及的书面请求可以包括：

（a）一份或多份电子文献；或者

（b）一种或多种类型的电子文献。

34　使用国家图书馆公共文献

（1）本条中所述缴送文献是指依要求向国家图书馆馆长呈缴的或由其制作的 1 册或多册复本的公共文献。

（2）为履行其职责，国家图书馆馆长及员工、合同人员或者董事长代理人均可以支配、复制、以电子形式存储（无论离线或在线）公共文献，并且可以使用缴送文献的任意复本。❶

（3）国家图书馆馆长对每一种缴送文献可以提供不多于 3 册的复本为公共成员使用（无论于馆内或者其他地方），但除非本条第（4）款之规定或者经出版者许可，不得将文献载于互联网提供服务。

（4）如果出版者将缴送文献在互联网上发布，并无限制提供公共成员获取或使用，国家图书馆馆长则可以在互联网上以本条第（3）款所允许的方式为公共成员提供获取和使用。

（5）除本条第（2）款至第（4）款的规定外，缴送文献适用与版权有关法律的规定。

35　规定的法律地位同条例

依据《条例（驳回）法（1989 年）》，规定即条例。

36　协　商

（1）在发布规定之前，部长必须与可能受本法第 31 条第（2）款第（b）项和第（3）款规定的条款和条件所影响的出版者或出版者代表进行协商。

（2）在《国家图书馆法（1965 年）》还未被本法废止而仍可适用时，对于其第 30A 条涉及的图书，上述第（1）款不予适用。

37　文献复本

除规定中有其他明确规定，依据本法第 31 条第（1）款所公告的规定而缴送至国家图书馆馆长的公共文献复本必须：

（a）与原文献相同；并且

---

❶ 第 34 条第（2）款：于 2011 年 2 月 1 日由《新西兰国家图书馆法修正案（2010 年）》（2010 年第 132 号）第 13 条修正。

（b）与已在新西兰出版的该文献的最优质的文献复本的（出版）水平相当。

38 规定的豁免

（1）通过公报进行公告，规定可以授权部长免除一种或一类公共文献根据规定所设立的准则的义务。

（2）在下列情形下，部长可以通过公报公告，免除一种或一类公共文献履行规定的义务：

（a）规定中已授权部长可以行使豁免的；并且

（b）已向部长作出书面豁免申请；并且

（c）部长确定（被豁免的公共文献）与规定中设立的豁免标准一致，并且在某种情况下适于授权豁免。

（3）在部长认为适合的条款和条件下，可以授权豁免。

（4）豁免在公告中所规定的日期、条款和条件下方能生效。

39 遵守规定的义务

（1）适用规定的出版必须遵守规定。

（2）出版者必须遵守依本法第 31 条第（3）款所公布的规定，允许国家图书馆馆长制作符合规定的相关文献的复本。

（3）如果印刷本公共文献上没有出现出版者的名字且文献的印刷者居住于新西兰境内或者其主要营业地位于新西兰境内：

（a）印刷者负有与出版者同样遵守规定的义务；并且

（b）如果印刷者遵守相关规定，则印刷者有权从出版者处收回其履行义务的成本。

40 犯法与处罚

出版者或印刷者，无正当理由而违反本法第 39 条之规定的，依简易程序定罪，可处以 5000 新西兰元以下的罚款。

41 保留条款

（1）虽然有本法第 46 条第（1）款之规定，但是当图书出版日期（具体规定见《国家图书馆法（1965 年）》第 30A 条）早于本法生效的日期时，则仍适用《国家图书馆法（1965 年）》第 30A 条之规定。

（2）无论《国家图书馆法（1965 年）》第 30A 条所指的 30 日的期限在本法生效时、之前或之后届满，本条第（1）款仍适用于该图书。

42 过渡性条款

虽然有本法第 46 条第（1）款之规定，但《国家图书馆法（1965 年）》

第30A条仍适用于与图书有关的事项，如果——

（a）该书出版日期［具体规定见《国家图书馆法（1965年）》第30A条］在本法生效时或之后；并且

（b）尚未存在对相关图书的有效规定。

43　国家图书馆馆长未受限制的其他职权与权利

本章并不限制国家图书馆馆长于公共文献方面除本章规定外享有的其他职权或权利。

第五章　国家图书馆理事会的解散及杂项规定

国家图书馆理事会的解散

44　理事会的解散

（1）依《国家图书馆法（1965年）》第8条设立的名为国家图书馆理事会的机构（该条中被称为理事会）予以解散。

（2）本法生效后，除本条第（3）款规定的以外，理事会的所有财产（包括权利资格和权利）以及债务均归属于王室所有（通过国家图书馆代理）。

（3）如果——

（a）理事会被委任为遗嘱或信托执行者或信托人（无论在理事会解散之前还是之后），除遗嘱或信托证书有其他明确规定外，在理事会解散时及以后，国家图书馆馆长（代表王室）代替理事会作为遗嘱或信托的执行者或信托人；并且

（b）理事会为遗嘱或信托（无论在理事会解散之前还是之后）受益人，除遗嘱或信托证书有其他明确规定外，在理事会解散时及以后，王室（通过国家图书馆）代替理事会成为遗嘱或信托的受益人。

（4）国家图书馆馆长在本法生效之后必须就上一年末至向部长递交报告这期间内的理事会运作情况向部长递交报告。

（5）依据《公共财政法（1989年）》第44A条之规定，部长必须将上述第（4）款所提及的报告复本呈送至下议院。

条　例

45　实施条例

总督可以通过枢密院令就本法所规范之事项、执行本法或使本法充分发挥

效力所必要之事项制定条例。

废止、撤销及修改

46 废止与撤销

（1）《国家图书馆法》（1965 年第 136 号）予以废止。

（2）《亚历山大·特恩布尔图书馆条例（1966 年）》予以撤销。

47 后续的相关修改

附件 2 所列的法案以该附件所示的方式予以修改。

附件 1 亚历山大·霍斯伯勒·特恩布尔遗嘱第二个附录之规定

我将把图书馆所藏之全部遗赠给国王陛下，包括本人的印刷版书籍、宣传册、雕刻、挂图、手稿、草稿、地图、照片、计划书以及图片以便在惠灵顿建立参考图书馆，供那些对该图书馆馆藏所特有的主题感兴趣的公众和学生使用和参考。我希望（但不加以委托）——

（a）该图书馆的馆藏不应被允许出借，因为我希望由遗嘱中所述收藏所组成的图书馆馆藏应当作为常驻于惠灵顿的新西兰国家收藏馆的核心被整体保存。

（b）重复的文献复本以及有 2 册以上的文献复本不能用于出售、交换或赠与。

（c）使用（文献）的条件由新西兰政府即时审慎制定，并且可参考大英博物暨图书馆、悉尼米切尔图书馆目前或即时的有效规则。

附件 2 已修订的法律

第一章 相应修正案

《著作权法》（1994 年第 143 号法律）

该法已含修正部分。

《电影、录像和出版物分级法》（1993 年第 94 号法律）

该法已含修正部分。

《地方政府（成员利益）法》（1968 年第 147 号法律）

该法已含修正部分。

《公共审计法》（2001 年第 10 号法律）

该法已含修正部分。

《公共机构合同法》（1959 年第 98 号法律）

该法已含修正部分。

《公共财政法》（1989 年第 44 号法律）

该法已含修正部分。

《政府组织法》（1988 年第 20 号法律）

该法已含修正部分。

第二章　相关修改

《政府信息法》（1982 年第 156 号法律）

该法已含修正部分。

新西兰国家图书馆法修正案（2010 年）

（公共法案：2010 年第 132 号，通过日期：2010 年 12 月 20 日）

1　名　称

本法为《新西兰国家图书馆法修正案（2010 年）》。

2　生　效

本法于 2011 年 2 月 1 日生效。

国家图书馆职员及相关事项的移交

17　国家图书馆职员移交

（1）《政府组织法（1988 年）》第 30E 条、第 30F 条以及第 30G 条，适用于在本法生效前的所有国家图书馆的员工。

（2）依本法第（1）款之规定，《政府组织法（1988 年）》第 30E 条、第 30F 条以及第 30G 条仍可继续适用，其效力与通过枢密院令或者依据《政府组织法》第 30C 条宣布适用的效力相同。

国家图书馆关于缴送图书、期刊的通知*

依据《新西兰国家图书馆法（2003年）》第31条规定，负责新西兰国家图书馆的部长作出如下通知。

通　知

1　通知名称

本通知名为《国家图书馆关于缴送图书、期刊的通知（2004年）》。

2　生效日期

本通知于2004年7月1日生效。

3　解　释

除非本通知文意另有所指——

法案是指《新西兰国家图书馆法（2003年）》。

图书是指如下公共文献——

（a）由印刷纸张或其他材质组成；

（b）包括——

（i）书的每一部分或分册，所有宣传手册、凸版印刷品、唱片、地图、计划、图纸或者单行本图表；

（ii）所有再版或多次再版的图书，而不是所有方面（包括出版者名称但不包括出版日期）与已呈缴至国家图书馆馆长的样本相同的版本。

（c）但不包括——

（i）一个空白表格或标签；

（ii）内部资料，例如培训手册、教学或课堂笔记以及会议纪要；

（iii）非印刷版；

（iv）新闻稿；

（v）商业广告。

期刊是指如下公共文献——

---

* 霍迎，译；卢海燕，校。

（a）报纸、评论、杂志、商业或专业刊物以及其他连续分期形式的出版物；还包括

（b）所有再版或多次再版的期刊。

出版，涉及图书或期刊，即指通过向公众发行书籍或期刊使其可以公开获取；或者是指应公众要求而制作图书或期刊的复本——

（a）无论公众成员获取图书或期刊是否有限制条件（如支付费用、服务费或订购费）；

（b）不论印刷或制作复本的手段是什么，例如——

（i）包括复印手法例如凸版印刷、平版印刷、摄影、丝网印刷、静电印刷，或者其他方式的过程；但

（ii）不包括打字。

4　本通知的适用

本通知适用于：

（a）本通知生效后首次出版的每一种类图书以及每一种期刊的每一期；

（b）上述图书及期刊的出版者。

5　缴送图书样本的规定

图书的出版者，必须于该书首次出版后的20个工作日内按下列要求无偿向国家图书馆馆长呈缴复本：

（a）单册价格超过1000新西兰元的图书，缴送1册；或者

（b）其他情形：

（i）印数在100册以上的图书，缴送2册；

（ii）印数在100册以下，缴送1册。

6　缴送期刊样本的规定

期刊的出版者，必须于期刊的每一期首次出版后的20个工作日内按下列要求无偿向国家图书馆馆长呈缴复本：

（a）年度订购费用超过3000新西兰元的期刊，缴送1册；

（b）其他情形：

（i）每期印数在100册以上的期刊，缴送2册；或者

（ii）每期印数在100册以下，缴送1册。

7　适用本规定的情形

（1）如一种图书，出版既有精装本又有平装本，且两种版本的其他方面相同，则依据第5条，只需将精装本缴送至国家图书馆馆长。

（2）如一种图书或一期期刊，用1种以上语言出版，则依据本通知第5条

或第6条，各种语言版本均需缴送至国家图书馆馆长。

（3）每期期刊的缴送数量即应依据第6条的规定，向国家图书馆馆长缴送。

8　依据本通知缴送样本

出版者必须无偿向国家图书馆馆长缴送本通知第5条所规定的图书或第6条所规定的期刊新西兰国家图书馆法定呈缴办公室，惠灵顿，邮箱12340。

本通知2004年5月18日于惠灵顿签署。

马里安·霍布斯

主管国家图书馆的部长

国家图书馆关于缴送电子文献的通知*

依据《新西兰国家图书馆法（2003年）》第31条规定，负责新西兰国家图书馆的部长作出如下通知。

通　知

1　通知名称

本通知名为《国家图书馆关于缴送电子文献的通知（2006年）》。

2　生　效

本通知经公报通告之日起3个月后生效。

3　解　释

除非本通知文意另有所指——

法案是指《新西兰国家图书馆法（2003年）》。

离线文献是指非互联网上的电子文献，包括以下列方式存储或使用的电子文献：

（a）磁性载体，如软盘、硬盘、录音带或者录像带；

---

* 霍迎，译；卢海燕，校。

（b）光学载体；

（c）电子存储设备，如通用串行总线设备（USB）或者存储卡。

光学载体包括——

（a）激光唱片（CD）以及 CD 的变体；

（b）激光数字视盘（DVD）以及 DVD 的变体。

出版是指——

（a）就脱机文献而言，指通过发行公共文献复本使其可以公开获取，或者是指应公众成员要求而制作公共文献的复本，无论公众成员获取文献是否有限制条件，如支付费用或者服务费；

（b）就网络文献而言，使其可以由互联网公开获取，无论获取文献是否有限制条件。

4 本通知的适用

本通知适用于该通知生效时及生效后存在的所有类型的电子文献以及上述电子文献的出版者。

5 缴送离线文献样本的规定

脱机文献的所有出版者，必须于该文献首次出版后的 20 个工作日内，按下列要求无偿向国家图书馆馆长呈缴 1 册或 1 册以上的样本：

（a）承载文献的媒介或设备，缴送 2 套；

（b）承载文献的媒介或设备，缴送 1 套，如果——

（i）该文献为单册，其价格超过 1000 新西兰元；或者

（ii）该文献的年度订购费超过 3000 新西兰元。

6 适用本要求的情形

如一份脱机文献以 1 种以上语言出版，依据本通知第 5 条，各种语言版本均需缴送至国家图书馆馆长。

7 样本呈缴

出版者必须无偿向国家图书馆馆长缴送本通知第 5 条所规定的文献样本。新西兰国家图书馆法定呈缴办公室，惠灵顿，邮箱 12340。

8 复制网络文献的授权

国家图书馆馆长被赋予复制任意网络文献的权利。

9 豁免（条款）

（1）通过公报通告，部长可以免除某一电子文献或每一类电子文献遵守本通知规定的义务。

（2）至少满足下列一个条件，才能予以豁免：

（a）该文献作为处理政府事务的信息来源由政府代理人创作；

（b）该文献被寄存于用于长期保存且供使用公共文献或某类公共文献的档案馆。

本通知2006年5月2日于惠灵顿签署。

朱迪斯·蒂萨德

主管国家图书馆的部长

坎特伯雷公共图书馆法*

（地方立法：1948年第9号，批准日期：1948年9月30日）

本法旨在规定坎特伯雷公共图书馆从坎特伯雷大学转至基督城市政府管理这一事项。

序　言

鉴于坎特伯雷公共图书馆由坎特伯雷大学管理，其财产归属该校。考虑到图书馆的发展将需要大量经费的投入，坎特伯雷大学委员会与基督城市委员会达成一致意见，将图书馆作为一个整体交由基督城市管理。

由新西兰议会全体代表会议颁布及授权，内容如下。

1　简　称

（1）本法可引称为《坎特伯雷公共图书馆法（1948年）》。

（2）本法于1948年10月1日起生效。

2　图书馆用地的归属

（1）1948年10月1日起，位于基督城市405和406街区且记载于坎特伯雷登记簿第364卷第261页产权证书所述的全部土地，即撤销坎特伯雷大学所属的两路德及其周边的所有土地（所有权），此后，上述土地归基督城政府所有。

（2）坎特伯雷地区土地登记处登记人员被授权将如上事项写进登记簿或者作出所有有效地执行本条规定所必需的行为，并将上述土地所有权转移至市

* 霍迎，译；卢海燕，校。

长、市议员以及基督城市民名下。

3 其他财产移交

依据本法，坎特伯雷大学1948年9月30日账目中所列的坎特伯雷公共图书馆资产表上其他资产，须于1948年10月1日划归基督城。

4 （旧法中）关于图书馆的信托与目的

上述第2条与第3条所述的所有土地以及其他财产，应当符合《坎特伯雷博物馆与图书馆令（1870年）》以及1873年12月15日签署的协议中涉及图书馆的特定目的，以信托形式由基督城市政府所有，其中上述图书馆的用地及现存资产由基督城图书馆学会理事会交由坎特伯雷负责人管理，并应符合上述资产相应的特别信托（要求）。

5 债务转移

（1）依据本法，坎特伯雷大学涉及公共图书馆的所有义务、协定及法律责任将归基督城市：本法中的条款不能被解释为对债权人的权利以任何一种方式产生影响。

（2）基督城市政府对公共图书馆所有资产负债，给予坎特伯雷大学赔偿。

6 依法向城市委员会移交职能、职权及权力

本法生效之前归属坎特伯雷大学或者相关坎特伯雷大学公共图书馆的、由坎特伯雷大学委员会行使的所有职能、职权及权力，依据本法应归属基督城市政府或者由基督城委员会正当行使。

7 坎特伯雷大学委员会的资金投入

坎特伯雷大学委员会每年应向基督城委员会支付其源于博物馆、图书馆以及技术科学基金会1/5的净收入，以保证图书馆的发展。

8 甘麦克基金付款

根据斯普林斯顿的一位农民詹姆斯·甘麦克的遗嘱，现任受托管理人应将旨在资助公共图书馆阅览部门的款项支付给基督城委员会。如本法案未通过，亦应遵守捐赠宗旨将所有款项支付坎特伯雷大学，基督城委员会财务主管部门应将所收款项俱全交予受托管理人。

版权法（节译）*

第三章 对版权作品的合理使用

图书馆与档案馆

50 解释

（1）除非第51条至第56C条上下文文意另有所指——

档案——

（a）即指——

（i）新西兰档案馆；或者

（ii）国家图书馆；或者

（iii）由新西兰广播电台持有的音频档案；或者

（iv）由新西兰电视台持有的影片档案；或者

（v）由新西兰电影资料馆持有的影片资料；或者

（vi）由某一机构——无论该机构是法人或者非法人——非基于营利的目的保管或维护的任何具有历史意义或者公共利益文献资料［义同《政府信息法（1982年）》第2条的“文献资料”］；

（b）包括《公共档案法（2005年）》第4条所指经批准保存的公共档案［义同《公共档案法（2005年）》第4条“公共档案”］。

法定图书馆，即指——

（a）国家图书馆；或

（b）国会图书馆；或

（c）依据《律师与产权交易从业人法（2006年）》第375条第1款规定设立并管理的法律图书馆，或者由新西兰法律学会建立并管理的法律图书馆。

（d）由教育机构、政府部门或者地方政府管理的图书馆；

（e）由依本法而制定的法规所指定的其他非营利性类型的图书馆。

---

* 霍迎，译；卢海燕，校。

（2）本法第 51 条至第 56C 条中述及的某一法定图书馆馆员和档案馆馆员，均被视为代表图书馆馆员和档案馆馆员行为的人。

51　图书馆员对已出版作品的部分复制

（1）在不侵犯文学、戏剧、音乐、艺术作品或者已出版作品版式设计的情况下，如符合本条第（2）款条件，法定图书馆馆员可为任何人提供合理比例的任一已出版（不包括发表在期刊上的文章）文字作品、戏剧作品或者音乐作品的复制品，包括在合理比例部分中的任一艺术作品。

（2）本条第（1）款所述条件是指——

（a）对同一份作品，每次只能向某人/读者提供一份复制品；并且

（b）需要复制品的人应当为复制品支付费用，该费用不得超过制作复制品的总费用以及对图书馆总体费用的合理承担之和。

（3）依据本条获取或以其他方式取得复制品的人只能出于研究或个人学习目的而使用复制品。

（4）计算机程序类的文字作品不适用本条。

（5）本条所指复制包括数字化复制，本法第 56B 条同样适用。

52　图书馆员对期刊中文章的复制

（1）如符合本条第（2）款的条件，法定图书馆馆员可以向任何人提供下列资料的复制品——

（a）期刊中某一文章包含的文字、戏剧或者音乐作品，以及包含其中的任何艺术作品；或者

（b）在不侵犯文学、戏剧、音乐、艺术作品或者已出版作品版式设计的情况下，已出版期刊中的某一篇文章。

（2）本条第（1）款所述条件是指——

（a）对同一篇文章，每次只能向某人/读者提供一份复制品；并且

（b）每次只能向某人/读者提供一种期刊的同一期中的一篇文章的复制品，同一主题的多篇文章除外；并且

（c）需要复制品的人应当为复制品支付费用，该费用不得超过制作复制品的总成本以及对图书馆总体费用的合理承担之和。

（3）依据本条获取或以其他方式取得复制品的人只能出于研究或个人学习目的而使用复制品。

（4）本条所指复制包括数字化复制，本法第 56B 条同样适用。

53　图书馆员为非本馆用户/读者进行的复制

（1）如符合本条第（2）款条件，法定图书馆馆员可以向其他法定图书馆

提供已出版作品的复制品——

（a）依据本款第（b）项，合理比例的任一文字作品、戏剧作品或者音乐作品的复制品（包括在此合理比例部分中的任一艺术作品）；

（b）期刊中某一文章的相关文字、戏剧或者音乐作品——

（i）整篇文章或者文章中的任一艺术作品；并且

（ii）已复印一篇文章，则同一期期刊中涉及同一主题的其他文章的全文或者文章中的任一艺术作品——

在不侵犯文学、戏剧、音乐、艺术作品或者已出版作品版式设计的情况下。

（2）本条第（1）款所述条件，即某人已向图书馆提出申请，出于研究或个人学习目的而要求获取复制品。

（3）依据本条获取或以其他方式取得复制品的人只能出于研究或个人学习目的而使用复制品。

（4）计算机程序类的文字作品不适用本条。

（5）本条所指复制包括数字化复制，本法第56C条同样适用。

54　图书馆馆员为其他图书馆收藏而进行的复制

（1）如符合本条第（2）款条件，法定图书馆馆员可以（向其他法定图书馆）提供文学、戏剧、音乐作品或者图书中任何艺术作品的复制品，该复制品：

（a）复制于某一已出版图书；并且

（b）向其他法定图书馆提供——

在不侵犯文学、戏剧、音乐、艺术作品或者已出版作品版式设计的情况下。

（2）本条第（1）款所述条件是指需要提供复制品的法定图书馆馆员：

（a）连续6个月不能以正常的市场价格购买该作品；并且

（b）制作并保留足以辨别该复制作品的记录；并且

（c）在正常办公时间，允许版权人查阅上述记录；并且

（d）依据版权人要求，向其支付复制该作品的合理报酬。

（3）上述第2款第（d）项中，术语合理报酬是指经图书馆员与版权人协商一致的数额或者没有协议的情况下，依据本法第168条，由法庭裁定的数额。

（4）计算机程序类的文字作品不适用本条。

（5）本条所指复制包括数字化复制，本法第56C条同样适用。

55　图书馆员或档案馆员为替换（馆藏）而进行的复制

（1）法定图书馆馆员或档案馆馆员出于下列目的，可以对其馆藏的任何

藏品进行复制（不包括数字化复制）：

（a）保存或者替换上述藏品而将复制品收藏于图书馆或档案馆；或者

（b）替换其他法定图书馆或档案馆已丢失、毁坏或损坏的藏品；在不侵犯藏品（含藏品中作品）版权的情况下。

（2）本条第（1）款规定只适用于，为达上款所述目的而购买有关馆藏复本并非切实合理可行的情况。

（3）在不侵犯藏品含藏品中作品版权的前提下，法定图书馆馆员或档案馆馆员在下列情况下可以数字化其馆藏的任何藏品（原件）：

（a）藏品原件有丢失、损坏或者毁坏的风险；并且

（b）数字化制品替换原件；并且

（c）数字化制品替换原件后，除非基于研究目的或者有益于使用原件，原件将不对公众开放；并且

（d）购买原件复本并非切实合理可行的。

（4）在不侵犯藏品含藏品中作品版权的前提下，法定图书馆馆员或档案馆馆员在下列情况下可以数字化其馆藏的任何藏品（原件）——

（a）数字化制品用以替换其他法定图书馆或档案馆已丢失、损坏或者毁坏的藏品；并且

（b）购买原件复本并非切实合理可行的。

56　图书馆馆员或档案馆馆员对某些未出版作品的复制

（1）在不侵犯作品版权的情况下，如符合本条第3款条件，法定图书馆馆员或档案馆馆员可以向任何人提供其馆藏中某一种未出版作品的复制品。

（2）当图书馆馆员或档案馆馆员制作复制品时知道或者应当知道版权所有人已禁止他人复制其作品时，本条不予适用。

（3）本条第（1）款所述条件是指：

（a）对同一份作品，每次只能向某人/读者提供一份复制品；并且

（b）需要复制品的人应当为复制品支付费用，该费用不得超过制作复制品的总费用以及对图书馆总体费用的合理承担之和。

（4）依据本条获取或以其他方式取得复制品的人只能出于研究或个人学习目的而使用复制品。

（5）由新西兰广播电台持有的音频档案、由新西兰电视台持有的影片档案、由新西兰电影资料馆持有的影片资料，本条不予适用。

（6）本条所指复制包括数字换复制，本法第56B条同样适用。

56A　图书馆或档案馆可向认证用户提供数字化复制品

（1）如满足下列条件，法定图书馆馆员或档案馆馆员向认证用户提供作

品的数字化复制品不视为侵犯作品的版权：

（a）图书馆员或档案馆员已合法获取数字化版本；并且

（b）图书馆员或档案馆员确保以书面方式告知每一位用户本法对复制和传播的限定，包括根据本法用户只能复制或传播作品的数字版本的有关规定；并且

（c）不得更改或修改向用户提供的数字化复制品；并且

（d）任何一次使用数字化作品的用户数量不多于作品的数字化版本的总数：

（i）图书馆或档案馆已购买的数量；或者

（ii）授权许可的数量。

（2）本条第（1）款中，认证用户是指某人——

（a）依法有权享用图书馆或档案馆的服务；并且

（b）只有在通过认证程序以确定该人有权使用数字化复制品的情况下才能够使用数字化复制品。

56B 依据第 51 条、第 52 条或第 56 条图书馆馆员或档案馆馆员提供数字化形式的作品复制的附件条件

除非符合下列条件，法定图书馆馆员或档案馆馆员禁止以数字化形式向某人（A）提供第 51 条、第 52 条或第 56 条所指作品的复制品：

（a）图书馆馆员或档案馆馆员向 A 提供复制品时，必须向其出示阐述使用复制品条件的书面通知；并且

（b）图书馆馆员或档案馆馆员必须尽快合理可行地销毁提供给 A 的复制品制作程序中任何多余的复制品。

56C 依据第 53 条、第 54 条进行数字化复制的附加条件

除非图书馆馆员尽快合理可行地销毁提供给其他法定图书馆的复制品制作过程中任何多余的复制品，不得以数字化方式向其他法定图书馆提供第 53 条或第 54 条所指作品的复制品。

57 播放录音或者放映影片

（1）如符合本条第（3）款所列条件，在不侵犯音频作品或者音频作品中包含的任何作品版权的情况下，由新西兰广播电台持有并收藏于档案馆的音频资料，可以向公众播放。

（2）如符合本条第（3）款所列条件，在不侵犯影片作品或者与影片作品有关的音频作品或者影片作品、音频作品中包含的任何作品版权的情况下，由新西兰电视台持有并收藏于档案馆的影片资料，或者由新西兰电影资料馆持有

并收藏于档案馆的影片资料，可以向公众放映或播放与影片作品有关的音频作品。

（3）本条第（1）款和第（2）款所述条件是指，任何人需要支付费用——

（a）本条收听第（1）款所指的任何音频作品；或者

（b）本条收看第（2）款所指的任何影片作品，或者收听与影片作品有关的音频作品——

该费用不得超过维护收藏音频作品或影片作品的档案馆运行的合理承担数额。

（4）如档案馆在法定许可的范围内向符合本条规定的（听众）播放音频作品、放映影片作品以及播放与影片作品有关的音频作品，或者档案馆知道上述事实，本条不予适用。

57A　向公众开放档案馆藏品

（1）依据《新西兰电视台法（2003年）》第29C条规定，传播档案作品（的行为）不侵犯（假使有）本法规定档案作品的版权。

（2）本法中所称档案作品，与《新西兰电视台法（2003年）》第29C条的含义相同。

公共管理

58　国会图书馆为国会议员进行的复制

（1）如符合本条第（3）款之规定，在不侵犯文学、戏剧、音乐、艺术作品或者已出版作品版式设计的情况下，国会图书馆馆员可向任意国会议员提供文字作品或者戏剧作品的复制品，以及上述作品中包含的任一艺术作品。

（2）如符合本条第（3）款之条件，在不侵犯传播作品或者传播作品中任何其他作品版权的情况下，国会图书馆馆员可向任意国会议员提供传播作品的录音制品或者传播作品录音制品的翻录品。

（3）本条第（1）款、第（2）款所述规定是指——

（a）依据具体情况，对同一份作品，每次只能向某位议员提供一份录音作品或者翻录品；并且

（b）某位国会议员在履行其职责的过程中需要录音作品或者翻录品的复制品。

新西兰作者公共借阅权法*

（公共法案：2008 年第 104 号，批准日期：2008 年 9 月 29 日）

新西兰议会颁布如下：

1 名 称

本法名为《新西兰作者公共借阅权法（2008 年）》。

2 生 效

本法于 2009 年 1 月 1 日起生效。

第一章 一般规定

3 目 的

本法旨在——

建立新西兰作者公共借阅权方案；并且

废除新西兰作者基金会的相关规定。

4 释 义

除非本法上下文文意另有所指：

咨询小组是指依据本法第 17 条设立的咨询小组。

作者（的含义）由本法第 5 条界定。

图书（的含义）由本法第 6 条界定。

行政长官是指执行本法的国家部委的行政长官。

部长是指对执行本法负有责任的内阁成员——

（a）依据任命授权；或者

（b）总理授权。

新西兰作者（的含义）由本法第 7 条界定。

新西兰图书馆（的含义）由本法第 8 条界定。

备案是指依据本法第 13 条第（1）款的备案。

条例是指本法的实施条例。

---

* 霍迎，唐婷婷，译；卢海燕，校。

方案是指依据本法建立的新西兰作者公共借阅权方案。

5 作者的含义

（1）作者是指——

（a）满足本条第（2）款；并且

（b）满足对他或她适用的本条第（3）款至第（5）款中的任意规定；并且

（c）未被本条第（6）款至第（8）款中的任意规定所排除；并且

（d）如有任何相关规则，满足该规则所补充的对他/她适用的条件。

（2）作者是指一个自然人。

（3）如一部图书的知识内容仅以文字形式表达，作者是指创作该文字的人。

（4）如一部图书的知识内容仅以插图形式表达，作者是指创作该插图的人。

（5）如一部图书的知识内容以文字和插图的形式表达，作者是指创作该文字和绘画的人。

（6）作者不包括依据劳务合同撰写或图解一部图书，并以此作为他/她履职组成内容的人。

（7）作者不包括因撰写或图解一部图书而收取酬金作为报酬的人。

（8）作者不包括向第三方支付费用以出版其图书的人。

6 图书的含义

（1）图书系指——

（a）列于新西兰国家图书馆全国书目数据库中；并且

（b）未被本条第（2）款至第（5）款中的任意条款所排除；并且

（c）如有任何相关规则，满足该规则所补充的对该定义适用的条件。

（2）图书不包括连续出版物。

（3）图书不包括用于学校使用的教科书。

（4）书籍不包括图表、地图、计划或者表格。

（5）图书不包括活页乐谱。

7 新西兰作者的含义

新西兰作者是指——

（a）依据《所得税法（2007 年）》第 YD 1 条所规定的新西兰居民；

（b）如有任何相关规则，满足该规则所补充的对他/她适用的条件。

8 新西兰图书馆的含义

新西兰图书馆是指新西兰境内的图书馆——

（a）其图书能够于新西兰境内使用；并且

（b）如有任何相关规则，满足该规则所补充的对该定义适用的条件。

9　对官方的适用

本法对官方具约束力。

第二章　新西兰作者公共借阅权方案

10　方案的建立

本法建立新西兰作者公共借阅权方案。

11　方案的目的

本方案旨在保障向新西兰作者支付费用以褒奖其将著作提供给新西兰图书馆使用。

12　费用支付

（1）依据条例，行政长官必须按照方案向新西兰作者支付年度费用。

（2）如果新西兰作者在他/她的姓名记录于本年度备案册内后死亡，行政长官必须向该作者授权管理其财产的人支付年度费用。

13　注册目的

（1）依据条例，行政长官必须实行注册管理方案。

（2）按照方案、依据条例有资格获得付酬的人，以及按照方案意愿获得付酬的人，其姓名需依据条例年度注册。

14　条例可予解决的事项

（1）条例可予解决的事项如本条所述。

（2）对本法第 5 条至第 8 条中的“作者”“图书”“新西兰作者”以及“新西兰图书馆”的界定，条例可以增加条件。

（3）条例可以具体指明图书和新西兰作者的适格标准以授权作者依据方案获得付酬。

（4）条例可以具体指明新西兰图书馆的类型，在这些图书馆中，作者的图书必需提供使用以便作者依据方案获得付酬。

（5）条例可以具体指明调查或抽查新西兰图书馆怎样使用新西兰作者图书的情况。

（6）条例可以规定按照方案支付费用的计算方法。

（7）条例可以对登记注册提出要求。

（8）条例可以具体指明某人可以将其（他/她的）姓名记录于备案册以及

记录于备案册的方法。

（9）在方案执行过程中，条例可以明确某人质疑对其产生影响的某一决定所必须遵守的程序。

（10）条例可以就本法涉及的、执行本法所必需的或者使其生效所需的其他事项指定条款。

15　条例提案的协商

（1）行政长官必须就制定条例的提案向咨询小组协商。

（2）行政长官必须——

（a）将提案通知咨询小组；并且

（b）给予咨询小组提出意见的机会，并且

（c）考虑该意见。

（3）行政长官必须将协商的结果告知部长。

（4）部长必须——

（a）相信行政长官已按照上述第（2）款的要求进行协商；并且

（b）考虑协商的结果；并且

（c）决定是否就制定条例向新西兰总督提供建议。

16　条例制定权

（1）总督可以依据议会令就本法第 14 条所述的一个或多个事项制定条例。

（2）总督可以仅仅依据部长的建议制定条例。

咨询小组

17　咨询小组的建立

（1）行政长官必须为该方案任命一个咨询小组。

（2）咨询小组是《公费及差旅津贴法（1951 年）》所称的法定委员会。

（3）依据《公费及差旅津贴法（1951 年）》，除公共拨款外，可向咨询小组成员支付劳务费、薪金、津贴以及差旅津贴、差旅费以作为酬劳。该法的规定应予适用。

18　咨询小组成员资格

（1）咨询小组成员资格——

（a）必须是具有相应经验、学识和技能，且符合行政长官意愿的人，并且

（b）必须包括——

（i）至少 1 名作者组织的代表；

（ii）至少 1 名图书馆界代表；

（iii）1 名或者 1 名以上政府相关部门代表，并且

（c）可以包括符合第（a）项的其他人员。

（2）下述规定适用于咨询小组成员的任期：

（a）行政长官必须确定每一名成员的任职期限；

（b）每一任职期限不得少于 5 年；并且

（c）每一任职期限可以连任。

（3）咨询小组的成员将被终止成员资格，如其——

（a）死亡；或者

（b）向行政长官以书面或电子形式告知其辞去成员资格；

（c）依据《破产法（2006 年）》裁定为破产。

（d）成为《心理健康法（强制评估与治疗）（1992 年）》第 2 条（1）所规定的特定患者；

（e）成为《保障个人及财产权利法（1988 年）》的对象；

（f）被判定有罪处 2 年以及 2 年以上监禁的人。

（4）行政长官可以任命新成员替代被终止资格的成员。

（5）行政长官在委派咨询小组成员前必须与部长协商。

19　咨询小组职能

（1）咨询小组职能如下：

（a）依据第 15 条，向行政长官就制定条例的提案提供意见；并且

（b）在本法第 20 条所称的会议上，向行政长官就影响本方案的政策及行政事项提供意见。

（2）除上述第（1）款所规定的重大事项外，行政长官可以通过书面或电子形式随时向咨询小组征求意见。

20　咨询小组会议

行政长官每 3 年必须至少召集一次咨询小组会议。

21　新西兰作者基金会

当本法生效——

（a）《新西兰艺术委员会法（1994 年）》第 31 条予以废止。

（b）依据《新西兰艺术委员会法（1994 年）》第 31 条设立的新西兰作者基金会予以解散。

（c）新西兰作者基金会的资产与负债成为本方案的资产与负债。

新西兰作者公共借阅权实施条例*

阿南德·萨蒂亚南德，新西兰总督

议会令

2008 年 11 月 4 日于惠灵顿

呈请：

尊敬的总督大人

依据《新西兰作者公共借阅权法（2008 年）》第 16 条之规定，总督采纳行政会议的意见并经其同意，特制定如下实施条例。

实施条例

1 名 称

本条例名为《新西兰作者公共借阅权实施条例（2008 年）》。

2 生 效

（1）本条例自 2009 年 1 月 1 日起生效。

（2）行政长官必须于 2009 年进行行政长官的首次更新调查。

（3）行政长官必须于 2009 年进行行政长官的首次每三年一次的调查。

3 解 释

本条例中，除非条文文意另有所指，否则——

法是指《新西兰作者公共借阅权法（2008 年）》。

政府统计署长是指《统计法（1975 年）》所规定的定义。

插图包括照片。

国家图书馆是指《新西兰国家图书馆法（2003 年）》所规定的定义。

重新计算是指依据本条例第 12 条第（1）款要求所做的重新计算。

每三年一次的调查是指本条例第 9 条第（1）款所述之调查。

更新调查是指本条例第 9 条第（2）款至第（4）款所述之调查。

* 霍迎，唐婷婷，译；卢海燕，校。

4 图书的含义

（1）依据本条例第6条第（1）款第（c）项规定，出版物必须满足本条例所规定的适用条件。

（2）专供儿童使用的图书必须——

（a）至少包含24页的文字与插图；或者

（b）至少包含48页的文字。

（3）全部由文字组成的非剧本或诗歌的图书，必须包含至少48页的文字。

（4）全部由文字组成的戏剧或诗歌图书，必须包含至少24页的戏剧或诗歌，或两者兼有。

（5）全部由插图组成的图书，必须包含至少96页的插图。

（6）由文字和插图共同组成的图书必须包含至少48页的文字和插图。

（7）年卷图书必须符合本条第（2）款至第（6）款中任意一款的规定。

（8）译著必须符合本条第（2）款至第（6）款中任意一款的规定。

5 新西兰图书馆的含义

依《新西兰作者公共借阅权法（2008年）》第8条第（b）项之规定，本法所称图书馆排除了——

（a）学校图书馆；或者

（b）《公共部门法（1988年）》附件1中所列政府部门中的专业图书馆；

（c）科学或技术机构中的专业图书馆；或者

（d）私人图书馆。

6 方案规定的补偿金

行政长官必须于作者将其姓名记录于备案册的当年结束之前依据方案向有权接受补偿金的作者支付费用。

7 注 册

（1）行政长官可以采用书面或者电子方式管理注册。

（2）行政长官必须提供一份可供提交的书面或电子注册表格。

（3）该注册表要求新西兰作者提供以下部分或全部信息：

（a）作者的姓名；

（b）作者的笔名（如果有的话）；

（c）作者详尽的联系信息；

（d）作者图书的详情；

（e）作者有权获取该图书版税补偿金的声明；

（f）该图书其他作者的姓名；

（g）对于有 2 或 3 名作者的图书，应当依据出版合同分配版税；

（h）依据本方案[1]之规定，作者希望获取其补偿金的方式；

（i）以下任意一条之内容——

（i）作者出版合同的复印件一份；或者

（ii）如果作者完全出于自愿出版该图书，则应当提供声明以证实该作者有从该书销售中获取收益的资格；

（j）执行本方案所必需的其他任何信息或声明；

（k）《宣誓及声明法（1957 年）》所规定的有关于作者在该表格中所提供的其他信息和陈述的声明。

8　图书及新西兰作者的资格标准

（1）在以下情形下，依据本方案的规定，新西兰作者有权获得补偿金：

（a）符合本条第（2）款或者第（3）款的规定；

（b）如果适用，应符合本条第（4）款的规定。

（2）图书的作者必须符合以下标准：

（a）依据本条例第 10 条规定，新西兰图书馆收藏该图书的复本应不少于 50 册；

（b）该图书的作者不得多于 3 名；

（c）该图书必须正式出版；

（d）该图书必须于作者将其姓名进行注册当年的 3 月 31 日之前出版。

（3）作者——

（a）必须有权获得该书之版税补偿金；并且

（b）并未转让版税补偿金。

（4）如果作者的作品刊载于选集中，则该作者——

（a）必须是该选集的编者；并且

（b）除该选集中所刊载的文本外，必须撰写至少 48 页的文字。

9　对新西兰的图书馆进行调查或抽样调查的方式

（1）行政长官必须对国家图书馆和 39 个其他新西兰图书馆进行三年一次的调查，以查明在调查当年已将其姓名进行注册的新西兰作者所著图书在各馆中所收藏的复本册数。

（2）行政长官必须于上述调查的次年对国家图书馆和新西兰的其他 39 个

---

[1] 方案，系指《新西兰作者公共借阅权法（2008 年）》第二章规定的“新西兰作者公共借阅权方案”，以下各条凡涉“方案”均同。

图书馆进行更新调查，以查明——

（a）所收藏的新西兰作者的图书复本册数，并且该作者——

（i）于上述三年一次的调查之时并未将其姓名进行登记；并且

（ii）于更新调查的当年已将其姓名进行登记；并且

（b）在更新调查的该年内，各图书馆所持有的要求进行重新计算的新西兰作者所著图书的复本数量。

（3）行政长官必须于三年一次的调查进行后的第二年对国家图书馆和新西兰的其他 39 个图书馆进行更新调查，以查明——

（a）所持有的新西兰作者所著图书的复本册数，同时该作者——

（i）于上述三年一次的调查进行时并未将其姓名进行登记；并且

（ii）于更新调查的前一年仍未将其姓名进行登记；并且

（iii）于当前更新调查时已将其姓名进行登记；并且

（b）在更新调查的该年内，各图书馆所持有的要求进行重新计算的新西兰作者所著图书的复本数量。

（4）更新调查亦应查明——

（a）于三年一次的调查进行的首年，国家图书馆和新西兰的其他 39 个图书馆所持有的图书复本册数，且——

（i）于三年一次的调查时以及于当前更新调查时该新西兰作者已将其姓名进行登记；并且

（ii）于三年一次的调查过程中未计算在内的图书；并且

（b）于三年一次的调查进行之后的第二年，国家图书馆和新西兰的其他 39 个图书馆所持有的图书复本册数，且——

（i）于三年一次的调查时以及于当前更新调查时该新西兰作者已将其姓名进行登记；并且

（ii）于三年一次的调查过程中未计算的图书；并且

（iii）于前一年的更新调查过程中未计算的图书。

（5）每三年一次的调查结果将用来估算新西兰各图书馆所收藏的由本条第（1）款所规定的每一名新西兰作者所著图书的复本册数。

（6）每一次更新调查的结果都将用来估算新西兰各图书馆所收藏的由本条第（2）款或第（3）款所规定的每一名新西兰作者所著图书的复本册数。

（7）每三年一次的调查结果以及相关的更新调查结果将用于估算本条第（4）款所述的由各新西兰图书馆所收藏的由每一名新西兰作者所著图书的复

本册数。

（8）为进行三年一次的调查以及其后的二次更新调查，进行调查的 39 家新西兰图书馆必须由政府统计署长指定且与进行三次调查的该 39 家图书馆应每次都相同。

（9）为实现本条第（5）款至第（7）款的估算，图书馆的调查必须由政府统计署长进行统计加权。

（10）新西兰作者所著图书进行计算方式应适用如下条款：

（a）如果一种图书因其规模而出版多卷本，则应视为一种图书；

（b）如果一种图书因每一卷包含不同内容而出版一卷以上，其每一卷应视为一种单独的图书；

（c）如果该图书是捐赠给新西兰图书馆的，则只有在接收图书馆的馆长以书面或电子形式向行政长官作出包含以下内容的证明时才予以计算——

（i）该书为图书馆原本会购买的书籍；并且

（ii）该书的捐赠册数即是该图书馆原本会购买的册数。

10　复本数量

已将其姓名进行注册的新西兰作者所著图书的复本数评估应遵循以下规定：

（a）对已纳入三年一次调查统计的书籍，其作者未要求重新统计的，则其数量应当依据本条例第 9 条第（5）款之规定进行评估，直到下一次每三年一次的调查开始或者作者要求重新统计为止；

（b）对已纳入每三年一次的调查统计的图书，其作者已要求重新统计的，则其数量应当依据本条例第 9 条第（6）款之规定进行评估，直到下一次每三年一次的调查开始为止；

（c）对已纳入更新调查统计的图书，其作者未要求重新统计的，则其复本数量应当依据本条例第 9 条第（6）款或第（7）款之规定进行评估，直到下一次每三年一次的调查开始或者作者要求重新统计为止；

（d）对因为作者要求重新计算而纳入更新调查统计的图书，则其复本数量应当依据本条例第 9 条第（6）款或第（7）款进行评估，直到下一次每三年一次的调查开始为止。

11　补偿金的计算方法

（1）年度补偿金应适用以下计算公式：

复本数量 × 图书率

（2）在本条第（1）款所述公式中——

（a）复本数量是指本条例第10条所确定的年内新西兰作者所著图书的复本数量；

（b）图书率是指适用如下公式所确定的年度比率：

可用基金/总复本数

（3）在本条第（2）款第（b）项所述公式中——

（a）可用基金是指依据年度方案规定可以用于向新西兰作者支付补偿金的基金；

（b）总复本数是指有权收取补偿金的新西兰作者所著图书的复本总数，复本总数由以下调查数据结果确定：

（i）三年一次调查的数据；

（ii）三年一次调查的次年，三年一次调查的数据与次年更新调查数据之和；

（iii）在三年一次调查的第二年，三年一次调查的数据与次年更新调查的数据以及第二年更新调查的数据三项之和。

12 异议的解决

（1）新西兰作者认为新西兰图书馆收藏其著作复本的数量已有所增加的，可以在相关的三年一次的调查期间内要求对每本图书的数量进行重新计算。作者要求重新计算的，须与行政长官联系。

（2）新西兰作者认为支付其补偿金存在错误，可以要求对该明显的错误进行调查。作者必须于获得补偿金的次年4月15日前联系行政长官，并陈述其认为存在错误的理由。

（3）新西兰作者认为在该方案实施过程中所作出的对其产生影响的其他裁定存在错误的，可以要求对该裁定进行调查。作者必须于作出决定的次年4月15日前联系行政长官，并陈述其认为存在错误的理由。

（4）作者必须以书面形式或电子形式与行政长官取得联系。

丽贝卡·基特里奇

行政会议文书

新西兰图书馆协会法*

（公共法案：1939 年第 17 号，批准日期：1939 年 9 月 29 日）

1　简　称

本法可被引述为《新西兰图书馆协会法（1939 年）》。

2　新西兰图书馆协会的设立

（1）此前被知悉为新西兰图书馆协会（以下称为“协会”）的社会团体据此被组建名为新西兰图书馆协会（有限公司）的法人团体，永久性赓续且设有团体印章，具有支配不动产与动产以及作出及容许作出其他法人团体可作出及容许作出（某一行为）的能力。

（2）前款所述的社会团体即指，依据 1910 年 2 月 7 日达尼丁市议会决议，由 1910 年 3 月于达尼丁举行的公共图书馆代表会议最初组建的新西兰图书馆协会。

3　协会适用《社团组织法（1908 年）》的若干规定

依据《社团组织法（1908 年）》，如协会被认定为社团组织，该法第 13 条至第 18 条以及第 20 条有关协会的条款应予适用。

4　协会章程的修订

（1）依据《社团组织法（1908 年）》，如果协会被视为社团组织，于本法通过之后，应对协会章程予以修订，以便规范应在章程中应予规定的附加事项。

（2）前款（所涉协会章程修正的部分），不得排除对现存章程的撤销以及对用以取代（现存规定）的新章程的制定。

（3）依据《社团组织法（1908 年）》，如协会被视为社团组织，协会可在其章程中对其能够作出规定的任何事项制定条款。

（4）经协会通过的新章程不得影响协会的法人身份。

5　地方政府可成为协会会员

（1）任何已建立或有权建立公共图书馆的地方政府可以其代表的法人团体的名义，获准成为协会会员。

---

* 霍迎，译；卢海燕，校。

（2）如前款所述，成为协会会员的任何地方政府，可以向协会（包括协会的基金会）捐款、缴纳会费或其他应支付的费用，而非用于图书馆（建设）。

6 法人团体可成为协会会员

无论《社团组织法（1908 年）》规定的有限责任制还是其他责任制形式的任何法人团体，均可获准成为协会会员，除非章程中所定义协会的宗旨超越该法人团体的权限。

7 法人、非法人团体会员权的行使

协会章程可规定作为协会会员的任何法人、非法人团体的会员权，并规定如上权利的行使方式。

8 协会的解散

除非总督批准，协会不得解散。

索引一　国外图书馆法律分类索引

图书馆法

国家图书馆法

公共图书馆法

呈缴法

版权法

公共借阅权法

其他

索引二　国外图书馆法相关法律索引

说明：

1. 本索引系对本书各部法律具体条文中出现的相关法律所进行的索引编制。
2. 重复出现的相关法律仅对首次出现进行列示。

01　韩国

02 日本

03 新加坡

04 印度

05 南非

06 丹麦

10　芬兰

11　挪威

12　瑞典

13　英国

14 加拿大

15　美国

16　澳大利亚

17　新西兰

后　记

《国外图书馆法律选编》（以下简称《选编》）组织翻译工作历时两年半，参加翻译人员21名，所经历的困难与艰辛几近让我们放弃这一具有重要意义的工作。掩卷回顾，从最初动议全书框架设计到译稿杀青交付出版，译者对图书馆立法工作的认识，也经历了由表及里甚至是思想重组的过程。

第一，基于文献史料学的考虑。从2001年4月文化部在天津召开“图书馆法”专家座谈会，启动“图书馆法”制定工作这个时间节点算起，图书馆法制定工作已经走过十余年的历程。这一时期相关图书馆立法研究的学术成果或大量刊发或正式出版，体现出图书馆学界和业界对于关系我国图书馆生存和发展的法律制定工作所给予的高度关注和热盼。这些成果是最终实现图书馆立法目标的重要思想准备基础。但是，纵观十余年学术研究成果，从整体上说，对国外相关图书馆法律的翻译、汇编性成果还不够丰富和系统。既往出版的《图书馆法规文件汇编》（王振鸣编辑，河北大学图书馆学系编印，1985年2月）、《图书馆暨有关书刊管理法规汇览》（郭锡龙主编，中国政法大学出版社，1995年6月）等图书馆法律汇编成果由于成书较早，已不能满足新形势下我国图书馆立法工作需要。因此，翻译、汇编一部图书馆立法工作必欲参考借鉴的国外“素材”，为图书馆立法研究和实践提供史料性支撑，则是《选编》得以诞生出版的最初动因。

第二，对图书馆法律体系的认知。《选编》一书的框架结构以为图书馆立法提供史料支撑为出发点，同时结合我国图书馆立法实际，力求体现出法律体系的完备性和所选国家地域性、代表性的统一。随着翻译工作的进展，特别是在17个国家的93部相关图书馆法律翻译结束之时，展现在我们面前的是一个具有体系化特征的图书馆法律图景。

我们仅以国家图书馆法为例。

《选编》总计选取了韩国、日本、新加坡、印度、南非、德国、俄罗斯、法国、瑞典、英国（含苏格兰）、加拿大、美国、澳大利亚和新西兰14个国家的国家图书馆法进行全文翻译。所译国家图书馆法的共同内容包括国家图书馆的职责定位、人事任免、财政拨款、业务管理以及馆舍建筑等方面，体现的共有特点是保护国家利益、站位国家发展和民族文化传承。但是当我们从立法的角度看上述国家图书馆法的制定，则体现出两个主要的特点：一是“法中立法”，二是“法后有法”。如在美国《国会图书馆法》长达113个条款中，《美国广播电视档案馆法》（§170）、《国会图书馆数字馆藏和教育课程法》（§184）、《国会图书馆监察长法》（§185）即为“法中立法”，而《年度拨款法》（§132a－1）、《补充拨款法》（§132a－1）、《外交事务法》（§143a）、《立法机构拨款法》（§162b）、《国家电影保护法》（§179l）、《监察长法》（§185）则为“法后有法”。其他国家的国家图书馆法也具有同样的情况。

“法后有法”所体现的是相关国家图书馆法的立法与本国其他法律相互关联的情况，也就是说，国家图书馆法的实施，是与其相关联的法律共同实施生效，其实质并非是单一一部国家图书馆法在相关国家图书馆利益调节中产生作用，而是一个法律体系在整体发挥作用。从另一个角度说，法律体系化的建设远非单一一部法律的制定，它是法律所涉各方利益综合协调制约的结果。“法后有法”给我们启发与借鉴的意义是，我们对中国图书馆立法的认知，应具有体系化和系统性的设计思路。

第三，从图书馆立法到社会文明的建设。我们首先举三个例子：

例证一，《俄罗斯联邦国家预算机构“俄罗斯国家图书馆”章程》。其中我们在第22条读到如下的规定：“俄罗斯联邦法律和俄罗斯联邦总统令及俄罗斯联邦政府令规定的参观者属于联邦国家文化机构享受优惠待遇的参观者，根据优惠条件，保证为其提供免费参观和讲座服务。”

例证二，《新西兰国家图书馆法》。其中第15条规定：“在本法第9A条授权的范围内，馆长可视情利用亚历山大·特恩布尔图书馆馆藏中的一种或多种文献，在新西兰境内外举办临时性公益展览。

在决定是否行使上述权力时，馆长必须考虑如下因素：

亚历山大·特恩布尔图书馆宗旨；以及

到馆读者的利益；以及

文献的实际情况及珍贵性；以及

文献展览的物理环境；以及

文献陈列、运输、保管过程中可能遇到的风险，个人或机构对用于展览的文献的责任；以及

国家图书馆馆长依本法第9A条授权的任期条件。”

例证三，美国《国会图书馆法》。美国国会图书馆即是美国国家图书馆，该法作为国家图书馆法，在图书馆业务规定方面，其细致详尽程度难以想见，

具体包括对《法令汇编》的复本（§144）、国会议事录和文件的复本（§145）、委员会听证记录的定期装订（§145a）、参议院和众议院议事录的收藏（§146）、编纂各州立法索引和摘要（§164）、编制《宪法注释》、国会图书馆国家电影名录（§179l）、立法信息检索系统（§180）、众议院历史（§183）、众议院口述历史（§183a）等具体业务的规定。同时还对图书馆联合委员会（§132b）、参议院规则和行政委员会（§132b）众议院监督委员会（§132b）、法律图书馆（§134）、国会警察局（§141a）、众议院房屋管理委员会（§141b）、众议院和参议院拨款委员会（§141b）、版权办公室（§142b）、国会预算办公室、国会技术评估办公室（§142f）、版税法庭（§142g）、生物伦理委员会（§142h）、国会大厦保护委员会（§142i）、斯坦尼斯公共服务培训与发展中心（§142j）、国会图书馆出纳办公室（§142k）、国际开发署（§143a）、史密森学会图书馆（§151）、国会图书馆信托基金委员会（§154）、小学者儿童发展中心（§162b）、国会研究服务部（§166）、美国广播电视档案馆（§170）、图书阅读中心（§171）、桂冠诗人诗歌顾问（§177）等作出明确规定。

之所以引用上述三部国家图书馆法的例证，旨在说明：一部成熟的法律犹如一台精密仪器，由数十数百甚或数千个部件组配，每一个零部件均有其专属职责和作用。精密化程度越高，运转的规则制定就要求越严格越系统。同样，法律条款细化程度越高，执法水平要求也越高，相应的对遵法和守法的认识程度亦应该越高，只依靠或依赖法律本身作为国家机器的强制力是不够的，一定要在具有文明自觉的大的社会环境下才能实现。

纵观世界多部国家图书馆法的制定，我们可以看出，国家图书馆法实际上是“国家”和“人民”两个利益点的“平衡”。因此表面上看是一部站在国家利益的高度制定的法律，而实际上是关乎“人民”利益的一套综合社会体系的建设，是一个国家文明程度的标志。国家图书馆法如此，其他相关图书馆的法律建设无不如此。这一点体会和认识，并不只具有我们整个《选编》翻译团队认识升华的意义，国内不少知名学者早有论述，只是这一认识的共知度远未达到我国图书馆立法工作所需要的热度。

译者认为，党的十八届三中全会提出的经济建设、政治建设、文化建设、社会建设和生态文明建设的五位一体的战略发展思路，为国家立法决策者、图书馆学界及业界、社会公众共同提高对图书馆立法意义的认识，提供了一个加速和加热的重要契机。我们有理由相信，中国的图书馆立法工作将会伴随着五位一体战略的实施逐渐加快进程，图书馆事业发展有法可依的时代将会在社会文明程度整体提高的过程中实现。